PSİKOLOJİ
KİTABI

PSİKOLOJİ
KİTABI

ALFA

ALFA®

Alfa Yayınları: 2309
Popüler Kültür: 2

PSİKOLOJİ KİTABI

Orijinal Adı The Psychology Book
İngilizce Aslından Çeviren Emel Lakşe

1. Basım: 2012
2. Basım: 2014
ISBN 978-605-106-452-9

Sertifika No: 10905

Yayıncı ve Genel Yayın Yönetmeni M. Faruk Bayrak
Genel Müdür Vedat Bayrak
Yayın Yönetmeni Mustafa Küpüşoğlu

Proje Sanat Editörü Amy Orsborne
Proje Editörü Sam Atkinson, Sarah Tomley
Sanat Yönetmeni Philip Ormerod
Çizimler James Graham
Grafik Kâmuran Ok

Alfa Basım Yayım Dağıtım Ltd. Şti.
Ticarethane Sokak No: 53 34410
Cağaloğlu, İstanbul/Türkiye
Tel: (212) 511 53 03 - 513 87 51 - 512 30 46
Faks: (212) 519 33 00
www.alfakitap.com info@alfakitap.com

Çin'de Leo Paper Products tarafından üretilmiştir. Printed in China.

KATKIDA BULUNANLAR

CATHERINE COLLIN

Danışmanımız Catherine Collin, klinik psikolog ve aynı zamanda Plymouth Üniversitesi'nde Psikolojik Terapiler dersi veren kıdemli bir doçenttir. Catherine'in başlıca ilgi alanları temel akıl sağlığı ve bilişsel davranış terapisidir.

NIGEL BENSON

Felsefe ve psikoloji dallarında öğretim üyesi olan Nigel Benson'un başta *Psychology for Beginners ve Introducing Psychiatry* olmak üzere psikoloji üzerine yazılmış çok satan kitapları bulunmaktadır.

JOANNAH GINSBURG

Klinik psikolog ve gazeteci olan Joannah Ginsburg, New York City, Boston, Philadelphia ve Dallas'ta toplumsal tedavi merkezlerinde çalışmakta ve psikolojik yayınlara düzenli olarak katkı sağlamaktadır. *This Book Has Issues: Adventures in Popular Psychology* adlı kitabın yazarlarından biridir.

VOULA GRAND

İş dünyası psikologu olarak çalışan Voula Grand, uluslararası şirketlere liderlik ve yönetici performansları konusunda danışmanlık yapmaktadır. İlk romanı *Honor's Shadow* (2001) sırların, ihanetin ve intikamın psikolojisi üzerine yazılmıştır. Halen aynı kitabın devamı olan *Honor's Ghost* üzerinde çalışmaktadır.

MERRIN LAZYAN

Yazar, editör ve klasik müzik sanatçısı olan Merrin Lazyan Harvard Üniversitesi'nde psikoloji eğitimi almış ve geniş bir konu yelpazesine sahip pek çok roman ve inceleme üzerinde çalışmıştır.

MARCUS WEEKS

Yazar ve müzisyen Marcus Weeks, felsefe eğitimi almış ve yazarlık kariyerine başlamadan evvel öğretmen olarak çalışmıştır. Güzel sanatlar ve popüler bilimler üzerine çok sayıda kitaba katkıda bulunmuştur.

İÇİNDEKİLER

FELSEFİ KÖKENLER
PSİKOLOJİ OLUŞUYOR

DAVRANIŞÇILIK
ÇEVREMİZE TEPKİ VERMEK

PSİKOTERAPİ
DAVRANIŞI BİLİNÇDIŞI BELİRLER

BİLİŞSEL PSİKOLOJİ
HESAP YAPAN BEYİN

SOSYAL PSİKOLOJİ

DİĞERLERİNİN DÜNYASINDA OLMAK

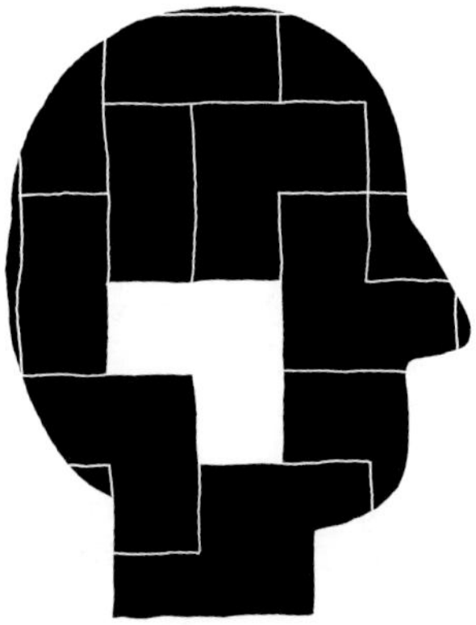

GELİŞİM PSİKOLOJİSİ

BEBEKLİKTEN YETİŞKİNLİĞE

FARKLILIKLAR PSİKOLOJİSİ

KİŞİLİK VE ZEKÂ

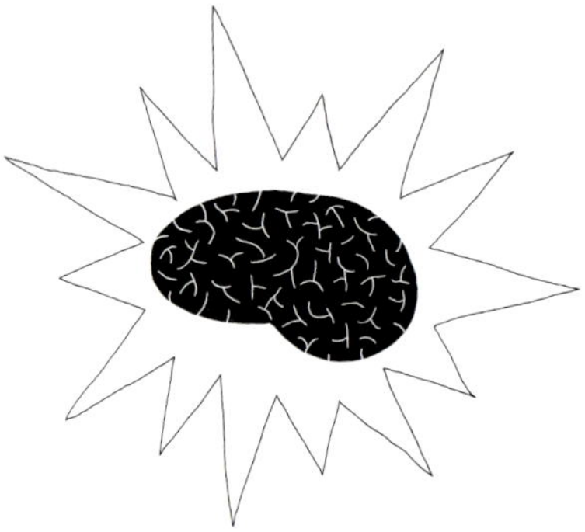

Psikoloji, tüm bilimler içinde belki de insanlara en gizemli gelen ve yanlış yorumlara en açık bilimdir. Her ne kadar jargonu ve fikirleri günlük hayatın içine sızmış olsa da psikolojinin konusunun ne olduğu ve psikologların gerçekte ne yaptıkları çoğu insan için hâlâ belirsizdir. Bazılarının psikoloji denince gözlerinin önüne ya akıl hastalıklarıyla uğraşan bir kuruluşta çalışan ya da fareler üzerinde laboratuvar deneyleri gerçekleştiren beyaz gömlekli insanlar gelir. Bazıları ise hayalinde, kanepedeki hastasına Orta Avrupa aksanıyla konuşarak psikanaliz yapan veya eğer film senaryoları gerçeği yansıtıyorsa bir tür zihin kontrolü gerçekleştirmek için entrikalar çeviren bir adam canlandırır.

Bu klişeler ne kadar abartılı da olsa altlarında bir gerçek yatmaktadır. Belki de psikolojinin neleri kapsadığı konusunda karışıklık yaratan esas unsur, psikoloji şemsiyesinin altına giren konuların (ve psiko- ön ekiyle başlayan şaşırtıcı derecede çok terimler dizisinin) devasa bir çeşitlilikte oluşudur. Psikologların da kelimenin tek bir anlamı üzerinde anlaşamamaları da bundan kaynaklanıyor olabilir. Psikoloji kelimesi, konunun geniş kapsamını içine alacak şekilde, Antik Yunan'da "ruh" ya da "zihin" anlamına gelen *psyche* ile "çalışma" ya da "açıklama" anlamındaki *logia*'dan türemiştir. Ancak günümüzde bu kelime daha çok "zihin ve davranış bilimi"ni tanımlamaktadır.

Yeni bilim

Psikoloji, aynı zamanda felsefe ve fizyoloji arasında bir köprü olarak da görülür. Fizyoloji beynin ve sinir sisteminin fiziksel oluşumunu tanımlarken, psikoloji de bu sistemin içinde yer alan zihinsel süreçleri ve bunların düşüncelerimize, fikirlerimize ve davranışlarımıza nasıl yansıdığını inceler. Felsefe düşünceler ve fikirlerle uğraşırken, psikoloji bizim bunlara nasıl sahip olduğumuzu ve bunların zihinlerimizin çalışması hakkında neler söylediğini araştırır.

> Psikolojinin uzun bir geçmişi, ama kısacık bir tarihi vardır.
> **Hermann Ebbinghaus**

Tüm bilimler, felsefi sorulara bilimsel yöntemler uygulanmasıyla, felsefeden ortaya çıkmıştır. Ancak bilinç, algı ve hafıza gibi konuların anlaşılması zor doğaları psikolojinin felsefi spekülasyondan bilimsel uygulamaya geçmekte yavaş kaldığı anlamına gelmektedir. Özellikle ABD'deki bazı üniversitelerde, psikoloji bölümleri felsefe bölümlerinin alt dalları olarak, Almanya'daki bazı üniversitelerdeyse fen fakülteleri kapsamında kurulmuşlardır. Ancak psikolojinin kendi başına bir bilimsel disiplin olması 19. yy. sonlarını bulmuştur.

Wilhelm Wundt'un 1879'da Leipzig Üniversitesi'nde dünyanın ilk deneysel psikoloji laboratuvarını kurması, psikolojinin gerçek bir bilimsel ders konusu olarak tanınmasını ve daha önceleri keşfedilmemiş araştırma alanlarında yeni bir çığır açmasını sağlamıştır. Psikoloji 20. yy. boyunca gelişmeye devam etmiş, ana dalları ve önemli hareketleriyle ortaya çıkmıştır. Tüm bilimlerde olduğu gibi psikolojinin tarihi de birbirini izleyen kuramlar ve keşifler üzerine kuruludur. Eski kuramların çoğunun çağdaş psikologlarla yakın ilişkisi de bu yüzdendir. Bazı araş-

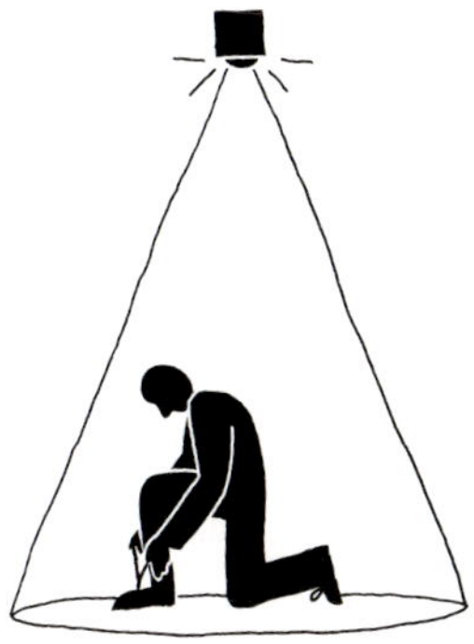

tırma alanları psikolojinin ilk günlerinden beri çalışma konusu olmaya devam eder, çeşitli düşünce okulları tarafından farklı yorumlarla açıklanırken bazıları ise zaman içinde öne çıkıp geri düşerek, ama her seferinde mutlaka bir sonraki düşünce üzerinde önemli etkiler bırakmışlar ve zaman zaman tamamen yeni keşif alanları doğurmuşlardır.

Psikolojinin geniş sahasına ilk kez yaklaşanlar için en basit yol, bizim de bu kitapta yaptığımız gibi, onun ana akımlarına kabaca kronolojik bir sıralama içinde göz atmaktır. Başka bir deyişle psikolojiye, felsefi düşüncedeki köklerinden başlayıp davranışçılık, psikoterapi ve bilişsel, sosyal ve gelişimsel psikolojiden geçerek farklılıklar psikolojisine kadar gelmektir.

İki yaklaşım

Ortaya çıktığı ilk günlerde bile psikolojiye farklı insanlar farklı anlamlar vermişlerdir. ABD'de kökleri felsefeye dayandığı için bilinç ve benlik gibi kavramlarla uğraşan spekülatif ve kuramsal bir yaklaşım benimsenmiştir. Avrupa'da kökleri bilime dayandığı için daha çok duyusal algı ve hafıza gibi zihinsel süreçlerin laboratuvar koşullarında incelendiği bir alan olarak bakılmıştır. Ancak daha fazla bilimsel odaklı bu psikologların araştırmaları bile yöntemlerinin içgözlemsel yapıları nedeniyle sınırlı kalmıştır: Hermann Ebbinghaus gibi öncüler kendi araştırmalarının konusu haline gelerek kendilerinde gözlemlenebilecek temaların çeşitliliğini ciddi ölçüde kısıtlamışlardır. Bilimsel yöntemler kullanmalarına ve kuramlarıyla yeni bir bilimin temellerini atmalarına rağmen kendilerinden sonra gelen psikologlar onların yöntemlerini çok öznel bulmuşlar ve daha nesnel bir metodoloji arayışına girmişlerdir.

1890'larda Rus fizyolog Ivan Pavlov, psikolojinin hem Avrupa hem de ABD'de önemli ilerlemeler kaydetmesine neden olacak deneyler yürütmüştür. Hayvanların tepki üretmeleri için şartlanabileceklerini kanıtlayarak sonraları davranışçılık olarak bilinecek yeni bir hareketin gelişmesine neden olacak fikri ortaya atmıştır. Davranışçılar, zihinsel süreçler üzerinde nesnel olarak çalışmanın imkânsız olduğunu düşünmüşler, ancak davranışları ölçmeyi göreceli olarak kolay bulmuşlardır. İnsan psikolojisinin içyüzünü anlama yolunda önce hayvanlarda, daha sonra da insanlarda, kontrollü koşullar altında yürütülebilecek deneyler tasarlamışlardır. Davranışçıların çalışmaları neredeyse sadece davranışın çevreyle etkileşiminden nasıl şekillendiği üzerine yoğunlaşmış; bu "uyarıcı-tepki" kuramı, John Watson'un çalışmaları aracılığıyla tanınmıştır. Avrupa ve ABD'de yeni öğrenme kuramları ortaya çıkmaya başlamış ve halkın ilgisini çekmiştir.

Ancak davranışçılığın ABD'de ortaya çıkmaya başlamasıyla aynı zamanlarda Viyana'da genç bir nörolog o günlerde geçerli düşünce biçimini altüst edecek ve çok farklı bir yaklaşıma esin kaynağı olacak zihinsel bir kuram geliştirmeye başlamıştır. Sigmund Freud'un laboratuvar deneylerinden çok hasta gözlemlerine ve vaka tarihçelerine dayanan psikanalitik kuramı öznel deneyim çalışmalarına dönüşün yolunu açmıştır. Freud, anılar, çocukluktaki gelişim

> “Bu durumda biz psikologlar için ilk gerçek, düşünmenin ne türde olursa olsun devam ettiğidir.”
>
> **William James**

ve kişilerarası ilişkilerle ilgilenmiş ve bilinçdışının davranışları belirlemedeki rolünün önemine vurgu yapmıştır. Yaşadığı dönemde fikirleri büyük şok yaratmış olsa da hızla ve geniş ölçüde kabul görmüştür. Onun "konuşma tedavisi" mefhumu günümüzde hâlâ çeşitli psikoterapi biçimlerinde kullanılmaya devam etmektedir.

Yeni çalışma alanları

20. yüzyılın ortalarında zihinsel süreçlerin bilimsel incelenişine geri dönüşle birlikte hem davranışçılık hem de psikanaliz gözden düşmüştür. Bu, kökleri algı üzerinde çalışmalar yapan Gestalt psikologlarının bütüncü yaklaşımlarına dayanan bilişsel psikoloji hareketinin başlangıcı olmuştur. Bu psikologların eserleri II. Dünya Savaşı'nı izleyen yıllarda ABD'de ortaya çıkmaya başlamış ve bilişsel psikoloji 1950'lerle birlikte egemen yaklaşım haline gelmiştir. İletişim ve bilgisayar bilimi alanlarındaki hızlı büyüme psikologlara yararlı bir karşılaştırma olanağı sağlamıştır. Bilgi işleme modelini dikkat, algı, hafıza ve unutma, dil ve dil edinimi, sorun çözme, karar verme ve motivasyon gibi alanlarda kuramlar geliştirmek için kullanmışlardır.

Orijinal "konuşma tedavisi"nden pek çok farklı biçimde mantar gibi türemiş olan psikoterapi bile bilişsel yaklaşımdan etkilenmiştir. Bilişsel terapi ve bilişsel-davranışsal terapi, psikanalize alternatif olarak ortaya çıkmış ve insan yaşamına özgü niteliklere odaklanan hümanist psikoloji gibi hareketlerin doğmasına yol açmıştır. Bu terapistler ilgilerini hastaları iyileştirmekten çok sağlıklı kişilerin daha anlamlı bir yaşam sürmeleri için rehberlik etmeye yöneltmişlerdir.

Psikoloji ilk dönemlerinde büyük ölçüde zihin ve bireylerin davranışları üzerine odaklanmışken artık giderek insanın çevresiyle etkileşimiyle ilgilenmeye başlamıştır ki, bu da sosyal psikolojinin doğuşu anlamına gelmektedir. Bilişsel psikoloji gibi bu da Gestalt psikologlarına, özellikle de 1930'larda Nazi Almanya'sından ABD'ye kaçan Kurt Lewin'e çok şey borçludur. Sosyal psikoloji, tümü de modern dünyanın şehir yaşamı ve sürekli gelişen iletişim alanıyla yakından ilgili olan tutumlarımız ve önyargılarımız, itaat ve uyum göstermeye eğilimimiz ve saldırganlık ya da fedakârlık nedenlerimiz hakkındaki ilginç gerçekleri ortaya çıkaran araştırmalarla birlikte, 20. yüzyılın ikinci yarısında hız kazanmıştır.

Freud'un devam eden etkisi kendisini daha çok gelişimsel psikoloji üzerinde hissettirmektedir. Başlangıçta sadece çocuk gelişimiyle ilgilenen bu alandaki çalışmalar yerini giderek bebeklikten yaşlılığa kadar yaşam boyu gerçekleşen değişimleri incelemeye bırakır. Araştırmacılar sosyal, kültürel ve ahlaki öğrenme kuramları ve bağ kurma biçimlerimiz hakkında grafikler çıkarırlar, Gelişimsel psikolojinin eğitim ve öğretim alanlarına yaptığı katkıların önemi ortadadır, ancak bir de çocukluktaki gelişimiyle ırk ve cinsiyete dair tavırlar arasındaki ilişki düşüncesi üzerinde daha az görünür bir etkisi olmuştur.

> 19. yüzyıl editör koltuklarının çağı ise bizimki de psikiyatr kanepelerinin çağıdır.
> **Marshall McLuhan**

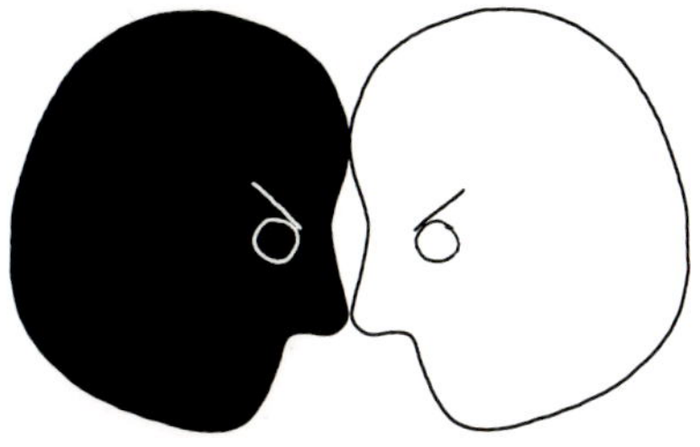

Hemen hemen her psikolojik ekol insanın eşsizliği konusuna değinmiştir ancak bu alan 20. yüzyılın sonlarında farklılıklar psikolojisi içinde kendi başına bir dal haline gelmiştir. Giderek büyüyen bu alanda çalışan psikologlar, kişilik özelliklerini ve zekâyı oluşturan çeşitli faktörleri tanımlama ve ölçme dışında normal ve anormal tanımlarını ve ölçümlerini de incelemişler ve bireysel farklılıklarımızın ne kadarının çevrenin bir ürünü, ne kadarının genetik kalıtımın bir sonucu olduğuna bakmışlardır.

Etkili bir bilim

Günümüzde psikoloji çok çeşitli dalları ile zihinsel varlığın, insan ve hayvan davranışlarının tüm spektrumunu kapsamaktadır. Kapsadığı konular, tıp, fizyoloji, sinirbilimi, bilgisayar bilimi, eğitim bilimleri, sosyoloji, antropoloji ve hatta politika, ekonomi ve hukuku da içeren diğer pek çok disiplinle örtüşecek kadar genişlemiştir. Psikoloji, belki de bilimlerin en çeşitlisidir.

Psikoloji, özellikle sinirbilimi ve genetik başta olmak üzere diğer bilimlerden etkilenmeye ve onları etkilemeye devam etmektedir. Özellikle Francis Galton'un 1870'lerdeki fikirlerine kadar uzanan "genetik ve çevre faktörü" tartışması günümüze kadar gelmiştir; evrimsel psikoloji yakın bir geçmişte, psikolojik özellikleri, genetik ve doğal seleksiyon yasalarına konu olan doğuştan gelen ve biyolojik fenomenler olarak araştırarak bu tartışmaya katkı sağlamıştır.

Psikoloji devasa bir alandır ve bulguları hepimizi ilgilendirmektedir. Devlette, iş dünyasında ve sanayide, reklamcılıkta ve kitle iletişiminde alınan kararları şu ya da bu biçimde etkilemektedir. Bizleri, bireyler veya gruplar olarak etkiler, toplumlarımızın nasıl oldukları veya nasıl yapılandırılabilecekleri konusundaki tartışmalara da en az akıl hastalıklarının teşhis ve tedavisine yaptığı kadar katkı sağlar.

> "Psikolojinin amacı, bize, en iyi bildiğimiz şeyler konusunda tamamen farklı fikirler kazandırmaktır.
> **Paul Valéry**"

Psikologların fikirleri ve kuramları günlük hayatlarımızın birer parçası haline gelmiştir; o kadar ki, davranışsal ve zihinsel süreçlerle ilgili bulgularının çoğu artık kısaca "sağduyu" olarak görülmektedir. Bununla birlikte psikolojide keşfedilen bazı buluşlar içgüdüsel duygularımızı doğrular ve pek çoğu bizi bir kez daha düşünmeye zorlarken psikologlar bazı buluşlarıyla da köklü ve geleneksel inançları sarsarak insanları sık sık şaşırtmakta ve öfkelendirmektedirler.

Kısacık tarihi boyunca psikoloji bize, düşünce biçimlerimizi değiştirecek ve kendimizi, başka insanları ve içinde yaşadığımız dünyayı anlamamıza yardımcı olacak pek çok fikir vermiştir. Derinlere kök salmış inançları sorgulamış, rahatsızlık yaratan gerçekleri gün yüzüne çıkarmış ve karmaşık sorulara şaşırtıcı açıklamalar ve çözümler bulunmasını sağlamıştır. Üniversitelerde giderek artan ilgiyle karşılanan bir bölüm olması sadece psikolojinin modern dünyadaki geçerliliğinin değil aynı zamanda insan zihninin gizemli dünyasını inceleyen zengin ve çok yönlü bir konuda çalışmanın sağlayacağı keyif ve uyarımın da bir göstergesidir. ■

FELSEF KÖKENL

PSİKOLOJİ OLUŞUYOR

ER

1649
René Descartes'ın **beden ve ruhun birbirinden ayrı olduğunu** öne sürdüğü kitabı *Ruhun Tutkuları* yayımlanır.

1816
Johann Friedrich Herbart, *Psikoloji için Ders Kitabı* adlı kitabında dinamik aklı **bilinç ve bilinçdışı** ile anlatır.

1819
Abbé Faria, *Bilinçli Uykunun Nedenleri Üzerine* adlı kitabında **hipnozu** inceler.

1849
Søren Kierkegaard'ın kitabı *Ölümcül Hastalık Umutsuzluk* **varoluşçuluğun** başlangıcını belirtir.

1859
Charles Darwin, *Türlerin Kökeni Üzerine* adlı kitabını yayımlayarak tüm özelliklerimizin kalıtsal olduğunu öne sürer.

1861
Beyin ve sinir cerrahı **Pierre Paul Broca,** beynin sol ve sağ yarım kürelerinin farklı fonksiyonları olduğunu keşfeder.

1869
Francis Galton, *Kalıtsal Deha*'da yayımlanan araştırmalarıyla **çevrenin genetikten daha önemli** olduğunu öne sürer.

1874
Carl Wernicke, beynin belli bir bölümündeki hasarın belli becerilerin kaybına neden olduğuna dair kanıtlar bulur.

Modern psikolojide incelenen konuların çoğu bugün bildiğimiz anlamıyla psikolojinin ortaya çıkmasından çok önceleri felsefi tartışmaların konusu olmuşlardır. Antik Yunan'ın ilk filozofları çevremizdeki dünya, düşünce ve davranış biçimlerimizle ilgili sorulara cevaplar aramışlardır. O zamandan bu yana bilinç ve benlik, ruh ve beden, bilgi ve algının yanı sıra toplumu nasıl şekillendireceğimiz ve nasıl "iyi bir hayat" yaşayabileceğimiz üzerine sorularla boğuşup duruyoruz.

Felsefeden türemiş çok çeşitli bilim dalları, 16. yüzyıldan itibaren hız kazanarak 18. yüzyıl Akıl Çağı'nı getiren "bilimsel devrim" olarak patlak vermişlerdir. Bilimsel bilgilerdeki bu gelişmeler, içinde yaşadığımız dünya ile ilgili pek çok soruya cevap verdiyse de zihnimizin nasıl çalıştığını açıklamakta yetersiz kalmıştır. Bununla birlikte bilim ve teknoloji doğru sorular sormaya başlayabileceğimiz ve kuramları ilgili verileri toplayarak test edebileceğimiz modeller oluşturmuşlardır.

Akılla bedeni ayırmak

17. yüzyıl bilimsel devriminin en önemli figürlerinden biri filozof ve matematikçi René Descartes, psikolojinin gelişiminde büyük rolü olacak ruh ve beden ayrımının anahatlarını çizmiştir. Descartes, tüm insanların ikicil bir varoluşu olduğunu, makine benzeri bir bedenle maddesel olmayan, düşünen bir akıl ya da ruhtan oluştuğunu öne sürmüştür. Aralarında Johann Friedrich Herbart'ın da bulunduğu daha sonraki psikoloji düşünürleri makine benzetmesini genişleterek içine beyni de katmışlar ve zihnin işleyişini beyin makinesinin çalışması olarak tanımlamışlardır.

Akılla bedenin ne dereceye kadar ayrı oldukları bir tartışma konusu olmuştur. Bilim insanları zihnin ne kadarının fiziksel faktörlerden oluştuğunu ve ne kadarının da çevre ile şekillendiğini merak etmişlerdir. İngiliz doğabilimci Charles Darwin'in evrim kuramı ile başlayan "genetik ve çevresel faktör" tartışması Francis Galton tarafından devralınmış, beraberinde özgür irade, kişilik, gelişim ve öğrenme gibi konuları da gündeme getirmiştir. Bu alanlar felsefi sorgulama ile tam olarak açıklanamamıştır ve bilimsel çalışmalar için yeterince olgunlaşmışlardır. Bu arada zihnin gizemli yapısı

1877

Jean-Martin Charcot, *Sinir Sistemi Hastalıkları Üzerine Dersler*'i yazar.

1879

Wilhelm Wundt, Almanya'nın Leipzig kentinde **ilk** deneysel psikoloji **laboratuvarını** kurar.

1883

Emil Kraepelin, *Psikiyatri Ders Kitabı*'nı yayımlar.

1885

Hermann Ebbinghaus, *Hafıza Üzerine* adlı kitabında anlamsız heceleri öğrenme deneylerini detaylandırır.

1887

G. Stanley Hall, *American Journal of Psychology*'nin ilk sayısını yayımlar.

1889

Pierre Janet, **isterinin** kişiliğin ayrılması ve bölünmesini içerdiğini öne sürer.

1890

"Psikolojinin Babası" **William James,** *Psikolojinin İlkeleri*'ni yayımlar.

1895

Alfred Binet, ilk **psikodiyagnostik** laboratuvarını açar.

hipnozun keşfedilmesiyle popülerleşmiş ve daha ciddi bilim insanının, akıl dünyasının görünürdeki bilinçli düşünceden daha fazlası olduğunu düşünülmesine neden olmuştur. Bu bilim insanları "bilinçdışı"nın yapısını ve düşünce davranışlarımız üzerindeki etkisini incelemek üzere işe koyulmuşlardır.

Psikolojinin doğuşu

İşte modern psikoloji bilimi bu altyapı üzerine doğmuştur. Wilhelm Wundt, 1879'da ilk deneysel psikoloji laboratuvarını Almanya'da Leipzig Üniversitesi'nde kurmuştur. Bu arada ABD'de ve Avrupa'nın her yerindeki üniversitelerde psikoloji bölümleri açılmaya başlanmıştır. Tıpkı felsefenin belirli bölgesel özelliklere sahip olması gibi psikoloji de farklı merkezlerde farklı şekillerde gelişmiştir: Almanya'da Wundt, Hermann Ebbinghaus ve Emil Kraepelin gibi psikologlar konuya katı bir bilimsel ve deneysel yaklaşım benimserlerken ABD'de William James ve Harvard'daki takipçileri daha kuramsal ve felsefi bir yaklaşım izlemişlerdir. Bu alanların dışında Paris'te, isteri hastalarının tedavisinde hipnoz yöntemini kullanan nörolog Jean-Martin Charcot'nun eserleri çevresinde de başka bir ekol gelişmeye başlamıştır. Bu ekol, bilinçdışı üzerine düşünceleri Sigmund Freud'un psikanalitik kuramlarının habercisi olan Pierre Janet gibi psikologları kendisine çekmiştir.

19. yüzyılın son yirmi yılı, genç psikoloji biliminin hızlı yükselişinin yanı sıra fizyoloji ve diğer bilimlerin bedeni araştırma yöntemlerine benzer bilimsel bir metodolojinin zihin çalışmaları için de kuruluşuna sahne olmuştur. İlk kez algı, bilinç, hafıza, öğrenme ve zekâyla ilgili sorulara da bilimsel yöntem uygulanmaya başlanmış, gözlem ve deney uygulamaları sayesinde yeni kuramlar ortaya atılmıştır.

Her ne kadar bu düşünceler araştırmacı tarafından zihnin iç-gözleme dönük yönelik çalışmalardan ya da çalışmalarında kullandıkları öznelerin hayli sübjektif kayıtlarından çıkıyor olsa da, yüzyılın sonunda gelecek nesil psikologların zihin üzerinde tam anlamıyla nesnel çalışmalar yapabilmeleri ve akıl hastalıklarının tedavisinde kendi yeni kuramlarını uygulayabilmeleri için temeller atılmıştır. ■

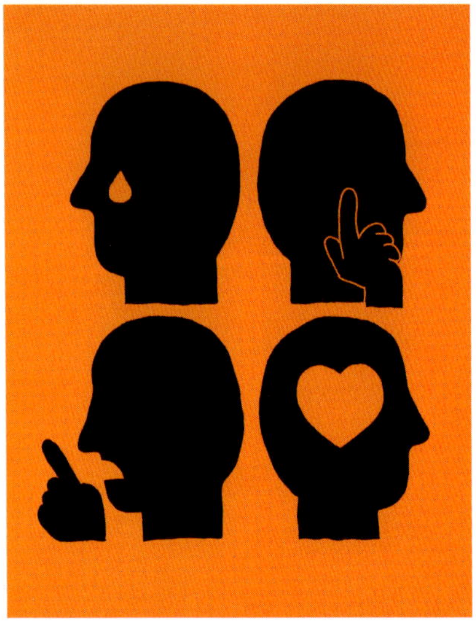

DÖRT KİŞİLİK YAPISI

GALEN (MÖ Y. 129-201)

KISACA

YAKLAŞIM
Suyukçuluk

ÖNCE
MÖ 400 civarı Yunanlı hekim Hipokrat beden salgılarının dört elementin tüm niteliklerinin yansıttığını söyler.

MÖ 325 civarı Yunanlı filozof Aristoteles dört mutluluk kaynağını belirler: tensel (*hedone*), maddesel (*propraietari*), etik (*ethikos*) ve mantıksal (*dialogike*).

SONRA
1543 Anatomi uzmanı Andreas Vesalius İtalya'da *İnsan Bedeninin Yapısı Üzerine* adlı eserini yayınlar. Bu kitap Galen'in hatalarını göstermekte ve onu sapkınlıkla suçlamaktadır.

1879 Wilhelm Wundt kişilik yapılarının iki eksen boyunca farklı oranlarda geliştiklerini söyler. Bu eksenler: "değişebilirlik" ve "duygusallık"tır.

1947 Hans Eysenck *Kişiliğin Boyutları* adlı kitabında kişiliğin iki boyuta dayandığını öne sürer.

Her şey **dört temel elementin** bileşiminden doğar: toprak, hava, ateş ve su.

↓

Bu elementlerin **nitelikleri** bedenimizin işlevlerini etkileyen **dört ruh halinde karşılık bulur** (salgılar).

↓

Bu ruh halleri aynı zamanda duygularımızı ve davranışlarımızı –**"kişilik yapımızı"**– da etkiler.

↓

Kişilikle ilgili sorunlara ruh hallerimizdeki **orantısızlık** neden olur.

↓

Bu nedenle bir doktor ruh hallerimizdeki **dengeyi sağlayarak** duygusal ve davranışsal sorunlarımızı iyileştirebilir.

Romalı filozof ve hekim Claudius Galen antik Yunan'ın insan bedeninin işleyişini açıklayan suyukçuluk kuramına dayanan bir kişilik tipleri kavramı formüle etmiştir.

Suyukçuluğun kökleri, dört temel elementin farklı niteliklerinin – toprak (soğuk ve kuru), hava (sıcak ve ıslak), ateş (sıcak ve kuru) ve su (soğuk ve ıslak)- bilinen tüm nesnelerin varlığını açıklayabileceğini öne süren Empedokles'e (MÖ 495-435 civarı) kadar uzanır. "Tıbbın Babası" Hipokrat (MÖ 460-370) bedenin dört salgısına bu elementlerin niteliklerini atfederek bir model geliştirmiştir. Bu salgılara "humour" (ruh hali) adı verilmiştir (Latince beden salgısı anlamına gelen *umor*'dan türeme).

200 yıl sonra, Galen suyukçuluk kuramını bir kişilik kuramı olarak genişletir; bedendeki salgılarla duygusal ve davranışsal eğilimler – veya "kişilik yapıları"- arasında doğrudan bir bağlantı olduğunu düşünmüştür.

Galen'in dört kişilik yapısı – iyimser, soğukkanlı, sinirli ve melankolik- bedendeki salgıların dengesini temel almaktadır.

Eğer bu salgılardan biri fazlalaşırsa ona karşılık gelen kişilik

Ayrıca bkz. René Descartes 20–21 ▪ Gordon Allport 306–13 ▪ Hans J. Eysenck 316–21 ▪ Walter Mischel 326–27

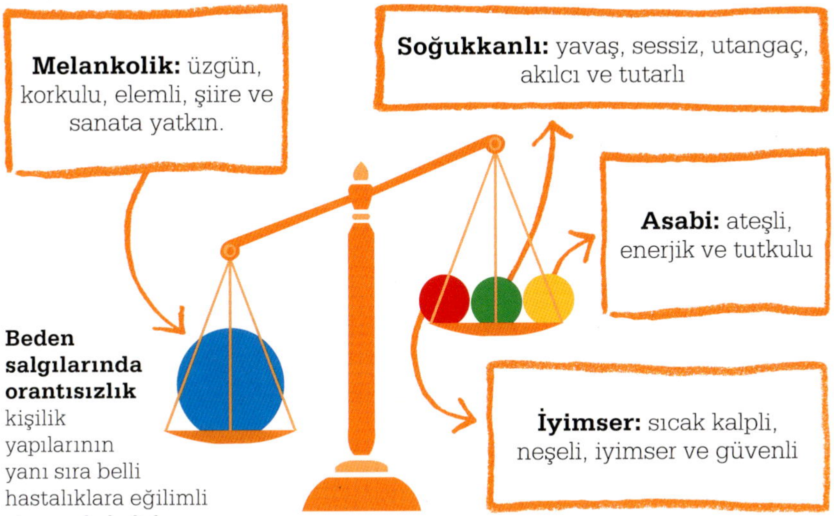

Beden salgılarında orantısızlık kişilik yapılarının yanı sıra belli hastalıklara eğilimli olmayı da belirler.

yapısı da egemen olmaya başlar. İyimser bir insanın kanı (Latince *sanguis*) fazladır ve sıcak kalpli, neşeli, iyimser ve güvenlidir ama bencil olabilir. Soğukkanlı birinin balgamı (Yunanca *phlegmatikós*) boldur ve sessiz, kibar, serinkanlı, akılcı ve tutarlıdır ama yavaş ve utangaç olabilir. Sinirli birinin safrası (Yunanca *khóle*) safrası boldur ve kişiliği ise ateşlidir; aşırı öd salgısından muzdariptir. Son olarak melankolik birinin (Yunanca *melas khóle*) kara safra salgısının fazlalığından muzdariptir, çoğunlukla üzüntü ve korkuların eşlik ettiği şiirsel ve sanatsal yönü ağır basar.

Ruh hallerinde orantısızlık

Galen'e göre bazı insanlar doğuştan belirli kişilik yapılarına eğilimlidirler. Bununla birlikte kişilik yapısıyla ilgili sorunlar beden salgılarının orantısızlığına bağlı olduğundan Galen bunların diyet ve egzersizle iyileştirilebileceğini iddia eder. Bazı aşırı vakalarda tedavi lavman ve kan almayı da içerebilir. Örneğin kanı fazla olan biri bencilce davranıyorsa et yemeyi azaltmalı ve fazla kanı akıtmak için damarlarına küçük kesikler yapılmalıdır.

Galen'in doktrinleri Rönesans boyunca, daha iyi araştırmalar ışığında daha iyi kuramların ortaya çıktığı zamana kadar tıp dünyasına egemen olmuştur. 1543'te İtalya'da hekimlik yapan Andreas Vesalius (1514-1564) Galen'in anatomi tanımlarında 200'den fazla hata bulmuştur. Galen'in tıbbi fikirleri o gün için gözden düşse de daha sonraları 20. yy. psikologlarına esin kaynağı olacaktır. 1947'de Hans Eysenck kişilik yapısının biyolojik temelli olduğu sonucuna varmış ve antik kişilik yapısı tanımlamalarını yansıtan iki kişilik özelliği tanımlamıştır – nevrotiklik ve dışadönüklük.

Suyukçuluk artık psikolojinin bir parçası olmasa da Galen'in fiziksel ve zihinsel hastalıkların bağlantılı olduğuyla ilgili fikri modern terapilerin temelini oluşturmuştur. ▪

Galen

Claudius Galenus, ya da daha çok bilinen adıyla "Bergamalı Galen" (Türkiye'de bir kent) Romalı bir hekim, cerrah ve filozoftur. Babası, Aelius Nicon Yunanlı, varlıklı bir mimardır ve oğluna iyi bir eğitimle birlikte dünyayı gezme imkânları da sağlamıştır. Galen Roma'ya yerleşmiş ve aralarında Marcus Aurelius'un da bulunduğu imparatorlara hekim başı olarak hizmet vermiştir. Profesyonel gladyatörleri tedavi ederken travma tedavisi hakkında bilgi sahibi olmuş ve tıp üzerine 500'den fazla kitap yazmıştır. Öğrenmenin en iyi yolunun hayvanları kesip üzerlerinde çalışmak ve anatomi çalışmak olduğuna inanır. Galen pek çok iç organın işlevini keşfetmiş ve hatalar da yapmıştır çünkü (maymunlar ve domuzlar gibi) hayvan bedenlerinin insanlarınkiyle tıpatıp aynı olduğunu farz etmiştir. Ölüm tarihi tartışmalı olsa da öldüğünde en az 70 yaşında olduğu kesindir.

Önemli eserleri

MS 190 civarı *Kişilik Yapıları*
MS 190 civarı *Doğal Yetenekler*
MS 190 civarı *Bilimin Doğası Üzerine Üç Tez*

BU MAKİNENİN AKILLI BİR RUHU VAR

RENE DESCARTES (1596–1650)

KISACA

YAKLAŞIM
Akıl/beden ikiliği

ÖNCE
MÖ 4. yüzyıl Yunanlı filozof Platon bedenin maddi dünyadan ruhun ya da aklına ise idealların ölümsüz evreninden geldiğini iddia eder.

MÖ 4. yüzyıl Yunanlı filozof Aristoteles ruh ve bedenin ayrılamayacağını ruhun, bedenin gerçekliği olduğunu söyler.

SONRA
1710 İrlandalı-İngiliz filozof George Berkeley, *İnsan Bilgisinin İlkeleri Üzerine* adlı eserinde bedenin sadece zihnin bir algısı olduğunu iddia eder.

1904 William James *Bilinç Gerçekten Var mı?* adlı kitabında bilincin ayrı bir varlık olmadığını ama belirli deneyimlerin bir fonksiyonu olduğunu ileri sürer.

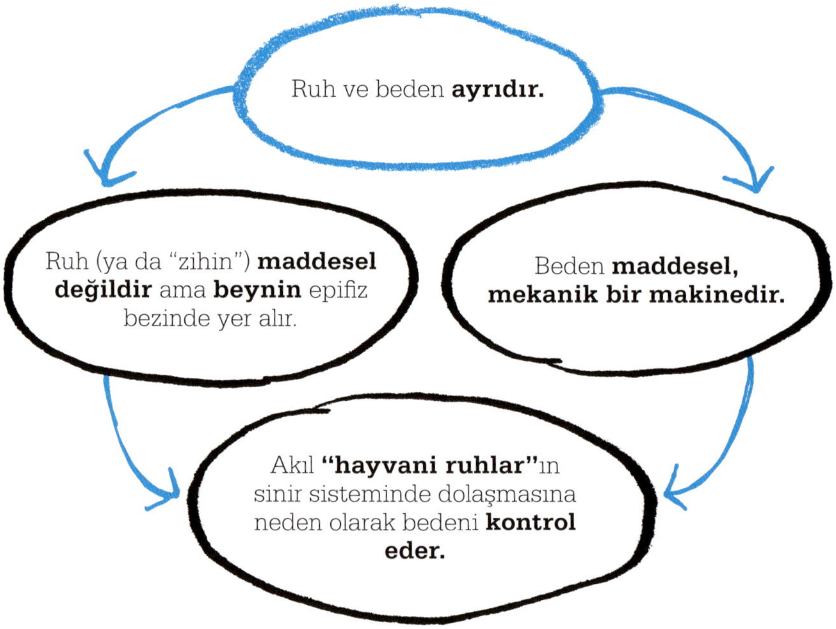

Akıl ve bedenin birbirinden ayrı ve farklı oldukları fikrinin kökeni Platon ve antik Yunan'a kadar gider ancak akıl-beden ilişkisini ayrıntılı olarak ilk tanımlayan 17. yüzyıl filozofu René Descartes olmuştur. Descartes ilk felsefe kitabı *De Homine*'yi ("İnsan") 1633'te yazmış, akıl ve bedenin ikiliğini bu kitapta anlatmıştır. Descartes'a göre maddesel olmayan zihin ya da "ruh" beynin epifiz bezinde yer alır ve düşünme işlevini yerine getirir, beden ise "hayvani ruhlar" veya sinir sistemin içinde akan sıvılarla hareket eden bir makinedir. Bu düşünce biçimi 2. yüzyılda, bunu kendi kuramına iliştiren Galen tarafından popülerleştirilmiştir ancak kuramı ilk kez ayrıntılı biçimde anlatan ve akıl ve bedenin ayrılığını vurgulayan Descartes olmuştur. Fransız filozof Marin

Ayrıca bkz. Galen 18–19 ▪ William James 38–45 ▪ Sigmund Freud 92–99

Mersenne'e yazdığı bir mektupta Descartes epifiz bezinin "düşüncenin oturduğu yer" olduğunu ve bu yüzden de ruhun yuvası olması gerektiğini çünkü "ikisinin birbirinden ayrılamayacaklarını" anlatmıştır. Descartes'a göre bu önemlidir çünkü aksi takdirde ruh bedenin herhangi somut bir parçası ile bağlantı kuramaz ancak *ruhani bir güce* bağlanabilir.

Descartes akıl ile bedenin bedenin içinde dolaştığına inanılan hayvani ruhların farkındalığı aracılığıyla iletişim kurduklarına tasavvur etmiştir. Epifiz bezinde yer alan akıl ya da ruh beynin derinliklerine yerleşmiştir ve bazen hareket eden ruhların farkına varmakta ve bu da bilinçli algıya neden olmaktadır. Beden aklı bu şekilde etkiler. Benzer biçimde akılda hayvani ruhları bedenin belli bir bölgesine gönderip hareketlerini başlatarak bedeni etkileyebilir.

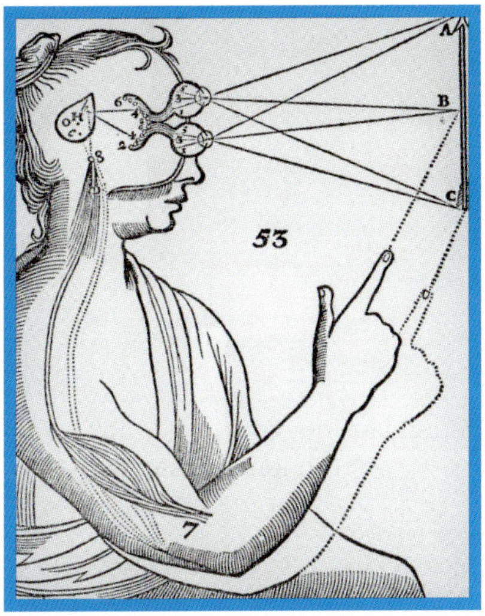

Descartes epifiz bezinin, beyinde, iki gözün ve iki kulağın görüntülerini ve seslerini tek bir izlenimde birleştirebilecek şekilde ideal bir korumda yer alan tek bir organ olduğunu gösterir.

> Akıl ve beden arasında çok büyük bir farklılık vardır.
> **René Descartes**

Akıl için bir benzetme

Descartes'ın ilham kaynağı bahçelere ve süslü havuzlara su sağlayan hidrolik sistemleriyle Fransa'daki Versailles Bahçeleri'dir. Kasları ve sinirleri çalıştıran bedenin ruhlarını suyun gücüne benzetir ve "tüm parçaların bu şekilde hareket edebildiğini" söyler. Havuzlar bir havuzcu tarafından kontrol edilmektedir ve Descartes burada akıl için bir benzetme yapar: "Bu makinede akıllı bir ruh var; esas olarak beyinde yer alıyor ve orada aynen makinenin tüm borularının uzandığı su rezervinde durması gereken havuzcu gibi her istediğinde hareketi başlatıyor, durduruyor veya değiştiriyor".

Filozoflar hâlâ akılla beynin bir şekilde farklı varlıklar olup olmadıklarını tartışadursunlar çoğu psikolog aklı beynin işleyişi ile eşit tutmaktadır. Ancak pratikte akıl sağlığı ile fiziksel sağlık arasındaki ayrım biraz karmaşıktır: Zihinsel stresin fiziksel hastalıklara neden olduğu veya kimyasal dengesizliklerin beyni etkilediği söylendiğinde ikisi arasında yakın bir ilişki kurulmuş olur. ▪

René Descartes

Fransa'nın (günümüzde Descartes olarak bilinen) La Haye in Touraine kentinde doğmuştur. Doğumundan birkaç gün sonra ölen annesinden verem kapmış ve hayatı boyunca zayıf bünyeli biri olarak yaşamıştır. Sekiz yaşından itibaren Anjou'da La Flèche'deki Cizvit okulunda eğitim almaya başlamış ve orada sağlıksız bünyesine bağlı olarak sabah saatlerini yatakta, –felsefe, bilim ve matematik hakkında– "sistematik meditasyon"lar yaparak geçirme alışkanlığını edinmiştir. 1612'den 1628'e kadar seyahat etmiş ve yazmıştır. 1649'da İsveç Kraliçesi Christina'ya öğretmenlik yapması için davet edilmiş ancak kraliçenin sabah erken saatlerde ders yapmayı isteği sert iklim koşullarıyla birleşince sağlığı daha da bozulmuş ve 11 Şubat 1650'de ölmüştür. Resmi ölüm nedeni zatürreedir ancak bazı tarihçiler Protestan olan Christina'nın Katolikliğe dönmesini engellemek için zehirlendiğine inanmaktadırlar.

Önemli eserleri

1637 *Yöntem Üzerine Konuşmalar*
1662 *De Homine* (1633'te yazılmıştır)
1647 *İnsan Vücudunun Tanımı*
1649 *Ruhun İhtirasları*

UYU!

ABBE FARIA (1756–1819)

KISACA

YAKLAŞIM
Hipnoz

ÖNCE
1027 Pers filozof ve hekim İbn Sina *Şifa Kitabı*'nda translar hakkında yazar.

1779 Alman doktor Franz Mesmer, *Hayvan Manyetizmasının Keşfi Üzerine Bir Rapor* adlı kitabını yayımladı.

SONRA
1843 İskoç cerrah James Braid, *Neurypnology* adlı kitabında "nöro-hipnoz" terimini ilk kez kullandı.

1880'ler Fransız psikolog Emile Coué, plasebo etkisini keşfederek *Telkin Usulü ile Kendine Hâkim Olma* adlı kitabını yayımlar.

1880'ler Sigmund Freud, hipnozu ve hipnozun bilinçsiz semptomları kontrol etmedeki etkisini inceler.

Tedavi amaçlı trans uygulaması yeni bir yöntem değildir. Aralarında Mısır ve Yunanlıların da bulunduğu pek çok antik kültürde insanlar hastalarını, özel olarak eğitilmiş rahipler tarafından uykuya benzer bir duruma getirilerek tedavi olmaları için "uyku tapınakları"na götürmekte hiçbir gariplik görmezlerdi. 1027'de Persli hekim İbn Sina trans durumunun tüm özelliklerini belgelemiştir ancak bunun bir tedavi yöntemi olarak kullanılması Alman doktor Franz Mesmer'in yöntemi 18. yüzyılda yeniden gündeme getirmesine kadar terk edilmiştir. Mesmer'in yöntemi mıknatıs ve telkinle bedenin doğal veya "hayvani" manyetizmasını manipüle etmeyi içeriyordu. Bazı insanlar "manyetize" ya da "hipnotize" edildikten sonra kasılma durumuna giriyorlar, ancak bunun sonrasında daha iyi hissettiklerini iddia ediyorlardı.

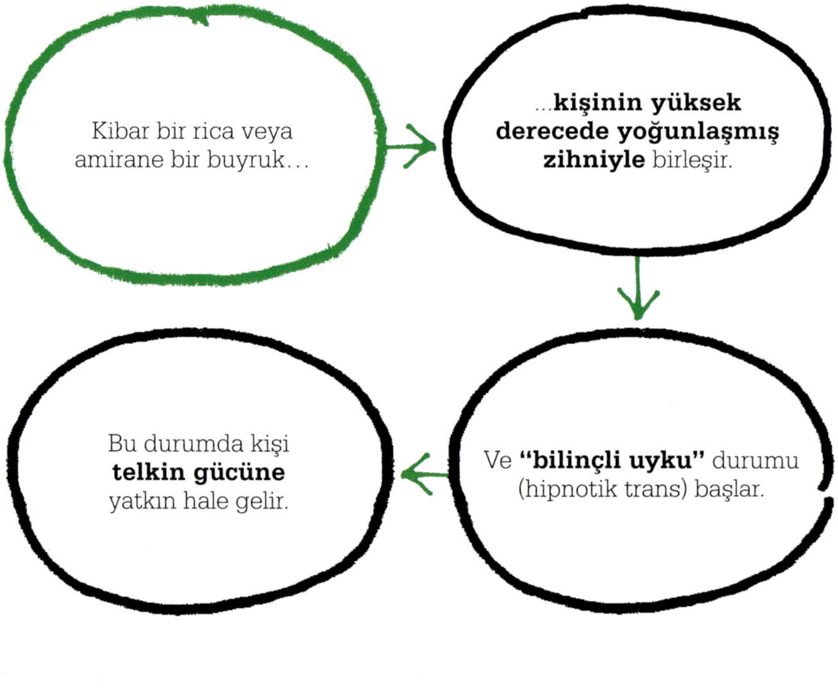

Ayrıca bkz. Jean-Martin Charcot 30 ▪ Sigmund Freud 92–99 ▪ Carl Jung 102–07 ▪ Milton Erickson 336

Birkaç yıl sonra Portekiz-Goalı bir keşiş olan Abbé Faria, Mesmer'in eserleri üzerinde çalışmış ve mıknatısların bu işlemin hayati birer parçası olduğunu düşünmenin "tamamen saçma" olduğu sonucuna varmıştır. Ona göre gerçek çok daha ilginçtir: Transa ya da hipnoz uykusuna geçme gücü tamamen bireyin kendisiyle ilgilidir, başka hiçbir özel güce gerek yoktur çünkü tüm fenomen sadece telkin gücüne bağlıdır.

Bilinçli uyku

Faria bu işlemde kendini, karşısındaki kişiyi doğru zihin durumuna geçiren bir "yoğunlaştırıcı" olarak düşünmektedir. *Bilinçli Uykunun Nedenleri Üzerine* adlı kitabında yöntemini şöyle anlatmaktadır: "Doğru eğilime sahip kişileri seçtikten sonra onlardan bir koltukta gevşemelerini, gözlerini kapatmalarını, yoğunlaşmalarını ve uyumayı düşünmelerini isterim. Onlar sessizce daha sonraki talimatları beklerken ben kibarca veya amirane biçimde 'Dormez!' yani '*Uyuyun*' derim ve bilinçli uykuya geçerler."

Faria'nın bilinçli uykusundan türeyen ve Yunanca uyku anlamına gelen *hypnos* ve durum anlamına gelen *osis*'in birleşmesinden oluşan hipnoz terimi, ilk kez 1843'te İskoç cerrah James Braid tarafından kullanılmıştır. Braid hipnozun bir uyku türü olmayıp tek bir düşünce üzerinde yoğunlaşma ve böylece telkine açık hale gelme olduğu sonucuna varmıştır. Ölümünden sonra hipnoza olan ilgi azalmış ancak Fransız nörolog Jean-Martin Charcot'nun hipnotizmayı travmatik isterinin tedavisinde sistematik olarak kullanmaya başlamasıyla yeniden gündeme taşınmıştır. Böylece hipnoz, hipnotik benliğin arkasındaki itkileri sorgulayan ve bilinçdışının gücünü keşfeden Josef Breuer ve Sigmund Freud'un ilgi alanına girmiştir. ▪

Manyetizmacı hiçbir şey yapmaz; her şey kişinin ve onun hayal gücünde yer alanlar sayesinde gerçekleşir.
Abbé Faria

Franz Mesmer transı, sıklıkla mideye mıknatıs uygulamaları aracılığıyla başlatırdı. Bunların bedenin "hayvani" manyetizmasını yeniden uyumlu duruma getirdiğine inanılırdı.

Abbé Faria

Portekiz Goa'sında doğan José Abbé Faria Custódio de Faria, varlıklı bir mirasyedi kadının oğludur, ancak annesiyle babası o 15 yaşındayken ayrılmıştır. Portekiz Sarayı ile iyi ilişkileri bulunan Abbé (Abbot) Faria ve babası Portekiz'e giderek rahip olmak için eğitim almışlardır. Bir keresinde genç Faria kraliçe tarafından kendi özel şapelinde vaaz vermesi için davet aldı. Ayin sırasında paniğe kapıldı ama babası kulağına şöyle fısıldadı: "Onların hepsi samandan adamlar – kes samanları!" Korkusu geçti ve vaazına akıcı biçimde devam etti; daha sonra bu kadar basit bir cümlenin ruh durumunu nasıl bu kadar çabuk değiştirebildiğini merak etti. Fransa'ya giderek Fransız İhtilali'nde önemli bir rol üstlendi ve hapse girdiğinde kendine telkin tekniklerini ilerletti. Faria daha sonra felsefe profesörü olmuş, ancak "bilinçli uyku" seansları yaptığı tiyatro gösterileri ününü zedelemişti. 1819'da felç sonucu öldüğünde Paris, Montmartre'da isimsiz bir mezara gömüldü.

Önemli eserleri

1819 *Bilinçli Uykunun Nedenleri Üzerine*

KAVRAMLAR BİRBİRİNE DİRENİNCE GÜÇ HALİNE GELİR

JOHANN FRIEDRICH HERBART (1776–1841)

KISACA

YAKLAŞIM
Yapısalcılık

ÖNCE
1704 Alman filozof Gottfried Leibniz, *İnsan Anlayışı Üzerine* adlı kitabında petites *perceptions* (bilinçsiz algılar) kavramını ele alır.

1869 Alman filozof Eduard von Hartmann geniş kitlelere ulaşan kitabı *Bilinçdışının Felsefesi*'ni yayımlar.

SONRA
1895 Sigmund Freud ve Josef Breuer *İsteri Üzerine Çalışmalar* kitabını yayımlayarak psikanaliz ve bilinçdışı kuramlarını açıklarlar.

1912 Carl Jung, *Bilinçdışının Psikolojisi* adlı kitabını yazar ve tüm insanların kültürlerine göre kolektif bir bilinçdışına sahip olduklarını öne sürer.

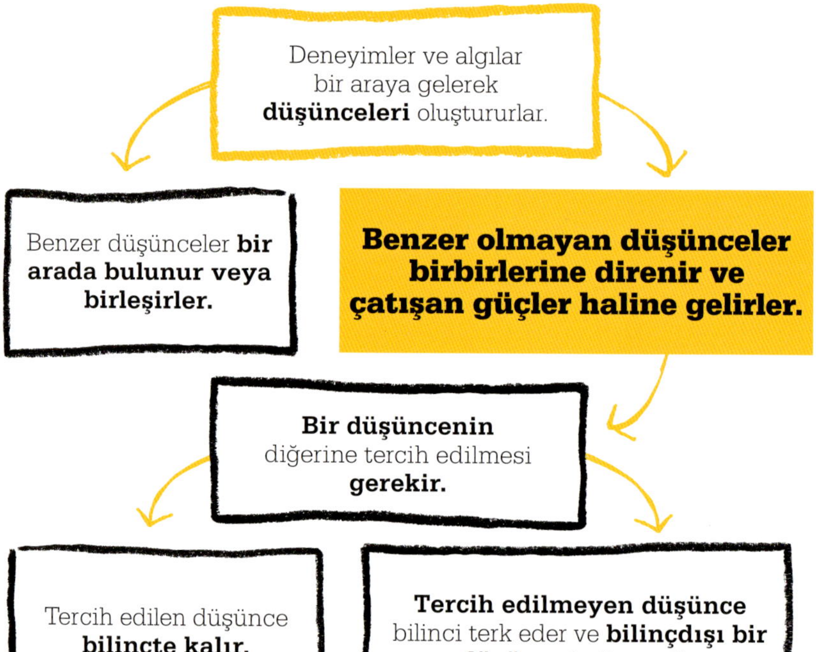

Johann Herbart zihnin nasıl çalıştığını –özelde düşünceler ve kavramları nasıl yönettiğini– araştırmak isteyen bir Alman filozoftur. Her birimizin yaşamı boyunca aklından çok sayıda düşünce geçtiğini düşünürsek nasıl oluyor da kafamız giderek daha fazla karışmıyor? Herbart bu soruyu zihnin, düşünceleri ayırmak ve saklamak için bir sistemi olması gerektiğini söyleyerek cevaplamıştır. Onun açıklığa kavuşturmak istediği bir diğer konuysa, düşünceler sonsuza kadar var oldukları halde (Herbart onların yok olmayacağını düşünüyordu) bunlardan bazılarının bilinçli farkındalığımızın ötesinde var olmalarıydı. 18.

Ayrıca bkz. Wilhelm Wundt 32–37 ▪ Sigmund Freud 92–99 ▪ Carl Jung 102–07 ▪ Anna Freud 111 ▪ Leon Festinger 166–67

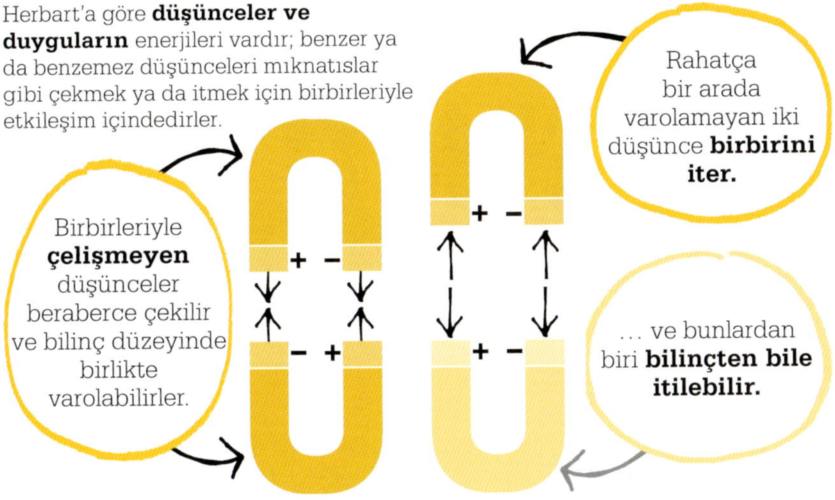

yy. Alman filozofu Gottfried Leibnitz farkındalığın ötesinde de düşünceler bulunduğunu ilk keşfeden kişidir ve onlara küçük algılar adını vermiştir. Bunlara örnek olarak da sıklıkla bir şeyleri – bir sahnedeki bir detay gibi- algıladığımızı o anda fark etmememize rağmen anımsayabilmemizi göstermiştir. Bu, bazı şeyleri algıladığımız ve farkında olmadan bunları hafızamızda sakladığımız anlamına gelmektedir.

Dinamik fikirler

Herbart'a göre düşünceler, duyulardan gelen bilgilerin birleştiği gibi oluşur. Onun düşünceler için kullandığı terim *–Vorsfellung–* düşünceleri, zihinsel imgeleri ve hatta duygusal durumları da kapsamaktadır. Tüm bunlar zihnin içeriğini oluşturmaktadırlar ve Herbart onları statik değil dinamik unsurlar olarak görür. Ona göre düşünceler birbirlerini çekebilir, diğer düşünceler ve duygularla birleşebilir ya da mıknatıs gibi birbirlerini itebilirler. Renk ve ton gibi benzer unsurlar birbirlerini çekerler ve daha karmaşık bir düşünce oluşturmak için birleşirler. Ancak eğer iki düşünce benzer değilse, bir araya gelmeden var olmaya devam edebilirler. Bu da zaman içinde zayıflamalarına neden olur, bu yüzden de "bilinç eşiği"nin altına doğru itilirler. İki düşünce doğrudan birbirleriyle çelişirlerse "direnç oluşur" ve kavramlar birbirlerine direnince güç haline gelirler". Birbirlerini iterlerken çıkan enerji bir tanesini bilincin ötesine, Herbart'ın "eğilim durumu" dediği bizim de "bilinçdışı" diye bildiğimiz yere iter.

Herbart bilinçdışını zayıf ya da karşıt düşünceler için bir depolama yeri olarak görür. Belirgin bir eşikle birbirinden ayrılan iki parçalı bir bilinç varsayarak sağlıklı bir zihinde düşüncelerin yönetimi için yapısal bir çözüm getirmeye çalışmaktadır. Ancak Sigmund Freud bilinçdışını çok daha karmaşık ve açıklayıcı bir mekanizma olarak görür. Freud, Herbart'ın kavramlarını kendi bilinçdışı kuramlarıyla birleştirerek 20. yüzyılın en önemli tedavi yaklaşımı olan psikanalizin temellerini oluşturmuştur. ▪

Johann Friedrich Herbart

Johann Herbart, Almanya, Oldenburg'da doğmuştur. 12 yaşına kadar evde annesi tarafından eğitilmiş, daha sonra yerel bir okula gitmiş ve Jena Üniversitesi'nde felsefe eğitimi almıştır. Göttingen Üniversitesi'nde doktora yapıp felsefe dersleri vermeye başlamasından önce üç yıl boyunca özel dersler vermiştir. 1806'da Napolyon, Prusya'yı bozguna uğratmış, 1809'da da Herbart'a Prusya kralı ve maiyetinin sürgünde bulunduğu Königsberg'de Immanuel Kant'ın koltuğu önerilmiştir. Bu aristokratik çevrelerde dolaşırken yarı yaşında bir İngiliz olan Mary Drake ile evlenmiştir. 1833'te Prusya hükümeti ile ters düşmesini takiben Göttingen Üniversitesi'ne geri dönmüş ve 65 yaşında bir felç sonucu ölene dek orada felsefe profesörü olarak kalmıştır.

Önemli eserler

1808 *Genel Pratik Felsefe*
1816 *Psikoloji Ders Notları*
1824 *Bilim Olarak Psikoloji*

GERÇEKTE KİMSEN O OL

SØREN KIERKEGAARD (1813–1855)

KISACA

YAKLAŞIM
Varoluşçuluk

ÖNCE
MÖ 5. yy. Sokrates mutluluğa giden yolun "benliğini keşfetmek"ten geçtiğini belirtir.

SONRA
1879 Wilhelm Wundt, kendi kendine analizi psikolojik araştırmalar için bir yaklaşım olarak kullanır.

1913 John B. Watson, "içe bakış, yöntemlerinin esasını oluşturmuyor" diyerek psikolojide kendi kendine analizi tahtından indirir.

1951 Carl Rogers, *Müşteri Odaklı Terapi*'yi ve 1961'de de *Birey Olmak Üzerine* adlı kitaplarını yayımlar.

1960 R.D.Laing'in *Bölünmüş Benlik* adlı kitabı "deliliği" yeniden tanımlayarak iç çelişkilere terapi olarak varoluşsal analizi önerir.

1996 Rollo May, *Kaygının Anlamı* adlı kitabını Kierkegaard'ın *Kaygı Kavramı* kitabına dayandırır.

En temel soru olan "Ben kimim?" Antik Yunan'dan beri üzerinde düşünülmüş bir sorudur. Sokrates (MÖ 470-399) felsefenin esas amacının kendini tanıyıp anlayarak mutluluğu artırmak olduğuna, "sorgulanmamış bir hayatın yaşamaya değmediğine" inanır. Kierkegaard, *Ölümcül Hastalık Umutsuzluk*'ta (1849), depresyondan değil kendine yabancılaşmadan kaynaklandığına inandığı "umutsuzluk" sorununu anlamak için kendi-kendine-analizi bir araç olarak önerir.

Olduğumdan başka biri olmak istiyorum:
Başka bir benliğe sahip olmak.

↓

Böylece kendimi **farklı biri** yapmaya çalışıyorum.

↓ ↓

Başaramıyorum ve başaramadığım için **kendimden nefret ediyorum.**

Başarıyorum ve **gerçek benliğimi terk ediyorum.**

↓ ↓

Her iki durumda da gerçek benliğimden **umutsuzluğa** kapılıyorum.

↓

Umutsuzluktan kaçmak için gerçek benliğimi **kabul etmeliyim.**

↓

Gerçekte kimsen o olmak, aslında umutsuzluğun zıddıdır.

Ayrıca bkz. Wilhelm Wundt 32–37 ▪ William James 38–45 ▪ Carl Rogers 130–37 ▪ Rollo May 141 ▪ R.D. Laing 150–51

Napolyon'un onu öğrenci olarak tasvir eden bu resimde de görüldüğü gibi, güce olan aşırı hırsı onu gerçek benliğini ve fazlasıyla insani sınırlamalarını kaybetmeye ve sonunda umutsuzluğa götürür.

Kierkegaard umutsuzluğun pek çok derecesini tanımlar. En sık görülen ve en aşağı derecede olanı bilgisizlikten kaynaklanır: Kişinin "benliğin" ne olduğu hakkında yanlış bir düşüncesi vardır ve potansiyel benliğinin varlığından veya yapısından habersizdir. Bu tür bir bilgisizlik mutluluk hissine yakındır ve o kadar mantıksızdır ki, Kierkegaard bunun umutsuzluk sayılabileceğinden bile emin değildir. O, gerçek umutsuzluğun, kendi benliğiyle ilgili farkındalığın artmasıyla ortaya çıktığını öne sürmektedir ve bu daha derin düzeydeki umutsuzluk, kendi benliğinin şiddetle farkında olmaktan kaynaklanır ve kendi benliğinden ciddi şekilde hoşnutsuz olmak da buna eşlik eder. Bir şeyler yanlış gittiğinde, mesela doktorluk sınavını geçemediğinde kişi, kaybolan bir şey için umutsuzluğa kapılmış gibi görünür. Ancak Kierkegaard'a göre, duruma daha yakından bakıldığında kişinin olan olaydan değil (sınavda başarısız olma) kendisinden umutsuzluk duyduğu açıkça görülebilir. Bir amaca ulaşmayı başaramayan benlik tahammül edilmez hale gelir. Kişi farklı bir benlik olmak istemektedir (doktor) ama şimdi başarısız olmuş bir benlikle umutsuzluk içinde kalakalmıştır.

Kendi benliğini terk etmek

Kierkegaard imparator olmak isteyen bir adam örneğini verir ve ironik bir biçimde, eğer bu adam bir şekilde amacına ulaşsa bile eski benliğini terk edeceğine işaret eder. Hem arzusunda hem de ona ulaşmasında kendi benliğinden "kurtulmuş olmayı" istemektedir. Kendi benliğini bu şekilde inkâr acı vericidir: Kişi kendini dışlamak istediğinde ortaya çıkan umutsuzluk bunaltıcıdır. Kişi "kendine sahip değilken kendisi değildir".

Ancak Kierkegaard bir çözüm önerir. Kişinin başka biri olmayı istemek yerine, gerçek benliğini bulma cesaretini göstererek huzuru ve iç uyumu bulabileceği sonucuna varır. "Gerçekten olduğun kimseyi olmak istemek, aslında umutsuzluğun zıddıdır" der. Gerçek benliğimizi inkâr etmeye son verdiğimizde ve gerçek doğamızın üzerindeki örtüyü kaldırıp onu kabullenmemiz durumunda umutsuzluğun yok olacağına inanır.

Kierkegaard'ın bireysel sorumluluk ve kişinin yaşamdaki özü ve amacını bulma ihtiyacına yaptığı vurgu, sıklıkla varoluşçu felsefenin başlangıcı olarak görülür. Düşünceleri ile doğrudan R. D. Laing'in varoluşsal terapi yöntemini kullanmasına ve Carl Rogers gibi klinik psikologlar tarafından uygulanan hümanistik terapilere ilham kaynağı olmuştur. ▪

Søren Kierkegaard

Søren Kierkegaard, Danimarkalı varlıklı bir ailenin oğlu olarak doğmuştur ve katı bir Lüteryen olarak büyütülmüştür. Kopenhag Üniversite-si'nde teoloji ve felsefe eğitimi almıştır. Hatırı sayılır bir mirasa konduğunda yaşamını felsefeye adamaya karar vermiştir ancak sonunda bundan da tatmin olamamıştır. "Yapmam gereken şey, ne bilmek zorunda olduğum hakkında değil ne yapacağım hakkında net olmaktır" der. 1840'ta Regine Olsen'le nişanlanmış ancak evliliğe uygun biri olmadığını söyleyerek nişanı bozmuştur. Genelde hâkim olan melankolik hali yaşamı üzerinde belirgin bir etkiye sahiptir. Yalnız bir kişi olarak boş zamanlarını dolduran tek etkinlik, sokaklarda yürüyüp tanımadığı kişilerle konuşmak ve at arabasıyla kırlarda uzun gezilere çıkmaktır.

Kierkegaard 2 Ekim 1855'te sokakta yere yığılmış ve 11 Kasım'da Kopenhag'daki Friedrich's Hastanesi'nde ölmüştür.

Önemli eserleri

1843 *Korku ve Titreme*
1843 *Ya / Ya da*
1844 *Kaygı Kavramı*
1849 *Ölümcül Hastalık Umutsuzluk*

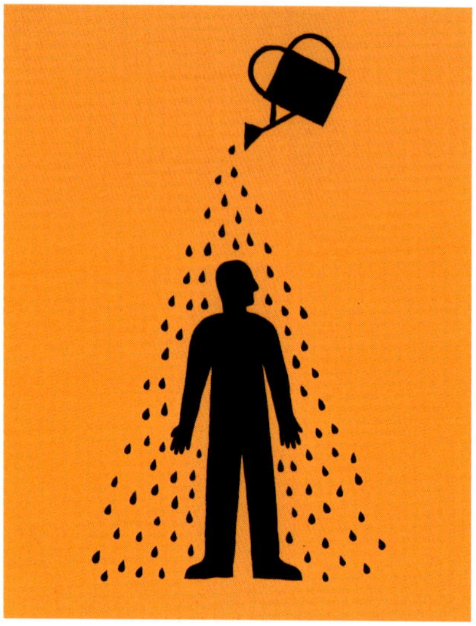

KİŞİLİK GENETİK VE ÇEVRENİN BİLEŞİMİNDEN OLUŞUR

FRANCIS GALTON (1822–1911)

KISACA

YAKLAŞIM
Biyo-psikoloji

ÖNCE
1690 İngiliz filozof John Locke, her çocuğun zihninin *tabula rasa* ya da boş bir levha olduğunu ve bu bakımdan hepimizin eşit doğduğumuzu öne sürer.

1859 Biyolog Charles Darwin, insan gelişiminin tamamen çevreye uyum sağlamanın sonucu olduğunu iddia eder.

1890 William James, insanların bireysel eğilimlerini ya da "içgüdülerini" kalıtımsal olarak devraldığını ileri sürer.

SONRA
1925 Davranışçı John B. Watson, "kapasite, yetenek, mizaç veya zihinsel yapının kalıtımı gibi bir şeyin olmadığını" söyler.

1940'lar Nazi Almanya'sı öjenik (soy ıslahı) aracılığıyla "üstün Aryan ırkı" yaratmanın peşine düşer.

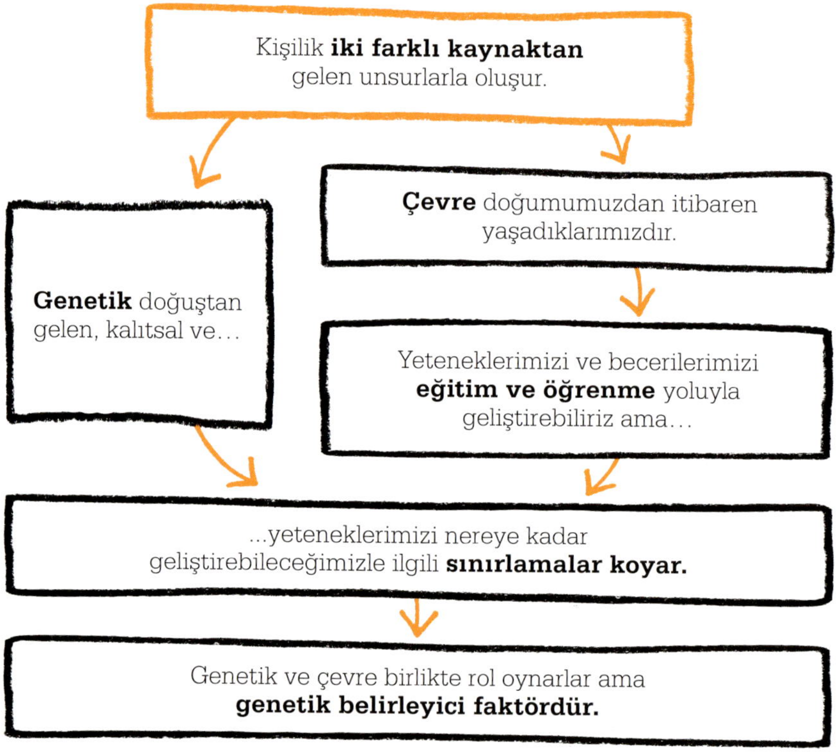

Francis Galton'un akrabaları arasında pek çok yetenekli kimse sayılabilir: Evrimci biyolog Charles Darwin de bunların arasındadır. Bu yüzden de Galton'un hangi yeteneklerin ne ölçüde doğuştan geldiğini ve öğrenildiğini araştırması şaşırtıcı değildir. "Genetik" ve "çevre"nin etkilerini ölçülebilen ve kıyaslayabilen iki ayrı etki olarak tanımlayan ve kişiliği sadece bu iki unsurun belirlediğini öne süren ilk kişidir. 1869'da kendi aile ağacıyla birlikte, "yargıçlar, devlet adamları, kumandanlar, bilim insanları, edebiyatçılar … falcılar, kürekçiler ve güreşçilerinki-

Ayrıca bkz. G. Stanley Hall 46–47 ▪ John B. Watson 66–71 ▪ Zing-Yang Kuo 75 ▪ Eleanor E. Maccoby 284–85 ▪ Raymond Cattell 314–15

> Özellikler aileye sımsıkı bağlıdır.
> **Francis Galton**

ni" birlikte kullandığı kalıtsal özellikler araştırmasının sonuçlarını açıkladığı *Kalıtsal Deha* adlı kitabını yayımlamıştır. Önceden düşündüğü gibi belli ailelerde genel nüfusa oranla daha fazla sayıda yetenekli insan bulunduğu sonucuna varır. Ancak bunu sadece genetiğe bağlamaz çünkü ayrıcalıklı bir aile ortamında büyümenin kazandırdığı özelliklerin de etken olabileceğini düşünür. Neticede kendisi de varlıklı bir ailede büyümüş ve olağanüstü iyi eğitim olanaklarına sahip olmuştur.

Gerekli bir denge

Galton bir dizi farklı çalışma da yürütmüştür. Bunlar arasında, Royal Society'ye gönderilerek ilgi alanları ve ilişkilerinin sorulduğu, anketle yapılan ilk büyük çaplı araştırma da bulunmaktadır. Sonuçları *İngiliz Bilim Adamları*'nda yayımlamış ve yaradılışla yetiştirme koşullarının birbiriyle rekabet etmeye zorlandığında yaradılışın galip çıktığını öne sürmüştür. Dış etkilerin de bir katkısı olduğunu ancak hiçbir şeyin "bireysel özelliklerin derin izlerini silemeyeceğini" söyler. Ancak kişiliğin oluşmasında yaradılışın da yetiştirilişin de gerekli olduğunda ısrar eder çünkü ona göre en yüksek doğal yetenekler bile "kusurlu yetiştiriliş biçiminden dolayı" besinsiz kalabilirler. Zekânın kalıtsal olduğunu ama mutlaka eğitimle takviye edilmesi gerektiğini söyler.

Galton 1875'te 159 çift ikiz üzerinde bir araştırmaya başlar. İkizlerin kardeşler arasındaki, bir dereceye kadar aynı oldukları "normal" benzerlik dağılımını izlemediklerini, yani bir dereceye kadar aynı ama her zaman çok benzer veya çok benzemez olduklarını fark eder. Onu gerçekten şaşırtansa benzerlik derecesinin zaman içinde asla değişmemesidir. Oysa ortak yetiştirilişin ikizler arasındaki benzemezliği, onlar büyüdükçe azaltacağını düşünmüştür ama gerçek böyle değildir. Çevrenin en ufak bir etkisi bile yoktur.

"Gen-çevre tartışması" günümüze kadar gelmiştir. Bazıları Galton'un, günümüzde soy ıslahı olarak bilinen, insanların da belli özelliklere sahip olmaları için atlar gibi "çiftleştirilmelerini" öngören düşüncesi dahil tüm kuramlarını desteklemektedirler. Bazıları ise her bebeğin bir *tabula rasa*, boş bir levha olduğuna ve hepimizin eşit doğduğumuza inanmayı tercih etmektedirler. Günümüzde psikologların çoğu genetik ve çevrenin insan gelişiminde eşit derecede önemli olduğunu ve karmaşık biçimlerde etkileşim içinde olduklarını kabul etmektedirler. ▪

Galton'un ikizler çalışması benzerlikleri, aralarında boy, kilo, saç ve göz rengi ve yetenek olmak üzere pek çok açıdan araştırmıştır. El yazısı ikizlerin her zaman farklılaştığı tek konudur.

Francis Galton

Sir Francis Galton, aralarında antropoloji, kriminoloji (parmak izlerini sınıflandırma), coğrafya, meteoroloji, biyoloji ve psikolojinin de bulunduğu pek çok alanda yazılar yazan çok yönlü ve üretken bir entelektüeldir. İngiltere, Birmingham'da varlıklı bir Protestan (Quaker) ailenin oğlu olarak doğar, okumayı iki yaşında sökmüş bir dâhi çocuktur. Londra ve Birmingham'da tıp eğitimi almış ve daha sonra Cambridge'de matematik okurken, 1844'te babasının ölümüyle daha da kötüye giden zihinsel bir çöküntü yaşamıştır.

Galton bunun üzerine seyahatlerine ve icatlarına dönmüştür. 1853'te Louisa Jane Butler ile yaptığı evlilik 43 yıl sürmüştür ancak çiftin çocukları olmamıştır. Tüm yaşamını fiziksel ve psikolojik özellikleri ölçmeye, zihin testleri geliştirmeye ve yazmaya adamıştır. Sayısız başarıları pek çok ödülle onurlandırılmıştır, bunların arasında birçok onursal makam ve şövalyelik payesi de bulunmaktadır.

Önemli eserleri

1869 *Kalıtsal Deha*
1874 *İngiliz Bilim Adamları: Yaradılışları ve Yetişme Koşulları*
1875 *İkizlerin Tarihi*

İSTERİNİN YASALARI EVRENSELDİR

JEAN-MARTIN CHARCOT (1825–1893)

KISACA

YAKLAŞIM
Nörolojik bilim

ÖNCE
MÖ 1900 Mısırlı Kahun Papyrus, kadınlarda "gezgin rahim"in neden olduğu davranışsal rahatsızlıkları anlatır.

MÖ 400 civarı Yunanlı hekim Hipokrat, *Kadın Hastalıkları Üzerine* adlı kitabında belli kadın hastalıklarına "isteri" adını vermiştir.

1662 İngiliz hekim Thomas Willis, "isterik" kadınlar üzerinde yaptığı otopsilerde rahim patolojisi ile ilgili hiçbir bulguya rastlamamıştır.

SONRA
1883 Alfred Binet, Paris'teki Salpêtrière Hastanesi'nde Charcot ile buluşur ve daha sonra Charcot'nun isteriyi tedavi etmek için kullandığı hipnotizma yöntemi hakkında yazar.

1895 Charcot'nun eski bir öğrencisi olan Sigmund Freud, *İsteri Üzerine Çalışmalar* kitabını yayımlar.

Modern nörolojinin kurucusu olarak bilinen Fransız doktor Jean-Martin Charcot, psikoloji ile fizyoloji arasındaki ilişki ile ilgilenmiştir. 1860'lar ve 1870'ler boyunca, o zamanlar rahimle (Yunanca *hystera*) ilgili olduğu sanılan ve kadınlarda aşırı duygusal davranışları tanımlamak için kullanılan terimle, "isteri" üzerinde çalışmıştır. İsterinin semptomları arasında aşırı ağlama ya da gülme, çılgınca bedensel hareketler, bükülme, bayılma, felç, kasılmalar, geçici körlük ve sağırlık bulunmaktadır.

Paris'teki Salpêtrière Hastanesi'nde binlerce vakayı inceleyen Charcot, hastalığı tamamen anladığına inanarak "İsterinin Yasaları"nı tanımlamıştır. Ona göre isteri yaşam boyu süren ve kalıtsal olan bir durumdur; semptomları da genellikle şokla tetiklenir. Charcot 1882'de şunları söylemiştir: "(İsterik) atakta … her şey kurallara uygun gelişir. Bu yasalar da hep aynıdır; her ülke, her çağ, her ırk için geçerlidir, kısacası evrenseldir." Charcot, isterinin fiziksel bir hastalığa olan benzerliğinin biyolojik nedenlerle ilgili bir araştırmayı gerektirdiğini söylemiş ancak çağdaşları bu düşüncelerine katılmamışlardır. Hatta bazıları onun "isterikleri"nin Charcot'nun kendilerine söylediği şekilde rol yaptıklarını bile öne sürmüşlerdir. Ancak öğrencilerinden biri olan Sigmund Freud isterinin fiziksel bir hastalık olduğuna ikna olmuş ve konu merakını uyandırmıştır. Bu, Freud'un psikanaliz kuramında tanımladığı ilk hastalıktır. ■

Charcot, Paris'teki Salpêtrière Hastanesi'nde isteri üzerine konferanslar verir. İsterinin her zaman düzenli, net evrelerden geçerek ilerlediğine ve hipnotizmayla bile tedavi edilebileceğine inanıyordu.

Ayrıca bkz. Alfred Binet 50–53 ▪ Pierre Janet 54–55 ▪ Sigmund Freud 92–99

İNSAN RUHUNUN İÇ BAĞLANTILARININ OLAĞANDIŞI YIKIMI

EMIL KRAEPELIN (1856–1926)

KISACA

YAKLAŞIM
Tıbbi psikiyatri

ÖNCE
MÖ 50 civarı Romalı şair ve filozof Lucretius, "aklını kaybetmek" anlamında "dementia" (bunama) terimini kullanmıştır.

1874 Kraepelin'in hocası Wilhelm Wundt, *Fizyolojik Psikolojinin İlkeleri* adlı kitabını yayımlamıştır.

SONRA
1908 İsviçreli psikiyatr Eugen Bleuler, Yunanca bölünme anlamına gelen *skhizein* ile zihin anlamına gelen *phren*'i birleştirerek "şizofreni" terimini kullanmıştır.

1948 Dünya Sağlık Örgütü (WHO) Uluslararası Hastalıklar Sınıflandırması'na (ICD) Kraepelin'in akıl hastalıkları sınıflandırmasını da dahil eder.

1950'ler İlk antipsikotik ilaç Chlorpromazine şizofreni tedavisinde kullanılır.

Alman psikiyatr Emil Kraepelin, çoğu akıl hastalığının biyolojik kökenleri olduğuna inanmıştır ve modern tıbbi psikiyatrinin kurucusu olarak kabwul edilir. 1883'te yayımlanan *Psikiyatri Ders Kitabı*'nda "dementia praecox"u (erken bunama) Alzheimer gibi geç başlayan bunamalardan ayırdığı ayrıntılı bir akıl hastalıkları sınıflandırması yapmıştır.

Şizofreni

1893'te Kraepelin, günümüzde şizofreni olarak bilinen erken bunamayı "ortak özellikleri, ruhsal kişiliğin iç bağlantılarının olağandışı yıkımı olan bir dizi klinik durum" olarak tanımlar. Kafa karışıklığı ve antisosyal davranışlarla kendini gösteren hastalığın genellikle ergenliğin sonlarında veya erken yetişkinlikte ortaya çıktığını gözlemlemiştir. Kraepelin, hastalığı daha sonra dört alt kategoriye bölmüştür. Bunlardan ilki olan "basit" bunamanın belirtileri ağır bir çöküş ve geri çekilmedir. İkinci tür olan paranoya ise hastalarda korku hali ve takip edilme duygusu ile kendini gösterir; sürekli "gözetlendiklerini" ve "haklarında konuşulduğunu" ileri sürerler. Üçüncü tür olan ebefreninin belirtileri ilgisiz konuşmalar ve üzüntülü bir durumda yüksek sesle gülme gibi duygusal tepki ve davranışlardır. Dördüncü kategori katatonide hareketler ve ifade çok kısıtlıdır; ya saatlerce aynı durumda oturmak gibi bir donuklukla veya sürekli öne ve arkaya zıplamak gibi bir aşırı hareketlenmeyle kendini belli eder.

Kraepelin'in sınıflandırması hâlâ şizofreni teşhisinin temellerini oluşturmaktadır. Dahası, ölüm sonrası incelemeler şizofreni hastalarında biokimyasal ve yapısal beyin anomalilerinin yanı sıra beyin fonksiyonlarında bozukluk bulunduğunu da göstermiştir. Kraepelin'in, akıl hastalıklarının çoğunun biyolojik nedenlerden kaynaklandığı inancı, psikiyatri alanında kalıcı bir etki bırakmıştır ve günümüzde de pek çok akıl hastalığı ilaç tedavisiyle kontrol edilmektedir. ■

Ayrıca bkz. Wilhelm Wundt 32–37 ▪ Sigmund Freud 92–99 ▪ Carl Jung 102–07 ▪ R.D. Laing 150–51

ZİHİNSEL YAŞAMIN BAŞLANGICI YAŞAMIN BAŞLANGICINA KADAR GİDER

WILHELM WUNDT (1832–1920)

KISACA

YAKLAŞIM
Deneysel psikoloji

ÖNCE
5. yy. Antik Yunan filozofları Aristoteles ve Platon, hayvanların düşük düzeyli, açık bir biçimde insandışı bir bilince sahip olduklarını öne sürerler.

1630'lar René Descartes, hayvanların duyguları olmayan otomat varlıklar olduklarını söyler.

1859 İngiliz biyolog Charles Darwin, insanı hayvan atalarla ilişkilendirir.

SONRA
1949 Konrad Lorenz, insanların hayvanlarla benzer yönlerini gösterdiği kitabı *Kral Süleyman'ın Yüzüğü* ile hayvanlara bakış açısını değiştirir.

2001 Amerikalı zoolog Donald Griffin, *Hayvan Zihni* adlı kitabında hayvanların bir gelecek hissine, karmaşık bir belleğe ve belki de bilince sahip olduklarını savunur.

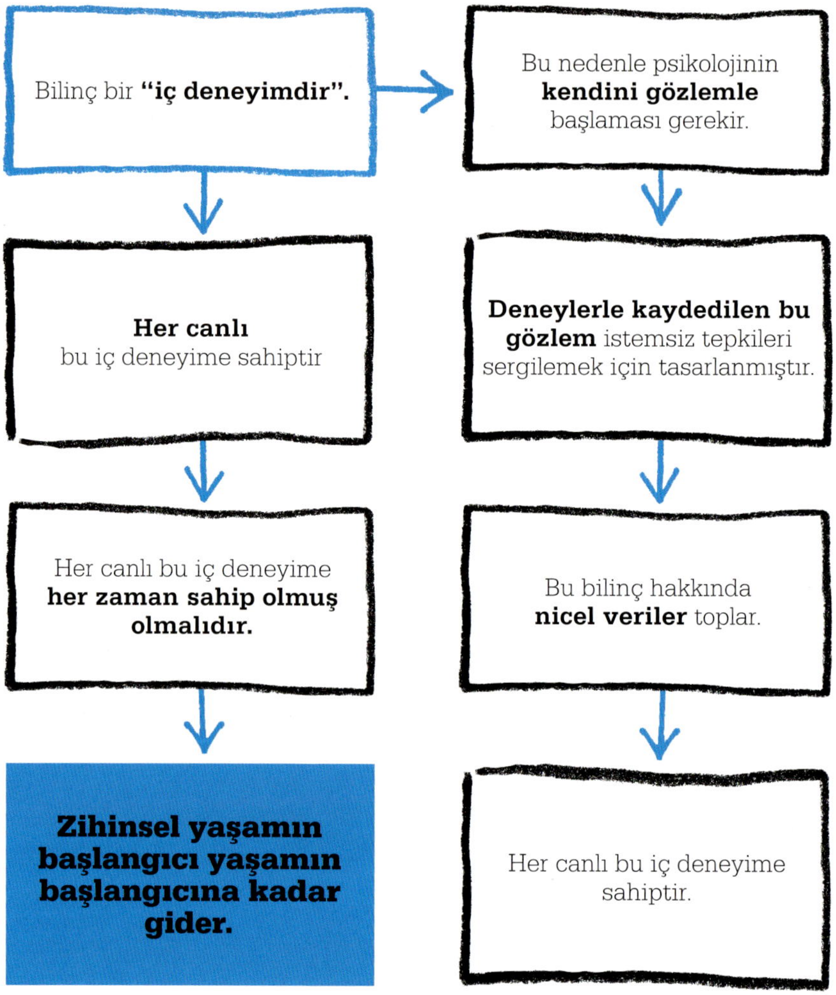

Hayvanların da zihinleri olduğu ve bazı düşünce türleri üretebildikleri fikri Antik Yunan filozoflarına kadar uzanır. Aristoteles üç tür zihin olduğuna inanır: bitki, hayvan ve insan. Bitki zihni sadece beslenme ve büyüme ile ilgilidir. Hayvan zihni bu işlevine ek olarak acı, zevk, arzu gibi duyumların yanı sıra hareketleri başlatma işlevine de sahiptir. İnsan zihni tüm bunları yapabilir ve aynı zamanda akıl da yürütebilir. Aristoteles sadece insanların benlik farkındalığına sahip olduklarını ve üst düzey bir kavrama yetenekleri olduğunu iddia eder. İnsanların hayvanlara benzerliği filozoflar için çok önemli, psikologlar için daha da hayati bir konudur. 15. yüzyılda Fransız filozof René Descartes hayvanların, refleksleriyle yönetilen, karmaşık makinelerden ibaret olduklarını iddia etmiştir. Eğer haklı olsaydı hayvanları gözlemlemek bize kendi davranışlarımız hakkında hiçbir şey anlatmayacaktı. Ancak bundan 200 yıl sonra, Charles Darwin, insanların genetik olarak diğer hayvanlarla bağları olduğunu ve bilincin, evrimsel ölçekte bizden en uzaktaki hayvanlarda bile bulunduğunu öne sürünce hayvanlar üzerindeki deneylerin açıklayıcı olabilecekleri anlaşılmıştır. Bu da yaşamın en minik hayvanlardan bize kadar uzanan bir devamlılığı olduğunu açıklayan Alman doktor, filozof ve psikolog Wilhelm Wundt'un durduğu noktadır. *Fizyolojik Psikolojinin İlkeleri* adlı kitabında Wundt, bilincin tüm canlılarda ortak olduğunu ve evrim sürecinin başlangıcından beri var olduğunu öne sürmüştür.

Wundt'a göre yaşamın tanımı bile bir tür zihin içermektedir ve bunu şöyle anlatır: "O zaman, gözlem noktası bakımından

Ayrıca bkz. René Descartes 20–21 ■ William James 38–45 ■ Edward Thorndike 62–65 ■ John B. Watson 66–71 ■ B.F. Skinner 78–85

> Zihinsel fonksiyonlardaki farklılaşmanın başlangıcına tek hücrelilerde bile rastlanır.
> **Wilhelm Wundt**

zihinsel yaşamın başlangıcının yaşamın başlangıcına kadar gittiği hipotezi oldukça mümkün bir varsayım görünmektedir. Zihinsel gelişimin kökeni sorusu da bu nedenle yaşamın kökeni sorusuna bağlanır." Wundt, tek hücreliler gibi basit organizmaların bile bir tür zihinleri olduğunu söyleyerek devam eder. Bu son iddia, tek hücreli bir hayvanın basit dahi olsa zihinsel yeteneği olabileceğine pek az insanın inandığı günümüzde bile şaşırtıcıdır ama ilk kez ortaya atıldığı 100 yıl önce çok daha şaşırtıcı olmuştur.

Wundt kuramlarını test etmeye çok heveslidir ve "deneysel psikolojinin babası" olarak anılır çünkü 1879'da dünyanın ilk resmi deneysel psikoloji laboratuvarını Almanya, Leipzig Üniversitesi'nde kurmuştur. Zihin ve insan davranışları üzerinde sistematik araştırmalar yapmak, başlangıç olarak da temel duyu süreçlerini yakından incelemek istemiştir. Laboratuvarı, ABD ve Avrupa'da diğer üniversitelere de pek çoğu onun orijinal laboratuvarını model alan ve Edward Titchener ve James Cattell gibi öğrencileri tarafından yönetilen psikoloji bölümleri açmaları için ilham kaynağı olmuştur.

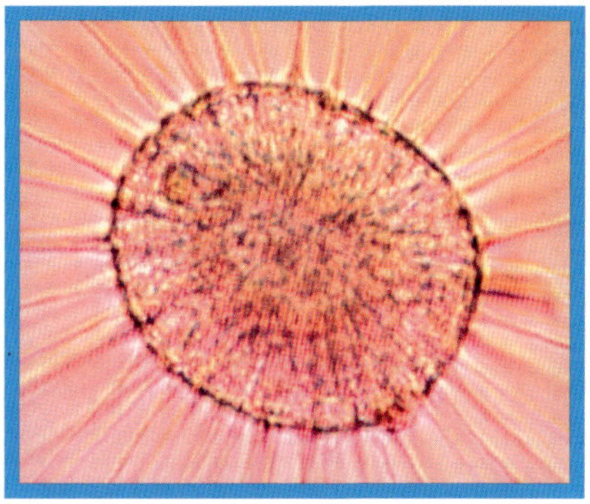

Wundt'a göre **tek hücreli organizmalar bile** bir tür bilince sahiptirler. Wundt, amiplerin yiyecek parçalarını tüketme yeteneklerinin zihinsel bir sürecin devamlılığını işaret ettiğini ileri sürer.

Davranış incelemesi

Wundt "bilincin tam bir tanımının yapılmasının deneysel psikolojinin yegâne amacı olduğuna" inanır. Bilinci bir "iç deneyim" olarak anlasa da, bu deneyimin sadece "en gerçek" veya görünen biçimiyle ilgilenir. Bu da onu sonunda "doğrudan gözlemle" incelenebilecek ve ölçülebilecek davranışlar üzerinde araştırmaya götürür.

Wundt iç ve dış olmak üzere iki tür gözlem olduğunu söyler. Dış gözlem, dış dünyada gözle görülebilen olayları kaydetmek için kullanılır ve fiziksel bedenler üzerindeki neden ve sonuç ilişkilerine ulaşmada –etki-tepki örneği gibi– yararlanılır. Ölü bir kurbağadaki bir sinir ucuna küçük bir elektrik şoku verilirse bağlı bulunan kaslar titreşir ve bacakları hareket ettirir. Bunun ölü bir hayvanda bile olabilmesi bu tür hareketlerin hiçbir bilinç olmadan meydana gelebileceğini göstermektedir. Canlılarda bu tür hareketler "refleks" adını verdiğimiz otomatik davranışların temelini oluşturur; aynen sıcak bir şeye dokunduğunuzda aniden elinizi çekmeniz gibi.

Wundt'un ikinci tür gözlemi "içe bakış" ya da "kendi kendini gözlem" olarak tanımladığı içten gözlemdir. Bu gözlem, duygu ve düşünceler gibi iç olayları fark etmeyi ve kaydetmeyi içerir. Araştırmalar için hayati bir önemi vardır çünkü zihnin nasıl çalıştığı ile ilgili bilgiler sağlar. Wundt, birbirini dışlayan olarak görmediği ama interaktif bulduğu ve "fiziksel ve ruhsal" olarak tanımladığı iç ve dış dünyalar arasındaki ilişki ile ilgilenmiştir. Wundt ayrıca, ışığın görsel duyusu gibi insan duyuları

Wundt'un laboratuvarı tüm dünyadaki psikoloji bölümleri için bir model oluşturmuştur. Deneyleri psikolojiyi, felsefenin egemenlik alanından çıkararak bilimin alanına sokmuştur.

üzerine çalışmaya başlamıştır çünkü bunlar dışarıdaki fiziksel dünyayı zihinsel dünyaya bağlayan ajanlardır.

Wundt, bir deneyde katılımcılardan –belli bir renkte ve belli bir parlaklık düzeyinde, belli süreyle parlayan– standart bir ışık sinyalini aldıklarında ne duyumsadıklarına dair bilgi vermelerini ister. Bununla tüm katılımcıların ayrı etkiyi aldıkları garanti edilmekte, farklı katılımcıların tepkilerinin kıyaslanabilmesine ve eğer istenirse deneyin ileri bir tarihte tekrarlanabilmesine olanak tanınmaktadır. Wundt'un tekrarlama olasılığı üzerindeki bu ısrarı gelecekteki tüm psikolojik deneylerinde de standart olarak görülecektir.

Duyu deneylerinde Wundt insan bilincini ölçülebilir bir yöntemle keşfetmeye çalışmıştır. Bilincin, bilinemeyen, öznel, eşsiz ve bireye özgü olduğunu görmeyi reddetmiştir. Işığa tepki deneylerinde, kişinin bir tür uyarıcı almasıyla ona istemsiz bir tepkidense) istemli bir tepki vermesi arasında geçen zamanla ilgilenmiş ve tepkileri kesin olarak ölçmek için çeşitli araçlar kullanmıştır. Katılımcılarının verdikleri ortak bilgilerle olduğu kadar, açıkça görülen bireysel farklılıklarla da ilgilenmiştir.

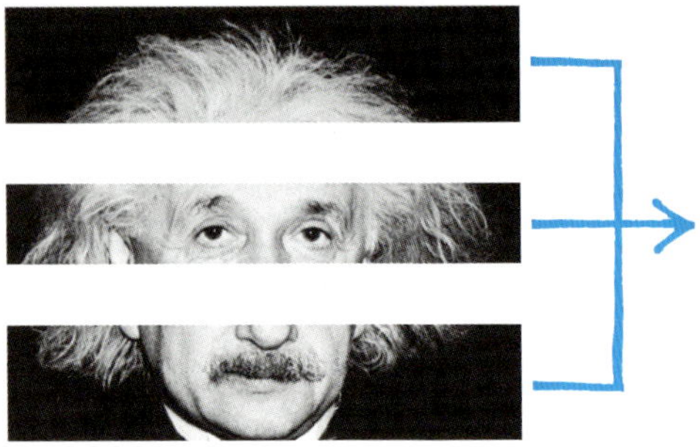

Duyularımız şekiller, boyutlar, renkler, kokular ve dokuların **ayrıntılarını algılamamızı** sağlar ama Wundt'a göre bunlar içselleştirildiklerinde yüz gibi karmaşık simgeler halinde birleşirler.

Wundt saf duyuların üç bileşeni olduğunu öne sürer: nitelik, yoğunluk ve "hissediş tonu". Örneğin belli bir parfümün tatlı bir kokusu olabilir (nicelik), bu koku belirgin ama uçucudur (yoğunluk) ve koklaması hoştur (hissediş tonu). Öte yandan ölü bir farenin mide bulandırıcı (nicelik), kuvvetli (yoğunluk) ve kötü (hissediş tonu) bir kokusu olabilir. Wundt bilincin duyularda ortaya çıktığını söyler ama bunlar "saf" duyusal veri olarak içselleştirilmezler, onun yerine önceden toplanmış veya bir araya getirilmiş, ölü fare gibi simgeler olarak algılanırlar. Wundt bunları "bir nesnenin görüntüleri veya dış dünyadaki bir süreç" olarak adlandırır. Bu nedenle, örneğin belli özellikleri olan bir yüz gördüğümüzde –ağız şekli, göz rengi, burun boyutu vb.– tanıdığımız birini anımsarız.

Bilincin kategorileri

Wundt deneylerinden yola çıkarak bilincin bir araya gelerek birleşik bir olaylar akışı izlenimi oluşturan üç ana eylem kategorisinden –temsil etme, isteme ve hissetme– meydana geldiğini ileri sürer. Simgeler, dış dünyadan algılanan bir nesnenin zihindeki görüntüsünü (görüş alanı içindeki bir ağaç gibi) temsil ediyorlarsa "algılar", öznel bir aktiviteyi (bir ağacı anımsamak veya tek boynuzlu bir atı tasavvur etmek gibi) temsil ediyorlarsa "sezgiler"dir. Wundt bir sezginin ya da algının bilinçte berraklaşmasını "kavrama" olarak adlandırır. Yani örneğin ani ve yüksek bir sesi algılar ve sonra bunun eğer yoldan hemen çekilmezseniz size çarpacak olan bir araba anlamına gelen bir uyarı sesi olduğunu kavrarsınız.

Bilincin irade kategorisi dış dünyaya müdahil olma yöntemiyle nitelenir; kolumuzu kaldırmamızdan tutun da kırmızı giymeyi seçmemize kadar isteklerimizi veya "irademizi" ifade eder. Bu tür bir bilinçlilik deneysel kontrolün ve ölçümün üzerindedir. Bununla birlikte Wundt, bilincin üçüncü kategorisi olan hissetmenin, deneye katılanların nesnel bilgilendirmeleri aracılığıyla veya gerginlik, gevşeme ya da heyecan gibi davranışların düzeylerini ölçme yoluyla ölçülebildiğini bulmuştur.

> Bilincin tam bir tanımı deneysel psikolojinin tek hedefidir.
> **Wilhelm Wundt**

Kültürel psikoloji

Wundt'a göre kişinin psikolojik gelişimi sadece duyularla değil ama aynı zamanda tekrarlanamayacak ve deneysel bir ortamda kontrol edilemeyecek karmaşık sosyal ve kültürel etkilerle belirlenmektedir. Bu etkilere din, dil, mitler, tarih, sanat, yasalar ve âdetleri de dahil eden Wundt, konuyu yaşamının son 20 yılında yazdığı *Kültürel Psikoloji* adlı 10 ciltlik kitabında ele alır.

Wundt dili, kültürün bilince katkısının önemli bir parçası olarak görür. Her türlü sözel iletişim "genel bir izlenim" veya söylemek istediğimiz şeyin birleştirilmiş düşüncesiyle başlar. Bu genel başlangıç noktasını "kavradıktan" sonra ifade etmek için kelimeleri ve cümleleri seçeriz. Konuşurken kast ettiğimiz anlamın doğruluğunu denetleriz. "Hayır, bu doğru değil, aslında şöyle demek istedim..." diyebilir ve ardından farklı bir kelime ya da kelime dizisi seçer ve kendimizi daha iyi ifade edebiliriz. Dinleyen kişi konuşanın iletmek istediği anlamı anlamalıdır ama asıl kelimeler genel izlenim kadar önemli olmayabilirler; özellikle de güçlü duygular söz konusuysa. Wundt, bu süreci izlediğimize kanıt olarak birinin söylediği kelimeleri aradan zaman geçince unutmamıza rağmen onun söylediklerinin genel anlamını hatırlamamızı gösterir.

Sadece sınırlı sayıdaki işaretleri ve sinyalleri değiş tokuş etmek yerine doğru dili kullanma yeteneği, günümüzde psikologların çoğu tarafından insanlarla geri kalan hayvanlar âlemi arasındaki en önemli fark olarak kabul edilmektedir. Aralarında şempanzeler gibi insan olmayan primatların da bulunduğu birkaç istisna bulunabilir ancak dil genellikle bilinçte büyük önem taşıyan bir insan yeteneği olarak kabul edilir.

> Normal konuşmanın gidişatı içinde ... irade, düşünceleri sıraya sokma ve artiküler hareketleri uyum içinde yönetir.
> **Wilhelm Wundt**

Bilinç ve türler

Bilinç, üzerinde hâlâ tartışılan bir kavramdır ama Wundt'tan beri temel değişikliklere uğramamıştır. Hayvanlardaki bilinç düzeyi henüz anlaşılamamıştır ve bu da hayvan deneyleri, yoğun tarım, tilki avı ve boğa güreşi gibi kanlı sporlar için bir deontoloji (ahlak kuralları) getirilmesine yol açmıştır. Hayvanların rahatsızlık, korku ve acı duyup duymadıkları konularıyla yakından ilgilenilmektedir. Günümüzde birkaç psikolog Wundt'un düşündüğü gibi bilincin mikroskobik tek hücrelilerde bile bulunduğunu düşünüyor olsa da, hayvanların benlik farkındalıkları ve bilinçleri olup olmadığı ile ilgili temel soru hâlâ cevapsızdır. ■

Wilhelm Wundt

Baden'de (bugün Mannheim, Almanya) doğan Wilhelm Wundt, entelektüel başarılarla dolu bir geçmişi olan bir ailenin dördüncü çocuğudur. Babası Luteryen bir rahiptir. Genç Wundt'un oyun oynamasına çok az izin verilir zira 13 yaşından itibaren sıkı bir Katolik okulunda katı bir dini eğitimden geçmektedir. Daha sonra Berlin, Tübingen Üniversitesi ve Heidelberg Üniversitesi'nde tıp eğitimi alarak 1856'da mezun olur.

İki yıl sonra Wundt, görsel algı üzerindeki çalışmalarıyla tanınan doktor Hermann von Helmholtz'un asistanı olur, Heidelberg'deyken dünyanın ilk deneysel psikoloji derslerini vermeye başlar ve 1879'da ilk psikoloji laboratuvarını açar. Wundt, 490'ın üzerinde eser vererek büyük ihtimalle dünyanın en üretken bilim yazarı olmuştur.

Önemli eserleri

1863 *İnsan ve Hayvan Zihinleri Üzerine Konuşmalar*
1896 *Psikolojinin Ana Hatları*
1873 *Fizyolojik Psikolojinin İlkeleri*

BİLİNCİN ANLAMINI HEPİMİZ BİLİRİZ YETER Kİ ONU TANIMLAMAMAMIZI İSTEMESİNLER

WILLIAM JAMES (1842–1910)

KISACA

YAKLAŞIM
Bilinç analizi

ÖNCE
1641 René Descartes, benlik farkındalığını düşünme yeteneği açısından tanımlar.

1690 İngiliz filozof John Locke, bilinci "bir insanın kendi zihninden geçenlerin algısı" olarak tanımlar.

1781 Alman filozof Immanuel Kant, eşzamanlı olayların "bilinç birliği" olarak yaşandığını ifade eder.

SONRA
1923 Max Wertheimer, *Algısal Formlarda Organizasyon Yasaları* adlı kitabında zihnin görüntüleri nasıl aktif olarak yorumladığını gösterir.

1925 John B. Watson, bilinci "ne belirgin ne de kullanılabilir bir kavram" diyerek reddeder.

"Bilinç" terimi genellikle bireyin, aralarında duyumları, duyguları ve anılarının da bulunduğu kendi düşüncelerinin farkında olmasını anlatmak için kullanılır. Sıklıkla bu farkındalığı olağan kabul ederiz, ta ki bir zorlukla karşılaşana, örneğin çok yorgunken bir şey yapmaya çalışana dek. Ama düşüncelerinizi bilinciniz üzerinde odaklarsanız, çok geçmeden bilinç deneyimlerinizin sürekli değiştiğini fark edersiniz. Örneğin bu kitabı okurken geçmiş deneyimlerinizi anımsayabilir veya konsantrasyonunuzu bozan rahatsızlıklarınızın farkına varabilirsiniz ya da gelecek için birtakım planlar aklınıza gelebilir. Bilinç deneyimleriniz hakkında düşünmek, düşüncelerinizin ne kadar değiştiğini ve yine de bir bütün gibi pürüzsüzce bir arada fark etmenizi sağlar.

Amerikalı psikolog William James bu günlük bilinç deneyimlerini, dış müdahalelere ve yön değiştirmelere rağmen sürekli akan bir ırmakla kıyaslar ve şöyle der: "Bir 'nehir' ya da 'dere' onun en doğal tanımlayan metaforlardır. Buradan itibaren ona düşüncelerin, bilincin akışı diyelim..."

> Bilinç... parçalara ayrılmış şekilde ortaya çıkmaz... Birleştirilmiş değildir; akıp gider.
> **William James**

James'in ünlü tanımı "bilinç akışı" hemen herkesin tanımlayabileceği çünkü hepimizin yaşadığı bir şeydir. Ancak aynı zamanda James aslında bunu tanımlamanın çok zor olduğuna da dikkat çeker: "Her düşüncenin kişisel bilincin bir parçası olduğunu söylediğimde söz konusu terimlerden biri "kişisel bilinç" olur... bunun doğru bir tanımını getirmek felsefenin en zor görevidir."

Bu "en zor ödev"in uzun bir geçmişi vardır. Antik Yunanlılar

William James

William James, 1842'de varlıklı ve nüfuzlu bir ailenin oğlu olarak New York'ta doğar ve çocukluğu seyahat ederek geçer, Avrupa ve ABD'de çeşitli okullara gider. Erken yaşta sanata yeteneği anlaşılır ve kariyerine önce ressam olarak başlar ancak bilime olan merakı sonunda 1861'de Harvard Üniversitesi'ne kaydolmasına neden olur. 1864'te Harvard Tıp Fakültesi'ne geçer ancak çalışmaları fiziksel hastalıklar ve depresyon yüzünden sık sık kesilir. 1869'da doktor olarak mezun olur ama hiçbir zaman tıp alanında çalışmaz. 1873'te Harvard'a dönerek felsefe ve psikoloji profesörü olur. İlk deneysel psikoloji derslerini ABD'de verir; psikolojinin gerçek bir bilimsel disiplin sayılmasında çok önemli bir rol oynar. 1907'de emekli olur ve 1910'da New Hampshire'daki evinde huzur içinde ölür.

Önemli eserleri

1890 *Psikolojinin İlkeleri*
1892 *Psikoloji*
1897 *İnanma İradesi*

Ayrıca bkz. René Descartes 20–21 ▪ Wilhelm Wundt 32–37 ▪ John B. Watson 66–71 ▪ Sigmund Freud 92–99 ▪ Fritz Perls 112–17 ▪ Wolfgang Köhler 160–61 ▪ Max Wertheimer 335

zihin üzerinde kafa yormuşlar ancak "bilinç" terimini ya da benzer bir ifadeyi kullanmamışlardır. Ancak zaten bedenden ayrı bir şeyin olup olmadığı tartışması var olmuştur. MÖ 4. yüzyılda Platon, ruh ve beden arasında bir ayrım yapmış ancak Aristoteles, bir ayrım varsa bile, ikisinin birbirinden ayrılamayacağını savunmuştur.

İlk tanımlar

17. yüzyılın ortalarında René Descartes, bilinci tanımlamaya çalışan ilk filozoflardan biri olmuştur. O, "uzantılar âlemi" adını verdiği maddesel şeylerin fiziksel alanın tersine "düşünceler âlemi" adını verdiği maddesel olmayan bir alan olduğunu ve bilincin burada bulunduğunu öne sürer. Ancak bireysel algıların sürekli bir geçişi olarak modern bilinç kavramını ilk ortaya atan kişi, 17. yüzyıl İngiliz filozofu John Locke'tur. James, Locke'un gelip geçici algılar geçidi fikrinin yanı sıra 18. yüzyıl Alman filozofu Immanuel Kant'tan da etkilenmiştir. Kant deneyimlerimizin bir araya geliş biçiminden etkilenmiş, aynı anda bir ses duyup bir acı hissettiğimizde bunları tek bir olay gibi deneyimlediğimizi fark etmiş ve buna sonradan aralarında William James'in de bulunduğu pek çok filozofa ilham kaynağı olacak "bilincin birliği" adını vermiştir.

James bilinç hakkındaki en önemli noktanın bir "şey" değil ama –beynin "kendisini düzenlemeyecek kadar karmaşık ve büyük olan sinir sistemini yönlendirmek için– yaptığı şey, bir süreç olduğunu fark etmiştir. Bu süreç bizim geçmiş, şimdiki ve

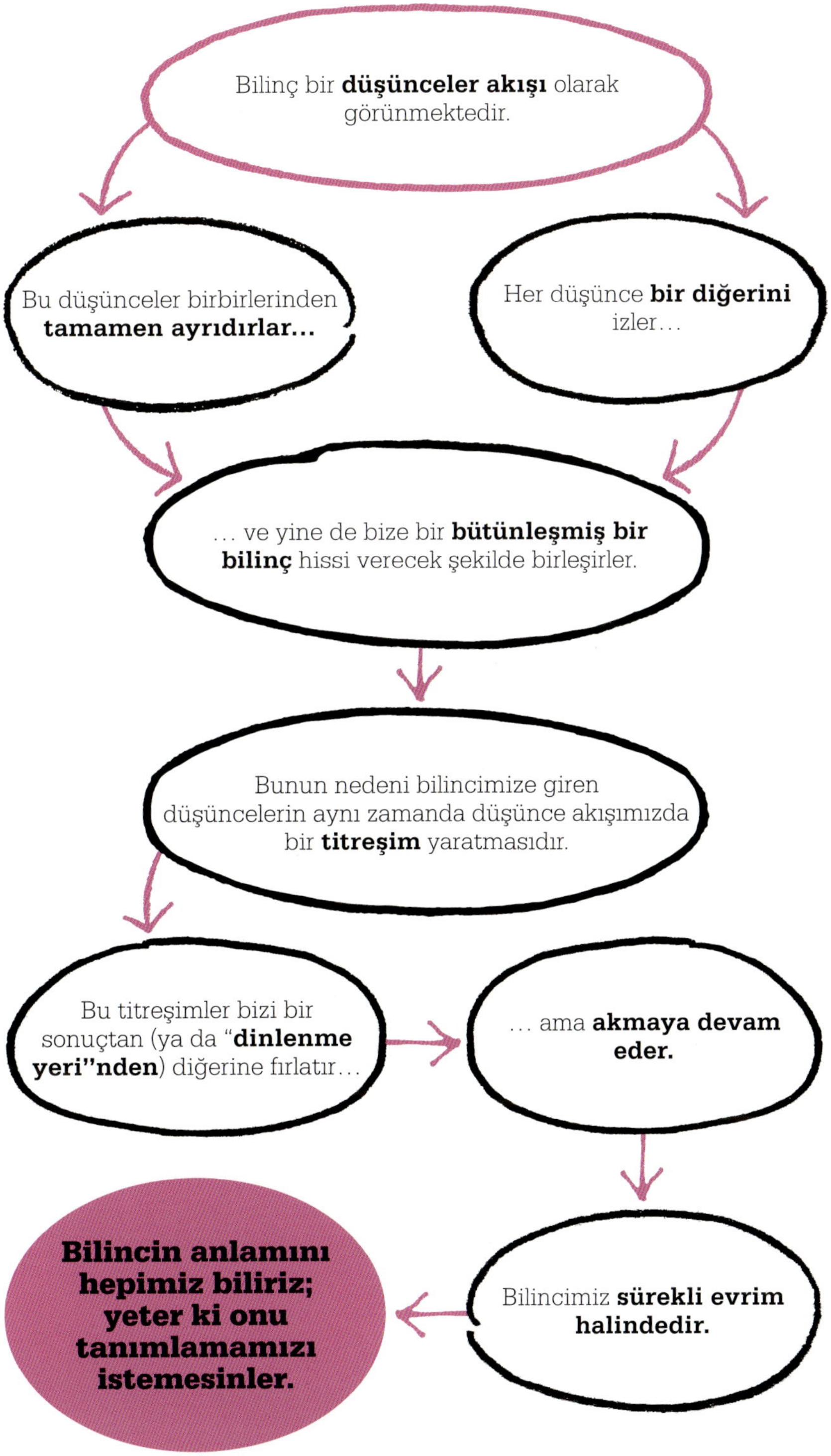

> Kimse tek başına basit bir duyuma sahip olmaz: bilinç... nesneler ve ilişkilerin çeşitliliğiyle doludur.
> **William James**

gelecek zaman üzerine kafa yormamızı, koşulları planlayıp uyarlamamızı ve böylece James'in, bilincin ana nedeni olduğuna inandığı şeyi –sağ kalmayı– başarabilmemizi sağlar.

Ancak James kesintisiz bir bilincin yapısını tasavvur etmekte zorlanmış ve bunu 12 kişilik bir gruba benzetmiştir: "Bir düzine kelime ve bir düzine adam alın; her birine bir kelime verin. Sonra onları sıraya dizin ya da karışık halde bırakın ve her birini kendi kelimesi üzerinde olabildiğince yoğun biçimde düşünmeye bırakın; tüm cümlenin bilinci hiçbir yerde olmayacaktır." Eğer bilinç ayrı ayrı düşüncelerin akışı ise James onların nasıl bir araya geldiklerini görmekte zorlanır ve şöyle der: "*a* düşüncesi ile *b* düşüncesi (*a*+*b*) düşüncesiyle aynı değildir." İki düşüncenin toplamı bir fikir meydana getirmez. Bunların yepyeni bir fikir oluşturmaları daha muhtemeldir: Örneğin eğer a düşüncesi "saat dokuz" ve *b* düşüncesi de "tren 9.02'de kalkıyor" ise bunları izleyen *c* düşüncesi "treni kaçıracağım" olacaktır.

Düşünceleri birleştirmek

James, düşüncelerin bilinç akışı içinde anlamlı şekilde nasıl bir araya geldiklerini bulmanın en basit yolunun "birlikte bilinen şeylerin bu akışın tek titreşiminde bilindiklerini" varsaymak olduğu sonucuna varır. Kant'ın aynı anda bir ses duymakla bir acı hissetmek örneğinde olduğu gibi bazı düşünceler ya da duyumların kaçınılmaz biçimde bağlantılı olduklarına inanır çünkü bilincimize aynı anda giren her düşünce, akış içinde bir titreşim ya da bir akım yaratmak için bir araya gelmektedir. Bu şekilde bilincimizden akan kimi hızlı kimi yavaş pek çok akım olabilir. Hatta James zihinlerimizde tutup, uzun uzadıya düşünebileceğimiz resimler oluşturduğumuz dinlenme noktaları olduğunu bile öne sürer. Bu dinlenme yerlerine "sabit bölümler" ve hareket eden akımlara da "geçici bölümler" adını verir ve düşünmenin akımlar veya geçici bölümler tarafından itilerek bir sabit bölümden diğerine sürekli olarak hareket ettiğini iddia eder. Bu nedenle, amacı bizi bu şekilde sürekli ileri itmek olan düşünce akışımız tarafından bir sonuçtan

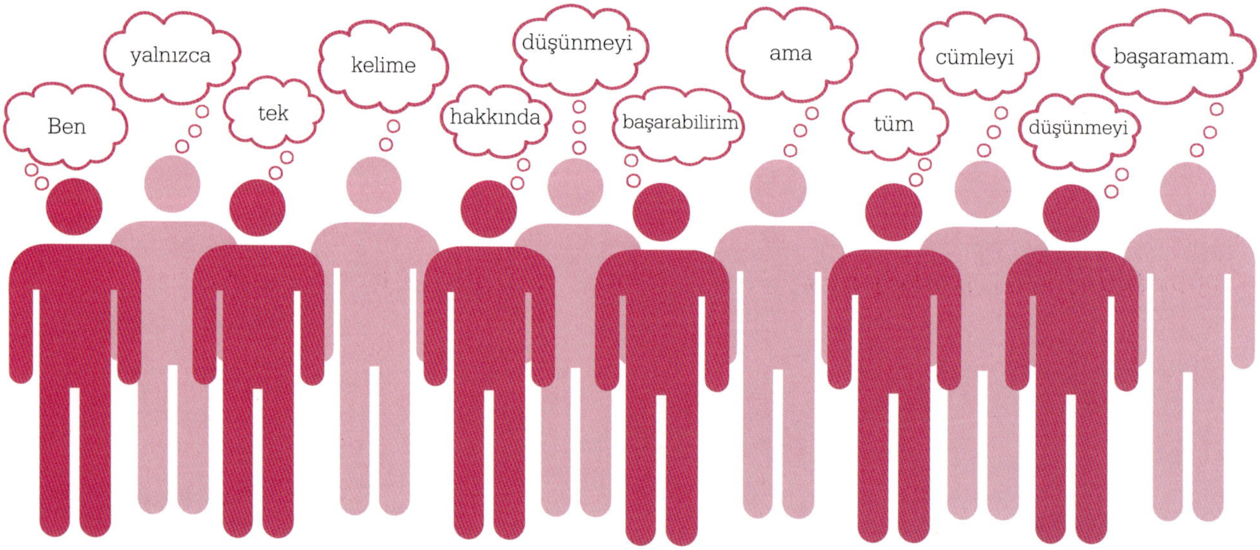

12-sözcüklü cümle sorunu James tarafından ayrı düşüncelerden nasıl kesintisiz bir bilinç oluştuğunu kavramada yaşadığı zorluğu göstermek için kullanılmıştır. Eğer her adam sadece tek bir sözcüğün farkındaysa bütün sözcüğün bilincine nasıl varabilir?

Fransız post-empresyonist ressam Georges Seurat'nın bu eseri **saf renk noktalarından** oluşmuş. Beynimiz yine de birbirinden ayrı bu unsurları birleştirerek bir insan figürü görmemizi sağlıyor.

diğerine "itilip" durduğumuzu düşünür. Burada nihai bir sonuç yoktur; bilinç bir şey değil ama sürekli evrilen bir süreçtir.

James bilincin kişiye özgü yapısına da dikkat çekerek düşüncelerin bir düşünürden bağımsız olamayacağını belirtir – onlar, benim ya da sizin düşüncelerinizdir. Her birinin bir "sahibi" vardır ve asla "kendisinden başka birinin bilincinde oluşmazlar". Ve benliği oluşturan "bizim bağlantılı olmalarını istediğimiz şekilde bağlantılı olan" bu düşüncelerdir. James, düşünceler benlikten ayrılamayacakları için bu benliği incelemenin psikolojinin başlangıç noktası olması gerektiğini söyler. Deneysel psikologlar buna katılmazlar çünkü "benlik" deneye koyulabilecek bir şey değildir ancak James belli şeyler yapan ve belli şekillerde hisseden bir benlik anlayışıyla çalışmanın yeterli olduğunu düşünür. Kendisini davranışları aracılığıyla gösteren bu benliğe "ampirik benlik" adını verir ve her biri içgözlem aracılığıyla incelenebilecek birkaç bölümden oluştuğunu öne sürer: maddesel benlik, ruhsal benlik ve sosyal benlik.

Duygu kuramı

Bilinç araştırmalarının ilk başlarında James, duyguların gündelik hayatlarımızda önemli bir rol oynadıklarını fark eder ve meslektaşı Carl Lange ile birlikte duyguların hareketlerimiz ve davranışlarımızla ilişkisi hakkında bir kuram geliştirir. James-Lange Duygu Kuramı olarak bilinen bu kuram, duyguların bilinçli zihnimizin psikolojik durumumuzu algılamasından doğduğunu öne sürer. Bu kuramı açıklamak için James bir ayı görme ve sonra kaçma örneğini verir. Bu, ayıyı gördüğünüz, korktuğunuz ve korkudan kaçtığınızı göstermez. Aslında olan, ayıyı görüp kaçmanızdır ve bilinçli korku duygusuna kaçma hareketi neden olur. Bu, insanların çoğunun düşündüğü şeyin tersidir ama James'in görüş, kaçmanın fiziksel etkilerinin –hızlı nefes alıp verme, yükselen kalp ritmi ve ağır terleme– zihindeki algılanmasının, korku duygusuna dönüştüğünü söyler. James'in kuramına başka bir örnek de gülümsediğinizin bilincinde olduğunuz için mutlu hissetmenizdir; önce mutlu hissedip sonra gülümsemezsiniz.

Pragmatizm

James'in bir şeylerin doğru veya yanlış olduğuna inanma şeklimize yaklaşımı bilinç kuramlarıyla hakkındaki kuramlarıyla ilişkilidir. "Doğrular gerçeklerden doğar… ama… bu arada 'gerçekler' doğru değillerdir sadece gerçektirler.

> Tek bir kusursuz ve kesin doğru vardır... bilincin varolduğuna dair mevcut olgunun doğrusu.
> **William James**

Doğrular, kendi aralarında başlayan ve biten düşüncelerin bir işlevidir". James "doğru inançları" inananın yararlı buldukları olarak tanımlamıştır. Düşüncelerin yararlılığına bu vurgulama, James'in düşüncesinin merkezi olan Amerikan felsefi geleneği pragmatizmin kalbinde yatar.

James, yaşamlarımız süresince sürekli olarak "doğru"ları birbirlerine karşı sınadığımızı ve bilinçli inançlarımızın değişmeye devam ettiğini çünkü "eski doğrular"ın değiştiğini ve bazen "yeni doğrular"la yer değiştirdiğini öne sürer. Bu kuram özellikle, psikolojiyi de içeren tüm bilimsel araştırmaların ilerleme yöntemiyle ilişkilidir. James buna örnek olarak, 1902'de Marie ve Pierre Curie'nin radyoaktif radyum elementini keşiflerini gösterir. Curie'ler araştırmaları sırasında "bir anlığına sanki doğa düzeniyle ilgili tüm bildiklerine ters düşer" bir şekilde radyumun sınırsız miktarlarda enerji yaymakta olduğunu keşfetmişlerdir. Ancak bu keşfi bilinçli bir şekilde düşündükten sonra şu sonuca varmışlardır: "Enerjiye ait eski fikirlerimizi genişletmesine rağmen enerjinin yapısında minimum değişikliğe neden olmuştur." Bu örnekte Curie'ler bilimsel bilgiyi sorgulamış ve değiştirmişlerdir ama özündeki doğrular değişmeden kalmıştır.

Sonraki çalışmalar

James'in ölümünü izleyen dönem davranışçı hareketin doğuşuna ve bilince olan ilginin düşüşüne tanıklık etmiştir. Böylece konu üzerinde 1920'lerin başından 1950'lere kadar pek az kuramlaştırma olmuştur. Buna önemli bir istisna, beynin bütünsel olarak işlediğini vurgulayarak, ayrı olaylardansa tüm bilinçli deneyimleri hesaba katan –bir resme baktığımızda sadece ayrı ayrı, noktaları, çizgileri ve şekilleri görmez anlamlı bir bütünü görürüz– Alman merkezli Gestalt hareketidir. Bu kavram şimdi ünlü Gestalt cümlesini oluşturmuştur: "Bütün, parçaların toplamından daha büyüktür."

Ancak 1908'lerden beri psikologlar ve sinirbilimciler "bilinç çalışmaları" adı verilen yeni bir araştırma alanı geliştirmişler, iki ana ilgi alanına odaklanmışlardır: Normal ve sağlıklı olduğu kabul edilen insanların naklettikleri şekliyle bilinç içeriği; farkındalık durumları bir şekilde bozulmuş insanların bilinçleri. İkinci grup, deneklerin "bitkisel hayat" durumunda olduklarını da –hastaların uyanık ve kendi kendine nefes alabilir durumda ama diğer tüm beyin işlevlerini kaybettikleri koma hali– vakaları da kapsar. Her iki araştırmanın amacı da bilinçlilik halinin değerlendirmesinin mümkün olduğunca nesnel şekilde yapılmasının yollarını bulmak ve altında yatan mekanizmaları –fiziksel ve psikolojik– anlamaktır.

Modern sinirbilimi bilincin mekanizmaları olduğunu göstermiştir. 20. yüzyılın son yıllarına gelindiğinde İngiliz moleküler biyolog ve biyofizikçi Francis Crick bilincin, beynin özel bir alanıyla –planlama, problem çözme ve davranış kontrolü gibi düşünce süreçleriyle ilgilenen alın korteksi– ilişkili olduğunu iddia etmektedir.

Kolombiyalı sinirbilimci Rodolfo Linas tarafından yürütülen araştırmalar bilinci talamusun faaliyetleriyle birlikte beyin korteksiyle ilişkilendirir. Beynin merkezinin derinliklerinde yer alan bir yapı olan talamus, beynin içinde belirli aralıklarla titreşimler yaratmaktan sorumludur; eğer bu titreşimler bozulursa –enfeksiyon veya genetik nedenlerle– kişi epilepsi ve Parkinson gibi sinirsel rahatsızlıkların yanı sıra depresyon benzeri psikolojik durumlar da yaşamaya başlayabilir. Ancak iş bilincin tanımına geldiğinde modern girişimler hâlâ belirsiz kalmaktadır ve uygulanmaları

Pierre ve Marie Curie'nin araştırmaları, pek çok bilimsel eser gibi, tamamen karşı çıkılmasa da değiştirilmiş erken kuramlardır. James, yeni "gerçekler"in de benzer şekilde temel inançlarımızı sürekli değiştirdiğini iddia eder.

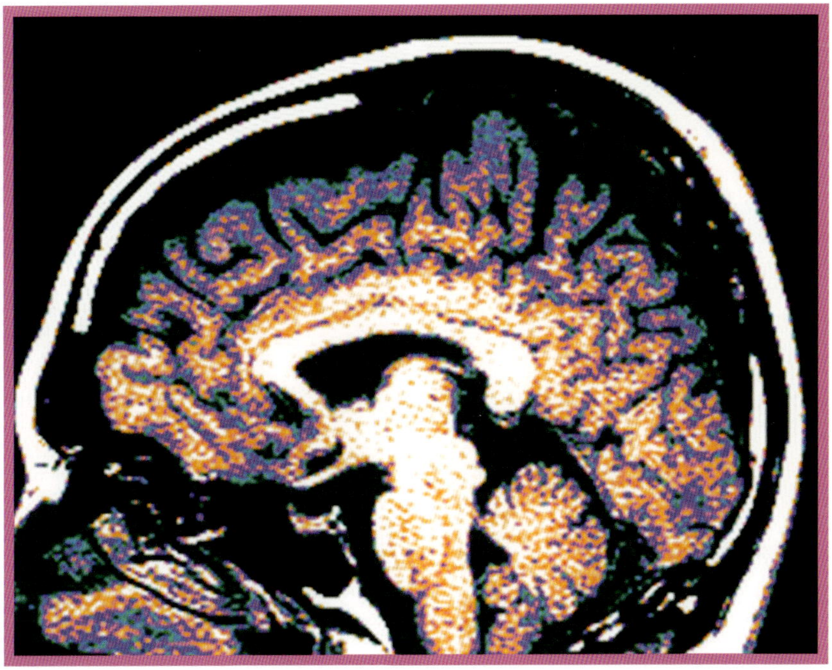

Beynin MRI çekimleri bu resmin ortasında görülen ve bilinçle bağlantıları varmış gibi görünen talamus gibi yapıları tanımlamaya yardımcı olmuştur.

zordur. Örneğin Amerikalı sinirbilimci Antonio Damasio bilinci "neler olduğu duygusu" olarak adlandırır ve "bir organizmanın kendi benliğinin ve çevresinin farkında olması" olarak tanımlar. William James'in öne sürdüğü gibi, bilincin tanımlanması çok zordur.

Kalıcı miras

James'in 1890 tarihli *Psikolojinin İlkeleri* kitabının düzenlenmiş versiyonu hâlâ basılmaktadır ve düşünceleri pek çok psikologun yanı sıra diğer bilim insanların ve düşünürler üzerinde de derin izler bırakmıştır. James'in pragmatik felsefesinin gerçeklere uygulanması –"doğru" olana değil "düşünülmesi yararlı olana" yoğunlaşma– psikolojinin zihinle bedenin ayrı olup olmadıkları sorusundan dikkat, hafıza, muhakeme, hayal gücü ve tasarı gibi zihinsel süreçler üzerinde daha yararlı bir çalışmaya geçmesine yardımcı olmuştur. James yaklaşımının filozoflarla psikologları "soyutluk, sabit ilkeler, kapalı sistemler, varmış gibi yapılan mutlaklıklar ve kökenlerden uzaklaştırıp olgular, eylem ve güce yaklaştırmaya" yardımcı olduğunu öne sürer. James'in –yaşadıklarımızı küçük detaylara bölmek için iç gözleme dayalı, yapısalcı yaklaşımının tersine– farklı çevrelerin eylemlerimiz üzerindeki etkilerini de içeren, olayların bütüncüllüğüne odaklanma ısrarı da davranış anlayışımızı şekillendirmiştir.

James 1875'te Harvard'da hocalık yapmaya başlamadan önce hiçbir Amerikan üniversitesinde bağımsız psikoloji dersleri verilmemektedir. Ancak 20 yıl içinde ABD'de 24 üniversite ve kolej psikolojiyi ayrı bir akademik disiplin olarak tanımış ve alanda diploma vermeye başlamıştır. Üç uzman psikoloji dergisi ve bir profesyonel kuruluş –Amerikan Psikoloji Derneği– de aynı dönemde kurulmuştur.

James "deneysel çalışmalardan nefret ettiğini" iddia etmesine rağmen deneysel psikolojiyi Amerika'ya tanıtan kişidir. Bunu yapmıştır çünkü bir kuramı kanıtlamanın ya da çürütmenin en iyi yolunun bu olduğunun farkın varmıştır. Ancak özellikle zihinsel süreçlerde bir keşif gereci olarak iç gözlem kullanımına da önem vermeye devam etmiştir.

Psikoloji, algısındaki bu kayma ve ilgi alanının (James'in deyişiyle) "sıkıcı, küçük bir konu" olarak kabul edilmekten geniş çapta yararlı bir disipline dönüşmesindeki en büyük payı James'e borçludur. 1977'de Amerikan Psikoloji Derneği'nin kuruluşunun 75. yılı kutlamalarındaki konuşmasında, o zamanlar California Üniversitesi'nde Emeritus Psikoloji Profesörü olan David Krech, James'ten "psikolojinin babası" olarak bahsetmiştir. ■

> Kaybolan görüntüler gibi tüm bu bilinç halleri de birbirleri içinde eriyip giderler. Bir uzatılmış bilinçten, aralıksız bir akıştan başka bir şey değildirler.
> **William James**

ERGENLİK YENİDEN DOĞMAKTIR

G. STANLEY HALL (1844–1924)

KISACA

YAKLAŞIM
İnsan gelişimi

ÖNCE
1905 Sigmund Freud, *Cinsellik Kuramı Üzerine Üç Deneme*'de ilkgençlik yıllarının "örgensel evre" olduğunu ileri sürer.

SONRA
1928 Amerikalı antropolog Margaret Mead, in *Coming of Age in Samoa*'da ergenlik döneminin sadece gelişmiş Batı toplumunda farklı evreler geçirdiğini açıklar.

1950 Erik Erikson, *Çocukluk ve Toplum*'da ergenliği "Kimlik Karşısında Rol Karmaşası" evresi olarak tanımlar ve "kimlik krizi" terimini kullanır.

1983 Yeni Zelandalı antropolog Derek Freeman, *Margaret Mead ve Samoa*'da Mead'in ergenliğin sadece toplumsal olarak inşa edilmiş bir kavram olduğu fikrine karşı çıkar.

İnsan gelişimini belirleyen unsur **doğadır**: bu, **"atalarımızdan gelen kaydın" tekrarıdır.**

↓

Bir çocuğun hayvanlara benzer bir doğası vardır ve **birkaç büyüme evresinden** geçer.

↓

Ergenlikte evrim hızı yavaşlar; bu, **bireysel değişim** zamanıdır.

↓

Bu çılgın, kural tanımaz dönem boyunca ergenler giderek daha **duyarlı, dur durak bilmezdir**, **özbilinç sahibi olurlar** ve depresyona eğilimlidirler.

↓

Çocuk bundan sonra yetişkin olur: Artık daha **medeni ve üst düzey** bir varlıktır.

↓

Ergenlik yeniden doğmaktır.

Ayrıca bkz. Francis Galton 28–29 ▪ Wilhelm Wundt 32–37 ▪ Sigmund Freud 92–99 ▪ Erik Erikson 272–73

"Ergenlik" sözlük anlamı olarak "büyümek"tir (Latince *adolescere*'den). Kuramsal olarak çocuklukla yetişkinlik arasındaki dönemi tanımlar ama pratikte genellikle "ilkgençlik" yılları anlamına gelmektedir. Çoğu Batı toplumunda ergenlik kavramı 20. yüzyıla kadar tanınmamıştır; belli bir yaşta –18 civarı– çocukluk biter ve yetişkinlik başlar.

Öncü psikolog ve eğitimci G. Stanley Hall 1904'te yazdığı kitabı *Ergenlik*'le konuyu araştıran ilk akademisyen olmuştur. Hall, Darwin'in evrim teorisinden esinlenerek tüm çocuklukların, özellikle de davranış ve erken fiziksel gelişim açısından evrimsel değişim çizgisini yansıttıklarına ve her birimizin kendi "atalarımızdan gelen kayıtlarımızla" uyum içinde geliştiğimize inanmıştır.

Hall'un önemli ilham kaynaklarından biri de Alman yazar ve müzisyenlerinin tam bir ifade özgürlüğünü destekledikleri 18. yüzyıldaki Sturm und Drang ("Fırtına ve Atılım") hareketidir. Hall ergenliği de "*Sturm and Drang*" olarak tanımlar; bunun duygusal çalkantılar ve isyan dönemi olduğunu, sessiz bir karamsarlıktan en çılgın riskleri almaya kadar geniş bir ruh halini yansıttığını düşünür. Ona göre ergenlik, "güçlü duygular ve yeni duyular, arzular… monotonluk, rutin ve ayrıntılara tahammülsüz olmak" demektir. Benlikle çevre bilinci çok gelişir, her şey daha şiddetli hissedilir ve kendi için duyum arar.

Modern yansımalar

Hall'un bulgularının günümüzdeki araştırmalarda yansımaları görülmektedir. Hall ergenlerin depresyona çok meyilli olduklarına inanır ve 11 yaşında başlayan, 15 yaşında zirveye ulaşan ve sonra 23 yaşına kadar istikrarlı biçimde düşen bir **"bunalım eğrisi"** tanımlar. Modern araştırmalar da benzer bir modeli doğrulamaktadır. Hall'un tanımladığı depresyonun nedenleri şaşırtıcı biçimde tanıdıktır: beğenilmeme şüphesi ve aşılması güç gibi görünen karakter kusurlarına sahip olma ve "umutsuz aşktan hoşlanma". Hall, ergenlikteki özbilincin kendini eleştirmeye ve hem kendini hem başkalarını tenkide yol açtığına inanır. Bu görüş, gençlerin ileri derecedeki akıl yürütme yeteneklerinin onlara "satır aralarını okuma imkânı" tanıdığını, aynı zamanda durumlara karşı duyarlılıklarını fazlalaştırdığını savunan yeni çalışmaları yansıtır. Hall'un suç işleme eylemlerine ilkgençlik yıllarında daha sık rastlandığı ve 18 yaş civarında zirve yaptığı fikri gerçekliğini hâlâ korumaktadır.

Ancak Hall ergenlik hakkında tümüyle olumsuz da düşünmez. *Gençlik: Eğitim, Disiplin ve Hijyen*'de yazdığı gibi: "Ergenlik yeniden doğmaktır; daha yüksek ve tamamlanmış insan özellikleri doğar." Bu nedenle Hall'e göre ergenlik, çok daha iyi bir şeyin zorunlu başlangıcıdır. ▪

> Ergenlik, insan ruhunun en iyi ve en kötü dürtülerinin sahip olmak için birbirlerine karşı mücadele ettikleri bir dönemdir.
> **G. Stanley Hall**

G. Stanley Hall

ABD'nin Massaschusetts eyaletinde Ashfield'de bir çiftçi ailesinin oğlu olarak doğan Granville Stanley Hall, 1867'de Massachusetts Williams Koleji'nden mezun olur. Dünyayı dolaşma planları kaynak yokluğundan rafa kaldırılır ve o da annesinin isteği üzerine Almanya'ya gitmeden önce bir yıl New York'ta teoloji okur. 1870'te Amerika'ya dönüşünden sonra Harvard'da dört yıl William James'le çalışır ve ABD'de ilk psikoloji doktora derecesini kazanır. Daha sonra Wilhelm Wundt'la Leipzig'deki laboratuvarında çalışmak için iki yıllığına Almanya'ya gider.

1882'de Hall, Baltimore'daki Johns Hopkins Üniversitesi'nde profesör olur ve ABD'nin psikolojiye ayrılmış ilk laboratuvarını kurar. 1887'de *American Journal of Psychology*'yi kurar ve 1892'de Amerikan Psikoloji Derneği'nin ilk başkanı olur.

Önemli eserleri

1904 *Ergenlik*
1906 *Gençlik: Eğitim, Disiplin ve Hijyen*
1911 *Eğitim Sorunları*
1922 *Yaşlılık*

BİR ŞEYİ ÖĞRENDİKTEN 24 SAAT SONRA ÜÇTE İKİSİNİ UNUTURUZ

HERMANN EBBINGHAUS (1850–1909)

KISACA

YAKLAŞIM
Bellek çalışmaları

ÖNCE
MÖ 5. yy. Antik Yunanlılar hatırlatıcılardan –belleğe yardımcı olan anahtar kelimeler veya uyaklar– yararlanırlar.

1582 İtalyan filozof Giordano Bruno, *Hafıza Sanatı*'nda bilgi ve deneyim diyagramlar kullanarak ezber için yöntemler verir.

SONRA
1932 Frederick Bartlett, her anının bilgi ve çıkarsamaların karışımı olduğunu söyler.

1949 Donald Hebb, *Davranışın Organizasyonu*'nda öğrenmenin uyarılan beyin hücrelerinin "birleşimlere" bağlanmasıyla nasıl oluştuğunu anlatır.

1960 ABD'li psikolog Leo Postman, yeni şeyler öğrenmenin önceki öğrenilenlere müdahale edebileceğini ve "geriye dönük müdahale"ye neden olabileceğini bulur.

Ayrıca bkz. Bluma Zeigarnik 162 ▪ Donald Hebb 163 ▪ George Armitage Miller 168–73 ▪ Endel Tulving 186–91 ▪ Gordon H. Bower 194–95 ▪ Daniel Schacter 208–09 ▪ Frederic Bartlett 335–36

Hermann Ebbinghaus 1895'te öğrenme ve hafıza üzerinde sistematik olarak çalışan ilk psikolog olmuştur. Ebbinghaus bunu kendi üzerinde uzun ve zorlu bir deneyle yapmıştır. Locke ve Hume gibi filozoflar hatırlamanın birbirine bağlı şeylerin çağrışım yapması veya zaman, yer, neden veya etki gibi ortak özelliklere sahip düşünceler yoluyla gerçekleştiğini savunmuşlardır. Ebbinghaus çağrışımın hafıza üzerindeki etkisini test etmeye ve sonuçları matematiksel olarak kaydederek hafızanın kanıtlanabilir şemaları izleyip izlemediğini görmek istemiştir.

Hafıza deneyleri

Ebbinghaus ezberlediği bir kelime listesinin ne kadarını hatırlayacağını test ederek başlamıştır. Ardından çağrışım unsurunu ortadan kaldırmak için sessiz-sesli-sessiz biçiminde ("ZUC" ve "QAX" gibi) 2300 tane 3 harfli "anlamsız hece" yaratmıştır. Listeler halinde grupladığı bu hecelerin her birine saniyenin küçük bir bölümü bakmış ve listeye ikinci kez göz atmadan önce 15 saniye beklemiştir. Bu işlemi, tüm seriyi hızla tekrarlayabilene kadar sürdürmüştür. Farklı uzunlukta listeler ve farklı öğrenme aralıkları deneyerek öğrenme ve unutma hızlarını not etmiştir.

Ebbinghaus, şiir gibi anlamlı materyalleri kendi anlamsız listelerinden on kat daha kolay hatırlayabildiğini görmüştür. Ayrıca uyarıcı (anlamsız heceler) ne kadar çok tekrarlanırsa ezberlenmiş bilginin üretilmesi için o kadar az zaman gerektiğini de belirtir. Bunun yanı sıra bir listeyi ezberlerken en etkili olanın ilk tekrarlar olduğu da kanıtlanmıştır.

Ebbinghaus unutma kanıtlarını bulmak için araştırmasının sonuçlarına baktığında hiç de şaşırtıcı olmayacak şekilde ezberlemeye en çok zaman harcadığı listeleri daha az unuttuğunu ve anımsamanın en iyi olduğu noktanın öğrenmeden hemen sonrası olduğunu bulmuştur. Ebbinghaus ayrıca hafızada tutma konusunda beklenmedik bir bulguya da rastlar. Anımsama ilk saatte en hızlı biçimde kayba uğramakta, sonra hafifçe yavaşlamakta ve dokuz saat sonunda öğrenilenler yüzde 60 oranında unutulmaktadır. 24 saat sonra ezberlenen herhangi bir şeyin yaklaşık üçte ikisi unutulmaktadır. Bir grafikle gösterildiğinde bu keskin bir düşüşle başlayan ve sonra hafif bir eğimle devam eden "unutma eğrisini" göstermektedir.

Ebbinghaus, **bir materyali** bir saat içinde duyarak **öğrenmenin** ve hafızaya katmanın onu daha uzun süre hatırlamamızı ve daha kolay anımsamamızı sağladığını göstermiştir.

Ebbinghaus'un araştırması yeni bir sorgulama alanı açmış ve psikolojinin yeni bir bilimsel disiplin olarak yerleşmesine yardımcı olmuştur. Titiz yöntemleri hâlâ tüm psikolojik deneylerin temelindedir. ▪

Hermann Ebbinghaus

Hermann Ebbinghaus, Almanya'nın Bremen kentinde Luteryen tüccarlardan oluşan bir ailenin oğlu olarak doğar. 17 yaşındayken Bonn Üniversitesi'nde felsefe eğitimi almaya başlar ama öğrenim hayatı 1870'te Fransız-Prusya Savaşı'yla kesintiye uğrar. 1873'te eğitimini tamamlayıp Berlin'e taşınır. Daha sonra Fransa ve İngiltere'ye gider, oralarda 1879'dan itibaren kendi hafızasının gücü üzerinde araştırmalar yapmaya başlar. 1885'te "saçma heceler" araştırmasını detaylandırdığı *Hafıza*'yı yayımlar ve aynı yıl Berlin Üniversitesi'nde profesör olur. Orada iki psikoloji laboratuvarı ve bir akademik dergi kurar. Daha sonra Breslau Üniversitesi'ne geçer ve orada da bir laboratuvar kurar. Son olarak Halle'ye giderek 59 yaşında zatürreeden ölene dek orada ders vermeye devam eder.

Önemli eserleri

1885 *Hafıza: Deneysel Psikolojiye Bir Katkı*
1897–1908 *Psikolojinin Temelleri* (2 cilt)
1908 *Psikoloji: Yeni Başlayanlar için Ders Kitabı*

BİREYİN ZEKÂSI SABİT BİR NİCELİK DEĞİLDİR

ALFRED BINET (1857–1911)

KISACA

YAKLAŞIM
Zekâ kuramı

ÖNCE
1859 İngiliz doğabilimci Charles Darwin, *Türlerin Kökeni*'nde zekânın kalıtsal olduğunu ileri sürer.

1879'dan itibaren Wilhelm Wundt, psikolojiye bilimsel yöntemler uygulayarak zekâ gibi zihinsel yetenekleri ölçmek için nesnel yollar arar.

1890 Amerikalı psikolog James Cattell, zihinsel yeteneklerdeki bireysel farklılıkları ölçmek için testler geliştirir.

SONRA
1920'ler İngiliz eğitim psikologu Cyril Burt, zekânın esas olarak kalıtsal olduğunu ileri sürer.

1940'lar Raymond Cattell iki tür zekâ tanımlar: akıcı (doğuştan) ve kristalize (deneyimle şekillenen).

1859'da Charles Darwin *Türlerin Kökeni*'nde evrim kuramını tanıtmakla zekânın kalıtımsal olarak mı geçtiği yoksa koşullarla mı şekillendiği hakkındaki tartışmaya da bir çerçeve sağlamış olur. Kuzeni Francis Galton 1880'lerin başında Londra'da yaklaşık 9000 kişinin bilişsel yeteneklerini test ederek temel zekânın doğuştan sabit olduğu sonucuna varır. Aynı zaman diliminde Wilhelm Wundt, zekâ katsayısı (IQ) kavramını ortaya atar ve bunu ölçmek için girişimlerde bulunur. Wundt'un çalışmaları Amerikalı psikolog James Cattell'in zihinsel yeteneklerin ölçümü konusunda çalışmalar yapması için

Ayrıca bkz. Francis Galton 28–29 ▪ Jean-Martin Charcot 30 ▪ Wilhelm Wundt 32–37 ▪ Raymond Cattell 314–15

Zekâ testinin ölçebildiği yalnızca...

...bireyin **belli bir zamanda** ve **belli bir bağlamdaki** zihinsel yetenekleridir.

Yetenekler çok kısa zaman aralıklarında **değişirler**; ayrıca **kişisel gelişimin** bir parçası olarak uzun vadede de değişirler.

Zekâ **insanın yaşamı boyunca** değişecektir.

Bireyin zekâsı sabit bir nicelik değildir.

ilham kaynağı olur ve aynı zamanda Alfred Binet'nin insan zekâsı araştırmalarının da temelini oluşturur.

Öğrenme ile büyülenme

Binet psikoloji gönlünü çelmeden önce hukuk ve doğa bilimleri üzerine çalışmıştır. Paris Salpêtrière Hastanesi'nde yedi yıldan fazla Jean-Martin Charcot ile çalışmış olması ona, deneysel süreçler deneylerin dikkatli ve doğru planlama gerektirdiği konusunda ciddi bir kavrayış kazandırmışsa da Binet büyük ölçüde kendi kendini eğitmiştir. İnsan zekâsı üzerinde çalışma arzusu, iki kızının gelişimlerinin onu büyülemesinden kaynaklanmaktadır. Çocuklarının yeni bilgileri hızlı ve kolay şekilde emmelerinin konuya ne kadar dikkat ettiklerine bağlı olduğunu not etmiştir. Öğrenmede bağlam ve çocuğun zihinsel çerçevesi büyük önem taşıyor gibi görünmektedir.

Francis Galton'un Londra'daki deneyini duyan Binet de matematikçiler, satranç oyuncuları, yazarlar ve sanatçılar gibi çeşitli özel ilgi gruplarının bireysel yetenekleri arasındaki farklar üzerindeki kendi geniş ölçekli araştırmasını başlatmaya karar verir. Aynı zamanda, çocukların fonksiyonel zekâları üzerindeki çalışmasına da devam etmektedir. Çocukların belli becerile-

Alfred Binet

Alfred Binet, Fransa'nın Nice kentinde doğmuştur ama annesiyle babası ayrıldıktan sonra küçük yaşında Paris'e gider. 1878'de hukuk derecesini alır ve tıp okumak üzere Sorbonne'de temel bilimler üzerine çalışmaya başlar. Ancak asıl ilgi alanının psikoloji olduğuna karar verir ve büyük ölçüde kendi kendine edindiği eğitime rağmen 1883'te Paris Salpêtrière Hastanesi'nde Jean-Martin Charcot ile çalışması için teklif alır. Ertesi yıl evlenir ve iki kızının doğumundan sonra zekâ ve öğrenmeyle ilgilenmeye başlar. 1891'de Sorbonne Deneysel Psikoloji Laboratuvarı'nın direktör yardımcılığına atanır ve 1894'te direktör olur.

Binet 1911'deki zamansız ölümünden beri sayısız şekillerde onurlandırılmıştır. Bunlar arasında La Sociéte Libre pour l'Etude Psychologique de l'Enfant'ın adının 1917'de La Sociéte Alfred Binet olarak değiştirilmesi de bulunur.

Önemli eserleri

1903 *Zekâ Üzerine Deneysel Çalışma*
1905 *Zihin ve Beyin*
1911 *Zekânın Gelişimini Ölçmek İçin Bir Yöntem*

re belli yaşlarda erişebildiklerini not etmiştir. Örneğin çok küçük çocuklar soyut düşüncelerden anlamazlar – bu, doğrudan yaşla bağlantılı gelişmiş düzeyde bir zekânın işaretidir.

Binet 1899'da eğitim araştırmaları yapan La Sociéte Libre pour l'Etude Psychologique de l'Enfant (Çocuklara Yönelik Psikolojik Çalışmalar İçin Özgür Toplum) adlı yeni bir örneğe davet edilir. Kısa sürede grubun lideri olur ve öğretmenlerle eğitim görevlileri için çok yararlı makale ve bilgiler yayımlamaya başlar. Yaklaşık olarak aynı zamanlarda Fransa'da 6-12 yaş arası eğitim zorunlu hale getirilir ve Binet'den gereksinimleri olan eğitimi alabilmelerini sağlamak amacıyla öğrenme zorlukları olan çocukları tanımlamak için bir test geliştirmesi istenir. Yaptığı bu iş Binet'nin 1904'te çocukların öğrenme potansiyellerini değerlendirmek için bir yöntem geliştirmesi için resmi bir komisyonda görevlendirilmesine neden olur; Binet normal ve zor öğrenen çocuklar arasındaki farklar ve bu farkların ölçülebilmesi üzerinde çalışmayı kendine amaç edinir.

Büyük ölçüde Binet-Simon Ölçeği'ne dayanan **zekâ testleri** bir çocuğun okuldaki potansiyel başarısını öngörmek için başvurulan standart bir yöntem haline gelmiştir.

Binet-Simon Ölçeği

Bu görevde 1894'ten beri direktörü olduğu Sorbonne Üniversitesi Deneysel Psikoloji Laboratuvarı'nda araştırmalar yürüten bilim adamı Théodore Simon da ona katılır. Bu, iki bilim adamı arasında uzun sürecek ve verimli bir işbirliğinin başlangıcıdır.

1905'te Binet ve Simon "İdiosi, Embesilite ve Moronluk Durumlarının Teşhisinde Yeni Yöntemler" adını taşıyan ilk testlerini geliştirirler. Çok geçmeden aynı çalışmanın 3-13 yaş arası çocuklar için düzeltilmiş ve Binet-Simon Ölçeği olarak bilinen yeni versiyonunu tanıtırlar. Bu ölçek 1908'de ve 1911'de iki kez daha düzeltilir.

Uzun yılların gözlem ve deneyimine dayanarak Binet ve Simon farklı yaşlarda çocukların ortalama yeteneklerini yansıtan ve zorluk derecesi artarak ilerleyen 30 testi bir araya getirirler. En kolay testler bir ışık huzmesini takip etme veya kendilerini test eden kişiyle temel bir konuşmayı içermektedir. Biraz daha zor olan testler çeşitli bedensel organları gösterme, iki basamaklı sayıları ve basit cümleleri tekrarlama, "ev" veya "çatal" gibi basit kelimeleri tanımlamayı içermektedir. Daha zor testlerde çocuklardan benzer eşya çiftlerinin aralarındaki farkları tarif etmeleri, akıldan resimler çizmeleri, verilen üç kelimeyi kullanarak cümleler oluşturmaları istenmektedir. En zor testlerde rastgele yedi basamaklı sayıları tekrarlama, Fransızca "obéisance" kelimesi için üç tane kafiye bulmaları ve "Komşuma garip ziyaretçiler geliyor. Evine önce bir doktor, sonra avukat ve sonra da rahip geldi. Orada neler oluyor?" gibi sorulara cevap vermek bulunmaktadır.

Binet ve Simon ölçeklerini önce beş yaş grubuna ayrılmış 50 çocuk üzerinde denediler. Bu çocuklar okuldaki öğretmenleri tarafından, yaş grupları içinde ortalama öğrenciler olarak seçilmişlerdi ve her düzeyde beceri sahibi çocuğun ölçülebileceği normalliğin temel bir ölçüsünü oluşturmaktaydılar.

> “Zekâda, eksikliği ya da bozukluğu gerçek hayatta büyük sorun yaratacak temel bir unsur mevcuttur: Bu da yargıdır.”
> **Alfred Binet**

Binet ve Simon'ın zorluk derecesine göre düzenlenmiş 30 ödevi dikkatle kontrol edilen koşullar altında gerçekleştirilmeliydi. Binet kendi kızlarıyla yaptığı gözlemlerden çocukların dikkatlerinin çok çabuk dağılabildiğini ve dikkat düzeylerinin ödevleri yerine getirmede büyük önem taşıdığını öğrenmişti. Zekâyı, sürekli değişen şartlarıyla gerçek dünyada faaliyet gösteren ve pratik kılgısal yargıyla kontrol edilen çok yönlü zihinsel yetilerin bir karışımı olarak görüyordu.

Zekâ sabit değildir

Binet başından beri Binet-Simon Ölçeği'nin sınırlı olduğunu biliyordu. Ölçeğin sadece çocukları zekâyla ilgili performansları bakımından aynı yaştaki diğer çocuklardan ayırmaya yaradığını belirtiyordu. 1908 ve 1911 testleri farklı yaş grupları için testler üzerinde büyük bir vurgu yapmıştır ve sonunda "akıl yaşı" kavramının ortaya çıkmasına neden olmuştur.

Binet ayrıca zinihsel gelişimin farklı hızlarda gerçekleştiğini ve çevresel faktörlerden etkilenebileceğini de vurgulamıştır. Testlerinin zaman içinde belli bir noktadaki zihinsel düzeyi değerlendirmenin bir yolu olduğunu düşünmeyi tercih etmiştir çünkü bu, koşullar değiştiğinde bireyin düzeyinin de değişebilmesi olasılığına imkân tanımaktadır. Bu, daha sonraları zekânın yalnızca biyolojik unsurlara dayandığını öne sürecek olan tanınmış İngiliz psikologu Charles Spearman'ın görüşlerine ters düşmektedir.

Binet, çocuğun "zekâsının sabit bir nicelik olmadığını", çocuk büyüdükçe geliştiğini, kendisinin bunu ölçmek için bir test geliştirmesine rağmen hiçbir rakamın bir insanın zekâ düzeyini kesin olarak yansıtamayacağını özellikle belirtmiştir. Binet'ye göre tablonun tamamı ancak bu teste eşlik eden bir vaka çalışmasıyla ortaya çıkarılabilir. Sonuç olarak Binet, zihinsel yeteneklerin bir uzunluk veya kapasiteymişçesine ölçülmesinin mümkün olduğuna inanmamaktadır; ona göre zekâyı ancak sınıflandırmak mümkündür.

Kullanım ve kötüye kullanımlar

1908'de Amerikalı psikolog Henry H. Goddard Avrupa gider ve Binet-Simon testlerini keşfeder. Testleri çevirerek yaklaşık 22.000 kopyasını okullarda kullanılması için ABD'nin her yerine dağıtır. Ne yazık ki Binet zekâyı kalıtsal unsurlara dayandırmamaya özen gösterdiği halde Goddard zekânın genetik olarak belirlendiğine inanmaktadır. Goddard, Binet-Simon ölçeğini zorunlu bir sterilizasyon için "geri zekâlı kişilerin" kökünü kazımak için bir yöntem olarak görmüştür.

1916'da yine bir Amerikalı psikolog olan Lewis Terman, Binet-Simon Ölçeği'nde değişiklikler yapmıştır. Çok sayıda Amerikalı çocuğun test sonuçlarını kullanarak adını Stanford-Binet olarak değiştirmiştir. Test artık özel gereksinimleri olan çocukları belirlemek için değil, mesleki veya iş odaklı eğitime uygun kişileri ayırmak ve onları ömür boyu vasıfsız işlere mahkûm etmek için kullanılmaktadır. Terman da Goddard gibi zekânın kalıtsal olduğuna ve değişmeyeceğine, dolayısıyla eğitimin zekâ üzerinde bir etki yapmayacağına inanmaktadır.

Binet, uzun bir süre boyunca çalışmalarının bu şekilde kötüye kullanıldığının büyük ihtimalle farkında olmamıştır. Binet, profesyonel meselelerle nadiren ilişkisi olan, kendi dünyasından pek dışarı çıkmayan yalnız biriydi. Hiç Fransa dışına çıkmamıştır, Binet-Simon Ölçeği de Fransa'da –onun yaşadığı sürece– kimse tarafından kullanılmamıştır, bu nedenle hiçbir zaman ölçek üzerinde yapılan değişikliklerle karşılaşmamıştır. Nihayet "kendi geliştirdiği teste yabancı düşüncelerin aşılandığını" öğrendiğinde zekâyı "vahşi kötümserlikleri" ve "içler acısı hükümleri" ile değişmez bir sabit olarak ileri sürenleri lanetlemiştir.

Binet'nin "IQ testi" kavramı bugün de zekânın temelini oluşturmaya devam etmektedir. Eksiklerine rağmen yine de insan zekâsı hakkındaki bilgilerimizin ilerlemesinde ciddi bir araştırma birikimi sağlamıştır.■

Binet-Simon testleri genel bir performans düzeyini temsil eden bir IQ (zekâ katsayısı) sayısını ortaya çıkarmıştır. Bu grafik nüfus grupları arasındaki IQ varyasyonlarını göstermektedir.

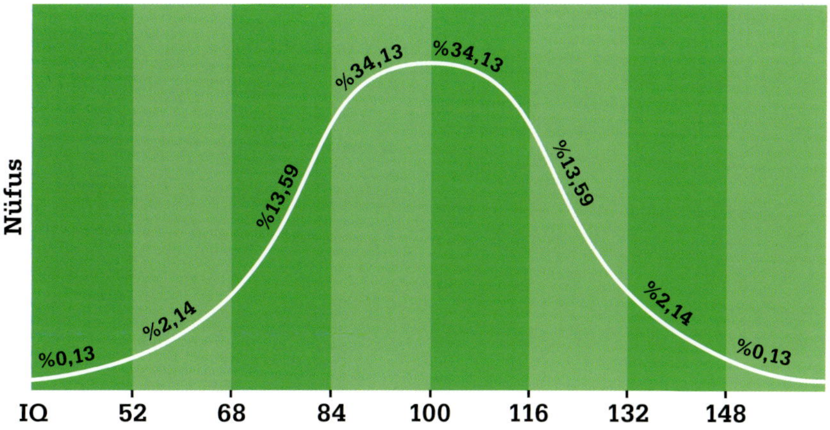

> Bir ölçme yöntemi bulmak istemedim... Sadece bireyleri sınıflandırmak için bir yöntem bulmaya çalıştım.
> **Alfred Binet**

BİLİNÇDIŞI PERDENİN ARKASINDAKİ ADAMLARI GÖRÜR

PIERRE JANET (1859–1947)

KISACA

YAKLAŞIM
Nörolojik bilimler

ÖNCE
1878 Jean-Martin Charcot, *Sinir Sistemi Hastalıkları*'nda isterinin semptomlarını tanımlar ve daha sonra ayrı, biyolojik bir hastalık olarak kabul eder.

SONRA
1895 Sigmund Freud, çözülmenin zihnin savunma mekanizmalarından biri olduğunu öne sürer.

1900'ler Amerikalı nörolog Morton Prince, çözülmeye bağlı geniş bir hastalıklar yelpazesi olduğunu ileri sürer.

1913 Fransız doğa bilimcisi J.P.F. Deleuze, çözülmeyi iki ayrı insanın oluşması gibi diyerek tanımlar; biri tamamen uyanıktır diğeriyse yarı uykuda.

1977 Ernest R. Hilgard, *Bölünmüş Bilinç*'te bilincin hipnoz yoluyla ayrışmasını ele alır.

Eğer bir kişi ortada hiçbir görünür neden yokken **psikolojik dehşet belirtileri** gösteriyorsa...

...bunlar **bilinçaltı bir düşünceden** kaynaklanıyor olabilirler.

Bu düşüncenin **daha önce yaşanmış bir olayla** ilgisini terapi ortaya çıkarabilir.

Bu, ciddi vakalarda **çözülmeye** –iki ayrı bilincin varlığına– yol açabilir.

1880-1910 yılları arasında "çözülme" durumu –kişinin bilinçli zihni ya da normal günlük kişiliğinde bazı zihinsel süreçlerde ayrılmalar– yoğun bir ilginin odağı olmuştur. Dünyanın "rüyada gibi" ya da "gerçekdışı" gibi göründüğü hafif çözülme en sık görülen türdür ve şu ya da bu zamanda çoğu insanın başına gelmiştir. Genellikle soğuk algınlığı gibi hastalıklar sırasında ya da uyuşturucuların veya alkolün etkisi olarak çözülme sırasında ve sonrasında hafızanın kısmen ya da tamamen kaybına neden olabilir. Nadir vakalarda o zamanlar çoklu kişilik bozukluğu olarak tanımlanan bu durumda kişinin iki ya da daha çok kişiliği ortaya çıkar. Bu tür uç örnekler artık "kimlik çözülmesi rahatsızlığı" olarak sınıflandırılmaktadır.

Fransız filozof ve doktor Pierre Janet, çözülmeyi bir psikiyatrik durum olarak tanımlayan ve araştıran ilk kişi olarak bilinir. 1880'lerin sonu ve 1890'ların başında Paris'teki Salpétrière Hastanesi'nde çalışan Janet, "isteri" hastalarını tedavi etmiş, aşırı semptomlar sergileyen pek çok kadının vaka incelemelerini yayımlamıştır. Örneğin "Lucie" adındaki bir hasta genellikle sakin bir durumdayken aniden tedirginleşerek görünürde

Ayrıca bkz. Jean-Martin Charcot 30 ▪ Alfred Binet 50–53 ▪ Sigmund Freud 92–99 ▪ Thigpen & Cleckley 330–31 ▪ Ernest R. Hilgard 337

> Bu insanları rahatsız eden bir şey var ve siz bunun köklerine inebilmek için dikkatle incelemelisiniz.
> **Pierre Janet**

hiçbir neden yokken ağlamaya başlamakta ve korkmuş görünmektedir. Lucie'nin, Janet'in "Lucie 1", "Lucie 2" ve "Lucie 3" adını verdiği üç kişiliği var gibidir ve özellikle hipnotize edildiğinde üçü arasında ansızın gidip gelmektedir. Lucie 1'in sadece "kendi" anıları vardır, aynen Lucie 2 gibi ama Lucie 3 üç kişiliğin tümüyle ilgili olayları hatırlayabilmektedir. Yine Lucie 3, yedi yaşında tatildeyken bir perdenin arkasına gizlenmiş iki adam tarafından korkutulduğu ile ilgili travmatik bir anısını da hatırlayabilmektedir.

Bilinçaltı travma

Janet, Lucie'nin bu çocukluk travmasının çözülmesinin nedeni olduğu sonucuna varmıştır. *Psikolojik Otomatizm*'de bunu şöyle anlatır: "Bedenin korku durumunda olması korku duygusunu hissetmektir; ve eğer bu durum bilinçaltı bir düşünce tarafından belirleniyorsa hastanın bilincinde sadece duygu bulunur ama neden böyle hissettiğini bilemez." Korku onu ele geçirdiğinde Lucie "Korkuyorum ama neden korktuğumu bilmiyorum," demektedir. Janet şöyle der: "Bilinçaltı kendi rüyasının içindedir; perdenin arkasındaki adamları görmekte ve bedeni korku durumuna sokmaktadır." Janet travmatik olayların ve stresin, buna eğilimli herhangi bir kişide çözülmeye neden olacağına inandığını da eklemektedir.

Janet zihnin kendine özgü olmayan ve dengesiz davranışlarının ardında olduğuna inandığı kısmını "bilinçaltı" olarak tanımlar. Ancak Sigmund Freud bu terimin çok belirsiz olduğunu düşünmüş ve onun yerine hastasının zihinsel travmalarının kaynağını "bilinçdışı" olarak adlandırmıştır. Freud ayrıca, çözülmenin evrensel bir "savunma mekanizması" olduğunu öne sürerek Janet'in düşüncelerini de geliştirmiştir.

Hipnotizmanın akıl hastalıklarının teşhis ve tedavisinde kullanılması gözden düştüğü için Janet'in çalışmaları da onlarca yıl boyunca ihmal edilmiştir. Ancak 20. yüzyılın sonlarından itibaren çözülmeli rahatsızlıklarla uğraşan psikologların yeniden ilgisini çekmeye başlamıştır. ▪

Çocukluk travmaları unutulmuş gibi görünebilirler ancak Pierre Janet'e göre sıklıkla zihnin "bilinçaltı" kısmında kalarak daha sonraki yılarda zihinsel sorunlarının ortaya çıkmasına neden olurlar.

Pierre Janet

Pierre Janet, Paris'te kültürlü bir orta sınıf ailenin çocuğu olarak doğmuştur. Çocukken doğa bilimlerine ilgi duymuş ve bitkiler toplayıp onları kataloglamıştır. Filozof amcası Paul Janet onu hem tıp hem felsefe eğitimi alması için cesaretlendirmiş ve Paris'teki École Normale Supérieure'e gittikten sonra Sorbonne'dan felsefe alanında master derecesi almıştır. Henüz 22 yaşındayken Le Havre'daki Lycée'ye felsefe profesörü olarak atanmış ve orada hipnotizmanın tetiklediği durumlarla ilgili araştırmalar yapmıştır. Jean-Martin Charcot'dan esinlenen Janet, çalışmalarını "isteri"yi de kapsayacak şekilde genişletmiş ve 1898'de Paris'teki Salpêtrière Hastanesi'nde Charcot'un laboratuvarının direktörü olmuştur. Ayrıca Sorbonne'da da dersler vermiş ve 1902'de Collège de France'da psikoloji profesörü olmuştur.

Önemli eserleri

1893 *İsteriklerin Zihinsel Durumları*
1902 *Nevrozlar*
1907 *İsterinin Önemli Belirtileri*

DAVRAN

ÇEVREMİZE TEPKİ VERMEK

IŞÇILIK

1872

Charles Darwin, davranışların evrimsel adaptasyonlar olduğunu savunan eseri *İnsan ve Hayvanlarda Duyguların İfadesi*'ni yayımlamıştır.

1898

Edward Thorndike'ın **Etki Yasası,** tatmin edici etkiler yaratan tepkilerin tekrarlanması olasılığının yüksek olduğunu öne sürmüştür.

1913

John B. Watson, **davranışçıların** gayri resmi **manifestosu** haline gelen *Bir Davranışçının Gözüyle Psikoloji*'yi yayımlamıştır.

1920

John B. Watson, "Küçük Albert" üzerinde deneyler yapmış, bir bebeğe **şartlı duygusal tepkiyi** öğretmiştir.

1927

İvan Pavlov köpekler üzerindeki deneyleriyle **klasik koşullanmayı** göstermiştir.

1929

Karl Lashley'in beyin kesitleri üzerindeki deneyleri **öğrenmenin tüm beyinle gerçekleştiğini** göstermiştir.

1930

Zing-Yang Kuo'nun kedi ve farelerle yaptığı deneyleri **içgüdü diye bir şeyin olmadığını** göstermeye yöneliktir.

1930

B. F. Skinner, **"işlemsel koşullandırma"**nın etkilerini fareler üzerindeki deneylerle göstermiştir.

1890'larla birlikte psikoloji, felsefi kökenlerinden ayrılarak bilimsel bir konu olarak kabul edilmeye başlanır. Avrupa ve ABD'de laboratuvarlar ve üniversite bölümleri kurulmaya, ikinci kuşak psikologlar ortaya çıkmaya başlar.

ABD'de psikologlar, William James ve diğerleri tarafından gösterilen içgözleme yönelik, felsefi yaklaşıma tepki göstererek nesnel ve bilimsel bir temel üzerinde yeni bir disiplin oluşturma arzusundadırlar. İçgözlemin doğası gereği öznel ve onun üzerine inşa edilen kuramların ne kanıtlanabilir ne de aksi ispatlanabilir olduklarını; eğer psikoloji bir bilim olarak muamele görecekse gözlemlenebilir ve ölçülebilir bir olgu üzerinde yükselmesi gerektiğini düşünmektedirler. Buldukları çözümse, sıkı kontrollü laboratuvar koşullarında zihnin –davranışın– işleyişinin göstergeleri üzerinde çalışmaktır. John B., Watson'un ortaya koyduğu gibi psikoloji "Doğabilimlerinin, konusunu insan davranışlarından –öğrenilmiş veya öğrenilmemiş eylemler ve sözlerden– alan bölümüdür." Aralarında Edward Thorndike, Edward Tolman ve Edwin Guthrie'nin de bulunduğu ilk "davranışçılar." dikkatle hazırlanmış koşullarda hayvan davranışlarını izleyerek ve bu testlerden insanların çevreleriyle olduğu kadar öğrenme, hafıza ve şartlanmayla nasıl etkileşim içinde oldukları hakkında kuramlar çıkaracakları deneyler tasarlarlar.

Koşullandırma tepkileri

Davranışçıların deneyleri fiziksel süreçler üzerinde çalışan fizyologlar tarafından tasarlanan benzer deneylerden etkilenmiştir ve yeni yeni ortaya çıkmakta olan davranışçı psikolojiye farkında olmadan temel oluşturan da Rus fizyolog İvan Pavlov olur. Ünlü köpek salyası deneyinde Pavlov, koşullandırma süreci içinde bir hayvanın uyarıcıya nasıl tepki verdiğini tanımlamış ve psikologlara davranışçılığın anafikrini üzerine inşa edecekleri bir temel sağlamıştır. Koşullandırma kavramı psikolojide genellikle "uyarıcı-tepki" olarak kullanılır ve davranışçılığın alacağı biçimi belirler.

Davranışçı yaklaşım dış koşullandırmalara verilen tepkileri gözlemlemeye yoğunlaşır, bilimsel olarak incelemenin imkânsız olduğu düşünülen ve bu yüzden hiçbir davranış analizine dahil edilemeyecek olan zihinsel durumları ve süreçleri

1935
Konrad Lorenz, hayvan yavrularının kritik bir zamanda aldıkları duyumsal bir bilgi nedeniyle bazı yetişkin hayvanları ebeveynleri sanmalarından yola çıkarak **mühürleme** olgusunu keşfetmiştir.

1938
Edwin Guthrie, **tek deneme öğrenmesinin** yeterli olduğunu, koşullandırmanın tekrarlamaya bağlı olmadığını öne sürmüştür.

1943
Clark L. Hull **itkilerin indirgenmesinin** (temel insani içgüdülerimizin tatmin edilmesi) pekiştirmenin tek gerçek temeli olduğunu ileri sürer.

1948
Edward Tolman'ın *Fareler ve İnsanlarda Bilişsel Haritalar*'ında günlük hayatlarımız içinde **bilişsel haritalar** geliştirdiğimizi öne sürer.

1957
B, F, Skinner, *Sözel Davranış*'ta konuşmanın, **davranışsal ve genetik tarihçemizin** bir ürünü olduğunu iddia eder.

1958
Joseph Wolpe, "savaş nevrozu" yaşayan savaş gazileri üzerinde **duyarsızlaştırma teknikleri** dener.

1959
Noam Chomsky, Skinner'ın *Sözel Davranış* kitabına bir eleştiri yazısı yazarak **bilişsel devrimin** kıvılcımını çakar.

1960'lar
Neal Miller'in deneyleri biyofeedback tekniklerinin keşfine yol açar.

görmezden gelir. Psikolojinin temellerinde "zihin"den "davranış"a doğru gerçekleşen bu kayma devrim niteliğindedir ve "davranışçı manifesto" da –1913'te Watson tarafından yazılan *Bir Davranışçının Gözüyle Psikoloji*– buna eşlik etmektedir.

Davranışçılık, sonraki 40 yıl boyunca, psikoloji alanında başı çeken ABD'de egemen yaklaşım haline gelir. Pavlovyen ya da klasik koşullandırma düşüncesinden Watson'ın davranışları, doğuştan ya da kalıtsal faktörlerin değil sadece çevresel uyarıcıların şekillendirdiği tezi ortaya çıkmıştır. Sonraki kuşağın üyeleri arasında, davranışın önceden bir uyarıcıyla değil, sonuçlarla şekillendiğini öne süren "işlemsel koşullandırma" kuramında uyarıcı-tepki kavramını yeniden değerlendiren "radikal davranışçı" B. F. Skinner da vardır. Bu kavram William James tarafından öne sürülen düşüncelere benzese de genetik faktörleri dikkate alarak ve zihinsel durumların (nedenden çok) sonuç olduklarını ileri sürerek davranışçılığın yolunu radikal biçimde değiştirmiştir.

Bilişsel devrim

Ancak 20. yüzyılın ortalarında psikologlar davranışçı-yaklaşımı sorgulamaya başlamışlardır. Hayvan davranışları üzerine çalışmalar (etoloji) öğrenilmiş davranışlar kadar içgüdüsel olanların da önemli olduğunu göstermiştir. Bu buluş koşullandırmanın katı düşünceleriyle pek uyuşmamaktadır. Skinner'in düşüncelerine karşı bir tepki de dikkatleri yeniden davranıştan zihne ve zihinsel süreçlere geri döndüren "bilişsel devrim"in fitilini ateşlemek olmuştur. Bu dönemin en önemli kişilerinden biri, Alman kaynaklı Gestalt psikolojisine olan ilgisi nedeniyle kuramları, algı ve kavramanın önemini dışlamayan bir davranışçı olan Edward Tolman'dır. Başka bir davranışçı olan Karl Lashley, vurgunun davranıştan beyine ve onun işleyişine kaymasında önemli rol oynamıştır.

Davranışçılık artık görevini tamamlamış ve bilişsel psikolojinin çeşitli dalları tarafından gözden düşürülmüştür. Ancak özellikle konu için bilimsel bir metodoloji geliştirme ve psikolojik deneylerde kullanılabilecek modeller sağlama konusundaki mirası kalıcı olmuştur. Davranışsal terapi, bilişsel-davranışsal terapinin önemli bir parçası olarak günümüzde hâlâ kullanılmaktadır. ■

LEZZETLİ BİR YEMEĞİN GÖRÜNTÜSÜ AÇ BİR İNSANIN AĞZINI SULANDIRIR

İVAN PAVLOV (1849–1936)

KISACA

YAKLAŞIM
Klasik şartlandırma

ÖNCE
12. yüzyıl başları Arap Hekim İbn Zühr, cerrahi işlemleri test etmek için hayvanlar üzerinde deneyler yapar.

1890 William James, *Psikolojinin İlkeleri*'nde hayvanlarda "dürtüsel bir adımın gerçekleşmesinin bir sonraki adım için vazgeçilmez bir uyarıcı" olduğunu ileri sürer.

SONRA
1920 John B. Watson'ın "Küçük Albert" deneyi insanlarda klasik şartlandırmayı gösterir.

1930'lar B. F. Skinner farelerin belli bir şekilde davranmaları için koşullandırılabileceklerini" gösterir.

1950'ler Psikoterapistler "şartlandırmayı" davranış terapisinin bir bölümü olarak kullanırlar.

(Yemek sunulması gibi) **şartsız bir uyarıcı...**

↓

Şartsız bir tepkiye (tükürük salgılamaya başlamaya) neden olabilir.

↓

Şartsız bir uyarıcıya **nötr bir uyarıcı** (çalan bir zil gibi) eşlik ederse...

↓

...şartlı bir tepki gelişmeye başlar.

↓

Tekrarlanan durumlardan sonra **şartlı uyarıcı** tek başına...

↓

...şartlı bir tepkiye (tükürük salgılamaya başlamak) neden olacaktır.

Modern psikoloji henüz çocukluk çağını yaşarken yapılan önemli buluşların çoğu, başka alanlarda çalışan bilim insanlarının araştırmalarının sonucudur. Bu öncüler arasında en çok tanınanlardan biri de Rus fizyolog İvan Pavlov'dur. Köpeklerde sindirim sırasında tükürük salgılarını araştırdığı çalışması onu hiç beklenmedik sonuçlara götürmüştür.

Pavlov 1890'larda, cerrahi yöntemlerle eklenen bazı gereçlerle yemek yerken tükürük salgılarını ölçtüğü köpekler üzerinde bir dizi deney yürütmüştür. Bu sırada köpeklerin sadece yemek yerken değil iştah açıcı bir besini gördüklerinde ya da kokusunu aldıklarında da tükürük salgıladıklarını keşfetmiştir. Hatta köpekler bakıcılarının kendilerine yaklaşmaları sırasında bile yemek beklentisi içinde tükürük salgılamaktadırlar.

Pavlov'un gözlemleri onu çeşitli uyarıcılara yarattıkları tepkiler arasındaki ilişkileri incelemeye yöneltmiştir. Bir deney sırasında köpeklere yemek vermeden hemen önce bir metronomu kurmuş ve köpekler bu sesi yemekle özdeşleştirinceye kadar işlemi

Ayrıca bkz. William James 38–45 ▪ John B. Watson 66–71 ▪ B.F. Skinner 78–85 ▪ Stanley Schachter 338

Pavlov'un köpekleri beyaz laboratuvar önlüğü giyen birini gördüklerinde tükürük salgılıyorlardı. Onlara yemek veren kimseler her zaman beyaz gömlek giydikleri için gömleği yemekle "şartlandırmamışlar"dı.

tekrarlamıştır. Bu "şartlandırma" en sonunda köpeklerin sadece metronomun tıkırtısına bile tükürük salgılamalarıyla sonuçlanmıştır.

Daha sonraki deneylerinde Pavlov metronomu bir zil vızıldayıcı ya da yanıp sönen bir ışıkla ve farklı ses perdelerinden ıslıklarla değiştirmiştir. Ancak kullanılan uyarıcının niteliği ne olursa olsun sonuç her zaman aynıdır: Nötr uyarıcıyla (zil veya ışık) yemek arasındaki çağrışım bir kez yerleşince köpekler uyarıcıyla her zaman tükürük salgısıyla tepki vermişlerdir.

Şartlı tepki

Pavlov köpeklere sunulan yemeğin, öğrenilmemiş veya "şartsız" tepkiye neden olduğu için "şartsız uyarıcı", yani bu durumda tükürük salgısı olduğu sonucuna varmıştır. Ancak metronomun tıkırtısı, yemekle olan çağrışımı bir kez öğrenildikten sonra tükürük için bir uyarıcı haline gelir. Pavlov bunun üzerine metronomu "şartlı uyarıcı" olarak tanımlar. Metronoma tepki olarak salgılanan tükürüğe de "şartlı tepki" adını verir.

Daha sonraki deneylerinde Pavlov, şartlı uyarıcının sürekli olarak yemek verilmeden tekrarlanması halinde baskılanabileceğini veya "unutulabileceğini" göstermiştir. Ayrıca çeşitli uyarıcıları acı veya bir tür tehdit olarak çağrıştıran deneyler yaparak şartlı tepkinin fiziksel olduğu kadar zihinsel de olabileceğini kanıtlamış ve şartlı bir uyarıcıyı korku veya kaygı tepkisine yol açacak şekilde yönlendirmiştir.

Klasik veya Pavlov şartlandırması olarak bildiğimiz ilkenin yanı sıra Pavlov'un deney yöntemleri de psikolojinin, felsefi değil gerçek bir bilimsel disiplin olarak ortaya çıkmasında çığır açan adımlar olmuştur. ▪

> Gerçekler bilimin nefesidir. Onlar olmasa bilim insanları ilerleyemez.
> **İvan Pavlov**

İvan Pavlov

Rusya, Ryazan'da bir köy rahibinin en büyük oğlu olan İvan Pavlov'un kaderi ilk başlarda babasının ayak izlerini takip etmek üzerine kurulu gibidir. Ancak yerel bir okuldaki eğitimini çabucak terk ederek doğabilimleri üzerine eğitim almak için St. Petersburg Üniversitesi'ne transfer olmuştur. 1875'te mezun olduktan sonra Tıbbi Cerrahi Akademisi'ne kaydolmuş ve orada önce doktora unvanı, sonra da burs kazanmıştır. 1890'da Askeri Tıp Akademisi'nde profesör olmuş ve aynı zamanda Deneysel Tıp Enstitüsü'nde Psikoloji bölümünün direktörlüğüne getirilmiştir. Kendisine 1904'te Nobel Ödülü kazandıran köpeklerin sindirim salgıları ile ilgili ünlü araştırmasını da burada yapmıştır. 1925'te resmi olarak emekli olmuş ama 1936'nın Şubat'ında zatürreeden ölümüne kadar deneylerine devam etmiştir.

Önemli eserleri

1897 *Ana Sindirim Bezlerinin Çalışması Üzerine Konferanslar*
1928 *Şartlı Refleksler Üzerine Konferanslar*
1941 *Şartlı Refleksler ve Psikiyatri*

KAZANÇSIZ EYLEMLER SİLİNİR

EDWARD THORNDIKE (1874–1949)

KISACA

YAKLAŞIM
Bağlantıcılık

ÖNCE
1885 Hermann Ebbinghaus *Bellek Üzerine* adlı kitabında "unutma eğrisini" –insan anılarının silinme hızını– tanımlar.

1890'lar Ivan Pavlov klasik şartlandırmanın ilkelerini belirler.

SONRA
1918 John B. Watson'ın "Küçük Albert" deneyleri ile bir bebeğe şartlanma uygulanır.

1923 İngiliz psikolog Charles Spearman, insan zekâsının ölçümünde tek bir genel faktör –"g faktörü"nü– önerir.

1930'lar B. F. Skinner sonuçlardan bir şartlandırma kuramı –işlemsel şartlandırma– geliştirir.

Pavlov, Rusya'da köpekler üzerinde deneyler yaptığı sıralarda Edward Thorndike da Amerika'da doktora tezi için hayvan davranışlarını incelemeye başlamıştır. Çalışmaları terimin benimsenmesinden çok önce gerçekleşmiş olsa da Thorndike belki de ilk gerçek "davranışçı" psikologdur.

Thorndike 1890'larda mezun olduğunda, bilimsel psikoloji üniversitelerde yeni bir araştırma alanı olarak yeşermektedir ve bu bilimi ilgilendiği eğitim ve öğrenme alanlarına uygulamak ona çok cazip gelir. Asıl amacı insanlarda öğrenme üzerine

Ayrıca bkz. Hermann Ebbinghaus 48–49 ▪ İvan Pavlov 60–61 ▪ John B. Watson 66–71 ▪ Edward Tolman 72–73 ▪ B.F. Skinner 78–85 ▪ Donald Hebb 163

> Psikoloji, bir hedefin ulaşılabilirliğini ölçer.
> **Edward Thorndike**

çalışmaktır ancak araştırması için uygun bir özne bulamayınca bir dizi kontrollü deneyle gözlem yoluyla zekâ ve öğrenme süreçlerini incelemek için dikkatini hayvanlara çevirmiştir. Thorndike'ın vardığı sonuçlar bundan çok daha ileriye gitmiş ve davranışçı psikolojinin temellerini atmıştır.

Öğrenme ortamları

Thorndike'ın ilk deneyleri, bu deneyler için özellikle tasarlayıp yaptığı labirentlerden çıkmayı öğrenen civcivlerle ilgilidir. Bu, –özel olarak yaratılmış bir ortamda belli bir uyarıcı ya da görev verilen özneler– daha sonra davranışçıların deneysel tekniklerinin ayırıcı özelliği, günümüzde bilinen adıyla "araçsal şartlandırma" ya da "araçsal öğrenme" haline gelecektir. Araştırması ilerledikçe Thorndike dikkatini kedilere yöneltmiş ve onlar için "bulmaca kutuları" icat ederek kaçış için mekanizmalar öğrenme yeteneklerini gözlemlemiştir.

Aç bir kedi bulmaca kutusunun içine hapsedilir. Çevresini keşfederek bir parça ip, bir halka, üzerine basılacak bir panel ya da

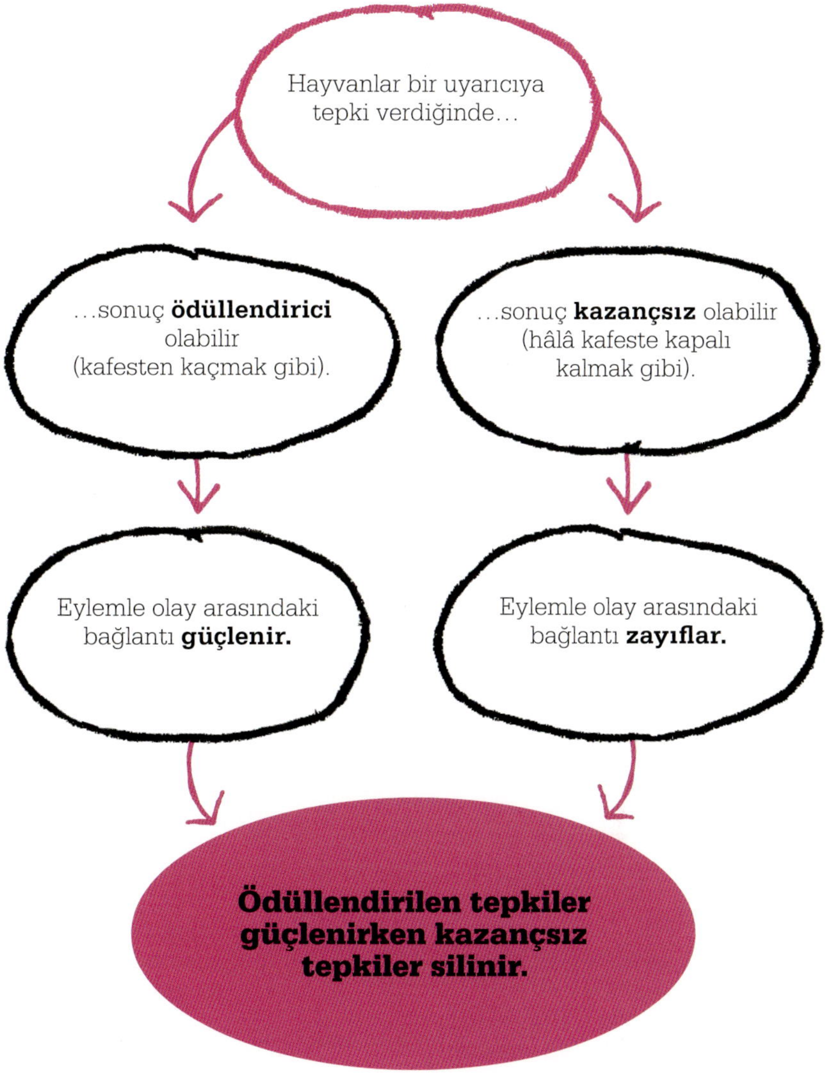

düğme gibi çeşitli gereçlerle karşılaşır. Bunlardan yalnızca biri kutunun kapağını açacak mandala bağlıdır. Zamanla kedi oradan kaçmasını sağlayacak gereci keşfeder ve yiyecekle ödüllendirilir. İşlem tekrar edilir ve her seferinde kedinin kapağı açmasının ne kadar zaman aldığı not edilir. Bu, hayvanın çevresini ne kadar hızla öğrendiğini göstermektedir.

Deney, her biri farklı gereçlerle açılan çeşitli bulmaca kutularına yerleştirilen farklı kedilerle tekrarlanır. Thorndike, tüm kedilerin kaçış mekanizmasını deneme-yanılma yoluyla ilk girişimlerinde veya daha sonrakilerde keşfetmelerine rağmen, kedilerin hangi eylemlerinin sonuçsuz olacağını ve hangilerinin ödül getireceğini

Etki Yasası Thorndike tarafından bulunmuştur ve davranışçı psikolojinin temellerini oluşturur. Thorndike, hayvanların eylemlerle sonuçlar arasında bağ kurmayı öğrendiklerini, olumlu sonuçları daha çok hatırladıklarını ve olumsuz olanları unuttuklarını göstermiştir.

öğrendikçe deneme-yanılma miktarının giderek düştüğünü fark eder.

Etki Yasası

Bu deneylerin bir sonucu olarak Thorndike, bir duruma gösterilen tepkinin tatmin edici sonuçlar vermesinin o tepkinin gelecekte tekrarlanması olasılığını artırdığını, tepkinin tatmin edici sonuç vermeyen tepkinin de tekrarlanması olasılığının düşük olduğunu gösteren Etki Yasası'nı ileri sürer. Bu, tüm davranışçı psikolojinin arkasında yatan fikrin, uyarıcı ve tepki arasındaki ilişki, bunun öğrenme süreci ve davranışla ilgisinin ilk resmi ifadesidir. Thorndike, bir uyarıcıyla (U) bir tepki (T) arasında bir ilişki kurulduğunda beyinde de buna karşılık gelen sinirsel bir bağlantı yapıldığını öne sürmektedir. U-T öğrenimine "bağlantıcılık" adını verir ve öğrenme sırasında yapılan bağlantıların, beynin devresinde damgalandığını ileri sürer.

Thorndike'ın öne sürdüğü şudur: Uyarıcı-tepki arasındaki bağlantının ne kadar güçlü ya da zayıf olacağını belirleyen eylemin sonucudur; bulmaca kutuları durumunda bir ipi çekmek veya bir paneli itmek kaçış ya da hüsranla sonuçlanır. Diğer bir deyişle belirli bir uyarıcı-tepki sıralaması tatmin edici ya da hoş sonuçlar verdiğinde (kaçış veya ödül gibi) bu tepkiler "durumla daha yakından bağlantılı hale gelirler. Öyle ki durum tekrarlandığında, tepkinin de tekrarlanması muhtemeldir". Artık sinirsel bir bağlantı olarak damgalanmışlardır. Uyarıcı-tepki sıralaması can sıkıcı ya da nahoş bir sonuç verdiğinde (devam eden hapislik veya ceza gibi) durumla tepki arasındaki sinirsel bağlar zayıflar ve sonunda "kazançsız eylemler silinir".

Bir uyarıcıyla etkisi arasındaki sonuca odaklanma ve sonucun uyarıcı-tepki ilişkisini güçlendireceği fikri daha sonraları öğrenmede pekiştirme adı verilecek olan kuramın bir örneğidir. Pekiştirme ve sonuçların önemi, John B. Watson gibi bir sonraki kuşak davranışçı psikologlar tarafından hemen hemen görmezden gelinmiştir ancak Etki Yasası B. F. Skinner'in eserleri ve "işlemsel şartlandırma" kuramında başarıyla kullanılmıştır.

Sonraki araştırmasında Thorndike Etki Yasası'nı, tepki ile ödül arasındaki bekleme süresini geciktirmek, görevin tekrarlanmasının etkisi ve tekrarlanmadığında bir görevin ne kadar çabuk unutulduğu gibi başka değişenleri de dikkate alarak geliştirmiştir. Buradan, uyarıcı-tepki ilişkisinin tekrarlandıkça güçlendiğini, kullanılmadığı zamansa zayıfladığını öne süren Tekrar Yasası'nı geliştirir. Üstelik ilişkinin güçlenip zayıflama oranı da değişebilmektedir. Thorndike'a

> Kişinin sahip olduğu zekâ, karakter ve beceriler kendine özgü belirli eğilimlerin ve aldıkları eğitimin sonucudur.
> **Edward Thorndike**

Bir zamanlar **yetişkin öğrencilerin** bilgileri çocuklardan daha zor akıllarında tutabildikleri düşünülüyordu. Thorndike anlamlı tek değişimin, hafızada değil öğrenme hızında olduğunu ortaya çıkardı.

göre "rahatsızlık ya da tatmin ne kadar büyük olursa, bağ o kadar güçlenir ya da zayıflar.

İlginç bir şekilde, Thorndike standart davranışçı yöntemler haline gelecek yöntemler kullanarak hayvan davranışlarını araştırmış ve ilk davranışçıların klasiği haline gelecek olan *Hayvan Zekâsı (1911)* adlı kitabı yazmış olsa da o kendisini esas olarak bir eğitim psikologu olarak görmektedir. Başlangıçta davranışı değil hayvan zekâsını incelemek istemiştir. Örneğin o dönemde psikolojiye egemen bir görüş olarak hayvanların kavrama yeteneğiyle değil basit bir deneme yanılmayla öğrendiklerini göstermek istemiştir. Thorndike şöyle yazar: "Öncelikle kitapların çoğu bize hayvanların psikolojisinden çok bir methiyelerini verirler. Hepsi hayvanların aptallığı değil zekâları üzerinedir." Kedilerin bulmaca kutularından nasıl kaçacaklarını ani bir kavrama ile değil, yavaş yavaş öğrenmeleri kuramını doğrulamıştır. Hayvanlar deneme yanılma ile öğrenmek zorundadırlar çünkü kapıyla çalıştırma kolu arasındaki ilişkiyi kurmak için akıllarını kullanamazlar.

İnsan zekâsı

Hayvan Zekâsı'nın yayımlanmasından sonra Thorndike dikkatini insan zekâsına çevirir. Ona göre en temel zekâ sinirsel bir bağ ile sonuçlanan basit bir uyarıcı-tepki bağlantısı ile nitelenmektedir. Bir hayvan ne kadar zekiyse bu tür bağlantılar yapabilme yeteneği o kadar artmaktadır. Bu nedenle de zekâ, sadece genetik faktörlere değil deneyime de bağlı olan sinir bağlantıları kurma yeteneği ile tanımlanabilir.

İnsan zekâsını ölçmek için Thorndike CAVD (Tamamlama, Aritmetik, Kelime ve Yön) testini yaratmıştır. Bu, tüm modern zekâ testlerinin yanı sıra mekanik zekâ (gereçlerin nasıl işlediğini kavrama), soyut zekâ (yaratıcı yetenek) ve sosyal zekânın (kişilerarası ilişki becerisi) değerlendirilmesi için de bir model oluşturmuştur. Thorndike yaşın zekâyı nasıl etkileyebileceği ile özellikle ilgilenmiş ve ayrıca günümüzde de hâlâ eğitim psikolojisinin kalbinde yer almaya devam eden bir öğrenme kuramı geliştirmiştir. Belki de Thorndike her şeyden çok bu kuramla anılmak isterdi. Ancak onun en çok övüldüğü konu, davranışçı hareket üzerindeki devasa etkisi olmuştur. ■

Edward Thorndike

Metodist bir rahibin oğlu olan Edward Thorndike, 1874'te ABD'nin Massachusetts eyaletinin Williamsburg kentinde doğar. 1895'te Wesleyan Üniversitesi'nin fen bilimlerinden mezun olduktan sonra Harvard'a William James'in hocalığında psikoloji çalışmaya gider. 1897'de New York City'deki Columbia Üniversitesi'ne giderek 1898'de doktora tezini tamamlar.

Thorndike'ın eğitim psikolojisine olan ilgisi Cleveland'daki Case Western Reserve Kız Koleji'nde bir öğretmenlik görevi almasına neden olur. Ancak sadece bir yıl sonra, 1899'da Columbia'ya dönerek 1939'daki emekliliğine dek orada çalışır. 1912'de meslektaşları tarafından Amerikan Psikoloji Derneği'ne başkan seçilir. 74 yaşında New York, Montrose'da ölene dek araştırma yapmaya ve yazmaya devam eder.

Önemli eserleri

1905 *Psikolojinin Unsurları*
1910 *Psikolojinin Eğitime Katkısı*
1911 *Hayvan Zekâsı*
1927 *Zekânın Ölçümü*

DOĞASI NE OLURSA OLSUN HERHANGİ BİRİ HERHANGİ BİR ŞEY OLMASI İÇİN EĞİTİLEBİLİR

JOHN B. WATSON (1878–1958)

KISACA

YAKLAŞIM
Klasik davranışçılık

ÖNCE
1890'lar Almanya doğumlu biyolog Jacques Loeb (Watson'ın hocalarından biri) hayvan davranışlarını tamamen fiziksel/kimyasal açıdan açıklar.

1890'lar Klasik şartlandırmanın prensibi İvan Pavlov'un köpekler üzerindeki deneyleriyle konulur.

1905 Edward Thorndike hayvanların davranışlarının başarılı sonuçları yoluyla öğrendiklerini gösterir.

SONRA
1932 Edward Tolman davranışçılığa bilişi ekleyerek gizli öğrenme kuramını ortaya atar.

1950'ler Bilişsel psikologlar, hem insan davranışlarının arkasında yatan ve hem de onları yaratan zihinsel süreçleri kavramaya odaklanırlar.

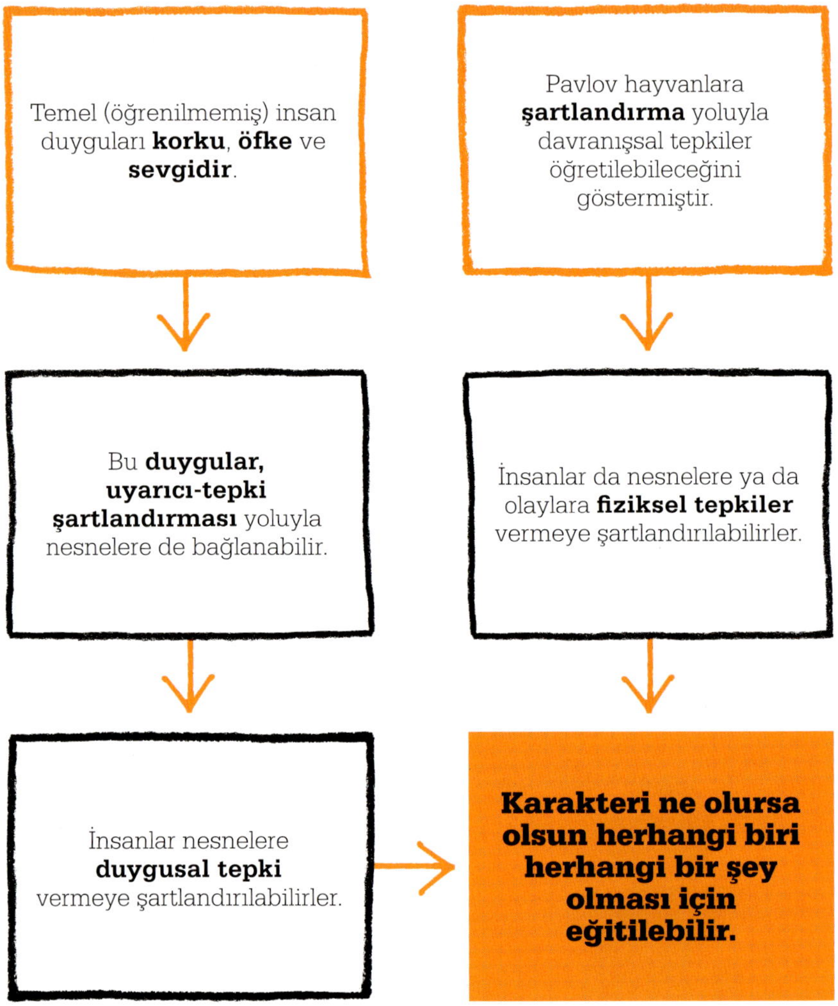

20. yüzyılın başında pek çok psikolog, insan zihninin içgözlemsel yöntemlerle yeterince incelenemeyeceği sonucuna varmıştı ve insan zihni üzerindeki çalışmaların, kontrollü laboratuvar deneylerinde davranış kanıtları yoluyla incelenmesine kayılması gerektiğini savunuyorlardı.

John Watson, bu eksiksiz davranışçı yaklaşımın ilk savunucusu değildir ama kuşkusuz en dikkat çekenidir. Evlilikteki sadakatsizliği yüzünden kısa kesilen kariyerinde 20. yüzyılın en tartışmalı ve etkili psikologlarından biri olmuştur. Uyarıcı-tepki öğrenme kuramı üzerindeki çalışmalarının öncüsü Thorndike olsa da Watson "davranışçılığın babası" olarak görülür ve bu terimin kullanımının popülerleşmesinde büyük rolü olmuştur. 1913 tarihli *Davranışçının Gözüyle Psikoloji* konuşmasında "gerçek bir bilimsel psikolojinin zihinsel durumlar hakkında konuşmayı bırakması ve onun yerine davranışların tahmin ve kontrol edilmesi üzerine odaklanması gerektiği hakkındaki devrim niteliğindeki düşüncesini ortaya koymuştur. Bu konuşma daha sonra psikologlar tarafından "davranışçı manifesto" adıyla anılmıştır.

Watson'ın ABD, Baltimore'daki-Johns Hopkins Üniversitesi'ndeki araştırmalarından önce deneylerin çoğu, sonuçları insan davranışları hakkında da fikir verebilecek olan hayvan davranışlarına yoğunlaşmıştır. Watson kendisi de doktora tezi için fareler ve maymunlarla çalışmıştır ancak (belki de I. Dünya Savaşı'nda orduda çalışmış olmasının etkisiyle) insan denekler üzerinde deneyler yapmaya daha isteklidir. Klasik şartlandırmanın uyarıcı-tepki modeli ve bunun insan davranışlarının tahmini ve kontrolüne et-

Ayrıca bkz. İvan Pavlov 60–61 ▪ Edward Thorndike 62–65 ▪ Edward Tolman 72–73 ▪ B.F. Skinner 78–85 ▪ Joseph Wolpe 86–87 ▪ Kenneth Clark 282–83 ▪ Albert Bandura 286–91

> Psikoloji, davranışçılara göre doğabilimlerinin tamamen nesnel deneysel bir dalıdır.
> **John B. Watson**

kileri üzerine çalışmak istemektedir. Watson insanın üç temel duygusunun –korku, öfke ve sevgi– olduğuna inanmaktadır ve kişinin bu duyguları bir uyarıcıya tepki olarak hissetmeye şartlandırılıp şartlandırılamayacağını ortaya çıkarmak istemektedir.

Küçük Albert

Araştırma görevlisi Rosalie Rayner ile birlikte bir dizi deneye başlarlar. Bu deneyleri kapsamında bir de yerel bir çocuk hastanesinden seçilen "Albert B." adında dokuz aylık bir bebek bulunmaktadır. Testler, küçük bir bebeğe, her seferinde yüksek, korkutucu bir sesle aynı anda gösterilen bir hayvandan korkmayı öğretmenin mümkün olup olmadığını anlamak için tasarlanmıştır. Watson aynı zamanda bu tür bir korkunun diğer hayvanlara veya nesnelere aktarılıp aktarılmayacağını ve ne kadar kalıcı olacağını da öğrenmek istemektedir. Günümüzde yöntemleri etik dışı, hatta zalimce bulunabilir ancak o zamanlar, önceki hayvan deneylerinden ileriye doğru mantıklı ve doğal bir ilerleme olarak görülmektedirler.

Ünlü "Küçük Albert" deneyinde Watson sağlıklı ama "genel olarak duyarsız ve duyguları olmayan" bebeği bir şiltenin üzerine koyarak onun, karşısına çıkarılan köpek, beyaz fare, tavşan, eşek ve aralarında insan maskeleri ve yanan bir kâğıdın da bulunduğu bazı cansız nesnelere karşı tepkilerini gözlemler. Albert bu hayvanlarla nesnelere karşı hiçbir korku belirtisi göstermez ve hatta uzanıp onlara dokunmak ister. Watson bu yolla çocuğun davranışlarında nesnelere karşı daha sonradan oluşacak herhangi bir değişimi ölçebileceği bir başlangıç noktası oluşturmuş olur.

Başka bir sefer, Albert şiltenin üzerinde otururken Watson bir çekiçle metal bir plakaya vurarak ani bir ses çıkarır ve beklenebileceği gibi Albert korkar, huzursuz olup ağlamaya başlar. Watson'ın artık çocukta korku tepkisi uyandıracağını bildiği şartlandırılmamış bir uyarıcısı (ani yüksek ses) vardır. Bu sesi beyaz farenin görüntüsüyle birleştirirse Albert'ı hayvandan korkması için koşullandıracağını varsayar.

Albert 11 aylık olduğunda Watson deneyi tekrarlar. Beyaz fare Albert ile birlikte şiltenin üzerine konur ve Watson çocuk fareye dokunduğunda çekici çelik bir plakaya vurur. Çocuk ağlamaya başlar. Bu süreç birer hafta arayla iki oturumda yedi kez tekrarlanır. Albert artık sesin eşlik etmesine gerek bile kalmaksızın fare odaya getirilir getirilmez huzursuzlanmaya başlamaktadır.

Fareyi sesle defalarca eşleştirerek Watson, Pavlov'un köpeklerle yaptığı deneylerde olduğu gibi bir tür klasik

John B. Watson

Güney Carolina'da yoksul bir ailenin çocuğu olarak doğan John Bradus Watson'ın çocukluğu çok mutsuz geçmiştir; 13 yaşındayken kendilerini terk eden babası alkolik ve kadın düşkünü, annesi ise sadık bir dindardır. Watson asi ve sert bir ergen ama başarılı bir öğrenci olmuş, 16 yaşında yakınlardaki Furman Üniversitesi'ne kaydolmuştur. Doktorasını Chicago'da alan Watson 1913 dersinin "davranışçı manifesto" olarak tanınacağı Johns Hopkins Üniversitesi'nde doçent olmuştur. I. Dünya Savaşı sırasında kısa süreliğine ordu için çalışmış daha sonra Johns Hopkins'e geri dönmüştür. Araştırma görevlisi Rosalie Rayner'la yaşadığı ilişki yüzünden emekli olmaya zorlanmış ve bir yandan eski mesleği olan reklamcılığa dönmüş, diğer yandan psikoloji kitapları yazmaya devam etmiştir. Rayner'ın 1935'te 37 yaşında ölümü üzerine inzivaya çekilmiştir.

Önemli eserleri

1913 *Davranışçının Gözüyle Psikoloji*
1920 *Şartlandırılmış Duygusal Tepkiler* (Rosalie Rayner'le birlikte)
1924 *Davranışçılık*

şartlandırmayı yaratmıştır. Çocuğun sese doğal tepkisi –korku ve huzursuzluk– artık fareyle özdeşleşmiştir. Çocuk fareye korkuyla tepki vermeye şartlandırılmıştır. Klasik şartlandırma anlamında fare ilk başta hiçbir belirgin tepki yaratmayan nötr bir uyarıcı, yüksek ses ise "şartsız korku tepkisi"ni yaratan "şartsız bir uyarıcı"dır. Şartlandırmadan sonra fare "şartlı bir korku tepkisi" yaratan "şartlı bir uyarıcı" haline gelmiştir.

Ancak bu şartlandırma beyaz fareye yönelik bir korkudan daha derinlere iniyormuş görünür ve geçici olmaktan uzaktır. Albert'ın korkusunun "genellenmiş" ya da benzer diğer nesnelere de yayılmış olup olmadığını test etmek için çocuk ilk şartlandırmadan beş gün sonra tekrar –aralarında bir tavşan, köpek ve kuzu tüyünden bir paltonun bulunduğu– beyaz tüylü şeylerle karşılaştırılır. Albert fareye gösterdiği endişeli ve korkulu tepkinin aynısını bunlara da gösterir.

Watson bu deneylerle insan duygularının klasik şartlandırmaya elverişli olduklarını göstermiştir. Bu yeni bir bulgudur çünkü daha önceki uyarıcı-tepki deneyleri fiziksel davranışların öğrenilmesini test etmeye odaklıdırlar. Watson insan davranışlarının sadece önceden tahmin edilmekle kalmayıp –belli uyarıcı ve şartlarla– kontrol edilebildiğini ve değiştirilebildiğini de keşfetmiştir. Albert'ın fare, tavşan ve köpeğe gösterdiği tepkileri bir ay sonra yeniden gözlemlenir ve sonuçlar bu tepkilerin uzun vadede kalıcı olduğunu düşündürmektedir ancak bu kanıtlanamaz zira Albert kısa süre sonra annesi tarafından hastaneden alınıp götürülür. Bunun, bir annenin huzursuzluğunun işareti olduğu düşünülür ancak Watson ve Rayner'in kendi kayıtlarına göre bu daha önceden saptanmış bir tarihtir.

Sonsuz biçimde işlenebilir

Watson'ın kariyeri Küçük Albert deneylerinden kısa bir süre sonra, asistanı Rosalie Rayner ile yaşadığı evlilikdışı ilişkinin ortayla çıkması üzerine üniversiteden emekliliğe zorlanması ile aniden kesilmiştir. Araştırması tamamlanamamış olmasına rağmen Watson'ın davranışçılığı ve özellikle de klasik uyarıcı-tepki şartlandırmasının insanlara uygulanmasını savunmaya devam etmiştir. Belki de akademik dünyadan çekilmeye zorlanması nedeniyle (geçtiği reklamcılık sektöründe çok başarılı olmuştur) buluşlarının kapsamını abartmaya eğilimli olmuş ve doğuş-

"İçinde… sürekli gözlemim altında çocuklar yetiştirebileceğim bir laboratuvarım olmadan asla tatmin olmayacağım."
John B. Watson

Watson, çocuğu boş levha olarak görüyordu. Çocukların karakterlerine bakılmaksızın, davranışçı ilkeler kullanılarak ressamdan doktorluğa kadar her alanda uzmanlaştırılabileceklerini iddia ediyordu.

tan gelen pazarlama yeteneği ile psikoloji üzerine kitaplar yayımlamaya devam etmiştir.

Örneğin duygusal tepkileri şartlandırmanın mümkün olmasıyla yetinmemiş, aynı ilke üzerinden ne kadar karmaşık olursa olsun neredeyse her insan davranışının kontrol edilebileceğini ve değiştirilebileceğini iddia ederek övünmüştür. Watson aynen Küçük Albert'ın doğasına aykırı biçimde belli beyaz tüylü nesnelerden korkmaya şartlandırılabilmesi gibi "karakterine bakılmaksızın herhangi birinin herhangi bir şey olabilmek için eğitilebileceğine" inanmıştır. Hatta 1924 tarihli kitabı *Davranışçılık*'ta şöyle övünmüştür: "Bana kendi özel olarak tasarlanmış dünyamda yetiştirmek üzere bir düzine sağlıklı, yapılı çocuk verin. İçlerinden herhangi birini yeteneklerine, tutkularına, eğilimlerine, kabiliyetine, mesleki ilgisine ve atalarının ırkına bakmaksızın, seçeceğim herhangi bir alanda –doktor, avukat, sanatçı, tüccar, ve evet, hatta dilenci ve hırsız– olarak yetiştirmeyi size garanti ederim." Bundan da anlaşılabileceği gibi "genetik çevre" tartışmasında Watson hiç kuşkusuz çevrenin tarafında olmuştur.

Duygulardan arınmış ebeveynlik

Üniversitedeki araştırmasını tamamlayamayan Watson davranışçılık üzerine fikirlerini, ilgisini çocuk bakımı üzerine yoğunlaştırarak popülarize etmiştir. Görüşleri en çok bu alanda kitleler üzerinde etkili olmuş ancak sonunda tartışmalı bir hal almıştır. Tahmin edilebileceği gibi çocukların katı davranışçı bir yaklaşımla büyütülmeleri gerektiğini savunmuş ve 1920'ler ve 30'larda çocuk bakımı konusunda yazdığı kitaplar kapış kapış satılmıştır. Geriye dönüp bakıldığında yaklaşımının, en iyimser tahminle yanlış yönlendirilmiş ve potansiyel olarak hasar bırakıcı sonuçları olabilecek aşırı derecede duygusal bir tarafsızlığa dayandığını görmek mümkündür ama yöntemleri kendisi ve Rosalie Rayner başta olmak üzere milyonlarca aile tarafından uygulanmıştır.

> Watsonizm Amerika'nın kreşlerinde ve misafir odalarında bir kutsal kitap haline gelmiştir.
> **Mortimer Adler**

Watson bir çocuğun çevresi tarafından şekillendiğine ve bu çevrenin aile tarafından kontrol edildiğine inanmaktadır. Çocuk büyütmeyi özünde, –özellikle de korku, öfke ve sevgi duygularının– davranışların değiştirilmesi üzerinde nesnel bir egzersiz olarak görmüştür. Belki de kendi mutsuz çocukluğunun etkisi altında anlaşılabilir nedenlerle şefkati, duygusal, çocuğu aileye aşırı bağımlı hale getiren bir duygu olarak gördüğü için reddeder. Ancak öte yandan tam tersi bir duygusal aşırılık olan fiziksel cezalandırmayı savunur.

Watson'ın uyarıcı-tepki şartlandırmasını çocuk bakımına uyguladığı bu sorgulanabilir tutumu sonunda eleştirilere hedef olmuştur. Sonraki nesiller bu yaklaşımı çıkarcı ve özensiz bulmuşlar ve çocukların iyiliklerinden çok etkisi ve sonuçlarını önemsediğini düşünmüşlerdir. Watson'ın davranışçı modeline göre yetiştirilen çocuklardaki uzun vadeli hasarlar yavaş yavaş ancak kayda değer biçimde görünür hale gelmiştir. Bugün işlevsiz ve kötü bir yöntem olarak görülmekle birlikte Watson'ın çocuk bakımında kutsal kitap olarak kabul gören kitaplarının popülaritesi koca bir neslin bundan etkilenmesi anlamına gelmiş, Watson'ın kendi ailesi bile bundan zarar görmüştür. Rosalie sonunda kocasının çocuk büyütme kuramındaki hataları görmüş ve *Parents' Magazine*'e "Bir Davranışçının Oğullarının Annesiyim" başlığıyla eleştirel bir makale yazmıştır. Watson'ın torunu, oyuncu Mariette Hartley otobiyografik kitabı *Sessizliği Bozmak*'ta örselenmiş aile geçmişlerinin hikâyesini anlatmıştır.

Çok geçmeden –sadık davranışçılar arasında bile– çocuk bakımına alternatif yaklaşımlar geliştirilmiştir. Watson tarafından ortaya atılan şartlandırmanın temel ilkesini kabul etse (Küçük Albert deneyinin kuşkulu etiğine rağmen) ve bunu kendi "radikal davranışçılık" yaklaşımı için başlangıç noktası yapsa da psikolog B. F. Skinner davranışçılığı çocuk yetiştirmeye (garip olsa da) daha merhametli bir tutumla uyarlamıştır. ■

Watson insan davranışı konusundaki **anlayışını** 1920'lerde reklam sektörüne uyarlamış ve insanların ürünleri içeriklerinden değil resimlerinden etkilenerek satın almaya yönlendirilebileceğini göstermişti.

İNSAN DÜNYASI DENEN O BÜYÜK DOĞAL LABİRENT

EDWARD TOLMAN (1886–1959)

KISACA

YAKLAŞIM
Bilişsel ("amaçlı") davranışçılık

ÖNCE
1890'lar İvan Pavlov'un köpeklerle deneyleri klasik şartlandırma kuramını oluşturur.

1920 John B. Watson davranışçı deneyleri insanlar, özellikle de "Küçük Albert" üzerinde uygular.

SONRA
1938 B.F. Skinner'in işlemsel şartlandırma araştırmasında fareler yerine güvercinler kullanılır ve daha karmaşık hale getirilir.

1950'ler Bilişsel psikoloji, egemen hareket olarak davranışçılığın yerini alır.

1980'ler Joseph Wolpe'un davranışsal terapisi ile Aaron Beck'in bilişsel terapisi birleşerek bilişsel davranışsal terapiyi oluştururlar.

Amerikan davranış psikologları arasında ileri gelenlerden biri olarak kabul edilse de Edward Tolman, Thorndike ve Watson'ınkinden farklı bir yaklaşım benimser. Davranışçılığın temel metodolojisine –psikolojide sadece nesnel, bilimsel deneylerle çalışılabileceğine– inanmakta ancak Almanya'da Gestalt psikolojisi üzerine çalışırken karşılaştığı algı, kavrama ve motivasyon gibi zihinsel süreçlerle de ilgilenmektedir. Önceden ayrı kabul edilen bu iki yaklaşım arasında köprü kurarak şartlandırmanın rolü üzerine yeni bir kuram geliştirmiş ve adını "amaçlı davranışçılık" koyduğu günümüzde bilinen adıyla bilişsel davranışçılığı yaratmıştır. Tolman, şartlı öğrenmenin temel tezini (davranışların sadece bir uyarıcıya oto-

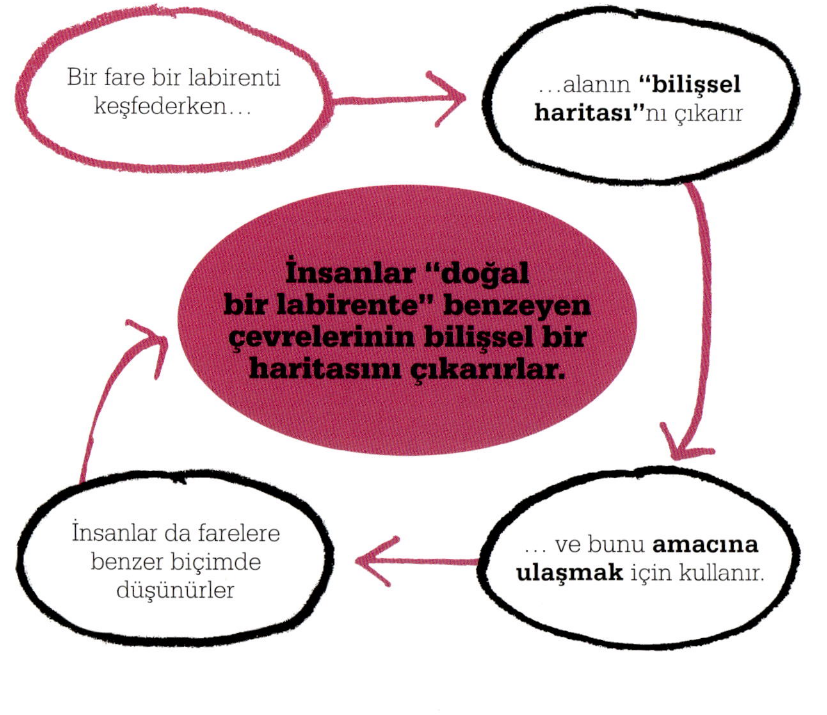

Ayrıca bkz. İvan Pavlov 60–61 ▪ Edward Thorndike 62–65 ▪ John B. Watson 66–71 ▪ B.F. Skinner 78–85 ▪ Joseph Wolpe 86–87 ▪ Wolfgang Köhler 160–61 ▪ Daniel Kahneman 193

> Birden fazla öğrenme türü vardır.
> **Edward Tolman**

matik tepki yoluyla öğrenilmesi) sorgulamıştır. Hayvanların içinde yaşadıkları dünyayı bir ödülün pekiştiriciliği olmaksızın öğrenebileceklerine inanmaktadır ve daha sonra bu bilgiyi karar vermede kullanacaktır.

Pekiştirmenin öğrenmedeki rolünü incelemek için labirentteki fareleri kullanarak bir dizi deney tasarlar. Labirentten başarıyla çıkabildikleri için her gün yiyecekle ödüllendirilen bir grup fareyi, altı gün sonra ödüllendirilen ikinci bir grup ve iki gün sonra ödüllendirilen üçüncü bir grupla karşılaştırır.

Tolman'ın düşünceleri doğrulanmıştır. İkinci ve üçüncü gruptaki fareler yiyecekle ödüllendirildikleri günün ertesinde labirentte koşarken daha az hata yapmaktadırlar ve bu da labirentteki yollarını zaten "bildiklerini", ödülü almadan önce öğrendiklerini göstermektedir. Ödüller verildikten sonra labirentten daha hızlı çıkabilmek için oluşturdukları "bilişsel haritaları"nı kullanmaktadırlar.

Gizli öğrenme

Tolman farelerin, görünürde bir ödül olmadığı, ilk baştaki öğrenme dönemlerini "gizli öğrenme" olarak adlandırır. İnsanlar dahil tüm hayvanlar günlük hayatlarına devam ederken, çevrelerindeki dünyanın, "doğal labirentin", belirli amaçları bulmak için kullanabilecekleri bilişsel bir kontrasını oluştururlar. Bunun için şu örneği verir: Günlük gezintilerimiz sırasında belirli noktaların konumlarını öğreniriz ama sadece yol üzerinde bir yer bulmamız gerektiğinde bunu öğrendiğimizin farkına varırız. Sonraki deneyler farelerin de belli bir yere erişmek için gereken dönemeçlerden çok bir tür yer duygusu öğrendiklerini göstermiştir.

Hayvanlar ve İnsanlarda Amaçlı Davranışçılık adlı kitabında Tolman gizli öğrenme ve bilişsel haritalar kuramının anahatlarını vermiş, davranışçılığın metodolojisini Gestalt psikolojisiyle birleştirerek biliş unsurunu tanıtmıştır. ▪

Çevremizin **bilişsel haritası** günlük hayatlarımızın akışı içinde gelişir. Fark etmeden geçtiğimiz bir yeri bulmamız gerekene kadar bunun farkına varmayız.

Edward Tolman

Edward Chace Tolman, ABD'nin Massachusetts eyaletinde West Newton'da varlıklı bir ailenin oğlu olarak doğar. Massachusetts Institute of Technology'de eğitim alır ve 1911'de Elektrokimya bölümünden mezun olur. Ancak William James'in eserlerini okuduktan sonra psikoloji ve felsefe alanlarında yüksek lisans yapmak için Harvard'a başvurur. Bu sırada Almanya'ya gider ve Gestalt psikolojisiyle tanışır. Doktorasını aldıktan sonra Northwestern Üniversitesi'nde ders vermeye başlar ama barışçı düşünceleri yüzünden işini kaybeder ve Berkeley'deki California Üniversitesi'ne gider. Farelerle labirent deneylerini de burada yapar. McCarthy döneminde akademik özgürlüğünü kısıtladığını düşündüğü için imzalamayı reddettiği sadakat yemini yüzünden kovulma tehdidiyle karşı karşıya kalır. Dava 1955'te mahkeme tarafından bozulur. 1959'da Berkeley'de 73 yaşında hayatını kaybeder.

Önemli eserleri

1932 *Hayvanlarda ve İnsanlarda Amaçlı Davranışçılık*
1942 *Savaşa Yönelik İtkiler*
1948 *Psikoloji Tebliğleri Derlemesi*

BİR FARE TAHIL ÇUVALIMIZI ZİYARET ETTİYSE GERİ DÖNÜŞÜNE HAZIRLIKLI OLABİLİRİZ

EDWIN GUTHRIE (1886–1959)

KISACA

YAKLAŞIM
Öğrenme kuramı

ÖNCE
1890'lar İvan Pavlov "klasik koşullanma"yı köpeklerde gösterir.

1890'lar Edward Thorndike, kediler üzerindeki deneyleri için "bulmaca kutusu"nu tasarlar.

1920'ler Edward Tolman, koşullanmada pekiştirmenin rolünü sorgular.

SONRA
1938 B.F. Skinner, sonuçların davranışlardaki rolünü vurgulayarak edimsel koşullanma fikrini ortaya atar.

1940'lar Jean Piaget, çocukların bilgiyi araştırmaya ve edinmeye doğal olarak yönlendiklerini iddia eden bir öğrenme kuramı geliştirir.

1977 Albert Bandura'nın *Sosyal Öğrenme Teorisi* davranışın gözlem ve başkalarının davranışlarını taklit etme yoluyla öğrenildiğini öne sürer.

1920'lerde Amerikalı filozof Edwin Guthrie ilgisini psikolojiye yönelttiği zaman uyarıcı-tepki modelli öğrenme neredeyse tüm davranışçı kuramların temelini oluşturmaktaydı. Ivan Pavlov'un "klasik şartlandırma" fikrinden türeyen bu modelde nesnelerin tekrar tekrar belirli uyarıcı bileşimlerine maruz bırakılarak (yiyecek verirken zili çalmak gibi) sonunda şartlı tepkiler vermelerine neden olduğu iddia ediliyordu (zil çaldığında tükürük salgılamak gibi).

Guthrie katı bir davranışçı olmasına rağmen koşullanmanın başarılı olması için pekiştirilmesi gerektiğine inanmaz. Belli bir uyarıcıyla tepkinin ilk kez eşleştirildiğinde tam anlamıyla özdeşleştiklerine inanır. Guthrie'nin tek deneme öğrenmesi kuramı "bulmaca kutuları"ndaki kedileri gözlemlemesine dayanmaktadır. Kaçmak için gereken mekanizmayı bir kez öğrendikten sonra kediler kaçmayla kendi eylemleri arasında bir ilişki kurarlar ve daha sonraki durumlarda bunu tekrarlarlar. Guthrie, benzer şekilde bir farenin bir kez yiyecek kaynağı bulduktan sonra her acıktığında nereye gideceğini bildiğini söyler.

Guthrie fikrini "bir harekete eşlik eden uyarıcıların bileşimi tekrarlandığında o hareket de arkasından gelecektir" olarak açıkladığı "bitişiklik" kuramına genişletmiştir. Uyarıcı-tepki birlikteliğinden davranış değil, hareket öğrenilir. İlişkili hareketler bir eylem oluşturmak üzere birleşirler; tekrarlar bağlantıyı pekiştirmez, sadece birleşerek davranışları oluşturacak eylemlerin oluşumuna neden olur. ■

> Bir tartışmanın tüm tutumları değiştirmesini bekliyoruz.
> **Edwin Guthrie**

Ayrıca bkz. İvan Pavlov 60–61 ▪ Edward Thorndike 62–65 ▪ Edward Tolman 72–73 ▪ B.F. Skinner 78–85 ▪ Jean Piaget 262–69 ▪ Albert Bandura 286–91

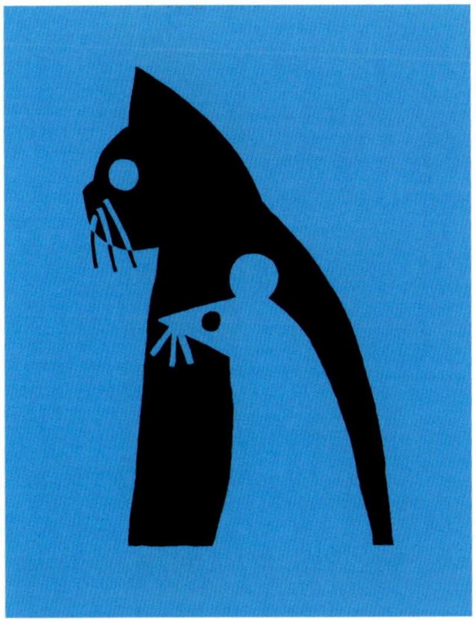

HİÇBİR ŞEY KEDİNİN FAREYİ "SEVMESİ" KADAR DOĞAL OLAMAZ

ZING-YANG KUO (1898–1970)

KISACA

YAKLAŞIM
Davranışsal epigenetik

ÖNCE
1874 Francis Galton, *İngiliz Bilim Adamları: Yaradılışları ve Yetişme Koşulları*'nda genetik ve çevre tartışmasından bahseder.

1924 John B. Watson ünlü "bir düzine çocuk" böbürlenmesiyle temel doğalarına bakılmaksızın herkesin her şey olabilecek şekilde eğitilebileceğini söyleyerek övünür.

SONRA
1938 B.F. Skinner *Organizmaların Davranışları*'nda, davranışı içgüdülerin değil koşulların yönettiğini öne sürerek radikal davranışçı fikirlerini açıklar.

1942 Edward Tolman, *Savaşa Yönelik İtkiler* adlı kitabında saldırganlığın içgüdüsel mi koşullu mu olduğunu inceler.

1966 Konrad Lorenz, *Saldırganlık Üzerine*'de saldırgan davranışları doğuştan tepkiler olarak açıklar.

1920'lerde davranışçı John B. Watson doğuştan gelen davranışların bile şartlandırmayla değiştirilebileceğini iddia etmektedir. Ancak davranışın bir açıklaması olarak içgüdülerin varlığını inkâr etmesiyle davranışçılığı en aşırı uca taşıyan, Çinli psikolog Zing-Yang Kuo olmuştur. Kuo, içgüdünün sadece psikologların davranışı açıklamaları için uygun bir yol olduğunu ama mevcut kurama uymadığını söylemiştir: "Geçmişteki davranış araştırmalarımız yanlış yöne doğru yapılmıştır çünkü hayvana nasıl doğa inşa edeceğimizi düşünmek yerine hayvanda doğa bulmaya çalıştık." Kuo'nun en çok bilinen deneyleri kedi yavruları büyütmeyi içermekteydi. Bu kedilerin bazıları doğumlarından beri farelerle aynı kafesteydi. Kuo'nun bulgularına "Bir kedi çok küçüklüğünden itibaren fareyle aynı kafese konursa büyüdüğünde farelere karşı toleranslı olur: sadece bir fareye saldırmamakla kalmaz ayrıca onu 'arkadaşı' olarak benimser, onunla oynar ve hatta onunla bağ kurar."

Kuo, geleneksel olarak düşman bilinen hayvanlar arasında uyumlu ilişkilerin var olabileceğini kanıtlamıştır. Onları kavga etmeye yönlendiren "doğuştan gelen bir mekanizma" olmadığı sonucuna varmıştır.

Kuo'nun çalışmaları Çin'deki siyasi olaylar nedeniyle yarıda kesilmiş ve Kuo önce ABD'ye, sonra Hong Kong'a kaçmak zorunda kalmıştır. Fikirleri sadece, Batı'da davranışçılığın sönmeye yüz tutup bilişsel psikolojinin yükselişe geçtiği zaman bilinir hale gelmiştir. Ancak doğuştan gelen mekanizmaların olmadığı süregiden gelişimi kuramı Konrad Lorenz'in içgüdü temelli psikolojisine karşıt olarak etkili olmuştur. ■

Ayrıca bkz. Francis Galton 28–29 ▪ John B. Watson 66–71 ▪ Edward Tolman 72–73 ▪ Konrad Lorenz 77 ▪ B.F. Skinner 78–85

ÖĞRENMEK TAM OLARAK MÜMKÜN DEĞİLDİR
KARL LASHLEY (1890–1958)

KISACA

YAKLAŞIM
Nöropsikoloji

ÖNCE
1861 Fransız anatomi uzmanı Paul Broca Beynin konuşmadan sorumlu bölgesinin yerini belirler.

1880'ler İspanyol patolog ve nöropsikolog Santiago Ramón y Cajal, bedenin sinir sisteminin, Alman anatomi uzmanı Heinrich Waldeyer-Hartz'ın daha sonra "nöronlar" adını vereceği hücrelerden oluştuğu kuramını geliştirir.

SONRA
1949 Donald Hebb hücre topluluklarının oluşumunu ve bağlantılı öğrenme sürecindeki evreleri tanımlar.

1980'den itibaren CT, fMRI (fonksiyonel manyetik rezonans görüntüleme) ve PET tarayıcı (pozitron emisyon tomografisi) gibi modern beyin görüntüleme teknikleri sinir bilimcilerin belli beyin fonksiyonlarını haritalandırmalarına olanak sağlar.

Fizyologdan dönme Amerikalı psikolog Karl Lashley, öğrenme işlemi sırasında beyinde fiziksel olarak neler olduğuyla ilgilenmiştir. Pavlov ve diğer davranışçılar şartlandırmanın beyinde elektriksel veya kimyasal değişimlere neden olduğunu öne sürmüşlerdir ve Lashley de bunların tam olarak neler olduğunu işaret etmek istemiştir.

Lashley, özellikle beynin hafızadan sorumlu özel bölümünü, bir hafıza izi ya da "engram"ı tespit etmek istemiştir. Çoğu davranışçı gibi öğrenme deneyinin temeli olarak labirente koyduğu fareleri kullanmıştır. Fareler ilk önce yiyecek ödülüne erişmek için yollarını bulmayı öğrenmektedirler. Daha sonra Lashley farelerin her birinin serebral kortekslerinin farklı ama belli bölümlerini alır. Bundan sonra fareler hafızaları ve öğrenme yetenekleri test edilmek üzere tekrar labirente konmuşlardır.

> Özel anılara ayrılan hücrelere erişim sağlanamaz.
> **Karl Lashley**

Belleğe yer yok

Lashley beynin hangi kısmını almış olursa olsun farelerin görev hafızalarının yerinde kaldığını bulmuştur. Yeni görevleri öğrenme ve akılda tutma yetenekleri bozulsa da bu bozukluğun miktarı hasarın yerine değil boyuta bağlıdır. Hafızanın belli bir yerde konumlanmadığı ama serebral korteksin her yerine yayıldığı, bu yüzden de beynin her yerinin eşit derecede önemli ya da eşit potansiyele sahip olduğu sonucuna varır. Onlarca yıl sonra deneyinin "zorunlu olarak öğrenmenin mümkün olmadığı hissine kapılmasına" neden olduğunu söylemiştir. ■

Ayrıca bkz. John B. Watson 66–71 ▪ Donald Hebb 163 ▪ George Armitage Miller 168–73 ▪ Daniel Schacter 208–09 ▪ Roger Brown 237

MÜHÜRLEME UNUTULAMAZ!

KONRAD LORENZ (1903–1989)

KISACA

YAKLAŞIM
Etoloji

ÖNCE
1859 İngiliz biyolog Charles Darwin *Türlerin Kökeni Üzerine* adlı eserinde doğal seleksiyon kuramını tanımlar.

1898 Lorenz'in akıl hocası Alman biyolog Oskar Heinroth ördek ve kaz davranışları araştırmasına başlar ve mühürleme olgusunu tanımlar.

SONRA
1959 Alman psikolog Eckhard Hess'in deneyleri, bağlantılı öğrenmede en son öğrenilen en iyi hatırlanırken mühürlemede ilk öğrenilenin en iyi hatırlandığını gösterir.

1969 John Bowlby yeni doğan bebeklerin annelerine bağlılıklarının genetik bir yatkınlık olduğunu savunur.

Avusturyalı zoolog ve doktor Konrad Lorenz davranış bilimlerinin –doğal yaşamdaki hayvan davranışlarının karşılaştırmalı araştırması– kurucularından biridir. Lorenz çalışmalarına ailesinin Avusturya, Altenberg'deki yazlık evlerinde, kazları ve ördekleri gözlemlemekle başlamıştır. Yavruların yumurtadan çıktıkları andan itibaren anneleriyle hemen bir bağ kurduklarını ama eğer anneleri yoksa aynı bağı bir bakıcı anne ile de oluşturduklarını fark etmiştir. Lorenz'in "mühürleme" adını verdiği bu olgu daha önceleri de gözlemlenmiştir ancak Lorenz bunu sistematik olarak inceleyen ilk kişidir. Hatta kaz ve ördek yavrularını kendisini bakıcı ebeveyn olarak benimsemeye ikna etmesiyle ünlüdür.

Lorenz, mühürlemeyi öğrenmekten ayıranın, sadece hayvanın gelişiminin "kritik dönem" adını verdiği belli bir evresinde gerçekleşmesi olduğunu keşfetmiştir. Öğrenmenin tersine hızlıdır, davranıştan bağımsız işler ve geri dönüşsüz gibi görünmektedir; mühürleme asla unutulamaz.

Lorenz kur yapma davranışı gibi başka pek çok evre-bağlantılı, içgüdüsel davranışı gözlemlemiş ve bunları "sabit eylem modelleri" olarak tanımlamıştır. Bunlar belli bir kritik dönemde belli bir uyarıcı tarafından tetiklenene kadar uykuda kalırlar. Lorenz sabit eylem modellerinin öğrenilmediklerini ancak genetik olarak programlandıklarını ve doğal seleksiyon sürecinden evrildiklerini vurgulamaktadır. ■

Lorenz kazların ve diğer kuşların yumurtalarından çıkar çıkmaz karşılaştıkları ilk hareket eden nesneyi –burada Lorenz'in Wellington çizmelerini– izlediklerini ve ona bağlandıklarını keşfetmiştir.

Ayrıca bkz. Francis Galton 28–29 ▪ İvan Pavlov 60–61 ▪ Edward Thorndike 62–65 ▪ Karl Lashley 76 ▪ John Bowlby 274–77

DAVRANIŞ OLUMLU VE OLUMSUZ PEKİŞTİRME İLE ŞEKİLLENİR

B.F. SKINNER (1904–1990)

KISACA

YAKLAŞIM
Radikal davranışçılık

ÖNCE
1890 William James, *Psikolojinin İlkeleri*'nde davranışçılığın kuramlarının çerçevesini çizer.

1890'lar İvan Pavlov şartlı uyarıcı ve tepki kavramını geliştirir.

1924 John B.Watson modern davranışçı hareketin temellerini atar.

1930'lar Zing-Yang Kuo davranışların hayat boyunca sürekli değişime uğradıklarını ve doğuştan geldiğine inanılan davranışların bile embriyo iken "deneyimler"den etkilendiğini öne sürer.

SONRA
1950'ler Joseph Wolpe, davranış terapisinin bir parçası olarak sistematik duyarsızlaştırmanın öncülüğünü yapar.

1960'lar Albert Bandura'nın sosyal öğrenme kuramı radikal davranışçılıktan ilham alır.

Burrhus Frederic Skinner, daha çok bilinen adıyla B.F. Skinner, davranışçı psikologların muhtemelen en tanınmışı ve etkili olanıdır. Alanında bir öncü olmamasına rağmen İvan Pavlov ve John B. Watson gibi öncüllerinin düşüncelerini geliştirmiş, bunu yaparken de tartışmalı bir "radikal davranışçılık" duruşuna ulaşmak için davranış kuramlarını titiz bir deneysel incelemeye tabi tutmuştur.

Skinner sadece tezlerinin özenli bilimsel metodolojinin (kanıtlara dayanan ve ispatlanabilir) ürünü olmaları ile değil aynı zamanda deneylerinde kamuoyunun bayıldığı yeni mekanizmalar kullandığı için de ideal bir davranışçılık savunucusu olduğunu kanıtlamıştır. Skinner müzmin bir "cihaz adamı"dır ve kışkırtıcı bir kendini pazarlama yeteneği vardır. Ancak şovmen görüntüsünün ardında eserleriyle, psikolojiyi sonunda içe dönük felsefi köklerinden kopararak başlı başına bilimsel bir disiplin olmasına yardım eden ciddi bir bilim adamı yatmaktadır.

Skinner bir zamanlar yazar olarak kariyer yapmayı planlamış ancak ilk psikologların çoğunun felsefi kuramlaştırmaları için çok az vakti olmuştur. İlhamının çoğunu Pavlov ve Watson'ın eserlerinden almıştır. Psikolojinin bilimsel geleneği izlediğini görmüş ve görülemeyen, ölçülemeyen ve özenle kontrol edilen deneylerle tekrarlanamayan hiçbir şeyle ilgilenmemiştir.

Zihnin işleyişi bu yüzden de Skinner'in ilgisi ve kapsama alanı dışında kalmıştır. Aslında bunların bütünüyle nesnel olması gerektiği ve bedenden tamamen ayrı bir varlığı olmadığı sonucuna varmıştır. Skinner'in görüşüne göre psi-

> "İdeal davranışçılık baskıyı ortadan kaldırmak, kontrolleri ortamı değiştirerek uygulamaktır."
> **B.F. Skinner**

B.F. Skinner

Burrhus Frederic Skinner, 1904'te Pennsylvania, Susquehanna'da doğar. Yazar olma niyetiyle New York, Hamilton College'da İngilizce eğitimi alır ancak çok geçmeden edebiyatın kendisine göre olmadığını fark eder. İvan Pavlov ve John B. Watson'ın eserlerinden ilham alarak Harvard'da psikoloji eğitimi alır, 1931'de doktorasını tamamlar ve öğretim üyesi statüsü kazanır. 1936'da Minnesota Üniversitesi'ne gider ve 1946'dan 1947'ye kadar Indiana Üniversitesi'nde psikoloji bölümünü yönetir. 1948'de Harvard'a dönerek hayatının sonuna kadar orada kalır. 1980'lerde lösemi teşhisi konmasına rağmen çalışmaya devam eder. 18 Ağustos 1990'da son makalesi üzerinde çalışırken son nefesini vermiştir.

Önemli eserleri

1938 *Organizmaların Davranışları: Deneysel Bir Analiz*
1948 *Walden İki*
1953 *Bilim ve İnsan Davranışı*
1957 *Sözel Davranış*
1971 *Özgürlük ve Onurun Ötesinde*

Ayrıca bkz. William James 38–45 ▪ İvan Pavlov 60–61 ▪ John B. Watson 66–71 ▪ Zing-Yang Kuo 75 ▪ Joseph Wolpe 86–87 ▪ Albert Bandura 286–91 ▪ Noam Chomsky 294–97

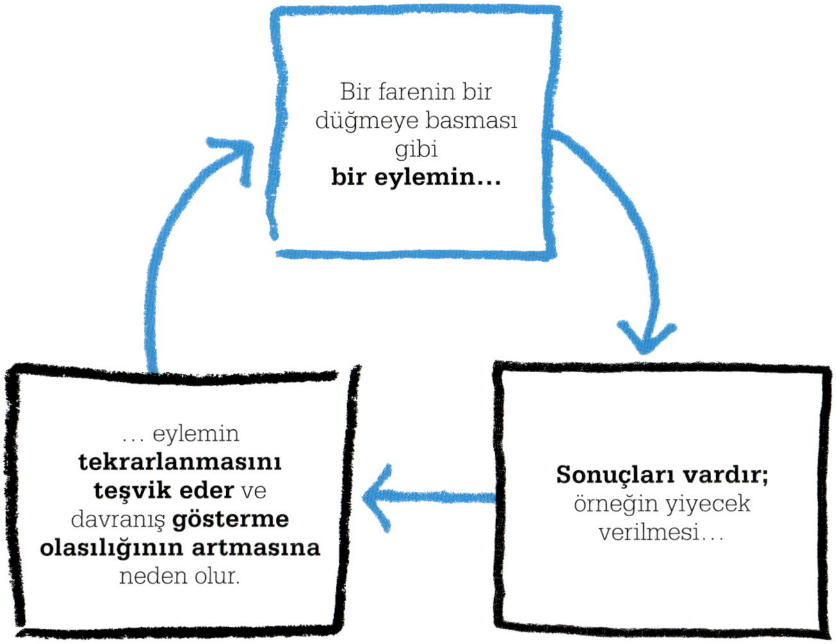

kolojik araştırmayı yürütmenin yöntemi, gözlemlenemeyen düşüncelerden çok gözlemlenebilir davranışlardır.

Kariyerinin başlangıcından beri katı bir davranışçı olan Skinner, şartlandırma yorumuyla – özellikle Pavlov tarafından tanımlanan "klasik şartlandırma" ilkesiyle– ilk davranışçılardan ayrılır. Koşullu bir tepkinin tekrarlanan bir eğitimle ortaya çıkarılabileceğine karşı çıkmamakla birlikte bunun koşullu bir uyarıcı planlı ve yapay bir şekilde sunan özel bir durum olduğunu düşünür.

Skinner'a göre bir eylemin sonuçları, davranışı şekillendirmede eylemden önce gelen veya aynı anda gelen uyarıcıdan daha önemlidir. Deneylerinden davranışın, temel olarak eylemlerin sonuçlarından öğrenildiği sonucunu çıkarmıştır. Pek çok içgörüde olduğu gibi bu da apaçık gibi görünebilir ama davranış psikolojisinde önemli bir dönüm noktasına işaret eder.

Skinner kutuları

Skinner, Harvard'da araştırma yaparken, daha sonraları "Skinner kutusu" olarak adlandırılacak olan bir icadını kullanarak fareler üzerinde bir dizi deney gerçekleştirmiştir. Bir fare, içinde özel bir bölme olan bu kutulardan birine yerleştirilmektedir. Fare bu bölmeye her bastırdığında bir parça yiyecek sunulmaktadır. Bölmeye bastırma sıklıkları otomatik olarak kaydedilmektedir. Başlangıçta fare bölmeye yanlışlıkla veya sadece merakından basmakta ve sonucunda bir parça yiyecek almaktadır. Zamanla bölmeye ne zaman bastırsa yiyecek belirdiğini öğrenir ve karnını doyurmak için bilerek bastırmaya başlar. Bölmeye bastırma davranışı için yiyecekle "olumlu pekiştirme" uygulanan farelerle, uygulanmayanların veya farklı sıklıklarda yiyecek sunulanların sonuçları kıyaslandığında yiyecek farenin eylemlerinin sonucu olarak sunulduğunda bunun gelecekteki davranışı etkilediği ortaya çıkar.

Skinner hayvanların eylemlerinden veya ortamlarından aldıkları tepkiler tarafından koşullandıkları sonucuna varmıştır. Fareler çevrelerindeki dünyayı keşfettikçe eylemlerinin bazılarının olumlu sonuçları olur (Skinner "ödül" kelimesini "iyi" davranış için verilen yan anlamları ile kullanmama konusunda çok dikkatlidir) ve bu sonuçlar fareleri davranışı tekrarlamaya teşvik eder. Skinner'in terimleriyle, bir "organizma" kendi çevresinde iş görür ve işlemsel şartlandırmasını (bölmeye bastırmak) pekiştiren bir uyarıcıyla (bir parça yiyecek) karşılaşır. Bunu klasik şartlandırmadan ayırmak için "işlemsel şartlandırma" terimini bul-

Skinner kutuları psikologun yarattığı ve kendisine davranışlarını gözlemlediği hayvanların ortamı üzerinde tam bir kontrol imkânı veren pek çok dahice gereçten biridir.

Olumlu pekiştirme, Skinner'in bir fareyi, bir basamak ya da bölmesi bulunan özel tasarlanmış kutularından birine koyarak gösterdiği gibi, belli davranış modelleri teşvik edebilir. Hayvan bölmeye her bastığında yiyecek ortaya çıkmakta ve onu bu eylemi tekrar tekrar yapmaya teşvik etmektedir.

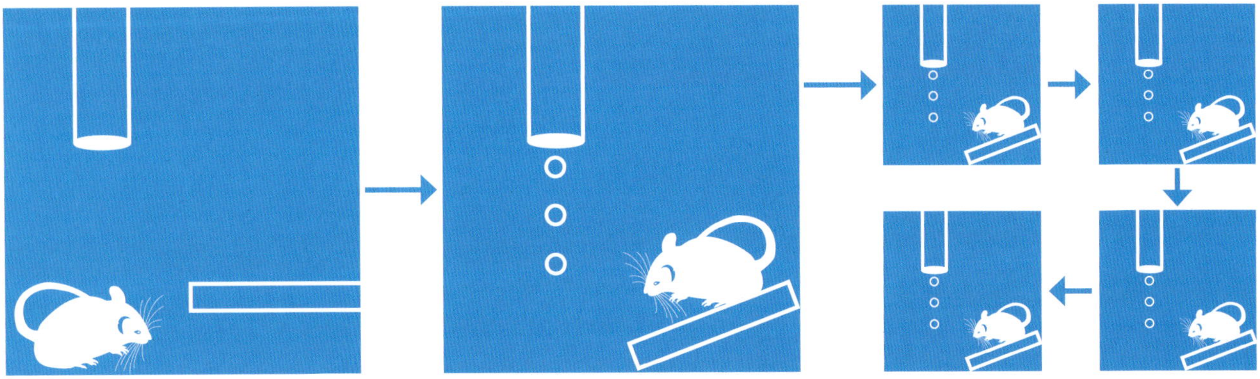

muştur. İkisi arasındaki en önemli fark, edimsel şartlandırmanın önce gelen bir uyarıcı değil izleyen davranışlara bağlı olmasıdır. Ayrıca edimsel şartlandırma iki yönlü bir süreçtir; onun çevredeki etkisi kadar çevrenin de davranışları şekillendirmede etkisi olmaktadır.

Deneyleri sürerken Skinner'in yiyeceği azalmaya başlar ve farelere yiyecek verme aralığını yeniden düzenlemek zorunda kalır. Artık bazı fareler sadece bölmeye arka arkaya birkaç kez bastıktan sonra, belli aralıklarla veya rastgele biçimde yiyecek almaya başlarlar. Bu değişikliğin sonuçları Skinner'in orijinal bulgularını pekiştirir ama aynı zamanda yeni bir keşfe de yol açar: Pekiştiren bir uyarıcı, davranışın tekrarlanma olasılığını artırırken, pekiştiren uyarıcı durdurulduğunda o davranışın tekrarlanması olasılığı düşmektedir.

Skinner daha da çeşitlendirip karmaşıklaştırdığı deneylerine devam eder. Bu değişiklikler arasında farelerin yiyecek parçalarının verilme sıklığındaki değişimi ayırt edip edemeyecekleri ve buna tepki verip vermeyeceklerini anlamak için yaptığı program değişiklikleri de vardır. Tahmin ettiği gibi fareler yeni programlara da hızla uyum sağlarlar.

Olumsuz pekiştirme

Daha sonraki deneylerinde Skinner kutularının tabanlarına bir elektrik ızgarası yerleştirilir ve bu çalıştırıldığı zaman farelere nahoş bir şok dalgası verilir. Bu uygulama, olumsuz pekiştirmenin davranış üzerindeki etkisinin incelenmesine olanak tanır. Skinner, "ödül" kelimesinden kaçındığı gibi burada da elektrik şokunu da "ceza" olarak tanımlamaktan kaçınır. Deneylerinin çıkarımlarını inceledikçe bu ayrım giderek daha önemli hale gelir.

Olumsuz pekiştirme psikolojide yeni bir kavram değildir. 1890'larda William James *Psikolojinin İlkeleri*'nde şöyle yazmıştır: "Örneğin hayvanlar bir çocukta korku ya da hoşlanma gibi iki zıt dürtü yaratırlar. Ama eğer bir çocuk bir köpeği ilk okşama girişimlerinden birinde ısırılırsa, korku dürtüsü o kadar güçlü biçimde ortaya çıkar ki, köpeklere karşı yeniden bir hoşlanma dürtüsü hissetmesi için aradan uzun yıllar geçmesi gerekebilir." Skinner bu düşüncenin deneysel kanıtını bulmak üzeredir.

Kumarda kazanmak genellikle yeniden deneme dürtüsünü artırır, kaybetmekse azaltır; aynen Skinner'in farelerinin beslendiği sıklığın davranışlarında değişiklik yaratması gibi.

Olumlu pekiştirme

Tanmin edildiği gibi Skinner, elektrik şoku gibi olumsuz bir sonuç veren davranışta azalma

olacağını bulur. Deneylerde kullanılan Skinner kutularını yeniden tasarlayarak içindeki farelerin bir pedala basarak elektrikli ızgaranın akımını kapatabilecekleri hale getirir. Bunu yaparak olumsuz bir uyarıcının kaldırılmasıyla ortaya bir tür olumlu uyarıcının çıkmasını sağlamaktadır. Sonuçlar Skinner'in kuramını doğrular niteliktedir: Eğer bir davranış olumsuz uyarıcının ortadan kaldırılmasına neden oluyorsa o davranış artmaktadır.

Ancak sonuçlar aynı zamanda olumlu pekiştirmeyle öğrenilen davranışlarla, olumsuz uyarıcıyla öğrenilen davranışlar arasındaki ilginç bir ayrımı ortaya koymaktadır. Fareler olumlu uyarıcılara (aynen olumsuz uyarıcının kaldırılmasında olduğu gibi), davranışları olumsuz bir tepki ile sonuçlandığı zaman olduğundan daha iyi ve daha hızlı tepki vermektedirler. Skinner, hâlâ "ödül" ve "ceza" olgularını kullanmaktan kaçınmaktadır ve davranışın olumlu pekiştirme programıyla daha etkili biçimde şekillendirildiği sonucuna varır. Aslında, denek belli bir davranış için olumlu tepkiler aramaya devam etmesine rağmen vakaların çoğunda olumsuz tepkilere yol açtığı için olumsuz pekiştirmenin ters etki yapabileceğine inanmaya başlar.

Bunun insan davranışlarıyla ilgili pek çok alanda da –örneğin öğretimde disiplin cezalarının kullanılması gibi– etkileri vardır. Eğer bir erkek çocuk, burnunu karıştırmak gibi eğlenceli bulduğu bir şey için sürekli cezalandırılıyorsa bunu etrafta yetişkinler varken yapmaz. Çocuk davranışını değiştirmiştir ancak sadece cezalandırılmasını önlemek için. Skinner sonuçta çocukların davranışlarını kontrol etmede tüm ceza biçimlerinin elverişsiz olduklarına inanır.

Skinner'in güvercin deneyleri bir görevi başarmanın yiyecekle olumlu pekiştirilmesinin, yeni davranış modellerini öğrenmeyi hızlandırdığını ve pekiştirdiğini kanıtlamıştır.

Genetik eğilimler

Davranışların edimsel şartlandırma ile "şekillenmesi" Charles Darwin'in –özünde, sadece genetik mekanizmalarını belli bir çevreye uydurabilen organizmaların sağ kalıp üreyebileceklerini ve türlerinin "başarısını" garantileyebileceklerini söyleyen– doğal seleksiyon kuramıyla çarpıcı paralellikler göstermektedir. Bir farenin, edimsel şartlandırma sürecini tetikleyen pekiştirici bir uyarıcıyla sonuçlanacak davranışlarda bulunması olasılığı, her ikisi de genetik oluşumla ilgili olan merakına ve zekâsına bağlıdır. Skinner'in "kişinin davranışları genetik ve çevresel tarihçesiyle kontrol edilir" sonucuna götüren de işte bu genetik ve şartlandırma kombinasyonudur. Skinner bu fikrini 1981'de *Science* dergisinde yayımladığı *Sonuçlarla Seçim* adlı bir makalesinde inceleyecektir.

Skinner 1936'da Minnesota Ünuversitesi'nde görev almış, edimsel şartlandırma konusundaki deneysel araştırmalarını geliştirmeye ve düşünceleri için pratik uygulamalar keşfetmeye orada devam etmiştir. Bu kez fareler yerine güvercinleri kullanmaktadır. Güvercinlerle çalışırken daha incelikli deneyler geliştirebileceğinin farkına varmıştır. "Ardışık yaklaşım" adını verdiği yöntemi kullanarak çok daha karmaşık davranış modellerini öğretip inceleyebilecektir.

Skinner, güvercinlere öğretmeye çalıştığına benzer herhangi bir davranış için de olumlu pekiştiriciler kullanır. Örneğin bir güvercine saat yönünde daireler çizerek uçmayı öğretiyorsa, güvercinin sağa doğru yaptığı her hareket karşılığında, ne kadar küçük olursa olsun yiyecek verilmektedir. Davranış bir kere yerleştikten sonra yiyecek sadece sağa doğru uzun uçuşlar için verilmekte ve işlem güvercinin yiyecek alabilmesi için tam bir daire çizmesine kadar tekrar edilmektedir.

Program öğretme

Skinner'in araştırması onun okullarda kullanılan öğretim

yöntemlerini sorgulamasına yol açar. 1950'lerde kendi çocukları resmi eğitim alırlarken öğrencilere genellikle uzun süren, çok aşamalı ödevler verilmekte ve tüm proje tamamlanana kadar çocuklar neredeyse hiçbir tepki alamamaktaydılar. Bu yaklaşım, Skinner'in öğrenme süreci ile ilgili bulgularına ters düşmektedir ve ona göre gelişimi geriletmektedir. Skinner buna karşılık bir projenin her aşamasında yapıcı geri bildirimler veren bir öğretim programı –ki bu program daha sonra sayısız eğitim sistemine entegre edilecektir– geliştirir. Ayrıca öğrencilere, uzun bir test soruları dizisinin sadece sonunda değil, her aşamasında verdikleri doğru cevaplar için teşvik edici geri bildirimler veren bir "öğretme makinesi" icat etmiştir. O dönemde sınırlı bir onayla karşılanmış olsa da Skinner'in öğretme makinesinde vücut bulan ilkeler, onlarca yıl sonra kendi kendine eğitim veren bilgisayar programlarında yeniden ortaya çıkmıştır.

Skinner'in icatlarının çoğunun zamanında yanlış anlaşıldığı ve kendisine eksantriklik gibi bir yakıştırma kazandırdığı söylenmektedir. Örneğin "baby tender" (bebek bakıcısı) adını verdiği icadı, kendi kızını kontrollü, sıcak ve cereyansız bir ortamda tutmak için tasarlanmış alternatif bir bebek beşiğidir. Ancak kamuoyunun bunu Skinner kutusuyla karıştırması sonucu gerece basın tarafından "evlat koşullandırıcı" lakabı takılmış ve Skinner'in kendi çocukları üzerinde deneyler yaptığı yolunda dedikodular almış yürümüştür. Yine de "bebek bakıcısı" ilgi çekmiştir ve Skinner hiç de spot ışıklarından utanacak biri değildir.

Savaş çabası

Skinner'in başka bir ünlü deneyi olan "Güvercin Projesi" de kuşku ve bir parça alayla karşılanmıştır. Skinner'in güvercinlerle çalışmalarının pratik bir uygulaması olan proje 1944'teki savaş çabalarına ciddi bir katkı olması için tasarlanmıştır. Güdümlü füze sistemleri henüz icat edilmediği için Skinner, bombaya takılabilecek ve içine yerleştirilen üç güvercinin idare ettiği bir burun konisi geliştirmiştir. Kuşlar edimsel şartlandırmayla bomba hedefinin bir resmini gagalamaları için eğitilmişlerdir ve bu resim öndeki bir mercek aracılığıyla burun konisine yansıtılmıştır. Bu gagalama füzenin uçuş rotasını kontrol etmektedir. Gençek savaşta hiçbir zaman kullanılmadığı halde en azından ordu Skinner'in bu icadını ciddiye almış, Ulusal Savunma Araştırma Komitesi projenin finansmanı için para vermiştir. Cihazlara olan tutkusu yüzünden Skinner'in bu cihazın uygulanışından çok icadıyla ilgilendiğinden kuşkulanılmıştır. Hayvanların savaşa karıştırılmasını doğru bulup bulmadığı sorulduğunda insanları karıştırmanın doğru olmadığı cevabını vermiştir.

Daha sonraki hayatını Harvard'da akademisyen olarak geçiren Skinner buluşlarının çıkarımlarını makaleleri ve kitapları yoluyla genişletmiştir. *Walden Two* (1948) edimsel şartlandırma ile öğrenilmiş davranışlar üzerine kurulmuş üto-

> Ruhsal durumlara karşı çıkılması onların var olmadığından değil, işlevsel bir analizle ilgileri olmamasındandır.
> **B.F. Skinner**

Bir görevin gelişimi süresince, sık aralıklarla verilen **övgü ve teşvikin** çocukların öğrenme hızını, en sonunda verilen tek bir ödülden daha fazla artırdığı görülmüştür.

pik bir toplumu anlatır. Kitabın, olumlu pekiştirme yoluyla toplumsal kontrol kurma hayali tartışmalara neden olmuş ve iyi niyetli amaçlarına rağmen totaliter olmakla suçlanmıştır. II. Dünya Savaşı sonrasındaki siyasal ortama bakıldığında bu hiç de şaşırtıcı bir tepki değildir.

Radikal davranışçılık

Skinner davranışçı yaklaşımına sadık kalarak benimsediği psikoloji dalına "radikal davranışçılık" adını vermiştir. Düşünce süreçleri ve zihinsel durumların varlığını inkâr etmese de, psikolojinin yalnızca yaygın koşullara ve durumlara verilen fiziksel tepkiler üzerinde çalışmayla ilgilenmesi gerektiğine inanmıştır.

Özgürlük ve Onurun Ötesinde adlı kitabında Skinner özgür irade ve determinizm arasındaki felsefi tartışmayı yeniden canlandırarak davranışı şekillendirme kavramını daha da ileri götürmüştür. Radikal davranışçı Skinner'e göre özgür irade bir illüzyondur; tüm davranışlarımızı ve dolayısıyla hayatımızı kontrol eden sonuçlar arasında bir seçim yapmamızdır. Bu kavramdan kaçma girişimleri başarısızlığa ve kaosa mahkûmdur. Skinner bunu şöyle ortaya koyar: "Milton'un Şeytan'ı Cennet'ten düştüğünde kendini Cehennem'de bulur. Ve neyle teselli bulur? 'Sonunda, burada özgür olacağız.' Ve bu, benim düşünceme göre eski moda bir liberalin kaderidir. Özgür olacaktır ama kendini Cehennem'de bulacaktır."

Bunun gibi düşünceleri ona kötü bir ün kazandırmış ve en ateşli eleştirmenlerini kışkırtmıştır. Özellikle davranışçı fikirlerinin dil eğitimindeki uygulamalarını içeren 1957 tarihli kitabı *Sözel Davranış*, bilişsel psikoloji olarak bilinen hareketi başlattığı düşünülen Noam Chomsky'nin sert bir eleştiri yazısına hedef olmuştur.

Ancak Skinner'in eserlerinden bazılarına yöneltilen eleştiriler edimsel şartlandırmanın yanlış anlaşılmasından kaynaklanmaktadır. Radikal davranışçılık, çoğunlukla hatalı bir biçimde, ifadelerin ve düşüncelerin yalnızca gerçek deneyimlerle doğrulandıkları zaman anlamlı olabileceklerini savunan Avrupa'nın mantıksal pozitivizmi ile ilişkilendirilmektedir. Ancak aslında, eylemlerin önem veya değerlerini sonuçlarına göre ölçen Amerikan pragmatizmi ile çok daha fazla ortak noktası bulunmaktadır. Ayrıca tüm canlıları şartlandırmanın pasif özneleri olarak sunduğuna dair yanlış bir yorumlama da vardır. Oysa Skinner'in edimsel şartlandırması iki yönlü bir işlemdir; organizma çevre üzerinde etkili olur ve çevre de tepki verirken sonuçlar genellikle davranışı şekillendirir.

> Skinner'in, bireylerin, aracıların olmadığına, sadece organizmaların bulunduğu fikrine sarsılmaz bir inancı vardı.
> **Thomas Szasz**

1960'larda psikolojinin odak noktası davranıştan zihinsel süreçlerin araştırılmasına kaymış ve Skinner'in fikirleri bir süreliğine gözden düşmüş, en azından görmezden gelinmiştir. Ancak davranışçılık çok geçmeden tekrar önem kazanmış ve Skinner'in çalışmaları uygulamalı psikolojinin pek çok alanında, özellikle de eğitimciler ve klinik psikologlar arasında değer bilir bir izleyici kitlesi kazanmıştır. Bilişsel davranışçı terapi yaklaşımı onun fikirlerine çok şey borçludur. ■

Klasik şartlandırma, zil çaldığında yemek beklentisi içinde tükürük salgılama örneğindeki gibi, nötr bir uyarıcıya karşı otomatik bir davranış tepkisi yaratır.

Edimsel şartlandırma, bir kolu çekerek yiyeceği serbest bırakma örneğindeki gibi, olumlu pekiştirme yoluyla davranışın tekrarlanması olasılığını yükseltir.

SAHNEYİ HAYAL ETMEYİ BIRAKIN VE GEVŞEYİN

JOSEPH WOLPE (1915–1997)

KISACA

YAKLAŞIM
Karşılıklı ketleme

ÖNCE
1906 İvan Pavlov, davranışın koşullanmayla öğrenilebileceğini gösteren uyarıcı-tepki teknikleri üzerindeki ilk çalışmalarını yayımlar.

1913 John B. Watson, davranışsal psikolojinin temel ilkelerini belirlediği *Davranışçıların Gözüyle Psikoloji*'yi yayımlar.

1920 John B. Watson'ın Küçük Albert deneyleri duyguların da klasik şartlandırmayla oluşabildiğini gösterir.

1938 B. F. Skinner, insan davranışlarının biyoloji ve çevreye nasıl bağlı oldukları ile ilgili kuramlarını tanıttığı *Organizmaların Davranışları*'nı yayımlar.

SONRA
1961 Wolpe, sistematik duyarsızlaştırma kavramını tanıtır.

Pavlov ve Watson'a göre belli bir uyarıcıya **duygusal tepkiyi öğrenmek** mümkündür.

↓

O zaman bir uyarıcıya **tepkiyi unutmak** da mümkündür.

İnsanlar **iki zıt duyguyu** aynı anda hissedemezler.

↓

Eğer **biri gevşemişse** aynı zamanda **endişeli** olamaz.

↓

Eğer **korkulan bir nesneye** şartlı bir tepki olarak **derin bir gevşeme** öğretilirse aynı anda endişe hissedilemez.

20. yüzyılın ilk yarısının büyük kısmı, kaygının psişenin derinlerinde çatışan güçlerin sonucu olduğunu varsayan Freudyen psikanalizin egemenliği altında geçmiştir. Bu çatışma yalnızca, bireyin bilinçüstü ve bilinçaltı düşüncelerinin ve bunları oluşturan deneyimlerin uzun içgözlem analizleri ile hafifletilebilir. Ancak Güney Afrika doğumlu bir psikiyatr olan Joseph Wolpe, II. Dünya Savaşı sırasında (o zamanlar "savaş nevrozu" olarak bilinen) post travmatik stres bozukluğunun neden olduğu kaygıdan mustarip askerleri tedavi etmiş ve bu psikoterapileri hastalarına yardımcı olma konusunda yetersiz bulmuştur. Bu askerlerle yaşadıkları olayları konuşmanın onların orijinal

Ayrıca bkz. İvan Pavlov 60–61 ▪ John B. Watson 66–71 ▪ B.F. Skinner 78–85 ▪ Aaron Beck 174–77 ▪ W.H.R. Rivers 334

> Davranış sinirsel uyarıların geçtiği yollara bağlıdır.
> **Joseph Wolpe**

travmalarına geri dönüşlerini durdurmadığını ve kaygılarını sona erdirmediğini görmüştür.

Korkuyu unutmak

Wolpe, derin kaygı sorununa çözüm olarak psikanalizden daha basit ve hızlı bir yöntem olması gerektiğine inanmaktadır. Hayvanlara ve çocuklara uyarıcı-tepki eğitimi veya klasik koşullanma yöntemiyle yeni davranış modellerini başarıyla öğreten İvan Pavlov ve John Watson gibi davranışçıların çalışmalarından haberdardır. Bir nesneye ya da olaya karşı daha önceden hissedilmeyen bir duygusal tepkiyi otomatik hale getirebildiklerini bilmektedir. Wolpe, eğer davranışlar bu şekilde öğrenilebiliyorsa, aynı şekilde unutulabileceği yönünde akıl yürütür ve savaş gazilerinin rahatsızlıklarını gidermekte kullanılacak bir yöntem önerir.

Wolpe insanın iki zıt duygu durumunu aynı anda yaşayamayacağını keşfetmiştir. Örneğin çok gevşemiş bir durumdayken herhangi bir tür kaygı yaşamak mümkün değildir. Bu, Wolpe'un hastalarına derin kas gevşetici teknikleri öğretmesi ve daha sonra onları eşzamanlı olarak kaygıya neden olan bir uyarıya maruz bırakarak iki durumu eşleştirmesi için ilham verir. Bu teknik daha sonra karşılıklı ketleme tekniği olarak bilinecektir.

Wolpe'un hastalarından kendilerini rahatsız eden şeyi ya da olayı hayal etmeleri istenir. Eğer endişelenmeye başlarlarsa "o sahneyi hayal etmeyi bırakıp gevşemeleri" için teşvik edilirler. Bu yaklaşım hastanın korku duygularını giderek bloke eder. Hasta önceden nasıl yaşadığı dehşet verici anıları anımsadığında kaygı duymaya koşullanmışsa şimdi de –çok kısa bir sürede– tam tersi bir duygu olan tamamen gevşemeye odaklanarak kaygı tepkisini bloke etmeye koşullanmaktadır.

Wolpe'un karşılıklı ketleme yöntemi, hastanın geçmişinin bir analizi yapılmadan, beyni sadece mevcut semptomlar ve davranışa odaklayarak yeniden şartlandırır. Bu da etkili ve hızlı sonuçlar veren bir yöntemdir ve davranış terapisi alanında önemli yeni tekniklerin doğmasına yol açmıştır. Wolpe bu yöntemi kullanarak fare ya da uçma korkusu gibi fobileri tedavi etmek için günümüzde de hâlâ yaygın biçimde kullanılan bir sistematik duyarsızlaştırma programı geliştirmiştir. ■

Fare korkusu gibi fobiler Wolpe'un karşılıklı ketleme (derin gevşemeyi korkulan nesneye maruz kalmayla eşleştirme) düşüncesinden geliştirilen yöntemler kullanılarak başarıyla tedavi edilmiştir.

Joseph Wolpe

Joseph Wolpe, Güney Afrika, Johannesburg'da doğar. Witwaterstrand Üniversitesi'nde tıp eğitimi alır ve sonra Güney Afrika Ordusu'nda, "savaş nevrozu"ndan mustarip hastaları tedavi ederek hizmet verir. Duyarsızlaştırma tekniğini geliştirmek için üniversiteye döner; nevrozları önce nedenlerini ortaya çıkarmadan tedavi etme girişimleri nedeniyle psikanaliz çevreleri tarafından alaya alınır. Wolpe, 1960'ta yeniden ABD'ye yerleşir ve Amerikan vatandaşı olur. Önceleri Virginia Üniversitesi'nde ders verir, daha sonra Philadelphia'daki Temple Üniversitesi'nde profesör olur ve orada saygın bir davranış terapisi enstitüsü kurar. Başarılı bir öğretmen olarak ün yapan Wolpe, 82 yaşında akciğer kanserinden ölene dek ders vermeye devam eder.

Önemli eserleri

1958 *Karşılıklı Ketleme ile Psikoterapi*
1969 *Davranış Terapisi Uygulamaları*
1988 *Korkusuz Yaşayın*

PSİKOTE

DAVRANIŞI BİLİNÇDIŞI BELİRLER

RAPİ

1895
Sigmund Freud ve Josef Breuer *İsteri Üzerine Çalışmalar*'ı yayımlarlar.

1900
Sigmund Freud *Rüyaların Yorumu*'nda **psikanalizin** önemli kavramlarını tanıtır.

1921
Carl Jung, *Psikolojik Tipler* adlı kitabında **"içedönük"** ve **"dışadönük"** terimlerini tanıtır.

1927
Alfred Adler *Bireysel Psikolojinin Kuram ve Uygulamaları* kitabının yayımını takiben bireysel psikolojinin kurucusu olarak tanınır.

1936
Anna Freud *Ego ve Savunma Mekanizmaları* adlı kitabını yayımlar.

1937
Jacques Lacan 14. Uluslararası Psikanaliz Kongresi'nde *Ayna Evresi* adlı bildirisini sunar.

1941
Karen Horney'in, Freud'la olan farklılıkları **Amerikan Psikanaliz Enstitüsü**'nü kurmasına yol açar.

1941
Erich Fromm sosyopolitik psikolojinin en önemli eserlerinden biri olan **Özgürlük Korkusu**'nu yazar.

20. yüzyılın başında ABD'de psikoloji, davranışçılık yaklaşımının egemenliği altındayken Avrupa'da farklı bir yöne doğru eğilim başlamıştır. Bu, büyük ölçüde, kuramları zihinsel süreçler ve davranıştan çok psikopatoloji ve tedavi üzerine odaklanan Sigmund Freud'un eserlerinin etkisiyle gerçekleşmiştir. Davranışçılığın tersine Freud'un fikirleri deneysel kanıtlar yerine gözlem ve vaka tarihçelerine dayanmaktadır.

Freud Fransız nörolog Jean Martin Charcot ile çalışmış ve onun isterinin tedavisinde hipnoz kullanmasından çok etkilenmiştir. Charcot ile geçirdiği zamanda Freud, davranışlarımıza bir anahtar oluşturduğunu düşündüğü bilinçdışının ve bilinçli olmayan düşünce alanının önemini fark etmiştir. Freud hastalarla konuşarak bilinçdışına ulaşmanın, acılı, gizlenmiş anılarını, onlara anlam kazandıracağı bilinç farkındalığına getireceğini ve böylece semptomlarından kurtulacağına inanır.

Yeni psikoterapiler

Freud'un fikirleri Avrupa ve ABD'nin her yanına yayılmıştır. Aralarında Alfred Adler ve Carl Jung'un da bulunduğu bir çevreyi, kendi Viyana Psikanaliz Derneği'ne çeker. Ancak bu ikisi Freud'un kuramlarındaki unsurları kabul etmeyerek onun temeli üzerinde kendi psikodinamik yaklaşımlarını geliştirmeye başlarlar. Tanınmış terapistler Melanie Klein, Karen Horney ve hatta Freud'un kızı Anna'nın da Freud'la yolları ayrılır. Ancak bu düşünce farklılıklarına rağmen, bir sonraki psikanalist kuşağı, Freud'un temel fikirleri reddetmekten çok değiştirmiş ve sonradan gelen kuramlar farklı alanlara vurgu yapmıştır. Örneğin Erik Erikson, daha sosyal ve gelişimsel bir yaklaşım benimsemiş, Jung ise ortak bir bilinçdışı fikrini ortaya koymuştur.

20. yüzyılın ilk yarısında psikanaliz çeşitli biçimleriyle davranışçılığın tek alternatifi olarak kalmış ve II. Dünya Savaşı sonrasına kadar ciddi bir rakiple karşılaşmamıştır. 1950'lerde Freudyen psikoterapi, terapistler tarafından hâlâ kullanılmaktadır, özellikle de Fransa'da Jacques Lacan ve takipçileri tarafından, ancak hastaların hayatlarında gerçek değişimler yaratabilecek yeni terapiler aranmaktadır. Fritz ve Laura Perlis ile Paul Goodman tarafından kısmen eklektik olan Gestalt terapisi geliştirilmiş; Viktor

1942 Carl Rogers, **hasta-odaklı terapiyi** geliştirerek kuramlarını *Danışmanlık ve Psikoterapi* adlı kitabında yayımlar.

1946 Viktor Frankl, Auschwitz'den çıktıktan sonra *İnsanın Anlam Arayışı*'nı yazarak **acı çekmede anlam bulma** gereksiniminin ana hatlarını çizer.

1954 Abraham Maslow *Motivasyon ve Kişilik*'te **kendini gerçekleştirme** kavramını tanımlar.

1955 Melanie Klein, tartışma yaratan bildirisi *Haset ve Şükran*'ı sunarak **"ölüm içgüdüsü"**nün doğuştan itibaren var olduğunu doğrular.

1959 R.D.Laing *Bölünmüş Benlik*'te **şizofrenik deneyimin** doğasını tanımlar.

1961 Albert Ellis, *Akılcı Yaşam Kılavuzu*'nda **Rasyonel, Duygusal Davranış Terapisi'nin** ana hatlarını çizer.

1964 **"Aile sistem terapisinin annesi"** Virginia Satir, *Birleşik Aile Terapisi*'ni yayımlar.

1967 Rollo May'in *Varoluş*'unun yayımlanmasıyla Amerikan **varoluşçu psikolojisi** doğar.

Frankl ve Erich Fromm gibi varoluşçu felsefeden etkilenen psikologlarsa terapiye daha sosyopolitik bir gündem getirmişlerdir.

En önemlisi de daha hümanistik bir yaklaşım keşfetmeye hevesli bir grup psikologun ABD'de bir dizi toplantı düzenleyerek 1950'lerin sonlarında kendini gerçekleştirme, yaratıcılık ve kişisel özgürlük gibi temaları incelemeye yönelik "üçüncü güç" olarak bilinen topluluğun çerçevesini oluşturmasıdır. Aralarında Abraham Maslow, Carl Rogers ve Rollo May'in de olduğu kurucuları, akıl hastalıklarının tedavisi kadar akıl sağlığının önemine vurgu yapmaktadırlar.

O dönemde psikanaliz için en önemli tehdit belki de psikanalizi, hem kuramlarında nesnel kanıtlara yer vermediği hem de tedavide etkin olmadığı için eleştiren bilişsel psikolojiden gelmektedir. Bilişsel psikolojininse tam tersine bilimsel olarak kanıtlanmış kuramları ve sonraları da klinik olarak etkisi kanıtlanmış terapi uygulamaları vardır.

Bilişsel psikoterapiler

Bilişsel psikologlar psikanalizi bilimsellikten ve kuramlarını da kanıtlanabilirlikten uzak bularak reddetmişlerdir. Freudyen analizin en önemli kavramlarından biri olan –bastırılmış anılar– Paul Watzlawick tarafından sorgulanır; tüm hafıza biçimlerinin geçerliliğinin değişken olduğu da Elizabeth Loftus tarafından kanıtlanır. Bilişsel psikoloji bunların yerine Albert Ellis'in Rasyonel, Duygusal Davranış Terapisi (RDDT) ve Aaron Beck'in bilişsel terapisi gibi kanıtsal temelli psikoterapileri getirir. Freud'un çocukluk dönemine ve kişisel tarihçeye yaptığı vurgu, gelişimsel ve sosyal psikolojinin büyük kısmına ilham kaynağı olur ve 20. yüzyılın sonlarında Guy Corneau, Virginia Satir ve Donald Winnicott gibi psikoterapistler dikkatlerini aile ortamına çevirirken aralarında Timothy Leary ve Dorothy Rowe gibi diğerleri de sosyal baskılar üzerine yoğunlaşırlar.

Freud'un orijinal fikirleri yıllar boyunca sıklıkla sorgulanmış olsa da Freudyen analizden bilişsel terapi ve hümanistik psikoterapiye evrim akıl sağlığı uygulamalarında devasa ilerlemelere yol açmış ve bilinçdışı, itkilerimiz ve davranışlar için bir model oluşturmuştur. ■

EN DOĞRU RUHSAL GERÇEKLİK BİLİNÇDIŞIDIR

SIGMUND FREUD (1856–1939)

KISACA

YAKLAŞIM
Psikanaliz

ÖNCE
MÖ 2500-600 Hindu Vedaları bilinci "bilincin soyut, sessiz, tamamen bütünleşmiş alanı" olarak tanımlarlar.

1567 İsviçreli Hekim Paracelsus bilinçdışı ile ilgili ilk tıbbi tanımı yapar.

1880'ler Fransız Nörolog Jean-Martin Charcot hipnotizmayı isterinin ve diğer anormal zihinsel durumların tedavisinde kullanır.

SONRA
1913 John B. Watson, Freud'un bilinçdışıyla ilgili fikirlerini bilimsellikten uzak ve kanıtlanamaz olmaları nedeniyle eleştirir.

1944 Carl Jung evrensel prototiplerin varlığının bilinçdışının varlığını kanıtladığını öne sürer.

Bilinçdışı, psikolojinin en ilginç alanlarından biridir. Gerçeklikle ilgili tüm deneyimlerimizi içerir görünür ve farkındalığımızın ya da kontrolümüzün ötesindedir. Anılarımızı, düşüncelerimizi, duygularımızı sakladığımız yerdir. Bilinçdışı olgusu, o dönemde psikolojinin erişebileceğinin ötesinde neler yattığını bulmayı ve mümkünse açıklamayı isteyen Avusturyalı nörolog ve psikiyatr Sigmund Freud'u büyülemiştir. Bilinçdışını incelemeye başlayan herkes onun, bilinçli bir aklın kavrayabileceğinden çok daha güçlü, çok daha korkutucu veya çok daha anlaşılmaz ruhsal aktivitelerle dolu olduğundan korkmuştur. Freud'un konu üzerindeki çalışması ilktir. Zihnin yapısını oluşturan bilinç, bilinçdışı ve önbilinci tanımlar. Ayrıca bilinçdışı olgusunu popülarize ederek düşünme ve deneyim kabiliyetimizin arkasındaki işleyişi tanımlayıp açıklar.

Hipnoz ve isteri

Fneud'un bilinçdışıyla tanışması ilk kez 1885'te, akıl hastalığı belirtileri gösteren hastalarını hipnoz aracılığıyla başarılı biçimde tedavi eden Fransız nörolog Jean-Martin Charcot'nun çalışmalarıyla karşılaştığında gerçekleşmiştir. Charcot'nun görüşü isterinin sinir sisteminin anormalliğinden kaynaklanan nörolojik bir hastalık olduğu yönündedir ve bu görüş hastalığın tedavisinde yeni ve önemli olasılıkların kapısını açmıştır. Freud bu yeni bilgiyi kullanmaya hevesli şekilde Viyana'ya döner ancak işe yarar teknikler bulmakta zorlanır.

Daha sonra, hastalarından birinin zihinsel rahatsızlık belirtilerini, ondan sadece halüsinasyonlarını ve fantezilerini anlatmasını isteyerek önemli ölçüde azaltabileceğini keşfeden saygın doktor Joseph Breuer'le tanışır. Breuer, travmatik bir olayın anılarına ulaşması için hastasına hipnoz uygulamaya başlar ve haftada iki kez uyguladığı hipnoz seanslarından sonra tüm hastalık belirtileri ortadan kalkar. Breuer hastanın rahatsızlığının bilinçdışında gömülü tedirgin edici anılarından kaynaklandığı, bunları seslendirerek bilinç seviyesine taşımanın da belirtilerin yok olmasını sağladığı sonucuna varır. Bu, Anna O.'nun vakasıdır ve zihinsel rahatsızlıklar için yoğun psikoterapi tedavisinin uygulandığı ilk örnektir.

Anna O., gerçek adıyla Bertha Pappenheim'a felç ve isteri teşhisi konmuştur. Doktor Josef Breuer tarafından, "konuşma tedavisi" olarak tanımlanan yöntemle başarıyla tedavi edilmiştir.

Breuer, Freud'un dostu ve meslektaşı olur. İkisi birlikte, zihinsel rahatsızlıkların pek çoğunun (mantıksız korkular, kaygı, isteri, hayali felçler ve ağrılar, belli paranoya türleri) hastanın geçmişinde meydana gelen ve artık bilinçten uzaklaştırılmış olan travmatik deneyimlerin sonucu olduğu fikrine dayanan yeni bir psikolojik tedavi yöntemini geliştirerek tanıtırlar. Freud ve Breuer'in tekniklerinin ayrıntıları *İsteri Üzerine Çalışmalar*'da (1895) ana hatlarıyla tanıtılır; ikili bilinçdışında bastırılmış anıları yüzeye çıkararak hastanın anılarıyla bilinç düzeyinde anımsamasını ve yaşadıklarıyla hem duygu hem düşünce anlamında yüzleşmesini sağlayan bir yöntem bulduklarını öne sürer. Bu süreç hapsedilmiş duyguları serbest bırakmakta ve belirtiler ortadan kaybolmaktadır. Breuer, Freud'un cinsel kökenlere yaptığı aşırı vurgu ve nevrozun (psikolojik

Ayrıca bkz. Johann Friedrich Herbart 24–25 ▪ Jean-Martin Charcot 30 ▪ Carl Jung 102–07 ▪ Melanie Klein 108–09 ▪ Anna Freud 111 ▪ Jacques Lacan 122–23 ▪ Paul Watzlawick 149 ▪ Aaron Beck 174–75 ▪ Elizabeth Loftus 202–07

çatışmalardan kaynaklanan sorunlar) içeriği konusundaki görüşlerine katılmaz ve ikisinin yolları ayrılır. Freud fikirlerini ve psikanaliz tekniklerini geliştirmeye devam eder.

Günlük aklımız

Bilinç gerçeğini normal kabul etmek ve düşündüğümüz, hissettiğimiz, hatırladığımız ve yaşadığımız her şeyin insan zihninin tümünü oluşturduğuna inanmak kolaydır. Ancak Freud bilincin etkin halinin –günlük yaşantımızda doğrudan farkında olduğumuz faal zihin– psikolojik gerçekliğimiz içinde geçerli toplam psikolojik güçlerin sadece bir kısmı olduğunu söyler. Bilinç kolay ve hızlı biçimde ulaşabileceğimiz yüzeysel düzeydedir. Bilincin ardında, aktif bilişsel durumumuz ve davranışlarımızın dikte edildiği depo, yani bilinçdışının güçlü katmanları bulunur. Bilinç, bilinçdışının ellerindeki bir kukla gibidir. Bilinçli zihin sadece karmaşık bir ruhsal dünyanın yüzeyidir.

Freud'a göre bilinçdışı her şeyi kapsar nitelikte olduğundan içinde bilincin küçük yarıkürelerini ve "önbilinci" de barındırır. Bilinçli olan –etkin olarak bildiğimiz– her şey, bilince yükselmeden önce bir zamanlar bilinçdışında var olmuştur. Ancak her şey bilinçli şekilde bilinemez, bilinçdışının büyük bölümü olduğu yerde kalır. Günlük çalışan hafızamızda yer almayan ama bastırılmamış anılar, bilincin Freud'un önbilinç adını verdiği kısmında bulunurlar. Bu anıları istediğimiz zaman bilinç farkındalığımıza taşıyabiliriz.

Bilinçdışı, çok güçlü, çok acı verici ya da bilinçli zihnin işle yemeyeceği kadar fazla olan düşünceler ya da anılar için bir depo vazifesi görür. Freud belli düşüncelerin ve anıların (ve onlarla bağlantılı duyguların) psişeyi

> Benden önceki şair ve filozoflar bilinçdışını keşfetmişlerdi, benim keşfettiğim, onun üzerinde çalışmayı sağlayacak olan bilimsel yöntemdir.
> **Sigmund Freud**

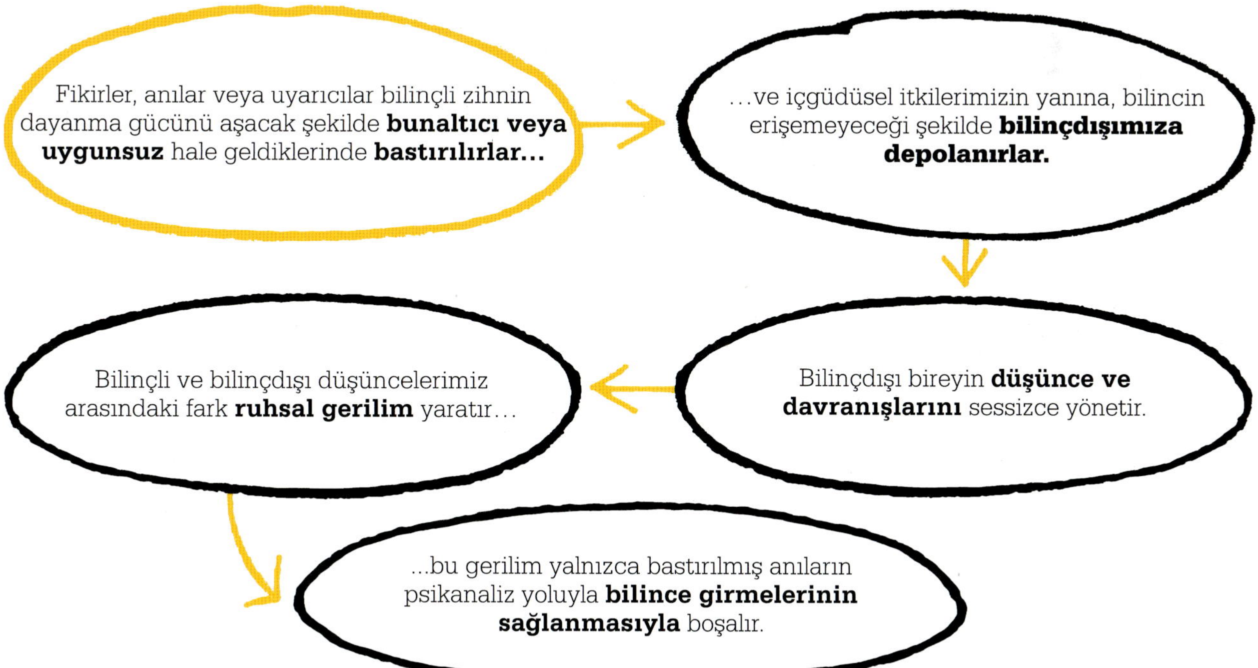

> Zihin bir buzdağı gibidir; sadece yedide biri suyun üzerindedir.
> **Sigmund Freud**

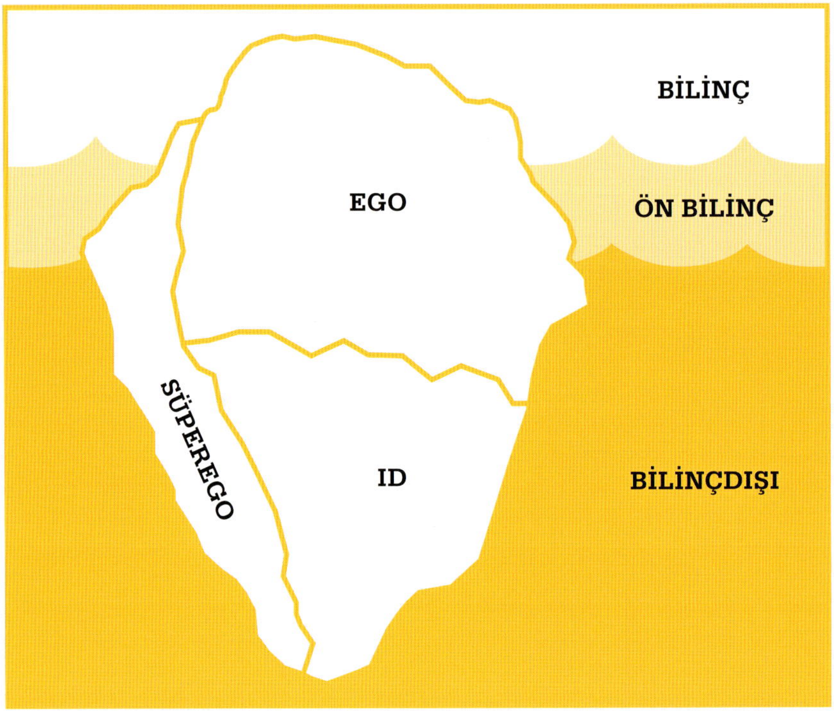

Freud'a göre psişemiz, bilinçdışımızda ilkel itkilerimizin, id'in bulunduğu alanla bir buzdağına benzer. Ego bilinçli düşüncelerle uğraşırken hem id'i hem de –eleştirel, yargılayıcı sesimiz olan– süperego'yu düzenler.

boğma tehlikesi doğduğunda, bilinçli zihnin erişebileceği bellekten ayrılıp bilinçdışında depolandığına inanır.

Dinamik düşünce

Freud ayrıca 19. yüzyılda tüm organik fenomenler için mekanik açıklamalar arayan "yeni fizyoloji"nin kurucularından fizyolog Ernst Brücke'den de etkilenmiştir. Brücke diğer canlı organizmalar gibi insanların da aslında birer enerji sistemi olduklarını ve bu yüzden de Enerjinin Korunması İlkesi'ne uymaları gerektiğini ileri sürer. Bu yasa bir sistemdeki toplam enerji miktarının zaman içinde sürekli sabit kaldığını, yok edilemeyeceğini, sadece hareket ettirilip dönüştürülebileceğini ifade eder. Freud bu düşünceyi zihinsel süreçlere uyarlamış ve "ruhsal enerji" fikrini ortaya atmıştır. Ona göre bu enerji değişebilir, aktarılabilir ve dönüştürülebilir ama yok edilemez. Bu nedenle eğer bilinçli zihnimizin kabul edilemez bulduğu bir düşüncemiz varsa, zihin onu bilinçli düşünceden bilinçsiz düşünceye gönderir ki Freud buna "bastırma" adını vermektedir. Bir çocukluk travmasının anısını (cinsel istismar veya araba kazası gibi), kabul edilemez bulduğumuz bir arzuyu (belki en iyi arkadaşınızın partnerine karşı) veya iyiliğimizi veya yaşam biçimimizi tehdit edebilecek bazı düşünceleri bastırabiliriz.

İtkiler

Bilinçdışı aynı zamanda içgüdüsel biyolojik itkilerimizin de bulunduğu yerdir. İtkiler davranışlarımızı yönetir, bizi temel gereksinimlerimizi tatmin etmeyi vaat eden seçimler yapmaya yöneltir. İtkiler sağ kalmamızı garanti ederler: yiyecek ve suya gereksinim, türümüzün devamını garanti eden seks arzusu, sıcaklık, korunma ve arkadaş bulma ihtiyacı. Ancak Freud bilinçdışının da doğuştan gelen tam ters bir itkiye, ölüm itkisine sahip olduğunu öne sürer. Bu itki kendini yok etmeye yöneliktir ve bizi ileri iter, bunu yaptığımızda kendi ölümümüze yaklaşıyor olsak bile.

Freud sonraki çalışmalarında zihnin bilinç, bilinçdışı ve önbilinçle yapılandığı fikrinden uzaklaşmış, bunlar yerine yeni bir kontrol mekanizmasını oluşturan, id, ego ve süperegoyu ileri sürmüştür. Buna göre id (ilkel itkilerden oluşur) her itkinin hemen tatmin edilmesi gerektiğini söyleyen, her şeyi hemen isteyen Haz İlkesi'ne itaat eder. Ancak zihinsel yapının bir diğer kısmı olan ego, arzu ettiğimiz her şeye sahip olamayacağımızı, içinde yaşadığımız dünyayı dikkate almamız gerektiğini söyleyen Gerçeklik İlkesi'ni tanır. Ego id'le onun istediklerini akılcı yollarla, kimseye zarar vermeden veya başka kötü sonuçlara yol açmadan elde etmesi için pazarlık yapar. Ego ise ebeveynin ve toplumun ahlak değerlerinin içselleştirilmiş sesleri olan süperego tarafından kontrol edilir. Süperego, yargılamayan güçtür; vicdanımızın, suçluluk ve utanç duygularımızın da kaynağıdır.

Aslında Freud bilinçdışında çok fazla çatışan güç olduğunu öne sürer. Yaşam ve ölüm itkilerinin yanı sıra yoğun bir bastırılmış anılar ve duygular kalabalığını ve yanı sıra bilinçli gerçeklikle ilgili görüşlerimizdeki kalıtsal çelişkiler ve bastırılmış gerçekliğimizi de kapsamaktadır. Freud'a göre bu çelişen güçlerden doğan çatışma insanın acılarının altında yatan psikolojik çelişkidir. İnsanların kaygı, depresyon, nevroz ve diğer hoşnutsuzluklarla var olmalarında şaşılacak bir şey yoktur.

Psikanalitik tedavi

Bilinçdışı erişilmez olduğundan çatışmaları belirtilerinden fark edebileceğimiz tek yer bilinçte bulunmaktadır. Freud duygusal acıların bilinçdışındaki çelişkilerin sonucu olduğunu iddia eder. Duygusal bir çalkantıya girmeden sürekli olarak kendimize, bastırılmış şeylerin ayaklanışına karşı ve ölüm gücüne karşı savaşamayız.

Freud'un psikolojik rahatsızlıkları tedavi için benzersiz yaklaşımı bilinçdışında var olan çelişkilerle çalışmayı içermektedir. Hastayı bastırılmış anılardan kurtarmanın, dolayısıyla da zihinsel acısını ortadan kaldırmanın yollarını aramaktadır. Tedavi yaklaşımı psikanalitik psikoterapi ya da psikanaliz olarak adlandırılır. Bu süreç kolay ya da hızlı değildir. Sadece Freud'un özel yaklaşımı üzerine eğitim almış bir terapist tarafından yürütülebilen psikanaliz hastayı kanepeye uzanıp konuşmaya teşvik eder. Freud'un ilk tedavilerinden itibaren, psikanalizler haftada birkaç kez bazen saatler süren seanslar şeklinde ve yıllar boyu uygulanmıştır.

Bilinçdışı düşüncelere normal iç gözlem yollarıyla ulaşılamazken

> Kişi komplekslerini yok etmeye değil onlarla uyumlu olmaya mücadele etmelidir; dünyadaki davranışlarını uygun şekilde yönlendiren onlardır.
> **Sigmund Freud**

bilinçdışı bilinçle bir şekilde iletişim kurabilir. Kavramaya meyilli olduğumuz şeylerin ve çekildiğimiz ya da yarattığımız sembollerin içinde bulunduğu anlam çerçeveleri olan tercihlerimiz aracılığıyla sessizce iletişime geçer.

Analiz sırasında analist bir aracı gibi davranarak konuşulmamış düşüncelerin ya da dayanılamaz duyguların gün ışığına çıkmasını sağlamaya çalışır. Bilinçle bilinçdışı arasındaki çatışmadan doğan mesajlar, muhtemelen kılık değiştirmiş ya da şifrelenmiş olacaktır; psikanalistin görevi bu mesajları, psikanaliz araçları yardımıyla yorumlamaktır.

Bilinçdışının ortaya çıkmasını sağlayacak birkaç teknik vardır. Freud tarafından uzun boylu tartışılanlardan biri rüya analizleridir. Ünlü kitabı *Rüya Yorumları*'nda kendi rüyaları üzerinde çalışmıştır. Her rüyanın

Freud'un hastaları konuşurken tedavi odasındaki bu kanepeye uzanırlardı. Freud onları dinlerken gözden uzak bir köşede oturur ve hastanın iç çatışmalarının kaynağına götürecek ipuçlarını araştırırdı.

bir isteğin yerine getirilmesi anlamını taşıdığını, bir istek bilinçli zihnimizde ne kadar nahoşsa rüyalarımızda o kadar gizli ya da çarpıtılmış olarak ortaya çıkacağını iddia eder. Freud'a göre bilinçdışı, bilinçli zihnimize işte bu nedenle şifreli mesajlar gönderir. Örneğin Freud rüya görenin çıplak olduğu rüyaları şöyle yorumlar: Bu rüyaların ana kaynağı, çıplaklığın kaşların çatılmasına neden olmadığı ve utanç duygusunun insana egemen olmadığı ilk çocukluk yıllarından kalma anılardır. Rüya görenin rahatsızlık hissettiği rüyalarda, rüyadaki diğer insanlar genellikle ilgisizdirler ki bu da yine isteğin yerine getirilmesi yorumunu desteklemektedir: Kişi utancı ve kısıtlamaları arkasında bırakmak istemektedir. Binalar ve yapıların bile şifreli anlamları bulunmaktadır. Merdiven aralıkları, maden kuyuları, kilitli kapılar ya da dar bir geçitteki küçük bir bina Freud'a göre hep bastırılmış cinsel duyguları simgelemektedir.

Bilinçdışına ulaşmak

Bilinçdışının kendini ele verdiği diğer bilinen yollar Freudyen kaymalar ve serbest çağrışım sürecidir. Freudyen kayma bir sözel hata veya "dil sürçmesi"dir ve bastırılmış bir inancı, düşünceyi veya duyguyu ele verdiği söylenir. Birbirine benzer iki kelimeden birinin istemeden diğerinin yerine söylenmesidir; kişinin farkında olmayarak gerçekte hissettiği şeyi söylediği varsayılır. Örneğin bir erkeğin arzuladığı bir kadının "en iyi yemeği yaptığını" söyleyecek yerde "en iyi memeyi yaptığını" söylemesi, gerçek duygularını açığa vuran bir dil sürçmesidir. Freud (Carl Jung tarafından geliştirilen) serbest çağrışım tekniğini de kullanmıştır. Bu, hastaların bir kelimeyi duyduklarında akıllarına gelen ilk kelimeyi söylemelerinin

> Rüyaların yorumları zihindeki bilinçdışı faaliyetlerin bilgisine giden en rahat yoldur.
> **Sigmund Freud**

Salvador Dali'nin *Anıların Direnişi* (1931), çürümeye ve ölüme yol açan zamanın sürrealist bir görüntüsüdür. Fantastik niteliği Freudyen rüya yorumlarını anımsatmaktadır.

istendiği bir tekniktir. Zihnimiz otomatik çağrışımlar yaptığı için "gizli" düşünceler bilinçli zihnin müdahale şansı olmadan seslendirileceklerdir; Freud bu sürecin bilinçdışının kilidini kırdığına inanır.

Bireyin bastırılmış bir durumdan çıkabilmesine ve kendisini etkileyen gerçek sorunlarla bilinçli şekilde baş edebilmesine yardım etmek için Freud bastırılmış duygulara erişmek gerektiğine inanır. Örneğin eğer bir adam başkalarıyla yüzleşmekte zorlanıyorsa, yüzleşmenin üstesinden gelmek yerine duygularını bastırmayı seçecektir. Ancak zaman içinde bastırılmış olan bu duygular büyüyecek ve başka şekillerde ortaya çıkacaklardır. Öfke, kaygı, depresyon, uyuşturucu ve alkol kullanımı, yeme bozukluklarının hepsi bastırılmış duygularla baş etmeye çalışmak yerine onları uzaklaştırmaya çalışmanın sonucu olabilirler. Freud işlenmemiş duyguların sürekli ortaya çıkma tehdidi oluşturarak giderek artan bir gerilim yarattıklarını ve bunları kontrol altında tutmak için giderek artan aşırılıktaki önlemleri devreye sokmanın gerekeceğini ileri sürer.

Analiz, hapsedilmiş anıların ve duyguların ortaya çıkmasını sağlar ve hasta çoğu zaman gömülü duyguyu hissettiğine şaşırır. Hastaların uzun yıllar öncesinde kalmış ve çoktan "üstesinden geldiklerini" sandıkları bir şey yüzünden kendilerini gözyaşlarına boğulmuş görmeleri nadir rastlanan bir durum değildir. Bu tepki olayın ve duygunun hâlâ canlı olduğunu –hâlâ duygusal enerji barındırdığını– ve üstesinden gelinmek yerine bastırıldığını gösterir. Freudyen terimle "katarsis" bastırılmış anılara eşlik eden derin duyguların serbest bırakılması eylemidir. Eğer belirgin olay –örneğin ebeveynlerden birinin ölümü– olduğu sırada çok ezici olduğu için tam anlamıyla yaşanmamışsa, zorluk ve enerji olduğu yerde kalır, ta ki katarsis ânında serbest bırakılana dek.

Psikanaliz ekolü

Freud, Viyana'da ünlü Psikanaliz Derneği'ni kurarak bu dernek aracılığıyla, yöntemlerini başkalarına öğreterek ve geçerli uygulamalar konusunda bir otorite gibi davranarak zamanın akıl sağlığıyla ilgilenen topluluğu üzerinde güçlü bir etki mekanizması yaratmıştır. Zaman içinde öğrencileri ve diğer profesyoneller onun fikirlerinde değişiklikler yapmışlar ve derneği üçe bölmüşlerdir: Freudyenler (Freud'un orijinal fikirlerine sadık kalanlar), Kleincılar (Melanie Klein'ın fikirlerinin izinden gidenler) ve Neo-Freudyenler (Freud'un fikirlerini kendi daha geniş uygulamalarıyla birleştirenler). Freud'un fikirleri tüm çağdaş uygulayıcılara esin kaynağı olmaya devam ediyor olsa da modern psikanaliz en az 22 farklı düşünce ekolünü kapsamaktadır. ■

> "Fiziksel olan gibi psikolojik olan da gerçekte göründüğü gibi olmayabilir.
> **Sigmund Freud**"

Sigmund Freud

Tam adıyla Sigismund Schlomo Freud Freiberg, Çek Cumhuriyeti'nde, Moravya'da doğar. Kendisini "Altın Siggie" diye çağıran annesinin en sevdiği çocuğudur. Ailesi o dört yaşındayken Viyana'ya taşınır ve Sigismund, Sigmund olur. Tıp eğitimini tamamladıktan sonra 1886'da nöroloji konusunda uzmanlaşmış bir tıp kliniği açar ve Martha Bernays ile evlenir. Daha sonra "konuşma tedavisi" adını verdiği ve tamamen yeni bir psikolojik yaklaşım olan psikanalizi geliştirir.

1908'de düşünce okulunun geleceğini garantileyen Psikanaliz Derneği'ni kurar. II. Dünya Savaşı boyunca Naziler herkesin gözü önünde eserlerini yakarlar ve Freud Londra'ya taşınır. Uzun süren bir ağız kanserinden sonra yardımlı ötenazi ile hayatına son verir.

Önemli eserleri

1900 *Rüyaların Yorumu*
1904 *Günlük Hayatın Psikopatolojisi*
1905 *Cinsellik Kuramı Üzerine Üç Deneme*
1930 *Medeniyet ve Hoşnutsuzlukları*

BİR NEVROTİK SÜREKLİ OLARAK AŞAĞILIK DUYGUSU HİSSEDER

ALFRED ADLER (1870–1937)

KISACA

YAKLAŞIM
Bireysel psikoloji

ÖNCE
1896 William James, kendine güvenin "ulaşılmış hedefler"le "karşılanmamış hedefler" arasındaki oranla ilgili olduğunu ve başarı yoluyla olduğu kadar beklentileri azaltmakla da arttırılabileceğini söyler.

1902 Charles Horton Cooley, "ayna benlik" kavramını açıklar: Kendimizi nasıl gördüğümüz başkalarının bizi nasıl gördükleriyle ilgili düşüncelerimize dayanır.

SONRA
1943 Abraham Maslow kendimizi hem gerekli hem de iyi hissedebilmemiz için başarılarla birlikte başkalarından saygı görmeye ihtiyacımız olduğunu söyler.

1960'lar İngiliz psikolog Michael Argyle kendine güveni kıyaslamaların şekillendirdiğini öne sürer: Başkalarından daha başarılı olduğumuzda kendimizi iyi, daha başarısız olduğumuzda kötü hissederiz.

19. yüzyılın sonlarında psikolojiye egemen olan Freudyen düşüncedir ancak bilinçdışı itkileri ve bireyin geçmiş mirasını irdelemekte Freud'un yaklaşımı sınırlı kalmaktadır. Alfred Adler, kişinin psikolojisinin aynı zamanda mevcut ve bilinçli güçlerden de etkilendiğini, sosyal dünya ve çevrenin eşit derecede önem taşıdığını ileri sürerek psikolojik kuramı Freud'çu bakış açısının ötesine taşıyan ilk psikanalist olmuştur. Adler, kendi yaklaşımını, bireysel psikolojiyi, bu fikirler üzerine kurmuştur.

Adler'in aşağılık duygusuna ve özsaygının olumlu ve olumsuz etkilerine olan özel ilgisi kariyerinin ilk yıllarında, fiziksel engelli hastalarla

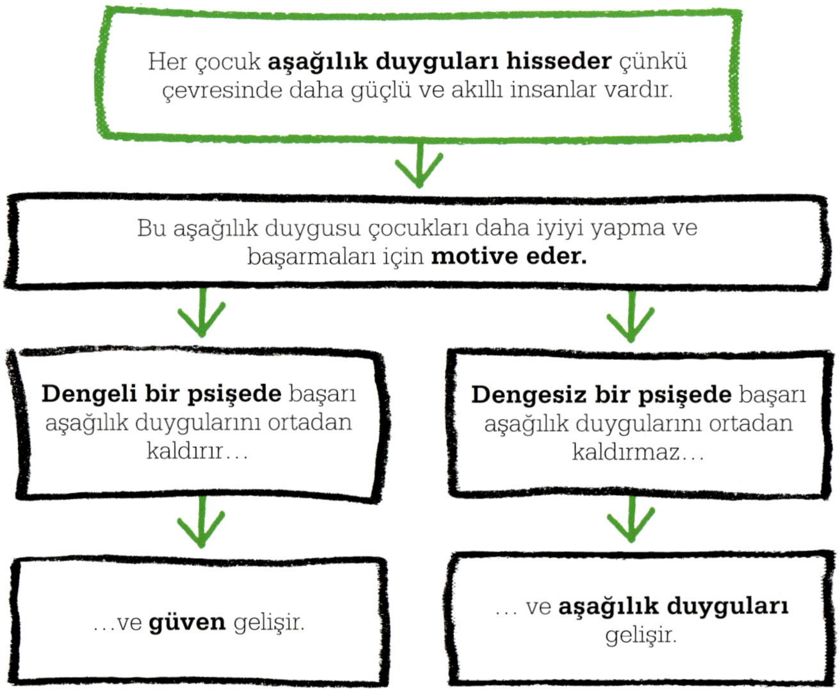

Ayrıca bkz. Karen Horney 110 ▪ Eric Fromm 124–29 ▪ Abraham Maslow 138–39 ▪ Rollo May 141 ▪ Albert Ellis 142–45

Paralimpik bir atlet engellerinin üstesinden gelmek ve yüksek fiziksel başarılara ulaşmak için güçlü bir arzu duyar. Adler bu özelliği "dengeleme" olarak nitelendirir.

çalıştığı sıralarda başlamıştır. Engelliliğin başarı ve benlik duygusu üzerindeki etkilerine bakarak hastaları arasında büyük farklar olduğunu saptamıştır. Bazı engelliler çok yüksek atletik başarılara erişmektedirler ve Adler bu kişilerde engelli olma halinin güçlü bir motivasyon oluşturduğunu fark etmiştir. Diğer uçta ise engelleri yüzünden yenilmiş hisseden ve durumlarını iyileştirmek için çok az çaba gösteren hastaları vardır. Adler bu farklılıkların, hastaların kendilerini nasıl gördükleri, diğer bir deyişle özsaygıları ile bağlantılı olduğunu anlar.

Aşağılık duygusu

Adler'e göre aşağılık duygusu hissetmek, kökleri çocuklukta yatan evrensel bir insan deneyimidir. Çocuklar doğal olarak aşağılık duygusu hissederler çünkü her zaman kendilerinden daha güçlü ve daha muktedir insanlarla çevrilidirler. Çocuk onu kendi gelişimine ve başarılarına doğru iten çevresindeki güçlerin motivasyonuyla genellikle kendinden büyüklerin kabiliyetlerine erişmeyi ve onları taklit etmeyi ister.

Sağlıklı ve dengeli bir kişiliğe sahip çocuklar ve yetişkinler dış hedeflere ulaşabildiklerini gördükleri her seferinde güven kazanırlar. Aşağılık duyguları kendini gösterecek ve üstesinden gelinecek yeni bir mücadeleye kadar ortadan kaybolur; bu ruhsal büyüme süreci süreklidir. Ancak fiziksel bir eksikliği olan kişiler, daha genel aşağılık duyguları geliştirebilirler ve bu da dengesiz bir kişiliğe ve aşağıda olma hissinin hiçbir zaman yok edilemediği Adler'in verdiği adla "aşağılık kompleksi"ne yol açar.

Adler ayrıca, sürekli hedeflerine ulaşmak için mücadeleyle kendini gösteren ve aynı derecede dengesiz olan "üstünlük kompleksi"ni de tanımlamıştır. Bu hedefler ulaşıldıklarında kişiye güven hissi sağlamazlar, sadece onu sürekli olarak dışarıda yeni hedefler aramaya teşvik ederler. ▪

> İnsan olmak aşağılık duygusu hissetmektir.
> **Alfred Adler**

Alfred Adler

Beş yaşında zatürreeden ölüme çok yaklaşan Alfred Adler doktor olmayı o zaman kafasına koymuştur. Viyana'da büyüyen Adler, tıp eğitimi alır ve psikolojide karar kılmadan önce uzmanlık eğitimini oftalmoloji dalında alır. 1897'de Rus entelektüel ve sosyal aktivist Raissa Epstein'la evlenir ve dört çocukları olur.

Adler, Freudyen teorinin üssü sayılan Viyana Psikanaliz Derneği'nin ilk üyelerindendir ve bireylerin Freud'un tanımladığı bilinçdışı itkileri kadar sosyal faktörlerden de etkilendiklerini öne sürerek dernekten ilk ayrılan da yine o olmuştur. 1911'deki bu ayrılıktan sonra Adler mesleki anlamda yükselmiş ve kendi psikoterapi ekolünü kurarak pek çok önemli psikoloji kavramı geliştirmiştir. 1932'de Avusturya'dan ABD'ye göç eder. İskoçya'da Aberdeen Üniversitesi'nde ders verirken geçirdiği kalp krizi sonucu hayatını kaybeder.

Önemli eserleri

1912 *Nevrotik Karakter*
1927 *Bireysel Psikolojinin Uygulama ve Kuramları*
1927 *İnsan Doğasını Anlama*

KOLEKTİF BİLİNÇDIŞI ARKETİPLERDEN OLUŞUR

CARL JUNG (1875–1961)

KISACA

YAKLAŞIM
Psikanaliz

ÖNCE
1899 Sigmund Freud, *Rüyaların Yorumu*'nda bilinçdışının doğasını ve rüyalardaki sembolizmi inceler.

1903 Pierre Janet, travmatik olayların, uzun yıllar boyunca bireyin duygu ve davranışlarında etkili olan duygusal yüklü inançlar ürettiğini ileri sürer.

SONRA
1949 Jungy'cu akademisyen Joseph Campbell, tarih boyunca farklı kültürlerden edebiyata taşınan arketip temaları incelediği *Bin Yüzlü Kahraman*'ı yayımlar.

1969 İngiliz psikolog John Bowlby, insan içgüdülerinin sosyal değiş-tokuşlarda modellenmiş eylem ve düşüncelerle ifade edildiğini ileri sürer.

Sigmund Freud, Tanrı ya da kader gibi kendimiz dışındaki güçlerle yönetildiğimiz fikrindense, zihinlerimizin, özellikle de bilinçdışının iç işleyişleri ile motive ve kontrol edildiğimiz fikrini ortaya atmıştır. Yaşantılarımızın bilinçdışındaki ilkel itkilerden etkilendiğini iddia etmiştir. Hamilik ettiği İsviçreli psikiyatr Carl Jung onun fikrini daha ileriye taşıyarak bilinçdışını oluşturan unsurları ve onların işleyişlerini derinlemesine araştırmıştır.

Kültürel açıdan çok farklı olmalarına rağmen dünyanın her yerindeki toplumların çarpıcı benzerlikler paylaşması Jung'u büyülemiştir. Bu toplumlar mitlerinde ve sembollerinde binlerce yıl boyunca esrarengiz bir ortaklık taşımıştır. Jung, bunun insanın bireysel deneyimlerinden daha büyük bir şeye bağlı olduğunu düşünür; sembollerin insan psişesinin bir bölümü olduğuna karar verir.

Jung'a göre bu ortak mitlerin varlığı, insan psişesinin bir bölümünün "kolektif bellek" biçiminde işleyen ebedi bir yapı içinde tutulan fikirleri barındırdığını kanıtlıyordu. Hepimizin içinde hiçbir kişisel deneyime dayanmayan bilinçdışı ayrı ve farklı bir bölümü olduğu kavramını getirir ve buna "kolektif bilinçdışı" adını verir.

Jung en yaygın mit ve sembollerin bu evrensel, ortak bilinçdışının bir parçası olduğuna inanmaktadır. Sembollerin nesilden nesile geçen kalıtsal hafızanın bir parçası olduğunu, zaman dilimleri ve farklı kültürler arasında sadece küçük değişiklikler geçirdiklerini düşünmektedir. Kalıtsal yolla geçen bu anılar, psişe içinde, Jung'un "arketip" adını verdiği sembollerin dilinde ortaya çıkarlar.

Ayrıca bkz. Pierre Janet 54–55 ▪ Sigmund Freud 92–99 ▪ Jacques Lacan 122–23 ▪ Steven Pinker 211

> Kişisel bilinçdışı daha derindeki bir katmanın üzerindedir… Ben o katmana ortak bilinçdışı diyorum.
> **Carl Jung**

Eski zamanlardan kalma anılar

Jung arketiplerin kalıtsal belleğin katmanları olduklarına ve insan deneyiminin bütününü oluşturduklarına inanmaktadır. Latince bir kelime olan *archetypum*, "ilk şekillenen" anlamına gelmektedir ve Jung arketiplerin ilk atalarımızın deneyimlerinden kalma anılar olduklarına inanmaktadır. Psişe içinde şablonlar olarak görev yaptıklarını ve bizim onları kendi deneyimlerimizi düzenleyip anlamak için farkında olmadan kullandığımızı düşünür. Aralardaki boşlukları kişisel yaşamlarımızdan detaylarla doldurabiliriz ama kendi deneyimlerimizden anlam çıkarmamızı sağlayan bilinçdışımızda hazır bulunan bu altyapıdır.

Arketipler, kalıtım yoluyla geçen duygu veya davranış kalıpları olarak düşünülebilirler. Belli bir dizi davranışı ya da duygusal ifadeyi anlamı olan bütün bir model olarak fark etmemizi sağlarlar. Bunu içgüdüsel olarak yapıyor görünsek de Jung içgüdü gibi görünenin aslında arketiplerin bilinçdışı kullanımı olduğunu söyler.

Jung psişenin üç bölümden oluştuğunu öne sürer: ego, kişisel bilinçdışı ve kolektif bilinçdışı. Egonun bilinçli zihin veya benliği simgelediğini, kişisel bilinçdışının, bastırdıkları da dahil olmak üzere bireyin kendi anılarını sakladığını söyler. Kolektif bilinçdışı ise psişenin arketipleri barındıran kısmıdır.

Arketipler

Pek çok arketip vardır ve bunlar farklı kültürlerde birbirlerine karışıp, birbirlerini ekillendirebildikleri halde her birimizde her arketipin bir modeli bulunmaktadır. Dünyayı ve kendi deneyimlerimizi anlamak için bu sembolik formları kullandığımızdan resim, edebiyat ve drama gibi insana ait tüm ifade biçimlerinde ortaya çıkarlar.

Bir arketipin doğası onu hemen tanımamızı ve belli bir duygusal anlamla ilişkilendirmemizi sağlayacak şekildedir. Arketipler çok çeşitli davranışsal ve duygusal modelle birleştirilebilirler ama Yaşlı Bilge, Tanrıça, Kutsal Bakire, Büyük Ana ve Kahraman gibi hayli tanınır olan çok ünlü arketipler de vardır.

Persona, Jung tarafından tanımlanan en önemli arketiplerden biridir. Jung'un kendi hayatında çok erken anladığı bir şey de, kişiliğinin sadece belli bir bölümünü dış dünyayla paylaşma eğiliminde olduğudur. Bunun diğer insanlarda da var olan bir özellik olduğunu anlamış ve insanların kişiliklerini bileşenlere ayırdıklarını, ortama ve duruma göre bunlardan birini seçerek kullandıklarını fark etmiştir. Dünyaya sunduğumuz benlik –topluma sunduğumuz imaj– Jung'un "Persona" adını verdiği bir arketiptir. Jung benliğin hem erkeksi hem kadınsı tarafları olduğuna ve tam bir erkek ya da tam bir kadın haline gelmesinde biyoloji kadar toplumun da rol oynadığına inanır. Tam bir erkek veya kadın olduğumuzda, her ne kadar bir arketip aracılığıyla benliğimizin diğer kısmına hâlâ erişebilsek de potansiyelimizin yarısına sırtımızı dönmüş oluruz. Animus, dişi kişiliğin erkek bileşenidir ve Anima da erkek psişenin dişi özellikleridir. Bu, "diğer yarı"dır; bir kız veya erkek olmak üzere büyürken bizden alınan yarı. Bu arketipler bizim karşı cinsin doğasını anlamamıza yardımcı olur ve kadın veya erkeğin "şimdiye kadarki tüm izlenimlerini depoladıkları" için tüm geleneksel eril ve dişi düşünceleri yansıtırlar.

Havva, erkeğin bilinçdışının dişi parçası olan Anima'nın sembollerinden biridir. Jung onun "erkeğin düşmesi ... ve hayatın yaşanması için kapanlar ve tuzaklarla dolu olduğunu" söyler.

> Tarihteki en güçlü fikirler arketiplere dayanmaktadır.
> **Carl Jung**

Animus, kültürümüzde "gerçek erkek" olarak temsil edilir, kaslı adamdır, askerlerin kumandanıdır, soğukkanlı mantıkçıdır ve romantik kazanovadır. Anima ise orman perisi, bakire, baştan çıkarıcı olarak görünür. Doğaya yakın, sezgili, kendiliğinden olabilir. Resimlerde ve hikâyelerde Havva veya Troialı Helen olarak ya da erkekleri büyüleyen ve onların hayatlarını çalan Marilyn Monroe gibi bir kişilik olarak ortaya çıkar. Bu arketipler bilinçdışımızda var oldukları için ruhsal durumlarımızı ve tepkilerimizi etkiler ve kendilerini kehanetsel ifadeler (Anima) veya bükülmez akılcılık (Animus) olarak gösterirler.

Jung bir arketipi, bizim, dünyanın görmesini istemediğimiz kısmımızı simgelediğini söyleyerek tanımlar. Buna "Gölge" adını vermiştir ve Gölge, Persona'nın tam zıddıdır; karakterimizin en utanç verici yanlarını, bastırılmış düşüncelerimizi ve tüm sırlarımızı simgeler. İncil'de Şeytan, edebiyatta Dr Jekyll'ın Mr Hyde'ı olarak ortaya çıkar. Gölge bizim, başkalarına yansıttığımız "kötü" yanımızdır, buna rağmen tamamen olumsuz değildir: Belli bir durumda kabul edilemez oldukları için bastırmayı seçtiğimiz yönlerimizi simgeliyor olabilir.

Tüm arketiplerin içinde en önemlisi Gerçek Benlik'tir. Bu, merkezi, düzenleyici bir arketiptir ve tüm diğer yönleri birleşmiş, tam bir benliğe uydurmaya çalışır. Jung'a göre insan varoluşunun gerçek amacı, "kendini gerçekleştirme" adını verdiği, gelişmiş, aydınlanmış bir psikolojik duruma erişmiş bir varlık olmaktır ve bunun yolu da Gerçek Benlik arketipinden geçmektedir. Tamamen hayata geçirildiğinde bu arketip bilgeliğin ve gerçekliğin kaynağıdır ve benlikle spüritüel olanı bağlayabilir. Jung kendini gerçekleştirmenin otomatik olarak meydana gelmeyeceğini, bilinçli şekilde aranması gerektiğini de vurgular.

Dr Jekyll, Robert Louis Stevenson'ın bir hikâyesinde canavar Mr. Hyde'a dönüşür. Bu hikâye Jung'un Gölge arketipinin cisimleştiği bir karakter aracılığıyla "karanlık benlik" fikrini incelemektedir.

Rüyalardaki arketipler

Arketipler, rüyaların yorumunda ciddi şekilde önemlidir. Jung rüyanın bilinçli benlikle sonsuz (ego ile kolektif bilinçdışı) arasında bir diyalog olduğuna ve arketiplerin rüyada semboller olarak etkinleşip diyalogu kolaylaştırdığına inanır.

Arketiplerin rüyalar bağlamında belli anlamları vardır. Örneğin Yaşlı Bilge Adam veya Kadın bir rüyada ruhani bir lider, ebeveyn, öğretmen, doktor –yol gösteren, yönlendiren, akıl veren kişiyi gösterir– olarak temsil edilebilir. Rüyayı görenin kendi annesi veya büyükannesi olarak ortaya çıkan arketip, Büyük Ana, besleyeni, büyüteni temsil eder. Güven, rahatlık ve doğrulama sağlar. En saf haliyle Gerçek Benliği temsil eden Kutsal Çocuk masumiyet veya incinebilirliği temsil eder ve rüyalarda açıklığı ya da potansiyeli akla getiren küçük bir bebek ya da çocuk olarak ortaya çıkar. Eğer ego çok büyürse Oyunbaz ortaya çıkarak kontrol altında tutulur. Oyunbaz, rüya görenin zayıf yanlarını gözler önüne seren oyuncu bir arketiptir ve şakalar yaparak bireyin kendini ve arzularını çok ciddiye almasını engeller. Oyunbaz ayrıca Norveçlilerin yarı tanrısı Loki, Yunan tanrısı Pan, Afrika'nın

Pamuk Prenses masalı ufak tefek değişikliklerle dünyanın her yerinde anlatılır. Jung masalların ve mitlerin, arketip karakterler kullanmalarından dolayı evrensel bir popülariteleri olduğuna değinir.

örümcek tanrısı Anansi veya sadece bir palyaço ya da sihirbaz olarak da ortaya çıkabilir.

Arketipleri kullanmak

Arketipler zihinlerimizde bilinçli düşünceden önce de vardır, bu nedenle de deneyim algılamalarımızda çok güçlü bir etkileri olabilir. Bilinçli olarak olduğunu düşündüğümüz ya da algılamayı seçtiğimiz –ve böylece yaşadığımız– ne olursa olsun, bilinçdışımış önceden şekillenmiş bu fikirlerle yönlendirilir. Bu yolla, kolektif bilinçdışı ve içeriği bilinç durumunu etkiler. Jung'a göre genel olarak kasıtlı, akılcı, bilinçli düşünceye atfettiğimiz şeylerin çoğu, zaten bilinçdışı faaliyetlerle, özellikle de arketiplerin düzenleyici kalıplarıyla, yönlendirilmektedir.

Kolektif bilinçdışı ve arketiplerle ilgili fikirlerine ek olarak Jung çağrışım kelimesinin uygulamasını inceleyen ilk kişidir; ayrıca içedönük ve dışadönük kişilik tiplerini de o tanımlamıştır. Bu kavram sonunda, Myers-Briggs Tip Göstergesi (MBTI) gibi yaygın biçimde kullanılan kişilik testlerine de ilham kaynağı olmuştur. Jung'un çalışmaları psikoloji, antropoloji ve spiritüalite alanlarında etkili olmuştur. Arketipleri o kadar yaygındır ki sinemada, edebiyatta ve evrensel karakterleri tasvir eden diğer tüm kültürel biçimlerde kolaylıkla ayırt edilmektedirler. ■

"Bilinçdışını anlayarak kendimizi onun egemenliğinden kurtarabiliriz."
Carl Jung

Carl Jung

Carl Gustav Jung, eğitimli ve eksantrik üyeleri olan bir ailenin oğlu olarak İsviçre'nin küçük bir köyünde doğar. Depresyon ataklarından mustarip olmasına rağmen annesine çok yakındır. Yetenekli bir dilbilimcisi olarak, Sanskritçe gibi antik dillerin de yanı sıra bulunduğu pek çok Avrupa dilini öğrenmiştir. 1903'te Emma Rauschenbach ile evlenir ve beş çocukları olur.

Jung psikiyatri eğitimi almıştır ama 1907'de Sigmund Freud'la tanıştıktan sonra psikanalist ve Freud'un veliahtı olmuştur. Ancak ikili, kuramsal farklılıkları yüzünden fikir ayrılığına düşerler ve bir daha hiç görüşmezler. I. Dünya Savaşı'nı izleyen yıllarda Jung Afrika, Amerika ve Hindistan'a giderek yerliler üzerinde çalışır ve antropolojik ve arkeolojik gezilere katılır. 1935'te Zürih Üniversitesi'nde profesör olur ancak araştırmalarına yoğunlaşmak için ders vermeyi bırakır.

Önemli eserleri

1912 Dönüşüm Sembolleri
1934 Arketipler ve Kolektif Bilinçdışı
1945 Rüyaların Doğası Üzerine

YAŞAM VE ÖLÜM İÇGÜDÜLERİ ARASINDAKİ MÜCADELE YAŞAM BOYU SÜRER

MELANIE KLEIN (1882–1960)

KISACA

YAKLAŞIM
Psikoanaliz

ÖNCE
1818 Alman filozof Arthur Schopenhauer, varoluşun, sürekli olarak kendisiyle eşit güçteki ölüm içgüdüsü ile mücadele eden yaşama iradesi tarafından yönetildiğini ifade eder.

1910 Psikanalist Wilhelm Stekel, cinsel içgüdünün sosyal baskılanmasının ölüm içgüdüsünün büyümesine paralel olduğunu öne sürer.

1932 Sigmund Freud doyum için en temel güdünün aslında ölüm hedefine doğru olduğunu iddia eder.

SONRA
2002 Amerikalı psikolog Julie K. Norem, kötümser olmanın, insanları modern hayatın talepleri ve stresiyle baş etmeye daha iyi hazırladığını öne sürerek "savunmacı kötümserlik" fikrini tanıtır.

Çatışan güçler teması oldum olası yazarları, filozofları ve bilim insanlarını kendine çekmiştir. Edebiyat, din ve sanat iyi ile kötünün, dostla düşmanın hikâyeleriyle doludur. Newton fiziği, istikrar veya dengenin ancak bir gücün eşit ve zıt bir güçle karşılaşması sonucunda oluşabileceğini söyler. Bu tür zıt güçler varoluşun vazgeçilmez parçalarıdır ve bunların belki de en güçlüsü yaşam ve ölümle ilgili sahip olduğumuz içgüdülerdir.

Sigmund Freud, kendi ölüm içgüdümüz tarafından yok edilmemek için narsistik veya kendini önemseyen yaşam içgüdümüzü (libido) devreye sokarak ölüm içgüdüsünü dışarıya doğru, başka nesnelere karşı yönlendirdiğimizi söyler. Melanie Klein bu düşünceyi daha da genişleterek ölüm içgüdümüzü dışarıya yönlendirsek bile "bu saldırı içgüdüsüyle" yok edilme tehlikesini hâlâ hissettiğimizi ve buna karşı "libidomuzu harekete geçirme" gibi devasa bir görevin farkında olduğumuzu söyler. Bu zıt güçlerle yaşamak, insan deneyiminin merkezini oluşturan kalıtsal bir psikolojik çatışmadır. Klein büyüme ve yaratma –üremeden yaratıcılığa kadar– eğilimimizin eşit derecede kuvvetli ve yıkıcı bir güce karşı sürekli çalıştığını ve tüm acıların temelinde sürüp giden bu ruhsal gerilimin yattığını iddia eder.

Dramanın gücü gerçek duyguların bir yansıması olmasında yatar. Shakespeare'in *Romeo ve Juliet*'i gibi büyük oyunlar sadece aşkın hayatı olumlayan gücünü değil aynı zamanda ölümcül zehirleyici yanını da gösterir.

Klein ayrıca bu ruhsal gerilimin saldırganlık ve şiddete doğuştan meyilli olmamızı da açıkladığını belirtir. Bu, sevgi ve nefret arasında, yeni doğmuş bir bebekte bile var olan bir mücadele yaratmaktadır. Yaşam ve ölüm içgüdülerimiz –haz ve acı, yenilenme ve yok olma– arasındaki bu sürekli savaş psişelerimiz içinde karmaşa ile sonuçlanır. Bu nedenle öfke veya "kötü" duygular da, iyi ya da kötü her duruma yönlendirilebilirler.

Ayrıca bkz. Sigmund Freud 92–99 ▪ Anna Freud 111 ▪ Jacques Lacan 122–23

Sürekli çatışma

Klein bu ilkel güdülerin asla üstesinden gelemeyeceğimize inanır. Onlara yaşamlarımız boyunca sahip oluruz, asla güvenli, oturmuş bir duruma gelemeyiz ama "ilkel şiddet fantezileri" ile kaynayan bir bilinçdışıyla yaşamaya devam ederiz. Bu tür bir ruhsal çatışmanın etkileri düşünülecek olduğunda Klein geleneksel mutluluk kavramına ulaşmanın imkânsız olduğunu ve yaşamanın, Nirvana'ya ulaşmakla ilgili olmayıp bu çatışmaya tolerans göstermenin bir yolunu bulmakla ilgili olduğunu düşünür.

Bu tolerans durumu umabileceğimiz en iyi şey olduğundan Klein insanların arzu ettikleri veya hak ettiklerine inandıkları hayatı bulamadıkları için depresyon ve hayal kırıklığı içinde yaşamalarını şaşırtıcı bulmaz. Klein'a göre insan yaşamı kaçınılmaz olarak endişe, acı, kayıp ve yıkımla doludur. Bu nedenle de insanlar iki zıt kutup yaşam ve ölüm içinde yaşamayı öğrenmek zorundadırlar. ▪

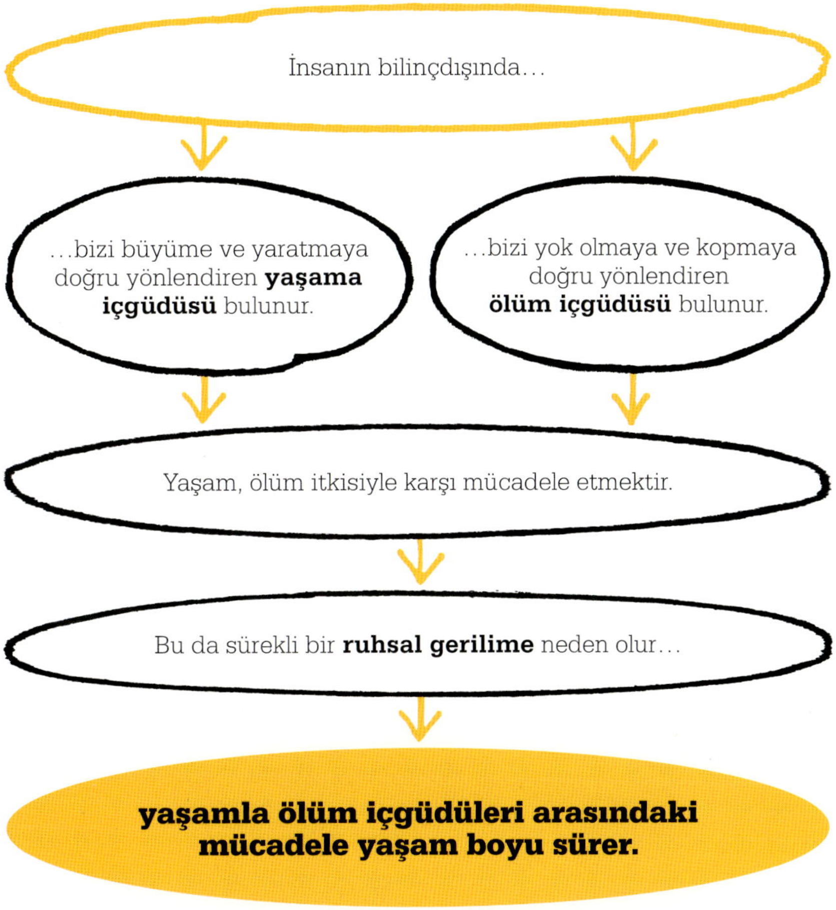

Melanie Klein

Avusturya'da doğan Melanie Klein, dört çocuklu bir ailenin kızıdır. Daha sonra boşanan anne-babası soğuk ve şefkatsiz kimselerdir. 17 yaşındayken tıp eğitimi alma planını bir yana bırakarak endüstriyel kimyager olan Arthur Klein'la nişanlanır.

Klein psikanalist olmaya 1910'da Sigmund Freud'un bir kitabını okuduktan sonra karar verir. Kendisi de depresyondan mustariptir ve ölüm sürekli çevresinde dolaşmaktadır: Herkesin hayran olduğu ablası Klein 4 yaşındayken ölmüştür; ağabeyi şüpheli bir intiharla hayatına son vermiş ve oğlu da 1933'te bir tırmanış sırasında kazaya kurban gitmiştir. Hiçbir resmi niteliği olmamasına karşın psikanaliz alanında büyük bir etkisi olmuştur. Özellikle çocuklarla yaptığı çalışmalar ve oyunu terapinin bir parçası olarak kullanması ile tanınır.

Önemli eserleri

1932 *Çocukların Psikanalizi*
1935 *Manik Depresif Durumların Psikojenezine Bir Katkı*
1955 *Haset ve Şükran*
1961 *Bir Çocuk Analizinin Hikâyesi*

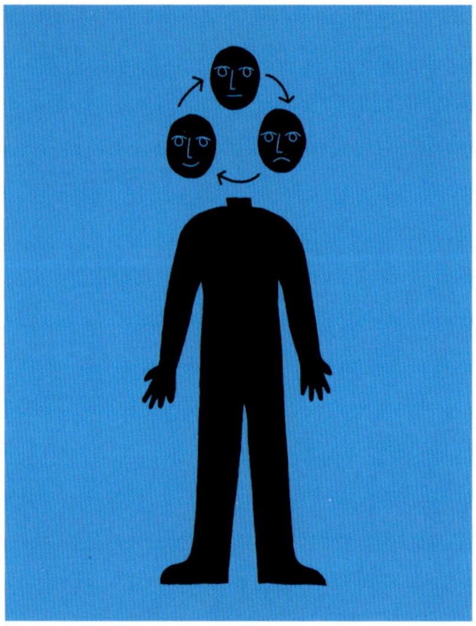

OLMALI'LARIN TİRANLIĞI

KAREN HORNEY (1885–1952)

KISACA

YAKLAŞIM
Psikanaliz

ÖNCE
1889 Pierre Janet, *Psikolojik Otomatizm*'de bir kişiliğin ayrı ve farklı bölümlere ayrıldığı "bölünme"yi tanımlar.

SONRA
1950'ler Melanie Klein, insanların kişiliklerini böldüklerini çünkü aksi halde başa çıkılamaz, çelişkili duygularla baş edemeyeceklerini söyler.

1970'ler Avusturyalı psikanalist Heinz Kohut, bir çocuğun gereksinimleri karşılanmadığında, narsist benlikle büyüklenmeci benlikten oluşan parçalanmış bir benliğin ortaya çıktığını ileri sürer.

1970'ler Albert Ellis, insanları içselleştirilmiş "malı, meli"lerden kurtarmak için Rasyonel, Duygusal Davranış Terapisi'ni geliştirir.

Sosyal çevreler –aileden okullara, işyerlerine ve daha geniş topluluklara kadar– belli inançlar tarafından onaylanan kültürel "normlar" geliştirirler. Almanya doğumlu psikanalist Karen Horney bu sağlıksız ya da "toksik" sosyal çevrelerin bireylerde, kendi yüksek potansiyellerini görmelerini engelleyecek sağlıksız inanç sistemleri yarattığını söyler.

Horney, kendi belirlediğimiz inançlarla değil, toksik çevreden gelen içselleştirilmiş inançlarla hareket ettiğimizi fark etmenin çok önemli olduğuna inanır. Çevreden gelenler, özellikle "Tanınmış ve ünlü olmalıyım" ya da "İncecik olmalıyım" gibi "meli-malı"lar biçiminde içselleştirilmiş mesajlar olarak ortaya çıkarlar. Horney hastalarına psişelerindeki iki etkinin farkına varmalarını söyler: sahici arzuları olan "gerçek benlik" ve "olmalı"ların isteklerini yerine getirmek için mücadele eden "ideal benlik". İdeal benlik, gerçek benliğin yolculuğunda zihni gerçekçi ve uygun olmayan fikirlerle doldurur. İdeal benliğin beklentilerine ulaşabilmek için gerçek benliğin "başarısızlıkları" üzerine olumsuz geribildirimler üretir. Bu da üçüncü ve mutsuz bir benliğin –"küçümsenen benliğin"– gelişmesine neden olur.

> Gerçekte *olduğunuz* utandırıcı varlığı unutun gitsin; önemli olan, nasıl olmanız *gerektiğidir.*
> **Karen Horney**

Horney "olmalı"ların "kaderle olan pazarlığımız"ın temelini oluşturduğunu söyler: Eğer onlara itaat edersek dış gerçeklikleri sihirli biçimde kontrol edebileceğimize inanırız, oysa bunlar gerçekte derin bir mutsuzluk ve nevroza neden olurlar. Horney'in görüşleri özellikle kendi sosyal çevresiyle, uymacılığa çok fazla dayanan 20. yüzyıl başı Almanya'sı ile ilişkilidir. ■

Ayrıca bkz. Pierre Janet 54–55 ▪ Sigmund Freud 92–99 ▪ Melanie Klein 108–09 ▪ Carl Rogers 130–37 ▪ Abraham Maslow 138–39 ▪ Albert Ellis 142–45

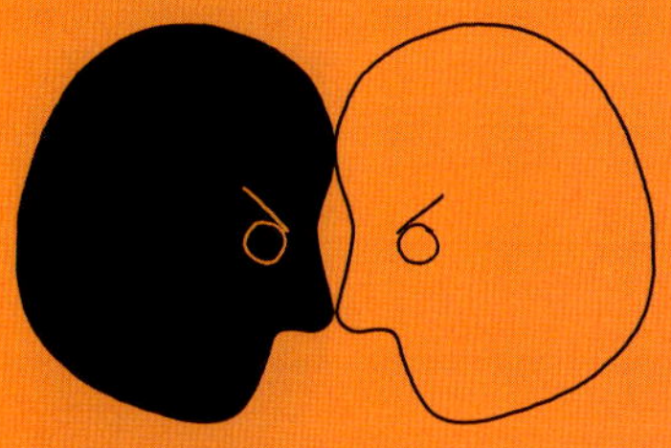

SÜPEREGO ANCAK EGOYLA DÜŞMANCA KARŞILAŞTIĞINDA BELİRGİN HALE GELİR

ANNA FREUD (1895–1982)

KISACA

YAKLAŞIM
Psikanaliz

ÖNCE
1920 Sigmund Freud ego, id ve super ego kavramlarını *Haz İlkesinin Ötesinde* adlı makalesinde ilk kez kullanır.

SONRA
1950'ler Melanie Klein, süperegonun oluşumunda ailevi etkiler olduğuna karşı çıkar.

1961 Eric Berne çocuk, yetişkin ve ebeveyn ego durumlarını hayatlarımız boyunca taşıdığımız ve bunların analiz yoluyla incelenebileceği fikrini ortaya atar.

1976 Amerikalı psikolog Jane Loevinger egonun, insanın yaşamı boyunca, iç benliğin ve dış çevrenin arasındaki etkileşimin sonucu olarak çeşitli evrelerde geliştiğini söyler.

İncil'e göre Adem ile Havva Cennet'te şeytana uymakla dürüstlük arasında seçim yapmakla karşı karşıya kalan karar vericiler konumundadırlar. Sigmund Freud psişenin yapısal modelini tanımlarken insanın bilinçdışında benzer bir model tarif eder ve bu model üç bölümden oluşan ruhsal bir aygıtı öngörür: id, süperego ve ego.

İd, sinsi bir yılan gibi, bize kendimizi ne iyi hissettiriyorsa onu yapmamızı fısıldar. Tamamen arzularla, haz aramakla ve temel içgüdülerin (yiyecek, konfor, sıcaklık ve seks) tatmin edilmesiyle yönetilir. Süperego, dürüst bir kişi gibi, bizi daha yüksek bir yol izlemeye çağırır. Ailevi ve sosyal değerler empoze ederek bize ne yapıp yapmamamız gerektiğini söyler. Son olarak da ego, karar verebilen bir yetişkin gibi, uyarıcıları kontrol eder, nasıl davranılması gerektiğine karar verir. İd ve süperego arasında asılı duran bir moderatördür.

Avusturyalı psikanalist Anna Freud babasının fikirlerini geliştirirken süperegonun oluşumuna ve ego üzerindeki etkilerine dikkat çekmiştir. Ego dünyanın gerçeklerini dikkate alır, ayrıca aynı anda id'le çatışır ve süperego tarafından daha aşağı bir konuma çekilir. Süperego, içselleştirilmiş eleştirel bir ebeveyn gibi suçluluk ve utanç dilini kullanır. Süperegonun sesini, belli bir şekilde düşündüğümüz veya davrandığımız için kendimizi azarlarken duyarız: Süperego sadece egoyla düşmanca karşılaştığında belirginleşir (ya da "sesini yükseltir").

Ego savunma mekanizmaları

Süperegonun eleştirici sesi kaygıya yol açar ve Anna Freud'a göre bu ego savunmalarımızı işin içine soktuğumuz zamandır. Bunlar zihnin, kaygının boğuculuğunu engellemek istediğinde kullandığı sayısız yöntemlerdir. Anna Freud, mizahtan ve yüceleştirmeden inkâr ve yer değiştirmeye kadar kullandığımız pek çok yaratıcı savunma mekanizması tanımlamıştır. Onun ego kuramı 20. yüzyılın hümanist terapileri için zengin bir düşünce kaynağı olmuştur. ■

Ayrıca bkz. Sigmund Freud 92–99 ▪ Melanie Klein 108–109 ▪ Eric Berne 337

GERÇEK ANCAK ONU KENDİNİZ KEŞFETTİĞİNİZ ZAMAN KATLANILABİLİRDİR

FRITZ PERLS (1893–1970)

KISACA

YAKLAŞIM
Gestalt terapisi

ÖNCE
1920'ler Carl Jung, insanların iç benlikleriyle bağlantı kurmaya ihtiyaçları olduğunu söyler.

1943 Max Wertheimer, kişisel içgörüyü kullanmada belirleyici olan Gestalt "üretken düşünce" kavramını açıklar.

1950 Karen Horney, *Nevroz ve İnsan Gelişimi*'nde başkaları tarafından dayatılan "olmalı"ları reddetmenin gerekliliğini tanımlar.

SONRA
1961 Carl Rogers, terapinin nasıl bir biçim ve yön alacağını bilenin terapist değil hasta olduğunu söyler.

1973 Nörolinguistik Programlama'nın (NPL) kurucularından biri olan Amerikalı kişisel gelişim yazarı Richard Bandler, yeni terapisinde Gestalt terapi tekniklerinin pek çoğunu kullanır.

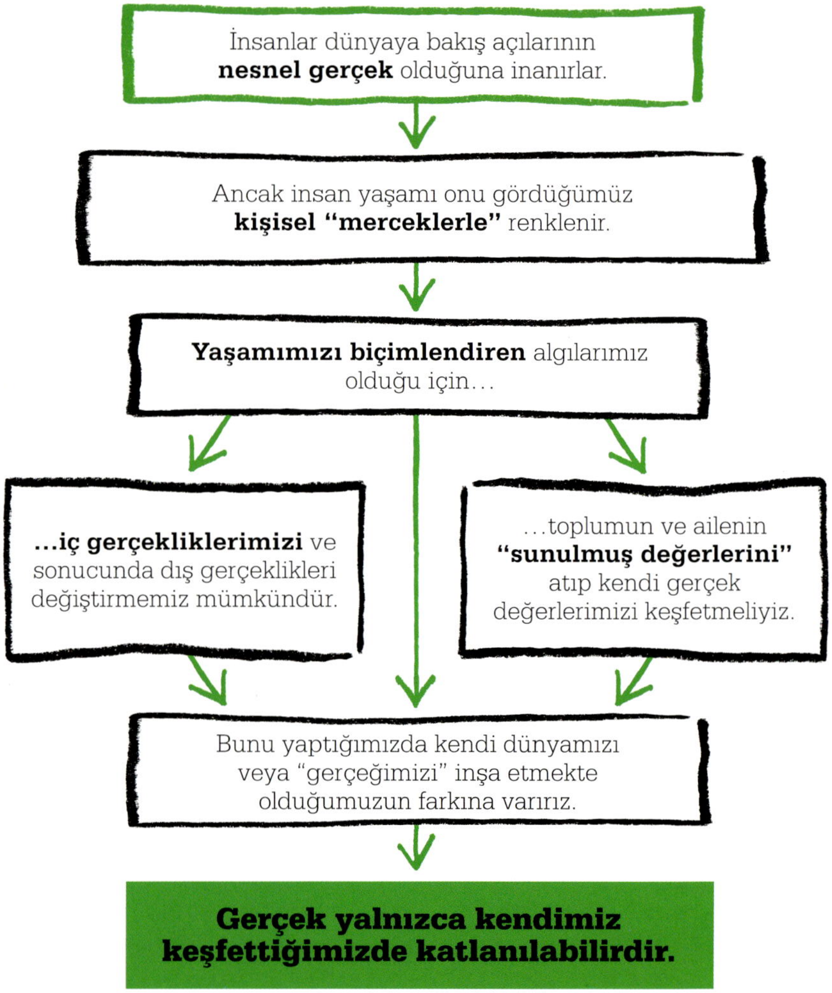

18. yüzyılda Alman filozof Immanuel Kant, kendimizin ötesinde, "dışarıda" neler olduğunu gerçekten bilemeyeceğimizi, çünkü bilgimizin zihnimiz ve duyularımızın kısıtlamaları yüzünden sınırlı olduğuna işaret ederek dünya hakkındaki düşüncelerimizde devrim yaratmıştır. Şeylerin "kendi içlerinde" nasıl olduklarını bilmeyiz, sadece onları yaşarız. Bu görüş, –trajedileri ve travmaları, esinleri ve tutkuları ve neredeyse sonsuz sayıdaki olasılıklarıyla– insan yaşamının karmaşıklığının, onu gördüğümüz bireysel "mercekler"le şifrelendiğini unutmamanın hayati önem taşıdığını söyleyen Gestalt terapisinin temelini oluşturur. Dünyanın tüm seslerini, duygularını ve resimlerini otomatik olarak içimize alamayız, tarar ve sadece birkaçını seçeriz.

Gestalt terapisinin kurucularından biri olan Fritz Perls'e göre bunun anlamı şudur: Kişisel gerçeklik duygumuz algı yoluyla, yani olayların kendisiyle değil, deneyimlerimizi gördüğümüz bakış açısıyla oluşmaktadır. Ancak bunu unutmak, hatta farkına varmamak çok kolaydır. Perls bizim algının ve onun kendisinden kaynaklanan tüm düşünceler, eylemler ve inançlarla birlikte perspektifimizi yaratmadaki rolünü kabullenmek yerine dünyaya bakış açımızı, mutlak, nesnel gerçeklik sandığımızı söyler. Perls'e göre kişi için ulaşabileceği tek gerçeklik kendi kişisel gerçeğidir.

Sorumluluğu kabul etmek

Perls kuramlarını 1940'larda, insan zihninin tatmin edilmeyi bekleyen bir dizi biyolojik güdüye indirgenebileceğini söyleyen psikanalitik görüşün egemen olduğu bir dönemde geliştirmiştir. Bu yaklaşım Perls için çok katı, yapılandırılmış, basitleştirilmiş ve genellenmişti; onun çok önemli bulduğu bireysel deneyi-

Ayrıca bkz. Søren Kierkegaard 26–27 ▪ Carl Jung 102–107 ▪ Karen Horney 110 ▪ Erich Fromm 124–29 ▪ Carl Rogers 130–37 ▪ Abraham Maslow 138–39 ▪ Roger Shepard 192 ▪ Jon Kabat-Zinn 210 ▪ Max Wertheimer 335

me yer bırakmıyordu. Ayrıca bu yöntemde analistler, hastalarına kendi deneyimlerinin yaratılmasında sorumluluk alma ve farkında olma olanağı tanımıyorlardı. Psikanalitik model hastaların, bir analist onları bilinçdışı itkilerinden kurtarıncaya kadar bilinçdışı çatışmalarının merhametine kaldıkları bir anlayışla işliyordu. Öte yandan Perls insanların yaratmada kendi rollerinin gücünü anlamalarının çok önemli olduğunu düşünmekteydi. Kendi gerçekliklerimizi değiştirebileceğimizin farkında olmamızı istiyor, aslında böyle yapmakla sorumlu olduğumuzu, kimsenin bizim için bunu yapamayacağını düşünüyordu. Algının, gerçekliğin belkemiği olduğunu bir kez anladıktan sonra, hepimiz yarattığımız hayatın ve dünyaya bakmayı seçtiğimiz yolun sorumluluğunu almaya mecbur oluruz.

Gestalt duası, Gestalt terapisini özetlemesi amacıyla Fritz Perls tarafından yazılmıştır. Dua, başkaları aracılığıyla tatmin aramak yerine kendi gereksinimlerimize göre yaşamamızın önemini vurgular.

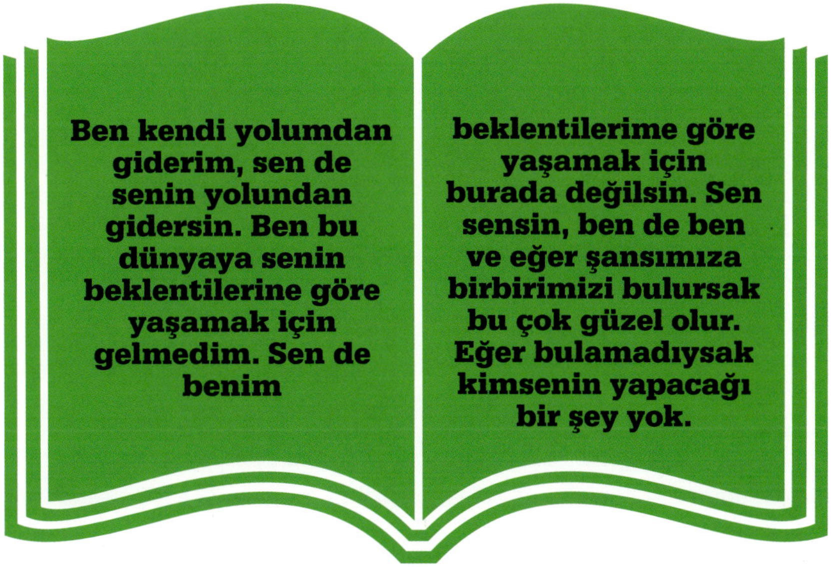

Gücü kabullenmek

Gestalt kuramı, bir iç kontrol duygusu oluşturarak kişisel gelişimi teşvik etmek için –kişinin duygu ve düşünceleri için– bireysel deneyim, algı ve sorumluluğun ilkelerini kullanır. Perls, dış çevreye bakılmaksızın iç deneyimlerimizi kontrol etmeyi öğrenebileceğimiz konusunda ısrarlıdır. Yaşamımızı algılarımızın şekillendirdiğini bir kez anladıktan sonra, oynadığımız rollerin ve eylemlerimizin aslında sadece gerçekliği değiştirmek için bilinçli olarak kullandığımız birtakım araçlar olduğunu görürüz. İçteki ruhsal dünyanın kontrolü iki katmanlı bir seçim aracılığıyla güç verir: çevreyi nasıl yorumlayacağımız ve ona nasıl tepki vereceğimiz. "Sizi kendinizden başka kimse öfkelendiremez" deyişi bu felsefeyi mükemmel biçimde örneklemektedir ve bunun gerçekliği insanların örneğin trafik sıkışıklığına, kötü haberlere veya kişisel eleştiriye karşı verdikleri farklı tepkilerde görülebilir.

Gestalt terapisinde kişi, neler olup bittiğine bakılmaksızın eylemlerinin ve tepkilerinin doğrudan sorumluluğunu almaya zorlanır. Perls, çevre nasıl olursa olsun duygusal dengeyi koruma yetisinden söz ederken "homeostaz" deyimini kullanır. Homeostaz, normalde bedende istikrarlı fiziksel ortamın korunmasını tanımlamak için kullanılan biyolojik bir terimdir. Bundan pek çok sistemin ince bir denge içinde olması kastedilmektedir ve Gestalt terapisinin zihne bakış yöntemi de aynen böyledir. Zihni, insan yaşantısının bütününü oluşturan pek çok düşünce, duygu ve algı aracılığıyla dengelemenin yollarını arar. Kişiyi bir bütün olarak görür ve parçalara değil bütüne odaklanır.

Perls hastalarına, algılarının gücünün ve onun gerçekliği (ya da "gerçeklik" olarak tanımladığımız şeyi) nasıl şekillendirdiğinin farkına varmaları için yardım etmeyi görevi olarak görmektedir. Bu şekilde, hastaları iç manzaralarını

> Öğrenmek, bir şeyin mümkün olduğunu keşfetmektir.
> **Fritz Perls**

Budizm gibi Gestalt terapisi de zihinsel farkındalığın gelişimi ve değişimin kaçınılmaz olduğunun kabulünü teşvik eder. Perls değişime "yaratıcı uyum incelemesi" adını vermiştir.

şekillendirmenin kontrolünü ele alabilmektedir. Algıladıkları gerçeklik duygusunun sorumluluğunu üstlenerek istedikleri gerçekliği oluşturabilirlerdi.

Perls, bunu başarabilmeleri için hastalarına Gestalt terapisinin gerekli süreçlerini öğreterek yardım etmiştir. İlk ve en önemli süreç farkındalık yaratmak ve bu farkındalığı şimdiki ânın duyguları üzerine odaklamaktır. Bu, kişinin duygularını ve o anda algılanan gerçekliği doğrudan yaşamasını sağlar. Bu beceri, "burada olmak" Gestalt süreci için çok önemlidir; güçlü bir duygusal farkındalıktır ve her birimizin kendi çevremizi nasıl yarattığımız ve ona nasıl tepki verdiğimizi anlamamız için bir temel oluşturur. Ayrıca kendimizi ve çevremizi deneyimleme yollarımızı değiştirmeyi öğrenmemiz için bir yol göstericidir.

Kişisel gelişim için bir araç olarak otantik duygularla –gerçek duygular ve düşünceler– temasta olma becerisi Perls için diğer terapi biçimlerinin psikolojik açıklamalarından veya analitik geribildirimlerinden daha önemlidir. Davranışın ardındaki "neden" Perls için çok önemli değildir, önemli olan "nasıl" ve "ne"dir. "Neden"i bulma gerekliliğinin değerinin düşmesi ve anlam için sorumluluğun analistten hastaya kayması, hasta-terapist hiyerarşisinde önemli bir değişimi de beraberinde getirmiştir. Terapide önceki yaklaşımlar genellikle terapistin hastayı tedavinin amacına doğru manipüle etmesini içerirken Gestalt yaklaşımında hedefe doğru birlikte çalışan terapistle hasta arasında sıcak, empatik bir ilişki kurulur. Terapist dinamiktir ama hastayı yönlendirmez; Perls'in Gestalt yaklaşımı daha sonra Carl Rogers'ın hümanistik, kişi odaklı yaklaşımının temelini oluşturmuştur.

Kaderin inkârı

Gestal yönteminin bir diğer bileşeni de dil kullanımını içerir. Hastalara, farkındalıklarını artırmaları için verilen önemli bir araç da konuşmalarının içinde "Ben" kelimesini fark etmeleri ve değiştirmeleri için verilen talimattır. Perls'e göre gerçekliğimizin sorumluluğunu almak için, öyle olmadığı halde hiçbir kontrolümüz olmadığı yanılsamasını yaratmak için dili nasıl kullandığımızı fark etmemiz gerekir. Basitçe "Ben bunu yapamam," ya da "Ben bunu yapmayacağım," demek benim bir seçim yaptığımı açıkça gösterir. Ayrıca duyguya sahip çıkmaya da yardımcı olur; duygular bende doğarlar ve bana aittirler; kendi duygularım için birini ya da bir şeyi suçlayamam.

Diğer dil değişimi örnekleri arasında "malı" ekini "istemek" fiili ile değiştirmek vardır; örneğin "Artık gitmeliyim" yerine "Gitmek istiyorum" demek gibi. Bu aynı zamanda seçim unsurunu açıkça gösterme işlevi görmektedir. Perls, yaşantılarımız için sorumluluk

Fritz Perls

Frederick "Fritz" Salomon Perls, 19. yüzyılın sonunda Berlin'de doğar. Tıp eğitimi alır ve I. Dünya Savaşı sırasında Alman Ordusu'nda kısa bir süre geçirdikten sonra doktor olarak mezun olur. Ardından psikiyatri eğitimi alır ve 1930'da psikolog Laura Posner'le evlenip Güney Afrika'ya göç eder ve ikisi orada bir psikanaliz enstitüsü kurarlar. Psikanalitik yaklaşımın aşırı entelektüelleşmesinden hayal kırıklığına uğrayarak 1940'ların sonunda New York'a taşınırlar ve kendilerini giderek büyüyen bir ilerlemeli düşünce kültüründe bulurlar. 1960'ların sonunda ayrılırlar ve Perls, California'ya yerleşir. Perls, orada psikoterapinin görünümünü değiştirmeye devam eder. 1969'da Kanada'da bir terapi merkezi kurmak için ABD'yi terk eder ancak bir yıl sonra bir atölye çalışmasını yönetirken kalp krizinden hayatını kaybeder.

Önemli eserleri

1946 *Ego, Açlık ve Saldırganlık*
1969 *Harfi Harfine Gestalt Terapisi*
1973 *Terapiye Gestalt Yaklaşımı ve Görgü Tanıklığı*

> Aklınızı kaybedin ve duyularınıza gelin
> **Fritz Perls**

1960'ların hippi kültürü "kendini bulmak"la ilgili Gestalt düşüncesiyle uyumludur ancak Perls "anında mutluluk satıcıları" ve "duyuların özgürlüğüne kestirme yol"a karşı uyarır

almayı öğrenirken toplumun etkisinden bağımsız otantik benlikler geliştirdiğimizi söyler. Ayrıca, "şimdi olmuş" şeylerin merhametine kalmadığımızı anladığımızdan dolayı kendi güçlülüğümüzü yaşarız. Hayatlarımızda kendimiz için kabul ettiklerimizin birer seçim olduğunu, güçsüz olmadığımızı bir kez anladıktan sonra kurban olma duygularımız da ortadan kalkar. Bu kişisel sorumlulukla birlikte otantik benliklerimiz için yanlış olan olayları, ilişkileri veya şartları reddetme zorunluluğumuz doğar. Gestalt kuramı bize aynı zamanda toplumumuzun normları arasından hangilerini kabul etmeyi seçtiğimizi de sorar. Onların varsaydığı gerçek doğrultusunda çok uzun bir zamandır yaşıyorsak bunları otomatik olarak kabul ediyor olabiliriz. Perls inançları olduğu gibi benimsemek yerine otantik benliğimizi etkileyecek ve geliştirecek olanlara ihtiyacımız olduğunu söyler. Kendi kurallarımızı yazma becerisi kendi fikirlerimizi, felsefemizi, arzularımızı ve ilgilerimizi belirler. Kendimize hesap verme, kendimize güvenme ve kendi içimize bakabilme farkındalığımız arttıkça kendi dünyamızı ya da gerçeğimizi inşa ettiğimizi anlarız. Yaşadığımız hayatlara katlanması daha kolaylaşır çünkü "gerçek ancak kendiniz keşfettiğinizde katlanılabilirdir".

> Eğer teşviğe, övgüye, herkesin sırtınızı sıvazlamasına ihtiyaç duyuyorsanız o zaman herkesi kendi yargıcınız yaparsınız.
> **Fritz Perls**

Yakınlık olasılığı

Gestalt terapisinin "şimdiki anda olma" ve kişinin kendi yolunu ve kendi fikirlerini bulmasına yaptığı vurgu 1960'ların Batı dünyasındaki karşı-kültür devrimine kusursuzca uymaktadır. Ancak bireyselliğe bu odaklanma bazı psikologlar ve analistler, özellikle de insanları, her şeyin üzerinde, sosyal varlıklar olarak görenler tarafından, terapinin zayıf bir yönü olarak değerlendirilmektedir. Onlara göre Gestalt ilkelerine göre yaşanan bir hayat başkasıyla yakınlık olasılığını dışarıda bırakmakta ve bireye, toplum zararına çok fazla odaklanmaktadır. Buna karşılık Gestalt terapisinin destekçileri otantik bir benlik geliştirilmeden başka biriyle sahici bir ilişki kurmanın mümkün olmadığını iddia etmektedirler.

Perls, 1964'te California'daki Esalen Enstitüsü'nde düzenli konuşmacı olmuş, bu köklü merkezde spiritüel ve psikolojik gelişmeler için kalıcı bir ilham kaynağı haline gelmiştir. 1970'lerdeki ani popüleritesinden sonra Gestalt terapisi gözden düşmüştür ancak ilkeleri diğer terapi biçimlerinin kökleri olarak kabul görmüştür. Günümüzde Gestalt, pek çok "standart" terapi yaklaşımından biri olarak tanınmaktadır. ■

BİRİNİN EVLAT EDİNDİĞİ ÇOCUĞU EVİNE GÖTÜRÜP SEVMESİ YETERLİ DEĞİLDİR

DONALD WINNICOTT (1896–1971)

KISACA

YAKLAŞIM
Psikanaliz

ÖNCE
1900'lar Sigmund Freud, nevrotik çatışmaların (ve süperegonun) 3-6 yaşları arasındaki Ödipal dönemde doğduğunu ileri sürer.

1930'ler Melanie Klein, süperegonun ilkel bir biçiminin yaşamın ilk yılında geliştiğini ve sevgi ile nefretin kalıtsal olarak bağlantılı olduklarını iddia eder.

SONRA
1947 Psikolog ve oyun terapisti Virginia Axline, oyun terapisinin sekiz ilkesini geliştirir; biri de şudur: "Çocuğu olduğu şekliyle kabullenin."

1979 İsviçreli psikanalist Alice Miller, *Yetenekli Çocuğun Dramı*'nda "duyguları ifade etmeme sanatını geliştirmeye" teşvik edildiğimizi söyler.

Pek çok insan, sevgisiz ve ilgisiz bir aile ortamında büyüyen bir çocuğun, gereksinimlerinin karşılanacağı yeni bir ailede sakinleşip gelişebileceğine inanır. Ancak istikrar ve kabullenme bir çocuğun gelişebilmesi ve sağlıklı bir duruma kavuşabilmesi için bir temel oluşturmaya yardımcıysa da bu nitelikler gerekenin sadece bir kısmını oluşturur.

İngiltere'nin psikanaliz eğitimi almış ilk pediatristi olan Donald Winnicott'ın anne-çocuk ilişkisi ve çocukların gelişim süreci hakkında eşsiz bir kavrayışı vardır. Sigmund Freud'dan güçlü biçimde etkilenmiş olsa da Melanie Klein'ın yazılarından da, özellikle de annenin ya

Ayrıca bkz. Sigmund Freud 92–99 ▪ Melanie Klein 108–09 ▪ Virginia Satir 146–47 ▪ John Bowlby 274–77

da bakıcısının çocuğa karşı olan bilinçdışı duyguları açısından, çok yararlanmıştır. Winnicott kariyerine II. Dünya Savaşı sırasında yer değiştiren çocuklarla çalışarak başlamış ve yeni bir yuvaya uyum sağlamaya çalışan çocukların karşılaştığı güçlükleri incelemiştir.

Winnicott'un "Karşı Aktarımda Nefret" adlı makalesinde de belirttiği gibi: "Birinin evlat edindiği çocuğu evine götürüp sevmesi yeterli değildir". Aslında ebeveynlerin evlatlık çocuğu evlerine götürmeleri ve çocuğa yönelik nefret duygularına tolerans göstermeleri gerekmektedir. Winnicott, bir çocuğun sadece, önce nefret edildikten sonra sevildiğine inandığını söyler ve "nefret toleransı"nın tedavideki rolünün küçümsenmemesi gerektiğine vurgu yapar.

Winnicott, bir çocuğun, uygun ebeveyn ilgisinden yoksun kaldıktan, sonra koruyucu veya manevi aile gibi bunun sağlandığı sağlıklı bir aile ortamına girdiğinde bilinçdışı bir umut geliştirmeye başladığını söyler. Ancak bu umuda korku da eşlik etmektedir. Bir çocuk geçmişte, en temel fiziksel ve duygusal ihtiyaçlarının bile karşılanmaması gibi, yıkıcı bir hayal kırıklığına uğramışsa, savunma mekanizmaları oluşturur. Bunlar, çocuğu tekrar hayal kırıklığına yol açabilecek bir umuttan koruyan bilinçdışı güçlerdir. Winnicott bu savunma meka-

Donald Winnicott

İngiliz pediatrist ve psikanalist Donald Woods Winnicott, İngiltere'de, Plymouth, Devon'da yaşayan önemli ve varlıklı bir ailenin en küçük çocuğu ve tek oğlu olarak doğar. Annesi depresyondan mustarip olmasına rağmen babası Sir John Frederick Winnicott'ın, üzerinde teşvik edici etkisi olmuştur. Winnicott, önce doktor ve pediatrist olarak eğitim görmüş, psikanalitik eğitimini ise daha sonra, 1930'larda almıştır.

Winnicott iki kez evlenmiştir. İkinci eşi olan psikiyatrik sosyal hizmet uzmanı Clare Britton'la, II. Dünya Savaşı sırasında tahliye edilen rahatsız çocuklarla çalışırken tanışmıştır. 40 yıldan fazla pediatrist olarak çalışmaya devam etmiş olması düşüncelerine eşsiz bir perspektif kazandırmıştır. İki kez İngiliz Psikanaliz Derneği'nin başkanlığını yapmış, verdiği sayısız konferanslar ve radyo yayınlarıyla kamuoyunu daha geniş biçimde bilgilendirmeye çalışmıştır.

Önemli eserleri

1947 *Karşı Aktarımda Nefret*
1951 *Geçici Nesneler*
1960 *Ebeveyn-Çocuk İlişkisi Kuramı*

> Evlatlık bir çocuk önce nefret edilmeden sevilemeyeceğine inanıyor olabilir
> **Donald Winnicott**

nizmalarının nefretin varlığını açıkladığını söyler. Çocuk, yeni ebeveyn figürüne karşı nefretini ifade eden bir öfke patlaması yaratacak, karşılığında onun da nefretini uyandıracaktır. Winnicott bu davranışı "anti-sosyal eğilim" olarak adlandırır.

Winnicott'a göre acı çeken bir çocuk için nefret etme ve edilme ihtiyacı, isyan ihtiyacından bile daha derindir ve nefretini tolere edebilen bir ebeveynin önemi çocuğun iyileşmesinde çok önemli bir faktördür. Winnicott çocuğun nefretini ifade etmesine izin verilmesi gerektiğini söyler ve ebeveyn de hem çocuğun hem de kendisinin nefretini tolere edebilmelidir.

Bu tür bir fikir şoke edici olabilir ve insanlar içlerinden yükselen nefret kavramıyla mücadele edebilirler. Suçluluk hissedebilirler çünkü çocuk zaten pek çok zorluklardan geçerek gelmiştir. Ebeveynlerine karşı etkin biçimde nefret dolu davranan bir çocuk, ihmal edildiği ve yok sayıldığı geçmiş deneyimlerini bugünün gerçekliğine yansıtmaktadır.

Winnicott'a göre parçalanmış bir ailede ya da ailesiz büyüyen çocuklar "tüm zamanlarını ailelerini arayarak geçirmektedirler" ve bu yüzden de geçmiş ilişkilerde yaşadıkları duyguları şimdi başka bir yetişkine yöneltmektedirler. Çocuk nefreti içselleştirmiştir ve artık olmadığı zamanda bile nefreti görmektedir. Çocuk içinde bulunduğu yeni ortamda da etrafta nefret varken neler olacağını görmeye ihtiyaç duymaktadır. Winnicott sonrasını şöyle açıklar: "Bu şekilde evlat edinilen çocuk bir süre sonra umut kazanır; bulduğu yeni ortamı sınamaya ve tarafsız biçimde koruyucusunun nefret etme yeteneğinin kanıtlarını aramaya başlar."

Bir çocuğun nefretini ve kendisinin gerçekten sevilmeye değer olmadığını ifade etmesinin pek çok yolu vardır. Bu değersizlik, daha önceki olumsuz ebeveyn deneyimlerinden kalma bir mesajdır. Çocuğun bakış açısından bakıldığında, o kendini sevmek ya da sevilmenin getireceği potansiyel hayal kırıklıkları riskinden korumaya çalışmaktadır.

Nefretle başa çıkmak

Çocuğun nefretinin ebeveynlerde olduğu kadar öğretmenlerinde ve diğer otorite figürlerinde yarattığı duygular çok gerçektir. Winnicott yetişkinlerin bu duyguları inkâr etmektense –ki daha kolay gibi görünen budur– kabullenmelerinin gerekli olduğuna inanır. Ayrıca çocuğun nefretinin kişisel olmadığını da anlamalıdırlar; çocuk, şimdi yakınında bulunan kişiye, önceki mutsuz durumu hakkındaki endişesini ifade etmektedir.

Otorite figürünün kendi nefretiyle ne yaptığı da elbette kritik önem taşımaktadır. Çocuğun sevilmeyecek kadar "kötü" ve değersiz olduğuna dair inancı yetişkinden gelen tepkiyle pekiştirilmemelidir; yetişkin nefret duygularını tolere etmeli ve bu duyguların ilişkinin bir parçası olduğunu fark etmelidir. Çocuğun güvende hissetmesinin ve bir bağ kurabilmesinin tek yolu budur.

Yeni çevre ne kadar sevecen olursa olsun çocuğun geçmişini silemez; geçmiş deneyimlerden kaynaklanan duygu kalıntıları varlıklarını hâlâ sürdürecektir. Winnicott, bunun çözümü için hiçbir kestirme yol görmez. Çocuk, yetişkinlerin nefret duygularının red-

Çocuklarda "anti-sosyal eğilim" kendi dünyalarındaki endişeleri ifade etmelerinin bir yoludur. Bu şekilde kendilerine destekleyici ve sıcak bir yuva sağlamak zorunda olan ebeveynlerini sınarlar.

Çocuğun ebeveynde uyandırdığı bilinçdışı ve doğal olarak olumsuz duygulara rağmen ebeveyn çocuğu "koruyup kollayan", onun güvende hissetmesini sağlayan bir ortam oluşturmalıdır.

detmeye neden olmasını beklemektedir çünkü daha önce de olan budur. Nefret reddetmeye neden olmayıp tolere edildiğinde yok olmaya başlayabilir.

Sağlıklı nefret

Winnicott, çocukların yer değiştirmediği psikolojik olarak sağlıklı ailelerde bile bilinçsiz bir nefretin, ebeveynlik deneyiminin doğal ve gerekli bir parçası olduğuna inanır; "uygun şekilde nefret etmekten" söz eder. Melanie, Klein bir bebeğin annesine karşı nefret duyduğunu iddia ederken Winnicott'a göre bu, önce annenin bebekten nefret etmesiyle başlar – hatta bundan da önce olağanüstü ilkel ve "acımasız" bir sevgi vardır. Bir bebek, varlığı ile anneden fiziksel ve psikolojik olarak devasa taleplerde bulunur ve bu da annede nefret duyguları uyanmasına neden olur. Winnicott'un annenin bebekten nefret etme nedenlerini sıraladığı 18 maddelik listesinde şunlar da vardır: Hamilelik ve doğumla hayatını tehlikeye atmıştır; bebek özel hayatına bir müdahaledir; emzirirken bebek canını acıtmakta, hatta onu ısırmaktadır; bebek ona "bir pislik, bedava bir hizmetçi, bir köle gibi" muamele etmektedir. Winnicott annenin bütün bunlara rağmen çocuğunu –kakası ve her şeyiyle– güçlü, ilkel bir sevgiyle sevdiğini ve bebeğine olan nefret duygularını ona hiçbir şekilde yansıtmadan tolere etmeyi öğrenmesi gerektiğini de söyler. Çünkü ona göre, eğer anne uygun şekilde nefret edemezse nefret duygularını, sağlıksız ve mazoşist bir şekilde kendisine çevirir.

Terapötik ilişki

Winnicott ayrıca, ebeveyn-çocuk ilişkisini terapistle hastası arasındaki ilişkiye benzetir. Analiz sırasında terapistte uyanan duygular, "karşı aktarım" olarak bilinen bir kavramın parçalarıdır. Terapi sırasında hastada uyanan duygular –genellikle anne-baba ve kardeşlerle ilgilidirler– terapiste transfer edilir. Winnicott makalesinde, terapistin analizin bir parçası olarak hastasına karşı nasıl nefret hissettiğini tanımlar. Aslında bu nefret, hasta tarafından terapistin buna dayanıp dayanamayacağını sınamanın zorunlu bir parçası olarak üretilmiştir.

> "Bir annenin aşırı duygusallığı çocuk açısından hiç de iyi değildir."
> **Donald Winnicott**

Hasta, terapistin bu saldırıya dayanabilecek kadar güçlü ve güvenilir olup olmadığını anlamaya ihtiyaç duymaktadır.

Gerçekçi bir yaklaşım

Winnicott'un bazı fikirleri şoke edici gibi görünse de o, çocuklarımızı büyütme konusunda gerçekçi olmamız ve dürüst olmak adına duygusallığı önlememiz gerektiğine inanır. Bu, bizim çocuk ve daha sonra yetişkin olarak doğal ve kaçınılmaz olan olumsuz duyguları kabullenip başa çıkabilmemizi sağlar. Winnicott bir realist ve pragmatisttir; efsanevi "mükemmel aile" kavramını veya söylenen bir-iki güzel sözün geçmişteki tüm dehşet verici anıları silip götüreceği bir dünya fikrini reddeder. O, gerçek ortamı ve yaşadıklarımızın zihnimizdeki yansımalarını görmeyi tercih eder ve bize de cesur ve dürüstçe bunu yapmamızı tavsiye eder. Görüşleri belli bir düşünce ekolüne tam olarak uymaz ancak geçmişte ve günümüzde dünyanın her yerinde, sosyal hizmetler, eğitim, gelişim psikoloji ve psikanaliz alanlarında çok etkili olmuştur. ■

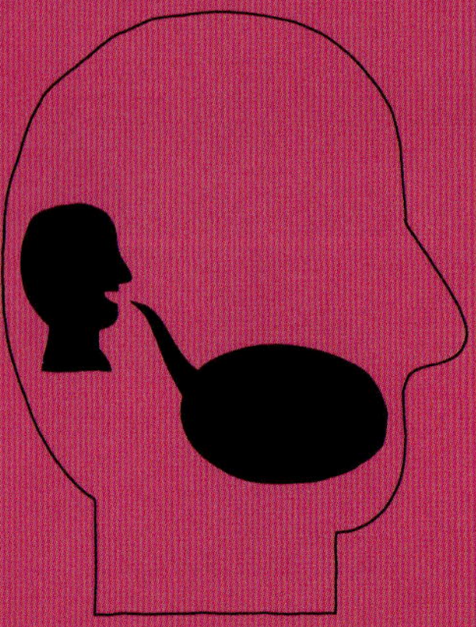

BİLİNÇDIŞI "ÖTEKİ"NİN KONUŞMASIDIR

JACQUES LACAN (1901–1981)

KISACA

YAKLAŞIM
Psikanaliz

ÖNCE
1807 Alman filozof George Hegel, benlik bilincinin Öteki'nin varlığına bağlı olduğunu öne sürer.

1818 Alman filozof Arthur Schopenhauer, kendisini gözlemleyecek bir özne olmadan nesnenin olamayacağını ve bir nesnenin algısının kişisel görüş ve deneyimle sınırlı olduğunu iddia eder.

1890 William James, *Psikolojinin İlkeleri*'nde bilen benliği, yani "Ben"i ve bilinen benliği yani "ben"i birbirinden ayırır.

SONRA
1943 Fransız filozof Jean-Paul Sartre çevremizdeki dünyayı ya da "Öteki"yi algılamamızın başka bir kişi ortaya çıktığında değiştiğini, onun Öteki kavramını benimseyerek kendimizinkine kattığımızı öne sürer.

Öteki bizim sınırlarımız dışındaki her şeydir.

↓

Kendimizi Öteki'nin varlığı üzerinden **tanımlar veya yeniden tanımlarız.**

↓

Dünyayı Öteki'nin **dili** (konuşması) aracılığıyla kavrarız.

↓

Bu dili ayrıca en derinimizdeki **düşüncelerimiz** için de kullanırız.

↓

Bilinçdışı, Öteki'nin konuşmasıdır.

Psikanalistler bilinçdışını, bir kenara bırakmak istediğimiz anılarımızın depolandığı ve bilinçli olarak geri alınamayacağı yer olarak açıklarlar. Bilinçdışı bazen sınırlı yollarla da olsa bilinçli benlikle konuşur: Carl Jung bilinçdışının kendini uyanık bilince rüyalar, semboller aracılığıyla ve arketiplerin diliyle belli ettiğine inanırken Freud bilinçdışının kendini güdüsel davranışlar ve kazara oluşan "dil sürçmeleri" ile ifade ettiğini söyler. Çeşitli psikanaliz ekollerinin üzerinde birleştiği nokta, bilinçdışının bilinçli benlik tarafından muhafaza edilenlerden daha büyük bir tablo bulundurduğudur. Ancak Fransız psikiyatr Jacques Lacan'a göre bilinçdışının dili, benliğin değil "Öteki"nin dilidir.

Benlik duygusu

Benlik kavramını –her birimizin dünyayı kendi gözleriyle gören, bizi diğerlerinden ve dış dünyadan ayıran sınırlara aşina olan, düşüncelerimizde ve çevremizle etkileşim yöntemlerimizde ayrılan, farklı, bireysel varlıklar olduğumuzu– kolaylıkla anlayabiliriz. Peki ya dışarıda

Ayrıca bkz. William James 38–45 ▪ Sigmund Freud 92–99 ▪ Carl Jung 102–07 ▪ Donald Hebb 163

Benlik duygumuz "Öteki"nin ya da kendi dışımızdaki dünyanın farkına varmamızla şekillenir. Ancak Lacan en derinlerdeki düşüncelerimizi oluşturanın da Öteki'nin dili olduğunu söyler.

kendimizden ayrı tanımlayabileceğimiz bir şey yoksa? O zaman benlik duygumuzu kavramlaştırmamız mümkün olmayacaktır çünkü hakkında düşünecek, şekli çizilmiş hiçbir varlık yoktur. Bireyler olarak çevremizdeki dünyadan ayrı olduğumuza karar vermek için elimizdeki tek yol, bizim özne olarak "Ben" haline gelmemize olanak tanıyan, çevremizden ya da "Öteki"den ayrılığımızı fark etme yeteneğimizdir. Lacan bu nedenle, her birimizin yalnızca bir Öteki kavramına sahip olmamızdan dolayı bile birer "benlik" olduğumuz sonucuna varmıştır.

Lacan için Öteki, benliğin ötesinde yer alan mutlak ötekiliktir; içine doğduğumuz ortamdır, sağ kalabilmek ve büyüyebilmek için "çevirmemiz" veya anlamını kavramamız gereken bir şeydir. Bir çocuk dünyada işlevini yerine getirebilmek için algılarını kavramlar ve kategorilerde toplamayı öğrenmek zorundadır ve bunu yavaş yavaş farkındalık edinerek ve bir dizi göstergeyi –işaretler ve şifreler– kavrayarak yapar. Ancak bu göstergeler bize sadece benliğin ötesindeki dış dünyadan gelebilirler. Bu nedenle de Öteki'nin dilinden ya da Lacan'ın tercih ettiği şekliyle "konuşmasından" oluşmak zorundadırlar. Duygu ve düşüncelerimizi sadece dille ifade edebilir, yalnızca dille düşünebiliriz ve Lacan'a göre bildiğimiz tek dil Öteki'nin dilidir. Bilinçdışımızın düşüncelerine çevrilen algılar ve görüntüler de bu yüzden Öteki'nin dilinden oluşmalıdır veya Lacan'ın deyişiyle "bilinçdışı, Öteki'nin konuşmasıdır". Bu görüşün psikanaliz uygulamalarında geniş bir etkisi olmuş, bilinçdışının daha nesnel ve açık yorumlarına yol açmıştır. ■

> "Ben" daima "Öteki"nin alanındadır.
> **Jacques Lacan**

Jacques Lacan

Jacques Marie Émile Lacan, Paris'te doğar ve Stanislas Cizvit Koleji'nde eğitim görür. Daha sonra tıp okur ve psikiyatride uzmanlık alır. II. Dünya Savaşı'nda işgal edilen Paris'te kalır ve Val-de-Grâce askeri hastanesinde çalışır.

Savaştan sonra psikanaliz Lacan'ın en önemli aracı haline gelir. Ancak 1953'te daha kısa terapi oturumlarını "sapkınca" kullandığı gerekçesiyle çıkan bir kavga sonucunda Uluslararası Psikanaliz Derneği'nden kovulur. Lacan daha sonra La Société Française de Psychanalytique'i kurar. Lacan'ın eserleri felsefe, sanat, edebiyat ve dilbilimine kadar uzanır. Roland Barthes ve Claude Lévi-Strauss gibi önemli düşünürlerin de katıldığı haftalık seminerler verir. Sadık bir Freudyen olarak 1963'te Paris'te École Freudienne de Paris'yi ve 1981'de de École de la Cause Freudienne'i kurmuştur.

Önemli eserleri

1966 *Yazılar*
1968 *Benliğin Dili*
1954–80 *Seminerler* (27 cilt)

İNSANIN ASLİ GÖREVİ KENDİNİ DOĞURMAKTIR

ERICH FROMM (1900–1980)

KISACA

YAKLAŞIM
Hümanistik psikanaliz

ÖNCE
1258–61 Sufi mistik Rumi, insan ruhunun özleminin kaynağından ayrılmasından kaynaklandığını söyler.

1950'lar Rollo May, "gerçek din"in sorumluluk alıp seçimler yaparak hayatın zorluklarıyla azim ve anlamla yüzleşmekten oluştuğunu söyler.

SONRA
1950 Karen Horney, nevrotik benliğin idealleştirilmiş ve gerçek benlik olarak ayrıldığını söyler.

1960'lar Abraham Maslow, yaratıcılık ve başkalarını düşünmeyi, kendini gerçekleştirmiş insanların özellikleri olarak tanımlar.

1970'ler Fritz Perls, kendimizi gerçekleştirebilmek için kendimizi bulmamız gerektiğini söyler.

Yaşamlarımızda anlam bulma becerisi insanoğlunun en belirleyici özelliklerindendir. Alman-Amerikalı psikanalist Erich Fromm'a göre bu, aynı zamanda mutluluk ve tatmin dolu bir yolu mu tatminsizlik ve sorunlarla dolu bir yolu mu izleyeceğimizi de belirler. Fromm, yaşamın doğası gereği acı dolu olmasına rağmen otantik bir benlik arama ve inşa etme yoluyla, ona anlam verip katlanılabilir hale getirebileceğimize inanır. İnsan hayatının nihai amacı Fromm'un "insanın donatıldığı en değerli nitelik olan yaşam sevgisi" olarak tanımladığı özelliği geliştirmektir.

Fromm'a göre yaşam, doğası gereği duygusal gerilimle doludur çünkü insan mücadele halinde yaşar. Bireysel doğasına –ayrı bir varlık olarak varoluşu ile bağlantı ihtiyacı arasında– bir denge bulmaya çalışır. İnsanın özbenliğinde bir parça ötekilerle birlikte nasıl var olacağını bilir; doğayla ve diğer insanlarla bir olarak yaşar. Buna rağmen biz kendimizi doğadan kopuk ve birbirimizden ayrı görürüz. Daha da kötüsü, bu kopukluk olgusu ve yalnızlığımız üzerinde düşünmek gibi eşsiz bir kapasiteye sahip olmamızdır. Akılla donanmış insan varlığının farkında olan yaşamdır.

Fromm doğadan kopuşumuzun, ayrılığımızın farkına varmamızı sağlayan zekânın gelişmesiyle başladığını öne sürer. Doğaya üstün gelmemizi sağlayan da akıl yürütme ve bağlantı kurma becerimizdir. Doğa, üretken bir yaşam için imkân sağlar ve bizi zekâ üstünlüğü ile donatır ama aynı zamanda bu dünyada yapayalnız var olduğumuzun farkına varmamıza neden olur. Akıl kendi faniliğimizin ve sevdiklerimizin fanili-

> Sıradan bir insan için hiçbir şey büyük bir gruba ait olmamaktan daha zor ve katlanılamaz değildir.
> **Erich Fromm**

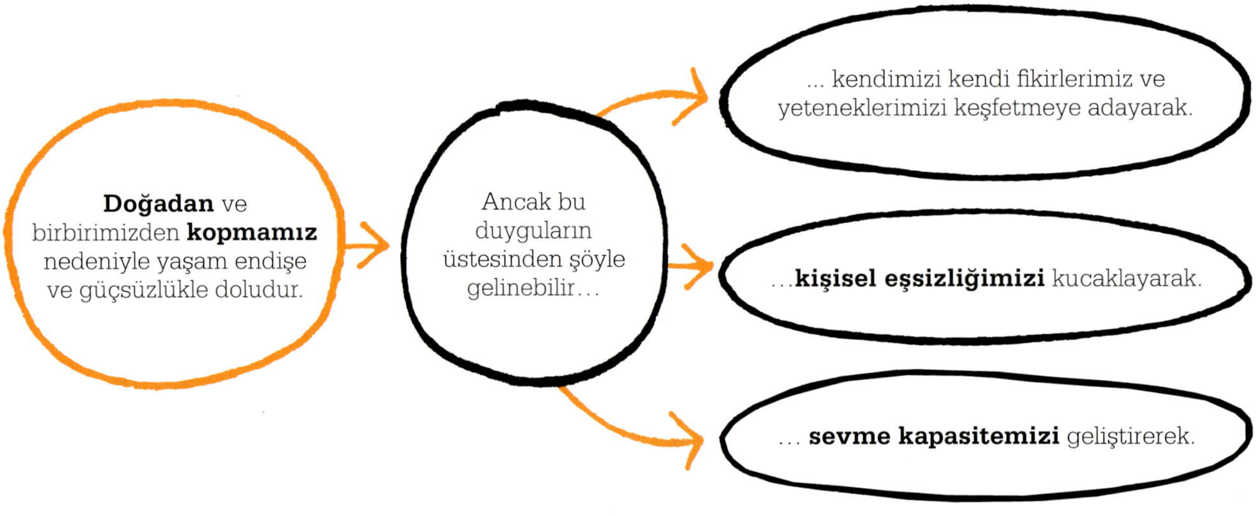

Ayrıca bkz. Karen Horney 110 ▪ Fritz Perls 112–17 ▪ Carl Rogers 130–37 ▪ Abraham Maslow 138–39 ▪ Rollo May 141

Sanatçıların yaratıcılığı, onları çevrelerindeki dünyayı yeni yöntemlerle yorumlamaya teşvik eder. Dünyanın en çok alkışlanan ressamları aslında hiç de konformist değillerdir.

ğinin farkına varmamızı da sağlar. Bu kavrayış kronik bir gerilim kaynağı ve sürekli üstesinden gelmeye çalıştığımız dayanılmaz bir yalnızlık duygusu yaratır; insanın doğal durumu endişe ve umutsuzluktur. Ancak Fromm umut olduğunda ısrarcıdır çünkü ona göre insan, yalnızlığının ve yabancılaşmasının üstesinden amacını bularak gelir.

Ancak özgür, benzersiz bireyler olmak için çabalarken, hâlâ başkalarıyla birleşme gereksinimi hissederiz ve bu gereksinimleri dengelemek için bir grup ya da otoriteyle uyumlu olmanın rahatlığını ararız. Fromm bunun yanıltıcı bir yaklaşım olduğunu söyler; bu, geleneksel ya da otoriter normlara bağlı kalmak yerine, insanın bağımsız benlik duygusunu, kendi kişisel görüşlerini ve değer sistemlerini keşfetmesi zorunludur. Eğer seçimlerimizin sorumluluğunu başka insanlara ya da kurumlara yıkmaya çalışırsak kendimize yabancılaşırız. Oysa yaşamlarımızın birincil amacı kişisel benzersizliğimizi kucaklayarak kendimizi tanımlamak, kendi fikirlerimizi ve yeteneklerimizi keşfetmek ve her birimizi diğer insanlardan ayıranları kucaklamaktır. İnsanın asıl görevi kendini doğurmaktır. Böyle yaparak kendini karmaşadan, yalnızlıktan ve kayıtsızlıktan kurtarır.

Yaratıcılık ve sevgi

Fromm, çelişkili biçimde, bütünlük duygusuna ulaşabilmenin tek yolunun kendi bireyselliğimizi keşfetmek olduğuna inanır. Buna, kendi düşüncelerimizi ve tutkularımızı izleyerek ve yaratıcı amaçlar aracılığıyla erişebiliriz çünkü "yaratıcılık kesinlikleri bırakma cesareti gerektirir".

İnsanın kendisini yalnızlıktan kurtarma yollarından biri de sevebilme kapasitesidir. Fromm'un sevgi kavramı kelimenin yaygın anlamlarından çok farklıdır. Fromm'a göre sevgi bir duygu değildir, bir sevgi nesnesi bulmaya bağlı bulmaya bağımlı da değildir. Kişinin kendi karakterinin bir parçası olarak aktif biçimde geliştirmesi gereken kişilerarası yaratıcılık kapasitesidir. Fromm şöyle der: "Sevgi, kişinin tüm dünyayla ilişkisini belirleyen bir tutum, bir karakter sınıflandırmasıdır."

Fromm, birine duyulan kişisel sevgi açısından temel ilkelerin özen, sorumluluk, saygı ve bilgi –diğer insanların gerçekten ne istedikleri ve ihtiyaç duyduklarına yönelik nesnel bilgi– olduğunu söyler. Sevgi ancak kendimizin ve karşımızdakinin ayrılığına ve benzersizliğine saygı duyarak mümkündür; çelişkili bir şekilde sevgi bizim bağlantısızlık yaratma becerimizi geliştirir.

Sevgi, karşıdaki kişiye bireysel olarak çok büyük bir saygı duymayı gerektirir ve temelinde kişiliklerin birbirine karıştırılması değil bağımsızlık vardır. İlişki kurma ve birleşme konusundaki bunaltıcı arzumuz nedeniyle sevmeye çalışırız ama ilişkilerimiz de genellikle sevgisiz bir dengesizlikle sonuçlanır. "Seni seviyorum" derken aslında "Sende kendimi görüyorum", "Ben sen olacağım" ya da "Sana sahip olacağım" demeye çalışıyoruzdur. Severken benzersizliğimizi kaybetmeye ya da onu diğer kişiden çalmaya çalışırız. "Tek kişi" olarak var olma özlemimiz nedeniyle kendimizi karşımız-

Üretken Olmayan Dört Kişilik Tipi

Alıcı tipler sadece rollerini kabul ederler ve daha iyiye gitmek ya da değişmek için mücadele etmezler.

Sömürücü tipler saldırgan ve ben-merkezcidirler; genellikle tehdit, aşırmacılık gibi eylemlerin içinde bulunurlar.

İstifçi tipler ellerindekini tutmak için mücadele ederler ve her zaman daha fazlasını ararlar.

Pazarlamacı tipler her şeyi, özellikle de kendilerini "satarlar".

daki kişilerde görmeyi isteriz. Bu da kendi özelliklerimizi yapay bir biçimde başka birine dayatmamıza yol açar. Fromm, sevmenin tek yolunun özgürce, karşıdaki insanın tüm bireyselliğini kabul ederek onun farklı fikirlerine, tercihlerine ve inanç sistemlerine saygı göstererek sevmek olduğunu söyler. Sevgi, bir kişiyi kendi kalıbına göre biçimlendirerek bulunamaz ve mükemmel "eşleşme"yi bulma sorunu değildir. Fromm'a göre sevgi "kendi dışında bir kimseyle veya bir şeyle kendi benliğinin ayrılığını ve bütünlüğünü koruyarak birleşmektir".

> "Kendini bilmek" insanın gücünü ve mutluluğunu hedefleyen temel ilkelerden biridir.
> **Erich Fromm**

Pek çok insan onaylanmaya en değer olduğunu düşündüğü benliği geliştirmek için olağanüstü zaman ve para harcar ve bu girişim çoğunlukla sevilen ve arzulanan biri olmayla sonuçlanır. Ancak bu çaba boşunadır çünkü sadece güçlü bir benlik duygusu olanlarla kendi dünya kavrayışları çerçevesinde sağlam durabilenler başkalarına karşılık beklemeden verebilirler ve sahici biçimde sevebilirler. Kendilerini sevgi vermek yerine almaya odaklayanlar başarısız olurlar; bu kimseler vermek yerine almak üzerine kurulmuş ilişkiler ararlar, her zaman kendilerine bir şeyler verilmesini –maddi veya manevi– isterler. Bu tip insanlar iyi şeylerin kaynağının kendileri dışında olduğuna inanırlar ve sürekli elde etmek için uğraşırlar ama bu hiçbir zaman rahatlama getirmez.

Kişilik tipleri

Fromm "üretken olmayan" diye adlandırdığı kişilik tipleri tanımlamıştır. Bu tip insanların eylemlerinin gerçek sorumluluğunu almaktan kaçınmaları üretkenliği ve kişisel gelişimi engellemelerini mümkün kılar. Üretken olmayan tiplerin dördünün de –alıcı, sömürücü, istifçi ve pazarlamacı– olumlu ve olumsuz yönleri vardır. Beşinci tip olan nekrofilus ise tamamen olumsuzdur. Altıncı tip –üretken kişilik– Fromm'un ideal insanıdır. Gerçekte kişiliklerimiz genellikle dört ana tipin bir karışımından oluşur.

"Alıcı" tipteki kişiler içinde bulundukları durumda pasif biçimde yaşarlar, kendilerine verilenle yetinirler. Bu insanlar liderlik etmekten çok takip ederler; onlara bir şeyler yapılır. Aşırı durumlarda bu bir kurban konumudur ama olumlu tarafları sadakat ve kabullenme yönünden zengin oluşlarıdır. Fromm bu tipi tarihteki köylülerle ve göçmen işçilerle özdeşleştirir.

"Sömürücü" tipler, kendileri kazanmak ya da yaratmak yerine gereksinimleri için diğerlerinin ellerindekini almaya odaklıdırlar. Ancak aşırı kendine güvenli ve güçlü inisiyatifleri olan kişilerdir. Bu tipler tarihte kendi ceplerini doldurmak için gücü ve parayı yerel halkın elinden alan aristokratlarla simgelenir.

"İstifçi" tipler sürekli yüksek yerlerde tanıdıklar ararlar, sevdiklerini bile malları gibi görür, onları değerlerine göre sıralarlar. Güce açtırlar ve cömert değildirler, en iyi ihtimalle pragmatik ve tutumlu olabilirler. Bunlar tarihte, tutumlu bunalım dönemlerinde yükselen orta sınıf ya da burjuvalar olarak adlandırılabilirler.

Ana tiplerin sonuncusu "pazarlama" odaklı olandır. Bu kişiler görünüşe ve kendilerini nasıl daha başarılı şekilde pazarlayıp satabileceklerine takıntılıdır. Her seçeneği yansıttığı konumla değerlendirirler, giysilerinden arabalarına, tatillerinden ve evlendikleri "doğru" kişiye kadar. En kötü koşulda fırsatçı, sığ ve kaba; en iyi koşulda yüksek motivasyonu olan, amaca odaklı ve enerjik kişiler olurlar. Bu tipler, giderek büyüyen açgözlülükleri ve içlerine kapanık halleriyle modern toplumu yansıtırlar.

En olumsuz kişilik tipi –nekrofilus– sadece yok etmenin peşinde koşar. Yaşamın kontrol edilemez ve düzensiz doğasından derin bir biçimde korkan bu tip, hastalık ve ölümden bahsetmeyi çok sever ve "yasa ve düzen" dayatmaya takıntılı biçimde ihtiyacı var. Mekanik nesneleri diğer insanlara tercih ederler. Bu tipler bardakları asla tam dolu olmayan kötümser mızmızlardır.

Fromm'un son kişilik tipi, üretken odaklıdır. Yaşam için esneklik, öğrenme ve sosyallik aracılığıyla samimi biçimde çözümler arar ve bulur. Dünyayla "bir olma"yı hedefleyerek böylece ayrılığın yalnızlığından kaçan bu üretken kişiler dünyaya tepkilerini akılcı ve açık fikirlerle verirler, yeni bulgular ışığında inançlarını değiştirmeye isteklidirler. Üretken biri, başka birini, dünyaya karşı bir zafer ya da koruyucu olarak değil, sadece o kişi olduğu için sevebilir. Fromm bu cesur insanı "maskesiz insan" olarak tanımlar.

> “Yaşamın kendi iç dinamizmi vardır; büyümeye ifade edilmeye, yaşanmaya meyillidir.
> **Erich Fromm**”

Fromm'un eserlerinin psikoloji, sosyoloji ve siyasi düşünceden, özellikle de Karl Marx'ın yazılarından yararlanan eşsiz bir perspektifi vardır. Ana akım okuyucuları hedefleyen yazıları, düşünce özgürlüğü üzerindeki ısrarı nedeniyle akademik dünyadan çok kamuoyunu etkilemiştir. Yine de hümanistik psikolojiye önemli katkılar yapan biri olarak tanınır. ■

Hitler'in ölüm ve yok etmeye yönelik ilgisi onu Fromm'un kontrol takıntısı ve düzen dayatması olan nekrofilus kişilik tipine bir örnek teşkil eder.

Erich Fromm

Main'de büyür. Düşünceli bir genç adam olarak önce Talmud yazıtlarından etkilenmiştir daha sonra Karl Marx'la sosyalist kurama ve Freud'un psikanalizine dönmüştür. I. Dünya Savaşı sırasında tanık olduğu düşmanlığı anlama ihtiyacı ile hukuk felsefesi ve sosyoloji (doktora seviyesinde) üzerine çalışmış ve sonra da psikanaliz eğitimi almıştır. Naziler 1933'te Almanya'da iktidara gelince Fromm önce İsviçre'ye, daha sonra da New York'a taşınır. Orada psikanaliz kliniği açar ve Columbia Üniversitesi'nde ders verir.

Fromm üç kez evlenir ve 1930'larda Karen Horney'le hatırı sayılır bir ilişki yaşar. 1951'de Amerika'dan Meksika'ya gider ve orada ders vermeye devam eder. 11 yıl sonra ABD'ye dönerek New York Üniversitesi'nde psikiyatri profesörü olur. 79 yaşında İsviçre'de hayatını kaybeder.

Önemli eserleri

1941 *Özgürlük Korkusu*
1947 *Kendini Savunan İnsan*
1956 *Sevme Sanatı*

İYİ BİR YAŞAM BİR DURUM DEĞİL BİR SÜREÇTİR

CARL ROGERS (1902–1987)

KISACA

YAKLAŞIM
İnsan merkezli terapi

ÖNCE
1920'lar Avusturyalı psikanalist Otto Rank, modası geçmiş düşüncelerden, duygulardan ve davranışlardan ayrılmanın psikolojik büyüme ve gelişim için gerekli olduğunu öne sürer.

1950'ler Abraham Maslow, insanların bir semptomlar toplaması olarak değil evvela ve en önemli olarak insan gibi görülmeleri gerektiğini söyler.

SONRA
1960'lar Fritz Perls, insanın gerçek benliğini bulmak için başka insanların beklentilerini dışlaması kavramını popülerleştirir.

2004 Amerikalı hümanist psikolog Clark Moustakas, yaşamın insana özgü bileşenlerini, umudu, sevgiyi, benliği, yaratıcılığı, bireyselliği ve oluşu inceler.

19. ve 20. yüzyıl boyunca psikolojik tedaviye yaklaşımların çoğu zihinsel rahatsızlıkların, tedavi edilmesi gereken patolojik hastalıklar olduğu fikrine dayalıdır. Örneğin popüler psikanalitik kuram akıl sağlıklarıyla ilgili sorunlar yaşayan kişileri "nevrotik" olarak tanımlar. Akıl hastalığı olumsuz bir ışık altında görülür ve dönemin psikolojik uygulamalarının ve kuramlarının çoğu da zihinsel rahatsızlıkların altında yatan nedenler için sistemli açıklamalarla katı tanımlar ve sabit tedavi yöntemleri sunar.

Amerikalı psikolog Carl Rogers, zihinsel sağlığa giden çok daha ezoterik bir yol benimseyerek ve psikoterapi yaklaşımını sonsuza dek değiştirir. Zamanın felsefi düşüncelerini insan yaşamı gibi dinamik bir şey için fazlasıyla biçimlendirilmiş ve katı bulur. Ona göre insanlık da kalın çizgilerle bölünmüş kategorilere sığmak için fazla çeşitlidir.

Akıl sağlığına ulaşmak

Rogers, zihinsel olarak iyi durumda olmayı belirli bir sabit durum gibi görmenin saçma olduğunu; akıl sağlığının bir dizi adım sonunda aniden ulaşılabilecek bir şey olmadığını düşünür. Akıl sağlığı, psikanalistlerin ısrarla söyledikleri gibi biyolojik itkilerle dürtülerin tatmini ile düzelebilecek bir nevrotik gerilim durumunun iyileştirilmesi ile erişilecek bir şey de değildir. Ayrıca davranışçıların tavsiye ettikleri gibi bir iç homeostazı veya dengeyi sağlayıp korumak için tasarlanmış belirli bir programı izleyerek ya da dış dünyanın benlik üzerindeki etkilerini azaltarak varılabilecek bir konum da olamaz.

Rogers yaşamı, anlık ve sürmekte olan bir şey gibi görerek "organizmal yaşamın devam eden süreci"nden bahseder; her anın deneyiminde yaşam vardır.

Rogers için sağlıklı bir benlik kavramı sabit bir kimlik değil, olasılıklara açık, akıcı ve değişen bir varlıktır. Rogers otantik, önceden tanımlanmamış, serbestçe akan ve sınırsız olasılıkları bulunan sağlıklı bir insan yaşamı tanımını benimser. İnsanlar, psikolog Abraham Maslow'un öne sürdüğü gibi, son durağı "uyum sağlamak" veya "gerçekleştirilmek" olan bir yolda yolculuk etmezler. Rogers, gerçekte varoluşun amacının

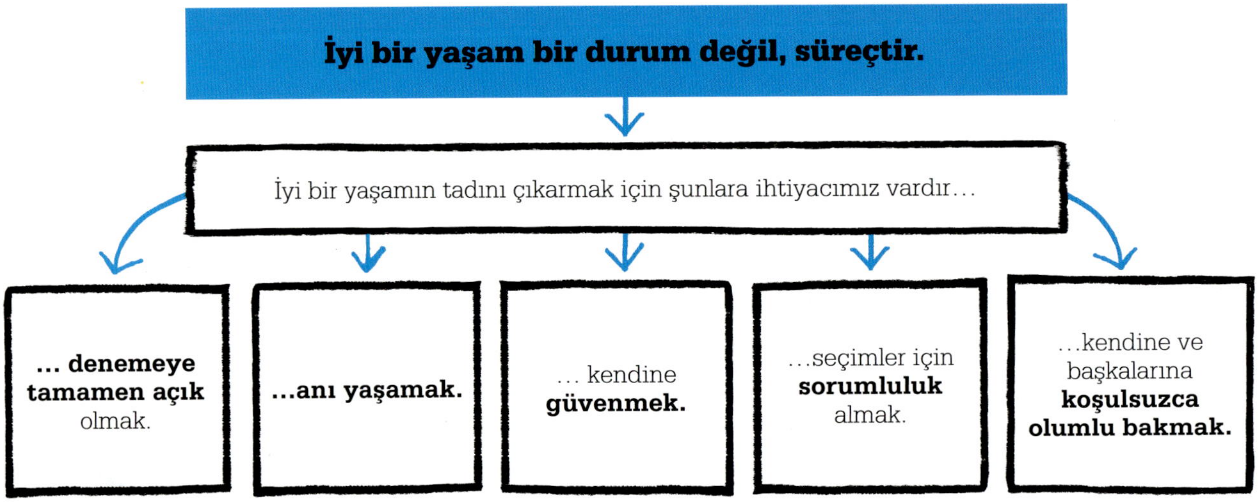

Ayrıca bkz. Fritz Perls 112–17 ▪ Erich Fromm 124–29 ▪ Abraham Maslow 138–39 ▪ Rollo May 141 ▪ Dorothy Rowe 154 ▪ Martin Seligman 200–01

Tek çıkışı olan bir labirentin tersine Rogers, yaşamın olasılıklarla dolu olduğunu ve çok sayıda yol sunduğunu – ama bireylerin genellikle onları görmediğini veya görmek istemediğini ifade eder. "İyi bir hayat" yaşamak için esnek kalmalı, yaşamın getirdiklerine açık olmalı ve onu tam anlamıyla anbean yaşamalıyız.

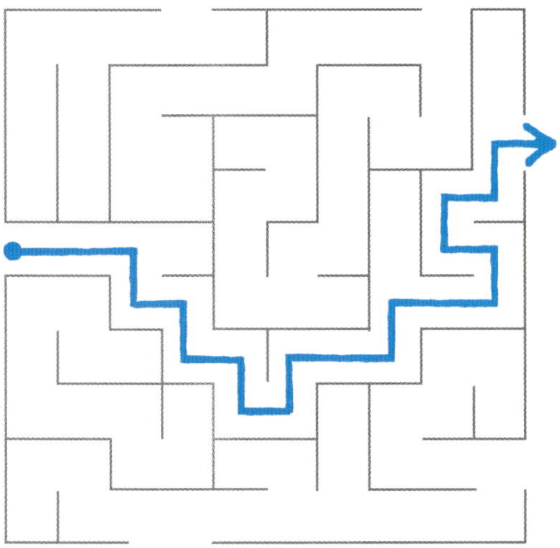

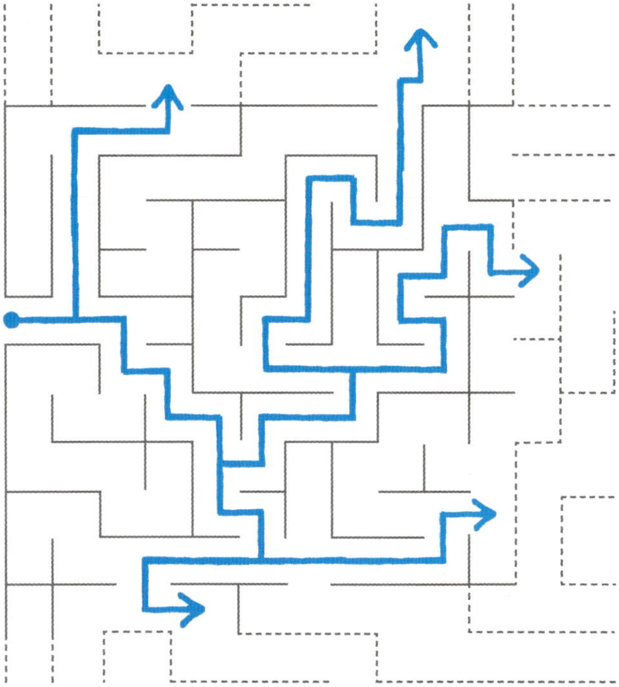

herhangi bir varış noktasına ulaşmak olmadığını, çünkü varoluşun sonu olan bir yolculuktan çok, ölene kadar devam eden ve hep sürüp giden bir gelişme ve keşif süreci olduğunu ileri sürer.

"İyi bir hayat" yaşamak

Rogers, kendi yaklaşımının temellerini benimseyen –tamamen hayatın akışı içinde olan– insanlar tarafından sergilenen bir dizi özellik, tutum ve davranışı "iyi bir hayat" yaşamak olarak tanımlar. Bunun için gereken malzemelerden biri anın içinde bütün olarak kalabilme becerisidir. Benlik ve kişilik yaşantıdan ortaya çıktığı için her anın sunduğu olasılıklara tamamen açık olmak ve yaşantının benliği şekillendirmesine izin vermek hayati önem taşımaktadır. Bireyler sürekli değişen bir çevrede yaşar; buna rağmen insanlar sıklıkla ve kolaylıkla, bu akıcılığı inkâr eder ve yerine her şeyin olması gerektiğini düşündükleri gibi kurgularını yaratırlar. Sonra da kendilerini ve kendi gerçeklik düşüncelerini bu kurgulara sığdırmaya çalışırlar. Bu şekildeki bir varoluş, Rogers'ın varoluşumuzun doğasının gerektirdiğine inandığı akıcı ve değişken benlik yapısı düzenlemesinin tam zıddıdır.

Dünyanın ve içindeki rolümüzün nasıl olduğu ve olması gerektiği ile ilgili önyargılarımız dünyamızın sınırlarını belirler ve şimdide kalarak deneyimlere açık olma becerimizi azaltır. Rogers, iyi bir hayat yaşayıp deneyimlere açık kalmakla kendimizi kapana kısılmış ve takılıp kalmış hissetmekten kurtulacağımız bir varoluş yolu benimsemiş olacağımıza inanır. Rogers'a göre amaç, deneyimlerimizi önyargılı bir benlik duygusu kavramına sığdırmaya çalışmaktansa, deneyimlerimizin kişiliklerimizin inşası için başlangıç noktası olmasıdır. Eğer her şeyi olduğu gibi kabul etmek yerine, nasıl olması gerektiği hakkındaki

> Bir sonraki anda ne olacağım ve ne yapacağım bu andan doğar ve önceden bilinemez.
> **Carl Rogers**

Gelişmekte olan bir ülkede çalışarak zaman geçirmek yeni deneyimlere açılmanın, dünya hakkındaki sabit fikirlere meydan okumanın ve kendimizi daha iyi tanımanın ödüllendirici bir yoludur.

düşüncelerimize saplanıp kalırsak, ihtiyaçlarımızı büyük ihtimalle "uygunsuz" veya mevcuda uymayan şeyler gibi algılarız.

Dünya "bizim istediklerimizi" yapmazsa ve biz de düşüncelerimizi değiştiremezsek savunmacılık biçiminde çatışma doğar. Rogers, savunmacılığı zorluk çıkartabilecek bir uyarıcının bilince girmesini engellemek için bilinçdışı uygulanan stratejilere eğilim olarak açıklar. Önyargılı düşüncelerimize saplanıp kalmak için gerçeği kabul etmeyi reddetmemiz gerekir; bunun için de gerçekte olan biteni ya inkâr eder (engeller) ya da bozarız (yeniden yorumlarız). Böyle yaparak da pek çok potansiyel tepkimizi, duygu ve düşüncemizi inkâr eder, çeşitli seçenekleri yanlış ya da uygunsuz diyerek reddederiz. Gerçekler önyargılarımızla çatıştığında içimizden yükselen savunmacı duygu ve düşünceler, sınırlı, yapay bir yaşantı yorumu yaratırlar. Rogers'ın "organizmal yaşamın devam eden süreci"ne gerçekten katılabilmek için yeni deneyimlere tam anlamıyla açık olmalı ve avunmacılıktan tamamen kurtulmalıyız.

Çok çeşitli duygular

Rogers, çeşitli duygularımızla uyum içinde olmanın bize yaşamımızın her alanında daha derin ve daha zengin bir deneyim sağladığını savunur. Duygularımızı seçerek bloke edebileceğimizi, rahatsız edici duyguları zayıflatabileceğimizi düşünebiliriz ancak bazı duygularımızı bastırdığımızda, kaçınılmaz olarak tüm duygularımızın sesini kısarak doğamızın bütününe erişimi engellemiş oluruz. Öte yandan eğer olumsuz olduğunu düşündüklerimizle birlikte tüm duygularımızla daha rahat hissedersek olumlu duygu akışı güçlü bir biçimde ortaya çıkar; bu acıyı hissetmek için kendimize izin vermemiz gibidir, bunu

> "Benlik ve kişilik, önceden tasarlanmış benlik yapısına uyması için dönüştürülen deneyimden değil, deneyimden doğar."
> **Carl Rogers**

yaparak mutluluğu da daha yoğun hissetmemizi sağlamış oluruz.

Rogers'a göre olup biten her şeye açık kalarak tüm işlevlerimizin en üst derecede çalışmasını sağlarız ve karşılığında, deneyimlerimizden en fazla tatmini alabiliriz. Benliğimizin hiçbir kısmını kapatmak için savunma mekanizmalarımızı çalıştırmayız,

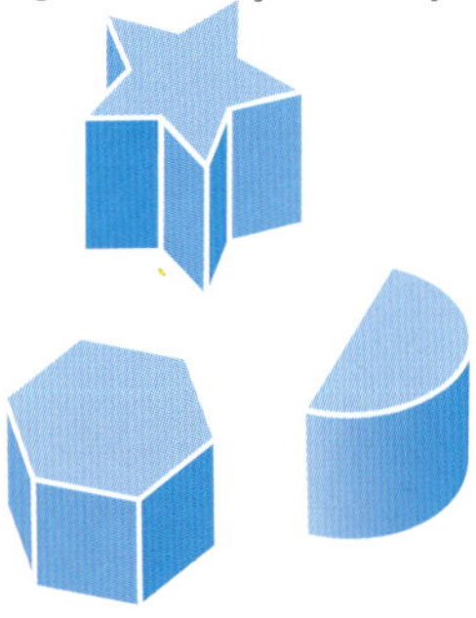

Dünya hakkında sabit bir görüşe sahip olmak mutsuzluğa, "kendimizi yuvarlak bir delikteki kare gibi" hissetmemize neden olabilir; sürekli yaşamımızın beklediğimiz gibi olmadığından yakınırız. Rogers önyargılı fikirlerimizden arınarak dünyayı gerçekte olduğu gibi görmemiz için bizi uyarır.

böylece her şeyi tam anlamıyla yaşamış oluruz. Bir kez zihnimizin önyargılarından kaçınca kendimize yükselmek için izin vermiş oluruz. Deneyimlerimizi dünya görüşümüze uydurmak yerine "yaşamın yapısını keşfederiz".

Rogers bu açıklığın korkaklara göre olmadığını, bireysel bir cesaret düzeyi gerektirdiğini söyler. Hiçbir duygudan korkmamız gerekmediğini, ihtiyacımız olan tek şeyin idrak ve deneyimlerin akışına izin vermek olduğunu öne sürer. Çeşitli deneyimlere gerçek bir erişimle her birimiz otantik benliğimize gerçekten uyan yolu bulabiliriz. Bu, Rogers'ın olmamızı arzu ettiği tam işlevli bireydir. Hepimiz sürekli gelişiriz ve Rogers insanların gittiği yönün –her yöne gidebilme özgürlükleri varken– genellikle en iyi uydukları ve kendilerine en iyi uyan yön olduğuna vurgu yapar.

Koşulsuz kabullenme

Psikoterapi alanında kendisinden önce gelenlerin çoğunun tersine Rogers, insanların özünde, sağlıklı ve iyi olduklarına ve zihinsel ve duygusal iyiliğin insan doğasının normal gelişimi olduğuna inanır. Bu görüşler hastalara tamamen olumlu bir ışık altında, mutlak, koşulsuz bir kabullenmeyle bakan bir yaklaşımın temelleridir. Rogers aynı şeyi hastalarının da yakınlarına ve kendilerine yapmayı öğrenmelerini ister. Şefkate ve her bireyin onay potansiyeline dayanan bu bakış açısı "koşulsuz olumlu bakış" olarak bilinir. Rogers sadece kendi hastalarının değil tüm insanların kendilerini, çevrelerindekileri ve çevrelerini böyle görmeleri gerektiğine inanır.

Koşulsuz olarak kendini ve diğerlerini kabullenme hayati önemdedir ve bunların eksikliği durumunda, insanlar deneyimlere açık olamazlar. Rogers çoğumuzun onayımızı bağışlamadan önce yerine getirilmesini beklediğimiz çok güçlü, keskin, belli koşullarımız olduğunu söyler. Ayrıca insanları oldukları gibi kabul etmek yerine onların değerlerini, başarılarına ve görünüşlerine göre belirleriz.

Aileler, tabaklarındaki tüm sebzeleri bitirdiklerinde ya da sınavlarında iyi not aldıklarında onları ödüllendirerek ve överek ama sadece kendileri oldukları için sevmeyi ihmal ederek, farkında olmadan çocuklarına sadece belli talepleri yerine getirdikleri takdirde sevgi alabileceklerini öğretirler. Rogers bu talepleri "değer koşulları" olarak adlandırır ve insanoğlunun, kişilerin ve olayların rastgele beklentilerimize uymalarını isteme eğiliminin herkese zarar verdiğine inanır.

Bir harekete veya duruma koşullu sevgi –örneğin okulda en yüksek notu almak veya doğru yiyecekleri yemek– çocukların kendilerini değersiz ve onaylanmamış hissetmelerine neden olabilir.

> Ne başka insanların fikirleri ne de kendi fikirlerim, kendi deneyimlerim kadar yetkili değildir.
> **Carl Rogers**

Rogers, başarılara saygı duyulması gerektiğini söyler ancak bunlar, temel bir insan ihtiyacı olan onaylanma için hem ayrı hem ikincildirler ve gerçeklerle olaylar aracılığıyla "kazanılmaları" gerekmez. Rogers, bireyin değerinin sadece varoluşun bir mucizesiyle doğuştan bahşedildiğini söyler. Onayın koşullu olduğu düşünülmemelidir; hepimizin "iyi bir hayat" yaşamasını sağlayacak şey koşulsuz olumlu bakıştır.

İnsanlar kendilerini daha fazla onayladıkça kendilerine daha fazla sabır gösterirler. Onay, yapma, görme ve edinme üzerindeki, bu faaliyetlerin değerimizi belirlediği

> Öznel insanın önemli bir değeri vardır... ne kadar etiketlenmiş ve kontrol edilmiş olsa bile her şeyden önce bir insandır.
> **Carl Rogers**

ile ilgili yanlış inanışla yaşarken inşa ettiğimiz baskıyı da azaltır. Her birimizin, Rogers'ın önemli eseri *Kişi Olmaya Dair*'de söylediği gibi, yapım aşamasında olduğumuzu anlamaya başlarız; aslında hepimiz sürekli bir "olma durumundayız". Buradaki ironi şudur: Kendimizi daha fazla onaylamakla, sağlıksız baskıyı ve devamlı eleştiriyi azaltmakla gerçekten daha üretken hale gelebiliriz.

Kendine güvenmek

Rogers'ın söylediği "iyi hayatı yaşamak" kendimize güvenmeyi öğrenmektir. Kişi açıklığa doğru gittikçe kendine ve içgüdülerine güvenme becerisinin eşzamanlı olarak arttığını ve karar verme yeteneklerine giderek daha rahatlıkla dayanmaya başladığını görecektir. Kendinin hiçbir parçasını baskı altına alma ihtiyacı olmadığı için tüm parçalarını daha iyi kavrama yetisine sahip olacaktır. Bu da onun çok çeşitli perspektifler ve duygulara ulaşmasını sağlayacak, dolayısıyla potansiyelini gerçek anlamda gerçekleştirebilecek seçenekleri daha iyi değerlendirmeye başlayacaktır. Otantik benliğinin hangi yöne doğru gitmek istediğini daha net bir biçimde görebilecek ve gerçekten gereksinimlerine uygun seçimler yapabilecektir. Ne neler yapması gerektiğini düşünmenin ne de toplumun ve ailesinin şartlandırdığı isteklerinin insafına kalmayacak, çok daha kolaylıkla şimdiki anda yaşayacak ve ne istediğinin gerçekten farkında olacaktır. Ve artık kendine güvenebilecektir; Rogers'ın deyişiyle "hata yapmayacağı için değil, tüm eylemlerinin sonuçlarına tamamen açık olacağı ve tatmin edici olmadıklarında onları düzeltebileceği için".

İyi bir hayat yaşarken ayrıca kendi hayatlarımızın sahibi olduğumuz duygusunu hissedecek ve kendi sorumluluğumuzu alacağız – bu da Rogers'ın felsefesinin başka bir ilkesidir ve varoluşçu bakış açısından gelmektedir. Neyi seçtiğimiz veya yaptığımız tamamen bize bağlıdır; ne istediğimizi ve neye ihtiyacımız olduğunu gerçekten tanımladığımızda ve bunu gerçekleştirmek için gereken adımları attığımızda içimizde hiçbir burukluk tortusuna yer olmaz. Aynı zamanda kendi hayatlarımıza gerçekten yatırım yapmanın sorumluluğu da eğilimi de artar. Tıptan nefret eden bir doktorun sadece ailesi, doktorluğun –hem toplum ve hem de kendileri tarafından– kabul ve saygı görmenin yolu olduğunu söylediği için bu mesleği yapıyor olması nadir rastlanan bir durum değildir. Tam tersine, üniversite eğitimini yarıda bırakan veya sınıfta kalanlar arasında en düşük oran, fazla destek görmeyen ama eğitimi için

Carl Rogers

Carl Rogers, ABD'nin Illinois eyaletinin Oak Park şehrinde, katı bir Protestan ailenin çocuğu olarak doğar ve koleje gidene kadar pek az arkadaşı olur. Başlangıçta tarım üzerine yoğunlaşır ancak 1924'te çocukluk aşkı Helen Elliott'la evlendikten sonra teolojik bir seminere kaydını yaptırır ancak sonra oradan çekilerek psikoloji eğitimi almaya başlar. Rogers Ohio, Chicago ve Wisconsin'deki üniversitelerde çalışmış, hasta odaklı terapisini hümanistik psikoloji üzerine inşa etmiştir. United Service Organizations'da (USO) da çalışmış ve II. Dünya Savaşı'ndan dönen ordu personeline terapi hizmeti vermiştir. 1964'de Amerikan Hümanistleri Derneği tarafından "Yılın Hümanisti" seçilmiş ve hayatının son on yılını dünya barışı için çalışmaya adamıştır. 1987'de Nobel Barış Ödülü'ne aday gösterilmiştir.

Önemli eserleri

1942 *Danışmanlık ve Psikoterapi*
1951 *Hasta Odaklı Psikoterapi*
1961 *Kişi Olmaya Dair*

Bir çocuğa bisiklete binmeyi öğretmek ona teşvik ve destek vermeyi gerektirir ama son tahlilde çocuğun cesur olması ve kendine güvenmesi gerekir. Rogers kişi-odaklı terapiyi bu sürece benzetir.

çalışarak para kazanan öğrenciler arasındadır.

İnsanların arzularımızı etkileme yöntemleriyle bizim kendimizi tanımlama yöntemlerimiz çok karmaşık olabilir. Kendimizin değil de başkalarının arzuları doğrultusunda hareket ettiğimizde, içimizin derinliklerinde bir burukluk duygusu kalabilir. Eğer hareketlerimiz dış etkilerden tamamen uzaksa kendimizi daha otantik hissederiz, kendi kaderimizi yaratmanın daha fazla kontrolümüzde olduğunu bilir ve sonuçlardan daha fazla tatmin oluruz.

Kişi odaklı yaklaşım

Rogers'ın felsefesi, 1950'lerde Abraham Maslow ve Rollo May ile kurduğu ve hümanistik psikoloji adı verilen yeni bir yaklaşımın köşe taşı olmuştur. Bu yaklaşım temelde, sağlıklı bir gelişme ve potansiyelini gerçekleştirme yeteneğine dayanan olumlu bir insanlık görüşü üzerine temellenmiştir. Bu, dönemin diğer belli başlı psikolojik terapilerine –her ikisi de bireyin patolojisine ve bunu nasıl onarılacağına odaklanan psikanaliz ve davranışçılığa– ters düşmektedir.

Rogers yaklaşımını başta "hasta-odaklı" olarak adlandırmış sonra "kişi-odaklı"ya çevirmiştir ve bu yaklaşım o zamandan bu yana eğitim, ebeveynlik, iş dünyası ve diğer alanlarda da klinik çalışmalarda olduğu kadar etkili olmuştur. Rogers'ın "yönlendirmeyen terapi" olarak tanımladığı kişi-odaklı terapide terapist, kendini en iyi kendinin tanıdığı inancına dayanarak, hastasının kendi cevaplarını bulmasına yardım eden bir kolaylaştırıcı rolündedir. Kişi-odaklı terapide sorunları ve terapinin gideceği yönü hasta belirler. Örneğin hasta çocukluğuna odaklanmak değil, işyerindeki sorunlarının üstesinden gelmek istiyor olabilir ve terapist onun gerçekten ne tür bir rol almak istediğini bulmasına yardım edebilir. Rogers süreci "destekleyici, ama yapılandırıcı değil" diye tanımlar; hasta destek için terapiste yaslanmamalıdır ama bağımsız olabilmek için benliğinin nasıl yeterli derecede farkına varacağını, kendine nasıl güveneceğini ve iyi bir hayatı nasıl yaşayabileceğini öğrenmeye ihtiyacı vardır.

Rogers'ın mirası

Rogers 20. yüzyılın en etkili psikoterapistlerinden biridir ve kişi odaklı, yönlendirmesiz terapisi psikoterapinin dönüm noktasını belirlemiştir. Rogers, bireyler arasında açık iletişimi teşvik eden 1960'ların grup terapisi felsefesinde de etkili olmuştur. Profesyonel danışmanlığın eğitim ve sosyal hizmetler alanına yayılması da Rogers sayesinde olmuştur ve uluslararası çatışmaları daha etkili iletişim yolunu kullanarak çözme konusundaki öncülerden biridir. ■

> İyi hayat süreci kişinin kendisini yaşamın akışına tamamen bırakması anlamına gelir.
>
> **Carl Rogers**

BİR İNSAN NE OLABİLECEKSE, O OLMALIDIR

ABRAHAM MASLOW (1908–1970)

KISACA

YAKLAŞIM
Hümanistik psikoloji

ÖNCE
1920'ler Alfred Adler, tam davranış ve deneyimlerimizin altında tek bir itki bulunduğunu öne sürer: Kusursuzluğa ulaşma çabası.

1935 Henry Murray kişilik ve motivasyonu ölçen Tematik Algı Testi'ni geliştirmiştir.

SONRA
1950'ler Kurt Goldstein, kendini gerçekleştirmeyi, organizmanın bireysel kapasitesini mümkün olduğu kadar hayata geçirme eğilimi olarak açıklar ve kendini gerçekleştirme itkisinin bireyin yaşamını belirleyen tek itki olduğunu iddia eder.

1974 Fritz Perls, her canlının "doğuştan tek bir amacı bulunğunu, bunun da kendini olduğu gibi gerçekleştirmek olduğunu" söyler.

Kayıtlı tarih boyunca neden burada olduğumuz ve yaşamlarımızın amacı hakkındaki sorular sorulagelmiştir. Bu soruların altında yatan, bizi neyin gerçekten doyuma ulaştıracağını tanımlama ihtiyacı ve bunu nasıl bulacağımız konusundaki karmaşadır. Psikanalistler doğuştan gelen biyolojik güdülerin doyurulmasının doyuma yol açtığını iddia ederlerken davranışçılar da fizyolojik ihtiyaçların yemek, uyku ve seksle karşılanmasının önemini anlatırlar. Ancak 20. yüzyılın başından ortalarına kadar, yeni dalga psikoterapi görüşleri düşüncesi iç doyuma giden yolun çok daha karmaşık olduğuna inanmıştır.

Bu yeni yaklaşımın önemli isimlerinden Abraham Maslow, psikolojide hümanist akımın kurucularından biri olarak kabul edilir. İnsan yaşamını, bizim için en önemli olan konulara bakarak incelemiştir: Aşk, umut, inanç, tinsellik, bireysellik ve varoluş. Kuramlarının en önemli yönlerinden biri de şudur: Birey en yüksek bilinç seviyesine ulaşmak ve potansiyelini en iyi şekilde gerçekleştirmek için yaşamdaki gerçek amacını keşfetmeli ve onun peşinden gitmelidir. Maslow, bu nihai durumu kendini gerçekleştirmek olarak tanımlar.

Kendini gerçekleştirmeye doğru

Maslow, insan motivasyonunun yolunu açıklamak için oldukça kapsamlı bir plan yaratmış, kendini gerçekleştirmeye doğru ilerlerken insanların izlemeleri gereken adımları tanımlamıştır. Genellikle bir piramit olarak çizilen ünlü İhtiyaçlar Hiyerarşisi, tatmin edici bir hayat için, ihtiyaçları en altta en temel ihtiyaçlardan başlayarak yukarıya doğru diğer gerekli basamakları da ekleyerek gruplandırılmıştır.

Maslow'un hiyerarşisi iki ayrı kısma ayrılmıştır: Başlangıçta "yetersizlik ihtiyaçları"nı oluşturan dört basamak bulunmaktadır ve kişinin "gelişim ihtiyaçları" basamaklarının oluşturduğu daha ileri bir entelektüel tatmin evresine geçmeden önce bunları karşılaması gerekmektedir. Yetersizlik ihtiyaçları basit ve temeldir; (yiyecek, içecek ve uyku gibi) fizyolojik gereklililiklerden, (güvenlikte ve tehlikeden uzak olmak gibi) güvenlik ihtiyaçlarından, (başkalarına yakın olma ve onlar tarafından kabullenilme gibi) sevgi ve aidiyet ihtiyaçları ile (hayatta başarıya u-

Ayrıca bkz. Alfred Adler 100–01 ▪ Erich Fromm 124–29 ▪ Carl Rogers 130–37 ▪ Rollo May 141 ▪ Martin Seligman 200–01

İhtiyaçlar Piramidi

Maslow'un ihtiyaçlar piramidi yükseği hedefleyen ama ayakları yere basan başarılı bireyler üzerindeki gözlemlerine dayanır ve bu kişilerin özelliklerini listeler.

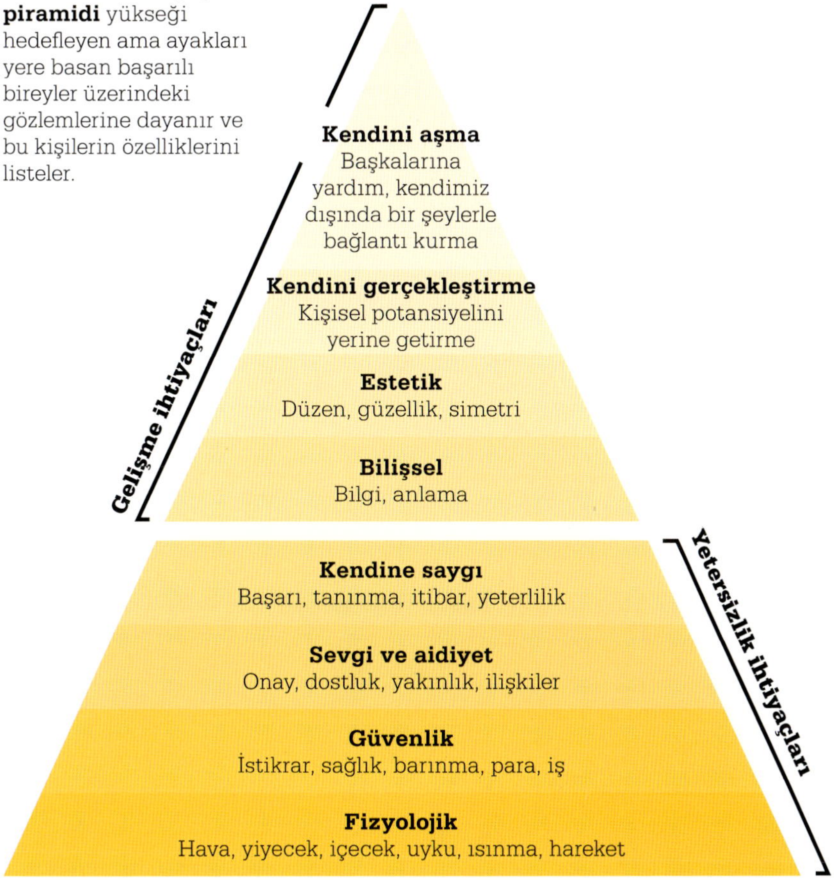

laşma ve tanınma gibi) kendine güven ihtiyaçlarından oluşur. Yüksek basamaklardaki gelişim ihtiyaçları (bilme ve anlamı ihtiyacı gibi) bilişsel, (düzen ve güzellik gibi) estetiktir. Son olarak yaşamın amacını tanımlayan ve yoğun bir ruhsal ve psikolojik tatmine yol açan iki istek, kendini gerçekleştirme ve kendini aşma gelir. Kendini gerçekleştirme kendini tamamlama arzusu, kendini aşma ise benliğin ötesine geçme ihtiyacıdır ve –Tanrı gibi– bizden daha yüksek bir şeye veya başkalarının potansiyellerini yerine getirebilmeleri için yardım etmeye bağlanırlar.

Maslow ayrıca, hepimizin kendimize benzersiz şekilde uyan amaçlara sahip olduğumuzu ve tamamlanma yolunun bir parçasının da bu amacı tanımlamak ve peşinden gitmek olduğunu söyler. Eğer kişi hayatında, kendine en uygun olan bu şeyi yapmıyorsa sürekli huzursuz ve tatminsiz olacaktır. Her birimiz potansiyelimizi keşfetmeli ve onu yerine getirmemizi sağlayacak deneyimleri aramalıyız; çünkü Maslow'un dediği gibi: "Bir insan ne olabilecekse, o olmalıdır". ▪

Abraham Maslow

Abraham Maslow, New York, Brooklyn'de yedi kardeşin en büyüğü olarak doğar. Rusya'dan politik çalkantılar nedeniyle ABD'ye göç etmiş Yahudi bir ailenin oğludur. Ailenin Maslow'dan büyük beklentileri vardır ve onu hukuk eğitimi almaya zorlarlar. Üzerindeki ailevi baskı 1928'de hayatının kontrolünü kendi ellerine alıp psikoloji eğitimi almaya başlamasına kadar sürer. Aynı yıl ailesine karşı çıkarak kuzeni Bertha Goodman'la evlenir ve iki çocukları olur.

Maslow, Wisconsin Üniversitesi'ne gider ve orada maymunlarla yaptığı çalışmalarla tanınan davranışçı psikolog Harry Harlow'un altında çalışır. Daha sonra Columbia Üniversitesi'nde Freud'un eski meslektaşı Alfred Adler'le tanışarak psikanalizde kendisinin rehberi olacak kişiyi bulmuş olur.

Önemli eserleri

1943 *İnsan Motivasyonu İçin Bir Kuram*
1954 *Motivasyon ve Kişilik*
1962 *İnsan Psikolojisi Üzerine*

ACI, BİR ANLAM KAZANDIĞI ANDAN İTİBAREN ACI DEĞİLDİR

VIKTOR FRANKL (1905–1997)

KISACA

YAKLAŞIM
Logoterapi

ÖNCE
MÖ 600-500 Hindistan'da Gautama Buddha, acıya arzuların neden olduğunu ve arzulardan kurtulmakla acının da hafifleyeceğini öğretir.

MÖ 458 Antik Yunanlı oyun yazarı Aiskhylos, "bilgelik yalnızca acıyla gelir" düşüncesini inceler.

SONRA
1950'ler Jean-Paul Sartre gibi varoluşçu Fransız filozoflar hayatlarımızın Tanrı vergisi bir amacı olmadığını, o amacı kendimiz bulmamız gerektiğini söylerler.

2003 Martin Seligman, "tam bir hayat"ın haz, dahil olma (akış) ve anlamı kapsadığını söyler.

2007 Amerikalı psikolog Dan Gilbert, insanların mutluluk hakkında düşünme biçimleri yüzünden mutsuz olduklarını açıklar.

Viyanalı psikiyatr Viktor Frankl, karısı, ağabeyi ve anne babasıyla birlikte 1942'de bir toplama kampına götürüldüğünde intiharı engelleme ve depresyon tedavisi üzerinde çalışmaya başlamıştır bile. Kampta üç yıl kalır ve gruptan tek sağ kalan kişi olarak çıkana kadar orada pek çok dehşete ve kayıplara tanık olur. Bu yaşanmışlıkların ardından *İnsanın Anlam Arayışı* (1946) adlı kitabını yazan Frankl, insanların acı dolu ve olası yıkıcı durumlara dayanabilmelerini ve bunları arkalarında bırakabilmelerini sağlayan iki psikolojik gücü olduğunu anlatır: Bunlar karar verme kapasitesi ve davranış özgürlüğüdür. Frankl, çevremizin ya da olayların insafında olmadığımızı çünkü onların bizi nasıl şekillendireceklerine kendimizin karar verdiğimizi vurgular. Olayları yorumlayışımıza göre acının bile farklı görünebileceğini söyler.

Frankl, ölmüş karısını özleyen bir hastasını buna örnek gösterir. Frankl ona önce kendisi ölseydi nasıl olacağını sorar ve hastası da bunun karısı için çok zor olacağını söyler. Frankl hastasının karısını bu acıdan sakındığına ancak şimdi de kendisinin bu acıyı çekmek zorunda kaldığına işaret eder. Acıya anlam yüklenince dayanılır kılınır; "acı bir anlam kazandığı andan itibaren acı olmaktan çıkar".

Frankl'a göre anlam "icat etmekten çok keşfettiğimiz bir şeydir" ve bunu kendimiz bulmamız gerekir. Bunu, yaşayarak, özellikle sevgi aracılığıyla, bir şeyler yaratarak olayları görmeyi tercih ettiğimiz yolla buluruz. ■

> Bu dünyada başka hiçbir şeyi olmayan biri bile mutluluğu bilebilir.
> **Viktor Frankl**

Ayrıca bkz. Rollo May 141 ▪ Boris Cyrulnik 152–53 ▪ Martin Seligman 200–01

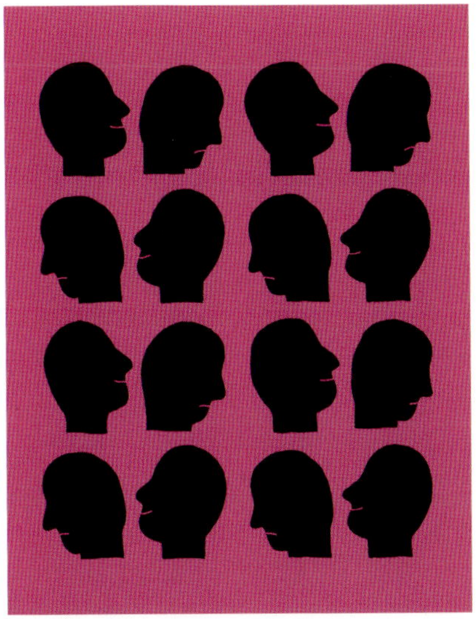

İNSAN ACI ÇEKMEDEN TAM BİR İNSAN OLAMAZ

ROLLO MAY (1909–1994)

KISACA

YAKLAŞIM
Varoluşçu psikoterapi

ÖNCE
1841 Søren Kierkegaard, insanların, varoluşun doğasındaki endişeye karşı sahte bir savunma yapmak için Hıristiyanlık ideolojisini yanlış anladıklarını ve bilimi yanlış kullandıklarını iddia eder.

1942 İsviçreli Doktor Ludwig Binswanger, *Dünyadaki İnsanın Gerçekleşmesi ve Temel Formları*'nda varoluşçu felsefeyi psikoterapiyle birleştirir.

1942 Hümanistik psikolojinin öncüsü Carl Rogers, *Danışmanlık ve Psikoterapi*'yi yayımlar.

SONRA
1980 Irvin Yalom, *Varoluşçu Psikoterapi*'de yaşamın dört temel kaygısını ele alır: Ölüm, özgürlük, varoluşsal yalnızlık ve anlamsızlık.

19. yüzyılın ortalarında Martin Heidegger, Frederick Nietzsche ve Søren Kierkegaard gibi filozoflar sosyal dogmaya karşı çıkar ve insanların yaşamın anlamıyla birleşmek için düşünce yöntemlerini genişletmelerini isterler; bugün bilinen adıyla varoluşçu hareket böyle ortaya çıkar. Özgür irade, kişisel sorumluluk ve yaşamlarımızı nasıl yorumladığımızla ilgili kavramlar hep, temel olarak bir insanın var olmasının ne anlama geldiğini sormak isteyen varoluşçuların ilgi alanına girer.

Psikolog Rollo May'in *Kaygının Anlamı* (1950) adlı kitabı bu insan odaklı felsefi yaklaşımı ilk kez psikolojinin alanına getirmiştir. May, genellikle varoluşçu psikolojinin babası olarak kabul edilir.

Varoluşçu bir yaklaşım

May yaşama, insan deneyimlerinin bir tayfı olarak bakar; acıyı da patolojik bir işaret olarak değil yaşamın normal bir parçası olarak kabul eder. İnsan olarak rahat etmemizi sağlayacak deneyimler aramaya eğilimli olduğumuz aşikârdır. Tanıdık ortamların tadını çıkarır, zihinsel ve fiziksel duyularımızı bir denge ve rahatlık içinde tutan deneyimlerden hoşlanırız. Ancak bu eğilim bizim, deneyimleri getirebilecekleri hazza veya rahatsızlığa bağlı olarak "iyi" veya "kötü" diye yaftalamamıza yol açar. May, aslında bununla kendimize zarar verdiğimizi çünkü böyle yaparak, yaşamın doğal bir parçası olarak kabul ettiğimiz zaman bizi büyük bir ilerleme ve gelişime götürecek olan süreçlere karşı mücadele ettiğimizi söyler.

May, yaşama karşı, rahatsız edici veya nahoş olduğuna karar verilenleri inkâr etmek veya yok saymak yerine tüm deneyim biçimlerini eşit şekilde kabullenen Budist düşünceyi yansıtan bir yaklaşımı benimser. "Olumsuz" duygularımızı engellemek ya da bastırmak yerine kabullenmeliyiz. Frankl, acı çekmenin ve üzüntünün "iyileştirilmesi" gereken patolojik durumlar olmayıp insan yaşamının doğal ve gerekli parçaları, ayrıca psikolojik gelişime yol açtıkları için önemli olduklarını söyler. ■

Ayrıca bkz. Søren Kierkegaard 26–27 ▪ Alfred Adler 100–01 ▪ Carl Rogers 130–37 ▪ Abraham Maslow 138–39 ▪ Viktor Frankl 140 ▪ Boris Cyrulnik 152–53

AKILCI İNANÇLAR, SAĞLIKLI DUYGUSAL SONUÇLAR DOĞURUR

ALBERT ELLIS (1913–2007)

KISACA

YAKLAŞIM
Rasyonel Duygusal Davranış Terapisi

ÖNCE
1927 Alfred Adler, kişinin davranışlarının, düşüncelerinden kaynaklandığını söyler.

1940'lar Gestalt Terapisi hareketi ile gerçekliği yaratmada algının rolü yaygınlaşır.

1950 Karen Horney, "olmalı"ların tiranlığından kaçmamızı önerir.

SONRA
1960'lar Aaron Beck, depresyonun, dünya hakkında gerçekçi olmayan olumsuz görüşlerin sonucu olduğunu söyler.

1980 Amerikalı psikiyatr David Burns bilişsel bozuklukları etiketler: Düşünmeden Sonuca Varmak, Ya Hep ya Hiç Düşüncesi, Her Zaman Haklı Çıkma, Aşırı Genelleme ve Felaket Tellallığı

Antik filozof Epiktetos MÖ 80'de "İnsanlar olaylardan değil, onlara bakış açıları yüzünden rahatsız olurlar," demiştir. Bu ilke, Dr. Albert Ellis tarafından 1955'te geliştirilen ve deneyimlerin belli duygusal tepkilere neden olmayıp tepkiyi kişinin inanç sisteminin ürettiğini öne süren Rasyonel Duygusal Davranış Terapisi'nin (RDDT) temelidir.

1940'lar ve 50'lerde psikanalist olarak çalışan Ellis, hastalarının çoğunun içlerine ve çocukluk dönemlerine ait içgörüye ulaştıkları halde semptomlarının hâlâ yok

Ayrıca bkz Alfred Adler 100–101 ▪ Karen Horney 110 ▪ Erich Fromm 124–29 ▪ Carl Rogers 130–137 ▪ Aaron Beck 174–177 ▪ Martin Seligman 200–201

olmadığını fark eder. Bir sorun çözüldüğünde hasta yerine yenisini koyuyor gibi görünmektedir. Ellis, sorunun kişinin düşünüş biçiminde (kavrayışlarında) yattığına ve bunu değiştirmek için içgörüden fazlasının gerektiğine karar verir.

Yersiz düşünme

Ellis, uzun süreli duygusal problemlerin çoğunun neredeyse her zaman yersiz düşüncelere bağlı olduğuna inanmadığı için çalışma yöntemini Rasyonel Terapi olarak tanımlamaya başlar. Mantıksızlığın en çok ortaya çıktığı durumlar, olaylar hakkında aşırı sonuçlara, özellikle de olumsuz olanlarına varma eğilimidir. Örneğin yersiz düşünen bir kişi işini kaybettiğinde bu onun için sadece talihsiz değil korkunçtur. Kovulduğu için değersiz olduğunu ve bir daha asla iş bulamayacağını düşünür. Ellis yersiz inançları mantıksız, aşırı, zarar verici ve kendi kendine zararlı olarak tanımlar çünkü bunlar sağlıksız duygusal sonuçlara neden olurlar.

Rasyonel düşünme ise tam tersi bir etki yaratır. Ellis rasyonel düşünceyi kendine yardım olarak nitelendirir. Tolerans ve felaket gibi olumsuz sonuçlar düşünmeden üzüntüyü kaldırabilmeye dayanır ve insan potansiyeline olumlu bir inançtan kaynaklanır. Bu, kişinin naif, olumlu inançlar lehine olumsuz faktörlere gözünü kapamasını gerektirmez – rasyonel düşünce, üzüntü, suçluluk ve düş kırıklığı gibi makûl duyguları kabullenir. Rasyonel düşünen biri işinden atılabilir, işini kaybetmesinin nedeni bir hatası da olabilir ama değersiz olmadığını bilir. Kendine kızabilir ama sağduyusuyla bilir ki başka bir iş bulma olasılığı vardır. Rasyonel düşünce dengelidir, iyimserliğe ve olasılıklara yer bırakır, sağlıklı duygusal sonuçlar yaratır.

Ellis'in yersiz düşünceler kavramı Karen Horney'in "olmalı'ların tiranlığı" fikrinden esinlenmiştir – zihnin, bir şeyin (sihirli bir şekilde) olduğundan farklı olması gerektiğine dair düşünceyle meşguliyeti. Bu düşünceleri gerçekle uzlaştırmak

> Bizi insanlar ve olaylar üzmez. Biz onların bizi üzeceklerini düşünerek kendimizi üzeriz.
> **Albert Ellis**

acılı ve bitmeyen bir mücadeledir. Öte yandan rasyonel düşünce kabullenme üzerine odaklanır; bazen olmasını tercih etmeyeceğimiz şeylerin olabileceğini ama bunların hayatın bir parçası olduklarına dair dengeli bir anlayıştır.

Şartlı tepki

İnsanlara ve olaylara verdiğimiz tepkilere o kadar alışmışızdır ki bunlar neredeyse otomatik hale gelmiştir; tepkilerimiz ayrılmaz bir şekilde olayın kendisine bağlıdır. Ancak Ellis insanlara, bir olayın bir duyguya katkı yapabileceğini ancak doğrudan o duyguyu yaratamayacağını öğretmeyi amaçlamıştır. Duygusal tepkilerimiz olan bitene yüklediğimiz anlama bağlıdır, dolayısıyla da rasyonel ya da yersiz düşüncelerle yönetilir.

Adından da anlaşılacağı gibi Rasyonel Duygusal Davranış Terapisi hem duygusal tepkiyi (bilişsel bir süreç) hem de davranışı inceler. İkisi arasındaki ilişki iki yönlüdür: Davranışınızı değiştirerek düşüncenizi değiştirmeniz ve düşüncenizi değiştirerek davranışınızı değiştirmek mümkündür. Ellis, kişinin düşünme biçimini değiştirmenin yersiz düşünceleri fark edip sonra da doğruluklarını tartışarak akılcı düşünceyle onlara meydan okumayı gerektirdiğini öne sürer.

İnançlara meydan okumak

RDDT boyunca bireylerden kendileri ve hayatlarındaki konumları hakkında haksız inançlara sahip olup olmadıklarını düşünmeleri istenir. Bu sürece "doğruluğundan şüphe etme" denir. Örneğin bazı insanlar "Tanıdığım tek güvenilir insan benim" veya

Eğer biri aşkta şanssızlığa uğrarsa üzülür ve reddedilmiş hisseder ancak bu duyguları hissetmekle bunun bir inanç sistemi haline gelmesi arasında fark vardır.

"Bu dünyada hep yalnız olmaya mahkûmum" gibi inançlara sahiptir. Terapide bireyler, kişisel geçmişlerini araştırarak bu inançlarını doğrulayacak kanıtlar bulmaya teşvik edilirler. Pek çok ilişkisi terk edilerek bitmiş olan biri "yalnızlığın kaderi olduğu" veya bir şekilde "sevilemez bir kişi olduğu" aldanmasına kapılmış olabilir. RDDT insanları, kayıpların ve yalnızlığın acısını çekmeleri ve kayba neden olan faktörleri mantıklı biçimde değerlendirmeleri için teşvik eder ama bir-iki örneğin

Albert Ellis

Albert Ellis, ABD'nin Pennsylvania eyaletinde Pittsburgh şehrinde doğar. Babası işi dolayısıyla genellikle uzaklardadır ve annesi manik depresiftir. Ellis, sıklıkla kendinden küçük üç kardeşinin bakımını üstlenir. Kariyerine önce iş dünyasında başlayan Ellis daha sonra yazar olur. Cinsellik üzerine yazdıkları onu 1942'de Columbia Üniversitesi'nde klinik psikoloji eğitimi almaya yönlendirir. Başta psikanaliz üzerine çalışır ve Sigmund Freud, Alfred Adler ve Erich Fromm'dan etkilenir. Ancak Rasyonel Terapisi psikanalitik kuramla çelişir ve onun bilişsel davranışçı terapiye kaymasına bunun neden olduğu düşünülür. ABD'nin en etkili psikologlarından biri olarak kabul edilir. 70'ten fazla kitap yazmış ve 93 yaşındaki ölümüne kadar yazmaya ve ders vermeye devam etmiştir.

Önemli eserleri

1957 *Bir Nevrotikle Yaşamak*
1961 *Akılcı Yaşam Kılavuzu*
1962 *Psikoterapide Akıl ve Duygu*
1998 *İyi Yaşlanma*

bir şeyin her zaman tekrarlanacağının göstergesi ve bu nedenle mutlu olmanın imkânsız olduğu ile ilgili inançlara saplanmalarını engeller.

Yersiz düşünmenin doğasında olan zorluklardan biri de kendini devam ettirme eğilimidir çünkü örneğin "benim başıma hiç iyi bir şey gelmez" düşüncesinde iyi şeylerin olabileceği fırsatları aramaya dair ufacık da olsa bir motivasyon yoktur. Yersiz düşüncenin sahibi iyi bir şey yaşama olasılığını o kadar imkânsız görmektedir ki onu aramaktan bile vazgeçer. Bu, onu olan biten iyi şeylere karşı da körleştirir. Pek çok insan kendini tekrar eden şu inancı ifade eder: "Evet denedim ama iyi şeylerin asla olmayacağını biliyorum." Bu, onların inanç sistemlerini haklı çıkaran ve pekiştiren bir söylemdir.

Yersiz düşünme "siyah-beyazdır"; bireyin olası deneyimleri fark etmesini imkânsız kılar. Durumları her zaman olumsuz yorumlamamıza neden olan ve alternatif olumlu deneyim olasılıklarını da engelleyen hatalı bir inanç sistemidir. Genellikle "görmek bilmektir" gibi görünse de gerçekte inandığımızı görürüz.

Konstrüktüvist kuram

RDDT, tercihlerimizde yetiştirilme tarzımız ve kültürümüzün etkisi olsa da inançlarımızı ve gerçekliğimizi kendimizin inşa ettiğimizi öne süren konstrüktüvist bir kuramdır. Ellis'e göre bu yöntemle yapılan terapi insanların katı ve mutlak düşüncelerini, duygularını ve eylemlerini ortaya çıkarmaya çalışır ve kendilerini nasıl "rahatsız etmeyi" seçtiklerini görmelerine yardımcı olur. Nasıl daha sağlıklı düşünme yolları bulabileceğimizi, daha yeni ve yararlı inançları nasıl içselleştirip alışkanlık haline getireceğimizi gösterir. Böyle yaparak terapist işe yaramaz hale gelir – hasta bir kez karar alma noktalarında kendinin farkına varıp bilinçli (ve çoğunlukla farklı) seçimler yapmaya başlayınca terapiste artık gerek kalmaz.

Aktif bir terapi

Albert Ellis'in kuramları psikanalizin ağır ilerleyen metodolojisine meydan okumuş ve bugün de popüler olan bilişsel davranışsal terapinin ilk biçimini yaratmıştır. Aktif ve yönlendirici bir terapisttir ve uzun vadeli, pasif psikanalizin yerine –ön fikri Carl Rogers tarafından verilen yaklaşımla– çözüm için çalışmayı ve gücü doğrudan hastanın ellerine teslim etmiştir. Ayrıca kuramlaştırmanın yeterli olmadığını vurgulamış, "Kuram eylemle, eylemle, eylemle desteklenmeli," demiştir. RDDT 1970'lerin ve 80'lerin en popüler terapi yöntemlerinden biri olmuş ve Ellis'i "araştırmacı, devrimci, terapist, kuramcı ve öğretmen" olarak tanımlayan Aaron Beck'in çalışmalarına ilham kaynağı olmuştur. ■

> Hayatınızın en iyi yılları sorunların kendinizin olduğuna kakar verdiğiniz yıllardır. Kendi kaderinizi kendinizin kontrol ettiğini fark edersiniz.
>
> **Albert Ellis**

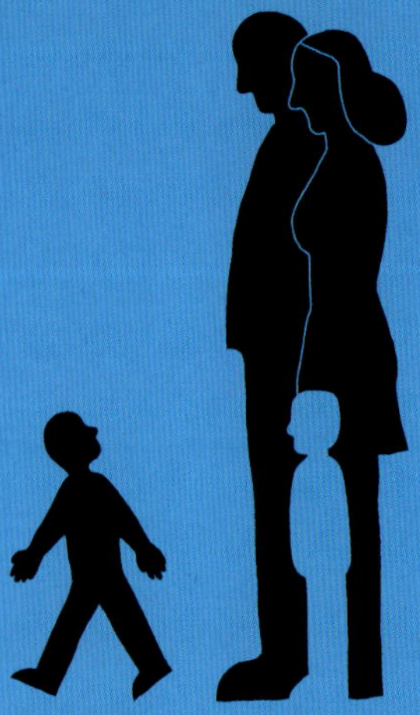

AİLE, İNSANLARIN YAPILDIĞI "FABRİKA"DIR

VIRGINIA SATIR (1916–1988)

KISACA

YAKLAŞIM
Aile terapisi

ÖNCE
1942 Carl Rogers, *Danışmanlık ve Psikoterapi*'yi yayımlayarak akıl sağlığı tedavisinde saygı ve yargısız yaklaşımın rolünü vurgular.

SONRA
1953 ABD'li psikiyatr Harry Stack Sullivan, insanların çevrelerinin ürünü olduğunu öne süren *Psikiyatrinin Kişilerarası İlişkiler Kuramı*'nı yayımlar.

1965 Arjantin doğumlu psikiyatr Salvador Minuchin, Philadelphia Child Guidance Clinic'te aile terapisini gündeme getirir.

1980 İtalyan psikiyatr Mara Selvini Palazzoli ve meslektaşları aile terapisine "Milano sistemleri" yaklaşımları hakkındaki makalelerini yayımlarlar.

Ailemizin üyelerine belli şekillerde **davranmayı öğreniriz.**

↓

Bu davranışlar, özellikle baskı altındayken benimsediğimiz **bir rolü** biçimlendirirler.

↓

Bu rol, **otantik benliğimizi ezer** ve bizimle birlikte yetişkinliğe taşınır.

↓

Aile, insanların yapıldığı "fabrika"dır.

Kişinin "çekirdek ailesinde" (içinde büyüdüğü aile) üstlendiği rol, yetişkinin büyüyeceği bir tohum gibidir. Amerikalı psikolog Virginia Satir, kişiliğin oluşmasında ilk ailenin önemini fark eder ve sağlıklı, işlevsel bir aile ile işlevsiz bir aile arasındaki farklılıklar üzerinde çalışır. Özellikle de aile üyeleri arasındaki sağlıklı dinamiklerin eksik olduğu durumları telafi etmek için insanların benimsemeye meyilli oldukları roller üzerinde durur.

Sağlıklı bir aile hayatında açık ve karşılıklı duygusal bağlar ve herkesin birbirine olan sevgisinin ve olumlu bakışının tezahürleri göze çarpar. Satir, şefkatli, anaç ilişkilerin iyi ayarlanmış psişeler geliştirmedeki gücünü öncülü terapistlerden çok daha fazla vurgulamıştır.

Rol yapma

Satir, aile üyelerinin duygularını ve sevgilerini açıkça ifade etme konusunda sıkıntı yaşadıkları zaman otantik kimliklerin yerine kişilik "rollerinin" ortaya çıktığını söyler. Özellikle de stresli dönemlerde aile üyelerinin en sıklıkla benimsedikleri beş rolü

Ayrıca bkz. Carl Rogers 130–37 ▪ Lev Vygotsky 270 ▪ Bruno Bettelheim 271

Beş Aile Rolü

Dikkat Dağıtıcı — Hesaplayıcı — Dengeleyici — Suçlayıcı — Yatıştırıcı

Satir'e göre beş ayrı kişilik rolü, zor duygusal sorunları kapatmak için aile üyeleri tarafından sıklıkla oynanır..

tanımlar. Bunlar: sürekli hata bulan ve eleştiren aile üyesi ("suçlayıcı"); sevgisiz entelektüel ("hesaplayıcı"); dikkati duygusal sorunlardan uzaklaştırmak için her şeyi karıştıran ("dikkat dağıtıcı"); özür dileyen, (yatıştırıcı) ve açık, dürüst ve doğrudan iletişim kuran (dengeleyici) olarak sıralanır.

Sadece dengeleyiciler, iç duygularını ailenin diğer üyeleriyle olan iletişimlerine uydurarak sağlıklı, uyumlu bir konumu sürdürürler. Diğerleri ise zayıf özgüvenleri yüzünden gerçek duygularını göstermekten ya da paylaşmaktan korktukları için çeşitli roller benimserler. Yatıştırıcılar onaylanmamaktan korkarlar; suçlayıcılar değersizlik duygularını gizlemek için başkalarına saldırırlar; hesaplayıcılar, duygularını itiraf etmekten kurtulmak için zekâlarına yaslanırlar; dikkat dağıtıcılar – genellikle ailenin en küçükleridirler– sadece sevimli ve zararsız olurlarsa sevileceklerine inanırlar.

Benimsenen bu roller ailenin işlemesini sağlayabilir ama her bireyin otantik benliğini ezer. Satir, çocuklar ya da yetişkinler olarak bu sahte kimlikleri bir yana bırakmak için özdeğerimizi doğuştan gelen bir hak olarak kabul etmemiz gerektiğine inanır. Ancak o zaman gerçekten tatmin edici bir varoluşa doğru hareket edebiliriz. Bu da dosdoğru, apaçık ve dürüst bir iletişime bağlı kalmakla başlar.

Temel, olumlu, duygusal bağlantılar ihtiyacı Satir'in öncü eserlerinin köklerinde yatmaktadır. O, işlevsiz her aile için sevgi ve onayın potansiyel iyileştirici güçler olduğuna inanır. Hastalarıyla yakın, şefkatli ilişkiler geliştirerek onları, benimsemeye teşvik ettiği dinamikleri taklit eder. ▪

> Aileyi iyileştirmeyi bildiğim için dünyayı iyileştirmeyi de biliyorum
> **Virginia Satir**

Virginia Satir

Virginia Satir, ABD'de, Wisconsin'de bir çiftlikte doğar ve altı yaşındayken "anne-babaların dedektifi" olmak istediğini söylediği rivayet edilir. Bir hastalığa bağlı olarak iki yıl süreyle işitme kabiliyetini yitirmesi ona sözsüz iletişim becerisi ve insan davranışlarının perde arkasını anlaması için bir duyarlılık kazandırır. Babası bir alkoliktir ve çocukluğu boyunca etrafında dönen duygu dinamiklerinin farkına varır.

Satir, öğretmenlik eğitimi alır, ancak çocuklardaki özgüven sorunlarına olan ilgisi onun sosyal hizmetler konusunda yüksek lisans yapmasına neden olur. ABD'deki ilk resmi aile terapisi eğitim programını kurar. "Satir modeli" günümüzde de hâlâ kişisel ve örgüt psikolojisinde etkisini korumaktadır.

Önemli eserleri

1964 *Birleşik Aile Terapisi*
1972 *İnsan Yaratmak*

RAHAT YAŞA, HAYALLERE DAL, SORUMLULUKLARDAN KURTUL

TIMOTHY LEARY (1920–1996)

KISACA

YAKLAŞIM
Deneysel psikoloji

ÖNCE
1890'lar William James, benliğin dört katmanı olduğunu söyler: Biyolojik, materyal, sosyal ve ruhsal.

1956 Abraham Maslow, kendini gerçekleştirme yolunda "zirve deneyimlerin" önemini vurgular.

SONRA
1960'lar İngiliz psikiyatr Humphry Osmond uyuşturucu LSD ve meskalinin duygusal etkilerini tarif etmek için "psikedelik" terimini kullanır.

1962 Amerikalı psikiyatr ve teolog Walter Pahnke, "Paskalyadan Önceki Cuma Deneyi"nde psikedelik uyuşturucuların dini deneyimleri derinleştirip derinleştirmediğini test eder.

1972 Amerikalı psikolog Robert E. Ornstein, *Bilinç Psikolojisi*'nde sadece kişisel deneyimin bilinçdışını kilitleyebileceğini savunur.

Timothy Leary, dönemle özdeşleşmiş ünlü sözü "rahat yaşa, hayallere dal, sorumluluklardan kurtul"la 1960'ların karşı kültürünün ikonik figürlerinden biri olmuş Amerikalı bir psikologdur.

Ancak Leary'nin yapmamızı istediği üç şeyin sırası biraz farklıdır. Toplumların siyasetle kirlendiğini düşünerek, gerçek bireyler tarafından ihtiyaç duyulan anlam derinliğine izin vermeyen steril, genel topluluklar icat etmiştir. Yapmamızı düşündüğü ilk şey "sorumluluklardan kurtulmak"tır. Bununla, kendimizi yapay bağlantılardan kurtarmamız, düşüncede ve hareketlerimizde kendimize yaslanmamız gerektiğini vurgulamıştır. Ne yazık ki "sorumluluklardan kurtul", yanlış biçimde insanları üretkenlikten alıkoymak olarak yorumlanmıştır.

Leary, "hayallere dalmamızı" ya da bilinçdışımızı araştırmamızı ve "sizi Tanrı'nın tapınağına, kendi bedeninize döndürecek bir kutsal varlık bulmanızı" söyler. Bu, deney ve bilincin çoğu düzeyinin yanı sıra gerçekliğin daha derin katmanlarını inceleme talimatıdır. Bunu yapmak için tek yol uyuşturuculardır ve bir Harvard profesörü olan Leary halüsinojenik uyuşturucu LSD ile deneyler yapmaya başlamıştır.

"Rahat yaşa," derken Leary bizden topluma yeni bir vizyonla dönmemizi, dönüşümümüzü yansıtan yeni davranış modelleri aramamızı ve yeni bulduğumuz bu yöntemleri başkalarına öğretmemizi istemektedir. ▪

1960'ların psikedelik hareketi
Leary'nin gerçek duygu ve ihtiyaçlarımızı ortaya çıkarmak için bilinçdışını inceleyerek daha iyi, daha tatmin edici bir toplum yaratma çağrısından etkilenmiştir.

Ayrıca bkz. William James 38–45 ▪ Abraham Maslow 138–39

İÇGÖRÜ KÖRLÜĞE SEBEP OLABİLİR

PAUL WATZLAWICK (1921–2007)

KISACA

YAKLAŞIM
Kısa terapi

ÖNCE
1880'ler İçgörü odaklı terapi olarak da bilinen psikodinamik terapi ortaya çıkar. Bu süreç, kişinin mevcut davranışlarında görünen bilinçdışı süreçlere odaklanmaktadır.

1938 B.F. Skinner, düşüncenin, algının ya da başka bir gözlemlenemeyen duygusal faaliyetin belli bir davranış modelini tetikleyebileceğini kabul etmeyen "radikal" davranışçılığı tanıtır.

SONRA
1958 Amerikalı psikiyatr Leopold Bellak, bir kısa terapi kliniği açar; burada terapiler en fazla beş seansla kısıtlanmaktadır.

1974 Amerikalı psikoterapist Jay Haley, *Sıradışı Terapi*'de Milton Erickson'ın kısa terapi tekniklerini tanımlar.

Psikoterapi, genellikle ağırlıklı olarak hastaların kendilerini, tarihçelerini ve davranışlarını anlamalarına dayanır. Bu, duygusal acıları karşılamak ve davranışları değiştirmek için duygusal modellerimizin nereden kaynaklandığını anlamamız gerektiği inancını baz alır. Avusturya-Amerikalı psikolog Paul Watzlawick, bu süreci "içgörü" olarak tarif eder. Örneğin sevgilisi tarafından terk edilen bir erkek anormal şekilde uzun bir süre acı çekiyorsa, terk edilmeyle ilgili derin sorunları olduğunu fark edebilir çünkü annesi onu çocukken bırakıp gitmiştir. Ancak bir grup terapist duygusal acıları karşılamak için içgörünün gereksiz olabileceği sonucuna varmışlardır ve Watzlawick gibi bazıları da bunun hastayı daha da kötüleştirebileceğini iddia etmiştir.

Watzlawick, benliğini derinlemesine anlayarak değişen birinin olduğu tek bir vaka bile görmediğini söylemiştir. Geçmiş olayların mevcut sorunlara ışık tutmaya yardımcı olacağına dair inanç çizgisel bir neden-sonuç ilişkisi görüşüne dayanır. Watzlawick, insanların tekrar tekrar aynı hareketlere dönmeye eğilimli olduklarını gösteren insan davranışının dairesel nedensellik fikrini benimser.

Watzlawick, içgörünün, hem gerçek soruna hem de potansiyel çözüme karşı körlüğe bile neden olabileceğini ileri sürer. Sonuca daha hızlı ulaşmak için belli sorunları doğrudan hedefleyen ve ele alan kısa terapi yaklaşımını destekler. Ancak aynı zamanda herhangi bir terapinin başarılı olması için hastayla destekleyici bir ilişki sunulması gerektiğini düşünür. ▪

> Herkes mutlu olabilir ama birini mutlu etmenin öğrenilmesi gerekir.
> **Paul Watzlawick**

Ayrıca bkz. B.F. Skinner 78–85 ▪ Elizabeth Loftus 202–07 ▪ Milton Erickson 336

DELİLİĞİN MUTLAKA BİR ÇÖKÜNTÜ DURUMU OLMASI GEREKMEZ. AYNI ZAMANDA BİR DÖNÜM NOKTASI DA OLABİLİR

R.D. LAING (1927–1989)

KISACA

YAKLAŞIM
Anti-psikiyatri

ÖNCE
1908 İsviçreli psikiyatr Eugen Bleuler, zihinsel işlevlerin bölünmesine "şizofreni" adını verir.

1911 Sigmund Freud, şizofreninin, psikanalizle tedavi edilememesine rağmen tamamen psikolojik olduğunu öne sürer.

1943 Fransız filozof Jean-Paul Sartre, gerçek benlikle sahte benlik arasındaki ayrımı tanımlar.

1956 İngiliz sosyalbilimci Gregory Bateson, tüm potansiyel çözümlerin olumsuz sonuçlara neden olduğu duygusal bakımdan ıstırap verici bir çelişki olan "çifte açmaz"ı tanımlar.

SONRA
1978 CT beyin taramaları kronik şizofrenlerle şizofren olmayanlar arasındaki fiziksel farklılıkları ortaya çıkarır.

Akıl hastalığı **biyolojik değildir; zor sosyal etkileşimler** yoluyla gelişir.

Psikoz geçerli ve anlaşılabilir bir **üzüntü ifadesidir.**

Psikiyatri akıl hastalığını, sosyal normlara **uymadığı** için damgalar.

Akıl hastalığı **katartik ve dönüştürücü** bir deneyim olarak değerlendirilmelidir.

Delilik tamamen bir çöküntü durumu olmayabilir. Bir dönüm noktası da olabilir.

19. yüzyılın sonlarında akıl hastalıklarının, normal insanların psikolojik acılar çekmelerinden tür bakımından değil, derece bakımından farklı olduğu fikri kabul görmeye başlamıştır. Sigmund Freud, nevroz ve normalliğin aynı ölçeğin parçaları olduğunu ve kötü koşullarda, herkesin zihinsel rahatsızlığa teslim olabileceğini söyler. R.D. Laing, işte bu bağlamdan yeni bir kültürel eğilimin seçkin bir ikonu olarak ortaya çıkmıştır.

Biyoloji ve davranış

Freud gibi Laing de psikiyatrinin temel değerlerine karşı çıkar, akıl hastalıklarına biyolojik bir olgu olarak yaklaşmasını reddeder ve sosyal, kültürel ve ailevi etkilerin

Ayrıca bkz. Emil Kraepelin 31 ▪ Sigmund Freud 92–99 ▪ David Rosenhan 328–29

kişisel yaşantıları şekillendirmedeki öneminin altını çizer. Akıl hastalıklarının acı gerçeğini hiçbir zaman inkâr etmemekle birlikte, görüşleri onaylanmış tıbbi temellerle ve psikiyatri uygulamalarıyla taban tabana zıttır.

Laing'in çalışmaları, zihinsel rahatsızlıkları teşhiste kullanılan, kabul görmüş sürecin geleneksel tıbbi modelleri izlemediğini söyleyerek psikiyatrik teşhislerin geçerliliğini sorgular. Doktorlar fiziksel hastalıkları teşhis için incelemeler ve testler uygularken psikiyatrik teşhis davranışlara dayandırılmaktadır. Laing'e göre asıl sorun akıl hastalıklarının davranışla teşhisinde olduğu kadar tedavilerinin biyolojik temelde ilaçlarla yapılmasındadır. Eğer bir teşhis davranışları temel alıyorsa tedavi de öyle olmalıdır. Laing, ilaçların düşünme yeteneğini aksattığını ve sonuç olarak gerçek iyileşmenin doğal sürecine müdahale ettiğini savunur.

Shakespeare'in *Kral Lear*'ı zor koşulların delirttiği bir adamın ikonik örneğidir. Laing'in görüşüne göre Lear'ın deliliği doğal, sağlıklı durumuna dönme girişimidir.

Şizofreniye yaklaşım

Laing'in asıl çalışması şizofreninin –psikolojik işleyişte şiddetli bozulmalarla kendini gösteren ciddi akıl hastalığı– anlaşılması, tedavisi ve sıradan insanlara anlatılması üzerinedir. Laing şizofreninin doğuştan olmadığını ama yaşanamaz durumlara anlaşılabilir bir tepki olduğunu söyler. Sosyalbilimci Gregory Bateson'ın, kişinin çelişkili beklentilerle yüzleştiği bir durumda kaldığı ve her eylemin olumsuz sonuçlanıp aşırı zihinsel bozukluğa yol açacağı "çifte açmaz" kuramını uyarlamıştır.

Bir dönüm noktası olarak hastalık

Laing devrimci bir görüşle şizofrenlerin anormal davranışlarını ve karmaşık konuşmalarını endişenin geçerli ifadeleri olarak görmüştür. Ona göre psikotik vakalar endişeleri iletme girişimleridir ve önemli kişisel içgörülere yol açabilecek katartik ve dönüştürücü deneyimler olarak görülmelidirler. Laing, bu ifadelerin anlaşılması zor olduğunu kabul eder fakat bunu sadece içeriden anlamlı olan kişisel sembolizm diliyle sarılmış olmalarıyla açıklar. Laing'in ilaçsız psikoterapisi hastanın sembolizmini ilgili ve empatik bir yaklaşımla dinleyerek anlaşılır kılmayı dener. Bu da insanların doğal durumlarında sağlıklı olduklarını ve akıl hastalığı olarak adlandırılan rahatsızlıkların o duruma geri dönüş girişimi olduğuna dair inanca dayanmaktadır. ■

R.D. Laing

R.D. Laing, İskoçya, Glasgow'da doğar. Glasgow Üniversitesi'nde tıp eğitimi alır ve İngiliz Ordusu'nda psikiyatr olarak görev alır, zihinsel sıkıntıları olanlarla çalışmaya ilgi duyar. Daha sonra Londra'da, Tavistock Clinic'te eğitim alır. 1965'te bir grup meslektaşıyla birlikte Philadelphia Derneği'ni kurar ve Londra'da Kingsley Hall'de hastalarla terapistlerin birlikte yaşadıkları radikal bir psikiyatri projesi başlatır.

Daha sonra yaşamındaki dengesiz davranışları ve spiritüel takıntıları yüzünden Laing'in ünü azalmıştır. Geleneksel tıbbi tedaviye elverişli bir alternatif geliştirmeyi başaramadığı için düşünceleri egemen psikiyatri çevrelerince genel olarak kabul görmemiştir. Buna rağmen özellikle aile terapisi konusunda anti-psikiyatr hareketine katkıları kalıcı bir etki bırakmıştır. 1989'da kalp krizi yüzünden hayatını kaybetmiştir.

Önemli eserleri

1960 *Bölünmüş Benlik*
1961 *Benlik ve Diğerleri*
1964 *Akıl Sağlığı, Delilik ve Aile*
1967 *Yaşamın Politikası*

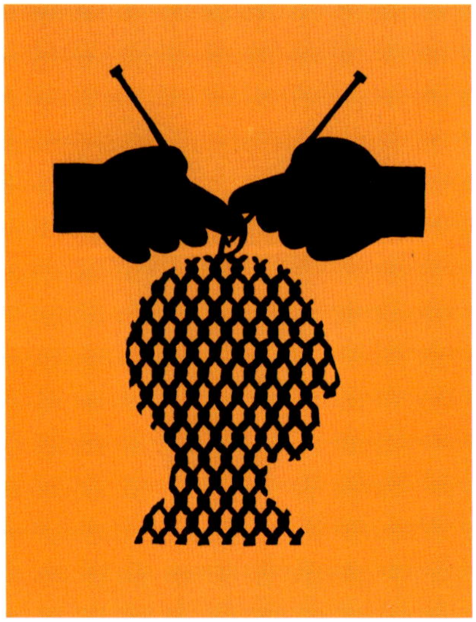

GEÇMİŞİMİZ KADERİMİZİ BELİRLEMEZ

BORIS CYRULNIK (1937–)

KISACA

YAKLAŞIM
Pozitif psikoloji

ÖNCE
1920'ler Freud, erken travmanın çocuğun beynini olumsuz etkilediğini ve herhangi bir genetik, sosyal veya psikolojik direnç faktörüne baskın geldiğini söyler.

1955–95 Psikolog Emmy Werner tarafından yapılan uzun vadeli bir çalışmada travmalı çocuklar yetişkinliklerine kadar izlenir ve nüfusun üçte birinin toparlanmaya eğilimli oldukları sonucuna varılır.

1988 John Bowlby, toparlanma üzerine bir araştırma yapılmasını ister.

SONRA
2007 İngiliz devleti okullarda UK dirençlilik programını başlatır.

2012 Amerikan Psikoloji Derneği, psikolojik dirençlilik üzerine özel bir görev gücü oluşturur.

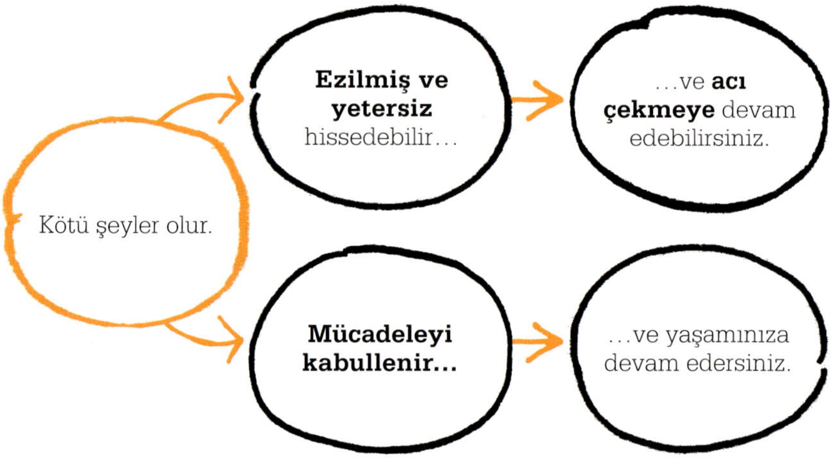

Trajik bir olay karşısında bazı insanlar yıkılır. Başa çıkma mekanizmalarını yardıma çağıramadan derin bir depresyona veya bunalıma girerler, bazen umutlarını ve hatta yaşama isteklerini kaybederler. Tamamen başlarına gelen felaketle meşgul olurlar; kâbuslar görmeye, geridönüşler ve kaygı atakları yaşamaya başlarlar. Ancak başka bir grup insan da sadece yaşamlarındaki iniş çıkışlarla değil, aynı zamanda potansiyel olarak ezici kayıp ve travmalarla da başa çıkabilirler. Depresyona girmek ve mücadele güçlerini yitirmek yerine acı verici koşulların bir şekilde üstesinden gelip devam edebilirler.

Boris Cyrulnik, tepkilerdeki bu farklılıkla ilgilenmiştir. Neden bazı insanların bu kadar derinden etkilendiklerini, bazılarınınsa "kendilerini toparlayabildiklerini" bulmak için tüm kariyerini psikolojik toparlanmayı incelemeye adamıştır.

Cyrulnik, toparlanmanın, insanda doğuştan var olmadığını, kişinin doğal bir süreç içinde bunu inşa ettiğini bulur ve bunu şöyle anlatır: "Çocuğun tek başına bir dirençliliği yoktur... bu, bir etkileşim, bir ilişkidir." Direncimizi ilişkiler

Ayrıca bkz. Sigmund Freud 92–99 ▪ John Bowlby 274–77 ▪ Charlotte Bühler 336 ▪ George Kelly 337 ▪ Jerome Kagan 339

Tsunamiler gibi felaketlerden sonra psikologlar, insanların zor durumların üstesinden gelme kararlılığı gösteren dirençlilerle nitelenen dirençli toplulukların oluştuğuna tanıklık etmişlerdir.

geliştirerek inşa ederiz. Konuştuklarımız ve doğan duygular aracılığıyla kendimizi sürekli diğer insanlarla ve karşılaştığımız durumlarla "öreriz". Bir "ilmeği" kaçırırsak hayatımızın söküleceğini sanırız. Aslında "sadece bir ilmek bile kalmış olsa her şeye yeniden başlayabiliriz".

Olumlu duygular ve mizah, toparlanmada en önemli faktörlerdir. Cyrulnik'in araştırması hayatın zorlukları veya travmalarla baş etmede daha iyi olan insanların zorluklarda bir anlam bulabildiklerini ve bunları yararlı ve aydınlatıcı olarak gördüklerini, hatta bunlara gülebildiklerini göstermiştir. Dirençli insanlar mevcut durum ne kadar acılı olursa olsun, olayların gelecekte iyiye gideceğini görebilirler.

Mücadeleyle yüzleşmek

Önceleri dirençli insanların fazla duygusal olmadığı düşünülmüştür ancak Cyrulnik, acının dirençli insanlar için de diğerleri kadar etkili olduğuna inanır, aradaki tek fark onların bunu nasıl kullanmayı seçtikleridir. Acı devam edebilir, hatta ömür boyu sürebilir ama bu insanlar için acı, yüzleşmeyi tercih ettikleri bir mücadele doğurur. Zorluk, olanların üstesinden gelmek, onun tarafından yenilmek yerine bu deneyimle direnç kazanmak ve bu direnci cüretkâr bir şekilde ileriye doğru hareket etmek için kullanmaktır. Doğru destek verildiğinde çocuklar travmalarını iyileştirme konusunda özellikle yeteneklidirler. Cyrulnik insan beyninin işlenebilir olduğunu, eğer izin verilirse iyileştirilebileceğini göstermiştir. Travma geçirmiş bir çocuğun beyin zarı ve odacıkları büzüşme gösterir ancak çocuğa travma sonrasında yeterli destek ve sevgi verildiğinde MRI görüntüleri, beynin bir yıl içinde eski haline geri dönebildiğini kanıtlamaktadır.

Cyrulnik, travma geçiren çocukları damgalamamanın önemini vurgular. Travma iki şeyden oluşur: Hasar ve hasarın temsili. Çocuklar için en zararlı travma sonrası deneyim, yetişkinlerin olay hakkındaki aşağılayıcı yorumlarını duymaktır. Cyrulnik etiketlerin deneyimden daha zararlı ve ezici olduğunu söyler. ▪

> Dirençlilik, kişinin korkunç sorunlar karşısındaki büyüme kabiliyetidir.
> **Boris Cyrulnik**

Boris Cyrulnik

Boris Cyrulnik, II. Dünya Savaşı'nın başlamasından kısa süre sonra Fransa'nın Bordeaux şehrinde Yahudi bir ailenin oğlu olarak doğar. 1944'te Vichy rejimi Almanya'yla işbirliği yaparak işgal edilmeyen Güney Fransa'yı kontrol altına aldığında evi baskına uğrar ve ailesi Auschwitz'e gönderilir. Ebeveynleri güvenliği için onu çoktan bir aileye evlatlık vermişlerdir ancak bu kişiler birkaç gün sonra küçük bir ödül karşılığında onu yetkililere teslim ederler. Bir toplama kampına gönderilmeyi beklerken kaçmayı başarır ve on yaşında bakım altına alınıncaya kadar çiftliklerde çalışır. Hiçbir akrabasının kalmadığı Fransa'da büyür. Büyük ölçüde kendi kendini yetiştiren Cyrulnik, sonunda Paris Üniversitesi'nde tıp eğitimi alır. Yaşamını yeniden değerlendirmek istediğini fark edince önce psikanaliz, sonra da nöropsikiyatri üzerine çalışır. Tüm kariyerini travmalı çocuklarla çalışmaya adar.

Önemli eserleri

1992 *Anlamın Şafağı*
2004 *Hayaletlerin Fısıltısı*
2009 *Toparlanma*

SADECE İYİ İNSANLAR BUNALIMA GİRERLER

DOROTHY ROWE (1930–)

KISACA

YAKLAŞIM
Kişisel kurgu kuramı

ÖNCE
1940'lar Algının anlamı etkilediği kavramını tanıtan Gestalt terapisi geliştirilir.

1955 George Kelly, *Kişisel Kurguların Psikolojisi*'ni yayımlar ve herkesin dünya ve içindeki insanlar için hazır kurguları (inançları) olduğunu öne süren kuramın anahatlarını çizer.

1960 Psikolog ve istatistikçi Max Hamilton, klinik depresyonu ölçen bir gereç olan Hamilton Depresyon Değerlendirme Ölçeği'ni geliştirir.

SONRA
1980 Psikolog Melvin Lerner, *Adil bir Dünyaya İnanç: Temel bir Aldanma*'yı yayımlar ve insanların hak ettiklerini aldıklarına nasıl yanlış bir inanç beslediğimizi açıklar.

İnsanlar yaşamlarında olan şeyler için kendilerini suçlamaya son verebilseler depresyon oranları önemli ölçüde aşağıya çekilecektir. Bu tez, Dorothy Rowe'un sorunun tedavisindeki başarısının temelini oluşturur.

Genellikle dünyanın adil ve mantıklı bir yer olduğuna, iyi olursak başımıza iyi şeyler geleceğine inandırılarak büyütülürüz. Peki ama iyi olduğumuzda her şey iyi gidiyorsa, başımıza kötü şeyler geldiğinde bu bizim hakkımızda ne söyler? İyilerin ödüllendirilip kötülerin cezalandırıldığı "Adil bir dünya"ya inancımız başımıza gelen kötü şeylerde kendimizi suçlamamıza neden olur.

Bir şekilde incindiğimizde veya bize bir yanlış yapıldığında aklımıza ilk gelen "Bu neden benim başıma geldi?" sorusudur. Doğal bir afet karşısında bile insanlar geriye dönüp buna neden olmak için ne yaptıklarını düşünürler. Kötü şeyler olduğunda kendini suçlama, suçluluk, çaresizlik ve utanç duyguları mantıksızca yükselir ve bunlar depresyona bile neden olabilir.

Rowe, inançlarımızı kendimizin yarattığını ve seçtiğini söyler. Bir kez bunu anladıktan sonra Adil bir dünya düşüncesini bir yana bırakabilir ve olumsuz deneyimler hakkında daha akılcı düşünebiliriz. Kötü ebeveynlik, işten atılma ve hatta yıkıcı bir kasırgadan dolayı ıstırap çekiyor olabiliriz ama bunlar ne biz şanssızlığa mahkûm olduğumuzdan ne de kötü davranılmayı hak ettiğimizden meydana gelmiştir. Aksiliklerden sağlıklı biçimde çıkabilmek için olayları kişiselleştirmeye son vermek, dışa vurmaya başlamak, bazen kötü şeylerin olabileceğinin farkına varmamız gerekir. ■

> Doğal üzüntüyü depresyona dönüştürmek için tek yapmanız gereken, başınıza gelen felaket için kendinizi suçlamaktır.
> **Dorothy Rowe**

Ayrıca bkz. Fritz Perls 112–17 ▪ Carl Rogers 130–37 ▪ Albert Ellis 142–45 ▪ Melvin Lerner 242–43 ▪ George Kelly 337

BABALAR BİR SESSİZLİK YASASINA TABİDİRLER

GUY CORNEAU (1951–)

KISACA

YAKLAŞIM
Erkek psikolojisi

ÖNCE
1900'lar Freudyen analistler oğulların babalarıyla doğal bir rekabet içinde olduklarını ifade eden Oedipus kompleksini tanımlarlar.

1950'ler Fransız psikanalist Jacques Lacan, oğulun babayı, yasanın cisimleşmiş hali olarak gördüğünü savunur.

SONRA
1991 Amerikalı yazar Robert Bly, *Demir John: Erkekler Hakkında Bir Kitap*'ta babaların oğullarına erkek olmaları için ihtiyaç duyduklarını veremediklerini ve içlerindeki "Vahşi Adam"ı uyandırmaları gerektiğini söyler.

1990'lar Amerikalı yazarlar Douglas Gillette ve Robert L. Moore, Jungcu arketipleri ve erkek psişesini inceleyen beş kitap yayımlarlar.

Fransız-Kanadalı analist Guy Corneau, 1991'de *Olmayan Babalar Kayıp Oğullar*'ı yayımlamadan önce, psikoloji erkekler arasındaki duygusal iletişime çok az ilgi göstermiştir. Corneau'nun kitabı erkek nesilleri arasında mahrem konuşmaların zorluklarını incelemiştir. Kendi babasıyla duygusal iletişim kurmak için girişimlerini hatırlar: Ona ulaşmak, onayını istemek ama sadece sessizlikle karşılanmak.

Babalar ve oğullar arasındaki iletişim genellikle sessizlikle nitelenir. Oğullar tanınma ve onayın özlemini çekerken babalar oğullarına hasretini çektiklerini vermeye gönülsüzdürler.

Onayı esirgemek

Corneau, bu olaylar dizisinin, oğullarına, onlar tarafından özlemi duyulan övgü, sevgi ve tanımayı veremeyen erkeklerde benzer bir örüntü olduğunu fark eder. Corneau'ya göre oğul, bu sessizliği yaşadığında babasını etkilemek için daha fazlasını deneyebilir ya da geri çekilebilir ama sessizlik bir daha silinmemecesine zihnine yerleşir. Bu olgu, erkek egolarının rekabetçi etkileşiminden kaynaklanabilir; oğlunu övgü yağmuruna tutan bir erkek kendi gücünden ödün vermekte, onu daha değersiz hale getirmektedir. Oğulun açısından bakıldığında eğer onay hiç esirgemeden, çok kolay veriliyorsa oğul artık babayı etkilemeye değmediğini düşünecektir. Pek çok toplum biçiminde erkeklerin hem güçlü hem açık olamayacaklarına dair bir inanç vardır.

Corneau, bu davranışın erkeklere zarar verdiğini söyler. Oğullarına sevgilerini gösterme fırsatları ellerinden alınır – ve oğullar da bu sevgi olmadan idare etmek zorunda kalırlar. ■

Ayrıca bkz. Sigmund Freud 92–99 ▪ Carl Jung 102–07 ▪ Jacques Lacan 122–23

BİLİŞSE
PSİKOL
HESAP YAPAN
BEYİN

L

Jİ

1885 — Hermann Ebbinghaus'un "anlamsız heceler" deneyleri **bilişsel süreçleri** incelemenin bir çalışma yöntemini gösterir.

1932 — Frederic Bartlett, *Hayaletlerin Savaşı*'nda **rekonstrüktif belleği** inceler.

1947 — Jerome Bruner ve Cecile Goodman, *Algıda Düzenleyici Faktörler Olarak Değer ve İhtiyaç*'ta **güdülenmiş akıl yürütmenin algıyı etkilediğini** savunurlar.

1949 — Donald Hebb, **uyarıcılar ve nöronlar** arasındaki ilişkiler anlamında öğrenmeyi açıklar.

1950 — **Alan Turing,** insan beynini deneyimleri aracılığıyla öğrenen bir **"düzenlenmiş makine"** olarak tanımlayan *Hesap Makineleri ve Zekâ*'yı yayımlar.

1956 — George Armitage Miller, insan beyninin bir kerede en fazla **yedi parça bilgiyi** tutabileceğini savunur.

1957 — Leon Festinger'in *Bilişsel Uyumsuzluk Kuramı* **inançların tutarlılığı** için bir insan itkisi olduğunu öne sürer.

1958 — Donald Broadbent, *Algı ve İletişim*'de bilişin **bilgi-işleme modelini** tanıtır.

20. yüzyılın ilk yarısı psikolojide iki düşünüşün egemenliğinde olmuştur: (öğrenme teorisine odaklanan) Davranışçılık ve (bilinçdışı ve erken çocukluk gelişimine odaklanan) psikanaliz. Bir önceki yüzyılda psikologları meşgul eden, algı, bilinç ve bellek gibi zihinsel süreçler büyük ölçüde ihmal edilmiştir.

Kaçınılmaz olarak bazı istisnalar da vardır. İngiliz psikolog Frederic Bartlett ve Rus meslektaşı Bluma Zeigarnik, 1920'lerde ve 30'larda ayrı ayrı bellek üzerinde çalışmışlar, bilişsel psikologların sonraki çalışmalarına öncülük etmişlerdir. Almanya'da Wolfgang Köhler'in sorun çözme ve karar alma üzerine çalışmaları Gestalt psikolojisinden –algı ve algısal düzenlemeye yoğunlaşmış Alman düşünce okulu– yararlanmış ve bilişsel psikolojinin öncüsü olmuştur.

Bilişsel devrim

Sonunda dengeyi davranışa olan ilgiden zihinsel süreçleri incelemeye doğru değiştiren şey, psikoloji alanının dışından gelmiştir. İletişim ve bilgisayar teknolojilerindeki gelişmeler ve yapay zekânın –II. Dünya Savaşı sırasındaki ilerlemeler sayesinde büyüyen bir alan– açtığı yeni olanaklar beyin hakkında yeni bir düşünce biçimine yol açmıştır: Bilgi işlemci olarak beyin. Davranışçılığın incelemediği ya da inceleyemediği, "bilişsel süreçler" ya da "idrak" olarak adlandırılan zihinsel süreçler artık psikologlar için üzerinde çalışılacak bir model haline gelmiştir. Aynı zamanda sinir bilimindeki ilerlemeler beynin işlevleri ve sinir sistemini daha iyi anlamaya yol açmıştır. Bu da psikologların, özellikle de Donald Hebb'in zihinsel süreçleri, sadece davranış gözlemlerinden çıkarımlar yaparak değil doğrudan incelemesini sağlamıştır.

Bilgi-işlem benzetmesini psikolojiye ilk uyarlayanlar arasında Frederic Bartlett'in Cambridge'de öğrencisi olan Donald Broadbent de vardır. Broadbent 1940'larda ve 50'lerde bilgisayar bilimcisi Alan Turing'in ve iletişim uzmanı Colin Cherry'nin çalışmalarından etkilenmiştir. Ancak asıl dönüm noktası ABD'de, davranışçılığın kısıtlamaları yüzünden eleştirilmeye başlandığı zaman gerçekleşmiş ve 1950'lerin sonundaki "bilişsel devrim"e yol göstermiştir. Bu önemli yaklaşım kaymasının öncüleri arasında 1960'larda Harvard Üniversitesi'ndeki Bilişsel

1960'lar
Endel Tulving, hafıza ve bilgi çıkarma üzerine pek çok bildiri yayınlar.

1967
Ulric Neisser, aynı adı taşıyan kitabında **"bilişsel psikoloji"**yi tanıtır.

1967
Aaron Beck, *Depresyon: Nedenleri ve Tedavisi*'nde **bilişsel davranış terapisinin** anahatlarını anlatır.

1971
Roger Shepard ve Jacqueline Metzler insanların üç boyutlu bir nesneyi zihinlerinde döndürebilme yeteneğine sahip olduklarını gösteren araştırmayı yayımlarlar.

1978
Mood and Memory başlıklı makalesinde Gordon H. Bower **hafızadan bilgi çekmenin** ruh haline bağlı olduğunu öne süren deneyleri açıklar.

1979
Elizabeth Loftus'un kitabı *Tanıklık İfadesi*'nde **görgü tanığı hafızasının** kanıt olarak yanılma payını ortaya çıkarır.

1992
Paul Ekman, *Duygunun Yüz İfadeleri*'nde belli **yüz ifadelerinin evrensel** ve dolayısıyla biyolojik olduklarını ileri sürer.

2001
Daniel Schacter, *Hafızanın Yedi Günahı*'nda **anıların hatalı olabileceğini** gösterir.

Çalışmalar Merkezi'ni kuran Amerikalılar, George Armitage Miller ve Jerome Brunner de vardır.

Yeni bir yön

Miller ve Bruner'in ses getiren çalışmaları psikolojide temel bir yön değişimine neden olur. Davranışçılar tarafından ihmal edilen bellek, algı ve duygular gibi alanlar odak noktası haline gelirler. Bruner idrak kavramını, öğrenme ve gelişim psikolojisinin mevcut kuramlarıyla birleştirirken Miller'in bilgi-işlem modelini belleğe uyarlaması sonucunda psikolojinin alanı genişlemiş ve bellek, aralarında Endel Tulving, Elizabeth Loftus, Daniel Schacter ve Gordon H. Bower'ın da bulunduğu bilişsel psikologlar için önemli bir çalışma alanı olmuştur. Ayrıca Gestalt psikolojisi de yeniden değerlendirilmiştir: Roger Shepard algı ile ilgili düşünceleri yeniden incelemiş, Wolfgang Köhler'in sorun çözme ve karar alma üzerine çalışmaları, Daniel Kahneman ve Amos Tversky'nin kuramlarında yeniden su yüzüne çıkmıştır. Ve belki de ilk kez, aralarında Bower ve Paul Ekman'ın da bulunduğu bilişsel psikologlar duygular üzerine bilimsel bir çalışma gerçekleştirmişlerdir.

Ancak alaşağı edilen sadece davranışçıların kuramları değildir, Freud'un psikanalitik kuramı ve takipçileri de bilimsellikten uzak olmakla eleştirilirler. Aaron Beck bilişsel psikolojinin daha etkili bir terapi sağlayacağını –ve nesnel incelemeye daha yatkın olduğunu– bulur. Savunduğu bilişsel terapi, daha sonra davranışsal terapi ve meditasyon tekniklerini de içererek, çok geçmeden depresyon ve kaygı gibi rahatsızlıklarda standart tedavi yöntemi olarak kullanılmaya başlanır ve sadece akıl hastalıklarının tedavisini değil, akıl sağlığını hedefleyen pozitif psikoloji hareketinin doğmasına yol açar.

21. yüzyılın başında bilişsel psikoloji hâlâ konuya egemen olan yaklaşımdır ve sinir bilimi, eğitim ve ekonomide de etkileri görülmektedir. Hatta genetik-yetiştirme tartışmasını bile etkilemiştir; genetik bilimi ve sinir bilimindeki son gelişmeler ışığında Steven Pinker gibi evrimci psikologlar düşüncelerimizin ve hareketlerimizin beyinlerimizin yapısıyla belirlendiğini ve bunların diğer kalıtsal özellikler gibi olduklarını, yani doğal seleksiyonun yasalarına tabi olduklarını savunur. ■

İÇGÜDÜ DİNAMİK BİR YAPIDIR

WOLFGANG KOHLER (1887–1967)

KISACA

YAKLAŞIM
Gestalt psikolojisi

ÖNCE
1890 Avusturyalı filozof Christian von Ehrenfels, kitabı *Biçimin Nitelikleri Üzerine*'de Gestalt kavramını tanıtır.

1912 Max Wertheimer, Gestalt psikolojisinin kilometre taşı olan *Hareketin Algısı Üzerine Deneysel Çalışmalar*'ı yayımlar.

SONRA
1920'ler Edward Tolman, Gestalt ve davranışçı psikolojiden aldığı fikirleri; amaçlı davranışçılık (şimdi bilişsel davranışçılık) kuramında bir araya getirir.

1935 Alman Gestalt psikologu Karl Duncker, *Üretici Düşüncenin Psikolojisi* kitabında sorun çözme ve zihinsel yeniden yapılandırma deneylerini açıklar.

Eğer bir şempanze bir problemi **deneme-yanılma** yoluyla çözmeye çalışır ama başaramazsa…

…durur ve **problemi** çevresindeki her şeyi hesaba katarak **düşünür…**

… ta ki çözüme ulaşacağı bir **kavrayışa** ulaşana dek.

Sonra bu çözümü gelecekteki **benzer problemlere** de uyarlar.

Bu kavrayışla öğrenme modeli pasif değil, **aktiftir.**

İçgüdü dinamik bir yapıdır.

19. yüzyılın sonlarında, mevcut düşünce okullarıyla ters düşen bir grup Alman psikolog Gestalt adını verdikleri yeni, bilimsel ve belirgin biçimde bütüncül bir yaklaşım geliştirirler. Yeni hareketi Max Wertheimer ve Kurt Koffka ile birlikte kuran Wolfgang Köhler, Gestalt kelimesinin hem "örüntü" hem de kendi kuramlarına uyarlandığında "düzenli bütün" anlamına geldiğini açıklar. Gestalt psikolojisi (daha sonraki bir gelişme olan Gestalt kuramıyla karıştırılmamalıdır) başlangıç noktası olarak algı, öğrenme ve anlayış gibi kavramların bütün olarak düşünülmesi gerektiğini, çeşitli parçalarının incelenerek araştırılmamaları gerektiğinden yola çıkar.

Köhler egemen psikolojik yaklaşım olan davranışçılığın çok basit olduğunu ve algının dinamik yapısını görmezden geldiğini düşün-

Ayrıca bkz. İvan Pavlov 60–61 ▪ Edward Thorndike 62–65 ▪ Edward Tolman 72–73 ▪ Max Wertheimer 335

Köhler ödevle ilgili problemlerde şempanzelerle çalışmış ve onların cevabı bulmadan önce anlık bir kavrayışla olası pek çok çözümden birini aktif olarak algıladıklarını fark etmiştir.

mektedir. Pavlov ve Thorndike hayvanların basit bir uyarıcı-tepki koşullandırması vasıtasıyla deneme-yanılma yoluyla öğrendiklerini söylemişlerdir ama Köhler onların içgörüleri ve zekâları olduğuna inanmaktadır. 1913-20 arasında Tenerif'teki maymunsular araştırma merkezine direktör olunca tezini test etme imkânına kavuşur ve orada bir dizi problem çözme ödevini başarmaya çalışan şempanzeyi inceler.

Kavrayış yoluyla öğrenme

Köhler'in gözlemleri inancını doğrular ve ayrıca problem çözmeyle öğrenmenin Gestalt bağlamında açıklanabileceğini gösterir. Erişilemez bir yerdeki yiyeceğe ulaşma gibi bir sorunla karşılaştıklarında şempanzeler ilk girişimlerinde hayal kırıklığına uğramaktadırlar ama sonra durup bir çözüm bulmadan önce durumu enine boyuna tartmaktadırlar. Çözümleri genellikle yiyeceğe ulaşmak için aletler –oyun alanlarında bulunan çubuklar veya tahta parçaları gibi– kullanmayı içermektedir. Aynı problemle daha sonra yeniden karşılaştıklarında şempanzeler anında aynı çözümü uygulamaktadırlar. Köhler, şempanzelerin davranışlarının, gerçek bir süreçten çok bilişsel bir deneme-yanılma sürecini gösterdiği sonucuna varır, problemi önce zihinlerinde çözmekte, kısa bir kavrayıştan ("işte" anı) sonra da çözümü uygulamaya koymaktadırlar. Bu, öğrenmenin bir uyarıcıya şartlı bir tepkiyle gerçekleştiğini ve ödüllendirmeyle pekiştiğini savunan davranışçı görüşü çürütmektedir. Şempanzeler problemi algılayarak öğrenmektedirler, ödüller alarak değil.

Bu, ödüllere tepki yoluyla pasif öğrenmeden çok, Köhler'in algı içinde düzenlemeyi içeren dinamik davranış modelinin bir göstergesidir. Kavrayış yoluyla öğrenme modeli (Gestalt) –başarısızlık, duraksama, algı, kavrayış ve girişim– aktiftir ama şempanzelerin problemi çözmek için farklı girişimlerini izleyen birisi için çok açık olmayabilir çünkü şempanzenin beynindeki algı düzenlemesini görmek mümkün değildir. Bizim içgüdü dediğimiz, bir problemi çözmeye yönelik görünüşe göre otomatik tepki, bu kavrayış yoluyla öğrenme süreci tarafından etkilenmektedir ve kendisi de aktif, dinamik bir modeldir. ▪

> Kavrayış, alandaki tüm anahatlara referansla birlikte tam bir çözümü ortaya çıkarır.
> **Wolfgang Köhler**

Wolfgang Köhler

Wolfgang Köhler, Estonya'da doğar ancak ailesi doğumundan kısa süre sonra anavatanları Almanya'ya döner. Berlin'de doktorasını tamamlayıncaya kadar çeşitli kolejlerde eğitim alır. 1909'da Kurt Koffka ile birlikte, Frankfurt Akademisi'nde algı deneyleri yapan Max Wertheimer'le çalışır; bu deneyler Gestalt psikolojisinin temellerini oluşturacaktır.

1913'te Köhler, Prusya Bilimler Akademisi'nin Tenerif'teki araştırma istasyonunun direktörü olur. I. Dünya Savaşı'nın başlangıcından 1920'ye kadar orada kalır. Berlin'e dönüşünden sonra Psikoloji Enstitüsü'nün direktörü olarak görev yapar. 1935'te Nazi rejiminden kaçarak ABD'ye göç eder. Pek çok Amerikan üniversitesinde ders verir ve 1959'da Amerikan Psikoloji Derneği'nin başkanı seçilir. Ulric Neisser kendisini "çok onurlu ve asil kişiliğinin yanı sıra gerçekten yaratıcı bir düşünür" olarak tanımlar.

Önemli eserleri

1917 *Maymunların Mantalitesi*
1929 *Gestalt Psikolojisi*
1938 *Gerçeklerin Dünyasında Değerlerin Yeri*

BİR İŞİN KESİNTİYE UĞRAMASI ONUN HATIRLANMA ŞANSINI YÜKSELTİR

BLUMA ZEIGARNIK (1901–1988)

KISACA

YAKLAŞIM
Hafıza çalışmaları

ÖNCE
1885 Hermann Ebbinghaus, öncü kitabı *Bellek: Deneysel Psikolojiye Bir Katkı*'yı yayımlar.

1890 William James, *Psikolojinin İlkeleri*'nde birincil (kısa dönem) ve ikincil (uzun dönem) bellek arasında ayrım yapar.

SONRA
1956 George Armitage Miller'in *Sihirli Rakam Yedi, Artı veya Eksi İki*'si hafıza çalışmalarına ilgiyi canlandırır.

1966 Jerome Bruner, düzenleme ve sınıflandırmanın öğrenme sürecindeki önemini vurgular..

1972 Endel Tulving olaysal bellekle (belli olaylara dair) anlamsal bellek (olaya ya da duruma bağlı olmayan gerçek bilgiye dair) arasında ayrım yapar.

Rus psikolog Bluma Zeigarnik, Berlin'de doktorası için araştırma yaparken profesörü Kurt Lewin, garsonların henüz hesabı ödememiş müşterilerin siparişlerinin detaylarını, hesabı ödemiş olanlardan daha iyi hatırladıklarını fark ettiğini söyler. Bu Zeigarnik'in, henüz tamamlanmamış işlerin bellekte farklı bir konumu olup olmadığını ve bitmiş işlerden daha iyi hatırlanıp hatırlanmadığını merak etmesine yol açar. Katılımcılara yap-bozların veya basit ödevlerin verildiği bir deney düzenler. Ödevlerin yaklaşık olarak yarısında katılımcılara müdahale edilir ve işleri kesintiye uğratılır. Daha sonra aktivitelerin ne kadarını hatırladıkları sorulduğunda, kesilen ödevlerin ayrıntılarının, sonunda tamamlanıp tamamlanmadıklarına bakılmaksızın, katılımcılar tarafından daha iyi hatırlandığı görülür. Zeigarnik bunun tamamlanmamış ödevlerin hafızada farklı ve daha etkin bir şekilde depolanmasına neden olduğu sonucuna varır.

"Zeigarnik etkisi", bir garsonun hesabı ödemeyen müşterilerin siparişleriyle ilgili detayları, hesabı ödemiş müşterilerinkine nazaran daha çok hatırlaması ile tanımlanabilir.

"Zeigarnik etkisi" olarak bilinen bu olgunun önemli çıkarımları olmuştur. Zeigarnik öğrencilerin, özellikle de çocukların çalışırken sık molalar verilmesi halinde daha çok şey hatırlayabileceklerini öne sürer. Ancak fikirleri, belleğin araştırmalar için yeniden önemli bir konu haline geldiği 1950'lere kadar pek önemsenmeyecektir. Zeigarnik'in kuramı belleğin anlaşılmasında çok önemli bir adım olarak kabul edilir ve sadece eğitimde değil, reklamcılık ve medyada da pratik uygulamaları olmuştur. ■

Ayrıca bkz. Hermann Ebbinghaus 48–49 ▪ Jerome Bruner 164–65 ▪ George Armitage Miller 168–73 ▪ Endel Tulving 186–91 ▪ Daniel Schacter 208–09

BEBEK AYAK SESLERİ DUYDUĞUNDA BİR KÜME HAREKETE GEÇER

DONALD HEBB (1904–1985)

KISACA

YAKLAŞIM
Nöropsikoloji

ÖNCE
1890 Wililam James beyindeki sinir ağları hakkında bir kuram ileri sürer.

1911 Edward Thorndike'ın *Etki Yasası* uyarıcıyla tepki arasındaki bağlantıların sinirsel bir bağ veya birleşim yaratarak "mühürlendiğini" öne sürer.

1917 Wolfgang Köhler'in şempanze çalışmaları kavrayış yoluyla öğrenmenin deneme-yanılma yoluyla öğrenmekten daha kalıcı olduğunu gösterir.

1929 Karl Lashley, *Beynin Mekanizmaları ve Zekâ*'yı yayımlar.

SONRA
1970'ler George Armitage Miller "bilişsel sinirbilim" terimini kullanır.

1980'ler Sinirbilimciler, beyin işlevlerini haritalandırabilecekleri görüntüleme teknikleri geliştirirler.

1920'lerde birtakım psikologlar öğrenme ve hafızayla ilgili sorulara cevap bulmak için sinir bilimine yönelmiştir. Bunlar arasında en dikkati çekenlerden biri de Karl Lashley'dir. Lashley sinirsel bağlantıların oynadıkları rolü inceleme yolunu açmış ancak bağlantılı öğrenme sürecinde gerçekten neler olduğunu açıklayan kuramı formüle eden kişi, öğrencisi Kanadalı psikolog Donald Hebb olmuştur.

Hebb, sinir hücrelerinin aynı anda ve üst üste tetiklenmesiyle bağlandıklarını savunur: Onları birbirlerine bağlayan sinapslar ya da bağlantılar bu şekilde güçlenmektedir. Tekrarlayan deneyimler beyinde "hücre topluluklarının" veya bağlantılı nöron gruplarının oluşumuna yol açmaktadır – sıklıkla "birlikte ateşlenen hücreler birbirine bağlanır" olarak özetlenen kuram. Benzer şekilde ayrı hücre toplulukları da bağlantı kurarak bizim düşünce süreci olarak tanıdığımız "faz sırası"nı oluştururlar.

Hebb, bu bağlantı sürecinin özellikle çocukların öğrenmesinde, yeni hücre toplulukları ve faz sıraları oluşurken kolayca görülebildiğini bulur. *Davranışın Organizasyonu* (1949) adlı kitabında ayak sesleri duyan bir bebeği örnek verir. Bu sesler bebeğin beyninde birtakım nöronları uyarır; eğer durum tekrarlanırsa bir hücre kümesi oluşur. Ardından "bebek ne zaman ayak sesleri duyarsa... bir küme harekete geçer; bu hâlâ aktifken bir yüz görür ve kendisini kaldıran elleri hisseder ki bu da başka hücre kümelerini harekete geçirir – böylece 'ayak sesleri kümesi' 'yüz kümesi' ve 'kaldırılma kümesi' ile bağlantılandırılır. Artık bundan sonra bebek sadece ayak sesi duyduğunda kümelerin üçü de harekete geçer". Ancak yetişkinlerde öğrenme yeni hücre oluşumlarından çok mevcut hücre kümelerinin ve faz sıralarının yeniden düzenlenmesini içermektedir.

Hebb'in hücre toplulukları kuramı modern sinir biliminin köşe taşıdır ve Hebbian öğrenme olarak bilinen sinirlerle öğrenme açıklaması hâlâ kabul edilen bir modeldir. ■

Ayrıca bkz. Edward Thorndike 62–65 ▪ Karl Lashley 76 ▪ Wolfgang Köhler 160–61 ▪ George Armitage Miller 168–73 ▪ Daniel Schacter 208–09

BİLMEK BİR ÜRÜN DEĞİL BİR SÜREÇTİR

JEROME BRUNER (1915–)

KISACA

YAKLAŞIM
Bilişsel gelişim

ÖNCE
1920'ler Lev Vygotsky, bilişsel gelişimin hem sosyal hem kültürel bir süreç olduğu kuramını geliştirir.

1952 Jean Piaget, *Çocuklarda Zekânın Kökenleri* adlı kitabında gelişim kuramlarını anlatır.

SONRA
1960'ler Bruner'in kuramlarına dayanan öğretim programı *"İnsan: Müfredat Programı"* ABD, İngiltere ve Avustralya'daki okullarca benimsenir.

1977 Albert Bandura, gelişimi davranışsal ve bilişsel boyutların birleşimi olarak ele alan *Sosyal Öğrenme Kuramı*'nı yayımlar.

Her şeyi **aktif deneyimle** öğreniriz,

Birilerini bilgilendirmek sadece onlara bir şeyler anlatmak değil, **katılımlarını teşvik etmektir.**

↓

Verilerden **anlam çıkararak** akıl yürütme yoluyla bilgi ediniriz.

↓

Bu bir **bilgi işleme** biçimidir.

↓

Bilmek bir ürün değil bir süreçtir.

Gelişim psikolojisi alanı 20. yüzyılın büyük bölümünü, çevreyi keşfetmeye yönelik doğal meraklarının sonucunda çocukların düşüncesinin nasıl geliştiğini ve nasıl evreler halinde olgunlaştığını açıklayan Jean Piaget'nin egemenliği altında geçirmiştir. Piaget'ninkinden hemen sonra İngilizceye çevrilen Lev Vygotsky'nin kuramı da çocukların anlama deneyim yoluyla ulaştıklarını öne sürer ama "deneyim" kelimesinin anlamını genişleterek kültürel ve sosyal deneyimi de kapsayıcı hale getirir. Vygotsky, çocukların temelde diğer insanlarla etkileşim yoluyla öğrendiklerini söyler.

1960'larda bu noktada "bilişsel devrim" hız kazanmaktadır; zihinsel süreçler giderek daha sıklıkla beynin "bilgi işlemcisi"ne

Ayrıca bkz. Jean Piaget 262–69 ▪ Lev Vygotsky 270 ▪ Albert Bandura 286–91

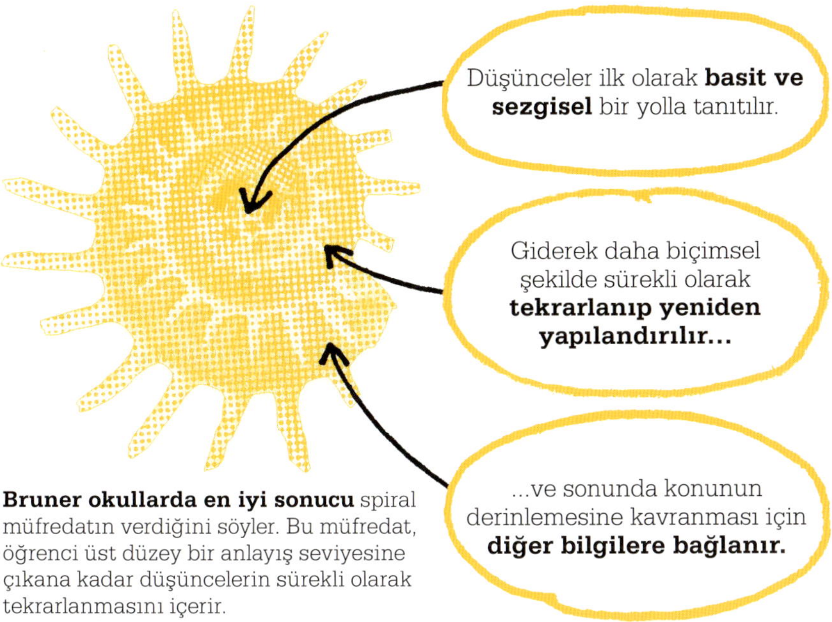

Bruner okullarda en iyi sonucu spiral müfredatın verdiğini söyler. Bu müfredat, öğrenci üst düzey bir anlayış seviyesine çıkana kadar düşüncelerin sürekli olarak tekrarlanmasını içerir.

benzetilmesiyle açıklanmaktadır. Daha önce ihtiyaçlarımızın ve itkilerimizin algımızı etkileme biçimleri üzerine çalışan ve neyi görmeye ihtiyacımız varsa onu gördüğümüz sonucuna varan Jerome Bruner bu yeni yaklaşımın önemli figürlerinden biridir. Kavrayışın nasıl geliştiğiyle ilgilenmiş ve böylece çocuklarda bilişsel süreçleri araştırmaya çalışmaya başlamıştır.

İşlemci olarak beyin

Bruner araştırmalarına bilişsel modelleri, Piaget ve Vygotsky'nin fikirlerine uygulayarak başlar. Bilişsel gelişim araştırmalarının vurgusunu anlam yapılandırmadan bilgi işlemeye, bilgiyi edinme ve depolama araçlarımıza doğru kaydırır. Piaget gibi o da bilgi edinmenin deneyimsel bir süreç olduğuna inanır ama Vygotsky gibi bunu tek kişilik değil sosyal bir meşgale olarak görür. Öğrenmenin yardımsız gerçekleşemeyeceğini düşünür: Çocuğun gelişimi için bir tür yönlendirme gereklidir ama "birini yönlendirmek… onun zihnine sonuçları kazımak değildir. Daha çok sürece katılmasını öğretmektir". Bilgi edinirken sürece aktif olarak katılmamız ve bilgiyi pasif biçimde emmekten çok akıl yürütmemiz gerekir, çünkü bilgiye anlam veren budur. Bilişsel psikoloji açısından akıl yürütme, "bilgiyi işleme"dir, bu nedenle bilgi edinme bir ürün ya da nihai sonuç olarak değil, bir süreç olarak görülmelidir. Bu süreçte teşviğe ve rehberliğe ihtiyacımız vardır ve Bruner'a göre bu bir öğretmenin rolüdür.

Bruner, *Eğitim Süreci*'nde (1960) çocukların eğitim sürecinde aktif katılımcılar olmalarının gerekliliği fikrini ortaya atmıştır. Kitap, ABD'de devlet ve okul-öğretmen düzeyinde eğitim politikalarını değiştiren simge bir metin haline gelmiştir. ■

Jerome Bruner

New York City'de Yahudi göçmeni bir ailenin oğlu olarak doğan Jerome Seymour Bruner, doğuştan kördür ancak iki yaşında geçirdiği katarakt ameliyatlarının sonucunda görme yetisini kazanmıştır. Bruner 12 yaşındayken babası kanserden ölür ve sonraki okul yılları acılı annesinin sık sık taşınmasıyla geçer. Önce Kuzey Carolina'daki Duke Üniversitesi'nde, sonra Harvard'da psikoloji eğitimi görür. Doktorasını 1941'de Gordon Allport ve Karl Lashley'in yanında Harvard'dan alır.

II. Dünya Savaşı süresince ABD Ordusu'nun Stratejik Çalışmalar Ofisi'nde görev yapar. Daha sonra Harvard'a dönerek Leo Postman ve George Armitage Miller'la birlikte çalışır. 1960'da Miller'la birlikte Harvard'da Bilişsel Çalışmalar Merkezi'ni kurarlar. Bruner, merkezin kapandığı 1972'ye kadar orada kalır. Sonraki on yılını Oxford'da ders vererek geçirir. Daha sonra ABD'ye dönerek 90 yaşına kadar öğretmenlik yapmaya devam eder.

Önemli eserleri

1960 *Eğitim Süreci*
1966 *Bilişsel Gelişim Çalışmaları*
1990 *Anlam Yasaları*

İNANÇLI BİR İNSANI DEĞİŞTİRMEK ZORDUR

LEON FESTINGER (1919–1989)

KISACA

YAKLAŞIM
Öğrenme kuramı

ÖNCE
1933 Gestalt psikologu Kurt Lewin, Berlin Deneysel Psikoloji Okulu'nu bırakarak ABD'ye göç eder.

SONRA
1963 Stanley Milgram, otorite figürlerine, emirler kişinin vicdanıyla çeliştiği zaman bile gönüllü itaat etme konusunda yaptığı deneyleri yayımlar.

1971 Philip Zimbardo'nun Stanford Hapishanesi çalışması insanların verilen rollere nasıl uyum sağladıklarını gösterir.

1972 Amerikalı sosyal psikolog Daryl Bem tutum değişikliği ile ilgili alternatif kendini algılama kuramını ortaya atar.

1980'ler Elliot Aronson, Festinger'in kuramını savunarak erginlenme ayinleriyle ilgili deneyler yürütür.

Sahip olduğumuz **güçlü inançlarımız, aksine kanıtlarla** çürütülürse...

...kendimizi rahatsız edici bir **"bilişsel çelişki"** konumunda buluruz.

Eğer **çelişkiyi kabul edersek** bu, geçmiş ve mevcut inançlarımız arasında **daha çok tutarsızlığa** neden olur.

Bu yüzden **yeni kanıtı** inançlarımızla **tutarlı** hale getirmenin yollarını bulabiliriz.

İnançlı bir insanı değiştirmek zordur.

Ayrıca bkz. Kurt Lewin 218–23 ▪ Solomon Asch 224–27 ▪ Elliot Aronson 244–45 ▪ Stanley Milgram 246–53 ▪ Philip Zimbardo 254–55 ▪ Stanley Schachter 338

II. Dünya Savaşı'nın sonuyla birlikte sosyal psikoloji önemli bir araştırma alanı haline gelmiş ve ABD'de Massachusetts Institute of Technology'de 1945'te kurulan Grup Dinamikleri Araştırma Merkezi kurucularından Kurt Lewin bu konuda başı çekmiştir.

Merkezin çalışanları arasında Lewin'in eski öğrencilerinden biri olan Leon Festinger de bulunmaktadır. İlk başta Lewin'in Gestalt psikolojisindeki çalışmalarından etkilenmiş olan Festinger, daha sonra sosyal psikolojiye ilgi duymaya başlamıştır. Festinger, araştırmaları sırasında insanların sürekli olarak dünyalarına düzen getirmeye çalıştıklarını ve bu düzenin önemli bir parçasının tutarlılık olduğunu fark eder. Bunu elde etmek için de düzenli yemek saatleri veya işe giderken kullandıkları araçlarda belli bir yere oturmak gibi rutinler ve alışkanlıklar geliştirmektedirler. Bu rutinler bozulduğunda insanlar tedirgin olmaktadırlar. Festinger aynı şeyin alışılmış düşünce kalıpları veya inançlar için de geçerli olduğunu bulur. Çok güçlü bir inanış aksine bir kanıtla karşılaştığında bu, rahatsızlık yaratan bir iç tutarsızlık yaratmaktadır; Festinger buna "bilişsel çelişki" adını verir. Akıl yürüterek bu rahatsızlığın üstesinden gelmenin tek yolunun inançla kanıtı tutarlı hale getirmek olduğu sonucuna varır.

Sarsılmaz görüş

1954'te yerel bir gazetede bir haber okuduktan sonra Festinger, bu türden bir bilişsel çelişkiye tepkiler üzerine çalışma fırsatı bulduğunu anlar. Bir tarikat, dünya dışı varlıklardan 21 Aralık'ta dünyanın sonunu getirecek bir sel baskını olacağı mesajını aldıklarını ve sadece gerçekten inananların uçan daireler tarafından kurtarılacaklarını iddia etmektedir. Festinger ve Minnesota Üniversitesi'nden birkaç meslektaşı grupla iletişime geçer ve tasarlanan kıyamet gününden önce ve sonra (söylenen olayın gerçekleşmemesinden sonra) onlarla röportaj yaparlar.

Grubun şimdi Oak Park olarak bilinen çalışması Festinger, Henry Riecken ve Ztanley Schachter tarafından *Kehanet Yanlış Çıkınca* adıyla yayımlanır. Kitap, tarikat üyelerinin tepkilerini anlatmaktadır. Sağduyu, kehanet yanlış çıkıp ardından da bilişsel çelişkilerin gelmesinden sonra tarikat üyelerinin inançlarını terk edecekleri beklentisi içinde olmayı gerektirse de bunun tersi gerçekleşmiştir. Hesap günü yaklaşırken grubun sadakatine bağlı olarak dünyanın bağışlanabileceğini söyleyen bir başka "mesaj" gelmiş, tarikat üyeleri daha da ateşli inananlar haline gelmişlerdir. Festinger sonucu önceden tahmin etmiştir; aksi bir kanıtı kabul etmek geçmiş inançla mevcut inkâr arasında daha da büyük bir çelişki yaratacaktır. Eğer ilk inanca (ün, iş ve para) büyük çapta yatırım yapılmışsa bu etki daha da şiddetli olacaktır.

Festinger bilişsel çelişkinin ya da en azından onun engellenmesinin, güçlü inançları olan birinin aksi bir kanıtla karşılaştığında fikrini değiştirmesini olasılıkdışı kıldığı sonucuna varmıştır; kişi kanıtlar ve mantıklı savlardan etkilenmez. Festinger bunu şöyle açıklar: "Ona katılmadığınızı söylediğinizde arkasını dönüp gider. Ona olguları veya rakamları gösterdiğinizde kaynağınızı sorgular. Mantığa başvurduğunuzda söylemek istediğinizi anlamakta başarısız olur." ▪

Leon Festinger

Leon Festinger, New York'ta Rus göçmeni bir ailenin oğlu olarak doğar. 1939'de City College of New York'tan mezun olduktan sonra Iowa Üniversitesi'nde Kurt Lewin'in altında çalışmaya başlar ve 1942'de Çocuk Psikolojisi üzerine doktorasını tamamlar. II. Dünya Savaşı'nın kalan yıllarını askeri eğitimde geçirdikten sonra 1945'te Massachusetts Institute of Technology (MIT) bünyesindeki Grup Dinamikleri Araştırma Merkezi'nde yeniden Lewin'e katılır.

Minnesota Üniversitesi'ne profesör olarak atandığı sırada, dünyanın sonu kehanetinde bulunan bir tarikatle ilgili ünlü Oak Park çalışmasını yapar. 1955'te Stanford Üniversitesi'ne geçer ve sosyal psikoloji ile ilgili çalışmalarını sürdürür. Ancak 1960'larda araştırmalarını algı üzerine yoğunlaştırır. Daha sonra New York'ta New School for Social Research'te tarih ve arkeolojiye odaklanır. 69 yaşında karaciğer kanserinden hayatını kaybeder.

Önemli eserleri

1956 *Kehanet Yanlış Çıkınca*
1957 *Bilişsel Çelişki Kuramı*
1983 *İnsan Mirası*

SİHİRLİ RAKAM ARTI VEYA EKSİ 2 OLMAK ÜZERE 7'DİR

GEORGE ARMITAGE MILLER (1920–)

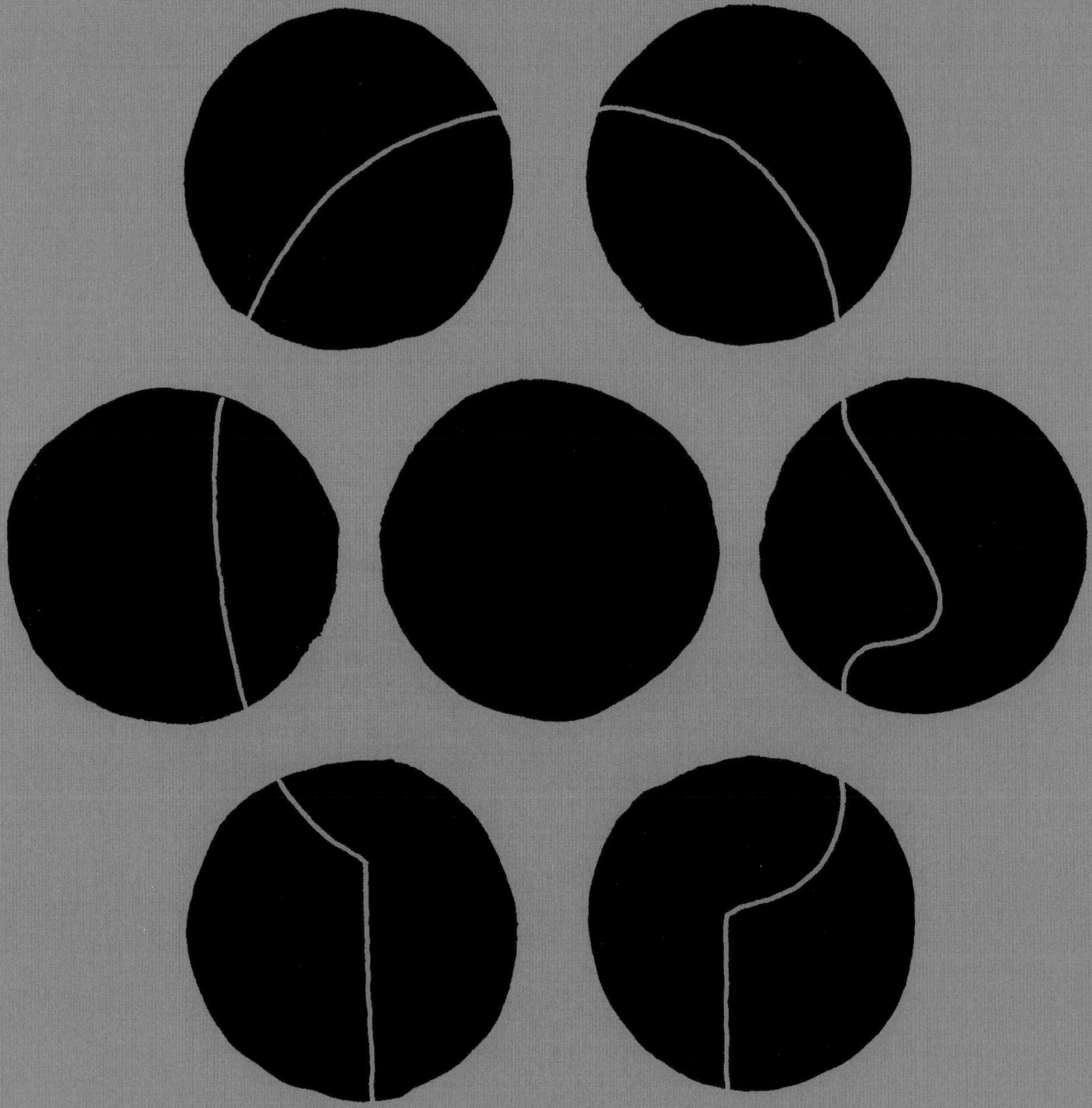

KISACA

YAKLAŞIM
Bellek çalışmaları

ÖNCE
1885 Hermann Ebbinghaus öncü kitabı *Hafıza: Deneysel Psikolojiye Bir Katkı*'yı yayımlar.

1890 William James *Psikolojinin İlkeleri*'nde birincil (kısa dönem) ve ikincil (uzun dönem) hafıza arasında ayrım yapar.

1950 Matematikçi Alan Turing'in testi bir bilgisayarın düşünen bir makine olarak kabul edilebileceğini gösterir.

SONRA
1972 Endel Tulving olaysal bellekle (belli olaylar için) anlamsal bellek (olaya ya da duruma bağlı olmayan gerçek bilgi için) arasında ayrım yapar.

2001 Daniel Schacter *Hafızanın Yedi Günahı*'nda yanlış hatırlama biçimlerimizin bir listesini verir.

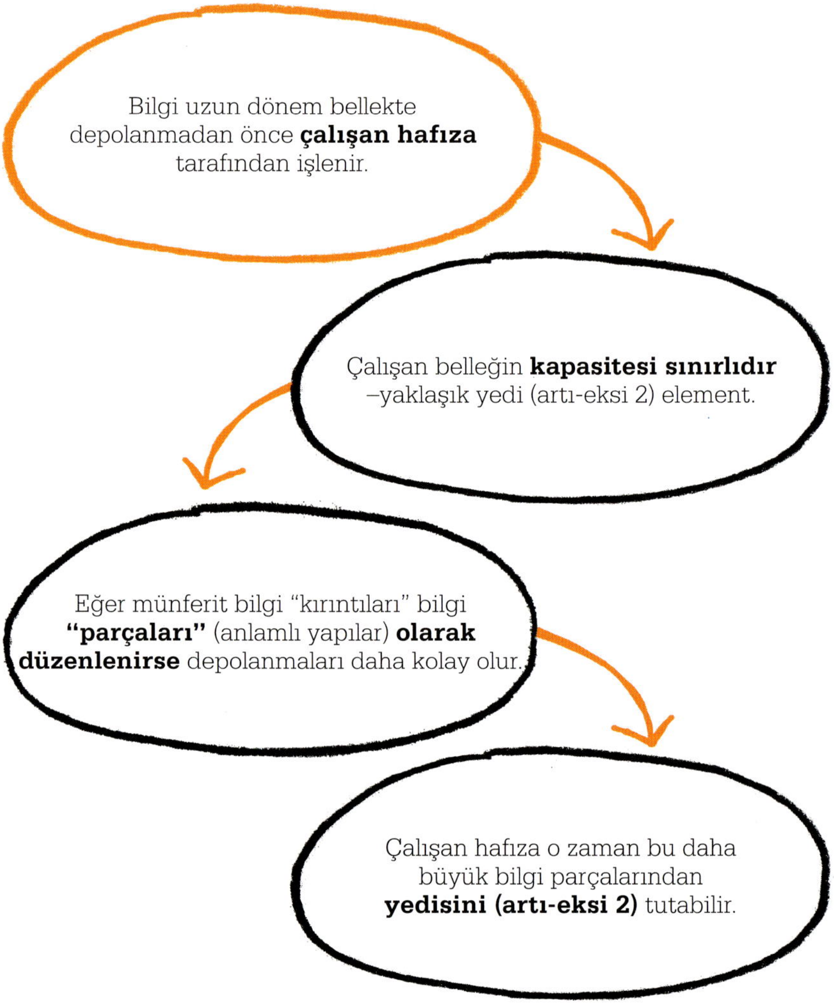

George Armitage Miller bir zamanlar şöyle yakınmıştır: "Benim sorunum bir tam sayı tarafından rahat bırakılmamam. Bu sayı tam yedi yıldır peşimi bırakmıyor". Miller'ın ünlü makalesi *Sihirli Rakam Yedi, Artı veya Eksi İki: Bilgi İşlemedeki Kapasite Sınırlamalarımız* bu cümlelerle başlar ve şöyle devam eder: "Onun ortaya çıkışını yöneten bazı şemalar var. Ya bu sayıyla ilgili gerçekten olağandışı bir şeyler var ya da ben kötülük görme sanrısına kapıldım". Başlığının ve giriş bölümünün tuhaflığına rağmen Miller'in niyeti son derece ciddidir; nitekim makale bilişsel psikolojinin ve çalışan hafıza (bilgi parçalarının sınırlı bir zaman diliminde hatırlanması ve kullanılması) araştırmaları için bir dönüm noktası olacaktır.

Miller'ın bildirisi 1956'da, yeni bilişsel psikolojinin davranışçılığın yerini almaya başladığı sırada *The Psychological Review*'da yayınlanır. Miller'ın tüm kalbiyle benimsediği bu taze yaklaşım, algı ve dikkat gibi zihinsel süreçler üzerine odaklanmıştır. Aynı zamanda bilgisayar bilimlerindeki ilerlemeler yapay zekâ fikrini gerçeğe daha yakınlaştırmış ve Alan Turing gibi matematikçiler bilgisayarın işleyişini insan beynininkiyle kıyaslarken, bilişsel psikologlar tam tersiyle uğraşmaktadır; bilgisayara insan beyninin işleyişini açıklamak için olası bir model olarak bakmaktadırlar. Zihinsel süreçler bilgi işleme bağlamında açıklanmaktadır.

Miller'ın asıl ilgi alanı, II. Dünya Savaşı sırasında konuşma algısı üzerine yaptığı çalışmalardan kaynaklanan ve doktora tezinin de

Ayrıca bkz. Hermann Ebbinghaus 48–49 ▪ Bluma Zeigarnik 162 ▪ Donald Broadbent 178–85 ▪ Endel Tulving 186–91 ▪ Gordon H. Bower 194–95 ▪ Daniel Schacter 208–09 ▪ Noam Chomsky 294–97 ▪ Frederic Bartlett 335–36

> “Bu rakamın beni inatla rahatsız etmesi bir tesadüften çok daha fazlası.
> **George Armitage Miller**”

temelini oluşturan psikolinguistiktir. Bu, onun giderek büyüyen iletişim alanına ilgi duymasına ve böylece bilgi kuramıyla tanışmasına neden olur. Miller özellikle, iletişim alanında önde gelen bir isim olan ve mesajları elektronik sinyallere dönüştürmenin etkili yollarını araştıran Claude Shannon'dan etkilenir. Shannon'ın düşünceleri "kırıntılar"dan oluşan kodlara dönüştüren iletişim modeli tüm dijital iletişimin temelini oluşturur. Miller de zihinsel süreçlere benzer şekilde bakabileceğini düşünür ve 1951'de yazdığı *Dil ve İletişim* adlı kitabıyla modern dilbiliminin temel kurallarını belirler.

Yedi kategori

Miller, Shannon'ın bilgi ölçme yöntemini ve kendi "kanal kapasitesi" (bir sistem tarafından işlenebilecek bilgi miktarı) fikrini alarak bilgi işlemci olarak kısa dönem hafıza modeline uygular. Bu, onun, bazen olağandan biraz daha az yedi rakamının tekrarı ve olası önemi tarafından "eziyet görmeye" başladığı zamandır; "bazen biraz daha fazla ama asla tanınmayacak kadar değişmeyen".

"Sihirli" rakamın ilk örneği, mutlak sonuç aralığını –farklı sayıda uyarıcıyı doğru olarak birbirinden nasıl ayırabildiğimiz– ölçen deneylerden gelmiştir. Miller'in bildirisinde adı geçen bir deneyde fizikçi ve akustik uzmanı Irwin Pollack katılımcılara farklı müzik tonları dinleterek onlardan her tona bir sayı vermelerini ister. Katılımcılar yaklaşık yedi tona kadar, her birine doğru sayılar vermekte hiç zorlanmazlar, ancak yediden sonra (bir ya da iki eksik ya da fazla) gelen sonuçlar önemli ölçüde bozulur.

Kaufman, Lord, ve diğerleri tarafından 1949'da yapılan başka bir deneyde araştırmacılar değişen sayılarda renkli noktaları katılımcıların önündeki ekrana yanıp söner şekilde yansıtırlar. Yedi noktadan daha az olduğunda katılımcılar kolaylıkla numaralandırabilirler ama yediden fazla olduğunda noktaların sayısını sadece tahmin etmeye başlarlar. Bu, dikkat aralığının yaklaşık altı ile sınırlı olduğunu akla getirmektedir ve Miller'ın aynı temel sürecin hem mutlak sonuç hem de dikkat aralığını kapsayıp kapsayamayacağını merak etmesine neden olur.

Bu deneylerdeki tonlar ve noktalar Miller'in "tek boyutlu uyarıcı" (birbirlerinden sadece tek bir açıdan ayrılan nesneler) olarak adlandırdıklarıdır, ancak onu asıl ilgilendiren konuşma ve dilde etkili biçimde işleyebileceğimiz bilgi miktarı ve kelimeler gibi "çok

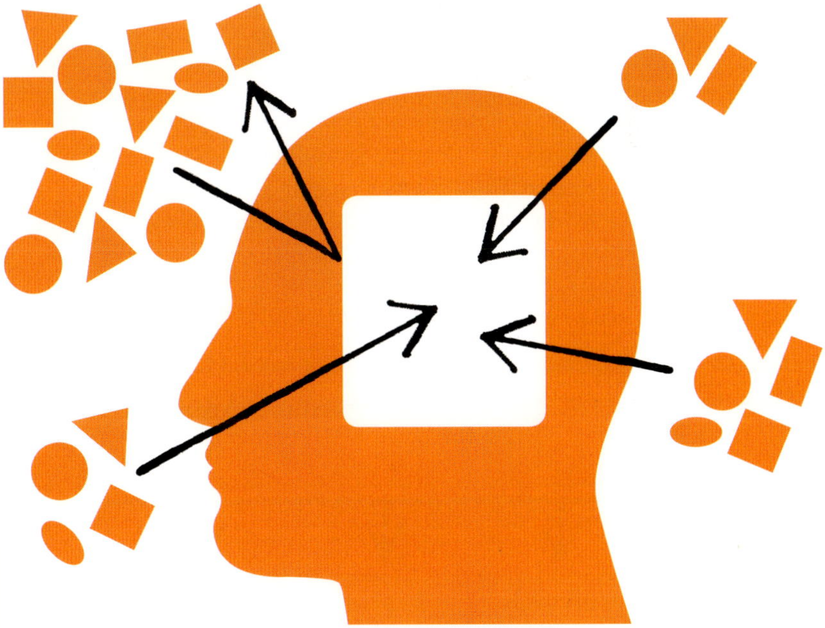

Dikkat aralığını ölçen bu deneyde katılımcılara saniyenin belli bir parçasında ekranda beliren farklı desenlerde lekeler sunulmuştur. Katılımcılar yediden az olduğunda sayıyı hemen hatırlamışlardır.

boyutlu uyarıcılar"dır. Pollack'ın, basit tonların yerine altı açıdan farklı (ses perdesi, uzunluk, ses düzeyi ve konum gibi) tonlar koyduğu daha sonraki araştırmalarını inceler. Görünüşte daha büyük miktarda bilgi olmasına rağmen şaşırtıcı bir şekilde sonuçlar yine diferensiyal yedi, artı-eksi iki, sınırındadır. Tek fark çeşitli değişkenlerin eklenmiş olması yüzünden doğru cevapların bir parça azalmasıdır. Miller bunun, bizim "aynı anda birkaç şeyin göreceli ham sonuçlarına" ulaşmamızı sağlayacağını öne sürer. Bu, söylenen sözler ve insan yüzleri gibi karmaşık şeyleri münferit sesleri veya özellikleri işlememize gerek olmaksızın tanıyabilmemizi ve ayırt edebilmemizi açıklayabilir.

Miller insan zihnini bir iletişim sistemi olarak görür: Girdiler çoğaldığı zaman başlangıçta beyne iletilen miktar artmakta ancak daha sonra bireyin "kanal kapasitesi"ne göre düz bir çizgi izlemektedir. Miller daha sonra, kısa dönem hafıza modeline uygulayarak kanal kapasitesi düşüncesini bir adım ileri götürür. Kısa dönem hafıza kavramı ilk kez William James tarafından kullanılmıştır ve uzun zamandır beyin modelinin, bilginin duyusal girdisi ile uzun dönem hafıza arasındaki bilgi işlemci olarak kabul gören bir parçasıdır. Hermann Ebbinghaus ve Wilhelm Wundt kısa dönem hafızanın yaklaşık yedi (yine yedi) ögelik bir kapasiteyle sınırlı olduğunu bile öne sürmüşlerdir. Miller kendi verdiği adla, çalışan hafızanın kapasitesinin mutlak sonuç ve dikkat aralığı sınırlarıyla örtüştüğüne inanmaktadır.

Kırıntılar ve parçalar

Eğer çalışan hafıza, bilgi işleme becerimiz anlamında yedi ögeyle sınırlıysa, uzun dönemli hafızaya konabilecek miktarı kısıtlayan potansiyel bir darboğaz vardır. Ancak Miller ne kadar sihirli görünürse görünsün uyuşmanın sadece yedi rakamının ötesinde olduğunu ileri sürer. Önceki deneylerin tek boyutlu uyarıcıları ilgili bilginin pek çok "kırıntısı"ndan oluşmuş gibi görülebilir ama tek bir öge gibi işlem görmektedirler. Miller, sınırlı mutlak sonuç aralıklarımız ve kısa dönem hafızamızın neden olduğu darboğazın üstesinden gelebilmek için çalışan hafızanın bilgi "kırıntılarını" aynı ilkeyle bilgi "parçacıkları" olarak düzenleğine inanmaktadır. Ancak bir parça sadece rastgele bir gruplama değil,

> Ezberleme süreci parçalar oluşturmaktan ibaret olabilir… yeter ki tüm ögeleri hatırlayabileceğimiz kadar az sayıda olsunlar.
> **George Armitage Miller**

kırıntıların anlamlı bir birim oluşturacak şekilde yeniden kodlanmasıdır; örneğin 21 harfli bir dizi 21 bilgi kırıntısını simgeler ama eğer bu üç harfli kelimelerden oluşan bir dizi oluşturması için bölünürse, yedi parça haline gelir. Bölümleme bizim bilgi kırıntılarında modeller ve ilişkiler bulabilme becerimize bağlıdır. Aynı dili konuşmayan biri için yedi kelime anlamsız olacağından yedi parça oluşturmamış olacak, hâlâ 21 kırıntı olarak kalacaktır.

Miller'in kuramı başka psikologların daha önceki deneyleriyle de desteklenmektedir.

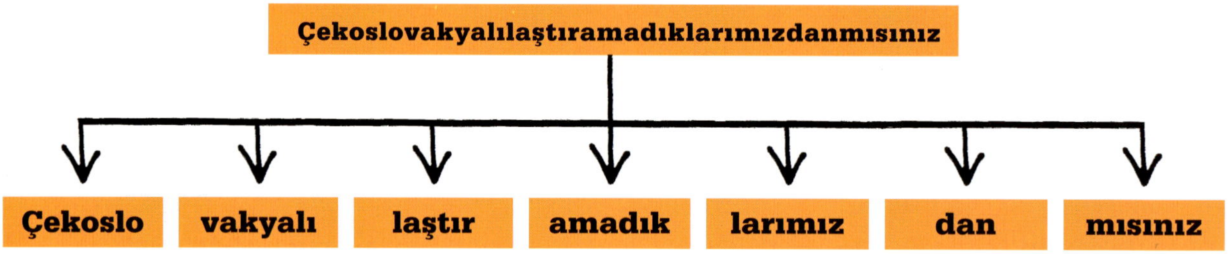

Miller'in parça kuramı şöyle der: Uzun rakam veya harf dizilerini azaltarak veya arttırarak anımsanabilir parçalar oluşturursak, çalışan hafızada tutabileceğimiz bilgi miktarını arttırabiliriz.

İkili kod bilgiyi daha da sıkıştırılmış paketler halinde (çok tabanlı aritmetik aracılığıyla) yeniden kodlama yöntemidir. Miller bölümleme sürecinin de benzer şekilde işlediğini öne sürer.

1954'te Sidney Smith ikili sayılar dizisinin – ikilik sayı sistemine aşina olmayanlar için bir dizi sıfır ve birlerden oluşan anlamsız dizi- ezberlenmesi deneyi yapmıştır. Smith diziyi önce basamak çiftlerine sonra da üç, dört, beşlik gruplara bölmüş ve ikili parçaları ondalık sayılara çevirerek yeniden kodlamıştır: 01 1'e 2 10'a vb. Bu sistemi kullanarak, çalışan hafıza aralığının limitini aşmamak kaydıyla, 40 veya daha fazla rakamlı dizileri ezberlemenin ve doğru şekilde söylemenin mümkün olduğunu bulmuştur.

Büyük miktarlarda bilgiyi ezberlemeye yardımcı olması için bölme ve yeniden kodlamanın çok kolaylık sağladığı ortadadır ama bu sadece mnemonik bir hileden fazlasıdır. Miller bu tür bir yeniden kodlamanın "üstesinden gelebileceğimiz bilgi miktarını arttırmak için aşırı güçlü bir silah" olduğunu işaret eder; bilgisel darboğazı etkili biçimde genişletmektedir.

Hafıza araştırmaları

Miller sonraki çalışmalarında hafıza konusundan uzaklaşmış ama kuramı diğerlerini konuyu daha ayrıntılı incelemeye teşvik etmiştir. Donald Broadbent çalışan hafıza için gerçek rakamın muhtemelen yediden az olduğunu savunmuş ve bu tez daha sonra, esas rakamın, parçaların uzunluklarına ve karmaşıklık derecelerinin yanı sıra deneğin yaşına da bağlı olarak dört olduğunu bulan Nelson Cowan'ın deneyleriyle doğrulanmıştır.

Miller başlangıçta bildirisinin doğmasına neden olan sayıyı sonucunda önemsemez gibidir. Bildirinin son cümleleri şöyledir: "Belki de tüm bu yedilerin ardında derin ve temel bir şeyler vardır... Ama ben bunun sadece muzır bir Pisagoryen tesadüf olduğundan kuşkulanıyorum". ■

> İnsanların yaptığı dilbilimsel yeniden kodlama bana düşünme süreçlerinin can damarı gibi geliyor.
> **George Armitage Miller**

George Armitage Miller

George Armitage Miller ABD, Charleston'da doğar. 1941'de Alabama Üniversitesi'nden konuşma patolojisi üzerine master derecesi ile mezun olduktan sonra Jerome Bruner ve Gordon Allport'la birlikte Stanley Smith Stevens'ın Psikoakustik laboratuarında psikoloji doktorası yapmak için Harvard'a gider. II. Dünya Savaşı'nın tüm şiddetiyle yaşandığı o yıllarda, laboratuar telsiz yayınlarını bozma gibi askeri görevler de üstlenmektedir.

1951'de Miller Massachusetts Institute of Technology'ye gitmek için Harvard'dan ayrılır, 1955'te geri döner ve Noam Chomsky ile çalışır. 1960'ta Harvard'da Bilişsel Araştırmalar Merkezi'ni kurar. Daha sonra New York Rockefeller Üniversitesi ve Princeton Üniversitesi'nde profesör olarak çalışır. 1991'de Ulusal Bilim Madalyası ile ödüllendirilir.

Önemli eserleri

1951 *Dil ve İletişim*
1956 *Sihirli Rakam 7, Artı veya Eksi 2*
1960 *Planlar ve Davranış Yapısı (Eugene Galanter ve Karl Pribram'la birlikte)*

GÖRÜNÜŞTE GÖRÜNDÜĞÜNDEN FAZLASI VARDIR

AARON BECK (1921–)

KISACA

YAKLAŞIM
Bilişsel terapi

ÖNCE
1890'lar Sigmund Freud psikoterapiye analitik bir yaklaşım sunar.

1940'lar ve 1950'ler Fritz Perls, Laura Perls ve Paul Goodman'la birlikte Gestalt terapisini –psikoterapiye bilişsel bir yaklaşım– geliştirir.

1955 Albert Ellis, Rasyonel Duygusal Davranış Terapisi'ni tanıtarak analiz geleneğini kırar.

SONRA
1975 Martin Seligman "öğrenilmiş çaresizlik" kavramını *Çaresizlik: Depresyon, Gelişim ve Ölüm Üzerine* adlı kitabında tanımlar.

1980'ler Beck'in fikirleriyle Joseph Wolpe'un davranış terapilerinin bir karışımı yeni bilişsel davranış terapilerinin doğmasına yol açar.

Psikolojinin kendi başına ayrı bir alan olarak kabul edilmesinden sonra, 20. yüzyılın başlarında iki önemli düşünce okulu ortaya çıkmıştır: Ivan Pavlov'un deneylerinden doğan –ABD'de kesinlikle başı çeken– ve deneysel psikolojiye egemen olan davranışçılıkla Sigmund Freud ve takipçilerinin klinik psikolojinin temelini oluşturan psikanalitik yaklaşımı. Bu iki yaklaşımın pek az ortak noktası vardır. Davranışçılar kendilerinden önceki psikologların iç gözleme dayanan, felsefi yaklaşımını reddederler ve konuyu daha bilimsel, kanıt temelli bir zemine çekmenin mücadelesini verirler.

Ayrıca bkz. Joseph Wolpe 86–87 ▪ Sigmund Freud 92–99 ▪ Fritz Perls 112–17 ▪ Albert Ellis 142–45 ▪ Martin Seligman 200–01 ▪ Paul Salkovskis 212–13

Psikanalitik terapi, mevcut rahatsızlıkları çözmek için hastanın **bilinçdışını** derinlemesine incelemeyi vurgu yapar.

Bilişsel terapi insanların deneyimleriyle ilgili **algılarını** incelemeye önem verir.

Psikanalitik terapinin başarısının kanıtları gerçekler ya da araştırmalara değil, **kişisel hikâyelere** dayanır.

Bilişsel terapinin başarısının **güçlü deneysel kanıtları** vardır.

Etkili tedaviye giden yol bilinçdışında değil, **bir rahatsızlığın** hastanın algılarında **kendisini nasıl gösterdiğinin** incelenmesinden geçer.

Görünüşte göründüğünden fazlası vardır.

Psikanalistlerse iç gözlemleri kanıtlardan çok kuramlarla inceleyerek tezlerini savunurlar.

Bilişsel devrim

20. yüzyılın ortalarında psikolojiye bu iki yaklaşım da eleştirel bir incelemeye tabi tutulmuşlardır. Ancak davranışçılık, deneysel çalışmalarda bilişsel psikoloji tarafından yerinden edilmiş olsa da, klinik kısımda psikanalitik modelin yerini alacak bir alternatif henüz bulunmamaktadır. Psikoterapi pek çok biçimlere evrilmiştir ama psikanaliz ve bilinçdışını incelemeyle ilgili temel düşünce, bunların tümünde ortaktır. Bazı psikologlar bu tür bir terapinin geçerliliğini sorgulamaya başlamışlardır, Aaron Beck de onlardan biridir.

Beck 1953'te psikiyatr olduğunda, deneysel psikoloji zihinsel süreçler üzerine odaklanmaktadır; vakit "bilişsel devrim"in şafağını göstermektedir. Ancak bilişsel psikologların kılgısal yaklaşımları davranışçılarınkinden çok da farklı değildir. Aksine, kuramları için kanıt oluşturmakta bile daha titizdirler. Beck de buna bir istisna teşkil etmez. Psikanaliz eğitimi almış ve uygulamasını yapmıştır ama bu yöntemin terapideki etkisi konusunda kuşkuları vardır. Psikanalizin başarı oranlarına dair –vaka raporlarının anekdotsal kanıtları dışında– hiçbir güvenilir araştırma

Aaron Beck

Rhode Island, Providence'ta doğan Aaron Temkin Beck; Rus Yahudisi göçmen bir ailenin oğludur. Küçükken atletik ve dışa dönük bir çocuk olmasına rağmen 8 yaşındayken geçirdiği ciddi bir hastalık yüzünden daha çalışkan ve içe dönük biri olur. Ayrıca tıpla ilgili her şeye karşı bir korku geliştirir ve bunun üstesinden gelmeye, azimli bir şekilde doktor olmaya karar verir. 1946'da Yale'den mezun olur ve 1953'te psikiyatri dalında uzmanlığını alana dek Rhode Island hastanesinde çalışır. Klinik psikolojiye psikanalitik yaklaşımdan düş kırıklığına uğrayan Beck bilişsel terapiyi başlatır ve daha sonra Philadelphia'da şimdi kızı Dr Judith Beck tarafından yönetilen Beck Bilişsel Terapi ve Araştırma Enstitüsü'nü kurar.

Önemli eserleri

1972 *Depresyon: Nedenleri ve Tedavisi*
1975 *Bilişsel Terapi ve Duygusal Bozukluklar*
1980 *Klinik, Deneysel ve Kuramsal Olarak Depresyon*
1999 *Nefret Mahkûmları: Öfke, Kin ve Şiddetin Bilişsel Temelleri*

> Psikanalizin inanç temelli bir terapi olduğu sonucuna vardım.
> **Aaron Beck**

bulamamıştır. Kendi deneyimlerinde de hastaların sadece küçük bir bölümü analiz yoluyla ilerleme gösterebilmişlerdir. Terapistler arasındaki genel kanı hastaların, hepsi eşit sayılarda olmak üzere, bazılarının daha iyiye, bazılarının daha kötüye gittiği ve bazılarının da aynı kaldığı yönündedir.

Pek çok psikanalistin nesnel bilimsel incelemeye direnç göstermesi özellikle kaygı vericidir. Deneysel psikoloji veya tıpla kıyaslandığında, sonuçları bakımından uygulayıcılarına göre ciddi değişkenlikler gösteren psikanaliz, büyük ölçüde inanç temellidir. Saygınlık çoğunlukla yalnızca analistlerin kişisel karizmalarına dayanmaktadır. Beck "psikanalitik mistik bunaltıcıdır... Biraz evanjelik harekete benzer" sonucuna varır. Pek çok psikanalist, kuramlarının eleştirilmesini kişisel saldırılar olarak değerlendirmektedir ve Beck çok geçmeden psikanalizin geçerliliğine yönelik her sorgulamanın kişisel suçlamayla karşılanması olasılığının büyük olduğunu fark eder. Bir keresinde Amerikan Psikanaliz Enstitüsü'ne üyelik teklifi "bilimsel çalışmalar yürütme arzusunun uygunsuz biçimde analiz edildiğinin bir işareti olduğu" gerekçesine dayandırılarak geri çevrilmiştir. Bazı analistler, analiz fikrini yanlış bulanların, kendileri yeterince analiz edilmediklerinden böyle yaptığını savunmaktadırlar.

Beck hem bu tartışmaların ortada dönüp durmasından hem de terapistin kendi kişiliğiyle bağlantı kurulmasından şüphe duymaktadır. Psikanaliz uygulaması konusunda kişisel deneyiminin verdiği avantajla birleşince bu şüpheler onu, terapiyi her yönüyle derinlemesine incelemeye, geliştirilebilecek yöntemler varsa bulmaya sevk eder. Psikoterapiye başvuranlar arasında en çok şikâyet nedeni olan depresyonun temeli ve tedavisini değerlendirmek için tasarlanmış bir dizi deney yürütür. Elde ettiği sonuçlar, bu durumun bilinçdışı duygu ve itkileri incelemekle tedavi edilebileceğini doğrulamak bir yana, bambaşka ve çok farklı yorumları işaret etmektedir.

Algıları değiştirmek

Beck'in hastaları depresyonlarını tanımlarlarken farkında olmadan, kendileri, gelecekleri ve genelde toplum hakkında olumsuz düşünceler ifade etmektedirler. Beck'in deyimiyle bu "otomatik düşünceler" hastaların deneyimlerini algılama biçimlerinin –onları kavrayışlarının– sadece depresyonlarının bir belirtisi olmadığını aynı zamanda etkili bir terapi yöntemi bulmada rol oynayabileceği sonucuna varır. 1960'larda aklına gelen bu düşünce, eşzamanlı olarak algı gibi zihinsel süreçleri arıştırarak, bilişsel psikolojinin egemenliğini kuran deneysel psikolojideki ilerlemelerle uyumludur.

Beck bilişsel bir modeli tedaviye uyguladığında depresyonu yenmede ilk adımın hastalarına, algılarının ne kadar gerçekçi ya da çarpıtılmış olduğunu fark edip değerlendirmeleri için yardım etmek olduğunu keşfeder. Bu, altta yatan duyguları, itkileri ve baskıları incelemeyi ilke edinen geleneksel psikanalizin tamamen zıddıdır. Beck'in "bilişsel terapi" analizi bunu gereksiz hatta zararlı olarak görür. Hastanın algısı göründüğü gibi kabul edilmelidir; Beck'in sevdiği deyişle "görünüşte, görünenden fazlası vardır".

Beck'in bununla anlatmak istediği depresyonun dolaysız belirtilerinin –olumsuz "otomatik düşünceler"– terapi için gereken tüm bilgiyi sağladığıdır. Eğer bu düşünceler incelenip aynı duruma dair nesnel, rasyonel bir görüşle kıyaslanırsa, hasta kendi algısının nasıl çarpık olduğunu görebilir. Örneğin işinde terfi önerilen bir hasta, "Yeni işim çok zor olacak ve ben başaramayacağım" gibi olumsuz düşünceler ifade edebilir; durumun bu şekilde algılanması da endişe ve mutsuzluğa neden olur. Terfiye daha akılcı bir açıdan bakmak onu bir ödül, hatta aşılması gereken bir zorluk olarak görmek olabilir. Depresyona neden olan durum değil, hastanın durumu algılayış biçimidir. Bilişsel

Çarpık görüntülü bir ayna dünyayı korkunç ve çirkin gösterir. Benzer şekilde depresyon da hayat hakkında olumsuz bir perspektif oluşturarak hastaların kendilerini çaresiz hissetmelerine yol açar.

> Yanlış inançları düzelterek aşırı tepkileri azaltabiliriz.
> **Aaron Beck**

İnsanların aynı durumu nasıl değerlendirecekleri mizaçlarına bağlıdır. Beck'in bilişsel terapisi, hastaların kendi algılarını sorgulamalarına ve daha olumlu bir bakış açısı geliştirmelerine yardımcı olabilir.

terapi hastanın, bunun ne kadar önyargılı bir görüş olduğunu fark etmesine ve daha gerçekçi ya da geniş açılı bir düşünme yöntemi bulmasına yardım edebilir.

Deneysel kanıtlar

Beck'in bilişsel terapisi hastalarının çoğunda işe yarar. Dahası bunun işe yarayacağını gösterme şansı da bulur çünkü bulguları için deneysel kanıtlar elde etmek amacıyla bilimsel yöntemler uygulamıştır. Hastaları için özel değerlendirme formları tasarlamış, böylece ilerlemelerini yakından gözlemleyebilmiştir. Sonuçlar, bilişsel terapinin hastaların geleneksel psikanaliz altındaki hastalardan daha iyi hissetmesine neden olduğu ve bilişsel terapi gören hastaların kendilerini daha çabuk iyi hissettiklerini göstermiştir. Beck'in terapisi ile ilgili her iddiası için kanıt sağlama ısrarı, yöntemini nesnel incelemeye açık hale getirmiştir. Üstelik pek çok başarılı psikanalistin övündüğü guru benzeri konumu elinin tersiyle iterek başarılı olanın terapist değil, terapinin kendisi olduğunu göstermek için çırpınmaktadır.

Beck geleneksel psikanalizi tatmin edici bulmayan tek hatta ilk psikolog değildi ama bilişsel bir model kullanması büyük bir yeniliktir. Psikanalize tepkisinde, 1950'lerin ortalarında Rasyonel Duygusal Davranış Terapisi'ni geliştiren Albert Ellis'in çalışmalarından etkilenmiştir ve hiç kuşkusuz, dünyanın her yerindeki davranışçıların çalışmalarından da haberdardır. Bunlar arasında Güney Afrikalı Joseph Wolpe ve Arnold A. Lazarus da vardır. Yaklaşımları farklı olsa da terapilerinin Beck'inkiyle ortak noktaları vardır: Derinlemesine bilimsel metodoloji kullanmaları ve zihinsel ve duygusal bozukluklara neden olduğu ileri sürülen bilinçdışının önemini reddetmeleri.

Bilişsel terapinin başarısı bir kez tescillendikten sonra giderek artan bir yaygınlıkta, depresyon tedavisinde kullanılmaya başlanmıştır. Beck daha sonra bu terapinin kişilik bozukluğu ve hatta şizofreni gibi başka durumlarda da yararlı olabileceğini bulur. Etkili olduğu kanıtlandığı takdirde her türlü yeni fikre açık olan Beck ayrıca, 1980'lerdeki pek çok psikoterapist gibi, davranış terapisinin unsurlarını kendi tedavisine eklemiştir. Bu da günümüzde psikologlar tarafından kullanılan bilişsel davranış terapisinin çeşitli biçimlerinin doğması ile sonuçlanmıştır.

Beck'in öncü çalışmaları psikoterapi için dönüm noktası olmuş ve hatırı sayılır bir etki yaratmıştır. Klinik psikolojiye bilişsel bir yaklaşım getirmesinin yanı sıra onu bilimsel incelemeye açarak psikanalizin zayıflığını gözler önüne sermiştir. Bu süreçte depresyonun yapısı ve şiddetini değerlendirmek için bugün de kullanılmakta olan yöntemler bulmuştur. Bunlardan bazıları şöyle sayılabilir: Beck Derpesyon Envanteri, Beck Çaresizlik Ölçeği, Beck İntihar Düşüncesi Ölçeği ve Beck Kaygı Envanteri. ■

> Bana güvenmeyin, beni test edin.
> **Aaron Beck**

BİR KEREDE SADECE TEK SESİ DİNLEYEBİLİRİZ

DONALD BROADBENT (1926–1993)

KISACA

YAKLAŞIM
Dikkat kuramı

ÖNCE
1640'lar René Descartes insan bedeninin zihni ya da ruhu olan bir makine olduğunu söyler.

1940'lar İngiliz psikolog ve APU direktörü Kenneth Craik insan ve yapay zekânın bilgi işlemesini kıyaslayan akış şemaları hazırlar.

SONRA
1959 George Armitage Miller'ın çalışmaları kısa dönem belleğin en fazla yedi parça bilgiyi tutabileceğini gösterir.

1964 İngiliz psikolog Anne Treisman daha az önemli bilgilerin filtre evresinde elenmediğini ama zihin tarafından "gölgelenebilmesi" için zayıflatıldığını (sesi kısmak gibi) öne sürer.

I. Dünya Savaşı öncesinde İngiltere'de psikoloji, Avrupa ile ABD'nin gerisinde kalmış bir akademik disiplindir. Britanyalı psikologlar başka yerlerde gelişen davranışsal ve psikoterapik okulların ayak izlerini takip etmektedirler. Üniversitelerin varolan az sayıdaki psikoloji bölümlerinde doğa bilimlerinin izlediği yaklaşım geçerlidir: Kuramsal spekülasyonlardan çok pratik uygulamalara vurgu yapılır.

İlk bilişsel psikologlar arasındaki en itibarlı isim haline gelecek olan Donald Broadbent, Kraliyet Hava Kuvvetleri'nden (RAF) ayrılarak psikoloji üzerinde çalışmaya karar verdiğinde kendisini işte bu umut verici olmayan akademik ortamda bulmuştur. Ancak uygulamalı yaklaşım, savaş döneminde havacılık mühendisi ve pilot olarak edindiği deneyimlerden mükemmel şekilde yararlanan Donald Broadbent için idealdir.

Uygulamalı psikoloji

Broadbent 17 yaşındayken RAF'a katılmış ve eğitimin bir parçası olarak ABD'ye gönderilmiştir. Psikolojinin ve ele aldığı sorunların farkına varması da burada olur. Bu, onun pilotların karşı karşıya kaldıkları bazı sorunlara farklı bir açıdan bakmasına yol açar. Bu sorunların basit mekanik olanlardan çok psikolojik nedenleri ve cevapları olduğunu düşünür. Bu yüzden de RAF'tan ayrıldıktan sonra Cambridge Üniversitesi'nde psikoloji eğitimi alır.

Broadbent'in Cambridge'deki akıl hocası Frederic Bartlett de onunla aynı kafadandır. Bartlett mükemmel bir bilim adamı ve İngiltere'nin ilk deneysel psikoloji profesörüdür. En önemli kuramsal keşiflerin pratik sorunlara çözüm bulmaya çalışırken yapıldığına inanır. Bu düşünce Broadbent'e çekici gelir ve onu 1944'teki açılışından sonra Uygulamalı Psikoloji Birimi'nde (APU) Bartlett'in altında çalışmaya teşvik eder. Broadbent'in en çok ses getiren işlerini yaptığı yer de burası olur. O zamanlar psikolojide egemen olan davranışçı yaklaşımı görmezden gelerek RAF'ta karşılaştığı pratik sorunlar üzerine yoğunlaşır. Örneğin birbirlerine çok benzeyen kontrol düğmelerin bazen pilotların aklını karıştırmaktadır; bazı uçaklarda tekerlekleri

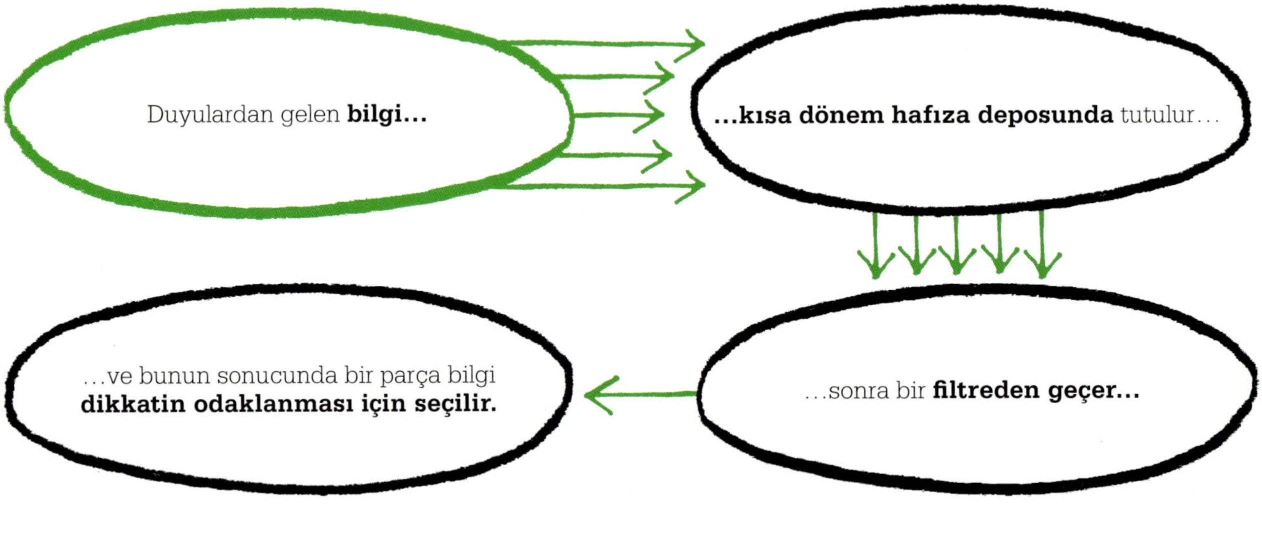

Ayrıca bkz. René Descartes 20–21 ▪ George Armitage Miller 168–73 ▪ Daniel Schacter 208–09 ▪ Frederic Bartlett 335–36

II. Dünya Savaşı'na ait bir uçak insanı sersemletecek kadar çok bilgi verisi göstergesine sahiptir. Broadbent pilotların bilgileri nasıl öncelik sırasına koyduklarını ve bu işe yardımcı olacak tasarım değişikliklerini bulmakla ilgileniyorlardı.

kapatmak için kullanılan pedalla flapları açmak için kullanılan pedal birbirinin aynısıdır ve ikisi de koltuğun altına konmuştur, bu da sıklıkla kazalara neden olmaktadır. Broadbent pilotların kapasite ve kısıtlamalarının, kullanım sırasında ortaya çıkmadan, henüz tasarım sürecinde dikkate alınmasıyla bu olayların önlenebileceğini düşünür.

Broadbent psikolojiyi, pilotların yeteneklerini neyin etkilediğini daha iyi anlamak için kullanmakla ilgilenir. Pilotların büyük miktarlarda yeni gelen bilgiyle başa çıkmaları ve sonra iyi kararlar verebilmek için bunlardan ilgili olanları seçmeleri gerektiği açıktır. Broadbent, çok fazla kaynaktan gelen bilginin hataların sıklığını arttırdığını düşünmektedir. Bilgiyi nasıl işlediğimizle ilgili düşüncesinde başka bir savaş zamanı araştırma ürününden etkilenmiştir; bu da bilgisayarların ve "yapay zekâ" fikrinin gelişimidir. APU'nun ilk direktörü Kenneth Craik birimdeki görevinden ayrılırken Broadbent'in üzerinde çalışabileceği pek çok önemli taslak ve akış şeması bırakmıştır.

Aynı zamanda matematikçi Alan Turing gibi şifre kırıcılar da bilgi işleme kavramını ele almışlardır ve Broadbent savaş sonrası dönemde bunu "düşünen makine" fikrine uyarlar. Bir makinenin beynin işleyişiyle kıyaslanması güçlü bir benzetmedir ama fikri tersine çevirerek insan beynini bilgi işleyen bir makine olarak düşünen Broadbent olmuştur. Bu, özünde, bilişsel psikolojiyi davranışçılıktan ayıran noktadır: Bilişsel psikoloji zihinsel süreçleri araştırır, onların davranışlardaki göstergelerini değil.

Broadbent'in dikkatimizin nasıl işlediğini araştırmak için sezgilerini destekleyecek deneyler tasarlaması gerekir. Mühendislik

Donald Broadbent

Donald Broadbent İngiltere, Birmingham'da doğar. Anne-babasının boşanmasını takiben ilk gençlik yıllarını Galler'de geçirdiği için kendisini Galli sayar. Prestijli Winchester College'den bir burs kazanır ve ardından 17 yaşında Kraliyet Hava Kuvvetleri'ne katılır, pilotluk eğitimi alır ve havacılık mühendisliği üzerine çalışır.

1947'de Hava Kuvvetleri'nden ayrılır ve Cambridge'de Frederic Bartlett'ın altında psikoloji üzerine çalışır. Daha sonra yeni kurulan Uygulamalı Psikoloji Birimi'ne (APU) katılır ve 1958'de buranın direktörü olur. İki kez evlenen, utangaç, cömertliğiyle ünlü Broadbent "Püriten özellikleri' nedeniyle işinin bir ayrıcalık olduğuna ve gerçek bir fayda sağladığına inanır. 1974'te CBE ile ödüllendirilmiş ve Oxford, Wolfson College'da akademi üyesi olarak görevlendirilmiş ve 1991'deki emekliliğine kadar orada kalmıştır. Bundan iki yıl sonra 66 yaşında kalp krizi sonucu hayatını kaybetmiştir.

Önemli eserleri

1958 *Algı ve İletişim*
1971 *Karar ve Stres*
1993 *İnsan Zekâsının Simulasyonu*

altyapısı bir kuramı üzerine inşa edebileceği kanıtlar bulana kadar tatmin olmayacağı anlamına gelmektedir ve aynı zamanda bu araştırmanın pratik uygulamaları olmasını istemektedir. APU'nun uygulamalı psikolojiye adanmış olması, Broadbent için sadece terapötik uygulamaları değil, aynı zamanda toplumu bütünüyle ilgilendiren uygulamaları da içermesi anlamına gelmektedir ve araştırmalarının kamu fonuyla destekleneceğinden son derece emindir.

> Zihnimiz bir seferde pek çok kanalı alabilen bir radyo gibi düşünülebilir.
> **Donald Broadbent**

Tek seferde bir ses

Broadbent'in en önemli deneylerinden biri, hava trafik kontrolü ile yaşadığı deneyimlerden esinlenmiştir. Yer ekibi genellikle, kalkan ve inen uçaklardan aynı anda gelen pek çok yeni bilgiyle uğraşmak zorundadır. Bu bilgiler operatörlere telsiz aracılığıyla iletilmekte ve kulaklıklar aracılığıyla da alınmaktadır. Daha sonra hava trafik kontrolörleri bu bilgiler üzerinden hızlı kararlar alma durumundadırlar. Broadbent onların her seferinde ancak tek bir mesajla uğraşabildiklerini fark etmiştir. Onu ilgilendiren asıl konu çeşitli kaynaklardan gelen farklı bilgiler arasından en önemli olanını seçmelerini sağlayan zihinsel süreçtir. Beyinde bu bilgiyi işleyen ve bu elemeyi yapan bir mekanizma olması gerektiğini düşünmektedir.

Broadbent'in geliştirdiği ve çift kulaklıklı dinleme deneyi olarak bilinen deney, seçici dikkat –beynimizin duyular aracılığıyla sürekli olarak aldığı devasa veriler arasından ilgisiz bilgileri "filtrelemesi" süreci– alanında yapılmış ilk deneydir. Broadbent hava trafik kontrolü modelini izleyerek deneklerine kulaklıklar aracılığıyla işitsel (ses temelli) bilgi sunar. Sistem, katılımcıların aynı anda –biri sağ biri sol kulaklarına olmak üzere– iki bilgi akışı gönderilebileceği şekilde tasarlanmıştır. Broadbent denekleri bu bilgiyi ne kadar akıllarında tutabildiklerini tes eder.

Kuşkulandığı gibi denekler iki kanaldan gelen bilginin tümünü tekrarlamayı başaramazlar. Bir seferde en çok bir sesi dinleyebileceğimizle ilgili düşüncesi doğrulanmıştır, ancak deneklerin nasıl olup da gelen bilginin bazılarını tutup diğerlerini görmezden geldiği ile ilgili soru hâlâ ortadadır.

Broadbent mühendislik eğitiminin ilk yıllarını düşünerek beynin içinde olduğunu düşündüğü süreci açıklayan mekanik bir model tasarlar. Birden fazla bilgi girişi kaynağı varsa ve beyin gelen tüm bilgiyi işleyemiyorsa, o zaman bu bilgilerin bir "darboğaz"a ulaşması gerektiğine inanır; bu noktada bir girdi kanalına izin verecek bir tür "filtre" olmalıdır. Bunu açıklamak için kullandığı benzetme de çok pratiktir: Y şekilli bir tüp tanımlar. Bu tüpün iki ağzından pinpon topları gönderilmektedir. Birleşim noktasında bir kanalın ya da diğerinin ağzını kapatan bir kapakçık bulunmaktadır ve bu kapakçığın izin verdiği kanaldan gelen toplar tüpün gövdesine geçebilmektedir.

Ancak ortada hâlâ bir soru vardır: Bu filtre hangi evrede işlemeye başlamaktadır? Orijinal

Hava trafik kontrolörleri aynı anda çok sayıda sinyalle uğraşmak zorundadırlar. Broadbent dinleme deneylerinde bu problemi kullanarak dikkat süreçlerini tanımlayabilmiştir.

çift kulaklıklı dinleme deneyinin bir dizi çeşitlemesi ile Broadbent bilginin duyular aracılığıyla alındığını ve sonra kendisinin kısa dönem hafıza deposu adını verdiği bir depoya geçirildiğini anlar. Filtrelemenin de bu evrede gerçekleştiğine inanmaktadır. Bilginin dikkat için ne zaman ve nasıl elendiği ile ilgili tanımı "Broadbent Filtre Modeli" olarak tanınır ve sadece teoriyi pratikle birleştirmesiyle değil, beynin işleyişini bir tür bilgi işleme gibi değerlendirmesiyle de deneysel psikolojiye tamamıyla yeni bir yaklaşım getirmiştir.

Kokteyl partisi problemi

Seçici dikkat sorununa parmak basan tek kişi Broadbent değildir. Bir diğer İngiliz psikolog, Colin Cherry de 1950'lerde bu konuyu araştırmıştır. Psikolojiden çok iletişim alanında çalışan Cherry "kokteyl partisi problemi" dediği konuyu ortaya atmıştır. Sorusu şudur: Pek çok insanın konuştuğu bir partide, bu konuşmalar arasından hangisine kulak verip hangisini yok sayacağımızı nasıl belirliyoruz? Ve dikkatimizi yoğunlaştırdığımız "A" konuşmasından "B" veya "C" konuşmalarına yönelmemiz nasıl mümkün oluyor?

Bu soruların yanıtını bulmak için Broadbent dikkatini kendi modelindeki filtrenin yapısına çevirir. Tam olarak hangi bilgileri filtrelemekte ve hangilerinin geçişine izin vermektedir? Başka bir özenli deney sürecinden sonra, elemenin yalnızca bilginin içeriği (ne söylendiği) ile değil, mesajların, sesin netliği veya tonu gibi fiziksel özellikleriyle de ilgili olduğunu bulur. Bu da bilginin kısa dönem hafızada, bir anlığına depolanmasına rağmen ancak filtrelendikten sonra anlam için işlenmekte ve gerçekten anlaşılmakta olduğunu düşündürmektedir. Bu bulgu hava trafik kontrolüne uyguladığında önemli çıkarımları olur. Örneğin kararlar, olası ilgisiz ve yanlış bilgi üzerinden değil, anlam ve önemine göre öncelik kazanarak verilebilecektir.

Broadbent ve Cherry filtreleme sürecini test etmek için pek çok çift kulaklıklı dinleme deneyinde birlikte çalışırlar. Filtrelemenin beklentilerden de etkilendiğini fark ederler. Bir deneyde, katılımcılardan her bir kulağa eşzamanlı olarak aktarılan farklı sayı setlerini dinlemeleri istenir. Bazı deneklere ilk önce hangi kulaklarının (bilgi kanalı) sorulacağı söylenir, diğerleri ise hiçbir talimat almazlar. Sonuçlar, ilk önce hangi bilgi aktarılan kulağın sorulacağını bilen kişilerin dikkatlerini o kulağa yönelttiklerini ve diğer kulağa aktarılan bilginin hafızada doğru olarak kaydedilmediğini gösterir. Tüm deneklerin ilk önce hatırlamalarının istendiği veya kendi seçtikleri bilgiyi daha sonrakilerden daha

> İki sesten biri, doğruluğuna bakılmaksızın, cevaplanmak üzere seçilir, diğeri göz ardı edilir.
> **Donald Broadbent**

doğru biçimde hatırladıkları görülür. Bunun, denek onu bulup çıkarmaya çalışmadan önce bilginin parçalarının kısa dönem hafızadan kaybolmasına bağlı olduğu düşünülür. 1957'de Broadbent şöyle yazmıştır: "Tek seferde sadece bir sesi dinleyebiliriz ve en iyi hatırladıklarımız ilk duyduklarımızdır".

Modeli değiştirmek

Broadbent 1958'de araştırmalarının sonuçlarını *Algı ve İletişim* adlı kitabında yayımlar. Kitap dikkat, anlama ve hafıza üzerine araştırmanın çerçevesini anahatlarıyla etkili biçimde çizmektedir ve zamanlaması da dikkate değerdir çünkü ABD'de davranışçılığın önemi hakkındaki düşünce ayrılıklarının baş göstermeye başladığı bir döneme denk gelmiştir. Kitap yavaş yavaş yeni bilişsel psikoloji gelişiminde dönüm noktalarından biri haline gelir. Sonuç olarak Broadbent kamuoyu tarafından değilse de meslektaşları tarafından Britanya'nın ilk önemli psikologu olarak tanınır ve aynı yıl Bartlett'in yerine APU'nun direktörlüğü ile ödüllendirilir.

Ancak yaptıklarıyla yetinmeyen Broadbent bu yeni görevi dikkat üzerindeki çalışmalarını sürdürmek, araştırmasının kapsamını genişletmek ve kuramını geliştirmek için bir fırsat olarak görür. Filtre modelinin başlangıç noktasından kokteyl partisi problemine ve Cherry'nin dikkat için seçilen bilginin yapısını araştırmak olarak tanımladığı olguya döner. Kulak misafiri olunan bir konuşma, bir kişi için özel önem taşıyan bilgiler –örneğin adı– içeriyorsa, dikkat, daha önce odaklandığı konuşmadan ayrılıp o konuşmaya kaymaktadır.

APU'da daha sonra yapılan çift kulaklıklı dinleme deneyleri Cherry'nin bulgularını doğrulamaktadır: Dikkat, hafıza depolarındaki geribildirimleri, önceki deneyimleri ve beklentileri de kullanarak, fiziksel özellikler ama aynı zamanda anlam bakımından da filtrelenmektedir. Örneğin siren sesi tüm dikkatleri o sese çevirir. Bu da bilginin dikkat verilmek üzere seçilmeden önce, bir şekilde anlaşıldığını düşündürmektedir.

Broadbent filtre modelinin değiştirilmesi gerektiğini fark eder ama bu değişiklikleri yapmak zorunda olmaktan canı sıkılacak yerde hoşnut kalmıştır. Bir bilim

Bir kokteyl partisindeki insanlar bir konuşmayı dinliyor olabilirler ama sonra, kişisel olarak önemli buldukları bir başka konuşmanın farkına varırlar (ve dikkatleri oraya kayar).

> Psikolojik bir kuramın denenmesi, ahlaki gerekçesi gibi, somut, pratik durumlara uygulanmasında yatar.
> **Donald Broadbent**

Broadbent'e göre karmaşık sanayi işlemleri, psikolojinin uygulanması yoluyla verimlilik dönüştürülebilirler. Broadbent kendini bu konuda gerçekten yararlı araştırmalar yapmaya adamıştır.

adamı olarak tüm bilimsel kuramların geçici olduğunu, ortaya atıldıkları zaman erişilebilen kanıtlardan türetildiklerini, bu yüzden de yeni kanıtların ışığında değişime açık olduklarını ve bilimin böyle ilerlediğini bilmektedir.

APU'nun çalışmaları Broadbent'in dikkat araştırmasını merkez almıştır ama bu da sürekli genişleyen bir uygulama alanları yelpazesine yol açmıştır. Broadbent çalışmalarının pratikte yararlı olmasını garanti etmek için dur durak bilmeden çalışmaktadır; çalışma ortamlarındaki dikkat üzerinde ses, ısı ve stresin etkilerini inceler ve araştırmaları sırasında düşüncelerini de sürekli olarak yeniden değerlendirir. Zamanla fikirleri için devletin desteğini ve buluşlarının işe yaradığı pek çok sanayi dalının da itibarını kazanır. Bu destek, bireyler arasında dikkat farklılıkları, dikkat kaymaları ve nedenleri gibi alanlarda daha fazla araştırma yapılmasıyla sonuçlanır. Her seferinde deneylerinin sonuçları kuramlarının gelişmesine yol açmaktadır. 1971'de filtre kuramının genişletilmiş ve ayrıntılı bir versiyonu olan ikinci kitabı *Karar ve Stres*'i yayımlar. Önceki gibi bu kitap da bilişsel psikolojinin klasik kitaplarından biri olur.

Bilişsel yaklaşım

Broadbent'in kitapları halka ulaşmamaktadır ama farklı disiplinlerden pek çok bilim insanı tarafından okunur. İnsan beyninin işleyişi ile elektronik makineler arasındaki kıyaslaması, bilgisayarlara olan ilgi arttıkça popülerleşmiştir. İnsan bilgi işleminin çeşitli evrelerini –edinme, depolama, bulup çıkarma ve kullanma– içeren modeli zamanında yapay araştırmalarında etkili olmuştur.

Bilişsel bilimin gelişimini şekillendirmeye yardımcı olan Bilişsel Bilim ve İnsan-Bilgisayar Etkileşimi Üzerine Birleşik Kurul İnisyatifi'nin başlatılmasında büyük rolü olmuştur. Çalışmaları aynı zamanda uygulamalı psikolojiyi sorun çözmede önemli bir yaklaşım haline getirmiş, etkisini laboratuar sınırlarının dışına çıkararak artırmıştır. Bilişsel psikolojinin yerleşmesinde önemli bir figür olan Broadbent'in araştırmaları, bugün de zengin sonuçlar alınmaya devam edilen yeni bir sorgu alanı için zemin hazırlamıştır. ■

> Onun psikolojisi topluma ve sorunlarına yönelikti, sadece fildişi kulelerinde oturanlara değil…
> **Fergus Craik and Alan Baddely**

ZAMANIN OKU ÇEMBER ÇİZER

ENDEL TULVING (1927–)

KISACA

YAKLAŞIM
Bellek çalışmaları

ÖNCE
1878 Hermann Ebbinghaus, insan belleğinin ilk bilimsel çalışmasını yapar.

1927 Bluma Zeigarnik, müdahale edilen işlerin edilmeyenlere göre daha iyi hatırlandığını tanımlar.

1960'lar Jerome Bruner, öğrenme sürecinde organizasyon ve sınıflandırmanın önemini vurgular.

SONRA
1979 Elizabeth Loftus, *Görgü Tanığı İfadeleri* kitabında bellek bozulmalarını inceler.

1981 Gordon H. Bower, olaylarla hafızadaki anılar arasındaki bağlantıyı kurar.

2001 Daniel Schacter, *Belleğin Yedi Günahı: Zihin Nasıl Unutur ve Hatırlar?*'ı yayımlar.

Olaysal bellek uzun süreli bellekte depolanan olaylar ve deneyimlerden oluşur.

Uzun dönem hafızamızın gerçekler ve bilgileri depoladığı **anlamsal bellekten** ayrıdır.

Deneyimlerimizin anıları **belli zaman ve yerlerle birleştirilmiştir** ve bu ipuçlarıyla tetiklenebilirler.

Görünüşe göre belli bir şarkı ya da koku gibi bağlantılı **duyumsal ipuçları** da geçmiş olayların tam anılarını hatırlamamıza yardımcı olmaktadır.

Sadece insanlar, deneyimlerini bu şekilde yansıtmak üzere **"zamanda geriye yolculuk"** yapabilirler...

...sanki zamanın oku çember çizermiş gibi.

Bellek, felsefeyle psikoloji arasında köprü durumundaki bilinç kavramıyla yakından ilgili olduğu için psikologların 19. yüzyıldaki ilk araştırma alanlarından biri olmuştur. Özellikle Hermann Ebbinghaus, araştırmalarının büyük bölümünü hafıza ve öğrenme ile ilgili bilimsel araştırmalara ayırmıştır. Ancak bir sonraki nesilde psikologlar ilgilerini davranışçı öğrenme araştırmalarına çevirmişlerdir ve araştırmalarının odağına hafıza yerine "koşullandırma"yı yerleştirmişlerdir. Bluma Zeigarnik ve Frederic Bartlett'in 1920'ler ve 30'larda yaptıkları tek tük çalışmalar dışında, II. Dünya Savaşı sonrasında ortaya çıkan "bilişsel devrim"e kadar hafıza, büyük ölçüde ihmal edilmiş bir konu olmuştur. Bilişsel psikologlar beyni bir bilgi işlemci olarak incelemeye başlamışlar, bu da anıların saklanması için bir model oluşturmuştur: Bu, bazı unsurların kısa süreli bellekten ya da çalışan bellekten uzun süreli belleğe geçtiği bir işlem gibi görülmüştür.

Endel Tulving 1957'de doktorasını tamamladığında bellek bir kez daha merkezi bir çalışma alanı olmuştur. Olanakların yetersizliği nedeniyle görsel algı çalışmalarını bırakmak zorunda kalan Tulving dikkatini hafızaya çevirmiştir. Kaynak eksikliği de konuya yaklaşımını şekillendirmiştir; bellek deneyleri tasarlamak için bir kalem, biraz kâğıt ve bir dizi fiş yeterli olmaktadır.

Serbest hatırlama

Çalışmaları ilerledikçe konu hakkında daha çok şey öğrenen

Ayrıca bkz. Hermann Ebbinghaus 48–49 ▪ Bluma Zeigarnik 162 ▪ George Armitage Miller 168–73 ▪ Gordon H. Bower 194–95 ▪ Elizabeth Loftus 202–07 ▪ Daniel Schacter 208–09 ▪ Roger Brown 237 ▪ Frederic Bartlett 335

Tulving, zaman zaman meslektaşlarının eleştirilerine maruz kalma ve sonuçlarını yayımlamakta zorlanma pahasına alışılmışın dışında bir yol izlemektedir. Ancak başına buyruk içgüdüleri onu gerçekten yenilikçi araştırmalara yönelmiştir. 1960'ların başında bir sınıf dolusu öğrenci için alelacele tasarlanmış, plansız bir gösteri, sonraki pek çok deneyi için model oluşturmuştur. Öğrencilere 20 tane rastgele seçilmiş günlük kelime okumuş ve sıralamasına bakmaksızın hatırlayabildikleri kadarını yazmalarını istemiştir. Beklediği gibi çoğu öğrenci listenin yaklaşık yarısını hatırlayabilmiştir. Daha sonra öğrencilere, "Listede hiç renk yok muydu?" gibi ipuçları vererek hatırlayamadıkları kelimeler hakkında sorular sormuştur. Öğrenciler büyük çoğunlukla doğru cevapları verebilmişlerdir.

Tulving "serbet hatırlama" yöntemi üzerine bir dizi deney geliştirmiştir. Bu deneyler sırasında insanların kelimeleri anlamlı kategoriler halinde sınıflandırmaya eğilimle olduklarını, bilgiyi ne kadar iyi düzenleyebilirlerse o kadar iyi hatırlayabildiklerini fark etmiştir. Denekler, ayrıca kelimeleri zihinlerine dosyalarken kullandıkları kategori ile ilgili bir ipucu verildiğinde (örneğin "hayvanlar" gibi) kolayca hatırlayabilmektedirler. Tulving listeden ezberlenen tüm kelimelerin hatırlanmaya müsait olmalarına rağmen konularına göre düzenlenen kelimelerin, özellikle uygun ipuçları verildiğinde bellekte daha kolay erişilebilir oldukları sonucuna varmıştır.

Bellek tipleri

Önceki psikologlar bilgi depolamaya ve bu süreçteki başarısızlıklara yoğunlaşmışken, Tulving iki farklı süreç –depolama ve geri alma– arasında bir ayrım yapmış ve ikisi arasındaki bağlantıyı göstermiştir. Araştırmaları sürerken, Tulving farklı tiplerde hafızalar olabileceği gerçeği ile karşılaşmıştır. Kısa ve uzun süreli bellek ayrımı çoktan yapılmıştır, ancak Tulving birden fazla uzun süreli bellek olduğunu düşünmektedir. Bilgi temelli (gerçekler ve veriler) anılarla deneyim temelli (olaylar ve konuşmalar) anılar arasında bir ayrım olduğunu görmüştür. Uzun süreli belleği iki farklı türe ayırır: gerçeklerin hafızası anlamsal bellek ve kişisel geçmişimizle olayların saklandığı olaysal bellek.

Tulving'in deneyleri, kelime listeleri gibi anlamsal bilgilerin organizasyonunun anımsamaya yardımcı olduğunu ve aynı şeyin olaysal bellek için de geçerli

Tulving'in serbest hatırlama deneylerinde katılımcılardan gelişigüzel bir listeden mümkün olduğu kadar fazla kelime hatırlamaları istenir. "Unutulan" kelimeler genellikle kategorik ipuçları ile hatırlanırlar. Bellekte saklanmaktadırlar ama geçici olarak erişim dışıdırlar.

Düğünler gibi duygusal olaylar olaysal anıların doğmasına neden olur. Bunlar öyle bir şekilde depolanırlar ki kişi olayı hatırlarken yeniden yaşayıp bir tür "zaman yolculuğu" yapar.

> Hatırlama zihinsel bir zaman yolculuğudur.
> **Endel Tulving**

olduğunu gösterir. Ancak anlamsal anılar konularına göre anlamlı kategorilere ayrılırlarken, olaysal anılar ilk depolandıkları zamanki belli zaman ve şartlarla ilişkilendirilirler. Örneğin bir doğum günü yemeği sırasında gerçekleşen belli bir konuşma ve nelerin söylendiği ile ilgili anı o olayla bağlantılı olarak depolanır. Tıpkı "şehir" kategorisinin "Pekin"le ilgili bir anlamsal anıyı hatırlamak için bir ipucu olması, "40. doğum günü"nün o akşam yemekte konuşulanları geri almak için bir ipucu görevi görebilir. Bu otobiyografik anılar zaman ve oldukları yerin şartlarıyla ne kadar güçlü biçimde bağlantılı olurlarsa, o kadar kolay hatırlanırlar. Unutulmayacak bir olay olduğunda –11 Eylül saldırısı gibi– saklanan anılar da "flaş bellek" anılar için uç bir örnek teşkil eder.

Tulving olaysal anıları hatırlamayı, bizi geçmişte olayın yaşandığı ana götüren "zihinsel bir zaman yolculuğu" olarak tanımlar. Sonraki çalışmalarında olaysal belleğin, nesnel bir zaman algısı sunmakta emsalsiz olduğuna işaret eder. İnsanlara özel biçimde, sadece neler olduğunun farkında olmayı değil, aynı zamanda neler olabileceğinin farkındalığını da içerir. Bu emsalsiz beceri, bizim hayatlarımızı derinlemesine düşünmemizi, gelecek için endişelenmemizi ve planlar yapmamızı sağlar. İnsanoğlunun "zaman içindeki devamlı varoluşunun farkında olmanın tüm avantajını kullanmasını" mümkün kılan ve doğal dünyayı sayısız medeniyet ve kültürden birine dönüştürmemizi sağlayan da budur. Bu beceri sayesindedir ki zamanın oku bir çember çizmektedir.

Bilgi kodlama

Tulving hem anlamsal hem de olaysal anıları hatırlamakta en önemli unsurun organizasyon olduğunu ve beynin bilgiyi, özel gerçekler ve olayları ilgili ögelerle "sınıflandırarak" düzenlediğini fark etmiştir. Bu durumda, uygun

Endel Tulving

Estonya, Tartu'da bir yargıcın oğlu olarak doğan Endel Tulving, erkek çocuklar için özel bir okulda eğitim alır ve örnek bir öğrenci olmasına rağmen akademik konulardan çok sporla ilgilenir. 1944'te Rusya işgal edildiğinde, o ve ağabeyi eğitimlerini tamamlamak için Almanya'ya kaçarlar ve Stalin'in dokuz yıl sonraki ölümüne dek ailelerini bir daha görmezler. II. Dünya Savaşı'ndan sonra Tulving, Amerikan ordusu için çevirmen olarak çalışır ve tıp fakültesine devam eder. 1949'da Kanada'ya gider, Toronto Üniversitesi'ne kabul edilir ve 1953'te psikolog olarak mezun olur, yüksek lisansını da 1953'te alır. Daha sonra Harvard'a giderek görsel algı üzerine doktorasını bitirir. 1956'da Toronto Üniversitesi'ne dönerek bugüne dek ders vermeye devam eder.

Önemli eserleri

1972 *Hafızanın Organizasyonu*
1983 *Olaysal Belleğin Unsurları*
1999 *Hafıza: Bilinç ve Beyin*

kategoriye yönlendirme yoluyla belirli bilgileri hatırlama kolaylaşmaktadır – beyin aradığı anı için "nereye bakacağını bilir" ve araştırmasını daraltabilir. Tulving'e göre bundan çıkarılacak sonuç şudur: Beyin uzun dönem hafızada saklanması için her anıyı kodlamakta ve böylece belli anılar daha genel bir ipucu ile anımsanabilecekleri konumlara yerleştirilmektedirler. Olaysal belleği harekete geçiren ipuçları genellikle duyumsaldır. Bir müzik parçası gibi belli bir ses veya bir koku tüm hafızayı tetikleyebilir.

Tulving'in "kodlama özgüllüğü ilkesi" özellikle olaysal bellek için geçerlidir. Geçmişteki belli olaylar, aynı zamana ait diğer anılarla birlikte, gerçekleştikleri zamana göre kodlanırlar. Tulving herhangi bir olaysal anıyı geri almadaki en etkili ipucunun o anıyla en çok örtüşen olduğunu, çünkü söz konusu ipucunun o anıyla birlikte depolandığını bulmuştur. Geri alma ipuçları olaysal belleğe ulaşmak için gerekli ama her zaman yeterli değildir, çünkü bazen bilgi uzun süreli belleğe kaydedildiği ve mevcut olduğu halde olayla arasındaki bağlantı

> "Belleğin davranışıyla ilgili bildiklerimizi temelde yatan sinir yapılarıyla birleştirmek ilk anda akla gelmez."
> **Endel Tulving**

Farklı tipte hafızalar, Tulving'e göre fiziksel olarak ayrıdırlar çünkü her biri çok farklı bir biçimde davranır ve işler.

anıyı hatırlamaya yetecek kadar yakın olmayabilir.

Önceki bellek kuramlarının tersine Tulving'in kodlama ilkesi mevcut hafızayla erişilebilir hafıza arasında bir ayrım yapar. Bir kişi bir bilgiyi hatırlayamadığında bu, o bilginin uzun süreli bellekten silindiği veya yok olduğu yani "unutulduğu" anlamına gelmez; hâlâ orada ve hâlâ erişilebilir olabilir – sorun geri almadadır.

Hafızayı taramak

Tulving'in hafızada depolama ve geri alma araştırmaları psikolojik çalışmalar için tamamen yeni bir alanın açılmasına neden olmuştur. 1970'lerde yayınlanan bulguları zamanlama olarak, pek çok bilişsel psikologun kuramlarını, yeni bulunan beyin görüntüleme tekniklerini kullanarak sinirbilimi ile doğrulama kararlılıklarına denk gelmiştir. Tulving sinirbilimcilerle beraber beynin hafızayı kodlama ve geri alma sırasında aktif olan alanlarının haritasını çıkarmayı ve bu olaysal belleğin orta şakak lopu, özellikle de hipokampusla ilişkili olduğunu saptamayı başarmıştır.

Kısmen alışılmamış ve basit yaklaşımına bağlı olarak Tulving aralarında eski öğrencilerinden Daniel Schacter'in de bulunduğu diğer psikologlara ilham kaynağı olan yenilikçi içgörüler ortaya atmıştır. Tulving'in depolama ve geri alma üzerine odaklanması hafıza hakkında yeni bir düşünce biçiminin ortaya çıkmasını sağlamıştır ama alana katkı anlamındaki esas büyük buluşu anlamsal ve olaysal bellekler arasındaki ayrımdır. Bu buluş, kendisinden sonraki psikologların, işlemsel bellek (bir şeyin nasıl yapıldığını hatırlamak) gibi kavramları ve (bilinçli şekilde farkında olduğumuz) açık bellekle (bilinçli farkındalığımıza girmeyen ama yine de bizi etkilemeye devam eden) örtülü bellek arasındaki farkı dahil ederek modelin karmaşıklığını arttırmalarına imkân tanımıştır. Bu başlıklar günümüzde de hâlâ bilişsel psikologların ilgisini çekmeye devam etmektedir. ■

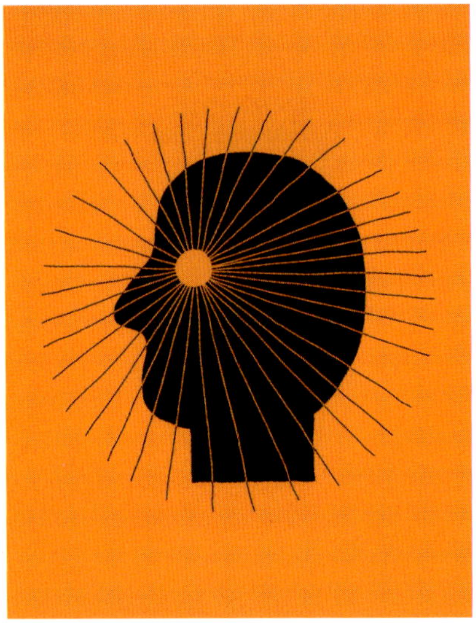

ALGI DIŞARIDAN YÖNLENDİRİLEN HALÜSİNASYONDUR

ROGER N. SHEPARD (1929–)

KISACA

YAKLAŞIM
Algı

ÖNCE
1637 René Descartes *Yöntem Üzerine Konuşma* adlı eserinde duyularımızın aldatılabileceklerini ancak bizim doğuştan bilgiye sahip, düşünen varlıklar olduğumuzu öne sürer.

1920'ler Gestalt kuramcıları görsel algıyı araştırırlar ve insanların nesneleri, çeşitli parçalardan oluşan birleşmiş bir bütün olarak görme eğiliminde olduklarını bulurlar.

1958 Donald Broadbent'in kitabı *Algı ve İletişim*, algı psikolojisine gerçek anlamda bilişsel bir yaklaşımı tanıtır.

SONRA
1986 Amerikalı deneysel psikolog Michael Kubovy, *Algı Psikolojisi ve Rönesans Sanatı*'nı yayımlar.

Zihnin dış dünyadan toplanan bilgileri nasıl kullandığı tarih boyunca filozofların ve psikologların uğraştığı en önemli konulardan biri olmuştur. Duyularımız aracılığıyla kazandığımız bilgileri tam olarak nasıl kullanıyoruz? 1970'lerin başında bilişsel ve matematik psikologu olan Roger Shepard beynin "duyu verilerini" nasıl işlediğiyle ilgili yeni kuramlar öne sürmüştür.

Shepard beynimizin sadece duyu verilerini işlemekle kalmayıp aynı zamanda nesneleri üç boyutlu olarak gözümüzde canlandırabileceğimiz bir iç fiziksel dünya modelini temel alarak onlardan anlam çıkardığını savunur. Bunu kanıtlamak için kullandığı ve katılımcıların –farklı açılardan çizilmiş– iki masanın aynı olup olmadığını bulmaya çalıştıkları deney, beynimizin masalardan birini zihin gözümüzde Shepard'ın "zihinsel rotasyon" adını verdiği biçimde döndürebilme becerisine sahip olduğunu kanıtlamıştır.

Shepard beynimizin duyu verilerini hem dış dünya bilgisi hem de zihinsel görüntüleme kullanarak yorumladığını göstermek için bir dizi optik (ve işitsel) illüzyon kullanır. Ona göre algı "dışarıdan yönlendirilen halüsinasyondur" ve rüya görme ve halüsinasyon süreçlerini de "içerden taklit edilen algı" olarak tanımlar.

Shepard'ın araştırmaları zihinsel simgelerin ve süreçlerin gizli yapısını tanımlamada devrimsel teknikler tanıtmıştır. Görsel ve işitsel algı, zihinsel görüntü ve simgeleme üzerine çalışmaları yeni nesil psikologlara ilham kaynağı olmuştur. ■

Optik illüzyon sadece algılamadığımızı aynı zamanda duyusal verileri zihin gözümüzle anlamış olduğumuz şeye uydurmaya çalıştığımızı göstererek, görende karmaşa yaratır.

Ayrıca bkz. René Descartes 20–21 ▪ Wolfgang Köhler 160–61 ▪ Jerome Bruner 164–65 ▪ Donald Broadbent 178–85 ▪ Max Wertheimer 335

SÜREKLİ NEDENSEL BAĞLANTILAR ARAYIŞINDAYIZ

DANIEL KAHNEMAN (1934–)

KISACA

YAKLAŞIM
Beklenti kuramı

ÖNCE
1738 Hollandalı-İsviçreli matematikçi Daniel Bernoulli beklenen fayda hipotezinin risk içeren durumlarda karar alma tercihlerini açıklayacağını öne sürer.

1917 Wolfgang Köhler, şempanzeler üzerinde yürüttüğü problem çözme araştırmasını içeren *Maymunların Mentalitesi*'ni yayımlar.

1940'lar Edward Tolman'ın hayvan davranışı üzerine çalışmaları motivasyon ve karar vermeyi içeren yeni bir araştırma alanı açar.

SONRA
1980 Amerikalı ekonomist Richard Thaler davranışsal ekonomi üzerine ilk çalışması olan *Tüketici Seçimlerinde Pozitif Kurama Doğru*'yu yayımlar.

Yakın zamana kadar risk algılarımız ve karar verme yöntemlerimizin psikolojiden çok olasılık ve istatistikle ilgili olduğu düşünülmüştür. Ancak bilişsel psikoloji ve zihinsel süreçler üzerine yaptığı vurgu, sorun çözme alanına bazı şaşırtıcı sonuçlarla beraber algı ve yargıyı da dahil etmiştir. İsrail asıllı Amerikalı Daniel Kahneman, Amos Tversky ile birlikte yazdığı *Belirsizlik Karşısında Karar Verme Davranışları: Kestirme Yollar ve Önyargılar*'da belirsizlikle karşılaştığımızda nasıl karar aldığımızla ilgili kuramları yeniden incelemişlerdir. İnsanların istatistik ve olasılığa dayanan kararlar verdiklerine dair genel inancın aslında doğru olmadığını bulmuşlardır. Bunun yerine, insanlar kararlarını belli denemelere ve küçük örneklere dayanan pratik usulle vermektedirler. Dolayısıyla, gerçek olasılıklara değil, kolaylıkla akla gelen bilgilere dayanarak alındıkları için kararlar sıklıkla yanlış olabilmektedir.

> İnsanların çoğu rulet tekerleğinde uzun süre kırmızı geldiğini gözlemdikten sonra hatalı biçimde sıranın siyaha geldiğine inanırlar.
> **Daniel Kahneman & Amos Tversky**

Kahneman ve Tversky bu deneyim temelli sorun çözme yönteminin bir modeli olduğunu fark ederler: (Uçak kazaları gibi) düşük olasılıklı durumların olabilirliğini abartmaya ve (içkili araba kullanırken kaza yapmak gibi) daha yüksek olasılıklı durumların olabilirliğini azımsamaya meyilliyizdir.

Bu bulgular Kahneman ve Tversky'nin 1979'da öne sürdükleri beklenti kuramının temelini oluşturur ve davranışsal ekonomi olarak bilinen ortak psikoloji alanının doğmasına neden olmuştur. ■

Ayrıca bkz. Edward Tolman 72–73 ▪ Wolfgang Köhler 160–61

OLAYLAR VE DUYGULAR HAFIZAYA BİRLİKTE DEPO EDİLİRLER

GORDON H. BOWER (1932–)

KISACA

YAKLAŞIM
Hafıza çalışmaları

ÖNCE
1927 Bluma Zeigarnik müdahale edilen işlerin edilmeyenlerden daha iyi hatırlandığını söyleyen “Zeigarnik etkisi”ni tanımlar.

1956 George Armitage Miller'ın *Sihirli Rakam Yedi, Artı veya Eksi İki*'si kısa dönem hafızada saklanma için bilişsel bir model sunar.

1972 Endel Tulving anlamsal ve olaysal bellek arasındaki ayrımı yapar.

SONRA
1977 Roger Brown, yüksek derecede duygusal olaylarla bağlantılı otobiyografik hafıza için “flaş bellek” terimini kullanır.

2001 Daniel Schacter hafızanın yanılabileceği biçimleri sınıflandıran *Hafızanın Yedi Günahı*'nı yayınlar.

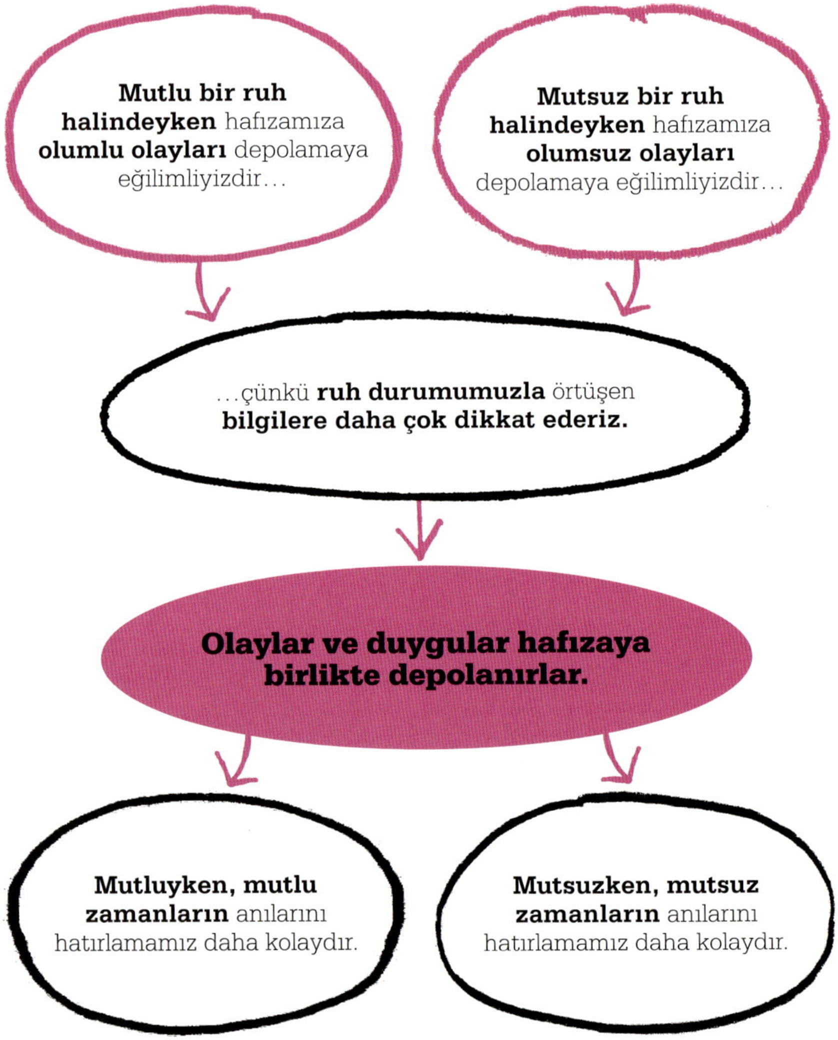

Ayrıca bkz. Bluma Zeigarnik 162 ▪ George Armitage Miller 168–73 ▪ Endel Tulving 186–91 ▪ Paul Ekman 196–97 ▪ Daniel Schacter 208–09 ▪ Roger Brown 237

1950'ler hafıza çalışmalarına ilginin yeniden canlanmasına tanıklık etmiştir. Bilginin nasıl seçildiğini, düzenlendiğini, saklandığını ve bulup geri alındığını açıklamak için kısa ve uzun dönem hafızanın giderek karmaşık modelleri geliştirilmiştir. Anıların unutulma ve bozulma yöntemleri de tanımlanmıştır.

Hafıza ve ruh hali

1970'lerle birlikte öğrenme kuramı ve hafıza üzerine yoğunlaşan araştırmalar, neden bazı anıların daha iyi saklandıkları veya diğerlerinden daha kolay hatırlandıkları konusuna kaymıştır. Bu alandaki en önemli psikologlardan biri olan Gordon H.Bower duyguların hafıza üzerinde etki bıraktığını fark etmiştir. Bower, deneklerin farklı ruh hallerindeyken öğrendikleri kelime listelerini ve daha sonra bunları, yine farklı duygusal durumlardayken hatırlamalarını içeren deneyler yürütmüştür. "Ruh haline bağlı geri alma" adını verdiği kuramı, kişinin mutsuzken öğrendiği bir şeyi, yine mutsuzken hatırlamasının daha kolay olduğunu söyler. Bower duygusal durumumuzla etrafımızda olanlar arasında bir bağ kurduğumuzu ve bu duygularla bilgilerin hafızada birlikte depolandığı sonucuna varmıştır. Anıları hatırlarken ruh durumumuz, bu olayların olduğu zamanki ruh durumumuzla aynı olduğunda hatırlamak daha kolaylaşmaktadır.

Bower aynı zamanda duyguların, beynin depoladığı bilgilerin türünde de rol oynadığını keşfetmiştir. Mutlu olduğumuzda olumlu şeyleri fark ettiğimizi –ve dolayısıyla hatırladığımızı– üzgün olduğumuzda ise olumsuz şeylerin dikkatimizi çektiğini ve hafızaya daha kolay işlendiklerini gözlemlemiştir. Örneğin Bower, mutsuz insanların acılı bir hikâyenin detaylarını, onu okudukları sırada mutlu olanlara göre daha iyi hatırladıklarını bulmuştur. Buna "ruhsal duruma uygun işleme" adını verir ve özellikle –sadece kelimeler ve gerçekleri değil olayları da içeren– olaysal hafızanın duygularla ilişkili olduğu sonucuna varmıştır. Olaylarla duygular birlikte saklanırlar ve biz anılarımızı, hem olayın olduğu andaki hem de onu hatırladığımız andaki ruh durumumuzla örtüştüğü zamanlarda en iyi hatırlarız.

Buluşları onu, çeşitli duygusal durumlardaki insanlarla çalışmaya, bu insanların başkalarıyla videoya çekilmiş etkileşimlerini geriye dönük biçimde gözlemlemeye yöneltmiştir. Geçmiş davranışların anıları ve kararları mevcut ruh durumuyla çeşitlenmektedir. Bu araştırma Bower'ın duygular ve hafıza hakkındaki düşüncelerini geliştirmesine yardımcı olmuş ve duyguların yaşamlarımızdaki rolünün daha ileri aşamalarda psikolojik olarak incelenmesi için öncülük etmiştir. ▪

Bower'a göre huzurlu bir tatili mutlu bir ruh halinde olduğumuz zaman daha kolay hatırlarız. Tatilin kötü anıları unutulmaya daha yatkındır ya da sadece mutsuz olduğumuz durumlarda hatırlanır.

Gordon H. Bower

Gordon Bower ABD, Ohio, Scio'da büyümüştür. Lisedeyken çalışmaktan çok beyzbol oynamakla ve caz müzik yapmakla ilgilenir, ta ki bir öğretmeni onu Sigmund Freud'un eserleriyle tanıştırana kadar. Cleveland'daki Case Western Reserve Üniversitesi'nde psikoloji eğitimi alır ve öğrenme kuramı üzerine doktorasını da 1959'da Yale'de tamamlar.

Yale'den California'daki Stanford Üniversitesi'nin uluslararası alanda tanınan psikoloji bölümüne geçerek 2005'teki emekliliğine kadar orada ders verir. Orada yaptığı araştırmalar bilişsel bilim alanının gelişmesine yardım etmiş ve Bower 2006'da bilişsel ve matematik psikolojisine yaptığı katkılar nedeniyle ABD Ulusal Bilim Madalyası'na layık görülmüştür.

Önemli eserleri

1966, 1975 *Öğrenme Teorileri*
1981 *Ruhsal Durum ve Hafıza*
1991 *Öğrenme Psikolojisi ve Motivasyon* (Volume 27)

> İlk deneyimleri mutlu olan insanlar mutlu olayları daha iyi öğrenirler; öfkeli insanlar öfke uyandıran olayları daha iyi öğrenirler.
> **Gordon H. Bower**

DUYGULAR KONTROLDEN ÇIKMIŞ TRENLERDİR

PAUL EKMAN (1934–)

KISACA

YAKLAŞIM
Duygu psikolojisi

ÖNCE
1960'lar Amerikalı antropolog Margaret Mead'in yalıtılmış kabile topluluklarına ilişkin yapılan araştırmaları yüz ifadelerinin kültüre özgü olduğunu öne sürer.

1960'lar Amerikalı psikolog Silvan Tomkins (Ekman'ın rehberi), seks ve korku gibi Freudyen itkilerden ayrı ve yaşama iradesi olarak Duyguların Etkisi Kuramı'nı tanıtır.

1970'lar Gordon H. Bower, duygusal durumlarla hafıza arasındaki bağlantıların üstünü açar ve bunları tanımlar.

SONRA
2000'ler Ekman'ın yüz ifadeleri ve aldatma üzerindeki çalışmalarının bulguları toplu taşıma araçları tarafından kullanılan güvenlik işlemleriyle birleştirilir.

Duygular ve özellikle duygusal bozukluklar, psikoterapide başlangıçtan itibaren önemli bir rol oynamışlar ancak kendi başlarına incelenecek unsurlar olmaktan çok tedavi edilmesi gereken semptomlar olarak görülmüşlerdir. Duyguların da düşünce süreçleri, itkiler ve davranışlar kadar ilgiyi hak ettiğini ilk fark edenlerden biri Paul Ekman'dır. Ekman konuya, sözel olmayan davranışlar ve yüz ifadeleriyle ilgili araştırması aracılığıyla giriş yapmıştır.

Ekman 1970'lerde araştırmasına başladığında, duygularımızı fiziksel ifadelerle göstermeyi, kültürden kültüre değişen bir dizi sosyal geleneğe göre öğrendiğimiz varsayılmaktaydı. Ekman dünyayı köşe bucak gezerek önce Japonya ve Brezilya gibi "gelişmiş ülkeler"deki, daha sonra Papua Yeni Gine gibi uzak, ıssız, dünyayla ilişkisi olmayan, radyo ve televizyonun olmadığı yerlerdeki insanları fotoğraflamış ve kabile insanlarının yüz ifadelerini küresel ülkelerdeki insanlar kadar yorumlayabildikleri sonucuna varmıştır. Bu da ona, yüz ifadelerinin insan evrimi-

Ayrıca bkz. William James 38–45 ▪ Sigmund Freud 92–99 ▪ Gordon H. Bower 194–95 ▪ Nico Frijda 324–25 ▪ Charlotte Bühler 336 ▪ René Diatkine 338 ▪ Stanley Schachter 338

Altı Temel Duygu

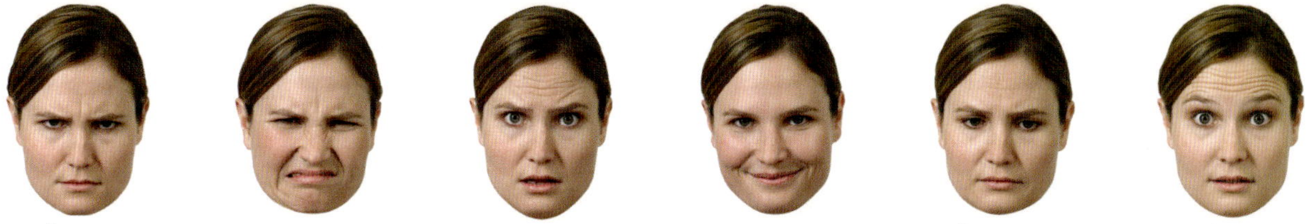

Öfke | Tiksinti | Korku | Mutluluk | Üzüntü | Şaşırma

nin evrensel ürünleri olduğunu düşündürmüştür.

Temel duygular

Ekman altı temel duygu –öfke, tiksinti, korku, mutluluk, üzüntü ve şaşkınlık– elde eder ve bunların her yerde görülmesi nedeniyle psikolojik oluşumumuzda önemli olmaları gerektiği sonucuna varır. Bu duygulara bağlı olan yüz ifadelerinin de istemsiz olduklarını –bu duygusal tepkileri tetikleyen şeylere otomatik olarak tepki veririz– ve bu tepkinin genellikle bilincimiz bu duyguyu kaydetmeye zaman bulamadan meydana geldiğini belirtir. Ekman sadece yüzümüzün duygusal durumumuzu ele verdiğini sonucuna varmamış, aynı zamanda bu istemsiz ifadelerden sorumlu olan duyguların, psikologların daha önce düşündüklerinden daha güçlü olduğu anlamını da çıkarmıştır.

Açığa Çıkan Duygular'da Ekman, duyguların seks, açlık ve hatta yaşama iradesi gibi Freudyen itkilerden daha güçlü olabileceklerini ifade eder. Örneğin rahatsızlık ya da korku, libidoya baskın çıkarak tatmin edici bir cinsel yaşama engel olabilir. Aşırı mutsuzluk yaşama iradesine baskın çıkabilir. Duyguların, "kontrolden çıkmış treni"nin gücü Ekman'ı duyguların daha iyi anlaşılması durumunda bazı zihinsel rahatsızlıların üstesinden gelinebileceğine ikna eder. Duygularımızı kontrol etmeyi başaramayabiliriz, ancak onları tetikleyen şeylerde ve bunların yol açtığı davranışlarda değişiklik yapabiliriz.

Duygular üzerindeki çalışmalarına paralel olarak Ekman, aldatma ve duygularımızı gizlemeye çalışma yöntemlerimizle ilgili araştırmalara da öncülük etmiştir. Ekman birinin bilinçli ya da bilinçdışı olarak bir şey gizlemeye çalıştığında saptanabilen, "mikro-ifadeler" adını verdiği küçük belirtileri de tanımlamıştır. Bunlar terörizmle savaşmak için güvenlik önlemleri planlamasında çok yararlı olmuşlardır. ▪

Paul Ekman

Paul Ekman New Jersey, Newark'ta doğmuş ve çocukluk yıllarını orada geçirmiştir. II. Dünya Savaşı'yla birlikte ailesi önce batıya, Washington eyaletine sonra Oregon'a ve son olarak Güney California'ya göç etmiştir. Ekman henüz 15 yaşındayken Chicago Üniversitesi'ne girmiş, orada Freud ve psikoterapi ile ilgilenmiş ve daha sonra New York'taki Adelphi Üniversitesi'nde klinik psikoloji üzerine doktorasını yapmıştır. Kısa süreliğine orduda görev aldıktan sonra San Fransisco, California Üniversitesi'ne (UCSF) geçmiş ve sözel olmayan davranışlar ve yüz ifadeleri üzerine araştırmasına başlamıştır. Bu çalışma onu, duyguların yüz ifadelerinin arkasına saklanması ile ilgilenmeye yöneltmiş ve sonunda Ekman o zamanlar hiç incelenmemiş olan bir alana, duyguların psikolojisine derinlemesine bir giriş yapmıştır. 1972'de UCSF'de psikoloji profesörü olmuş ve 2004'teki emekliliğine dek orada kalmıştır.

Önemli eserleri

1985 *Yalanlar Söylemek*
2003 *Açığa Çıkan Duygular*
2008 *Duygusal Farkındalık*

ESRİKLİK, ALTERNATİF GERÇEKLİĞE ATILAN BİR ADIMDIR

MIHALY CSIKSZENTMIHÁLYI (1934–)

KISACA

YAKLAŞIM
Pozitif psikoloji

ÖNCE
1943 Abraham Maslow'un *İnsan Motivasyonu Üzerine Bir Kuram*'ı hümanistik psikolojinin temellerini atar.

1951 Carl Rogers psikoterapiye hümanistik bir yaklaşım olan *Hasta Merkezli Terapi*'yi yayımlar.

1960'lar Aaron Beck, psikanalize alternatif olarak bilişsel terapiyi tanıtır.

1990'lar Martin Seligman, "öğrenilmiş çaresizlik"ten ve depresyondan "pozitif psikoloji"ye döner.

SONRA
1997 Csikszentmihályi, William Damon ve Howard Garden'la birlikte *Good Work Project'ta çalışır; 2002'de İyi İş: Mükemmellik ve Etik Birleştiğinde ve İyi İşletme: Liderlik, Akış ve Anlam*'ı yayımlarlar.

"Bilişsel devrim" süresince klinik psikolojide, hastaları sadece rahatsızlıkları bağlamında görmekten farklı olarak daha bütüncü, hümanistik bir yaklaşım, giderek büyüyen bir hareket haline gelmiştir. Erich Fromm, Abraham Maslow ve Carl Rogers gibi psikologlar depresyon ve endişenin mutsuzluğundansa iyi ve mutlu bir hayatın neden oluştuğunu düşünmeye başlamışlardır. Buradan da iyi ve mutlu bir hayata ulaşma yöntemlerine yoğunlaşan "pozitif psikoloji" hareketi doğmuştur. Yeni psikolojinin merkezinde 1970'lerde Mihály Csikszentmihályi tarafından geliştı-

---

Hoşumuza giden bir faaliyetle meşgul olduğumuzda ve bu becerilerimizi yeterince zorladığında...

...o etkinliğin içine çekiliriz ve bir **"akış" durumuna** erişiriz ki o durumda...

... tamamen **odaklanırız.**

...dinginlik **hissederiz.**

...zamanüstü hissederiz.

...iç açıklığı duyarız.

Dahası, **kendimizin** ve çevremizdeki dünyanın **farkında olmayız.**

Akış, **esriklik durumuna** benzer.

Ayrıca bkz. Erich Fromm 124–29 ▪ Carl Rogers 130–37 ▪ Abraham Maslow 138–39 ▪ Aaron Beck 174–77 ▪ Martin Seligman 200–01 ▪ Jon Kabat-Zinn 210

İyi bir caz müzisyeni çalarken neredeyse trans benzeri bir duruma geçer. "Akış"ın esrik hissi ile sarılan müzisyen, müziği ve performansının içine çekilir.

rilen ve *Akış: Optimal Deneyimin Psikolojisi* adlı kitabında ayrıntılarıyla açıkladığı "akış" kavramı vardır. Bu fikri ona, gerek işlerinde gerek boş zaman faaliyetlerinde hayattan çok şey alır görünen insanlarla yaptığı görüşmeler vermiştir. Bu insanlar arasında sadece ressamlar ve müzisyenler gibi yaratıcı profesyoneller değil, aralarında cerrahlar, iş dünyasının ileri gelenleri ve sporda, oyunlarda tatmin bulan her kesimden insanlar bulunmaktadır. Csikszentmihályi sevdikleri ve iyi yaptıkları bir etkinlikle tamamen meşgul olduklarında tüm bu insanların benzer bir duygu hissettiğini keşfeder. Hepsi, içinde hiçbir benlik duygusu bulunmayan ve her şeyin kendilerine otomatik olarak geldiği bir zihin durumuna –bir "akış" hissine– ulaştıklarını bildirmişlerdir. "Bu, dikkati net biçimde tanımlanmış bir hedef üzerine daraltarak başlar. Yoğunlaşma, emilme, sarılma hissine kapılırız. Ne yapılması gerektiğini biliriz ve iyi yaptığımıza dair anında geribildirimler alırız". Bir müzisyen çaldığı notaların olması gerektiği gibi olup olmadığını bilir; bir tenisçi de vurduğu topun istediği noktaya ulaşıp ulaşmayacağını bilir.

Esriklik durumu

Akış yaşantılayan insanlar kendilerini ayrıca zamanın üstünde, net ve huzurlu hissettiklerini de söylerler ki bu, Csikszentmihályi'nin bu durumu esriklik (en gerçek anlamında, Yunanca ekstasis'den gelen "dışında tek başına olmak") haline benzetmesine neden olmuştur. Akışın keyfinin büyük kısmı günlük gerçekliğin dışında, sıradan hayatın gerekleri ve endişelerinden tamamen kopmuş olma hissidir. Csikszentmihályi'ye göre, akış, herhangi bir aktivitenin ve dolayısıyla tatmin edici bir hayatın optimal keyfine giden yoldur.

Peki ama akışa nasıl ulaşılabilir? Csikszentmihályi düzenli olarak bu esriklik durumuna erişen insanların vakalarını incelemiş ve bunun, faaliyetin zorluk derecesi kişinin becerileriyle denk geldiğinde oluştuğunu bulmuştur. Görev başarılabilirdir ama yeteneklerini genişletir ve tam bir yoğunlaşma talep eder. Sadece makul bir beceri ve zorluk dengesi akışa neden olabilir. Eğer kişinin becerileri göreve uygun değilse bu, kaygıya neden olur ve eğer görev çok kolay başarılabiliyorsa bıkkınlığa ve umursamazlığa yol açar.

Csikszentmihályi'nin akış kavramı pozitif psikolojinin diğer savunucuları tarafından hevesle alınmış ve bu yeni, iyimser yaklaşımın ayrılmaz bir parçası haline getirilmiştir. Csikszentmihályi akışı her türden faaliyet için hayati önemde görür; işi ödüllendirici ve anlamlı hale getirmede özellikle önemli olduğunu düşünür. ▪

Mihály Csíkszentmihályi

Mihály Csíkszentmihályi, babasının Macar bir diplomat olarak görev yaptığı İtalya, Fiume'de (günümüzde Hırvatistan, Rijeka) doğmuştur. Macaristan'ın 1948'de Komünistlerin eline geçmesinden sonra aile Roma'da sürgün kalır.

Genç Csíkszentmihályi, İsviçre'de Carl Jung tarafından verilen bir konferansa katılır ve bundan esinlenerek psikoloji eğitimi almaya karar verir. Bir bursla ABD'nin Chicago Üniversitesi'ne gelir; 1959'da mezun olur ve 1965'te de doktorasını alır. Henüz öğrenciyken yazar Isabella Selenga ile evlenir ve 1968'de ABD vatandaşı olur. Csíkszentmihályi 1969'dan 2000'e kadar Chicago Üniversitesi'nde kalarak öğretim üyeliğine ve "akış" üzerindeki çalışmalarına devam eder. 2000'de California'daki Claremont Üniversitesi'nde lisansüstü Psikoloji ve İşletme Profesörü olmuştur.

Önemli eserleri

1975 *Sıkıntı ve Endişenin Ötesinde*
1990 *Akış: Mutluluk Bilimi/Üst Düzey Yaşantının Psikolojisi*
1994 *Evrilen Benlik*
1996 *Yaratıcılık*

MUTLU KİŞİLER FAZLASIYLA SOSYALDİR

MARTIN SELIGMAN (1942–)

Şunlar üç tür mutlu hayattır:

İyi Hayat – kişisel gelişimi takip ederek "akış"a ulaşmak.

Anlamlı Hayat – sizden daha büyük bir şeyin hizmetinde görev almak.

Zevkli Hayat – sosyalleşme ve haz arama

Bunlar **kalıcı mutluluk getirirler** ancak bu mutluluk sosyal ilişkiler olmaksızın elde edilemez.

Sosyal ilişkiler büyük mutlulukları garanti etmez ancak onlar olmadan da ortaya çıkmaz.

KISACA

YAKLAŞIM
Pozitif psikoloji

ÖNCE
1950'ler Carl Rogers, "hasta merkezli" terapi kavramını ve uygulamasını geliştirir.

1954 Abraham Maslow, *Motivasyon ve Kişilik* adlı kitabında "pozitif psikoloji" terimini ilk kez kullanır.

1960'lar Aaron Beck, geleneksel psikanalitik terapinin zayıf noktalarını ortaya koyar ve bilişsel terapiyi öne sürer.

SONRA
1990 Mihály Csikszentmihályi, anlamlı, cazip faaliyetlerle mutluluk arasındaki bağlar üzerine yaptığı araştırmasını içeren *Akış: Optimal Deneyimin Psikolojisi*'ni yayımlar.

1994 Jon Kabat-Zinn, *Nereye Giderseniz, Oradasınız*'da stres, kaygı, acı ve hastalıkla başa çıkmak için "farkındalık meditasyonu" fikrini ortaya koyar.

Deneysel psikoloji, II. Dünya Savaşı'ndan sonra beynin bilişsel süreçleriyle derinden ilgilenmeye başlamış, kaygı psikoloji ise depresyon ve anksiyete gibi rahatsızlıkları tedavi yollarını incelemeye devam etmiştir. Yeni bilişsel terapiler, mutlu koşullar yaratmak ve teşvik etmek yerine, hâlâ geniş ölçüde mutsuzluk koşullarını hafifletmeye odaklanmaktadırlar. "Öğrenilmiş çaresizlik" kuramı (depresyon gibi hastalıklarda kötümser tutumlar edinmenin artışı), 1980'lerde çok başarılı tedavilere imza atan

Ayrıca bkz. Erich Fromm 124–29 ■ Carl Rogers 130–37 ■ Abraham Maslow 138–39 ■ Aaron Beck 174–77 ■ Mihály Csíkszentmihályi 198–99 ■ Jon Kabat-Zinn 210

> İyi sosyal ilişkiler ısıldüzenleme gibidir, insan ruhu için evrensel olarak önemlidirler.
> **Martin Seligman**

Martin Seligman'ın psikolojinin sunduğunun iyi olduğuna, ancak daha fazlasını sunabileceğine inanmaktadır. Terapinin "zayıflıkla olduğu kadar, güçlü olmakla uğraşması; yaşamdaki en kötüleri onarmak kadar en iyileri inşa etmekle de ilgilenmesi gerektiğini" düşünür. Felsefe eğitimi almış biri olarak, "pozitif psikoloji"sinin görevini Aristoteles'in *eudaemonia*'yı; yeni "mutlu hayatı" aramasına benzetir. Filozof öncülleri gibi Seligman da bunun, bizi mutsuz eden şeyleri hafifletme ya da yok etme sorunu olmadığını, bizi mutlu eden şeyleri teşvik etme –ve ilk önce bunların neler olduğunu keşfetme– sorunu olduğunu bulmuştur.

"Mutlu" hayatlar

Seligman çok mutlu, tatmin olmuş insanların başkalarıyla iyi geçindiklerini ve arkadaşlıktan hoşlandıklarını fark etmiştir. Onun tanımladığı üç ayrı tür "mutlu" hayattan biri olan "zevkli hayat"ı (diğer ikisi "iyi hayat" ve "anlamlı hayat"tır) sürdürmekte oldukları görülmektedir. Zevkli hayat, ya da mümkün olduğu kadar çok zevk peşinden koşmak, mutluluk getiriyor gibi görünür ama Seligman bunun kısa ömürlü olduğunu keşfetmiştir. İyi hayat ya da ilişkiler, iş ve oyunla meşgul olmak, daha derin ve kalıcı bir mutluluk verir. Benzer şekilde anlamlı hayat veya kendisinden üstün birine ya da birilerine hizmet etmek de büyük bir tatmin ve doyum sağlar.

Seligman ayrıca, iyi ve anlamlı hayat tarzlarının, meslektaşı Csikszentmihályi'nin "akış" diye tanımladığı faaliyetleri veya derin bir zihinsel uğraşı kapsadığını gözlemlemiştir. Zevkli hayat akışı içermez ama Seligman birlikte çalıştığı "aşırı mutlu insanların" hep sosyal bir hayat ve mutlu ilişkiler içinde olduklarını görmüştür. "Sosyal ilişkiler büyük mutlulukları garanti etmez, ancak anlaşılan onlar olmadan mutluluk da olmaz" sonucuna varmıştır. İyi ve anlamlı hayat *eudaemonia* getirebilir ama zevkli bir hayat da eriştiğiniz tüm mutlulukları artıracaktır. ■

Sosyal etkinliklerin keyfini çıkarmak ve başkalarıyla birlikte olmak derin bir entelektüel veya duygusal tatmin sağlamayabilir ama Seligman bunların gerçekten mutlu olmak için gerekli olduklarını gözlemlemiştir.

Martin Seligman

New York, Albany'de doğan Martin Seligman ilk felsefe diplomasını 1964'te Princeton'dan almıştır. Sonra ilgisini psikolojiye yönlendirmiş ve 1967'de Pennsylvania Üniversitesi'nden doktora almıştır. Üç yıl boyunca New York'taki Cornell Üniversitesi'nde ders vermiş, 1970'de Pennsylvania Üniversitesi'ne geri dönerek orada 1976'ya dek psikoloji profesörü olarak çalışmıştır.

Seligman'ın 1970'lerdeki depresyon araştırmaları onu "öğrenilmiş çaresizlik" kuramına götürmüş, ona eşlik eden yaygın kötümserliğe karşı bir başka kuram ortaya çıkarmıştır. Ancak kızıyla yaşadığı kendi doğuştan gelen olumsuzluğunu vurgulayan bir olaydan sonra olumsuz olan zayıflıklar yerine olumlu olan noktalara odaklanmanın mutluluğa giden yol olduğuna ikna olur. Modern pozitif psikolojinin kurucularından kabul edilen Seligman, Pennsylvania Üniversitesi'nde Pozitif Psikoloji Merkezi'ni de başlatmıştır.

Önemli eserleri

1975 *Çaresizlik*
1991 *Öğrenilmiş İyimserlik*
2002 *Otantik Mutluluk*

TÜM KALBİMİZLE İNANDIKLARIMIZ MUTLAKA GERÇEK OLMAYABİLİR

ELIZABETH LOFTUS (1944–)

KISACA

YAKLAŞIM
Hafıza çalışmaları

ÖNCE
1896 Sigmund Freud, bastırılmış bellek kavramını öne sürer.

1932 Frederic Bartlett, *Hatırlama*'da hafızanın süslenmeye, unutulmaya ve çarpıtılmaya açık olduğunu iddia eder.

1947 Gordon Allport ve Leo Postman, çeşitli kasıtsız hatalı bildirim biçimlerini gösteren deneyler yürütür.

SONRA
1988 Ellen Bass ve Laura Davis'in cinsel istismar kurbanları için yazdıkları kişisel gelişim kitabı *İyileşme Cesareti,* 1990'larda ortaya çıkarılan anılar terapisinin yaygınlaşmasında etkili olur.

2001 Daniel Schacter, *Hafızanın Yedi Günahı*'nda hafızamızın yedi farklı yanlış çalışma biçimini tanımlar.

19. yüzyılın sonlarına doğru Sigmund Freud kabul edilemez veya acı verici düşünceler ve uyarıcılara karşı zihnin bir savunma yöntemi olduğunu öne sürmüştür. Bu sistemde, kötü anıları bilinçten uzak tutmak için Freud'un "bastırma" adını verdiği bilinçdışı bir mekanizmayı kullanmaktadır. Daha sonraları Freud düşüncesini, bastırılmış arzular ve duygulara dair daha genel bir kuram olarak değiştirir. Ancak travmatik bir olayın anısının bastırılabileceği ve bilincin hatırlama kapasitesinin ötesinde depolanabileceği fikri, pek çok psikolog tarafından kabul edilmiştir.

20. yüzyılda psikoterapinin çeşitli biçimlerinin doğuşu dikkatleri keşfe çevirir ve bastırılmış anıları bulup çıkarma olasılığı psikanalizle o kadar güçlü bir şekilde özdeşleştirilir ki, Hollywood senaryoları bile bu bağlantıyı keşfe başlar. Özellikle davranışçılığın gözden düşmeye başladığı ve "bilişsel devrim"in beynin bilgiyi nasıl işleyerek hafızaya sakladığı konusunda yeni modeller ileri sürdüğü II. Dünya Savaşı sonrasında genel olarak hafıza da deneysel psikolojinin konuları arasına girmiştir. Elizabeth Loftus'un çalışmalarına başladığı sıralarda özellikle uzun sürekli bellek çekici bir araştırma alanıdır ve 1980'lerde mahkemelere taşınmaya başlayan çocuk istismarı vakaları yüzünden bastırılmış ve örtülmüş bellek de sıcak bir gündem maddesi olmak üzeredir.

> İnsan beyinin hatırlama süreci görüntü kayıt cihazı veya kamera gibi çalışmaz.
> **Elizabeth Loftus**

Etkilenebilir hafıza

Loftus, araştırmaları sırasında bastırılmış anıların geri kazanılması düşüncesi ile ilgili şüpheye düşer. Frederic Bartlett, Gordon Allport ve Leo Postman tarafından daha önce yapılan araştırmalar insan beyni-

Elizabeth Loftus

1944'te ABD, Los Angeles'da doğan Elizabeth Fishman, California Üniversitesi'nden matematik öğretmeni olarak mezun olmuştur. Ancak oradaki eğitimi sırasında psikoloji dersleri de almış ve 1970'de Stanford Üniversitesi'nde psikoloji doktorasını tamamlamıştır. Uzun süreli bellek konusuyla ilgilenmeye başlaması da, sonradan evlenip boşanacağı kendisi gibi psikoloji öğrencisi Geoffrey Loftus'la tanışması da orada olmuştur. 29 yıl boyunca Seattle'da Washington Üniversitesi'nde ders vermiş, psikoloji profesörü ve konuk hukuk profesörü olmuştur. 2002'de California Üniversitesi'nde seçkin bir profesör olarak görevlendirilmiş ve 20. yüzyılın en önemli psikologları bilimsel değerlendirme sıralamasında kadın bilim insanları içinde en üst sırada yer almıştır.

Önemli eserleri

1979 *Görgü Tanıklığı İfadeleri*
1991 *Savunma Tanıklığı* (Katherine Ketcham ile birlikte)
1994 *Bastırılmış Anı Efsanesi* (Katherine Ketcham ile birlikte)

Ayrıca bkz. Sigmund Freud 92–99 ▪ Bluma Zeigarnik 162 ▪ George Armitage Miller 168–73 ▪ Endel Tulving 186–91 ▪ Gordon H. Bower 194–95 ▪ Daniel Schacter 208–09 ▪ Roger Brown 237 ▪ Frederic Bartlett 335–36

nin normal işleyişi içinde bile hafızadan bilgi geri alımının pek güvenilir olmadığını göstermektedir. Loftus bunun aynı zamanda, çok travmatik olduklarından dolayı bastırılan –hatta olayların duygusal doğaları gereği normalden bile fazlası– olayların hatırlanması için de geçerli olduğuna inanmaktadır.

Loftus, hatırlamadaki yanılma payı ile ilgili araştırmalarına 1970'lerin başında, görgü tanıkları ifadelerinin doğruluklarını test eden bir dizi örnek deneyle başlamıştır. Deneklere trafik kazalarıyla ilgili filmler gösterilmiş ve sonrasında ne gördüklerini anlatmaları istenmiştir. Loftus, soruların ifade biçimlerinin, insanların olayları aktarma şekillerinde etkili olduğunu bulmuştur. Örneğin arabaların hızlarının tahmin edilmesi istendiğinde gelen cevaplar, soruda kazayı tanımlamak için kullanılan "toslamak", çarpmak" veya "bindirmek" fiillerine göre büyük ölçüde değişmektedir. Deneklere ayrıca kazadan sonra camların kırılıp kırılmadığı da sorulmuştur ve cevaplar yine hız sorusundaki ifade tarzı ile ilişkilidir. Deneyin sonraki versiyonlarında deneklere, kazanın ayrıntılarıyla ilgili hatalı sözel bilgiler (olay yerindeki yol işaretleri gibi) verilmiş ve bunlar çoğu katılımcının ifadelerinde hatırlanan şeyler olarak aktarılmıştır.

Yasal çıkarımlar

Loftus böylece hatırlamanın telkinler veya yönlendirici sorular aracılığıyla çarpıtılabileceğinden emin olmuştur. Bir gözlemcinin hafızasına yanlış bilgiler "ekilebilir". Deneylerini anlatan 1979 tarihli

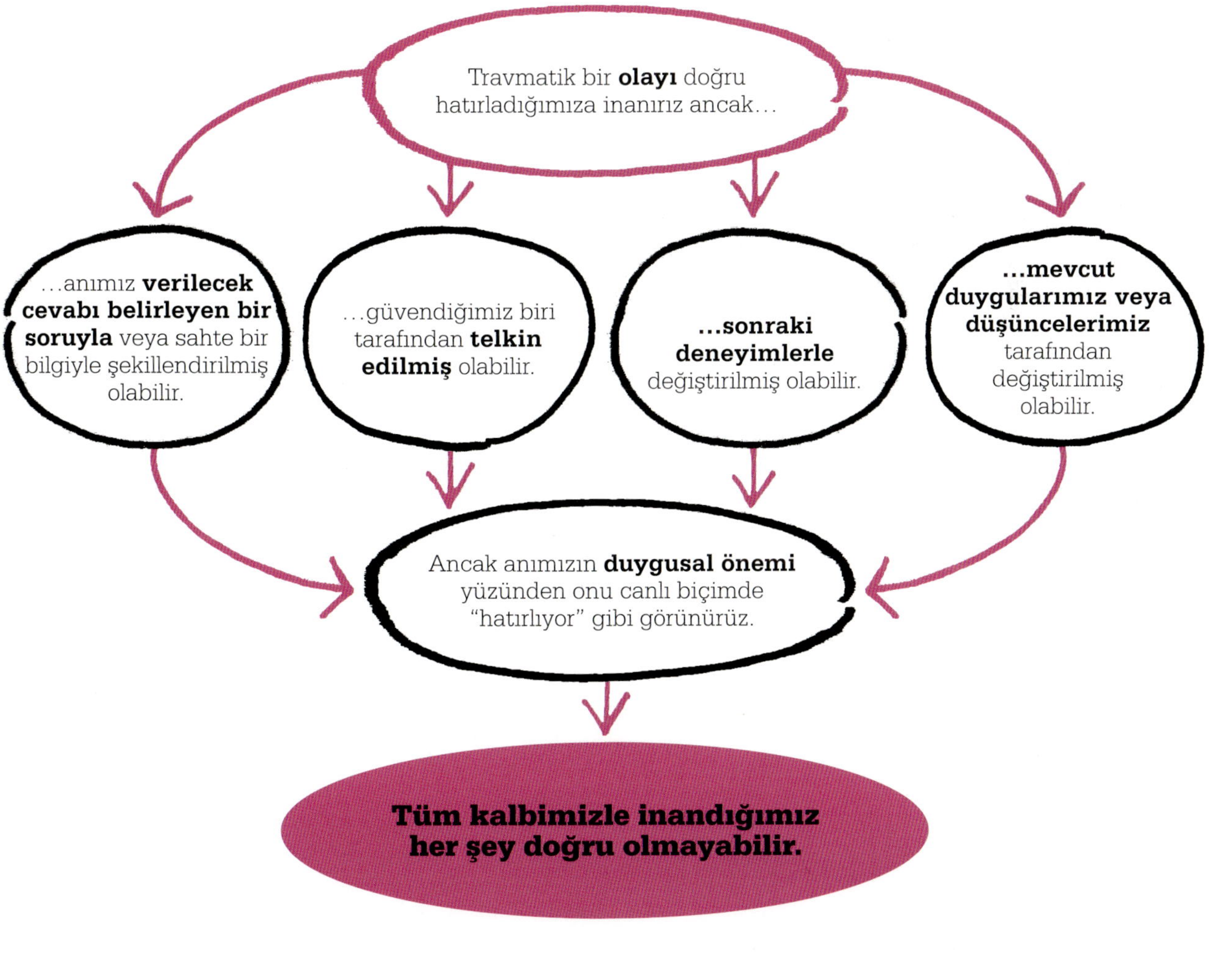

1974'de yapılan bir deneyde Loftus bir grup insana çarpışan arabalarla ilgili bir film göstermiş ve onlara arabaların birbirlerine ne hızda "tosladıklarını", "çarptıklarını" veya "bindirdiklerini" sormuştur. Fiil seçimleri onların arabarın hızı hakkıhdaki tahminlerini belirleyecektir.

kitabı *Görgü Tanığı İfadeleri* bu "yanlış bilgilendirme etkisi"nin sadece hafızanın psikolojik kuramı açısından değil, aynı zamanda yasal süreç açısından da ne gibi çıkarımları olduğunun bilincindedir. Loftus ardından gelecek tartışmaları öngörerek şunları yazmıştır: "Tanık teşhisi kanıtlarının güvenilmezliği, ceza yargılamalarıyla medeni hukuk davalarının en ciddi sorunlarından birini oluşturur".

Sahte anı sendromu

Loftus çok geçmeden adli psikolojiyle ilgilenmeye başlamış, 1980'lerin çocuk istismarı davaları furyasında uzman tanık olarak yer almıştır. O dönemde anıların, yalnızca sonraki telkin ve yanlış bilgilendirmenin getirdiği hatalı ayrıntılarla çarpıtılabileceğini, dahası tamamen sahte olabileceklerini de fark eder. Müdahil olduğu pek çok vaka içinde, George Franklin davası "sahte anı sendromu" olarak adlandırılacak kavramın farklı yönlerini mükemmel bir biçimde örnekler. Franklin, kızı Eileen'in en iyi arkadaşı olan bir çocuğu öldürmekten 1990'da mahkûm olur. Eileen'in cinayetten 20 yıl sonraki tanıklığı, mahkûmiyet kararında hayati önem taşımaktadır. Loftus, Eileen'in tanıklığında sayısız çelişki bulur ve anılarının pek çok açıdan yanlış ve güvenilmez olduğunu kanıtlar ama jüri yine de Franklin'i suçlu bulur.

1995'te karar bozulur çünkü mahkeme, Eileen'in anılarını hipnoz terapisi sırasında "geri alması" nedeniyle "kritik kanıtlar"dan yoksun kalmıştır. Loftus, Eileen'in hafızasında, babasının cinayeti işlerken gördüğüne samimiyetle inandığına ama bu anının sahte olduğuna ve değiştirildiğine inanmaktadır, çünkü Eileen babasını başka zalimce eylemlerine tanık olmuş ve "bir vahşi görüntü diğerinin üzerine binmiştir". Loftus mahkemede hipnoz sırasındaki bir telkinle mevcut korkunç anıların birleşimi sonucunda, Eileen'in öfkesi ve acısının tamamen sahte bir "bastırılmış anı" yarattığını başarıyla savunmuştur.

Loftus'un müdahil olmadığı Paul Ingram vakası da yine sahte anılar yerleştirme olasılığına işaret etmektedir. 1988'de kızlarına cinsel tacizde bulunmaktan tutuklanan Ingram, başta suçlamaları inkâr etmiş ama aylar süren sorgusundan sonra aralarında başka tecavüz vakalarının ve hatta bir de cinayetin bulunduğu diğer suçlarıyla birlikte bunu da itiraf etmiştir. Davaya müdahil olan psikolog Richard Ofshe durumdan şüphelenerek Ingram'ın aklına başka bir cinsel içerikli suç işlediğini sokmuştur ancak bu kez, suç tamamen uydurulmuştur. Ingram başta yine suçlamayı reddetmiş ama daha sonra ayrıntılı bir itirafta bulunmuştur.

Alışveriş merkezinde kaybolma

Ancak sahte anıların yerleştirilmesinin kanıtları hâlâ anekdotsaldır ve kesinlikten uzaktır. Loftus o zamanlar tartışmalı olarak kabul edilen fikirleri yüzünden sert eleştirilere maruz kalır. Bunun üzerine, kasten sahte anılar yerleştirmeyi amaçlayan bir deney aracılığıyla inkâr edilemeyecek kanıtlar toplamaya karar verir. Bu karar onun 1995'teki "Alışverişte Kaybolma" deneyinin temelini oluşturur.

Loftus her bir deneğe, çocukluklarına ait, kendi aile üyeleri tarafından açıkça hatırlanan ve anlatılan dört hikâye sunar. Aslında bu hikâyelerin sadece üçü doğrudur; Bir alışveriş merkezinde kaybolmakla ilgili olan dördüncüsü sahtedir ve deney için uydurulmuştur. Alışveriş merkezinin detayları gibi mantıklı ayrıntılar akrabaların yardımıyla hazırlanmıştır. Deneklerle bu hikâyelerin tümü hakkında bir hafta ve iki hafta sonra görüşülmüş ve onlara bu hikâyelerle ilgili olayları hatırlama oranları sorulmuştur. İki görüşmede de deneklerin yüzde 25'i alışveriş merkezindeki olayla ilgili anıları olduğunu iddia etmişlerdir. Deneyden sonra deneklere bilgi verilmiş, hikâyelerden birinin sahte olduğu söylenmiş ve bunun hangisi olabileceği sorulmuştur. 24 denekten 19'u alışveriş merkezi hikâyesinin sahte olduğunu doğru bilmiştir ancak beş denek orta derecede travmatik bir olayın sahte anısına samimi olarak inanmışlardır.

Loftus sahte anıların gündelik ortamlarda nasıl oluşabildiklerini kavramıştır. Etik nedenler sebebiyle Loftus (çocuk istismarı gibi) gerçekten travmatik bir sahte anının daha canlı hatırlanıp hatırlanmayacağını ya da buna samimiyetle inanılıp inanılmayacağını test edecek bir deney gerçekleştirmemiştir. Ancak, bunun da tıpkı rahatsız edici bir rüya gibi daha canlı hatırlanabilmesinin hatta gerçekle karıştırılabilmesinin mümkün olduğunu ileri sürmüştür. Zaten ona "tüm kalbimizle inandığımız bir şeyin mutlaka gerçek olması gerekmez" dedirten de bu düşüncedir.

Ancak, 1986'da psikologlar John Yuille ve Judith Cutshall travmatik bir durumun ardından bir hafıza çalışması gerçekleştirmeyi başarabilmişlerdir. Gerçek bir silahla vurulma olayının tanıklarının olaydan altı ay sonra bile kayda değer ölçüde doğru anıları olduğunu ve araştırmacılar tarafından yanıltıcı sorular aracılığıyla anıların çarpıtılması girişimlerine direndiklerini keşfetmişlerdir.

Tartışmaya açık terapi

Loftus bulgularının, taciz gibi suçların gerçekten olduğunu yadsımadığını ya da kendisinin bastırılmış anıların aslında varolmadıklarını kanıtlayamayacağını söyler. O sadece, geri kazanılmış anıların güvenilmezliğine vurgu yapmakta ve mahkemelerin bunların ötesinde kanıt aramaları gerektiğinde ısrar etmektedir. Çalışmaları aynı zamanda, anıları geri kazanmak için kullanılan ve aralarında gerileme, rüya çalışması ve hipnoz gibi psikoterapötik tekniklerin de bulunduğu çeşitli yöntemlerin geçerliliğini de tartışmaya açmıştır. Sonuç olarak bu, sahte anıların terapötik süreç sırasında telkin yoluyla yerleştirilebileceği olasılığını doğurmaktadır ve 1990'larda "sahte anı sendromu"nun kurbanı olduğunu iddia eden pek çok Amerikalı hasta, terapistlerine dava açmıştır. Bastırılmış anılar fikrine bu açık saldırı, hiç de şaşırtıcı olmayan bir şekilde, hafıza alanında çalışan bazı psikoterapistlerin karşı tepkilerini çekmiştir. Yasal dünyanın tepkileri de da ikiye ayrılmıştır ancak 1990'lardaki bir dizi çocuk istismarı skandalını çevreleyen histeri yatıştığında Loftus'un tanık ifadelerinin güvenilirliği üzerindeki kuramlarını oluşturan ana hatlar pek çok yasal sistem tarafından benimsenmiştir.

Günümüzde Loftus, sahte anılar konusunda bir otorite kabul edilmektedir. Kuramları ana akım psikoloji tarafından kabul edilmiş ve genelde hafızanın yanılma payı ile ilgili sonraki çalışmalara, özellikle de Daniel Schacter'in *Hafızanın Yedi Günahı* adlı kitabına ilham kaynağı olmuştur ■

Görgü tanığı ifadelerinin güvenilir olmamasına rağmen Loftus, jüri üyelerinin karar verirken diğer kanıtlardan daha fazla bu ifadelere ağırlık verdiğini bulmuştur.

> Gerçek hayatta da deneylerde olduğu gibi, insanlar hiç olmamış şeylere inanırlar.
> **Elizabeth Loftus**

> Gerçeği, yalnızca gerçeği ya da hatırladığınızı düşündüğünüz şeyi söyleyeceğinize yemin eder misiniz?
> **Elizabeth Loftus**

HAFIZANIN YEDİ GÜNAHI

DANIEL SCHACTER (1952–)

KISACA

YAKLAŞIM
Bellek araştırmaları

ÖNCE
1885 Hermann Ebbinghaus, *Hafıza*'da "unutma eğrisi"ni tanımlar.

1932 Frederic Bartlett, *Hatırlama* adlı kitabında bir hikâyenin yanlış hatırlanabileceği yedi yolu listeler.

1956 George Armitage Miller, *Sihirli Rakam Yedi, Artı veya Eksi İki*'yi yayımlar.

1972 Endel Tulving anlamsal ve olaysal bellek ayrımını yapar.

SONRA
1995 Elizabeth Loftus, *Sahte Anıların Oluşması*'nda geriye dönük hafızayı anlatır.

2005 Amerikalı psikolog Susan Clancy, uzaylılar tarafından kaçırılma gibi görünen anılar üzerinde çalışır.

Daniel Schacter unutmanın insan hafızasının, etkili çalışmasını sağlayan, önemli bir işlevi olduğuna inanır. Yaşadığımız bazı şeylerin ve öğrendiğimiz bazı bilgilerin hatırlanması gerekmektedir ama çoğu da ilgisizdir ve bilişsel psikolojide sıklıkla yapıldığı gibi, bilgisayar benzetmesi kullanılırsa, hafızamızın değerli "depolama alanları"nı gereksiz yere işgal ettiklerinden "silinmeleri" gerekir.

Ancak bazen elenme süreci başarısız olur. Gerekli bilgi olarak etiketlenmesi ve ilerde kullanılmak üzere saklanması gereken bilgiler hafızadan kaldırılır ve böylece unutulur; ya da tam tersine ıvır zıvır veya istenmeyen bilgiler hafızamızda saklanmaya devam eder.

Hafızanın potansiyel işleyiş sorunları olan tek alan depolama değildir. Geri alma süreci de bilgi karışıklıklarına neden olarak bize deforme edilmiş anılar verebilir. Schacter hafızanın bizi yarı yolda bıraktığı yedi yolu şöyle sıralar: geçicilik, dalgınlık, tıkanma, yanlış atıf, etki altında kalma, taraf tutma, ısrar. *Yedi Ölümcül Günah*'a ve George Armitage Miller'ın *Sihirli Rakam Yedi*'sine atıf yaparak bunlara "Hafızanın Yedi Günahı" adını verir. Schacter ilk üçüne "atlama" ya da unutma günahları, son dördüne de "işleme" ya da hatırlama günahları der. Her günah bilgi hatırlamada belli bir hata türüne neden olur.

Günahların ilki olan uçuculuk; hafızanın, özellikle de olaysal hafızanın (olayların hafızasının) zamanla bozulmasını içerir. Bu, iki faktöre bağlıdır: Yakın geçmişte yaşanan bir olayı uzak geçmiştekinden daha çok hatırlayabiliriz ve olayı her hatırladığımızda (anıyı bulup çıkardığımızda) beynimizde yeniden işleyerek hafifçe değiştiririz.

> “Yaşadığımız şeyin her parçasını depolayan bir hafıza istemeyiz. Bu kadar gereksiz ıvır zıvır bizi boğabilirdi.”
> **Daniel Schacter**

Ayrıca bkz. Hermann Ebbinghaus 48–49 ▪ Bluma Zeigarnik 162 ▪ George Armitage Miller 168–73 ▪ Endel Tulving 186–91 ▪ Gordon H. Bower 194–95 ▪ Elizabeth Loftus 202–07 ▪ Frederic Bartlett 335–36

Kendini kaybolmuş anahtarlar veya kaçırılan randevularla belli eden dalgınlık günahı, anımsama hatası olmaktan çok depolama seçimidir. Bazen bir şeyleri yaparken (anahtarları bir yere koyarken) yeterince dikkat etmeyiz, beyin de bu bilgiyi ıvır zıvır olarak değerlendirir ve daha sonra kullanılmak üzere depolamaz. Bunun tersi olan günahsa, depolanan bir anının büyük ihtimalle yolunun üzerinde duran başka bir anı yüzünden bulunamaması, yani tıkanmadır. Çok iyi bildiğimiz bir kelimeyi hafızamızdan tam olarak çıkaramadığımız "dilimin ucunda" sendromu buna bir örnek olarak verilebilir.

İcrai günahları

"İşleme günahları" bir o kadar yaygın ama biraz daha karmaşıktır. Yanlış eşleştirmede bilgi doğru ama bilginin kaynağı yanlış olarak hatırlanır. Etkisi bakımından, anıların hangi yolla hatırlandıklarından (örneğin önemli bir soruya cevap verirken) esinlenen etki altında kalma günahı ile aynıdır. Önyargı da anının bozulmasını içerir: Kişinin bir olayı hatırlarken duygu ve düşüncelerinin hatırlamayı çarpıttığı zamanlarda olduğu gibi.

Son olarak direnç günahı hafızanın fazla iyi çalıştığını gösterir. Bu, küçük utançlardan aşırı üzücü olanlara kadar hafızada depolanmış rahatsız edici veya öfkelendirici bir anının davetsizce ve ısrarla hatırlanmasıdır.

Ancak Schacter günahların kusur olmadığı, çoğu zaman mükemmel şekilde işleyen karmaşık bir sistem için ödediğimiz bedel olduğunda ısrarcıdır. ■

Hafızanın Yedi Günahı

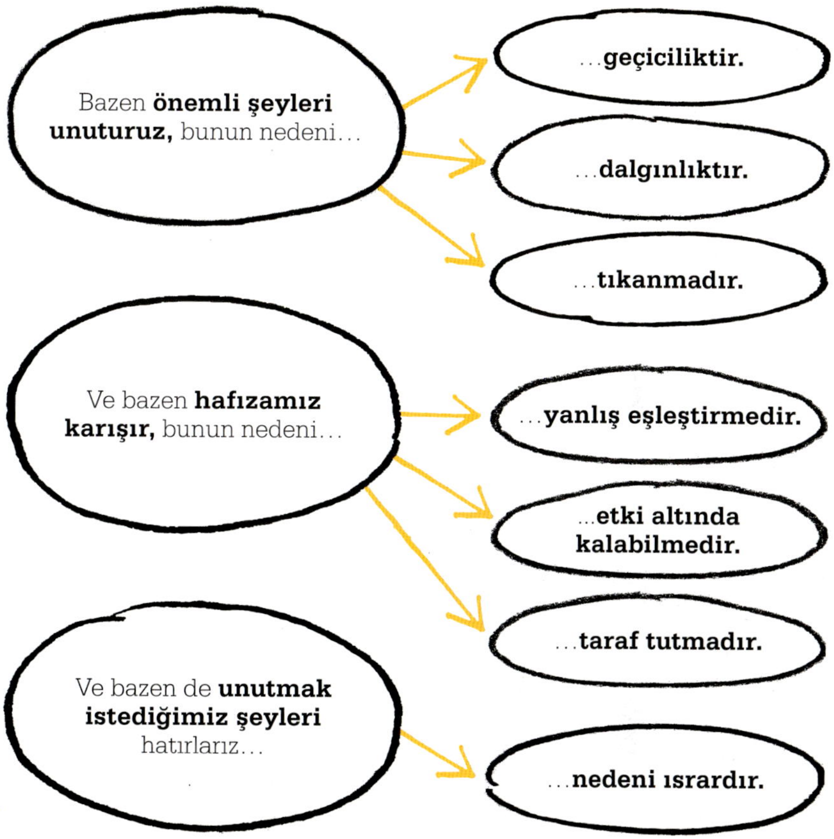

Daniel Schacter

Daniel Schactar 1952'de New York'ta doğmuştur. Lisede aldığı bir ders psikolojiye ilgisini uyandırır ve North Carolina Üniversitesi'nde psikoloji eğitimi alır. Mezuniyetinden sonra iki yıl Durham Gaziler Hastanesi'nin algı ve hafıza laboratuarında çalışarak organik hafıza bozuklukları olan hastaları gözlemleyip test eder. Daha sonra Kanada, Toronto Üniversitesi'nde, anlamsal belleğe karşı olaysal bellek üzerindeki çalışmaları ateşli tartışmalara neden olan Endel Tulving'in gözetimi altında yüksek lisans çalışmalarına başlar. 1981'de Tulving ve Morris Moscovitch'le birlikte Toronto'da hafıza bozuklukları için bir birim kurar. On yıl sonra Harvard'da psikoloji profesörü olur ve Schacter Hafıza Laboratuarını kurar.

Önemli eserleri

1982 *Belleğin Arkasındaki Yabancı*
1996 *Anıları Aramak*
2001 *Hafızanın Yedi Günahı*

KİŞİNİN DÜŞÜNCELERİ, KENDİSİ DEĞİLDİR

JON KABAT-ZINN (1944–)

KISACA

YAKLAŞIM
Farkındalık meditasyonu

ÖNCE
MÖ 500 civarı Siddharta Gautama (Buda), doğru farkındalığı acıyı sona erdirmek için Sekiz Kavşaklı Yol'un yedinci basamağına dahil eder.

1960'lar Vietnamlı Budist rahip Thich Nhat Hanh, farkındalık meditasyonunu ABD'de yaygınlaştırır.

SONRA
1990'lar Zindel Segal, Mark Williams ve John D. Teasdale tarafından depresyonun tedavisi için geliştirilen Farkındalık Merkezli Bilişsel Terapi, Kabat-Zinn'in MBSR'sini örnek alır.

1993 Diyalektik Davranış Terapisi zihnin gerekli durumuna erişebilmeyi başaramayan çok rahatsız kişilerde meditasyonsuz farkındalığı kullanır.

II. Dünya Savaşı sonrası Avrupa ve Amerika'da Doğu felsefelerine giderek artan ilgi meditasyon gibi kavramları ana akım kültüre dahil etmiştir. Meditasyonun tıbbi yararları Amerikalı biyolog ve psikolog Jon Kabat-Zinn'in de ilgisini çekmiştir. Kabat-Zinn meditasyonu bilişsel terapi çerçevesine dahil eden Farkındalık Merkezli Stres Azaltma olarak bilinen yaklaşımın öncüsü olmuştur.

Budist meditasyon 2000 yıldan beri farkındalık meditasyonu uygulamasını teşvik etmektedir ancak bunun zihinsel ve fiziksel sağlığa olan yararları, 1990'ların başlarına kadar klinik olarak test edilmemiştir.

Farkındalığı uygulamak

Kabat-Zinn'in yaklaşımının merkezinde farkındalık vardır. Bu meditasyon biçiminde amaç, düşünceleri ve zihinsel süreçleri (bedensel veya fiziksel süreçler gibi) bağlantısız, merkezden uzak ve yargılamayan bir yöntemle gözlemlemek; "Bedende kalıp, zihinde olup bitenleri izlemek, reddetmeden ya da kovalamadan sadece şeylerin olmasına ve gitmesine izin vermeyi öğrenmek"tir.

Farkındalık meditasyonunda düşünce süreçlerini, onlarla özdeşleşmeden ve zihinlerimizin kendilerine özgü bir hayat olduğunun farkına vararak, soğukkanlılıkla gözlemlemeyi öğreniriz. Örneğin başarısızlık düşüncesi zihinde basit bir olay olarak görülür ve "Ben bir başarısızlığım" sonucuna atlama tahtası olarak kullanılmaz. Alıştırma yaparak zihin ve bedenin tek bir şey olduklarını, onları bir "bütünlük" olarak görmeyi öğrenebiliriz. Kabat-Zinn her birimizin bir bedenden ve zihinlerimizden geçen düşüncelerden fazlası olduğumuzu söyler. ■

Ayrıca bkz. Joseph Wolpe 86–87 ▪ Fritz Perls 112–17 ▪ Erich Fromm 124–29 ▪ Aaron Beck 174–77 ▪ Neal Miller 337 ▪ John D. Teasdale 339

KORKULAN ODUR Kİ BİYOLOJİ KUTSAL SAYDIĞIMIZ HER ŞEYİ ALAŞAĞI EDECEKTİR

STEVEN PINKER (1954–)

KISACA

YAKLAŞIM
Evrimsel psikoloji

ÖNCE
1859 Biyolog Charles Darwin duygu, algı ve anlayışın evrimsel adaptasyonlar olduğunu söyler.

1960'lar Noam Chomsky, dil kapasitesinin doğuştan gelen bir beceri olduğunu iddia eder.

1969 John Bowlby, yenidoğan bebeklerin anneleriyle bağlarının genetik olarak programlı olduğunu savunur.

1976 İngiliz biyolog Richard Dawkins, *Bencil Gen*'de davranışsal eğilimlerin uzun bir zaman dilimi içinde başkalarıyla etkileşim aracılığıyla evrildiğini belirtir.

SONRA
2000 Amerikalı evrim psikoloğu Geoffrey Miller, *Eşleşen Zihin*'de insan zekâsının cinsel seçimle biçimlendiğini söyler.

Davranışlarımızın ne kadarının doğuştan ve ne kadarının da çevremize atfedildiği tartışmasının tarihi binlerce yıl öncesine dayanmaktadır. Bazı bilişsel psikologlar belli psikolojik özelliklerin kalıtsal olduğunu iddia etmekle kalmaz, aynı zamanda fiziksel özelliklerimizinkine benzer türden bir doğal elemeye maruz kaldıklarını da öne sürerler. Bunlar zihnin, beynin bir ürünü olduğunu ve beynin de genetikle şekillendiğini belirtirler.

Evrimsel psikolojinin bu yeni alanı büyük bir muhalefetle karşılanmıştır. Öncülerinden biri de deneysel kanıtlara rağmen evrimsel psikolojiye inanmaktaki isteksizliğimizin arkasında yatan dört korkuyu tanımlayan Kanadalı psikolog Steven Pinker'dır. Bu korkulardan birincisi eşitsizlik korkusudur: Eğer zihnimiz doğuştan boş birer levhaysa hepimiz doğuştan eşitizdir. Ama eğer zihinsel özellikler kalıtsal olarak geçiyorsa, bazı insanların doğal avantajları var demektir. İkinci korku, eğer belli kusurlar kalıtsalsa değişime elverişli olmamamız ve dolayısıyla dezavantajlılara yardım etmek için yapılan sosyal reformların boşuna olmasıdır. Üçüncü korku, davranışlarımızın genlerimiz tarafından belirlenmiş olmasıdır, kabahatlarımız için sorumluluğu genetik oluşumumuza atabiliriz. Pinker sonuncunun en temel korku olduğunu söyler: Eğer evrimsel psikoloji tarafından şekillendiğimize inanırsak "ince hislerimiz" sadece genetik evrimimizin süreçlerine indirgenmiş olacak ve biyoloji "kutsal saydığımız her şeyi alaşağı edecektir". ■

> Irkçılığı, cinsiyet ayrımcılığını ve sınıfsal önyargıları gerçeklere dayanarak çürütmeyi vaat eden... Boş bir levha...
> **Steven Pinker**

Ayrıca bkz. Francis Galton 28–29 ▪ Konrad Lorenz 77 ▪ John Bowlby 274–77 ▪ Noam Chomsky 294–97

ZORLANIMLI DAVRANIŞ ALIŞKANLIKLARI DAVETSİZ DÜŞÜNCELERİ KONTROL ETME GİRİŞİMLERİDİR

PAUL SALKOVSKIS (1950'ler–)

KISACA

YAKLAŞIM
Bilişsel davranışsal terapi

ÖNCE
1950'ler Joseph Wolpe davranışçı düşünceleri, sistematik duyarsızlaştırma gibi tekniklerle klinik psikolojiye uyarlar.

1952 Davranış ve kişilik kuramcısı Hans J. Eysenck, psikoterapinin hiçbir yararlı etkisi olmadığını söyleyerek tartışmalara neden olur.

1955 Albert Ellis, Rasyonel Duygusal Davranış Terapisi ile geleneksel psikoterapiye bir alternatif oluşturur.

1960'lar Aaron Beck, psikanalitik terapinin etkisini sorgularken bilişsel terapiyi geliştirmeye devam eder.

SONRA
2000'ler Bilişsel davranışsal terapi kaygı, panik atak ve diğer rahatsızlıklarda standart tedavi yöntemi haline gelir.

20. yüzyılın ikinci yarısı klinik psikolojide önemli bir değişime sahne olmuştur. Psikanaliz pek çok psikiyatr tarafından bilimsel olmaktan uzak görülmüş ve 1960'larla birlikte bazı rahatsızların tedavisinde yerini davranış terapilerine veya Aaron Beck tarafından geliştirilen daha yeni bilişsel terapiye bırakmıştır. Bu yaklaşımların bir şemsiye altında birleşmelerinden 1980'lerde başını İngiltere'de Paul Salkovskis'in çektiği bilişsel davranışsal terapi (BDT) terimi türemiştir. Salkovskis BDT'nin özellikle, psikanalizin, rahatsızlığın nedenini psikolojik baskı veya geçmiş travmalarda bulma konusunda başarısız olduğu saplantılı-zorlanımlı bozuklukların tedavisinde başarılı sonuçlar verdiğini bulmuştur. Salkovskis sorunu bilişsel psikoloji bağlamında açıklamış ve bilişsel ve davranışsal bir tedavi önermiştir.

Tekrarlanan el yıkama gibi zorlanımlı eylemler, davetsiz düşünceleri kontrol altına alma girişimleri olabilir. Shakespeare'in Lady Macbeth'ini sürekli ellerini yıkamaya yönelten de suçluluk duygusudur.

Saplantılı düşünceler

Salkovskis saplantılı-zorlanımlı bozuklukların (SZB) temelinde hepimizin zaman zaman aklına gelen davetsiz düşüncelerin –kötü şeyler olacağına, başımıza talihsiz şeylerin geleceği ya da bunlara neden olacağımıza dair düşünceler– olduğunu öne sürer. Çoğunlukla bu düşünceleri zihnimizden atabilir ve hayatımıza devam edebiliriz ama bazen bunları silip atmak daha zor olabilir. Bu düşünceler aşırı durumlarda saplantısal hale gelirler ve beraberinde büyük bir korku ve sorumluluk hissi de getirirler. Bu tür saplantılı düşüncelere eğilimi olan kişiler, bunların önemini akılcı şekilde değerlendirmekte zorlanırlar ve sadece herhangi bir zarar riskini değil, bunu engellemek için gereksindikleri kontrol miktarını da abartırlar. Örneğin ölümcül bir hastalığa yakalanma ve ölme ile ilgili

Ayrıca bkz. Joseph Wolpe 86–87 ▪ Fritz Perls 112–17 ▪ Albert Ellis 142–45 ▪ Aaron Beck 174–77

Hepimizin **davetsiz düşünceleri** vardır.

↓

Ama bazı insanlar bunları kafalarından atmakta zorlanırlar ve düşünceler **aşırı önemli ve saplantısal** bir hal alırlar.

↓

Bu insanlar, bu düşüncelerin yarattığı **tehdidi** abartırlar.

Bu davetsiz düşüncelerin beraberinde getirdiği her zarardan **sorumlu** hissederler.

↓

Bu yüzden de bu tehditlere karşı koymak ve düşünceleri kontrol altına almak için harekete geçmeye mecbur hissederler.

↓

Zorlanımlı davranış alışkanlıkları davetsiz düşünceleri kontrol etme girişimleridir.

saplantılı düşünceler zorlanımlı bir el yıkama veya titizlikle sonuçlanabilir. Aynı zamanda harekete geçmek için bir sorumluluk hissi de vardır, hatta bu hareket riskle tamamen orantısız da olabilir. Sonuçta ortaya çıkan zorlanımlı eylemler alışıldık davranış kalıpları haline gelebilirler, algılanan bir tehdide karşı kontrol kazanmak için tekrarlayan bir girişim halini alabilirler.

Bilişsel davranışsal terapi SZB'nın nedenlerine ve belirtilerine büyük ölçüde hitap eden bilişsel ve davranışsal teknikleri birleştirir. Önce bilişsel terapi ile hastanın saplantılı düşüncelerinin nelerle ilgili olduğunun farkına varması, riskin daha akılcı bir değerlendirmesini yapması ve en önemlisi bunu engellemede ne kadar sorumluluk alması gerektiğini saptaması sağlanır. Bu bilişsel yaklaşım üzüntüyü azaltır. Bunun yanında duyarsızlaştırma (algılanan tehdide yavaş yavaş maruz bırakılma) gibi davranış terapisi teknikleri de hastanın zorlanımlı davranışlarını kontrol altına almasına yardımcı olur. Salkovskis BDT tekniklerini kaygı, panik atak ve fobilerin tedavisinde başarıyla kullanır. ▪

Paul Salkovskis

1979'da Londra'daki Psikiyatri Enstitüsü'nden mezun olan Paul Salkovskis, 1985'te Oxford Üniversitesi'nde panik bozuklukları araştırmak üzere çalışmaya başlamıştır. Kaygı bozukluklarında bilişsel kuramın uygulanmasına olan ilgisi onun Bilişsel Psikoloji alanında önce kıdemli öğretim üyesi daha sonra da profesör unvanı almasına yol açmıştır.

Oxford'dayken çalışmalarının odak noktası bilişsel davranışsal terapi kullanarak saplantılı-zorlanımlı rahatsızlıkların tedavisine doğru kaymıştır. 2000'de Psikiyatri Enstitüsü'nde Klinik Psikoloji ve Uygulamalı Bilim Profesörü ve Kaygı Bozuklukları ve Travma Merkezi'nde Klinik Direktör olur. 2010'dan beri Bilişsel Davranış Terapisi'nde uzmanlaşmış bir araştırma ve tedavi merkezi kurmakta olduğu Bath Üniversitesi'nde çalışmaktadır.

Önemli eserleri

1998 *Panik Bozukluklar*
1999 *Saplantılı-Zorlanımlı Rahatsızlığın Teşhisi ve Tedavisi*
2000 *Zarara Neden Olmak ve Zarara İzin Vermek* (A. Wroe ile birlikte)

SOSYAL PSİKOL

DİĞERLERİNİN DÜNYASINDA OLMAK

JI

1917
John Dewey insanı **"sosyal hayvan"** olarak tanımladığı *Sosyal Psikoloji İhtiyacı*'nı yayımlar.

1935
Muzafer Şerif grupların uyum eğilimini gösteren "otokinetik etki" deneylerini yapar.

1940s
Kurt Lewin davranışın, kişinin yaşam alanı (bütünselliği) ile belirlendiğini öne sürdüğü **alan kuramını** ortaya atar.

1951
Solomon Asch'un **uyum deneyleri** insanların uyum sağlama adına kendi düşüncelerini çiğneyebileceklerini öne sürer.

1954
Gordon Allport **önyargı çalışmalarının** kuramsal temellerini attığı *Önyargının Doğası*'nı yayımlar.

1959
Erving Goffman **sosyal etkileşimin bir gösteri** olduğunu iddia eden *Günlük Yaşamda Benliğin Sunumu*'nu yayımlar.

1961
Serge Moscovici **sosyal temsiller** kavramını tanıtır.

1963
Stanley Milgram'ın *İtaat Üzerine Davranışsal İnceleme*'si insanların **otoriteye uyum sağlamak** için kendi ahlaki değerlerini gözardı ettiklerini gösterir.

Psikoloji bilimsel bir disiplin haline gelirken kapsamı önce zihnin ve işleyişinin incelenmesiyle sınırlı kalmış, sonra davranış üzerine çalışmaları da içine alarak genişlemiştir. Bu da 20. yüzyılın ilk yarısının büyük bölümünde, daha çok zihin çalışmaları ve bireylerin davranışları ve çevrelerine tepkileri üzerine vurgu yapıldığı anlamına gelmektedir. Buna rağmen bazı psikologlar "çevrenin" diğer insanları da kapsadığından kuşku duymamaktadırlar.

Sosyal psikoloji alanı 1930'larda, psikologların, bireylerin grup içindeki ve bütün olarak toplumdaki etkileşimlerini incelemeye başlamasıyla ortaya çıkmıştır. Bunlar sosyal organizasyonların bireyler üzerindeki etkilerini ve sosyal yapıların kendilerini oluşturan bireylerin psikolojilerinden nasıl etkilendiklerini incelemişlerdir. Sosyal psikologlar ayrıca bu gruplar içindeki bireylerin ve farklı grupların birbirleriyle olan ilişkileri üzerinde de çalışmışlardır. Bu da psikolojinin, grup dinamikleri, tutumlar ve önyargıların yanı sıra sosyal çatışmalar, uydumculuk, itaat ve sosyal değişim gibi bir dizi yeni başlıkla tanışmasına neden olmuştur.

Sosyal çevre

Sosyal grupların psikolojisi üzerine sistematik çalışmalar yürüten ilk kişilerden biri "sosyal psikolojinin babası" kabul edilen Alman-Amerikalı Kurt Lewin'dir. Lewin egemen davranışçı yaklaşıma taze bir bakış açısı getirerek davranışın, bireyle çevresi arasındaki etkileşimden olduğu kadar bu çevrenin doğasından da doğduğu sonucuna varır. Küçük gruplarla yaptığı çalışmalarda grup dinamikleri ve gruplarla grup üyelerinin nasıl değişim meydana getirdikleri konularında daha sonraki araştırmalara zemin hazırlar.

Davranışçılık II. Dünya Savaşı sonrasında gözden düşer ve Lewin'in sosyal çevrenin etkileri hakkındaki fikirleri bir sonraki nesil tarafından istekle devralınacak bir alternatif oluşturur. "Niteleme" kavramı –başkalarının davranışlarını anlama ve yorumlama biçimimiz– özel bir araştırma alanı haline gelir ve buradan da Solomon Asch'ınkiler gibi uydumculuk ve kültürel norm kuramları doğar. Erving Goffman'ın enbilinen kuramı –başkalarında bırakmak istediğimiz izlenimlere uyacak şekilde belli davranışları sergilediğimiz– da sosyal etkileşimin önemi üzerindeki bu yeni vurgudan ortaya çıkar.

1965
William Glasser sonraki **Seçim Kuramı'nın** temelini oluşturan *Gerçeklik Terapisi*'ni yayımlar.

1968
Robert Zajonc **salt maruz kalma etkisi** üzerindeki deneylerini yürütür.

1971
Elliot Aronson ırk ayrımına son veren, yeni sınıflarda etnik çekişmeyi azaltacak ve işbirliğini teşvik edecek bir teknik olan **"yapboz sınıf"**ı geliştirir.

1971
Philip Zimbardo **Stanford Hapishane Deneyi'**ni yapar.

1972
Janet Taylor Spence ve Robert Helmreich **Kadınlara Yönelik Tutumlar Ölçeği**'ni (AWS) geliştirmişlerdir

1977
Roger Brown and James Kulik özel **biyolojik bellek mekanizmamız** hakkında *Flaş Bellek*'i yayımlarlar.

1978
Melvin Lerner, pek çoğumuzun insanların neyi hak ediyorlarsa onu aldıklarına inanma eğiliminde olduğumuzu iddia eden **adil dünya inancı kuramını** ortaya atar.

1994
Ignacio Martín-Baró yoksul ve savaş yüzünden zarar görmüş ülkeler için **Özgürlük Psikolojisi çağrısı** yapar.

1960'lardaki araştırmalar davranışın karanlık yönlerine ışık tutmuştur. Melvin Lerner kurbanların başlarına gelenler yüzünden nasıl suçlandıklarını göstermiş ve Elliott Aronson normaldışı davranışların delilikten çok koşulların sonucunda ortaya çıkabileceğini açıklamıştır. Daha da tartışmalı biçimde, II. Dünya Savaşı'nın tüm kötülükleri insanların aklında hâlâ tazeyken Stanley Milgram ve Philip Zimbardo'nun deneyleri itaat ve uyum ihtiyacının ne dereceye kadar davranışlarımızı etkilediğini göstermiştir.

Psikolojiyi uygulamak

Bilişsel psikolojideki ilerlemeler sosyal psikolojide yeni bir etki yaratmıştır. Hafıza ve duygu gibi bilişsel süreçlerin etkilerinin Roger Brown ve Robert Zajonc tarafından altı vurgulanmıştır. Modern toplumda giderek artan önemde rol oynayan kitle iletişim araçları ve reklam sektörü bu bulguları kullanmıştır. Kitle iletişim araçları ve reklam sektörünün de sosyal yapılar üzerinde giderek büyüyen etkileri olmuş, Serge Moscovici gibi psikologlar tarafından sosyal yapısalcılık kuramlarını harekete geçirmiştir.

Sonuç olarak sosyal psikoloji hızla, pek çok farklı duruma uygulanabilmeye başlanmıştır. Psikolojinin diğer alanlarını, özellikle de William Glasser'in "gerçeklik terapisi" aracılığıyla psikoterapiyi etkilemiştir. Ayrıca aralarında sosyoloji, antropoloji, hatta siyaset ve ekonominin de bulunduğu diğer disiplinler üzerinde de etkili olmuştur.

1960'lar her ikisi de statükoya tehdit oluşturan insan hakları hareketini ve feminizmin doğuşunu görmüştür. Önyargıları, kültürel normları ve inançları çevreleyen sorunlar gündeme gelmiş ve Janet Taylor Spence gibi sosyal psikologların çalışmaları kadınlara yönelik tutumları değiştirme yolunda önemli rol oynarken, diğerleri Lewin'in sosyal dönüşüm sürecini örgütsel değişimler meydana getirmek için kullanmışlardır. Sosyal psikologlar tarafından öncülüğü yapılan kuram ve modeller artık iş dünyası, sanayi ve her türden sosyal örgüt tarafından kullanılmaya başlanmış ve son dönemlerde baskı altındaki toplumlarda, özellikle de Ignacio Martín-Baró tarafından desteklenen "Özgürlük Psikolojisi"nde, sosyal ve siyasi reformlara ulaşmanın bir aracı olarak benimsenmiştir. ■

BİR SİSTEMİ ONU DEĞİŞTİRMEYE ÇALIŞMADAN ANLAYAMAZSINIZ

KURT LEWIN (1890–1947)

KISACA

YAKLAŞIM
Alan kuramı

ÖNCE
1990'lerin başı Sigmund Freud ve diğer psikoterapistler insan davranışının geçmiş deneyimlerin bir sonucu olduğunu savunurlar.

1910'lar Wolfgang Köhler ve diğer Gestalt psikologları insanların, tüm unsurları ve kendilerini saran çevre ile etkileşimlerine göre bütün olarak anlaşılmaları gerektiğini savunur.

SONRA
1958 Ronald Lippitt, Jeanne Watson ve Bruce Westley *Planlı Değişimin Dinamikleri*'nde değişimin kendi evriminden çok değişim faktörünün rolü üzerine odaklanan yedi basamaklı bir değişim kuramı yaratırlar.

Davranışçılar davranışın sadece çevre tarafından belirleneceğine inanırlar ancak 1920'lerde Kurt Lewin davranışın hem birey hem de çevrenin bir sonucu olduğunu öne sürer. Onun devrimci fikirlerinden günümüzün kurumları için paha biçilmez değerdeki grup dinamiği çalışmaları gelişmiş ve evrilmiştir.

Lewin insan davranışını incelerken, herhangi bir durumu etkileyen güçleri ve unsurları araştıran alan kuramını geliştirir. Lewin'in "alan"ı bireyin psikolojik çevresine veya zaman içindeki belli bir noktadaki kolektif gruba atıfta bulunur ve Lewin herhangi bir alandaki mevcut iki karşıt gücü tanımlar: insanları amaçlarına ulaşmaya yönlendiren yardımcı güçler ve bu amaçlara yönelik hareketi sınırlayan engelleyici güçler.

Lewin'in değişim modeli

Hem bireyler hem kurumların dönüşümü için paha biçilmez bir rehber sunan alan kuramı, Lewin'in değişim modelinin temelini oluşturur. Model, değişim sürecini başarıyla götürebilmek için kişinin ya da kurumsal liderin, hem bireylerin zihinlerindeki hem de çevrelerindeki çeşitli etkileri hesaba katmak zorunda. Lewin değişim modelini açıklarken, ilgili tüm kişisel ve çevresel ayrıntıların hesaba katılması gerektiğini çünkü izole gerçeklere odaklanmanın koşulların çarpık bir algısına yol açabileceğini vurgular. Bir durumu değiştirmek için onun detaylı ve bütüncül kavrayışına sahip olmalısınız. Aynı zamanda bu kavrayış aslında değişim sürecince derinleşir ve bu yüzden de "bir sistemi onu değiştirmeye çalışmadan anlayamazsınız".

> Kaderinin, içinde bulunduğu grubun kaderine ne denli bağlı olduğunu anlamayı öğrenen kişi kendi refahı adına, üzerine düşen sorumluluğu almaya istekli olacaktır.
> **Kurt Lewin**

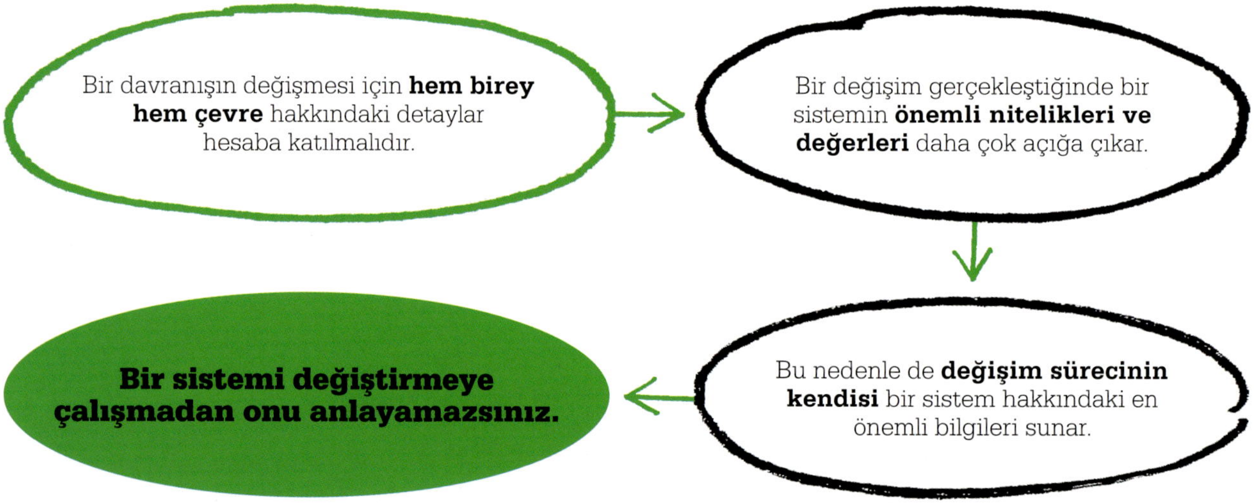

Ayrıca bkz. Sigmund Freud 92–99 ▪ Wolfgang Köhler 160–61 ▪ Leon Festinger 166–67 ▪ Max Wertheimer 335 ▪ Elton Mayo 335

Başarılı bir kurumsal değişim müdahil kişilere ve durumsal güçlere özgün bir teşhis koyarak ve aralarındaki etkileşimi kavrayarak meydana getirilebilir.

Lewin'in modeli kişisel veya kurumsal dönüşümü gerçekleştirmek için üç aşamalı bir süreci tanımlar. Lewin'in "buzları çözme" dediği ilk aşama, değişimin gerekli olduğunun farkına vararak ve eski inançlarla uygulamaları ortadan kaldırarak hazırlanmayı içerir. İkinci aşamada değişim meydana gelir ve eski sistem ya da zihniyet yıkılırken, genellikle karmaşa ve üzüntü de buna eşlik eder. Üçüncü ve son aşama olan "dondurma" sırasında yeni zihniyet belirginleşir ve bu yeni çerçeve içinde uyum ve istikrar duygusu yerleşir. Süreç zordur çünkü acılı bir unutma, zorlu bir yeniden öğrenme dönemini ve düşüncelerin, duyguların, tutumların ve algıların yeniden yapılandırılmasını içermektedir.

İnançların buzunu çözmek

Buz çözme aşaması belki de sürecin en karmaşık evresidir çünkü insanlar doğal olarak yerleşmiş zihniyet ve alışkanlıklarındaki değişimlere direnmeye meyillidirler. Bu süreç dikkatli bir hazırlık gerektirir; kurumsal değişimlerdeki pek çok değişim çabası, sadece çalışanların yeterince hazırlıklı olmaması, bunun onları değişime daha da dirençli yapması ve yeni sistem altında etkili biçimde çalışmaları olasılığının düşük olması yüzünden başarısızlığa uğramaktadır. Hazırlık süreci, değişim için çalışanların da destekleyecekleri heyecan verici bir vizyon yaratmayı, bunu etkili biçimde iletmeyi, değişimin gerekliliği ve aciliyeti hissini geliştirmeyi, çalışanlara destek vermeyi ve onları sürece dahil etmeyi içerebilir.

> Hepimizin birbirimize ihtiyacı vardır. Bu tür bir bağlılık birey ve grup çalışmasının olgunlaşması için en büyük dürtüdür.
> **Kurt Lewin**

Bireysel düzeyde insanlar, rahatlarını terk etmeyi, yeni beceriler öğrenmeyi veya yeni bir inançlar sistemini kabullenmeyi istemeyerek, bu aşamaya savunmacı tepkiler verebilirler. Bu doğal direncin üstesinden gelmek ve en iyi sonuçları almak için bireyin, değişimin gerekli ve geçerli olduğunu kabullenmesine yardımcı olunması ve psikolojik güven hissi sağlayacak destek verilmesi gerekir.

Lewin, II. Dünya Savaşı sırasında Amerikalı ev kadınlarını evde yemek olarak hayvanların organlarını pişirmeye ikna çabaları ile buzları çözme (ve değişim sürecine aktif katılıma izin verme) aşamasında psikolojik bir güven artamı yaratmanın olumlu etkilerini göstermiştir. Tarihsel olarak sakatatlar sadece düşük gelirli aileler tarafından tüketilen bir yiyecektir ama Amerikan hükümeti yiyecek kıtlığı döneminde besleyici gıdaların, özellikle de böbrek, akciğer ve yürek gibi yüksek proteinli yiyeceklerin ziyan edilmediğini garantilemek istemektedir. ABD Tarım Bakanlığı, ev kadınlarını bu parçaları yemeklerinde kullanmaya ikna etmek için Lewin'den yardım istemiştir. Lewin ev kadınlarıyla yaptığı görüşmelerde hem yardımcı hem de engelleyici güçlerin devreye girdiğini fark eder. Ev kadınlarının bu organların etine

> Öğrenme, pasif değil aktifken çok daha etkilidir.
> **Kurt Lewin**

yönelik görüşlerini değiştirecek yardımcı güç ya da teşvik onların besin değerinin yüksek olmasıdır. Bu gıdaların kendileri ve aileleri için uygun olmadığına odaklanan alan düşüncelerini değiştirmenin önündeki sınırlayıcı güç veya engelse –daha az derecede– lezzetinin iyi olmayacağıdır.

Lewin değişimi başlatmanın en iyi yolunu bulabilmek için iki grup ev kadınını kullanarak bir deney hazırlar. Birinci gruptaki kadınlara tekrar tekrar sakatat yemenin çok faydalı olduğu söylenirken, ikinci gruptakiler de eğer kendileri gibi kadınlar ciğer, böbrek ve yürek gibi ikinci kesim etleri kullanmayla ilgili bir programda rol almaya ikna olurlarsa yiyecek kıtlığı sorunun ne kadar azalacağını konu alan küçük bir grup tartışmasına katılırlar. Tartışmaya katılan kadınların yaklaşık üçte biri akşam yemeği için sakatat kullanınca Lewin insanların konuya katılım düzeylerini yükseltmenin onların tutumları ve davranışlarını değiştirme olasılıklarını da yükselttiği sonucuna varır. İlk gruba öğütler vermenin etkisiz olduğu kanıtlanmıştır ama tartışma grubunda Lewin, kadınların endişelerini ve fikirlerini ifade etmek için yeterli psikolojik güveni hissedecekleri bir ortam yaratmıştır. Lewin, inançlarının yanı sıra yiyecek kıtlığı ile ilgili gerçekleri soruşturarak, hangi etlerin yenilebilir olduğu ile ilgili fikirlerini değiştirmelerine yardımcı olmuş ve onları sakakat satın almanın ve yemeklerde kullanmanın kabul edilebilir olduğuyla ilgili yeni bir inanca yöneltmiştir.

Değişimi yaratmak

Lewin'in ikinci aşamasında –fiili değişim süreci– insanlar yeni bir sistemi yerleştirmek gibi ürkütücü ve karmaşık bir görevle karşı karşıya kalmaktadırlar. Aşina oldukları alışkanlık ve uygulamalarından vazgeçmeleri ve yeni beceriler edinmeleri (ki bu bile kendi başına belirsizlik duyguları veya başarısızlık korkusu doğmasına neden olabilir) gerekmektedir. Bir kurumda yeni sistem liderler tarafından tanımlanır ve genellikle teknoloji, yapı, yöntem veya kültürle ilişkilidir. Bu aşamada çalışanlara yeterli destek sağlanması ve engellerin ortadan kaldırılmasının temini önemlidir.

Kişisel gelişim düzeyinde insanlara yeni bir inanç sistemi verilemez ama kendileri için bir tane bulmalı ve kabul etmelidirler. Eski bir inancın yanlış ya da işe yaramaz olduğu kanıtlandığında eski inanç sistemini yenisiyle değiştirmeye, buz çözme sürecinden geride kalan rahatsız edici boşluğu doldurmaya doğal olarak meyilliyizdir. Bunu birkaç yöntemin birleşimiyle yaparız: İçgüdüsel duygularımıza dayanarak, rol modelleri örnek alarak ve geniş bilgi dağarcığına daha genel bir bakışla bakarak. Bu yolla kendimizi sorunu çözecek yeni bir bilgi parçasıyla karşı karşıya bırakırız. Bu anlayışa ulaştıktan sonra yeni bir zihniyeti kabul eder ve yerleştiririz.

II. Dünya Savaşı döneminde Amerikan ev kadınlarının durumunda, Lewin kadınları sakatatın besin değeri ve lezzeti konusunda eğiterek (böylece bunun değersiz bir et olduğuyla ilgili eski inancı değiştirerek) ve onları savaş döneminin yiyecek kıtlığı göz önüne alındığında bu eti ailelerine yedirmekte utanılacak hiçbir şey olmadığına ikna ederek (böylece bu etin sadece alt sosyal seviyedekilerin yiyeceği olduğuna dair savaş öncesi döneme ait inançlarını değiştirerek) onlara yeni bilgiler sağlamıştır.

Donma evresi

Bir kurumda değişim tesis edildikten sonra uzun vadede başarılı olabilmesi için şirket kültürünün bir parçası haline gelmelidir (veya donmalıdır). Geçiş sürecinde benimsenen yeni düşünme süreçleri, uygulamalar ve davranışlar alışkanlık haline gelmelidir. Yöneticiler değişimin şirkete ne bakımlardan yararlı olacağını duyurarak, çalışanlar arasında değişime yönelik olumlu duygular uyandırarak ve belki de yeni becerileri veya süreçleri yerleştirme için ödüller vererek değişikliklerinin sağlam bir şekilde

Eskiler yerine yeni teknolojileri kullanmayı öğrenmek –dünyanın her yerindeki arkadaşlar ve akrabalarla anında ve ucuz şekilde iletişim kurabilme gibi– itici güçlerdeki artışla daha kolaylaştırılmıştır.

II. Dünya Savaşı sırasında ev kadınları, kabul edilebilir yiyecek ve giysi türlerinden "erkek işlerini" yapabilme kapasitelerine kadar pek çok inançlarını değiştirmeye teşvik edilmişlerdir.

sağlamaya yardımcı olabilirler. Örneğin 1990'larda Continental Havayolları iflasını ilan etmek zorunda kalmıştır. Sektörde kalabilmek için şirket yönetimi büyük bir değişime gider: Şirketin hedefini maliyetleri düşürmekten, üst düzey müşteri standartlarını karşılayacak kaliteli bir ürün çıkarmaya çevirirler. Eğer ABD Ulaştırma Bakanlığı şirketi en iyi beş havayolu arasında gösterecek olursa, yeni politikaları ve uygulamaları benimseyen çalışanlara 65$'lık bir prim vermeyi (yeni önceliklere uyum sağlamalarını garantilemek için) kararlaştırırlar. Continental'in en zayıf performanslı havayolundan Yılın Havayolu seçilmesine doğru giden evrimindeki en büyük pay Lewin'in değişim modelinin kullanılması olmuştur.

Bireysel düzeyde dondurma aşaması yeni inançların ve uygulamaların deneme yanılma ile test edildiği dönemi belirler; bu ya değişimi pekiştirir ya da yeni bir değişim döngüsü başlatır. Örneğin ailesine bir hafta boyunca sakatat yediren savaş dönemi bir ev kadını, ailesinin yemekten hoşnut kalıp kalmadığını, sağlıklı görünüp görünmediğini ve et seçimleri yüzünden diğer ailelerin onları olumlu ya da olumsuz biçimde yargılayıp yargılamadıklarını değerlendirecektir. Eğer bu soruların cevapları evetse akşam yemeklerinde sakatat pişirmeye devam edecektir. Ama eğer çocukları tavuk veya dana eti yedikleri zamankinden daha sağlıksız görünüyorlarsa veya başka kadınlar onun et seçimini eleştiriyorlarsa sakatatı bırakıp ailesini doyuracak başka yollar aramaya başlayarak buz çözme ve değişim sürecine işlemine yeniden başlayabilir.

Lewin'in sosyal sistemlerdeki öncü deneysel çalışmaları onun sosyal psikolojinin babası olarak kabul edilmesine neden olmuştur. "Grup dinamikleri" ve kurumsal gelişim üzerinde sistemli olarak çalışan ilk psikolog odur. Yararlı sosyal dönüşümler oluşturabilmek için sosyal bilimleri özenli biçimde uygulamıştır ve çalışmaları deneysel ve sosyal psikoloji alanlarında çok etkili olmuştur. ■

"
İyi bir kuram kadar pratik hiçbir şey yoktur.
Kurt Lewin
"

Kurt Lewin

Alman-Amerikalı psikolog Kurt Lewin 1890'da orta sınıf bir Yahudi ailenin oğlu olarak Polonya (daha sonra Prusya), Mogilno'da doğar. 1905'te ailesi Berlin'e taşınır ve Lewin Freiburg Üniversitesi'nde tıp eğitimi almaya başlar. Daha sonra Münih Üniversitesi'ne geçerek biyoloji eğitimi alır. I. Dünya Savaşı sırasında Alman ordusunda hizmet eder, ancak yaralandıktan sonra doktorasını tamamlamak üzere Berlin'e döner. 1921'den 1933'e kadar Berlin'de Psikoloji Enstitüsü'nde çalışır. 1933'te Yahudi toplumu üzerindeki kısıtlamalar onu istifaya ve Amerika'ya sığınmaya zorlar. Önce Cornwall Üniversitesi'nde çalışır sonra Iowa Üniversitesi'ne geçer ve orada profesör olur. 1944'te Massachusetts Institute of Technology'de Grup Dinamikleri Merkezi'nin direktörü olur ancak sadece üç yıl sonra bir kalp krizi sonucunu hayatını kaybeder.

Önemli eserleri

1935 *Kişiliğin Dinamik Bir Kuramı*
1948 *Sosyal Çatışmaları Çözmek*
1951 *Sosyal Bilimde Alan Kuramı*

SOSYAL UYDUMCULUKTA BASKININ GÜCÜ NE KADARDIR?

SOLOMON ASCH (1907–1996)

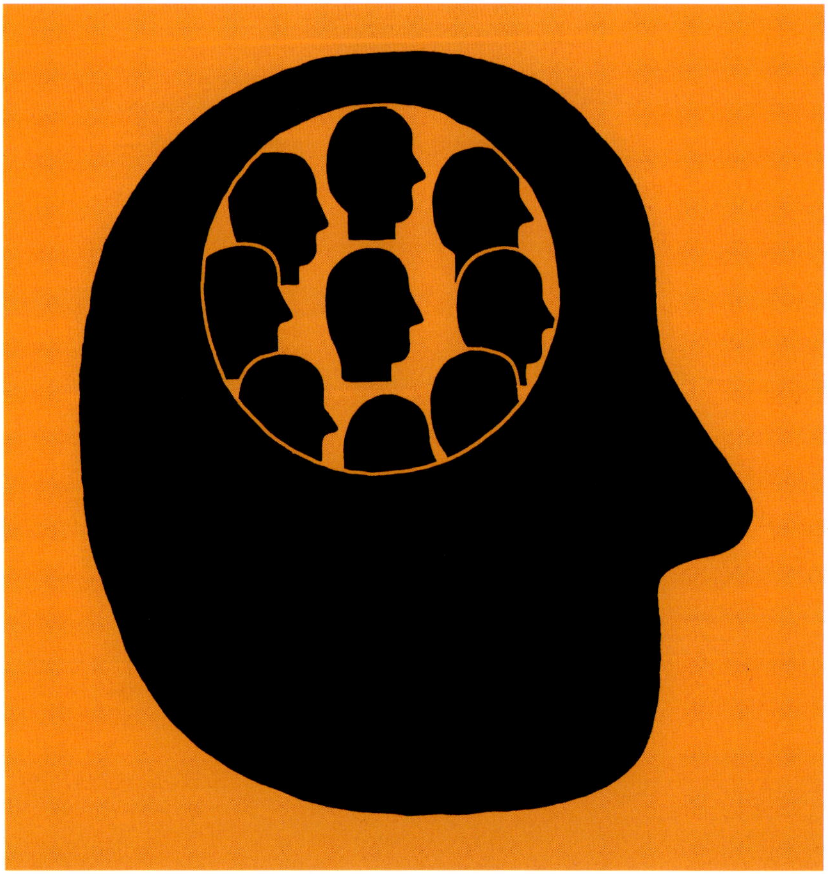

KISACA

YAKLAŞIM
Uydumculuk (Konformizm)

ÖNCE
1880'ler Fransız hekim Hippolyte Bernheim "telkine açıklık" kavramını gösterebilmek için hipnozu kullanır.

1935 Muzafer Şerif'in uydumculuk deneyi Asch'ın Asch Paradigması'nı geliştirmesine yol açar.

SONRA
1963 Stanley Milgram'ın itaat deneyleri insanların bir otorite figürüne ahlaki çatışma yaşama pahasına itaat ettiklerini gösterir.

1976 Serge Moscovici istikrarlı bir azınlığın etki yaratabileceğini savunur.

1979 Danimarkalı psikolog Knud S. Larsen, uydumculuğun kültürel ortamla bağlantılı olabileceğini gösterir.

Sosyal psikolog Solomon Asch, uyum sağlama dürtümüzü göstermek için gerçekleştirdiği deneyle özerk varlıklar olduğumuz düşüncesine meydan okur. Ünlü deneyi insanların çoğunluğun fikriyle karşı karşıya kaldıklarında uyum sağlama eğilimlerinin doğru olarak algıladıklarına olan bağlılıklarından güçlü olduğunu göstermiştir. Bulgularını 1956 tarihli makalesi *Düşünceler ve Sosyal Baskı*'da detaylandırır. Makale aynı zamanda kişinin inançlarını, kararlarını ve uygulamalarını şekillendiren sosyal etkileri de ele almaktadır. Asch grup baskısının bireysel karar alma

Ayrıca bkz. Serge Moscovici 238–39 ▪ Stanley Milgram 246–53 ▪ Philip Zimbardo 254–55 ▪ Max Wertheimer 335 ▪ Muzaffer Şerif 337

mekanizmalarını nasıl etkilediğini ve insanların tutumlarının çevrelerindeki sosyal güçler tarafından nasıl ve nereye kadar etkilendiğini araştırmak istemektedir.

Türk psikolog Muzaffer Şerif 1935'te benzer sorulara cevap aramak için karanlık bir odada sabit bir spot ışığını hareket eder gibi gösteren ve oto kinetik etki adı verilen görsel bir illüzyon kullanır. Çalışmasında deneklere ışığı hareket ettireceğini söyleyerek onların ışığın ne kadar uzağa kaydığını düşündüklerini sorar. Gruplar halinde test edilen katılımcıların tahminleri bir grup normuna dönüşerek, belirsiz durumlarda deneklerin başkalarının tahminlerini referans çerçevesi olarak kullandıklarını ortaya çıkarmıştır.

Şerif bunun uydumculuğun ilkelerini gösterdiğine inansa da Asch verilen görevde doğru ve yanlış cevap olmadığı için kesin bir sonuç çıkarılamayacağını söyler. Asch uydumculuğun ancak, bireyin belirsiz bir çözümü olan bir işte, oybirliğiyle yanlış cevap veren bir grubun üyeleriyle aynı fikirde olması halinde ölçülebileceğine inanır. Asch Paradigması olarak bilinen basit algılama görevi bunu sunmak için tasarlanmıştır.

Solomon Asch

Solomon Elliott Asch sosyal psikoloji alanının öncülerindendir. 1907'de (o zamanlar Rusya İmparatorluğu'nun bir parçası olan) Varşova'da Yahudi bir ailenin çocuğu olarak doğar. 13 yaşındayken ABD'ye göç eder ve psikoloji eğitimi almaya başlar. 1932'de Max Wertheimer'den esinlendiği Columbia Üniversitesi'nden doktorasını alır.

Asch 1947'de Swarthmore College'da profesör olur ve Wolfgang Köhler'le birlikte çalışır. Massachusetts Institute of Technology'de ve Stanley Milgram'ın doktora tezinin danışmanı olduğu Harvard'da konuk öğretim üyeliği yapar. Daha sonra Pennsylvania Üniversitesi'ne gider. Aldığı pek çok ödül arasında Amerikan Psikoloji Derneği'nden Seçkin Bilimsel Katkılar Ödülü de bulunmaktadır. 88 yaşında ölmüştür.

Önemli eserleri

1951 *Grup Baskısının Düşüncelerin Değişmesinde ve Çarpıtılmasındaki Etkileri*
1952 *Sosyal Psikoloji*
1955 *Düşünceler ve Sosyal Baskı*
1956 *Bağımsızlık ve Uyum Çalışmaları*

Asch Paradigması

Deney 123 erkek denekle gerçekleştirilmiştir. Deneklerin her biri, 5-7 kişilik "müttefikler"in (deneyin gerçek amaçlarının farkında olan ama diğer denekler olarak tanıtılan kişiler) gruplarına yerleştirilirler. Gruba üzerinde bir çizgi olan bir kart ve ardından üzerinde A, B ve C olarak işaretlenmiş üç çizgi bulunan başka bir kart gösterilir ve bu üç çizgiden hangisinin ilk karttaki ile aynı uzunlukta olduğunu söylemeleri istenir.

Oda deneğin hep sonuncu ya da sondan bir önceki cevabı vereceği şekilde düzenlenir. 18 deneme sırasında müttefikler ilk altıya doğru ve sonraki 12'ye benzer ama yanlış cevap verme talimatı almışlardır. Bunun amacı deneğin doğru cevap mı vereceği yoksa cevabını müttefiklerin aynı – yanlış– cevabına mı uyduracağını test etmektir. Başlangıçta Asch sadece birkaç deneğin, müttefiklerin cevaplarıyla uyumlu olacağını düşünmüştür. Ne de olsa bu basit bir testtir ve cevaplar da gayet açıktır; yanlış gruba uyum sağlanıp baskısının olmadığı pilot deney sırasında 720 toplam denemede sadece üç yanlış cevap çıkmıştır. Gerçek deneyin sonuçları ise şaşırtıcıdır. Aynı yanlış cevabı veren bir grup insanla çevrili olduklarında denekler soruların yaklaşık üçte birine (yüzde 32) yanlış cevap vermiş; yüzde 75'i en az bir soruya yanlış cevap vermiştir. Bir kişi 12 denemenin 11'inde yanlış cevap veren gruba uyum göstermiştir. Ödev hem basit hem de belirsiz olmadığından bu rakamlar deneklerin yüksek derecede uyum sağladığını göstermiştir. Ancak tüm kritik denemelerde uyum gösteren tek bir denek bile yoktur ve 50 denekten 13'ü (yüzde 26'sı) hiç uyum göstermemiştir.

Sonuçlar deneklerin çok istikrarlı olduklarını kanıtlamıştır. Grup düşüncesinden ayrı düşen ve bağımsız cevap verenler pek çok denemeden sonra bile çoğunluğa uymamışlardır. Öte yandan, çoğunluğa uyanlar bu kalıbı kıramamış gibi gözükmektedirler.

Açıklamalar

Sonuçlarını daha derinden kavrayabilmek için Asch neden yanlış cevap verdiklerini bulmak için denekleriyle görüşmeler yapmıştır. Bazıları deneyi yapan kişinin isteği olduğuna inandıkları şeye destek vermek istediklerini ve tüm deneyi altüst etmek istemediklerini söylemişlerdir. Birkaçı gerçekten göz yorgunluğundan muzdarip olup olmadıklarını veya odada yanlış bir açıda oturtulup oturtulmadıklarını merak etmişlerdir. Bazıları yanlış cevap verdiklerinin farkında olduklarını inkâr etmişlerdir. En sonunda bazıları da cevaplarının yanlış olduğunu bildiklerini itiraf etmiş ve farklı veya aptal görünmek istemedikleri için gruba uymak istediklerini söylemişlerdir.

Asch ayrıca doğru ve bağımsız cevaplar veren deneklerle de görüşmüş ve bu kişilerin çoğunluğa

Asch Paradigması deneyinde deneklere görsel bir test verilir. İkinci karttaki üç çizgiden hangisinin ilk karttaki ile aynı uzunlukta olduğuna karar vermeleri gerekmektedir. Her soru "deneme" olarak adlandırılır ve hepsinde 18 deneme vardır.

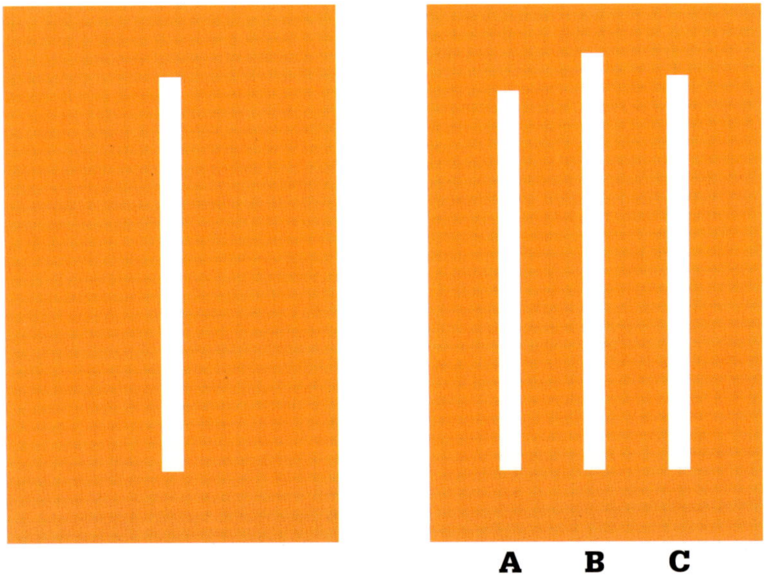

> Tüm zayıf denekler uyum sağlama sıklıklarını azımsamıştır.
> **Solomon Asch**

tepkisiz olmadıklarını ama gördüklerini dürüstçe beyan etmek için duydukları şüpheden kurtulmayı başarmışlardır.

Asch çoğunluk grubunun boyutunun uydumculuk seviyelerinde ne fark yarattığını test etmek için deneyde çeşitlemeler yapar. Tek bir müttefikin deneğin uyumunda hiçbir etkisi olmadığını, ikisinin çok az etkisi olduğunu ama üç veya daha fazlasının uyum sağlamaya nispeten sabit bir eğilimi teşvik ettiğini bulur. Müttefiklerin cevaplarındaki oybirliği çok güçlü bir faktör değildir, ama tek bir müttefik alternatif bir cevap verdiğinde bile, deneklerin bağımsız (ve doğru) bir cevap verme olasılıkları artmaktadır. Bu bulgu çok küçük bile olsa muhalif azınlığın gücünün altını çizmektedir. Asch bunlara ek olarak eğer deneklere cevaplarını kendi başlarına, bir parça kağıt üzerine yazmaları için izin

Amerikalı senatör Joseph McCarthy 1950'lerde bir komünist avı başlatarak korku ve yüksek düzeyde bir siyasi ve sosyal uyum ortamı yaratmıştır.

uydumculuğun kayda değer ölçüde azalacağını ve bunun müttefikler cevaplarını yüksek sesle verdikleri zaman da geçerliliğini koruyacağını keşfetmiştir.

Kültürel normlar

Bazı psikologların Asch'in bulgularının Amerika'nın 1950'lerde, muhaliflerin Amerikan karşıtı sayıldığı ve insanların fikirlerinden dolayı hapse atıldıkları McCarthy dönemini yansıttığı ile ilgili varsayımları vardır. Daha sonraki çalışmalar uydumculuk seviyelerinde farklılıklar bulmuşlardır. Örneğin 1970'lerin başında (Amerika'da liberal, ilerici düşünce dönemi) yürütülen bir araştırmada çok daha düşük uydumculuk oranları bulunmuştur. Ancak 1970'lerin sonundaki bir araştırma yüksek oranlara geri dönüş olduğunu göstermiştir.

Uydumculuk oranları dünyada kültürden değişkenlik göstermektedir. Araştırmacılar kişisel seçim ve bireysel başarıların yüksek değere sahip olduğu ABD, İngiltere ve diğer Batı Avrupa ülkelerindeki gibi bireyci kültürlerde uydumculuk oranlarının, grup aidiyetinin yüksek değere sahip olduğu Japonya, Fiji ve Afrika'daki gibi *kolektivist kültürlere* oranla daha düşük seviyelerde kaldığını bulmuşlardır.

Psikologlar Asch'ın yöntemlerini, onun denekler arasında fazla etkileşim bulunmayan, yalın bir grup davranışına odaklandığı veya grup dinamiğinden çok gruptaki bireylere odaklandığı temelinde eleştirmişlerdir. Bazıları da onun çoğunluğun azınlığı etkileme gücünü abartıp abartmadığını merak etmişlerdir. Özellikle Serge Moscovici, Asch'ın analizine karşı çıkmış ve etkin bir azınlığın çoğunluğu etkileyebileceğini ve değişim meydana getirebileceğini savunmuştur. Moscovici istikrarlı

> Bir yamyam kabilesinin üyesi yamyamlığı tamamen doğru ve uygun kabul eder.
> **Solomon Asch**

bir azınlığın, çoğunluğun düşüncesini nasıl etkileyebileceğini göstermek için kendi araştırmalarını geliştirmiştir.

Asch sosyal yaşamın mutabakat gerektirdiğini kabul etse de, bunun en çok her bireyin kendi bağımsız anlayışı ve deneyimiyle katkıda bulunduğu zaman verimli olduğunu da vurgular. Mutabakat korku ya da uydumculuktan doğmamalıdır; uydumculuk eğiliminin kültürlü insanlar arasında bile güçlü olması, Asch'ın zihninde toplumsal değerler ve eğitimin kalitesi hakkında da sorular doğmasına neden olmuştur.

Asch'ın vardığı sonuçlar kişinin inançlarını ve davranışını şekillendirmede sosyal etkinin gücünü (ve tehlikesini) de belirtir. Eğer bir şey bir grup için normalse, sosyal baskı uydumculuk garanti etmektedir. Asch'ın kuramından esinlenen Stanley Milgram'ın itaat deneyi sıradan insanların uyduculuk baskısı altında acımasız olabileceklerini göstermiştir.

Ancak Asch'ın araştırmasındaki deneklerin çoğunluğu, hatta uyum sağlayanlar bile, düşüncenin bağımsızlığına önem verdiklerini belirterek onu insanlık hakkında iyimser düşünmeye sevketmişlerdir. ■

YAŞAM TEATRAL OLARAK OYNANAN BİR ŞEYDİR

ERVING GOFFMAN (1922–1982)

KISACA

YAKLAŞIM
İzlenim idaresi

ÖNCE
1890 William James, ilk kez özne olarak özel benlikle ("ben") ve nesne olarak kamusal benliğin ("kendim") ayrımını yapar.

1902 Amerikalı sosyolog Charles Cooley, benliğin başka insanların davranışlarında yansıdığını savunan ayna-benlik kuramını ortaya koyar.

SONRA
1990 Amerikalı psikologlar Mark Leary ve Robin Kowalski, izlenim yönetiminin mutluluğu artırabileceği üç yol tanımlarlar: aidiyet, kendini geliştirme ve kendini anlama.

1995 Psikolog Sarah Hampson, davranışlarımızın kimlerle birlikte olduğumuza göre değiştiğini ve farklı insanların kişiliğimizin çeşitli yönlerini ortaya çıkardığını savunur.

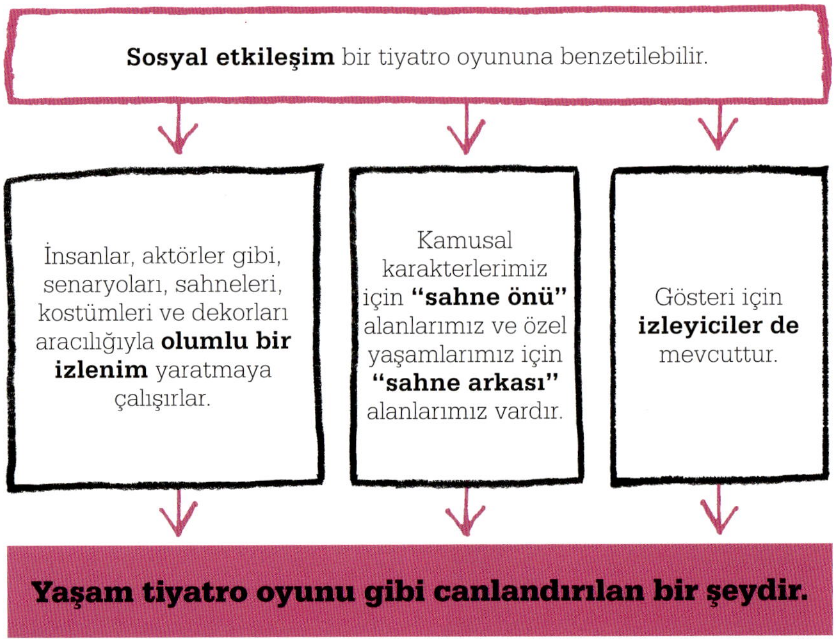

Erving Goffman tarafından geliştirilen izlenim idaresi kuramı sosyal kimliklerimizi nasıl yarattığımız, sürdürdüğümüz ve genişlettiğimizle ilgilidir. Goffman sosyal etkileşimin temel özelliğinin, başkalarının bizi algılama biçimlerini –bilinçli ya da bilinçsiz olarak– yönlendirmeye çalışmamız olduğunu söyler. Başka insanlarla ne zaman etkileşime girsek, kendimizin bir kamusal görüntüsünü sunarız. Bazı durumlarda belli bir kişiyi (iş görüşmesi yaptığımız insanı) etkilemeye bazen de kendimize ait hoşa giden bir imgeyi devam ettirmeye çalışırız. 1959 tarihli kitabı *Günlük Yaşamda Benliğin Sunumu*'nda Goffman izlenim idaresi ile tiyatro arasında bir paralellik kurarak gerçek dünyada kendimizi sunma

Ayrıca bkz. William James 38–45 ▪ William Glasser 240–41 ▪ Stanley Milgram 246–53 ▪ David C. McClelland 322–23 ▪ Walter Mischel 326–27

yollarımızla tiyatro oyuncularının sahnedeki performanslarının ne kadar benzer olduğunu gösterir. Her sosyal etkileşim izleyicilerin üzerinde özel bir etki yaratmak amacıyla olduğu kadar, dürüst bir kendini ifadeye yönelik de işler.

Aslında Goffman'ın kuramına göre kişilik, insanın yaşamında oynadığı çeşitli rollerin toplamıdır. Bu, gerçek benliğin özel ya da içsel bir olgu olmayıp kişinin kendini kamusal olarak takdim ettiği teatral efektler olduğunu ima eder. "Yaşam tiyatro oyunu gibi canlandırılan bir şeydir" der Goffman. Başarılı bir izlenim yaratmak doğru sahneyi, dekoru, kostümleri, yeteneği ve sahnede olmaya (kamusal alan) karşı sahne arkasında (kişisel, özel alan) olmayı oluşturan bileşenler için ortak bir anlayışı gerektirir.

Performans yeteneği

Goffman gerçek hayatta herkesin izleyicilerine sunacağı kendi sahnesini, dekorunu ve kostümlerini seçme yeteneği olduğuna inanır. Hem sosyal oyuncunun hem de sahne üzerindeki oyuncunun asıl amacı diğer oyuncularla etkileşimleri aracılığıyla bir bütünlük hissini sağlamaktır. Bu da sadece herkesin "durumun tanımı" ve belirli bir performansın ya da etkileşimin özellikleri, beklentileri ve kısıtlamaları üzerinde fikir birliği içinde olması, birbirlerine sosyal ortama uygun şekilde, uygun reaksiyon biçimleriyle işaretler vermesiyle sağlanabilir.

Tam bir uyum sağlayabilmek için insanlar kişisel kimlikleri, sosyal bağlamı ve ortak davranış beklentileri üzerinde anlaşmalıdırlar. Örneğin, seçkin bir partiye katılan ünlülerin hepsi üstü kapalı olarak "seçkin bir partideki ünlüler" olduklarını anlama konusunda hemfikirdirler; her biri bu durumdaki tanımlanmış rollerini kabul eder ve diğer oyuncularla gözlemcileri (veya izleyicileri) de benzer şekilde bu tanımı kabul etmeleri için teşvik ederler. Ancak eğer bu durumun belirli tanımı bir şekilde itibarını kaybederse –mesela partide ikram edilen yiyecekler pizzadan ibaretse veya katılımcılar arasında ünsüz kimseler de varsa– insanlar hiçbir şey değişmemiş gibi yapmaya eğilimli olurlar, böylece huzuru korumak ya da utancı engellemek adına yapay bir inanılırlık duygusunu korurlar.

Goffman'ın kendisinin de restoranlarda, *amfiteatrlarda* ve sinema kuyruklarındaki karşılaşmaları şekillendiren kuralların sınırlarını test etmekten çok hoşlandığı söylenir. ▪

Otel personeli insanlarla iletişim içindeyken "sahne önü"nü kullanır. Görevde olmadıkları "sahne arkası"nda ise daha az resmi olabilirler ve davranışları değişebilir.

Erving Goffman

Kanadalı sosyolog ve yazar Erving Goffman Alberta, Manville'de doğmuştur. Ataları Kanada'ya göç etmiş Ukraynalı Yahudilerdir. Goffman Toronto Üniversitesi'nde sosyoloji ve antropoloji alanında lisans eğitimi almış, Chicago Üniversitesi'nde sosyoloji alanında yüksek lisans ve doktora yapmıştır. 1962'de California Üniversitesi'nde profesör olmuş ve 1969'a kadar yedi önemli kitap yayınlamıştır. 1964'te ilk karısı intihar etmiş, Goffman bu deneyimi 1969'da yayımladığı *Mekanın Deliliği*'nde yazmıştır. 1981'de yeniden evlenmiş ve 1982'de –biraz başına buyruk olarak görülmesin rağmen– Amerikan Sosyoloji Derneği'nin başkanı olmuştur. Birkaç ay sonra mide kanserinden hayatını kaybetmiştir.

Önemli eserleri

1959 *Günlük Yaşamda Benliğin Sunumu*
1961 *Akıl Hastaneleri*
1971 *Kamusal İlişkiler*
1974 *Çerçeve Analizi*

NE KADAR ÇOK GÖRÜRSENİZ O KADAR ÇOK SEVERSİNİZ

ROBERT ZAJONC (1923–2008)

KISACA

YAKLAŞIM
Tanıdıklık (Aşinalık)

ÖNCE
1876 Alman deneysel psikolog Gustav Fechner, aşina olmanın sanat nesnelerine olan olumlu duyguları artırdığını ama "aşırı doygunluğun" isteksizliğe neden olduğunu öne sürer.

1910 Edward B. Titchener, salt maruz kalma etkisini belgeleyerek bunu insanların tanıdık şeylerin varlığı karşısında hissettikleri "sıcaklık ışıltısı" olarak tanımlar.

SONRA
1971 Psikologlar T. T. Faw ve D.Pien, yetişkinlerin ve çocukların tanımadıkları çizgileri ve desenleri tanıdık olanlara tercih ettiklerini bulur.

1989 Robert Bornstein, salt maruz kalma etkisinin en güçlü olduğu zamanın tanımadık uyarıcıların kısaca sunuldukları zaman olduğunu bulur.

Bir uyarıcıya tekrarlanan maruz kalma sonucunda **tanıdıklık** oluşur.

Tanıdıklık uyarana karşı bir **tutum değişikliği** meydana getirir...

...bu ya **tercih etme ya da bağlılık şeklindedir.**

Bu tercih duygusaldır ve insan farkına bile varmadan evvel **bilinçaltı düzeyde** oluşur.

Ne kadar çok görürseniz, o kadar çok severseniz.

20. yüzyılın ortalarına kadar sosyal bilimciler insan davranışı açıklamalarını çevresel faktörlere dayandırma eğilimi içinde olmuşlardır. Ancak Polonya doğumlu psikolog Robert Zajonc, daha kapsamlı bir anlayış için zihnin işlevlerini de hesaba katmak gerektiğine inanmaktadır. Zajonc'un asıl ilgi alanı duygu ve düşünce arasındaki ilişkidir –duygularla bilincin kesişimi– ve kariyerinin büyük bölümünü bu unsurlardan hangisinin davranış üzerinde daha güçlü bir etkisi olduğunu araştırmaya adamıştır. Bu amaçla 1968'de yaptığı önemli bir deney, onun sosyal psikoloji alanına yaptığı tartışmasız en büyük katkı olan "salt maruz kalma etkisi"ni keşfetmesine neden olur.

Tanıdıklık deneyleri

Zajonc, salt maruz kalmanın basitçe belirli bir uyarıcının, bilinç ya da bilinçaltı yoluyla, kişinin algısına erişebilir olduğu durumu anlatır. Salt maruz kalmanın etkileri daha önceleri psikolog Edward B. Titchener tarafından belgelenmiştir. Titchener 1910'da "sıcaklık ışıltısı"nı kişinin tanıdık bir şeyin varlığından duyduğu yakınlık hissi olarak tanımlamıştır. Ancak Titchener'in hipotezi o yıllarda reddedilmiş ve bu düşünce nispeten karanlığa gömülmüştür.

Zajonc'un bu etkiye ilgisi 1967'de Oregon State Üniversitesi'nde yapılan ilginç bir deneyi anlatan bir gazete yazısı ile başlar. Yazıda "esrarengiz bir öğrenci"nin iki aydır derslere siyah bir çuvala sarılmış halde girdiğini anlatmaktadır. Profesör Charles Goetzinger çuvalın içindeki kişinin kimliğini bilmektedir ama sınıftakilerin onun kim olduğuyla ilgili en ufak bir fikirleri yoktur. Goetzinger zaman içinde sınıfın tepkilerini ölçmek için gözlem yapmaya başlar.

Ayrıca bkz. Leon Festinger 166–67 ▪ Edward B. Titchener 334 ▪ Stanley Schachter 338

Zajonc'un 1968'deki deneyi insanlara eşit olmayan tekrar sayılarında sembol slaytları göstererek salt maruz kalma etkisini test eder: Bir sembol ne kadar sık görülürse ondan hoşlanma oranı o kadar artmaktadır.

Öğrenciler önce siyah çuvala düşmanca davranmışlar ama zaman içinde bu tavırları yumuşamış ve en sonunda çuvalın içindeki kişiye dostça ve hatta koruyucu şekilde yaklaşmaya başlamışlardır. Goetzinger öğrencilerin tutumlarının yavaş yavaş "siyah çuvallı kişiye karşı düşmanlıktan meraka ve sonunda dostluğa doğru değiştiğini" belirtir.

Zajonc'un çığır açan makalesi *Salt Maruz Kalmanın Davranışsal Etkileri* 1968'de *The Journal of Personality and Social Psychology*'de yayımlanmıştır. Zajonc'un makalesi, katılımcılara hangilerinin tekrar gösterildiğini anlamayacakları bir hızda, anlık rastgele görüntülerin –geometrik şekiller, Çin sembolleri, tablolar ve yüz resimleri– gösterildiği bir dizi deneyi anlatmaktadır. Deneklere daha sonra hangi görüntüleri tercih ettikleri sorulduğunda bilinçli olarak farkında olmasalar da en sık gösterilenleri seçmişlerdir. Zajonc'un keşfetmiş gibi göründüğü şey tanıklığın bir tutum değişikliğine neden olduğu, tanıdık uyarıcılara bir tür tanıdıklık ya da bağlılık geliştirildiğidir. Bu, maruz kalma ile artmaktadır: Bir şeye ne kadar çok maruz kalırsanız ona karşı o kadar bağlılık hissedersiniz. Daha basit bir deyişle, "ne kadar görürseniz o kadar seversiniz".

Zajonc'tan bu yana salt maruz kalma olgusunu inceleyen araştırmacılar, bu etkinin resim yerine ses kullanarak da yeniden yaratılabilmesinin mümkün olduğunu keşfetmişlerdir. 1974'te psikolog D. W. Rajecki döllenmiş tavuk yumurtalarını kullanarak bir deney yapmıştır. Yumurtalardaki civcivler çıkmadan önce farklı gruplardaki yumurtalara farklı frekanslarda müzik parçaları çalmış ve daha sonra yumurtadan çıkan tüm civcivlere aynı tonları çalmıştır. İstisnasız tüm civcivler doğum öncesinde çalınanları tercih etmişlerdir.

Tercihler akılcı değildir

Zajonc'un bulguları tanıdık şeyleri tercih etmenin sadece onlara maruz kalmanın geçmişine dayandığını ve kişinin ifade edilmiş kişisel inançları veya tutumlarından etkilenmediğini göstermiştir. Bu, maruz kalmanın sadece bilinçaltı düzeyde olduğu, kişilerin kendilerine bir uyarıcının sunulduğunun hiç farkında olmadıkları durumlarda bile geçerlidir. Bu keşif Zajonc'un "tercihlerin anlamlara ihtiyacı yoktur" saptaması yapmasına neden olmuştur. Bunun anlamı şudur: Bağlılık hissi akılcı bir karara dayanmaz. Bu da durumun pek çoğumuzun tahmininden farklı olduğunu ortaya koymaktadır.

1980'de yazdığı *Hissetme ve Düşünme* adlı makalesinde Zajonc duyguların ve düşüncelerin aslında birbirlerinden tamamen bağımsız olduklarını savunur. Duygular sadece insanın bir uyarıcıya verdiği karmaşık tepki sırasında düşüncelerden önce gelmekle kalmazlar, aslında kişinin tutumlarını ve kararlarını belirleyen en güçlü unsurlardır. Bu makale hayli tartışma yaratmış ve duygu araştırmalarını Batı psikolojisinin gündemine geri getirmeye yardımcı olmuştur. Bunun nedeni kısmen,

> Yenilik genellikle belirsizlik ve çatışmayla özdeşleştirilir ve bunlar olumludan çok olumsuz etki yaratma olasılığı olan durumlardır.
>
> **Robert Zajonc**

> Reklamcılık endüstrisi maruz kalmaya her zaman müthiş bir reklam potansiyeli atfetmiştir.
> **Robert Zajonc**

Bir markaya sıklıkla maruz kalma, hiçbir gerçek bilgi sunmasa ve ona bakan kişiden karar vermesini istemese bile, markaya karşı bir hoşlanma doğurabilir.

kuramın karar alma mekanizmalarıyla ilgili çalışmalar için önemli çıkarımları olmasındandır. Sandığımızın aksine, kararlarımıza yön veren akıl ve mantık değildir; gerçekte, seçimimizi bilişsel olarak düşünmeye bile fırsat bulamadan hızlı, içgüdüsel, duygu temelli kararlar veririz – kararlarımızı bilgi olmadan alırız. Eğer bu doğruysa, mantıklı düşüncelerimiz, önce seçeneklerimizi bilgilendirme görevi yapmaktan çok zaten verdiğimiz kararları gerekçelendirir ve haklı çıkartırlar.

> "Duygu" adını verdiğimiz deneyim biçimi tüm kavrayışlara eşlik eder.
> **Robert Zajonc**

Zajonc "duygu, düşüncenin ayrılmaz arkadaşıdır ama tersi biliş için doğru değildir" sonucuna varmıştır. Hiçbir zaman bir duygunun eşlik etmediği bir şey düşünemeyiz. Zajonc'un dediği gibi sadece "bir ev" görmeyiz, "güzel bir ev" veya "gösterişli bir ev" görürüz. Zajonc'a göre duygunun biliş üzerindeki üstünlüğü bellekte de belirgin olarak görülür; Frederick Bartlett'in *Hatırlama* adlı kitabında da dediği gibi: "Bir kişiye hatırlaması söylendiğinde ortaya çıkan ilk şey genellikle tutum doğasına ilişkindir."

Kişilerarası çekim

Salt maruz kalma etkisinin önemi laboratuvarın sınırlarının ötesine geçerek kişiler arası çekimin alanına girer. Bu bağlamda olguya "yakınlık etkisi" adı verilir. Bu, düzenli olarak gördüğümüz kişilerle arkadaşlıklar veya romantik ilişkiler oluşturma eğilimi içinde olmamızı anlatır. Buna getirilen açıklamalardan biri evrime odaklanır: Hayvanlar bir şeye ilk kez maruz kaldıklarında genellikle korku ve saldırganlıkla tepki gösterirler ama yinelenen durumlarda –hayvan algılanan tehdidin gerçekleşmediğini fark ettiğinde– olumsuz tepkilerde bir azalma olur. Zajonc bunu insan deneklerle araştırmış ve insanların tanımadıkları hayali bir grup insana karşı çok olumsuz tutumlar oluşturduklarını, görünürde sadece tamamen yabancı olmaları dışında hiçbir neden olmaksızın onlara nahoş özellikler atfettiklerini keşfeder. Ancak şekiller ve sembollerde olduğu gibi, yinelenen maruz kalma durumunda güven ve bağlılığın arttığı görülmektedir.

"Yakınlık etkisi" için başka bir açıklama da tanıdıklık, tutum benzerlikleri, fiziksel çekim ve karşılıklı bağlılık gibi kişiler arası çekimin kapsadığı pek çok faktöre odaklanır. İnsanlar arasındaki etkileşimin sıklığı, sadece tanıdıklık düzeyini artırmakla kalmaz aynı zamanda artan bir benzerlik izlenimi de sağlar, böylece olumlu duygulara ve sonuçta çekime neden olur.

Maruz kalma ve reklamcılık

Reklamcılık, her ne kadar bu alandaki tablo daha az net olsa da, salt maruz kalma etkisinin çok önemli bir rol oynadığı başka bir alandır. Araştırmalar bir markaya veya şirket ismine tekrar tekrar maruz kalmanın satışları yükselttiğini ama bu varsayımın aşırı derecede basitleştirilmiş olduğunu ve maruz kalma sıklığının diğer olası etkilerini dikkate almadığını göstermektedir.

Bir araştırmada üniversite çağındaki öğrenciler üzerindeki salt maruz kalma etkisini test etmek için pankartlı reklamlar kullanılmıştır. Denekler bilgisayar ekranında bir yazı okurlarken ekranın tepesinde bir yazı yanıp sönmektedir. Sonuçlar bu reklamlara daha çok maruz kalanların gerçekten de daha az sıklıkta maruz kalanlara –ya da hiç maruz kalmayanlara– oranla markayı daha çok beğendiklerini göstermiştir. Ancak başka bir araştırmada da tanıdık bir markanın kararsız bir tutum yarattığı bulunmuştur. Bunun nedeni insanların tanıdık firmalarla ilgili hem iyi hem kötü çağrışımları olması ve tüm bu çağrışımların maruz kalma sıklığı nedeniyle daha çok akla gelmesinin daha çok kararsızlık yaratmasından olabilir. Sonuç olarak tekrarlanan reklamlarla yaratılan tanıdıklığın, tek başına, satışlar için iyi olup olmadığı belirsizdir.

Tanıdık yüzler

Zajonc maruz kalma etkisinin sadece insanların başkaları hakkında hissettiklerini etkilemekle kalmayıp zaman içinde kişilerin görüntülerini bile değiştirebildiğini bulmuştur. Zajonc bir grup meslektaşıyla, 25 yılı birlikte geçirdikten sonra eşlerin yüzlerinin birbirlerine benzeyip benzemediklerini test etmek için bir çalışma yürütmüştür. Çiftlerin evliliklerinin ilk yılında çekilmiş fotoğraflarıyla 25 yıl sonra çekilmiş fotoğrafları kıyaslanmış ve birlikte geçirilen yıllardan sonra birbirlerine daha çok benzedikleri bulunmuştur. Diğer olası açıklamalar bir yana bırakıldığında, araştırmalar bunun için en olası nedenin empati olduğuna karar vermişlerdir. Zaman, çiftlerin birbirine olan empatisini artırmakta ve insan duyguları yüz ifadeleri aracılığıyla iletildiğinden dolayı, birbirlerinin ifadelerini taklit ederek zaman içinde aynı kırışıklıklara sahip olmalarıyla sonuçlanmaktadır.

Sosyal davranışın temel süreçleri üzerine olan geniş çaplı araştırmalarıyla tanınan Zajonc'un modern bir sosyal psikoloji alanı yaratılmasında önemli katkıları olmuştur. Duygu ve düşünceler üzerindeki çalışmasını ırkçılık, soykırım ve terörizm gibi sorunları incelemek için kullanmış ve araştırmalarının günün birinde savaşlara ve insanoğlunun acılarına son vermeye bir yardımı olmasını umut etmiştir. ■

Çiftler zaman içinde birbirlerine benzemeye başlarlar çünkü empati yoluyla birbirlerinin yüz ifadelerini yansıtırlar ve bu da benzer yüz çizgilerinin oluşmasına neden olur.

Robert Zajonc

Robert Zajonc Polonya, Lodz'da doğmuştur. 16 yaşındayken ailesi Nazilerin Polonya'yı işgali nedeniyle Varşova'ya kaçar. İki hafta sonra oturdukları binanın bombalanması sonucu anne ve babası ölür. Zajonc iyileşmesi için altı ay bir hastanede tutulduktan sonra Nazi subayları tarafından tutuklanır ve bir Alman çalışma kampına gönderilir. İki mahkûmla birlikte oradan kaçar ve 320 km yürüyerek Fransa'ya gider ancak tekrar yakalanır ve hapsedilir. Bir kez daha kaçar ve bu kez ABD'ye gider.

II. Dünya Savaşı'ndan sonra Zajonc ABD'ye taşınır, orada saygın bir psikolog olur, Michigan Üniversitesi'nden doktora düzeyinde psikoloji dereceleri alır. 1994'te emekli olup Stanford Üniversitesi'nde emeritus profesör olana dek orada çalışır. 85 yaşında pankreas kanserinden hayatını kaybeder.

Önemli eserleri

1968 *Salt Maruz Kalmanın Davranışsal Etkileri*
1975 *Doğum Sırası ve Zeka Gelişimi*
1980 *Duygu ve Düşünce*

YETKİN KADINLARI KİM SEVER?

JANET TAYLOR SPENCE (1923–)

KISACA

YAKLAŞIM
Cinsiyet çalışmaları

ÖNCE
1961 Albert Bandura, kızların ve erkeklerin muamele gördükleri için farklı davrandıklarını öne süren sosyal öğrenme kuramını geliştirir.

1970 Robert Helmreich ve Elliot Aaronson erkeklerin, yetkin erkekleri yetkin olmayanlara göre daha hoşlanılabilir bulduklarını gösteren çalışmasını yayımlar.

SONRA
1992 Amerikalı psikolog Alice Eagly, kadınların geleneksel erkeksi tarzda bir liderlik sergilediklerinde daha olumsuz değerlendirildiklerini keşfeder.

2003 Simon Baron-Cohen, kadın beyninin baskın olarak empati, erkek beynininse sistemleri kavrama üzerine donanmış olduğunu öne sürer.

Kadın özgürlüğü hareketi 1970'lerde yerleşene dek Janet Taylor Spence'in araştırmaları esas olarak kaygı üzerine yoğunlaşmıştır. Ancak iki meslektaşı tarafından yürütülen ve erkeklerin yetkinliklerinin hoşlanılabilirlikleriyle ilişkisini inceleyen bir çalışmayı okuduktan sonra Amerikalı psikologun ilgi alanı cinsiyetle ilgili sorunlara kaymıştır. Çalışmanın kadınları kapsamadığını fark ederek benzer bir çalışmayı sadece kadınlar üzerinde yapmaya karar verir. Sonuçları açıkladığı makalesi *Yetkin Kadınları Kim Sever?* 1972'de yayımlanır.

Robert Helmreich'la çalışan Taylor Spence, erkekler ve kadınların yetkin kadınları yetkin olmayan kadınlara tercih edip etmediklerini test etmek üzere işe koyulur. İki psikolog, sadece kadın erkek eşitliğine inananların yetkinliği tercih edeceğine inanmaktadırlar. Hipotezlerini test etmek üzere, eğitim, evlilik, profesyonel yaşam, alışkanlıklar, entelektüel liderlikle sosyal ve ekonomik özgürlük hakkında sorular sorarak kadın hakları ve rollerine yönelik tutumları ölçen Kadınlara Yönelik Tutum Ölçeği'ni tasarlarlar. Sonuçlar şaşırtıcıdır: Araştırmacıların beklentilerinin aksine katılımcılar sadece yetkin kadınları yetkin olmayanlara tercih etmekle kalmazlar; erkeklere ait görülen alanlarda yetkin olan kadınları da en üst sıralara yerleştirirler.

Bir dönüm noktası olan araştırma cinsiyet araştırmalarının sosyal psikoloji içinde bir alt kategori olarak sayılması için başlangıç olmuştur. ■

> En muhafazakâr deneklerimiz bile... erkeklere ait sayılan alanlarda yetkin olan kadınları en üst sıralara koydu.
> **Janet Taylor Spence**

Ayrıca bkz. Sigmund Freud 92–99 ▪ Guy Corneau 155 ▪ Eleanor E. Maccoby 284–85 ▪ Albert Bandura 286–87 ▪ Simon Baron-Cohen 298–99

FLAŞ BELLEK DUYGUSAL OLAYLARLA ATEŞLENİR

ROGER BROWN (1925–1997)

KISACA

YAKLAŞIM
Hafıza çalışmaları

ÖNCE
1890 William James, kısa süreli (birincil) bellek ile uzun süreli (ikincil) hafızanın ayrımını yapar.

1932 Frederic Bartlett'ın çalışmaları hatırlamanın sadece bir geri alma meselesi olmadığını; geçmiş olayların aktif bir yeniden yapılandırması olduğunu gösterir.

SONRA
1982 Amerikalı psikolog Uhric Neisser, flaş belleğin özel bir mekanizma kullanmadığını ve olaydan sonraki çoklu "tekrarlar" yüzünden kesin olmayabileceğini savunur.

1987 Amerikalı psikolog David Rubin, *Otobiyografik Bellek*'te bizi insan olarak tanımlayan simgesel olayları hatırladığımızı öne sürer.

1970'lerin sonunda Harvard Üniversitesi profesörlerinden Roger Brown, meslektaşı James Kulik'le birlikte bellek olgusu üzerinde bir klasik oluşturacak Flaşbellek adındaki makaleye imza atar. Brown ve Kulik bu terimi insanların şok edici bir olayı öğrendikleri anın oldukça ayrıntılı canlı bir kaydını yaptıkları özel bir tür otobiyografik anı için kullanırlar.

Makale, J. F. Kennedy'nin veya Martin Luther King'in vurulması gibi kültürel ve kişisel olarak önemli olayların, olayın ve bizim olayın ilk farkına vardığımız andaki koşulların kalıcı bir kaydını yaratan özel bir biyolojik bellek mekanizmasının işleyişini tetiklediğini savunmaktadır. 11 Eylül'de ikiz kulelere saldırı gibi bir olayı duyduğumuz anda neredeyse şipşak bir fotoğraf gibi nerede, kimle ve ne yapıyor olduğumuzu gözümüzün önüne getirebiliriz. Brown ve Kulik bu anıların canlı, doğru ve kalıcı olduklarını iddia ederler. Ancak Ulric Neisser gibi araştırmacılar özel mekanizma kuramına karşı çıkarak anıların kalıcılığının, olayın sonrasında birey ve dış dünya tarafından tekrar tekrar düşünüldüğünden (veya tekrarlandığından) böylece hafızada sürekli pekiştirildiğinden kaynaklandığını öne sürerler. ■

Başkan John F. Kennedy'nin 1968'deki suikastı şok edici ve kültürel anlamda çok önemliydi. Brown bu tür olayların "flaş" anıların oluşumuna neden olduğunu öne sürer.

Ayrıca bkz. William James 38–45 ▪ Jerome Bruner 164–65 ▪ Endel Tulving 186–91 ▪ Frederic Bartlett 335–36 ▪ Ulric Neisser 339

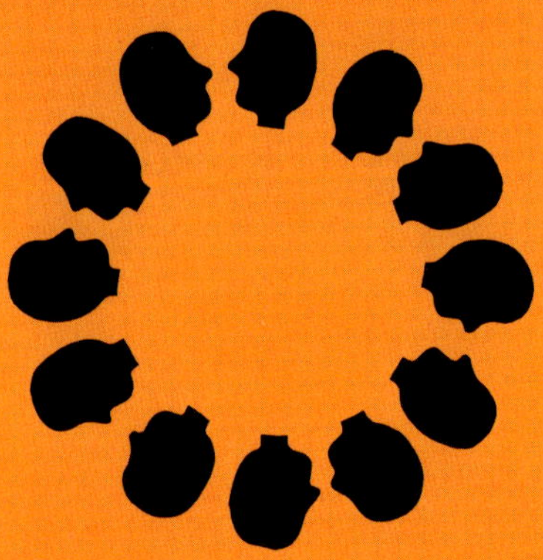

AMAÇ BİLGİYİ GELİŞTİRMEK DEĞİL HABERDAR OLMAKTIR

SERGE MOSCOVICI (1925–)

KISACA

YAKLAŞIM
Sosyal konstrüktivizm

ÖNCE
1807 Alman filozof Georg Hegel düşüncelerimizin ve değerlerimizin, karşıt görüşlerin uzlaşmaları neticesinde sürekli değişen zeitgeist, ya da çağın ruhu tarafından şekillendiğini söyler.

1927 Alman fizikçi Werner Heisenberg'in "Belirsizlik İlkesi" gözleyenin gözleneni etkilediğini ortaya çıkarır.

1973 Amerikalı psikolog Kenneth Gergen, sosyal konstrüktivizmin doğuşunu belirleyen *Tarih Olarak Sosyal Psikoloji*'yi yazar.

SONRA
1978 Lev Vygotsky proksimal gelişim alanı kuramı çerçevesinde öğrenmenin temelde toplumsal aracılıklı bir faaliyet olduğunu öne sürer.

Merakımızı uyandıran bir şeye kulak misafiri oluruz.

Bu, bildiğimiz veya yaşantıladığımız diğer şeylere **karışır.**

Bunun hakkında başkalarıyla konuşur ve **düşüncelerimizi paylaşırız.**

Herkes bilgi aktarmaya ve **sohbet halkasında bir yer tutmaya** isteklidir.

Ortak konuşmalar devam eder ve herkes daha çok bilgilenir.

Davranışlar düzenli hale gelir ve **değerler yerleşir.**

Toplum **ortak bir akıl** oluşturmak için yeni cümlecikler ve görüntüler kullanmaya başlar.

Amaç bilgiyi geliştirmek değil haberdar olmaktır.

Ayrıca bkz. Friedrich Herbart 24–25 ▪ Kurt Lewin 218–23 ▪ Solomon Asch 224–27 ▪ Lev Vygotsky 270

1960'ların sonunda sosyal konstrüktivistler olarak bilinen bazı sosyal psikologlar sıradan insanların seslerinin psikolojik araştırmalardan kaybolduğunu savunurlar. Endişeleri, bireylerin sosyal dünyalarını gerçekten inşa etmek yerine sadece algılarmış gibi yanlış tasvir edildikleridir. Bu endişe verici eğilimlere karşılık, sosyal psikolog Serge Moscovici insanların fikirleri ve kendi dünyalarını anlama yollarıyla ilgili bir araştırma yürütür.

1961'de Fransa'da yayımlanan çalışması *Psikanalizin Toplumdaki İmajı*'nda Moscovici tüm düşüncelerin ve idrakın "sosyal temsiller"in işleyişine dayandığı inancını incelemektedir. Bunlar günlük hayatın etkileşimi ve iletişimi içinde insanlar arasında yaratılan pek çok kavram, ifade ve açıklamalardır. Sosyal ve maddesel dünyalarımızda yönümüzü bulmamızı sağlarlar ve bizi bir topluluk içinde iletişim kurma araçlarıyla donatırlar. Aslında bunlar, kitle iletişim araçları, bilim, din ve sosyal gruplar arasındaki etkileşim aracılığıyla inşa edilen – gerçeğin paylaşılan versiyonu, ortak "sağduyu"dur.

Kuramını test etmek için Moscovici psikanalitik kuramın kavramlarının II. Dünya Savaşı'ndan beri Fransa'da nasıl anlaşıldığına bakar. Ortak bilinç etrafında yüzen bilgi türlerinin kanıtları için kitle pazar yayınları üzerinde çalışır ve görüşmeler yapar. Psikanalitik kuramın hem "yüksek kültür" biçiminde hem de popüler sağduyu olarak süzüldüğünü keşfeder: İnsanlar karmaşık psikanalitik kavramlar hakkında oldukça normal görünen şekillerde düşünüp tartışmakta ama bütününde basitleştirilmiş versiyonlarını kullanmaktadırlar.

Sağduyuyu biçimlendirmek

Moscovici zor kavramların daha ulaşılabilir ve daha kolay iletilebilir bir dile çevrilmesinde bir sorun olmadığını iddia eder çünkü ortak çevrimin etkin bir katılımcısı olabilmek için "amaç bilgiyi geliştirmek değil haberdar olmaktır." Süreç tanıdık olmayanın tanıdık hale gelmesini sağlar ve bilimin sağduyu haline gelmesinin yolunu açar. Bu şekilde sosyal temsiller insan topluluklarının dünyayı anlamaları için bir çerçeve oluşturur. Aynı zamanda insanların topluluk içinde birbirlerine davranışlarını etkiler. Ne zaman tartışmalı bir sosyal konuda fikir çatışmaları olsa –eşcinsellerin evlat edinmelerinin yasallaştırılması gibi– sosyal temsillerin etkisi ve önemi görünür hale gelir.

Moscovici sosyal temsillerin üst düzey bilgilerin seyreltilmiş versiyonları değil, başlı başına özgün bilgi formları olduğunda ısrarcıdır. Hatta, bu günlük düşüncelerin (soyut, bilimsel versiyonlarından daha fazla) önemli olduğunu açıkça ifade eder çünkü "ortak temsiller ortak bir 'gerçek', 'normal' hale gelen sağduyu oluşturmak için vardırlar." ■

Serge Moscovici

Romanya, Braila'da Yahudi bir ailenin oğlu olarak doğan Srul Hersh Moskovitch, eğitimine Bükreş'te başlamış ama Yahudi karşıtı yasalar yüzünden sürgüne gönderilmiştir. Yüzlerce Yahudinin öldürüldüğü ve işkence edildiği 1941'deki vahşi katliamdan kurtulduktan sonra o ve babası ülkede sürekli oradan oraya kaçmaya başlarlar. II. Dünya Savaşı sırasında Fransızca öğrenir ve sonradan sansür yasaları gereği yasaklanan bir sanat dergisi olan Da'yı çıkaranlardan biri olur. 1947'de Romanya'yı terk ederek bir yıl sonra Fransa'ya ulaşana dek "yurtsuz kişiler"in kamplarında konaklayarak yolculuk eder. Mülteci bağışı desteğiyle önce 1949'da bir psikoloji diploması, sonra da Daniel Lagache'ın danışmanlığında bir doktora derecesi kazanır. 1965'te Avrupa Sosyal Psikoloji Laboratuarı'nın kurucularından biri olur ve ABD ve Avrupa'nın en prestijli üniversitelerinde psikoloji profesörü olarak dersler verir.

Önemli eserleri

1961 *Psikanaliz*
1976 *Sosyal Etki ve Sosyal Değişim*
1981 *Kalabalıklar Çağı*

DOĞAMIZ GEREĞİ SOSYAL VARLIKLARIZ

WILLIAM GLASSER (1925–)

KISACA

YAKLAŞIM
Seçim kuramı

ÖNCE
MÖ 350 c. Yunanlı filozof Aristoteles, bizi yöneten üç şey olduğunu söyler: Tensel iştah, öfke ve faydalı olana karşı duyulan akılcı arzu, yani *boulesis*.

1943 Clark L. Hull, tüm insan davranışlarının dört ana itkiden kaynaklandığını söyler: Açlık, susuzluk, cinsellik ve acının engellenmesi.

1973 Amerikalı bilim adamı William T. Powers, davranışlarımızın, algılarımızı içsel olarak sabitlenmiş referans düzeylerine yakın tutmak için kontrol etmemiz olduğunu öne süren algısal kontrol kuramını geliştirir.

SONRA
2000 Amerikalı psikiyatr Peter Breggin, sorunlu çocukları "iyileştirmek" için psikiyatrik ilaçların kullanılmasını eleştiren *Çocuklarımızı Geri Kazanmak*'ı yayımlar.

William Glasser geleneksel psikiyatriyi ve ilaç kullanımını açıkça reddederek insanların yaşadıkları zihinsel ve psikolojik sorunların aslında sağlıklı insan deneyimi yelpazesinde yer aldığı ve davranışlardaki değişikliklerle iyileştirilebileceklerini öne sürer. Düşünceleri daha fazla mutluluğa ve kişisel seçim, sorumluluk ve dönüşüm aracılığıyla tatmine ulaşmaya odaklıdır.

1965'te tedaviye bilişsel davranışsal, sorun çözücü bir yaklaşım olan ve hastaları o anda gerçekten istediklerinin peşinden gitmeye ve seçtikleri davranışlarının onları amaçlarına yaklaştırdığını mı uzaklaştırdığını mı değerlendirmeye teşvik eden "Gerçeklik Terapisi"ni geliştirir.

Bizler doğuştan sosyal varlıklarız.

Sevgi ve aidiyet, sağ kalma dışındaki en temel ihtiyaçlarımızdır.

Kişiler arası yakın ilişkilerimizde sorun yaşadığımızda **mutsuz** oluruz.

Aşırı mutsuzluk genellikle **akıl hastalıklarıyla** özdeşleştirilen semptomlara neden olabilir.

Psikolojik sorunlara **kişilerarası ilişkilerimizi onararak** çare bulabiliriz; psikiyatrik ilaçlar gereksizdir.

Ayrıca bkz. Emil Kraepelin 31 ▪ Sigmund Freud 92–99 ▪ David Rosenhan 328–29 ▪ Clark L. Hull 335

Seçim Kuramı

Glasser onlarca yıl boyunca gerçeklik terapisini uyguladıktan sonra tüm yaklaşımının, insanların tatmin olmak için ne yapmak istediklerini etkin şekilde tanımlamaları üzerine kurulduğunu fark eder, bu da onun seçim kuramını geliştirmesine neden olur. Bu kuram hepimizin hazzı arttırıp acıyı azaltacak yöntemlerle güdülenmemize dayanmaktadır – kendimizi iyi hissedeceğimiz şekilde düşünür ve davranırız. Ona göre tüm hazlar ve acılarımız genetik olarak kodlanmış beş gereksinimi tatmin etme çabalarımızdan türemektedir. Bu gereksinimler sağ kalma, sevgi ve aidiyet, güç, özgürlük ve eğlencedir. Bunlardan birini karşılayan herhangi bir davranış haz vericidir ve bunu başaramayan davranışlarsa acı kaynağı olurlar. Sonuçta bu gereksinimleri sadece insan ilişkileri aracılığıyla tatmin edebiliriz. Sağ kalmaya çalışırken başka birinin yardımı kendimizi iyi hissetmemizi sağlar; sevgi ve aidiyet hissetmemiz için en az bir iyi ilişkimizin olması gerekir; kendi gücümüzün birazını bile hissetmemiz için söylediklerimizi dinleyen birine gereksinim duyarız; özgür hissetmemiz için başkalarının kontrolünden bağımsız hissetmemiz gerekir ve kendi başımıza eğlenmemiz mümkündür, ama başkalarıyla daha kolaydır. Glasser bu nedenlerden dolayı "doğamız gereği sosyal varlıklar olduğumuzu" söyler.

> İlişkilerimizi iyileştirmek akıl sağlığımızı iyileştirmektir.
> **William Glasser**

Yakınlarımızla yaşadığımız kişilerarası kavgalar akıl hastalıklarının belirtilerini yaratan ayrılıklar ve pişmanlıklara neden olur; bu sorunlar gerçekte sorunlu ilişkilerin mantıksal sonuçlarıdırlar.

Glasser kalıcı psikolojik sorunların genellikle (beyindeki biyokimyasal bir anomalinin işareti olmaktan çok) kişisel ilişkilerimizdeki sorunlardan kaynaklandığını ve üzüntünün psikiyatrik ilaçlar kullanmadan bu ilişkileri onararak iyileştirilebileceğini vurgular. Diğer insanları kontrol altına alma girişimlerimizle tatmin etmeye çalıştığımız, insanın temel gereksinimlerinden olan güce işaret eder. Aslında kontrol edebileceğimiz tek şey, kendi davranış ve düşünme biçimlerimizdir; başkalarınınkileri kontrol edemeyiz. Glasser bunu yapmaya çalışmanın başkalarına saygı eksikliğimizi gösterdiğini ve mutsuzluğun nedeni olduğunu söyler. Seçim kuramı bu eğilime karşı koymak ve mutluluğu ilişkilerimizde bulmamıza yardımcı olmak için tasarlanmış bir kendini kontrol psikolojisidir. ■

William Glasser

William Glasser 1925'te ABD'nin Ohio eyaletinin Cleveland kentinde doğmuştur. Kimya mühendisliği eğitimi almış ancak sonra Cleveland'da tıp okuluna giderek Los Angeles'ta da psikiyatri eğitimi görmüştür. 1957'de mesleğini yapmaya başlar. William T. Powers'ın algısal kontrol kuramıyla ilgili yazdıkları aracılığıyla kontrol kuramı sistemleriyle tanışır. 1967'de California'da öğrencilere Seçim Kuramı'nı öğreten Gerçeklik Terapisi Enstitüsü'nü kurar (enstitü daha sonra William Glasser Enstitüsü adını almıştır). Yaklaşımı 28'den fazla ülkede öğretilmiş, akıl hastalıkları, danışmanlık ve okulları geliştirme gibi konular üzerine yazmıştır. Aralarında "Danışmanlıkta bir Efsane Ödülü"nün ve Amerikan Psikiyatri Derneği tarafından verilen Usta Terapist unvanının da bulunduğu pek çok ödülün sahibidir.

Önemli eserleri

1965 *Gerçeklik Terapisi*
1969 *Başarısızlığın Olmadığı Okul*
1998 *Seçim Teorisi*
2003 *Dikkat: Psikiyatri Akıl Sağlığınız için Tehlikeli Olabilir*

İNSANLARIN HAK ETTİKLERİNİ ALDIKLARINA İNANIRIZ

MELVIN LERNER (1929–)

KISACA

YAKLAŞIM
Yüklem kuramı

ÖNCE
1958 Avusturyalı psikolog Fritz Heider, yükleme sürecini ya da insanların bir durumu etkileyen faktörleri nasıl yargıladıklarını inceler.

1965 Amerikalı psikologlar Edward E. Jones ve Keith Davis, yüklemenin amacının davranış ve niyetlerin kişinin temel doğasını nasıl ortaya çıkardığını keşfetmek olduğunu savunurlar.

SONRA
1971 Amerikalı sosyolog William J. Ryan "kurbanı suçlama" terimini icat ederek bunun ırkçılığı ve sosyal adaletsizliği haklı çıkarmak için nasıl kullanıldığını ortaya çıkarır.

1975 Amerikalı psikologlar Zick Rubin ve Letitia Peplau "Adil Dünya"ya sıkı sıkıya inananların daha otoriter, daha dindar olduğunu, varolan sosyal ve siyasi kurumlara daha çok hayranlık duyduklarını bulur.

İnsanlar güvenli, istikrarlı ve **sistemli bir dünyada** yaşadıklarına inanmak isterler...

...bu dünyada "kötü" şeyler sadece "kötü" insanların ve "iyi" şeyler de yalnız "iyi" insanların başına gelir.

İnsanlar kendilerini korunmasız hissetmemek için **talihsizlik kurbanlarını** suçlarlar.

İnsanlar "herkes hak ettiğini alır" ve aldığını hak eder varsayımı altında iş görürler.

İnsanlar en çok, hayatları üzerinde bir kontrol hissine sahip olduklarında rahat ederler. İyilerin ödüllendirildiği, kötülerin cezalandırıldığı bir dünyada yaşadığımıza inanmaya ihtiyaç duyarız; bu da olayları öngörme, yönlendirme ve nihayet kontrol edebilmemizin mümkün olduğu hissine önemli bir katkıda bulunur. Bu "Adil-Dünya Hipotezi" "insanların hak ettiklerini aldıklarına" inanmaya bir eğilimdir. Ancak Melvin Lerner'a göre bu, bir durumun fiili gerçekleri yerine söz konusu insanların varsayılan karakter özelliklerine aşırı önem atfeden tehlikeli bir yanlış anlamadır. Eğer biri acı çekiyor ya da cezalandırılmışsa, o insanın bu tür bir durumu hak etmek için bir şey yaptığına inanmayı daha kolay buluruz. Adil-Dünya kuramı görünürde açıklanamaz olaylar için rahatlatıcı bir bahane haline gelir ve dünyanın kaotik veya rastlantısal görünmesine son verir. Aynı zamanda insanların, "iyi" oldukları sürece başlarına "iyi" şeyler geleceğine inanmalarını sağ-

Ayrıca bkz. Dorothy Rowe 154 ▪ Elizabeth Loftus 202–07

Eğer insanların kendi talihsizliklerinden sorumlu olduklarına inanıyorsanız, evsizlik de, pek çok diğer sosyal sorun gibi, göz yumulması ya da kayıtsız kalınması kolay bir hal alabilir.

layarak sahte bir güven ve kontrol hissi yaratır.

Adil Bir Dünyaya İnanç adlı kitabında Lerner, çocuklardan "iyi" olmalarını istediğimizi ve onlara doğal dürtülerini ve arzularını bir kenara bırakmaları karşılığında gelecekte ödüllendirileceklerine dair söz verdiğimizi savunur. Bu anlaşmanın yerine getirilmesi için adil bir dünyada yaşamamız gerekmektedir ve böylece çocuklar olurken, bu inanç sapasağlam yerinde durur.

Kurbanı suçlama

1965'teki çalışmasında Lerner, arkadaşlarına piyango çıktığı söylenen öğrencilerin bu olayı onun herkesten daha çok çalışmış olması gerektiğiyle gerekçelendirdiklerini bulmuştur. Adil Dünya'ya inanmak insanların bir durumun gerçeklerine uyum sağlamalarına imkan sağlıyor gibidir. Bu, suç veya istismar kurbanlarına bakış açımıza uygulandığında özellikle zarar vericidir. Örneğin tecavüz vakalarında çoğunlukla kadın kurbanın kısa etek giydiği veya flörtöz olduğu gibi gerekçelerle "bunu çağırdığı" öne sürülerek, suçlu sorumluluktan kurtarılmakta, sorumluluk kurbanın omuzlarına bırakılmaktadır. Dışarıdakiler, kurbanı suçlayarak kendi güvenlik duygularını da korumaktadırlar.

Ancak Lerner, Adil Dünyaya olan inancın her zaman kurbanı suçlamaya neden olmadığını vurgular. Masumiyet görüntüsü, çekicilik, mevki ve kurbanın onu değerlendirenlerle benzerlik derecesi, insanların onu başına gelen talihsizlikten sorumlu tutup tutmayacaklarında etken olmaktadır.

Lerner'in hipotezi önemli sosyal adalet araştırmalarının temelini oluşturmuştur. Ayrıca yaşama Adil Dünya yaklaşımının etkileri üzerinde bir tartışmanın başlamasına neden olmuştur. Bu yaklaşım zorluklara dayanabilmeleri için insanlara yardımcı oluyor mu? Onun yerine ne kadar küçük ya da kasıtsız olursa olsun herhangi bir kötülüğün bir felakete yol açacağı hissini kamçılıyor olabilir. Bu, Avustralyalı psikolog Dorothy Rowe'un depresyona eğilimi artırdığını öne sürdüğü bir inançtır. ■

> İnsanlar Adil bir Dünyada yaşadıklarına inanmaya ihtiyaç duyarlar.
> **Melvin Lerner**

Melvin Lerner

Adalet üzerine psikolojik çalışmalar yapan ilk kişilerden biri olan Melvin Lerner New York Üniversitesi'nde sosyal psikoloji eğitimi görmüş, 1957'de de doktorasını almıştır. Daha sonra California, Stanford Üniversitesi'ne geçmiş ve orada klinik psikoloji alanında doktora sonrası eğitimini almıştır. 1970'den 1994'e kadar Kanada'daki Waterloo Üniversitesi'nde sosyal psikoloji dersleri vermiştir. Ayrıca ABD ve Avrupa'da, aralarında California, Washington, Hollanda'daki Utrecht ve Leiden'ın da bulunduğu pek çok üniversitede çalışmıştır. Lerner, *Social Justice Research* dergisinin editörlüğünü de yapmış ve 2008'de International Society for Justice Research tarafından Ömür Boyu Başarı Ödülü'ne layık görülmüştür. Florida Atlantic Üniversitesi'nde konuk öğretim üyesidir.

Önemli eserleri

1980 *Adil Bir Dünyaya İnanç: Temel bir Aldanma*
1981 *Sosyal Davranışta Adalet Motifi: Kıtlık ve Değişim Dönemlerine Uyum Sağlama*
1996 *Sosyal Adalet Hakkında Güncel Düşünceler*

DELİCE ŞEYLER YAPANLARIN MUTLAKA DELİ OLMALARI GEREKMEZ

ELLIOT ARONSON (1932–)

KISACA

DAL
Sosyal psikoloji

YAKLAŞIM
Tutum değişimi

ÖNCE
1956 Sosyal psikolog Leon Festinger, tutarsız inançlara sahip olmanın rahatsız edici bir psikolojik gerilime neden olacağı varsayımından hareket eden bilişsel uyumsuzluk kuramını tanıtır.

1968 Vietnam'da sivillere karşı My Lai katliamı gerçekleşir. Sebep muhtemelen Amerikalı askerlerin bilişsel uyumsuzluğu azaltmak için kurbanlarına canavarca davranmalarıdır.

SONRA
1978 Elliot Aronson, birbirine bağımlı küçük grup eğitimini içeren ve okullarda önyargıyla şiddeti azaltan Yapboz öğrenme modelini geliştirir.

1980'ler Psikologlar uyumsuzluk deneylerinin gerçek tutum değişimlerini değil, tutarlı, kabul edilebilir görünme arzusunu yansıtabileceğini savunurlar.

1972 tarihli kitabı *Sosyal Hayvan*'da Aronson "Aronson'un İlk Yasası"nı ortaya atar: Delice şeyler yapan insanların mutlaka deli olmaları gerekmez. Bahsettiği "delice şeyler" şiddet eylemleri, işkence ve derin önyargılardır. Bunlar o kadar aşırı hareketlerdir ki, suçlu açısından psikolojik bir dengesizliği yansıtıyor oldukları düşünülür. Ancak Aronson psikotik insanların kesinlikle var olduklarını kabul ederken, genel olarak sağlıklı psikolojilere sahiplerin de deli zannedilecekleri kadar aşırı davranışlarına yönelebileceğini savunur. Bu yüzden de insanlara psikotik

Bazı durumlarda aklı başında insanlar delice şeyler yaparlar.

Eğer hareketlerine neden olan **koşulları bilmiyorsak...**

...bu hareketlere **karakterlerindeki bir kusurun** veya **deliliğin** sebep olduğu sonucuna varmaya hazırızdır.

Delice şeyler yapan insanların mutlaka deli olmaları gerekmediğini unutmamalıyız.

Ayrıca bkz. Leon Festinger 166–67 ▪ Solomon Asch 224–27 ▪ Melvin Lerner 242–43 ▪ Stanley Milgram 246–53 ▪ Philip Zimbardo 254–55

teşhisi koymadan önce sosyal psikologların, bu insanların anormal davranışın meydana geldiği sırada karşı karşıya bulundukları koşulları ve üzerlerindeki baskıyı anlamak için her tür çabayı göstermesi çok önemlidir.

Bilişsel uyumsuzluk

Anlatmak istediği şeyi göstermek için Aronson 1970'de Ohio, Kent State Üniversitesi'nde meydana gelen bir olayı anlatır. Ohio Ulusal Muhafızları dört silahsız öğrenciyi vurup öldürmüş, dokuzunu da yaralamışlardır. Bu öğrencilerden bazıları Amerika'nın Kamboçya'yı işgalini protesto etmişler ama diğerleri o sırada sadece kampüsten geçmektedirler. Açılan ateşin nedeni belirsiz kalmakla birlikte trajik biçimde gereksiz olduğu açıktır. Ancak olay sonrasında Ohio'lu bir okul öğretmeni (aynen Ulusal Muhafızlar gibi) öğrencilerin ölmeyi hak ettiklerini ileri sürmüş, ölen kızlardan bazılarının hamile veya frengi hastası oldukları veya pis giyindikleriyle ilgili söylentiler hızla alıp yürümüştür. Aronson bu söylentilerin yalan olmasına rağmen psikotik zihinlerin inançlarını yansıtmadığını, daha çok baskı altında ve çelişkili zihinlerin rahatlama girişimi olduğunu savunur.

Kent State Üniversitesi'ndeki olayda dört öğrenci Ulusal Muhafızlar tarafından vurularak öldürülmüştü ve bu olay duygusal çelişki yaşayan kent halkının kurbanlara iftira atınalarına neden oldu.

> Bazı durumsal değişenler, biz "normal" yetişkinlerin büyük kısmının iştah kaçırıcı şekilde davranmamıza neden olur.
> **Elliot Aronson**

Bu insanlar tarafından hissedilen çelişki, kişinin iki ya da daha fazla inancının tutarsız olduğu durumlarda yaşanan ve "bilişsel uyumsuzluk" olarak bilinen nahoş duygudur. Uuyumsuzluğu azaltmak için insanlar, diğerlerine karşı şiddeti haklı çıkarmak veya inkar etmeyi içerse bile, tutumlarını, inançlarını ve hareketlerini değiştirirler. Aronson bunun Kent katliamı sonrasında meydana gelen şey olduğunu iddia eder. Kent halkı Ulusal Muhafızlarının iyiliğine inanmak istemiş, bu da kurbanların ölmeyi hak ettiklerine inanmak anlamına gelmektedir. Öldürülenlerin hafif meşrep ve pis olmaları insanları rahatlatarak, masum öğrencilerin gereksiz yere öldürüldüklerine inanmakla yaşanacak duygusal çelişkiyi yok etmektedir.

Aronson benzer koşullar altında herkesin aynı şekilde davranabileceğini iddia eder. İnsanların şiddet kullanımını haklı çıkarma veya inkar etme nedenlerini anlayarak savaş veya sosyal adaletsizlik gibi daha geniş sosyal bağlamlarda arabuluculuk yapmak veya engelelyici olmak için daha iyi pozisyon alabiliriz. ▪

Elliot Aronson

Elliot Aronson Büyük Bunalım yıllarında Massachusetts, Revere'de büyümüştür. Brandeis Üniversitesi'nde okumak için burs kazanan Aronson buradan lisans derecesini aldıktan sonra Wesleyan Üniversitesi'nde yüksek lisansını ve Stanford Üniversitesi'nde de doktorasını yapmıştır. O zamandan bu yana aralarında Harvard ve Stanford'un da bulunduğu pek çok üniversitede dersler vermektedir.

Kariyeri boyunca araştırma bulgularını insanoğlunun şartlarını iyileştirmede ve adaletsizliği azaltmada kullanmaya çalışmıştır. Eserleriyle William James ve Gordon Allport ödülleri almış ve *Review of General Psychology*'nin 20. yüzyılın en etkili 100 psikologu listesine dahil edilmiştir. Amerikan Psikoloji Derneği'nin yazma, öğretme ve araştırma alanlarında verdiği üç ödülü birden alan tek kişidir.

Önemli eserleri

1972 *Sosyal Hayvan*
1978 *Yapboz Sınıfı*
2007 *Hatalar Yapılır (ama benim tarafımdan değil)*

İNSANLAR KENDİLERİNE YAPMALARI SÖYLENENİ YAPARLAR

STANLEY MILGRAM (1933–1984)

KISACA

YAKLAŞIM
Uydumculuk

ÖNCE
1939-45 II. Dünya Savaşı sırasında yaklaşık altı milyon Yahudi Nazi Almanya'sının emriyle sistematik olarak öldürülür.

1950 Solomon Asch çizgi ödevi deneylerinde sosyal baskı gücünün insanları nasıl uyuma zorladığını gösterir.

1961 Nazi savaş suçlusu Adolf Eichmann, mahkemede sadece "emirleri yerine getirdiğini" iddia etmiştir.

SONRA
1971 Philip Zimbardo, başka zamanlarda iyi olan insanların belli durumlarda kötü şeyler yapabileceklerini gösteren hapishane deneyini yapar.

1989 Amerikalı psikologlar Herbert Kelman ve V.L.Hamilton, bir grubun üyelerinin meşruiyetini kabul ettiklerinde otoriteye itaat ettiklerini öne sürerler.

Sosyal psikolog Stanley Milgram 1963'te *İtaat Üzerine Davranışsal Bir Çalışma*'yı yayımladığında insan itaati ile ilgili anlayışımız tümden değişmiştir. Bu makale, insanların çoğunun, bir otorite figürü tarafından kendilerine emir verildiğinde, başkalarına aşırı derecede zarar verme yetisine sahip olduklarını öne süren bir deneyin sonuçlarını içermektedir. Makale aynı zamanda insanların psikolojik deneylerin etik sınırlarını sorgulamalarına neden olmuştur. .

Milgram itaat üzerine çalışmakla özel olarak ilgilenmeye Alman Nazi savaş suçlusu Adolf Eichmann'ın davası sırasında başlamıştır. Geçerli görüş 20. yüzyıl Almanlarında doğuştan gelen farklı bir şey taşıdıklarıdır. 1950'lerde Theodor Adorno gibi psikologlar Almanların, soykırım kötülüklerini işlemeye özellikle yatkın olmalarını sağlayan belirli kişisel özellikleri olduğunu öne sürmüştür. Ancak Eichmann sadece "emirleri yerine getirdiğini" iddia etmiştir. Bunun üzerine Milgram bunun doğru olup olmadığını incelemek için kolları sıvar – sıradan bir insan sadece öyle yapması için emir aldığından dolayı doğru ve yanlış olarak bildiklerini bir yana bırakabilir mi? Milgram'ın çalışması otorite ile itaat arasındaki ilişkinin önemli yönlerini göstermeye devam eder ve çalışma psikoloji tarihinin en tartışmalı deneylerinden biri olarak kalır.

Grubun gücü

Milgram Nazi şiddetini mümkün kılanın –Almanların yaradılışlarından çok– II. Dünya Savaşı koşulları ve itaat mecburiyeti olduğuna inanır. O, davranışın koşulların doğrudan bir sonucu olduğunu ve aynı koşullarda hepimizin aynı şekilde davranacağımızı savunur. 1950'lerin sonunda Milgram yoğun biçimde Solomon Asch ile birlikte uydumculuk araştırmalarında çalışır ve insanların, yanlış olduğunu bilseler bile, bir grubun kararına katıldığına tanıklık eder. Deneyler insanların kendi gerçeklik duygularıyla çelişik şeyler söylemeye veya yapmaya hazır olduklarını göstermektedir. Ahlaki yargılarının da bir grubun ya da tek bir figürün otoritesinden etkilenmesine izin verecekler midir?

Milgram deneyi

Milgram normalde nazik, hoşlanılabilir türden insanların, bir tür otoritenin egemen olduğu bir ortamda kendi ahlaki değerlerine karşı hareket etmeye zorlanıp zorlanmayacaklarını test etmek için kolları sıvar. Seçilmiş "sıradan" erkeklerin bir otorite figürü tarafından başka bir insana elektrik şoku vermeleri istendiğinde, buna ne kadar itaat edeceklerini inceleyecek bir deney tasarlar. Deney 1961'de, Milgram'ın psikoloji profesörü olduğu Yale Üniversitesi'ndeki bir laboratuvarda

Ayrıca bkz. Solomon Asch 224–27 ▪ Serge Moscovici 238–39 ▪ Philip Zimbardo 254–55 ▪ Walter Mischel 326–27

> Tüm itaat deneylerinin en ünlüsü ve tartışmalı olanı.
> **Richard Gross**

gerçekleşir. Katılımcılar bir gazete ilanı ile toplanmışlardır ve aralarında öğretmenler, postacılar, mühendisler, işçiler ve satış temsilcilerinin de bulunduğu farklı mesleklerden 40 erkek seçilmiştir. Katılımları için her birine 4,50 $ ödenmiştir; para laboratuvara gelir gelmez verilmiş ve deney sırasında ne olduğuna bakılmaksızın paranın kendilerinde kalacağı söylenmiştir.

Milgram laboratuarda sahte (ama çok etkileyici ve gerçek görünümlü) bir elektrik şoku üreteci yaratmıştır. Bu cihazın 15 voltluk aralıklarla artan ve üzerlerindeki etiketlerde bir ucunda "hafif şok"tan diğer ucunda "aşırı yoğun şok", "tehlike: şiddetli şok" ve son olarak sadece "XXX" işaretli farklı şok seviyelerini gösteren 30 anahtar vardır.

Deneyi yapan kişinin ya da bilim adamının rolü kendisini katılımcılara Jack Williams olarak tanıtan bir biyoloji öğretmeni tarafından oynanmaktadır. Otorite izlenimi bırakmak için gri bir laboratuvar teknisyeni önlüğü giymiştir ve deney süresince katı ve duygusuz bir davranış biçimini sürdürür.

Katılımcılara çalışmanın, cezanın öğrenme üzerindeki etkisini incelemek için yapıldığı ve iki gönüllüden birinin öğrenci diğerinin de öğretmen olacağı söylenir. Aslında her vakada iki "gönüllü"den biri katılımcı değil, işbirlikçidir: Bu, Mr. Wallace adında sempatik bir muhasebecidir ve kurban rolünü oynamak için eğitim almıştır. Mr. Wallace ve gerçek katılımcı hangi rolü oynayacaklarını belirlemek için bir şapkadan kağıt çekerler; kura hilelidir ve her seferinde Mr. Wallace "öğrenci" rolünü çeker. Katılımcının gözü önünde "öğrenci" (Mr. Wallace) bileğine bağlı bir elektrotla bir "elektrikli sandalye"ye bağlanır; katılımcıya bu elektrotun yan odada duran şok üretecine bağlı olduğu söylenir. Katılımcı "bilim adamı"nın

Tellerle bağlanmaya ikna edilen Mr. Wallace masum bir gönüllü gibi davranıyordu. Çığlıkları, katılımcıların yüzde 65'inin sahte elektroşokun seviyesini en üst düzeye çıkarmalarını engellemedi.

Stanley Milgram

Stanley Milgram 1933'te New York City'de Yahudi bir ailenin oğlu olarak doğmuştur. Macar ailesi Bronx'ta bir fırın işletmektedirler ve Milgram, Philip Zimbardo ile birlikte James Monroe Lisesi'ne gider.

Büyük akademik başarıları olan ve akranları arasında bir öncü sayılan Milgram, başta siyaset bilimi eğitimi almış ama 1960'da Gordon Allport'un altında doktorasını yapmak üzere Harvard'a gitmiştir. Harvard'da Solomon Asch ile birlikte uydumculuk araştırmaları yaptıktan sonra itaat deneylerini sürdürdüğü Yale'de yardımcı doçent olmuştur. 1961'de Alexandra Menkin'le evlenmiş ve ondan iki çocuğu olmuştur. 1963'te Harvard'a döner ancak deneyi çevresindeki tartışmalardan dolayı öğretim üyeliği engellenmiştir. Bunun üzerine New York City Üniversitesi'ne dönmüş ve 51 yaşında hayatını kaybedene dek orada ders vermiştir.

Önemli eserleri

1963 *İtaat Üzerine Davranışsal bir Çalışma*
1967 *Küçük Dünya Problemi*
1974 *Otoriteye İtaat: Deneysel Bir Görüş*

Milgram'ın şok üreteci tamamen beklenmedik sonuçlar verdi. 40 kişilik bir psikiyatr grubu katılımcıların yüzde 5'inden azının 300 voltluk şok uygulayacağını öngörmüştü; ama tüm katılımcılar bu düzeye çıktılar.

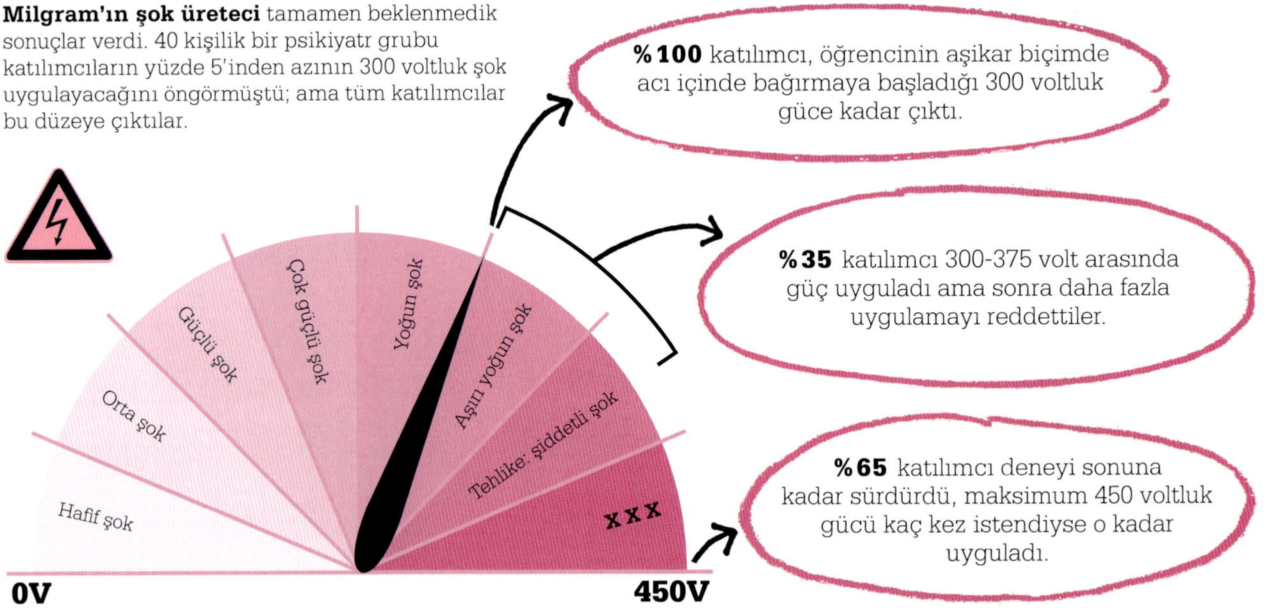

"öğrenci"ye "şoklar aşırı derecede acı verici olabilse de kalıcı bir zarara yol açmazlar" dediğini duyar. Durumun daha gerçekti görünmesini sağlamak için bilim adamı katılımcıyı bağlar ve 45 voltluk bir örnek şok verir – aslında bu üretecin üretebildiği tek şok gücü zaten bu kadardır.

Bu noktada katılımcı şok üretecinin bulunduğu odaya geçirilir ve "öğretmen" rolünü takınması söylenir. "Mavi-kız", "güzel-gün" gibi kelime çiftlerini, öğrencinin ezberlemesi için yüksek sesle okuması istenir. Bundan sonra tek kelimeler okuyacaktır; öğrencinin görevi her seferinde kelimenin diğer çiftini hatırlamak ve cevabını şok üretecinde bir ışığı yakacak anahtara basarak göstermektir. Eğer öğrencinin cevabı doğruysa sorulara devam edilir; eğer cevap yanlışsa katılımcıya doğru cevabı ve birazdan alacağı şok seviyesini öğrenciye söylemesi ve şoku vermek için bir anahtara basması için talimat verilmiştir. Katılımcılar şok seviyesini her yanlış cevapta 15 volt artırmaları (diğer bir deyişle makinedeki şok seviyesini artırmaya devam etmeleri) için talimat almışlardır.

Şok uygulama

Deneyin bir parçası olarak, katılımcının elektrik şoku uygulamaya başlamasını garantilemek için öğrenciye (Mr. Wallace) yaklaşık dört sorudan birine yanlış cevap vermesi söylenmiştir. Deney sırasında öğrenci, voltaj 300'e çıktığında duvara çarpıp "Daha fazla cevap vermeyi reddediyorum! Beni buradan çıkarın! Beni burada tutamazsınız! Bırakın beni!" diye bağıracaktır. Şok seviyesi artıkça öğrenci daha çılgınca bağıracak ve sonra ses çıkarmayı kesecek, sorulara tamamen sessiz kalarak tepki verecektir. Katılımcıya cevap verilmeyen her soruya yanlış cevap verilmiş soru muamelesi yapması ve şok seviyesini bir derece yukarı çıkarması söylenmiştir. Eğer deneyin devam etmesi hakkında endişelerini dile getirirse, "bilim adamı"ndan devam etmesi için basit bir ricadan sonunda devam etmekten başka şansı olmadığının söylenmesine kadar giden bir teşvik almaktadır. Son ihtardan sonra da itaat etmeyi reddederse, deney bitirilmektedir.

Milgram deneyden önce, aralarında sıradan vatandaşların yanı sıra psikolog ve psikiyatrların da bulunduğu farklı insan gruplarına elektrik şoklarını

> Düzene karşı hissizleşen iyi insanların otoritenin talepleri karşısında boyun eğip duygusuz ve sert hareketler sergiledikleri görülmüştür.
> **Stanley Milgram**

yönetmeleri iseten katılımcıların ne kadar ileriye gidebilecekleri hakkındaki düşüncelerini sorar. Çoğu insan katılımcıların acı veren bir düzeyde duracaklarını düşünmektedir; psikiyatrlar en yüksek şok seviyesine en fazla 1000'de birinin çıkabileceğini öngörürler. Şaşırtıcı bir şekilde, deney yapıldığında Milgram 40 katılımcının tamamının şoku 300 volta kadar çıkardıklarını görür. Bu noktadan sonra devam etmeyi sadece 5 kişi reddetmiştir; katılımcıların yüzde 65'i 'bilim adamının" talimatlarına sonuna kadar, en yüksek seviye olan 450 volta kadar uymuşlardır.

Bunu yaparken duydukları rahatsızlık her hallerinden bellidir: Pek çoğu deney süresince ciddi üzüntü, gerilim ve sinirlilik belirtileri göstermişlerdir. Kekelemişler, titremişler, terlemişler, inlemişler, ani sinirsel kahkaha krizlerine kapılmışlar ve üç kişi tam anlamıyla nöbet geçirmiştir. Deneyin her aşamasında katılımcılar durup bir noktada sorgulamışlar, bazıları başlangıçta kendilerine verilen parayı geri verme teklifinde bile bulunmuşlardır. Deneylerden sonraki görüşmeler, birkaç istisna dışında, katılımcıların "öğrenme deneyi"nin gerçek olduğuna tamamıyla inandıklarını doğrulamıştır.

Tüm katılımcılar sonradan deneyde gerçekte neler olup bittiği hakkında bilgilendirilmişler ve deney yüzünden duygusal olarak zarar görmediklerinin test edilmesi için bazı sorulara cevap vermişlerdir. Katılımcılar ayrıca gerçek şok uygulanmadığını görebilmeleri için "öğrenci" (Mr Wallace) ile tekrar bir araya gelmişlerdir.

İtaate mecbur hissetmek

Milgram deneyin bu kadar yüksek itaat seviyelerine çıkmasını sağlayan birkaç özelliği de belirtmiştir. Örneğin deneyin prestijli Yale Üniversitesi'nde yapılmasının güvenilirliğini artırdığı gibi. Buna ek olarak katılımcılar deneyin bilgi edinmek için tasarlandığına ve şokların acı verici ancak tehlikeli olmadığına inanmışlardır. Kendilerine para ödenmiş olması ve deneyde gönüllü olarak yer aldıkları gerçeği onların zorunluluk hissini artırmış olabilir. Bu yorumları test etmek için Milgram, araştırmada çeşitli varyasyonlar denemiş ancak içerikteki değişiklikler sonuçlarda çok az etki yaratmıştır.

Milgram otorite figürlerine itaat eğiliminin uç koşullarda bile davranışı belirlemedeki esas faktör olup olmadığını görmek istemiştir. Katılımcıların tepkilerinden "bilim adamı"na itaatin kendi ahlak duygularına ters düştüğü ve onları fiziksel ve duygusal olarak olumsuz etkilediği anlaşılmaktadır ama pek çok durumda uyum gösterme baskısı karşı gelinemeyecek kadar güçlüdür.

Milgram bu itaat hissinin, insanların çok küçük yaşlardan itibaren (ebeveynleri ve öğretmenleri tarafından) itaat göstermek ve emirleri yerine getirmek –özellikle otorite figürleri tarafından gündeme getirilen kurallar– üzere

> Kendi işinde gücünde, belirgin bir düşmanlıkları olmayan sıradan insanlar dehşetli yıkıcı bir sürecin parçaları haline gelebilirler.
> **Stanley Milgram**

1960'larda Yale Üniversitesi kamuoyunda çok prestijli olarak bilinirdi; Milgram'ın çalışmasının katılımcıları için otoritesi kelimenin tam anlamıyla sorgulanamazdı.

sosyalleştirilmesinden kaynaklandığını düşünür. Milgram'ın söylediği gibi: "İtaat sosyal yaşamın yapısında, gösterilebilecek en temel unsurdur... Sayısız üretken işleve hizmet eder". Ancak aynı şekilde II. Dünya Savaşı'ndaki ölüm kamplarının insanlık dışı politikaları da "ancak çok sayıda insanın emirlere itaat etmesiyle kitlesel ölçüde gerçekleştirilebilmiştir". Milgram'ın deneyleri normalde zararsız olan insanların şartlar zorladığında canavarca davranabileceğini açıkça gösterir.

Milgram sonuçlarını anlatırken, kişinin karar almak için ne uzmanlığı ne de yetisi olduğunda nasıl davranacağına karar vermek için gruba baktığını öne süren uydumculuk kuramından da yararlanır. Uydumculuk bireyin bir duruma tepkisini sınırlayabilir ve bozabilir ve görünüşe göre sorumluluğun dağılmasıyla sonuçlanabilir, ki Milgram'ın Nazilerin yaptıkları kötülükleri kavramada hayati önem taşıdığını düşündüğü nokta tam da budur. Ancak kişinin vicdanıyla dış otorite arasındaki çelişki devasa bir iç baskı yaratır ve Milgram bunun kendi çalışmasında katılımcıların yaşadıkları aşırı üzüntü halini açıkladığını düşünmektedir.

Etik kaygılar

Milgram'ın çalışmasıyla özdeşleştirilen pek çok etik kaygı vardır. İlk yayınlandığında birbiri ardına neden olduğu tartışmalar o kadar fazladır ki Amerikan Psikoloji Derneği üyeliğini bir yıllığına iptal etmiştir. Ancak sonunda Milgram'a üyelik hakkı geri verilmiş ve 1974 tarihli kitabı *Otoriteye İtaat* her yıl verilen Sosyal Psikoloji Ödülü'nü kazanmıştır.

Deneyle ilgili ana sorun, katılımcıların hem çalışmanın niteliği hem de elektrik şoklarının gerçekliği konusunda açıkça kandırılmış olmalarıdır. Milgram'ın buna karşı savunması, onları kandırmadan gerçekçi sonuçlar elde edemeyeceği ve tüm katılımcılara deneyden sonra bilgi verildiği olmuştur. Kendini tanımanın, katılımcıların daha önce akla hayale sığmaz şekilde davrandıkları gerçeği ile yüzleşmeye mecbur kaldıklarında hissetmiş olabilecekleri rahatsızlığa rağmen, değerli bir nitelik olduğunu savunur.

Ancak pek çok psikologun konuyla ilgili huzursuzluğu geçmemiştir ve sonuç olarak çalışma psikolojik deneylerin etik standartlarının gelişimi için büyük önem taşımıştır. Katılımcıların kasten kandırılmalarının engellenmesi ve deneye katılanların duygusal acılardan korunması gerekliliği gibi önemli ilkeleri tanımlamaya katkıda bulunmuştur.

Kültürlerarası geçerlilik

Milgram'ın çalışmasına yöneltilen başka bir eleştiri de örnekleminin temsil sorunudur: Amerikalı erkekler mutlaka genel nüfusu yansıtmayabilirler. Öyle bile olsa Milgram, itaatin 20. yüzyıl Almanlarının zihinlerine özel değil, daha evrensel bir nitelik olduğu sonucuna varmıştır. Orijinal deneyin kültürlerarası

Nazilerin II. Dünya Savaşı sırasındaki davranışı toplum içindeki "otoriter kişiliğin" egemenliğine atfedilmiştir; bu, Milgram'ın deneylerinde sorgulanmıştır.

> Otoriteye itaat Alman kültürünün bir özelliği değil, görünüşe göre insan davranışının evrensel bir özelliğidir.
> **Stanley Milgram**

> Bir asker savaş sırasında bir köyü bombalamanın iyi mi kötü mü olduğunu sorgulamaz.
> **Stanley Milgram**

Vietnam'daki Amerikan askerleri – şok üretecinde olduğu gibi– davranışlarının, kendilerini masum insanları öldürürken bulmalarına dek kademeli olarak kabul edilemez hale geldiğini bildirmişlerdir.

tekrarlarındaki sonuçlar toplumlar içinde çok yüksek derecede tutarlılık göstermiş, sadece bir ülkeden diğerine küçük farklılıklar görülmüştür. Örneğin Kuzey Amerika ve Avrupa'nın büyük bölümünde sonuçların çoğu, yüksek itaat oranlarıyla, Milgram'ın orijinal deneyindekilerle benzerdir. Asya'daki (Doğu Asya ve özellikle Müslüman ülkelerde) çalışmaların sonuçları daha bile yüksek itaat seviyeleri gösterirken, Afrika ve Latin Amerika'nın yerli halkları ile Kanada'nın İnuit halklarında itaat düzeyi düşmektedir.

Sanal işkence

2006'da psikolog Mel Slater deneklerin, durumun gerçek olmadığının açıkça bilincinde olduklarında ne olacağını görmek için bir deney yapar. Bu tekrar deneyinde öğrenci ve şok sürecinin bilgisayar simülasyonunu kullanır, böylece şokları veren katılımcılar öğrencinin bilgisayar tarafından üretildiğinin tamamen bilincinde olurlar. Deney iki kez yapılır: İlkinde sanal öğrenci sadece yazarak iletişim kurmakta ve ikincisinde de ekranda bilgisayar tarafından üretilmiş modeli görünmektedir. Öğrenciyle sadece yazı ile iletişim kuranlar şokları vermekte çok az zorluk yaşarlar ama sanal öğrenci katılımcılara görüntüsü ile erişince Milgram'ın orijinal deneyindeki katılımcılar gibi davranırlar.

Toplum itaat talep eder

Toplum kavramı bireylerin büyük ölçekli ya da daha geniş perspektifli kararlar verirken, kişisel özerkliklerin bir kısmından vazgeçip daha otoriter ve sosyal konumu daha yüksekte olanları izlemeleri anlayışı üzerine kuruludur. En demokratik toplumlar bile, ortak iyiliğe ulaşmak için kabul edilmiş, yasal bir otoritenin egemenliğinin bireysel özerk düzenlemelerin önüne geçmesini isterler. Bir toplumun işleyebilmesi için halkın o toplumun kurallarına uyması zorunludur. Elbette meşruluk önemlidir ve tarih, otoritelerini başkalarını insanlığa karşı suç işlemeye ikna edecek şekilde kullanan insan örnekleriyle doludur.

Milgram eşit derecede önemli bir şeyi daha göstermiştir: "Bir insanın nasıl davranacağını belirleyen ne tür biri olduğu değil, kendini ne tür bir durum içinde bulduğudur". Ona göre suçu açıklamak için kişilikleri incelemek yerine durumu veya koşulları incelemek gerekir.

Milgram'ın önemli çalışması zamanında çok eleştiri almıştır, özellikle de hiç çekici olmayan, kan dondurucu bir insan doğası portresi çizdiği için. Naziler ve insanlığın geri kalanı arasında temel farklılıklar olduğuna inanmak, belli durumlarda pek çoğumuzun olağanüstü şiddet eylemlerine girişebilecek potansiyeli olduğunu kabullenmekten daha kolaydır. Milgram güç ve otorite figürlerine itaat eğilimimizle ilgili karanlık gerçeklere ışık tutmuş ve bunu yaparak aynı anda hem hepimizi kötü adam yapmış hem de bizi beraat ettirmiştir. ■

İYİ İNSANLARI KÖTÜ BİR YERE KOYDUĞUNUZDA NE OLUR?

PHILIP ZIMBARDO (1933–)

KISACA

YAKLAŞIM
Uydumculuk

ÖNCE
1935 Muzaffer Şerif otokinetik etki deneylerinde grupların nasıl hızla "sosyal norm" geliştirdiklerini gösterir.

1940'lar Kurt Lewin koşullar değişirken insanların davranışlarının da değiştiğini gösterir.

1963 Stanley Milgram, insanların şiddet uygulamak anlamına gelse bile otoriteye itaat edeceklerini gösteren itaat araştırmalarını yürütür.

SONRA
2002 İngiliz psikologlar Steven Reicher ve Alex Haslam, negatif grup davranışından çok pozitif grup davranışını keşfetmek için Zimbardo'nun çalışmasını genişletir.

2004 Zimbardo, gardiyanın şiddet içeren davranışlarına koşulların neden olduğunu söyleyerek Ebu Garip hapishanesinin eski bir gardiyanını mahkemede savunur.

Stanley Milgram'ın şok edici itaat deneyleri insanların, ahlaki değerlere karşı davranmalarını gerektirse de otorite figürlerine itaat ettiklerini ortaya koyar. Zimbardo ise insanların sınırsız güce sahip oldukları bir otorite konumunda nasıl davranacaklarını keşfetmek için yola çıkar. Kendilerine bağışlanan gücü isteyerek kullanacaklar mıdır (ya da istismar mı edeceklerdir)? 1971'de zihinsel olarak sağlıklı olduklarını gösteren testlerden geçen 24 orta sınıf Amerikalı üniversite öğrencisini kullanarak sonradan Stanford hapishanesi deneyi olarak ün kazanacak deneyini gerçekleştirir.

Öğrencilere yazı tura yöntemiyle "gardiyan" veya "mahkûm" rolleri verilir, bir Pazar öğleden sonrasında

İyi insanları kötü bir yere koyduğunuzda ne olur?

↓

Normal, sağlıklı insanlar kendilerine biçilen **sosyal rollere** göre davranmaya başlarlar.

↓ ↓

Gücü elinde bulunduranlar doğal olarak bu otoriteyi kullanır (ve kötüye kullanırlar).

Tabi konumda olanlar otoriteye boyun eğerler.

↓ ↓

Kötü davranışlara yol açan insanların karakterleri değil **sosyal konumların gücüdür.**

Ayrıca bkz. John B. Watson 66–71 ▪ Zing-Yang Kuo 75 ▪ Kurt Lewin 218–23 ▪ Elliot Aronson 244–45 ▪ Stanley Milgram 246–53 ▪ Muzaffer Şerif 337

"Mahkûmlar" "gardiyanlara" karşı ayaklanmışlar ancak gardiyanların taktikleri giderek daha da saldırganlaşmıştır. Mahkûmları gruplara ayırarak kimilerine ödül kimilerine ceza vermişlerdir.

mahkûmlar evlerinden alınarak tutuklanırlar, gerçek bir polis karakolunda tutanak tutulur ve sahte bir hapishane haline getirilen Stanford Üniversitesi psikoloji bölümünün bodrum katına transfer edilirler.

Hapishane ortamı

Deneyimi psikolojik olarak gerçek hale getirebilmek için mahkûmlar "hapishaneye" geldiklerinde soyulup aranırlar, bitlerine bakılır ve üniformalarıyla yatak takımları verilir. Anonimlik ve insan dışılaştırma hissini güçlendirmek için kendilerine verilen numaralarla hitap edilmektedir ve her birinin ayak bileğine özgürlüklerinin kısıtlandığını anımsatan birer zincir bağlıdır.

Gardiyanlar askeri tarz üniformalar giymekte ve (göz temasını engellemek için) güneş gözlükleri takmaktadırlar. Anahtar, düdük, kelepçe ve coplar taşımaktadırlar. Günün 24 saati görev başındadırlar ve mahkûmlar üzerinde tam bir kontrolleri vardır; düzeni sağlamak adına uygun görecekleri her taktiği kullanmaya yetkilidirler.

Araştırmacıları şaşırtacak şekilde ortam katılımcılara o kadar hızlı bir şekilde tehdit oluşturmaya başlar ki deney sadece altı gün sonra sona erdirilir. Gardiyanların hepsi tacizkâr ve otoriter olmuşlar; mahkûmlar yemek ya da uykudan mahrum bırakılmakta, kafalarına kukuleta giydirilmekte, zincirlenmekte ve tuvaletleri elleriyle temizlemeye mecbur edilmektedirler. Can sıkıntısı artıkça gardiyanlar mahkûmları, onur kırıcı oyunlara zorlamaktadır. Sadece 36 saat sonra bir mahkûm kontrol edilemeyen ağlama krizleri, öfke nöbetleri ve şiddetli depresyon nedeniyle serbest bırakılır. Diğer mahkûmlar da akut sıkıntı semptomları göstermeye başlayınca Zimbardo tehlikeyi fark edip deneye son verir.

Zimbardo'nun deneyi iyi insanların meşrulaştırıcı bir ideoloji ve onaylanmış kurallar ve roller içeren "sınırsız durumlar"a tabi tutularak canavarca davranmaya ikna edebileceğini göstermektedir. Zimbardo'nun da açıkladığı gibi bu deneyin içeriği çok geniştir: "Herhangi bir insanın yaptığı herhangi bir hareketi, ne kadar dehşet verici olursa olsun, – doğru ya da yanlış durumsal baskılar altında– her birimiz yapabiliriz". ▪

> Çalışmamız... iyi insanları kötü şeyler yapmaya zorlayan sosyal, kurumsal güçleri ortaya çıkarmaktadır.
> **Philip Zimbardo**

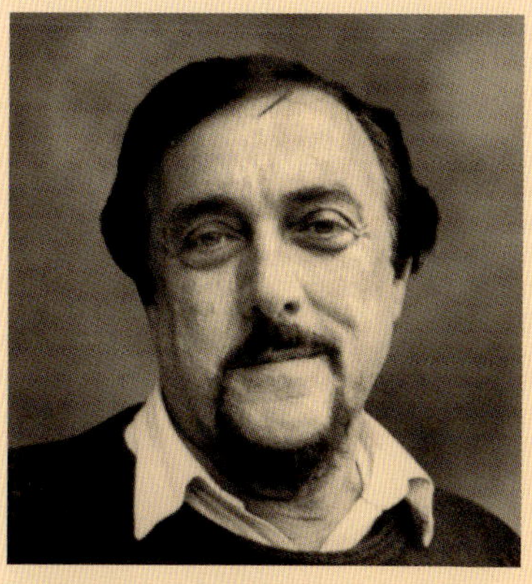

Philip Zimbardo

Philip Zimbardo 1933'te New York City'de Sicilya-Amerikalı bir ailenin oğlu olarak doğmuştur ve Bronx'taki James Monroe Lisesi'nden Stanley Milgram'ın sınıf arkadaşıdır. Lisans derecesini Brooklyn College'dan ve doktorasını da Yale'den almıştır. 1968'de halen psikoloji profesörü olduğu Stanford'a taşınana dek çeşitli üniversitelerde ders vermiştir.

2000'de, George Armitage Miller'la hemfikir olduğunu, "psikolojiyi halka hediye etmenin" zamanının geldiğini belirtmiştir ve kariyeri de bu düşünceyi yansıtmaktadır. 1980'lerde "psikolojiyi keşfetmek" üzerine popüler bir televizyon dizisi sunmuştur. Amerikan Psikoloji Derneği Zimbardo'yu 2000'de Genel Psikolojiye Ömür Boyu Seçkin Katkı ödülüne layık görmüş ve iki yıl sonra Amerikan Psikoloji Derneği'nin başkanı seçilmiştir.

Önemli eserleri

1972 *Stanford Hapishanesi Deneyi*
2007 *Şeytan Etkisi*
2008 *Zaman Paradoksu*
2010 *Psikoloji ve Yaşam*

TRAVMA, BİREYLE TOPLUM ARASINDAKİ İLİŞKİ AÇISINDAN ANLAŞILMALIDIR

IGNACIO MARTÍN-BARÓ (1942–1989)

KISACA

YAKLAŞIM
Özgürlük psikolojisi

ÖNCE
1965 Bireylerle toplumların arasındaki ilişkileri inceleyen yeni bir disiplin olan toplum psikolojisi ABD, Massachusetts'deki Swampscott Konferansı'ndaki tartışmalardan doğar.

1970'ler İngiltere, Kuzey Amerika ve en şiddetli olarak Latin Amerika'da sosyal psikolojinin bağıntılılığı, sosyal koşullar, duygular ve davranışlar arasındaki ilişkilerin incelenmesi üzerinde bir kriz patlak verir.

SONRA
1988 Latin Amerika Akıl Sağlığı ve İnsan Hakları Enstitüsü kurulur.

1997 Amerikalı psikologlar Isaac Prilleltensky ve Dennis Fox *Eleştirel Psikoloji*'yi yayımlayarak geleneksel psikolojinin adaletsizliği ve sosyal baskıyı ayakta tutmaya nasıl yardımcı olduğunun altını çizerler.

Ignacio Martín-Baró "travma, bireyle toplum arasındaki ilişki açısından anlaşılmalıdır" tezini 1980'lerde El Salvador'daki sosyal adaletsizlik ve şiddet salgınına tanık olduktan sonra öne sürmüştür. Psikolojiye tarafsız, evrensel bir yaklaşımı reddederek psikologların birlikte çalıştıkları insanların tarihsel bağlamlarını ve sosyal koşullarını hesaba katmak zorunda oldukları düşüncesini hayata geçirmiştir. Bazı akıl sağlığı problemleri, makul ve normal koşullara anormal tepkileri yansıtırken, sömürü ve baskı altındaki gruplara özel problemlerin

Ana akım psikoloji **tarafsız ve evrensel** olmayı amaçladığı için belirli ortamlar ve durumların akıl sağlığını şekillendirme biçimine hitap etmez.

↓

Ama zihinsel bozuklukları anlamak ve tedavi etmek için bir psikolog, deneklerinin ve hastalarının **sosyopolitik ortamlarını** anlamalıdır.

↓

Travma, bireyle toplum arasındaki ilişki açısından anlaşılmalıdır.

Ayrıca bkz. Lev Vygotsky 270 ▪ Jerome Kagan 339

anormal koşullara tamamen anlaşılabilir ve normal tepkileri yansıtma eğiliminde olduğuna inanır. Martín-Baró psikologların zor koşullarda yaşamanın akıl sağlığını nasıl etkilediği hakkında daha bilinçli olmaları ve geçmişteki baskıları aşmaları için toplumlara yardım etmeleri gerektiğine karar vermiştir. 1980'lerin ortalarında tüm dışlanmış ve baskı altındaki insanların yaşamlarını iyileştirmeye hizmet eden özgürlük psikolojisi dalının öncülüğünü yapmıştır.

Özgürlük psikologları geleneksel psikolojinin pek çok yetersizliği olduğunu iddia ederler. Sıklıkla sosyal sorunlara pratik çözümler bulmakta başarısız olmaktadır ve ilkelerinin çoğu refah toplumlarının yapay ortamlarından geliştirildiği için farklı durumlara tercüme edilmeleri de mümkün olmamaktadır. Umut, cesaret ve bağlılık gibi insanoğlunun ahlaki niteliklerini göz ardı etmektedir ve esas amacı adalet ve özgürlük arzusunu uyandırıp yönlendirmeyi düşünmekten çok hazzı artırmak gibi görünmektedir.

Travmatize toplum

Martín-Baró'nun onlarca yıllık düşüncelerini kapsayan *Özgürlük Psikolojisi İçin Yazılar* derlemesi 1994'te ölümünden sonra yayımlanmıştır. Bu yazılarda, psikolojinin, savaş ve siyasi yönlendirme aracı olarak kullanılmasına, psikolojik savaşta dinin rolüne ve travma ve şiddetin akıl sağlığı üzerindeki etkilerine işaret etmektedir. Martín-Baró bağımlı ekonomilerin ve ağır eşitsizliklerin bitmez bir yoksulluk ve sosyal dışlanmaya yol açtığı bölgeleri incelemiştir. El Salvador'daki iç savaş ve baskının, Arjantin ve Şili'deki diktatörlüklerin, Puerto Rico, Venezuela, Brezilya ve Kosta Rika'daki yoksulluğun psikolojik etkilerini incelemiştir. Hepsi farklı koşullar içeren bu durumlar yerli halkı farklı biçimlerde etkilemektedir. Bir durumda meydana gelen akıl sağlığı sorunlarının, o ülkenin sosyal ve politik ortamının yanı sıra tarihini de yansıttığını ve bireylerin tedavisinde tüm bu unsurların göz önüne alınması gerektiği sonucuna varmıştır.

> “Yeni bir toplumda yeni bir insan inşa etmek zorlu bir iştir.”
> **Ignacio Martín-Baró**

Martín-Baró Orta Amerika'ya odaklanmıştır ancak düşünceleri sosyal ve politik çalkantıların gündelik hayatı altüst ettiği her yerde geçerlidir. İnsancıl ve tutkulu bakış açısı ile akıl sağlığı ile adaletsizlik arasında çok önemli bir bağ kurmuş ve buna bağlı psikolojik sorunlara çözüm üretmenin yeni yöntemlerini bulmaya çalışmıştır. ■

Ignacio Martín-Baró

Ignacio Martín-Baró İspanya'da Valladolid'de doğmuştur. 1959'da Cizvit tarikatına katılır ve Güney Amerika'ya gönderilir. Orada, Ekvador, Quito'daki Katolik Üniversitesi'nde ve Kolombiya, Bogotà'daki Javeriana Üniversitesi'nde eğitim alır. 1966'da artık bir Cizvit rahibi olan Martín-Baró, El Salvador'a gönderilir. San Salvador'daki Central America Üniversitesi'nde eğitimine devam ederek 1975'te psikoloji diploması alır. Daha sonra Chicago Üniversitesi'nden sosyal psikoloji doktorasını alır ve Central America Üniversitesi'ne geri dönerek sonunda psikoloji bölümünün başına geçer. El Salvador'u yönetenlere açıkça eleştirel davranır ve 1986'da Üniversite Kamuoyu Enstitüsü'nü kurar. Siyasi yozlaşma ve adaletsizlikleri ortaya çıkardıkları için o ve beş kişi daha ordunun ölüm timi tarafından öldürülürler.

Önemli eserleri

1983 *Aksiyon ve İdeoloji*
1989 *Sistem, Grup ve Güç*
1994 *Özgürlük Psikolojisi için Yazılar*

GELİŞİM PSİKOL

BEBEKLİKTEN YETİŞKİNLİĞE

OJİSİ

1915
Freud *Cinsellik Kuramı Üzerine Üç Deneme*'nin yeni baskısına **psikoseksüel gelişim** kuramının ana hatlarını anlattığı bir kısım daha ekler.

1920'ler
Psikanaliz dünyası Anna Freud'un muhafazakâr ve Melanie Klein'ın "devrimci" yaklaşımlarıyla **çocuk gelişiminin sorunları konusunda ikiye ayrılır.**

1930'lar
Lev Vygotsky'nin sosyokültürel öğrenme kuramı, öğrenme ve gelişimde **toplumun önemini** vurgular.

1936
Jean Piaget bilişsel süreçlerin çocukluk yılları boyunca **iyi tanımlanmış evreler** halinde geliştiğini öne sürer.

1946
Kenneth ve Mamie Clark **ırksal önyargıların** oluşumunu incelemek için New York, Harlem'de Northside Çocuk Gelişimi Merkezi'ni kurarlar.

1950
Eric Erikson **psikososyal gelişimin** sekiz evresini içeren *Çocukluk ve Toplum*'u yayımlar.

1957
Noam Chomsky *Sentaktik Yapılar*'da geleneksel **dil öğrenimi** kuramlarına meydan okur.

1958-60
John Bowlby psikanalitik ve davranışsal bağlılık kuramlarını reddeden bir dizi makale yayımlar.

20. yüzyılın ilk yarısında psikolojide, insanların çocukluktan yetişkinliğe psikolojik gelişimlerini inceleyen iki ana yaklaşım olmuştur: Freud'un psikanaliz kuramı, çocuklarda psikoseksüel gelişimi göz önüne alır, davranışçılık ise öğrenme sürecinin mekanizmasını açıklar. Ancak gelişimin kendisi üzerindeki çalışmalar –yaşam boyunca meydana gelen psikolojik, duygusal ve algısal değişimler– 1930'lara, Jean Piaget'nin çocuğun sadece bedeni olgunlaşırken bilgi kazanan "minyatür bir yetişkin" olduğu ile ilgili geleneksel düşünceyi altüst ederek, çocuğun aynı zamanda radikal psikolojik değişimlerden de geçtiğini savunmasına kadar gelişmemiştir. Piaget bazı temel sorular ortaya atmıştır: Bilgiyi yavaş yavaş mı yoksa farklı evrelerde mi ediniriz; belli yetenekler doğuştan mıdır yoksa öğrenilir mi; çevre, gelişimi nasıl etkiler? Piaget'nin bilişsel gelişim kuramı çocuğun yetişkinliğe geçişinin birkaç gelişimsel evreye bölündüğünü ve her evrede talimatlarla değil, yaparak öğrendiğini ileri sürer. Piaget'nin fikirleri gelişimsel psikolojide yeni bir alan açılması için zemin hazırlamış ve günümüze kadar okulların eğitim programlarını şekillendirmiştir.

Çok geçmeden başka gelişimsel kuramlar da ortaya çıkmıştır. Büyük ölçüde Piaget'nin bulgularıyla hemfikir olan Lev Vygotsy, çocuğun öğrenme sürecinin çeşitli evrelerinde bir yetişkinin rehberliğine ihtiyacı olduğunu savunur ve çocuğun sosyal ve kültürel ortamının önemini de vurgular. Erik Erikson ise psikolojik gelişimin, aralarında "kimlik krizi"nin de bulunduğu sekiz evresini tanımlayarak Piaget'nin düşüncelerini geliştirir. Lawrence Kohlberg ise çalışmalarında ahlaki gelişimin altı evresiyle ortaya çıkar.

II. Dünya Savaşı'nı izleyen "bilişsel devrim"le birlikte Albert Bandura gibi psikologlar, gelişim başlığına yeniden ve bu kez bilgi işlemenin bilişsel modelleri ışığında dönerler. Bandura hem Piaget'nin gelişim evrelerini ve Vygotsky'nin sosyal öğrenme kuramındaki sosyal yapısalcılıktan öğeler alır. Aynı zamanda bilişsel psikoloji de öğrenme, özellikle de dil öğrenimi konusunda yeni fikirler getirmiştir. Noam Chomsky'nin dil öğreniminin doğuştan gelen bir yetenek olduğuyla ilgili iddiası gen

1959
Harry Harlow maymunlar üzerinde, bağ oluşturmada **temas rahatlığının** yiyecek tedarikinden daha önemli olduğunu kanıtlayan deneyler gerçekleştirir.

1961
Albert Bandura gözlemsel öğrenme (modelleme) için **Bobo Doll deneylerini** yürütür.

1970
Mary Ainsworth **Yabancı Ortam** çalışmalarında bağlılık türlerini inceler.

1971
Lawrence Kohlberg *Ahlaki Gelişimin Evreleri*'nde **ahlaki gelişimin altı evresini** tanımlar.

1973
Fransa'da, Neuville-du-Bosc'ta **Françoise Dolto**'nun eğitim kuramlarını izleyen bir okul açılır.

1974
Eleanor Maccoby *Cinsel Farklılıkların Psikolojisi*'nde **cinsiyet farklılıkları** ile ilgili bir çalışma yapar.

1991
Jerome Bruner *Gerçekliğin İnşasının Hikâyesi*'nde gelişen zihnin kendi gerçeklik duyusunu yapılandırma biçimini inceler.

1995
Simon Baron-Cohen **otizmle büyümenin** etkilerini inceleyen **Zihin Körlüğü**'nü yayımlar.

mi çevre mi tartışmalarını bir kez daha alevlendirir.

Bağlanma kuramı

Gelişim psikolojisi, öğrenme süreciyle uğraşırken İngiliz psikanalist ve psikiyatr John Bowlby tarafından yürütülen bir araştırma giderek artan bir ilgi yaratır. II. Dünya Savaşı sırasında ailelerinden ayrılan çocuklarla ilgili çalışması, ailemiz ve arkadaşlarımızla nasıl ilişki kurduğumuz ve sürdürdüğümüzle ilgilenen ve bebeklerin kendilerine bakan kişilerle kurdukları bağlara özel bir önem atfeden bağlanma kuramının oluşmasına yol açar, Bowlby bunu hayatta kalma için doğal bir güdü olarak görür. Bağlanma kuramının temel fikirleri, anneden ayrılmanın ve yalnız kalmanın bebekler üzerindeki etkilerini gösteren Amerikalı psikolog Harry Harlow'un sürdürdüğü deneylerle pekişmiştir. Harlow'un deneyleri sağlıklı bilişsel ve sosyal gelişim için bebeklerin eşlik edilmeye ve bakılmaya ihtiyaçları olduğunu göstermiştir. Daha sonra Mary Ainsworth tarafından yapılan araştırmalar bu bulgular üzerine, bebeğin dünyayı keşfedebileceği "güvenli üs" kavramı eklenerek inşa edilmiştir. Bruno Bettelheim kibbutzimde ortaklaşa büyütülen çocuklarla yaptığı çalışmadan sonra, geleneksel ailenin önemini reddederek kendi tartışmalı çocuk gelişimi kuramlarını geliştirir. 1960'larda insan hakları hareketi ve feminizm gibi sosyal konular hem sosyal psikoloji hem de gelişim psikolojisindeki düşünceleri etkisi altına alır. Önyargılarımızın nasıl ve gelişimin hangi evresinde oluştuğu, çocuk gelişimi çalışmalarını New York, Harlem'de sürdüren Afrikalı-Amerikalı Kenneth ve Mamie Clark'ın ilgisini çekerken, Eleanor Maccoby cinsiyetler arasındaki gelişimsel farkları inceler; bu, yeni bir alan olan cinsiyet çalışmalarındaki pek çok benzer araştırmanın ilkidir.

Gelişimsel psikoloji halen otizm ve öğrenme güçlüklerinin nedenleri ve tedavi yöntemlerini incelemektedir. Psikoloji giderek yaşlanan bir nüfustan hareketle, ilerleyen yaşlarımızda karşılaşacağımız sorunlara da eğilmektedir. ■

EĞİTİMİN AMACI AYNI ŞEYLER YAPABİLME BECERİSİNE SAHİP KADIN VE ERKEKLER YETİŞTİRMEKTİR

JEAN PIAGET (1896–1980)

KISACA

YAKLAŞIM
Genetik epistemoloji

ÖNCE
1693 İngiliz filozof John Locke'un *Eğitim Hakkında Bazı Düşünceler*'i çocuğun zihninin tabula rasa veya boş bir levha olduğunu öne sürer.

1780'ler Alman filozof Immanuel Kant, şema kavramını tanıtır ve ahlakın akranlar aracılığıyla otorite figürlerinden bağımsız olarak geliştiğini ileri sürer.

SONRA
1907 İtalyan eğitimci Dr. Maria Montessori, doğal gelişim aşamaları için saygı ve bağımsızlığı teşvik eden ilk Montessori okulunu açar.

1970'ler-80'ler Batı eğitim sistemlerinin çoğu, öğrenmede çocuk-merkezli yaklaşımı kapsamlarına alırlar.

Jean Piaget genç bir biyolog olarak kökleriyle sonraki epistemoloji merakının arasında bir yerlerde kendine, çocuklar büyürken zekânın nasıl değiştiği üzerine çalışan ve genetik epistemoloji adını verdiği yeni bir disiplin açmıştır. Piaget farklı yaşlardaki çocukların zekâ düzeylerini kıyaslamakla (nicel bilişsel değişim) ilgilenmemiştir; onun ilgi alanı zihinsel becerilerin zaman içindeki doğal gelişimidir (nitel bilişsel değişim). Nicel araştırmalar olası sayısal kıyaslamaları mümkün kılmaktadır ancak Piaget çocukların öğrenmesindeki tür, deneyim ve nitelik farklarını araştırmak istemektedir ve bu da niteliksel araştırmayı gerektirmektedir. Çocuk gelişimini tamamen çevresel faktörlere bağlayan dönemin popüler modeli davranışçılığı bir kenara bırakarak çocukların yaşla belirlenen bir dizi gelişim evresine rehberlik ettiğine inandığı doğuştan gelen yetenekleri incelemeye karar verir.

Piaget çocukların aktif ve özerk öğrenciler olduklarına ve gelişimsel evrelerden geçerken çevrelerindeki dünyayla etkileşime geçmek için duyularını kullandıklarına inanmaktadır. Aynı zamanda bu yolculukları sırasında çocuklara yol gösterip onları beslemenin, kendi deneylerini ve keşiflerini yapabilmeleri için onlara, bireysel, deneme-yanılma anlamında özgürlük tanımanın önemine de inanmaktadır. Bu nedenle iyi bir öğretmenin görevi bu evrelerdeki yolculukları boyunca çocukları, yaratıcılıklarını ve hayal güçlerini sürekli teşvik ederek desteklemektir çünkü "eğitimin amacı yeni şeyler yapabilecek kadın ve erkekler yetiştirmektir".

Öğrenme aktiftir

Piaget'nin zekâ gelişimi kuramına hakim olan tema, aktif kişisel bir süreç olarak öğrenme kavramıdır. Piaget, bebeklikten başlayarak çocukluk boyunca öğrenmenin, çocuğun duyumsama, keşfetme, harekete geçme ve sonra da ustalaşmaya olan doğal arzusundan doğduğunu söyler. Bu nedenle de çocukların zekâlarının nicel ölçümlerini yapabilmek için önceden biçimlendirilmiş "doğru" cevapları olan testlerden geçtiği standart test yöntemleri ile ilgili şüpheleri vardır. 1920'lerin başında

Ayrıca bkz. Alfred Binet 50–53 ▪ Jerome Bruner 164–65 ▪ Lev Vygotsky 270 ▪ Erik Erikson 272–73 ▪ Françoise Dolto 279 ▪ Lawrence Kohlberg 292–93 ▪ Jerome Kagan 339

Alfred Binet için zekâ testlerini standartlaştırma üzerine çalışırken cevapların aslında ne olduklarıyla çocukların doğru cevap verebilme becerilerinden daha çok ilgilenmeye başlamıştır. Çocukların, dünyanın işleyişi ile ilgili varsayımlarının yetişkinlerinkinden çok daha farklı olduğunu ortaya çıkaran açıklamaları, Piaget'nin onların yetişkinlerden farklı düşündüklerinin yanı sıra farklı yaşlarda, farklı düşünme yöntemleri olduğunu düşünmesine de neden olmuştur.

Evrilen zihin

Bir çocuğun minyatür bir yetişkin olduğu düşüncesi 17. yüzyıldan beri egemen olmuştur. Dönemin ampirist filozofları çocuk beyninin tam olarak bir yetişkin beyni gibi çalıştığını ancak daha az bağlantısı olduğunu öne sürmüşlerdir. Başka bir grup düşünür, doğalcı psikolog da –zaman, mekan ve sayı gibi– belli kavramların doğuştan ya da beyinle "bütünleşik" olduğunu bu yüzden de bebeklerin onları kullanma yeteneğiyle doğduklarını öne sürmüşlerdir. Piaget'nin çocukların zihinsel süreçlerinin –bebeklikten ergenliğe kadar– temelde yetişkinlerinkinden farklı olduğu düşüncesi, bu görüşten kökten ve tartışmalı bir sapmadır.

Piaget çocukluk boyunca zekânın oluşumunu ve evrimini anlamanın çok önemli olduğunu çünkü bunun insan kavrayışını anlamanın tek yolu olduğunu ileri sürer. Çocuklara cevaplarını açıklamaları için psikoterapik mülakat teknikleri kullanması ilham vericidir ve bütün araştırmasında önemli bir gereç olmuştur. Önceden kararlaştırılmış ve kişisel olmayan bir soru listesine bağlı kalmak yerine, bu esnek yöntem çocukların cevaplarından bir sonraki soruyu belirlemeye imkan tanımıştır. Piaget çocuğun düşünce çizgisini izleyerek altında yatan süreçleri daha iyi anlayabileceğine inanmıştır. Nicel veya ölçülebilir zekâ mefhumunu reddetmesi çocukluktaki bilişsel gelişimle ilgili birtakım çığır açıcı kuramların doğmasına yol açmıştır.

> Pek çok insan için eğitim, çocuğu ait olduğu toplumun tipik bir yetişkini olmaya yönlendirmek demektir.
> **Jean Piaget**

Çocuklar henüz yetişkinler kadar şey bilmeyen minik yetişkinler değillerdir; dünyayı farklı görürler ve onunla tamamen farklı bir yolla etkileşime geçerler.

Zekâyı geliştirmek

Piaget başlangıçta çocukların zekâ gelişimleri üzerinde en çok dil ve aile üyeleri ve akranlarla iletişim gibi sosyal faktörlerin etkili olduğuna inanmıştır. Ancak bebeklerle çalışırken dilin onlar için daha az önemli olduğunu ve kendi etkinliklerinin daha büyük önem taşıdığını fark etmiştir. Yaşamlarının ilk birkaç gününde bebekler sınırlı bedensel hareketler yapabilseler de – esas olarak ağlar ve meme emerler- çok kısa sürede bunlara bir oyuncağa uzanmak gibi yeni hareketler eklemektedirler. Böylece Piaget bu evrede düşüncenin kaynağının sosyal etkileşimden çok eylem olduğu sonucuna varır.

Bu keşif her çocuğun bilişsel gelişimin çeşitli evrelerinden geçtiğini ve bu evrelerin nitelik bakımından farklı ve hiyerarşik olduğunu söyleyen kuramının bir kısmını oluşturur. Bir çocuk bir sonraki evreye ancak mevcut evreyi gerçekten tamamlamışsa geçebilir. Araştırma ve gözlemlerle Piaget çocukların bu evrelerden, hiçbirini atlamadan ve öncekilere geri dönmeden, aynı sıra ile geçtiklerini belirlemiştir. Bu acele edilecek bir süreç değildir ve çocuklar genellikle hemen hemen aynı yaşlarda aynı evrelerden geçseler de her çocuğun kendine özgü bir gelişim hızı bulunmaktadır.

Gelişimin Dört Evresi

1 Duyu-motor evresinde bebekler dünyayı dokunarak ve diğer duyularıyla öğrenirler.

2 Çocuklar **işlem öncesi evrede** nesneleri mantıklı şekilde düzenlerler.

3 Somut işlem evresinde çocuklar niceliklerin farklı biçimler alabileceklerini öğrenirler.

4 Soyut işlem evresinde sözel muhakeme ve kuramsal düşünce gelişir.

Piaget tarafından tanımlanan dört evre, zekânın gelişimindeki basamakları simgeler ve bu şekilde çocukların gelişimlerinin herhangi bir noktasında kullanabilecekleri "şemalar"ın bir listesini oluştururlar. Şema geçmiş deneyimlerimizi organize etmemizi ve gelecek deneyimlere hazırlanmamıza yardım etmek için zihinsel yapıyı sağlayan, bir grup ve düşünce, algı ve eylemin temsilcisidir. Bebeklik ve ilk çocukluk dönemindeki şemalar "yiyebildiğim şeyler" gibi basit olabilir. Ancak çocuklar büyüdükçe şemaları daha karmaşıklaşarak "mutfak", "en iyi arkadaş" veya "demokratik hükümet"in nelerden oluştuğunun kavranması imkanını sağlar. Piaget'ye göre zeki davranış giderek büyüyen bir şemalar toplamasından oluşur.

> Bilgi... gittikçe yeterli hale gelen bir dönüşümler sistemidir.
> **Jean Piaget**

Gelişimin dört aşaması

Piaget'nin ilk evresi duyumotor evresi adını taşır ve çocuğun yaşamının ilk iki yılını kapsar. Bu dönemde bebekler dünyayı esas olarak duyuları (duyu) ve fiziksel eylemler ve hareketleri (motor) aracılığıyla tanırlar. Bu evrede çocuklar benmerkezcidir, dünyayı sadece kendi bakış açılarından görebilirler. Bu evrenin başlangıcında bebekler anlayış veya irade olmaksızın reflekslerini çalıştırırlar; daha sonraları bu refleksleri nesnelerle genişletebilir ve koordine edebilirler. Ardından duyularını, olayları öngörür gibi koordine etmeye başlarlar. Örneğin mevcut olmayan nesneleri hayal edip saklı olanları bulabilirler. Nesneleri kullanırken amaçlar belirleyip deneyler yapmaya ve harekete geçmeden önce problem hakkında düşünmeye başlarlar. Bu gelişmeler ilk evrenin bittiğinin işaretidir.

Çocuk benlik farkındalığı geliştirmeye doğru yol alırken, artık elinde simgesel düşünce gereçleri vardır ve içsel görüntüler, semboller ve dili geliştirmeye ve kullanmaya başlar. Bu da çocuğun en çok şeylerin nasıl göründükleriyle ilgilendiği ikinci veya işlem öncesi evreyi oluşturur. Çocuklar bu evrede nesneleri mantıklı bir düzende dizebilme (örneğin yüksekliklerine göre), iki nesneyi, her seferinde bir algısal niteliğine odaklanarak ortak özellikleri aracılığıyla kıyaslayabilme (bloklar gibi) gibi beceriler gösterirler. Çocuk iki yaşından dört yaşına kadar mutlak terimlerle ("büyük" veya "en büyük" gibi) düşünür; dört ile yedi yaş arasında göreceli terimler ("daha büyük" veya "daha ağır" gibi) kullanmaya başlar. Mantıklı düşünme becerisi hâlâ sınırlıdır ve çocuklar hâlâ benmerkezcidirler, henüz başkalarının bakış açısından göremezler.

Üçüncü evre, çocuğun mantıklı etkinlikler sergileyebildiği ama bunu ancak gerçek (somut) nesnelerin mevcudiyeti halinde yapabildiği, somut işlem evresidir. Çocuk artık muhafaza etme kavramını anlayabilmekte, bir nesnenin yerleştirilişinde fiziksel değişimler olsa da niceliğinin aynı kalacağını kavrayabilmektedir. Kısa, geniş bir bardaktaki bir sıvıyı uzun, ince bir bardağa boşalttığınızda yüksekliğinde oluşan farka rağmen miktarın aynı kaldığını fark ederler. Çocuklar bu evrede ayrıca nesnelerin aynı anda çok sayıda niteliğe göre düzenlenebileceğini de anlarlar – bir bilye büyük, yeşil veya şeffaf olabilir. Artık daha az benmerkezci olan çocuk şimdi bakış açılarına daha çok görecelilik katmaya başlamıştır.

Dördüncü evrede –soyut işlem evresi– çocuklar (sadece nesneler yerine) düşüncelerini yönlendirmeye ve sadece sözel ifadeler temelinde akıl yürütmeye başlarlar. Artık somut nesneleri referans almaya gerek duymamaktadırlar ve bir konuyu takip edebilirler. Varsayımsal düşünmeye başlamışlardır ve bu yeni hayalgücü kapasitesi ve soyut düşünceler hakkında konuşabilme becerileri artık daha az benmerkezci olduklarını göstermektedir.

Dengeye ulaşmak

Piaget bu dört evreyi belirlemenin dışında evrelerin her birinde gereken gelişimsel süreçlerin birkaç temel bölümünü de tanımlamıştır: bunlar asimilasyon, akomodasyon ve dengedir. Asimilasyon (özümseme) yeni bilgileri mevcut şemalarla birleştirdiğimiz süreçtir. Akomodasyona (uyumsama) ise asimilasyon sürecinde mevcut bilgi ya da becerilerimizi değiştirmemiz gerektiğini keşfettiğimiz zaman başvurulur. Yeni deneyimlerinin çoğunu ya da tümünü başarıyla asimile edebilen bir çocuğun denge durumunda olduğu söylenir. Ancak eğer mevcut şemalar, yeni durumların başarıyla üstesinden gelmede yetersiz kalıyorsa o zaman çocuk bilişsel bir dengesizlik durumundadır ve gerekli bilgileri uyumsama için yeni şemalar geliştirmesi gerekir. Aslında bu, öğrenmenin en temel biçimlerinden biri olan adaptasyon sürecidir.

Eğitimdeki etkiler

Piaget'nin çalışmaları 1970'ler ve 80'lerde Avrupa ve ABD'deki eğitim sistemlerinin dönüşümüne ilham kaynağı olmuş, öğretmeye hem kuram hem de uygulamada çocuk merkezli bir yaklaşım getirmiştir. Eğitimciler bir çocuğa yetişkin gibi düşünmeyi ve davranmayı öğretmeye çalışmaktansa işlerini, çocuklara yeni ve bireysel düşünce biçimleri kazandırmak için bir fırsat olarak görmeye teşvik edilmişlerdir. Piaget eğitimin, insanlardaki yaratıcılığa, mucitliğe ve yenilikçiliğe ilham kaynağı olacağına inanmış ve onları hayal güçleri pahasına uyum sağlama veya yerleşik kuralları izlemekten caydırmaya çalışmıştır. Eğer doğal öğrenme süreci –bebeklikten itibaren- bireysel, aktif ve keşifçi ise o zaman çocukların formel zekâ gelişimini yönlendiren eğitim sisteminin de öyle olması gerekmektedir.

Çocuk merkezli eğitimin hayati önem taşıyan bir başka yönü de, çocuğun gelişim evresi temelinde öğrenmeye sınır getiren, "hazır olma" kavramı ile ilgili farkındalıktır. Piaget'nin eğitim alanına, özellikle de matematik ve fen bilimlerine yaptığı en kalıcı katkı

> Zekâ, ne yapacağınızı bilmediğiniz zamanlarda kullandığınız bir şeydir.
> **Jean Piaget**

Piaget eğitimcilerin bir şeyi belli biçimde yapma veya anlama konusunda ısrarcı olmamaları gerektiğini ama çocukların doğal öğrenme süreçlerini beslemek gerektiğini öne sürer.

Montessori okulundaki çocuklar Piaget'nin düşüncelerini hayata geçirmişlerdir. Kendi öğrenme süreçlerini uygulamalı alıştırmalarla ve akranlarıyla bol bol tartışarak inşa etmeye yönlendirilirler.

öğretmenlerin, çocuğun yeni bir deneyim veya taze bir bilgiyle baş edebilme kapasitesinin farkında olup buna saygı göstermeleri gerekliliğinin kabul edilmesidir. Öğretmenin verdiği ödevler her öğrencinin bilişsel seviyesi ve yeteneklerini yansıtmalı ve bunlara mümkün olduğu kadar kusursuz biçimde uyarlanmalıdır. Piaget çocukların pasif gözlemden çok aktif yolla öğrendiklerine ve öğretmenlerin de buna uygun davranmaları gerektiğine inanır. Sınıfta öğrenciler arasında etkileşim birincil önemdedir ve bilgiyi güvence altına almanın en iyi yollarından birinin onu bir başkasına öğretmek olduğu yerleştirilirse, çocukların (pasif şekilde ders dinlemek yerine) kendi aralarında bazı konuları tartışmalarına olanak tanınması halinde mevcut bilgileri pekişecek ve derinleşecektir.

Ahlak eğitimi

Piaget çocukların zekâ gelişimlerinin olduğu gibi ahlak gelişimlerinin de evreler halinde ve çoğu zaman özerk şekilde gerçekleştiğine inanır. Gerçek ahlak gelişimi yetişkinlerin talimatlarının bir ürünü değildir; çocuğun dünya hakkındaki kendi gözlemlerine dayanır. Piaget akran etkileşiminin çocuklardaki ahlak gelişimi için hayati önem taşıdığını düşünür. Ahlak gelişimi için ebeveynler ya da diğer otorite figürleri değil akranlar önemli görülürse, karşılıklılık, eşitlik ve adalet gibi kavramların anlaşılmasında önemli bir kaynak oluştururlar. Dolayısıyla Piaget sınıfta akran etkileşimini öğrenme deneyiminin ayrılmaz bir parçası olarak görür.

> Çocuklar sadece kendilerinin icat ettikleri şeyleri gerçekten anlayabilirler.
> **Jean Piaget**

Bu nedenle de Piaget'nin çocuk merkezli sınıfında öğretmenin rolü neredeyse bir danışmanın rolüdür ve öğrencilere standart bir eğitmenden daha fazla imkân tanır. Öğretmenlerin her öğrencinin bilişsel gelişim seviyesini dikkatle değerlendirmeleri ve sonra doğası gereği motive edici ödevler vermeleri gerekir. İlginç bir şekilde, öğretmenler bir sonraki evreye ilerlemelerine yardımcı olmak ve böylece gerçek öğrenme fırsatları yaratmak için öğrencilerinde bilişsel bir dengesizlik

Jean Piaget

İsviçre, Neuchâtel'de doğan Jean Piaget doğaya doymak bilmeyen bir ilgiyle büyümüş ve 11 yaşındayken ilk bilimsel makalesini yazmıştır. Doğa bilimleri üzerine eğitim almış ve 22 yaşında Neuchâtel Üniversitesi'nden doktorasını almıştır. İlgisi psikanalize yönelmiş ve Fransa'da genetik epistemoloji kuramlarını geliştirmiştir. 1921'de Cenevre'deki Jean-Jacques Rousseau Enstitüsü'nün direktörü olmuştur. Valentine Châtenay ile evlenmiş ve Piaget'nin bilişsel gelişimle ilgili gözlemlerini üzerlerinde yaptığı üç çocukları olmuştur. 1955'te Uluslararası Genetik Epistemoloji Merkezi'ni kurmuş ve 1980'deki ölümüne dek direktörlüğünü yapmıştır. Dünya çapında ödülleri ve onur dereceleri vardır.

Önemli eserleri

1932 *Çocuğun Ahlaki Yargısı*
1947 *Zekâ Psikolojisi*
1952 *Çocuklarda Zekânın Kökeni*
1962 *Çocuk Psikolojisi*

de yaratmalıdırlar. Yol boyunca bazı hatalar yapmaları anlamına gelse de öğrencilerini daha çok soru sormaya, denemeye ve araştırmaya teşvik ederek, sonuçlardaki başarıya değil öğrenme sürecinin kendisine odaklanmalıdırlar. Tüm bunlara ek olarak öğrencilerin birbirlerinden öğrenebilecekleri ve birbirlerine öğretebilecekleri işbirlikçi bir ortam meydana getirmelidirler.

Piaget'nin çalışmalarına eleştiriler

Popülaritesine ve çalışmalarının gelişimsel psikoloji, eğitim, ahlak, evrim, felsefe ve hatta yapay zekâ alanları üzerindeki geniş etkilerine rağmen Piaget'nin fikirleri tetkik ve eleştiriler olmaksızın kabul görmemiştir. Tüm çok etkili kuramlarda olduğu gibi yıllar süren araştırma ve keşifler bunların da sorunlu ve zayıf taraflarını günışığına çıkarmıştır. Örneğin Piaget'nin benmerkezcilik kavramının doğruluğu sorgulanmıştır. Amerikalı psikolog Susan Gelman tarafından 1979'da yapılan çalışmalar dört yaşındakilerin bir şeyi tarif ederken açıklamalarını gözleri bağlanmış birinin rahatça anlayabileceği şekle uyarladıklarını ve kendilerinden küçük çocuklarla konuşurken daha basit bir ifade biçimi kullandıklarını göstermiştir ki bu, Piaget'nin başkalarının gereksinimlerinden haberi olmayan benmerkezci bir çocuk tanımı ile uyumlu değildir.

Piaget'nin, çocukların bilgi inşasında esas olarak bağımsız ve özerk oldukları ve fiziksel dünyayla ilgili anlayışları hakkındaki tasviri de, başka insanların bir çocuğun bilişsel gelişimine yaptıkları önemli katkıyı göz ardı ediyor göründüğünden biraz dirençle karşılanmıştır. Öncü psikolog Lev Vygotsky'nin çalışmaları bilgi ve düşüncenin esasen doğaları gereği sosyal olduğunu kanıtlamaya ve Piaget'nin, bir çocuğun sosyal bütünün gerçekten bir parçası olmadığı varsayımını çürütmeye odaklanmıştır. Vygotsky'nin kuramı insan gelişiminin üç seviyede varolduğunu öne sürer: bireysel gelişimin yanı sıra kültürel ve kişilerarası gelişim. Vygotsky'nin esas ilgisi son iki seviyeyedir. Vygotsky'nin, çocukların bazı ödevleri tamamlamak için yetişkinlerden ya da daha büyük çocuklardan yardım istediklerini öne süren "yakın gelişim alanı" kuramı Piaget'ye bir cevap niteliğindedir.

Başka bir araştırma alanı da Piaget tarafından tanımlanan gelişim evrelerinin evrenselliği varsayımı olmuştur. Zamanında bu varsayımı desteklemek için hiçbir ikna edici kanıtı olmamasına rağmen daha yakın bir geçmişte yapılan duyumotor evresiyle ilgili (aralarında 1994'te Pierre Dasen tarafından yapılan bir çalışmanın da bulunduğu) kültürlerarası incelemeler çevresel ve kültürel faktörler bu evrelere erişilen hızı ve sonradan ne kadar hızlı tamamlandığını etkilese de Piaget'nin öne sürdüğü alt evrelerin, aslında evrensel olduğunu göstermiştir.

Piaget'nin çalışmaları hiç kuşkusuz, çocuk gelişimi ve insanın bilişsel gelişiminin doğası ile ilgili yeni araştırma alanlarına yol açmıştır. 20. ve 21. yüzyıllarda çok sayıda araştırmanın biçimleneceği bir içerik yaratmış ve Batı dünyasındaki eğitim sisteminin yapısını temelden değiştirmiştir. ■

Avustralya'nın merkezinden çok uzakta yaşayan, yaşları sekiz ile on dört arası olan Avustralyalı Aborjin çocuklar Pierre Dasen tarafından bulunmuş, Piaget'nin tanımlanmış aşamalarında incelenmiştir.

> Derin yapılar, temel bilişsel süreçler gerçekten evrenseldir.
> **Pierre Dasen**

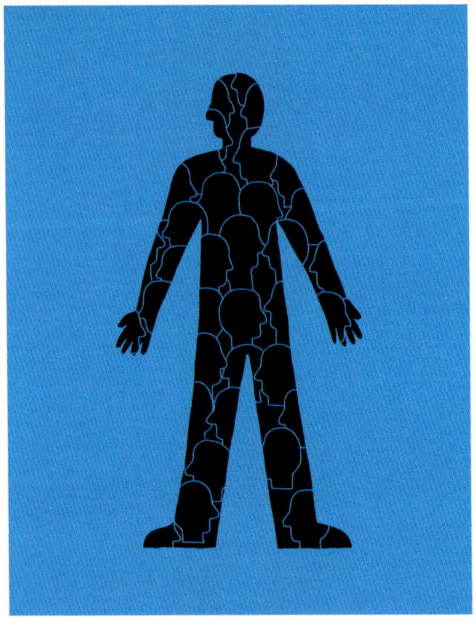

BAŞKALARI ARACILIĞIYLA KENDİMİZ OLURUZ

LEV VYGOTSKY (1896–1934)

KISACA

YAKLAŞIM
Sosyal yapısalcılık

ÖNCE
1860'lar Francis Galton kişilik üzerinde doğa mı (doğuştan yetenek) yoksa çevrenin (yetiştirme) mi daha etkili olduğu tartışmasını ateşler.

SONRA
1952 Jean Piaget bilgiyi alma ve işleme becerisinin çocukların doğuştan gelen yetenekleri ve çevrelerinin etkileşimiyle geliştiğini savunur.

1966 Jerome Bruner çocuğa gelişimin herhangi bir evresinde her konunun öğretilebileceğini öne sürer.

1990 Amerikalı eğitim psikologu Robert Slavin eğitimde daha fazla işbirliği içeren öğrenmeyi teşvik ve rekabetçi, kazanan-kaybeden yaklaşımını geriletmek için Öğrenci Takımları Başarı Bölümleri'ni tasarlar.

Rus psikolog Lev Vygotsky'ye göre muhakeme, kavrayış ve hatırlama için gereken tüm beceriler çocuğun ebeveynleri, öğretmenleri ve akranlarıyla yaşadığı deneyimlerden kaynaklanmaktadır. İnsan gelişiminin üç düzeyde meydana geldiğini düşünür: kültürel, kişilerarası ve bireysel. Vygotsky en biçimlendirici deneyimlerimizin sosyal olduğuna inanarak kültürel ve kişilerarası düzeylere odaklanmıştır: "Başkaları aracılığıyla kendimiz oluruz".

> Tüm yüksek psikolojik işlevler sosyal nitelikli içselleştirilmiş ilişkilerdir.
> **Lev Vygotsky**

Vygotsky çocukların kendilerini büyütenlerle etkileşimleri yoluyla önceki nesillerin birikmiş tüm bilgeliklerini, değerlerini ve teknik bilgilerini kavradıklarına ve kendilerini nasıl yönlendireceklerini bu "gereçler"i kullanarak öğrendiklerine inanmaktadır. Ancak çocukların bu kültürel gereçleri deneyimleyebilecekleri ve içselleştirebilecekleri tek yol sosyal etkileşimdir. Bireysel düzeyde düşünme ve muhakeme becerimiz bile, doğuştan gelen bilişsel yeteneklerimizi pekiştirdiğimiz gelişme sürecimizdeki sosyal aktivitelerimizden kaynaklanır.

Vygotsky'nin kuramları hem öğrenme hem de öğretme yaklaşımlarına ilham kaynağı olmuştur. Öğretmenlerin, sürekli olarak öğrencilerinin dikkat sürelerini, konsantrasyonlarını ve öğrenme becerilerini geliştirmek ve böylece yetkinliklerini artırmak için onlara rehberlik ederek ve onları besleyerek yol gösterici bir rol oynamaları gerektiğine inanır. Bu düşünce eğitimde, özellikle de çocuk merkezli öğretmeden müfredat merkezli öğretmeye doğru kaymanın yaşandığı 20. yüzyılın sonlarında belirgin bir etki yaratmıştır. ■

Ayrıca bkz. Francis Galton 28–29 ▪ Jerome Bruner 164–65 ▪ Jean Piaget 262–69

BİR ÇOCUK EBEVEYNLERİNE BORÇLU DEĞİLDİR

BRUNO BETTELHEIM (1903–1990)

KISACA

YAKLAŞIM
Ebeveynlik sistemleri

ÖNCE
1945 Amerikalı psikanalist René Spitz çocukları kurumlarda yetiştirmenin feci sonuçlarını ifade eder.

1951 John Bowlby bir bebeğin annesiyle yakın ve devamlı bir ilişki istediği sonucuna varır.

1958 Amerikalı antropolog Melford Spiro *Kibbutz Çocukları*'nı yazarak Batı'nın annenin esas bakıcı olduğu çocuk yetiştirme yöntemlerinin tüm kültürler için en iyisi olduğunu ima eder.

SONRA
1973 Amerikalı psikiyatrlar Charles M.Johnston ve Robert Deisher ortaklaşa çocuk büyütmenin çok az çekirdek aile tarafından sunulabilecek avantajları olduğunu savunur.

Bruno Bettelheim örselenmiş çocukların profesyonel bakıcılar tarafından başarıyla büyütüldüğü bir merkez çalıştırırken en iyi yetiştirmenin yakın bir anne-çocuk ilişkisi içerdiği ile ilgili ortak varsayımı sorgulamaya başlar. Batı dünyasının, İsrail kibbutz'ları ortaklaşa çocuk yetiştirme sistemlerinden öğreneceği bir şeyler olup olmadığını merak etmektedir.

1964'te Bettelheim yedi haftasını, çocukların özel evlerde ailelerinin evinden uzakta bakıldıkları bir kibbutz'ta geçirmiştir. 1967'de *Rüya Çocukları* adlı kitabında "bir kibbutz çocuğu belli bir ebeveyne minnettar değildir" diye belirtmiştir ve bunun çok daha az bire bir ilişki barındırmasına rağmen aktif bir sosyal hayatı ve daha az yakın pek çok ilişkiyi teşvik ettiğini gözlemlemiştir.

Başarılı yetişkinler

Çalışmasından önce Bettelheim bir kibbutz'un topluma çok küçük kültürel etkileri olan vasat yetişkinler yetiştirdiğini tahmin etmiştir. Anma kibbutz'larda yetişen çocukların genellikle mükemmel yetişkinler haline

Bettelheim, Kibbutz çocuklarının birbirleriyle yetişkinlerden daha yakın ilişkiler kurduklarını keşfetmiştir. Akranlarıyla iyi ilişkiler kurma becerileri onların yetişkinler olarak profesyonel başarılarını da açıklayabilir.

geldiklerini keşfetmiştir. Birlikte çalıştığı çocukların 1990'larda bir gazeteci tarafından izleri sürülmüş ve hemen hepsinin çok başarılı profesyoneller oldukları ortaya çıkmıştır.

Bettelheim kibbutz'un komünel yaklaşımının büyük bir başarı olduğu sonucuna varmıştır. Bulgularını yayımlayarak ABD'deki çocuk bakımı sistemlerini iyileştirmeyi ummuştur. ■

Ayrıca bkz. Virginia Satir 146–47 ▪ John Bowlby 274–77

GELİŞEN HER ŞEYİN BİR TABAN PLANI VARDIR

ERIK ERIKSON (1902–1994)

KISACA

YAKLAŞIM
Psikososyal gelişim

ÖNCE
1905 Sigmund Freud, bir çocuğun, cinsel erişkinliğe beş aşamadan geçerek ulaştığını varsayan, psikoseksüel gelişim teorisini öne sürer.

1930'lar Jean Piaget, evrelerden oluşan bir bilişsel gelişim kuramını ortaya atar.

SONRA
1980 Amerikalı psikolog James Marcia, Erikson'un teorilerinden yola çıkarak ergenlik döneminde kişilik oluşumu araştırmaları yapar.

1996 Amerikalı yazar Gail Sheehy, *New Passages* adlı çok satan kitabında, yetişkinlerin ergenlik dönemlerini 30'larına kadar uzatarak Erikson'ın yetişkinlik evrelerini, on yıl geriye ittiklerini yazar.

Erik Erikson'a göre, insan gelişimi, her organizmanın bir amacı olduğunu ve başarılı gelişiminin bu amaca ulaşılmasıyla sonuçlandığını öne süren, aşamalı oluşum ilkesine bağlıdır. Erikson bu görüşünü şu sözlerle açıklamıştır: "Her organizmanın bir yapı planı vardır. Bütün bölümler bu plana uygun ilerler". Erikson, insan karakterinin önceden belirlenmiş sekiz evreyle geliştiğini öne sürer. Erikson'a göre gelişim süreci çevresel etkilerle kalıtımın daimi etkileşimini de kapsamaktadır.

Sekiz evre

Birinci evre, bebeğin ilk yaşında yaşadığı "güvene karşı güvensizlik" evresidir. Bebeğin ihtiyaçları yetersiz veya özensiz bir şekilde karşılanırsa, daha sonraki ilişkilerde güvensizlik duyguları görülebilir. "Özerkliğe karşı kuşku" olan ikinci aşama 18. ay ve ikinci yıl arası yaşanır. Bu evrede çocuk etrafını keşfeder. Aynı zamanda ilk kez ufak yenilgiler ve ebeveyn paylamalarıyla utanç ile şüphe duygularını tadar. Başarı ve yenilgi arasında denge kurularak sağlıklı kararlılık kazanılır. Üç ve altı yaşları arasındaki üçüncü evrede "girişkenliğe karşı suçluluk" krizi yaşanır. Çocuklar, yaratıcılığı, oyunculuğu ve bir amaca uygun hareket etmeyi bu evrede öğrenir. Başkalarıyla etkileşime geçerek, hareketlerinin diğer kişiler üzerinde olumsuz etkileri olabileceğini keşfederler. Bu evrede, katı cezalar aşırı suçluluk duygusu oluşumuna neden olur.

6 ve 12 yaş arasında çocuklar eğitim ve sosyal becerileri öğrenmeye odaklanır. "Becerikliliğe karşı aşağılık duygusu" olarak bilinen dördüncü evrede yeterlilik duygusu gelişir. Lakin çalışmak konusunda fazla telkin yapılırsa, çocuk yanlışlıkla özsaygı ve üretkenliği aynı kefeye koyabilir.

> "Umut, yaşamın ilk ve en zaruri erdemidir."
> **Erik Erikson**

Ayrıca bkz. G. Stanley Hall 46–47 ▪ Sigmund Freud 92–99 ▪ Kurt Lewin 218–23 ▪ Jean Piaget 262–69 ▪ Lawrence Kohlberg 292–93

Gelişen her şeyin bir taban planı vardır. Bütün bölümler bu plandan doğar.

↓

İnsan karakteri doğum ve ölüm arasındaki **farklı ve önceden belirlenmiş sekiz evreyle** gelişir.

↓

Her **evreyi başarıyla dengeleyerek,** ruhsal olarak sağlıklı bireyler olarak gelişiriz.

Evrelerde yaşanan başarısızlıklar, (güven eksikliği, aşırı suçluluk duygusu gibi) ömür boyu süren **ruhsal yetersizliklere** neden olur.

Bu noktadan sonra ergenlik dönemi ve "Kimlik kazanmaya karşı rol karışıklığı" adı verilen beşinci evre başlar. Beşinci evrede, geçmişimizi, yaşadığımız anı ve geleceğimizi muhakeme ederek tutarlı bir kimlik duygusu kazanırız. Başarıyla dengelenirse, bu dönem güçlü bir kimlik duygusu kazanılmasını sağlar. Yaşanan problemler ise ilk kez Erik Erikson tarafından kullanılan bir kavram olan "kimlik bunalımına" neden olur.

18 ve 30 yaş arası yaşanan, altıncı evre "Yakınlığa karşı yalıtılmışlık" evresinde yakın ilişkiler kurar ve sevgi yaşarız. 35 ve 60 yaş arası yaşanan, sondan bir önceki evre olan "Özgeciliğe karşı kendine dönüklük" evresinde gelecek nesiller adına çalışırız. Kültürel faaliyetler veya sosyal eylemlerle topluma katkıda bulunuruz.

Son evre olan "Bütünlüğe karşı umutsuzluk" 60 yaş civarında başlar. Bu dönemde bireyler yaşlarıyla barışık ve yaşamlarından tatmin olurlar. Veya fiziksel sorunlar ve ölüm gerçeği yüzünden korkuya kapılırlar. Bu evrede başarılı bir denge kurulursa, bilgeliğe ulaşılır. ■

Erikson'a göre yaşlılık yıllarında ulaşılan "kişisel bütünlük" ve eksiksizlik duygusu tamamen daha önceki evrelerin hangi başarıyla dengelenmiş olmasına bağlıdır.

Erik Erikson

Erik Erikson, Almanya'nın, Frankfurt kentinde, evlilik dışı bir ilişkiden dünyaya gelir. Annesinin evli olduğu adamın soyadını alan Erikson, biyolojik babasının kim olduğunu hiçbir zaman bilmez. Üç yaşındayken annesi tekrar evlenir. Doğal olarak, Erikson her zaman kimlik sorunları yaşar. Tıp okuması için teşvik edilen Erikson, buna kulaklarını tıkar ve sanat eğitimi alır. Gençliğini İtalya'da gezen bir sanatçı olarak geçirir. 1933 yılında Joan Serson ile evlenir. Çift, Amerika'nın, Boston kentine yerleşir. Erikson, bir süre sonra şehrin ilk çocuk psikanalisti olur. Ardından Harvard, Yale ve Berkeley'de ders verir. 1933 yılında Amerikan vatandaşlığına geçtiğinde, soyadını Erikson olarak değiştirir.

Önemli eserleri

1950 *Çocukluk ve Toplum*
1964 *Anlayış ve Sorumluluk*
1968 *Kimlik: Gençlik ve Kriz*

İLK DUYGUSAL BAĞLAR İNSAN DOĞASININ AYRILMAZ BİR PARÇASIDIR

JOHN BOWLBY (1907–1990)

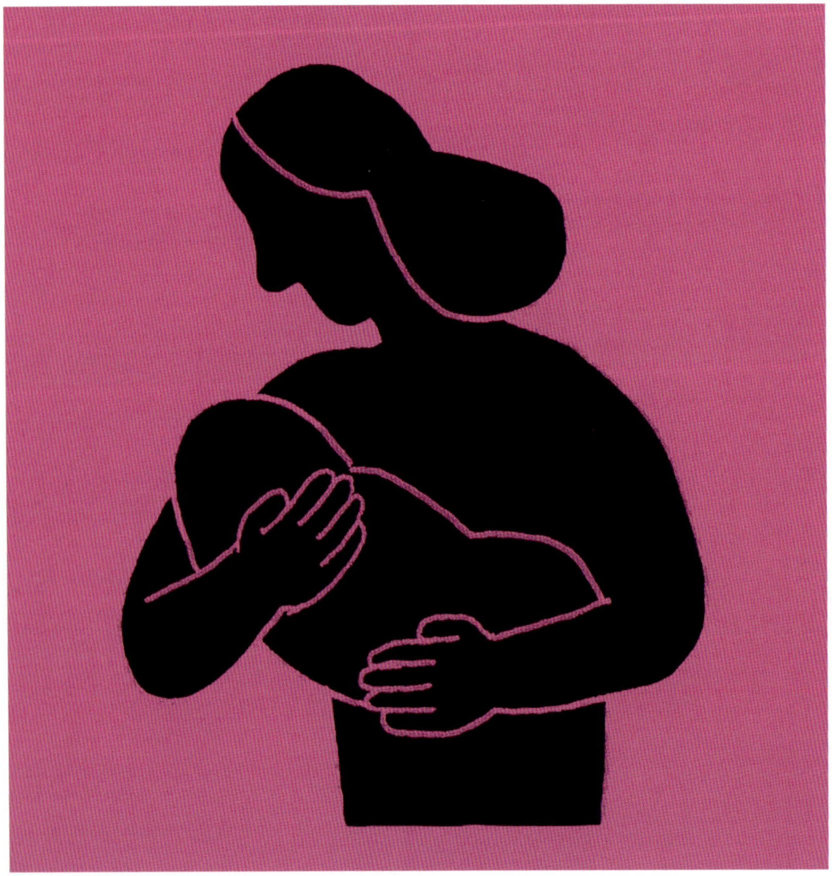

KISACA

YAKLAŞIM
Bağlanma teorisi

ÖNCE
1926 Sigmund Freud, çocukların kendilerine bakan kişilere bağlanmasının nedeninin sadece fizyolojik ihtiyaçlarının karşılanması olduğunu iddia eden, psikanalitik bir "çıkar beklentili sevgi" teorisini öne sürer.

1935 Kondrad Lorenz'in araştırmaları insan dışı canlıların ilk karşılaştıkları hareket eden nesne ile güçlü bağlar kurduklarını gösterir.

SONRA
1959 Harry Harlow tarafından yapılan çalışmalar çocukken annelerinden ayrılan maymunların sosyal ve duygusal sorunlar yaşadığını ortaya koyar.

1978 Michael Rutter, çocukların birçok bağlanma figürüne (baba, kardeş, yaşıt, cansız nesneler vb.) çok bağlanabileceğini gösterir.

1950'li yıllarda çocukların bağlanma süreçlerine dair kabul gören teori, psikanalitik "çıkar beklentili sevgi" teorisidir. Buna göre, bebekler beslenme gibi fizyolojik ihtiyaçlarını gideren kişilerle bağ kurarlar. Aynı dönemde, Konrad Lorenz'in hayvanlar üzerinde yaptığı çalışma sonuçlarına göre, hayvanlar karşılarına çıkan ilk hareket eden nesneyle bağ kurarlar. Bu nesne çoğu zaman anne olur.

John Bowlby, böyle bir ortamda bağlanma sürecine, evrimsel perspektiften bakan çok farklı bir kuram geliştirir. Bowlby'a göre, yeni doğmuş bebekler, tamamen savunmasız oldukları için, hayatta

Ayrıca bkz. Konrad Lorenz 77 ▪ Sigmund Freud 92–99 ▪ Melanie Klein 108–09 ▪ Anna Freud 111 ▪ Kurt Lewin 218–23 ▪ Lev Vygotsky 270 ▪ Bruno Bettelheim 271 ▪ Harry Harlow 278 ▪ Mary Ainsworth 280–81 ▪ Michael Rutter 339

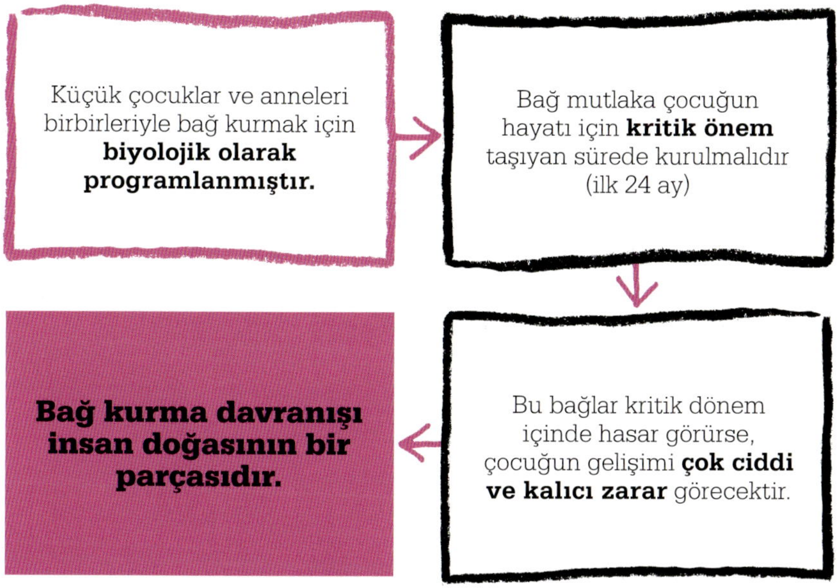

kalmak adına, anneleriyle bağ kurmaya genetik olarak programlanmışlardır. Anneler de, genetik olarak bebeklerine bağlanmaya ve onları yanlarından ayırmamaya programlanmıştır. Anneyle bebeği birbirinden ayırmakla sonuçlanabilecek olan durumlar, içgüdüsel bağlanma davranışları ile güvensizlik, korku duygularını harekete geçirir.

Bowlby kuramını bu varsayımların üzerine kurarak, anne-çocuk arasındaki bağların yaşam boyu süren önemini incelemiştir. Bowlby'nin teorisi ayrıca bu bağın zarar görmesi veya tamamen kopması durumunda yaşanan psikolojik sorunları da kapsar.

Sadece anneler

Bowlby kuramının en tartışmalı yönlerinden biri, bebeklerin asla bir erkekle değil, sadece dişiyle bağ kurduğu varsayımıdır. Söz konusu dişi figür, biyolojik anne olmayabilir. Yine de her halükârda anne figürünü temsil eder. Bowlby, sadece dişi figürle bağ kurma durumunu anlatmak için "monotropi" terimini kullanmıştır. Bowlby'a göre küçük çocuklar birden fazla bağlanma figürüyle bağ kurabilirler. Ancak anne figürü ile kurulan bağ, ömrü boyunca kuracağı diğer bütün bağlardan çok farklı ve önemlidir. Çocuk ve anne bu bağın devam etmesini sağlayacak davranışlarda bulunurlar. Örneğin küçük çocuk kendisiyle ilgilenen kişinin davranışlarını şekillendirip, kontrol etmek için gülümser, ağlar, bakar ve sarılır. Küçük çocukla ilgilenen kişi de, onun ihtiyaçlarına karşı hassas ve ilgili olur. Böylece bağlanma ve bakma olmak üzere iki davranış sistemi karşılıklı olarak diğerine şekil verir. Ömür boyu sürecek bir bağ yaratır.

Bowlby'a göre bu bağ o kadar derindir ki, küçük çocuğun hayatının ilk yıllarındaki yokluğu veya hasar görme durumu ileriki yıllarda çok ciddi olumsuz sonuçlara yol açacaktır. Bowlby, ayrıca anneyle küçük çocuk arasında güvenli bağ kurulması için kritik bir zaman dilimi olduğunu savunur. Bowlby'a göre bu bağ yaşamın ilk yılında veya en azından iki yaşından önce kurulmalıdır. Annelik etme çabalarının üç yaşından sonra başlaması yararsızdır. Çocuk ne olursa olsun anne yoksunluğunun zararlı sonuçlarını yaşayacaktır.

Anne yoksunluğu

Bowlby, 1950 yılında, Dünya Sağlık Örgütü tarafından, II. Dünya Savaşı sırasında evsizlik veya tahliye edilmeleri sonucu anne yoksunluğu yaşayan çocukları araştırmakla görevlendirilir. Bowlby'dan ayrıca bakımevi veya yetimhane gibi büyük kurumlarda yetiştirilmenin yarattığı etkileri incelemesi istenir. Bowlby bu çalışmasının sonunda, 1951 yılında "Anne Bakımı ve Ruhsal Sağlık" adlı raporunu hazırlar. Raporda, erken çocukluk döneminde, uzun süre anne bakımından mahrum kalan çocukların, hayatlarının ileriki dönemlerinde bir miktar entelektüel, sosyal ve duygusal gerilik yaşadıkları saptanmıştır.

Beş yıl sonra, Bowlby ikinci araştırmasına başlar. Bu kez konu tüberküloz tedavisi için

> "Kişinin beden sağlığı için vitaminler ne kadar önemliyse, erken çocukluk döneminde anne sevgisi de ruhsal sağlık için o kadar önemlidir."
> **John Bowlby**

Bowlby'ın annelerinden ayrılmak zorunda bırakılan çocukların ileride uzun vadeli bağlanma sorunları yaşayacağına dair saptamaları, daha sonra yapılan araştırmalar tarafından kanıtlanmıştır.

sanatoryumlarda, anne bakımından uzak, beş ay ile iki yıl arası zaman geçiren, dört yaş altı çocuklardır. Çocuklar araştırma yapıldığı sırada, 7 ile 13 yaş arasındadır. Oyunlarda daha sert davranışlar sergilemekte, daha abartılı heyecanlar yaşamakta ve daha az girişkenlik göstermektedirler. Daha geleneksel yöntemlerle yetiştirilmiş çocuklar kadar rekabetçi değillerdir.

Bowlby, annelik yoksunluğunun, bazı aşırı durumlarda, "duygulanımsız psikopatlık"a kadar vardığını keşfeder. Duygulanımsız psikopatlık durumunda kişiler diğer insanları sevemez ve dolayısıyla anlamlı ilişkiler kuramazlar. Bu sorunu yaşayan kişiler suçluluk duygusundan yoksun oldukları için, çocukluk döneminde hiç pişmanlık çekmeden daha fazla suç işler ve anti sosyal davranışlarda bulunurlar. Bowlby, 1944 yılında, çocuk hırsızlar üzerinde yaptığı çalışmada, pek çok suçlunun beş yaşından önce, annelerinden altı aydan uzun bir zaman ayrı kaldığını tespit eder. Bu suçlulardan 14'ü duygulanımsız psikopatlık bozukluğu yaşamaktadır.

> "Bağlanma davranışı insan karakterini beşikten mezara kadar etkiler."
> **John Bowlby**

Bowlby, güçlü bağların çocukların kendilerini, etraflarındaki kişileri ve dünyayı anlamak için ihtiyaç duydukları çerçevenin gelişmesi için şart olduğunu savunur. Bu iç mekanizma kişinin bütün ilişkilerindeki düşüncelerine, duygularına ve beklentilerine yetişkinlik döneminde bile yön vermktedir. Esas bağlanma gelecekteki bütün ilişkiler için bir ilk örnektir. Çocuğun, başkalarına güvenmesi, kendine değer vermesi ve topluma güvenmesi bu bağlanmanın kalitesine bağlıdır. Bu bağlar değişime dirençlidir. Oluştuktan sonra kişinin davranışını ve kendi çocuklarıyla kuracakları bağları belirler.

Babanın rolü

Bowlby teorisi, anne-çocuk ilişkisinin önemini abarttığı ve babanın katkısını hafife aldığı için eleştirilmiştir. Bowlby, babanın küçük çocuk için direkt bir duygusal önem taşımadığını öngörür. Babanın, yalnızca, anneyi finansal ve duygusal olarak desteklediği için dolaylı bir önemi vardır. Bu kuram, evrimsel olarak kadınların ebeveyn olmaya meyilli olduğu varsayımına dayanır. Kadınlar, çocuk bakımında kendilerine yol gösteren annelik içgüdüleri ile doğmuştur. Erkekler ise daha çok ihtiyaçları tedarik eden taraf olmaya uygundur.

Bununla birlikte, Londra'daki Tavistock Kliniği'nde Bowlby ile birlikte çalışmış olan İngiliz psikolog Rudolph Schaffer, babaların çocuk bakımına dâhil olma sürecinin kültürden kültüre çok fark gösterdiğini ortaya koymuştur. Babalar sürekli çocuk bakımına daha fazla yardımcı olmaktadır. Öyleyse, ebeveynlik rolleri biyolojiden çok toplumsal uzlaşmanın sonuçlarından biridir.

Bowlby'a göre erkekler kaçınılmaz olarak, kadınlar kadar iyi ebeveyn olamaz. Ancak Schaffer ve Amerikalı psikolog Ross Parke tarafından yapılan araştırmalara göre erkekler, çocuklarına kadınlar kadar sıcaklık ve hassasiyet gösterebilmektedir. Ayrıca çocuğun gelişim sürecini ebeveynin cinsiyeti değil, kurdukları bağın kalitesi ve gücü belirler. Schaffer ve psikolog Peggy Emerson daha sonraki araştırmala-

> Babalar üzerinde yapılan gözlemler, erkeklerin sıcaklık ve hassasiyet gösterme kapasitesinin kadınlarla eşit olduğunu gösteriyor.
> **H. Rudolph Schaffer**

rında, bebeklerin ve küçük çocukların anneleri dışında birçok insana karşı çok çeşitli bağlanma davranışları sergilediğini ortaya koymuşlardır. Ayrıca birden fazla kişiye bağlanma istisnai bir durum değil, aksine en sık görülen durumdur.

Son araştırmalar özellikle çalışan kadınlar için çok önemlidir. Zira Bowlby'in kuramlarına göre kadınlar anne olduktan sonra çalışma hayatına son vermelidir. Evde, çocuklarının yanında kalıp, esas bakım sağlayan kişi olma görevini üstlenmelidirler. Bowlby'ın kuramının ardından, onlarca yıl boyunca çalışan anneler suçluluk duygusuyla mücadele etmiştirler. O günden sonra birçok araştırma, Bowlby'in teorisinin ne kadar geçerli olduğunu sorgulamıştır. Örneğin, 1970'li yıllarda, psikologlar Thomas Weisner ve Ronald Gallimore, annelerin insan topluluklarının sadece pek azında, esas bakım sağlayan kişi olduğunu göstermiştir. Anneler bakım için sıklıkla arkadaş ve akrabaların dâhil olduğu diğer insanlardan yardım almaktadırlar. Schaffer ayrıca iş hayatında mutlu olan annelerin, çocuklarıyla evde kalmak zorunda olduğu için kızan annelerden daha sağlam bağlar kurduğunu öne sürer.

Çığır açan çalışma

Bowlby'ın kuramı çok sık eleştirilere ve değişimlere maruz kalmıştır. Ancak günümüze kadar insan bağlanması üzerine yapılmış en ayrıntılı ve etkili çalışma olmaya devam etmiştir. Bowlby kuramı, Harry Harlow ve Mary Ainsworth'ün çığır açan deneyine ilham kaynağı olmuştur. Psikologlar, Bowlby'in temel önermesinden yola çıkarak, çocukluktaki bağlanma biçimlerini daha derinlemesine incelemişlerdir. Yetişkinlik döneminde bağ kurma kuramları, ebeveyn ile çocuk arasında kurulan bağın ileride eşler ve romantik ilişkiler yaşanan kişilerle kurulacak bağları nasıl etkileyeceği göz önünde bulundurarak geliştirilmiştir. Bowlby'ın kuramlarının çocuklara kurumlar tarafından sağlanan bakımın iyileştirilmesi ve evlatlık verme alternatifinin yaygınlaştırılması gibi çocuk bakımını olumlu yönde geliştirecek etkileri olmuştur. ■

Bowlby kreşlerin bebek bakımı için uygun olmadığını, çünkü anne yoksunluğunun çocuğun suç işlemesine yol açtığını söylemiştir. Bu çalışan anneler için gerçek bir ikilem yaratmıştır.

John Bowlby

John Bowlby, Londra'da yaşayan üst orta sınıfa mensup bir ailenin, altı çocuğundan dördüncüsü olarak dünyaya gelir ve çoğunlukla dadılar tarafından büyütülür. Yedi yaşında yatılı okula gönderilir. Bu deneyimi sayesinde küçük çocukların bağlanma sorunlarına duyarlı hale gelir. Cambridge'deki, Trinity College'de psikoloji eğitimi alır. Bir süre suçlu çocuklara öğretmenlik yapar. Sonra, tıbbi eğitimini tamamlar ve psikanalist olur.

II. Dünya Savaşı sırasında, Kraliyet Ordusu Tıbbi Birlikleri'nde görev yapar. 1938 yılında, Ursula Longstaff ile evlenir ve dört çocuğu olur. Savaştan sonra, emekliliğine kadar çalışmaya devam edeceği, Tavistock Kliniği'nin yöneticiliğine getirilir. 1950 yılında, Dünya Sağlık Örgütü için önemli bir araştırma yapar. 83 yaşında, İskoçya'nın Skye adasında bulunan yazlık evinde hayatını kaybeder.

Önemli eserleri

1951 *Maternal Care and Mental Health* (WHO Raporu)
1959 *Separation Anxiety*
1969, 1973, 1980 *Attachment and Loss* (üç cilt)

BEDEN TEMASI RAHATLIĞI ÇOK ÖNEMLİDİR

HARRY HARLOW (1905–1981)

KISACA

YAKLAŞIM
Bağlanma teorisi

ÖNCE
1926 Sigmund Freud, çocukların kendilerine bakan kişilere bağlanmasının nedeninin onları gıda kaynağı olarak görmesi olduğunu iddia eden psikanalitik bir "çıkar beklentili sevgi" teorisini öne sürer.

1935 Kondrad Lorenz'in araştırmaları insan dışı canlıların ilk karşılaştıkları hareket eden nesne ile güçlü bağlar kurduğunu söyler.

1951 John Bowlby, insan annelerin ve bebeklerin güçlü bir bağ kurmaya programlandığını iddia eder.

SONRA
1964 İngiliz psikologlar Rudolph Schaffer ve Peggy Emerson, küçük çocukların besleme ve bakım görevini üstlenmeyen kişilerle bağ kurabildiğini gösterir.

1978 Michael Rutter çocukların cansız nesneler dahil birçok farklı bağlanma figürüne bağlanabildiğini gösterir.

Birçok psikolog, çocukların kendilerine bakan kişilere sadece besin ihtiyaçlarını giderdikleri için bağlandıklarını söyler. John Bowlby, bu çıkar beklentili sevgi fikrine kuramsal olarak karşı çıkar. Kuramı kanıtlayan ise Barlow'dur.

Harlow makak maymunlarını annelerinden ayırır. Maymunlara iki şans verilir. Ya içinde dolu bir biberon ile telden yapılmış anne figürü olan kafese girmeyi tercih edeceklerdir ya da yumuşak kumaştan yapılmış, daha sevimli anne figürünün bulunduğu ama içinde yiyecek olmayan kafese gideceklerdir. Eğer çıkar beklentili sevgi kuramı doğruysa, maymunlar içinde dolu biberon olan kafesi tercih edecektir. Maymunlar vakitlerinin çoğunu daha sevimli ve yumuşak anne figürünün olduğu kafeste geçirirler. Yumuşak anne figürünü güvenli bir üs olarak kullanmaktadırlar. Kafesin içine ürkütücü objeler konulduğunda, emniyet duygusu sağlamak için yumuşak anne figürüne sarılmaktadırlar. Sonraki testlerde ki bezden anne figürü sallanabiliyordu ve kafese yiyecek de eklenmiştir. Böylece bağlılık miktarı daha da artmıştır.

Harlow'un deneyinde kullandığı yavru makak maymunları, beslenme sağlamamasına rağmen, yumuşak kumaştan yapılmış "anne" figürüyle güçlü bir bağ kurarlar.

Böylece Harlow, bakıcılığın temel işlevinin anneyle bedensel temel kurmak olabileceğini ileri sürer.

O dönem psikologlar ve doktorlar ebeveynlere ağlayan çocuklarını sallamamaları ve kucaklarına almamalarını tavsiye ederler. Harlow deneyleri o kadar etkili olmuştur ki, Batı dünyasının ebeveynliğe olan yaklaşımını değiştirmeyi başarmıştır. ■

Ayrıca bkz. Konrad Lorenz 77 ▪ Sigmund Freud 92–99 ▪ Abraham Maslow 138–39 ▪ John Bowlby 274–77 ▪ Mary Ainsworth 280–81 ▪ Michael Rutter 339

ÇOCUKLARI, AKIŞI HAKKINDA HİÇBİR ŞEY BİLMEDİĞİMİZ BİR YAŞAMA HAZIRLIYORUZ

FRANCOISE DOLTO (1908–1988)

KISACA

YAKLAŞIM
Psikanaliz

ÖNCE
1924 Sigmund Freud, çocukların hadım edilme endişesiyle ilgili teorisini açıkladı. Dolto'ya göre bu endişe bilinçaltımızdaki beden imajımızı etkileyen unsurlardan biridir.

1969 Jacques Lacan "ötekilik" kavramını araştırmaya başladı. Bu kavram sayesinde Dolto bireylerin farklılıkları üzerinde yoğunlaşmaya başlar.

SONRA
1973 Fransa'nın La Neuville-du- Bosc kentinde Dolto'nun teorileri temel alınarak eğitim veren bir okul açılır. Okulun odak noktası kişisel mutluluk ve hobilerdir.

1978 Dolto'nun fikirlerinden yola çıkarak, ayrı kalmanın ebeveyn ve çocuk üzerindeki olumsuz etkilerini asgariye indirmeyi amaçlayan La Maison Verte kreşi Paris'te açılır.

Zorlu bir çocukluk dönemi geçirmiş olan Fransız doktor ve psikanalist Francoise Dalto çalışmalarını çocukların arzularını keşfedip, gerçekleştirmeleri üzerine yoğunlaştırmaya karar verimiştir. Dalto, arzuları gerçekleştirmenin nevrozları önleyeceğini düşünmektedir. Çocukların yaşadığı hastalıkların temelinde aslında ebeveyn ve çocuk arasındaki iletişim kopukluğunun yattığına inanmaktadır. Dolto'ya göre, yetişkinler, kendileri de bir zamanlar çocuk olmalarına rağmen, çoğu zaman çocukları anlamakta güçlük çekmektedirler.

Benzersiz bakış açısı

Dolto'ya göre, her çocuk geleneksel eğitim yöntemleri tarafından baltalanan benzersiz bir bakış açısına sahiptir. Taklit ve itaat yöntemiyle çocukları kontrol etmeye çalışan bütün ahlaki ve eğitimsel sistemlere karşıdır. Gelecekte ne olacağı tamamen belirsiz olmasına rağmen evde ve okulda çocukların geleceğini belirlemek için kullanılan yöntemleri yetersiz bulmaktadır. Dolto'ya göre çocuklar kendilerine eğitim veren yetişkinlerden farklıdırlar. Onların yaşındayken, eski nesillerin yaşayamadığı deneyimlere sahip olmuşlardır.

Dolto için eğitimin amacı her çocuğa kendi kişisel eğilimlerini keşfetmesine olanak sağlayacak özgürlüğü tanımak olmalıdır. Dolto için yetişkinler belirli yöntemler kullanılması için baskı yapmak yerine örnek olabilecek bir rol modeli olmalıdır. Dolto'ya göre eğitmenin rolü çocuklara kendilerini yönetmeyi öğretmektir. ■

> Yetişkinleri değiştirmek için çok geç, işimiz çocuklarla.
> **Françoise Dolto**

Ayrıca bkz. Sigmund Freud 92–99 ▪ Alfred Adler 100–01 ▪ Jacques Lacan 122–23 ▪ Daniel Lagache 336–337

DUYARLI BİR ANNE, GÜVENLİ BİR BAĞLANMA YARATIR

MARY AINSWORTH (1913–1999)

KISACA

YAKLAŞIM
Bağlanma teorisi

ÖNCE
1950'ler John Bowlby anne-çocuk arasındaki bağın önemini vurgular.

1959 Harry Barlow'un yavru makak maymunları üzerinde yaptığı çalışmalar, canlıların çevrelerini keşfetmek için bağlanma figürlerini güvenli bir üs olarak kullandığını ortaya koyar.

SONRA
1980 Amerikalı psikiyatr Brian E. Vaughn, bağlanma figürünün aile şartlarındaki değişimlere göre değişebileceğini gösterir.

1990 Amerikalı psikolog Mary Main küçük çocuklarda dördüncü bağlanma tipini keşfeder. Bu "organize olmayan" bağlanma tipinde küçük çocuk hem çevresinden, hem de bağlanma figüründen korkmaktadır.

1950'li yılların başında, bağlanma psikologu John Bowlby ile çalışan Mary Ainsworth, anne çocuk ilişkisiyle yakından ilgilenmeye başlar. 1969 yılında, sonradan "Yabancı Durum" adıyla tanınacak olan bir test hazırlar. Deneyde bebeklerin farklı stres koşullarında bağlanma ve keşfetme ihtiyaçlarını nasıl dengeledikleri gözlenmektedir. Ainsworth deneylerde, anne ve bir yaşındaki bebeğini, bebeğin oynayabileceği oyuncaklarla dolu bir odaya yerleştirir. Bu arada odaya yabancı bireyler sokulmadan önceki ve sonraki davranışları incelenir. "Durumlar" annenin

Bebekler **annelerinden ayrı kaldıklarında** üç bağlantı tipinden birini sergiler.

Bebek hiç gerginlik göstermez ve yabancı tarafından teskin edilebilirse **bağlanma kaçıngan tiptir.**

Bebek annesi gidince çok gerilmesine rağmen, geri dönüşün ardından temas kurmayı reddederse **bağlanma kaygılı** tiptir.

Bebek gerginse ancak annesi geri dönünce onu tekrar çevreyi keşfederken kullanacağı güvenli bir üs olarak kullanırsa, bağlanma güvenli tiptir.

Ayrıca bkz. Sigmund Freud 92–99 ▪ John Bowlby 274–77 ▪ Harry Harlow 278 ▪ Jerome Kagan 339 ▪ Michael Rutter 339

"Bağlantı davranışları, bağlantı figürü ulaşılmaz olduğunda ortaya çıkar."
Mary Ainsworth

bebeğini odada yabancı bireyle beraber bırakması ve sonra odaya dönmesini kapsamaktadır.

Ainsworth anne- bebek arasındaki bağa dair en önemli bulguların, bebeğin annesinin gidişine verdiği tepkiden çok geri dönüşünü nasıl karşıladığı gözlenerek elde edileceğini keşfeder. Ainsworth'e göre bebeğin annesinin geri dönüşüne verdiği tepkiler üç bağlanma tipine işaret etmektedir.

Bağlanma tipleri

Ainsworth'un çalışmasındaki bebeklerden yüzde 70'i "güvenli bağlanma" kurmuştur. Bu bebekler annelerini, keşiflerini gerçekleştirebilecekleri güvenli bir üs olarak kullanmaktadırlar. Anneleri odadan ayrıldığında gerilmektedirler. Odadaki yabancı bireye rağmen annelerinin ihtiyaç olduğunda geri geleceğini bilerek, mutlu bir şekilde oyunlarına devam etmektedirler. Annelerine duyarsız kalan bebekler, odada yalnız bırakıldıkları zaman bu durumdan hiç etkilenmemektedirler. Ainsworth bu bağlantı tipine kaçıngan bağlantı tipi adını vermiştir. Bu bebekler yabancılara, annelerine verdikleri tepkileri vermektedirler. Bebeklerin yüzde 15'i bu gruptadır.

Geri kalan yüzde 15 ise "kaygılı bağlanma" tipi olarak nitelenmektedir. Bu bebekler anne odadayken bile yabancıdan çekinmekte, anne odayı terk ettiğinde çok gerilmektedirler. Annenin geri dönüşünde ise öfke göstermekte, onunla temas kurmak istememektedirler.

Batılı olmayan kültürlerde anneler bebeklerini her zaman yakınlarında tutar. Bu gibi âdetler topluluktaki farklı bağlanma tarzlarının ortaya çıkışını etkileyebilir.

Ainsworth'a göre bağlantı tipini annenin hassasiyeti belirlemektedir. Duyarlı bir anne çocuklarının ihtiyaçlarını anlar ve gerektiği şekilde yanıt verir. Böylece güvenli bir bağlanma sağlar.

Eleştiri

Ainsworth'un bağlanma tipleri kalıcı olmadıkları iddiasıyla eleştirilmiştir. Ayrıca bebekler her zaman tek bir tipte öngörülen davranışları sergilememişlerdir. Kültürel farklar sonuçları etkilemiştir. 1990 yılında Japonya'da yapılan araştırmada kaygılı bağlanma tipindeki bebeklerin oranı çok yüksek çıkmıştır. Bunun nedeni olarak Japon bebeklerin annelerinden, Amerikalı bebekler kadar ayrı kalmaya alışkın olmamaları göstermiştir. Ancak yine de Yabancı Deneyi, bugün hâlâ bağlanma kuramının en önemli araştırmalarından biri olarak kabul görmeye devam etmektedir. ■

Mary Ainsworth

Mary Ainsworth, ABD'nin, Ohio eyaletinin Glendale kentinde doğar. Beş yaşında Kanada'ya taşınır. 1939 yılında Toronto Üniversitesi'nde doktorasını tamamlar. 1942 yılında, Kanada Kadın Ordusu Birliklerine katılmadan önce burada bir süre öğretmenlik yapar. II. Dünya Savaşı'ndan sonra Toronto Üniversitesi'ne geri döndü. 1950 yılında Leonard Ainsworth ile evlenir. Londra'ya taşınarak, Tavistock Kliniği'nde John Bowlby ile çalışır. 1954 yılında, Leonard'ın görevi nedeniyle Uganda'ya taşınır. Burada, kabilelerde anne ve çocuk arasındaki bağı gözlemleme fırsatı bulur. 1956 yılında Amerika'ya döner. Akademik kariyerine devam eden Ainsworth 1975 yılında profesör olur.

Önemli eserleri

1967 *Infancy in Uganda*
1971 *Infant Obedience and Maternal Behavior*
1978 *Patterns of Attachment*

BİR ÇOCUĞA BAŞKA BİR IRKIN ÜYESİNDEN NEFRETİ VE KORKUYU KİM ÖĞRETİYOR?

KENNETH CLARK (1914–2005)

KISACA

YAKLAŞIM
Irksal tavırlar

ÖNCE
1929 Almanya doğumlu yazar ve sosyal güvenlik görevlisi Bruno Lasker *"Çocuklarda Irksal Tutumlar"* kitabını yayımlar. Kitapta çocukların ırk konusundaki görüşlerini incelemek için geliştirdiği yöntemler yer alır.

1930'ların başı Kanadalı psikolog Otto Klineberg devlet okullarında görev yapan zenci öğretmenlere eşit maaş hakkı verilmesi için mücadele eden avukatlarla çalışır.

SONRA
1954 Amerikan Anayasa Mahkemesi, *Brown-Topeka Eğitim Kurulu davası* sonucunda okullarda ırk ayrımının anayasaya aykırı olduğu kararına varır.

1978 Elliott Aronson ırk ayrımın kaldırıldığı yeni sistemin de önyargıları azaltmak için "yapboz" metodunu geliştirir. Yani sınıftaki öğrenciler, siyah ve beyaz öğrencilerden oluşan küçük gruplara bölünerek, birbirlerine bağlı olarak çalışırlar.

1930'lu yılların sonuna doğru Kenneth Clark ve eşi Mamie Phipps Clark ayrımcılığın, okul çağındaki Afrika kökenli Amerikalı çocuklar üzerindeki sonuçlarını incelemişlerdir. Özellikle çocukların öz-imajlarıyla ilgilenmektedirler. Çocukların ırksal farklarla ilgili farkındalıklarını ve ırklar konusundaki temel tutumlarını gösterecek bir "bebek testi" geliştirirler. Testi, yaşları üç ve yedi arasında değişen çocuklar üzerinde uygularlar. Deneyde, beyazdan koyu kahverengiye kadar değişen ten renkleri dışında, tıpatıp birbirine benzeyen dört tane bebek kullanılmaktadır. Çocuklar bebekleri ten renklerine göre algılayıp yadsınamayacak bir ırksal farkındalık gösterirler. Ayrıca kendilerine en çok benzeyen bebeği seçerek de ten renklerine göre tanımladıklarını gösterirler.

Clark, çocukların ırklara karşı gösterdikleri tutumu anlayabilmek için, onlardan en çok oyun oynamak istedikleri ve en beğendikleri bebeği seçmelerini ister. Çocuklar ayrıca en güzel renkli bebeği ve en çirkin bebeği de seçeceklerdir. Maalesef, siyah çocuklar net bir şekilde beyaz bebekleri tercih eder. Siyah bebekler reddedilmektedir. Bu durum dolaylı olarak kendilerini reddettikleri olarak da yorumlanabilir. Clark'lar, deneyden çocukların toplumda var olan ırksal önyargıları içselleştirme eğiliminde oldukları sonucunu çıkarır. Onlara göre çocuklar bu nefreti kendilerine yöneltmektedirler. Bu noktada ikili çok önemli bir soru ortaya atar: "Çocuklara başka ırklardan nefret etmeyi ve korkmayı kim öğretiyor?"

Clark'ın bebek testleri 1930'ların sonu ve 1940'ların başında siyah çocukların okullarında sık sık beyaz bebekleri tercih ettiğini, bunun egemen kültürün sembolü olduğunu kabul ettiklerini göstermektedir.

Önyargı yaratmak

Clark'lar Amerika'da önyargıyı şekillendiren etkileri incelemek isterler. Çocuklar ırksal farkları toplumsal standartlara göre değerlendirmeyi öğrendikleri için kendilerini belirli bir

Ayrıca bkz. Elliot Aronson 244–45 ▪ Muzaffer Şerif 337

Üç yaşındaki çocuklarda **ırksal farkındalık** ve **önyargı** oluşumu başlamış olur.

→

1930'lu yılların Amerika'sında beyaz hatta siyah çocuklar bile beyazlığı tercih ediyor ve **siyahîliği reddediyordu.**

↓

Çocuklara, başka ırklardan nefret etmeyi ve korkmayı kim öğretiyor?

←

Ayrımcılık politikasıyla ebeveynlerden, öğretmenlerden, oyun arkadaşlarından ve medyadan alınan **sosyal etkiler** çocukların ırkçı tutumları içselleştirmelerine neden olur.

grupla özdeşleştirmeleri gerekmektedir. Her ırk grubu hiyerarşik düzen içinde belirli bir yere sahiptir. Küçük yaştaki siyah çocukların beyaz bebekleri tercih etmelerinin nedeni Amerikan toplumunun beyaz insanları tercih ediyor olduğunu anlamış ve bu tercihi içselleştirmiş olmalarıdır. Üç yaşındakiler bile yetişkinlere benzer tutumlar sergilemektedirler.

> Ayrım, toplumun bir grup insana onların değersiz olduğunu anlatma yollarından biridir.
> **Kenneth Clark**

Clark'lara göre bu tutumlar ebeveynlerin, öğretmenlerin, arkadaşların, televizyonun, filmlerin ve çizgi romanların ortak etkisinin ürünüdür. Ebeveynlerin çok azı çocuklarına başka ırka mensup kişilerden nefret etmeyi öğretmektedir ancak nefret, bilinçdışı bir şekilde, farkında olmadan verilmektedir. Örneğin bazı beyaz ebeveynler çocuklarını siyahi yaşıtlarıyla oyun oynamaması için teşvik etmektedirler. Böylece üstü kapalı bir şekilde çocuklarına siyahlardan korkmayı ve uzak durmayı öğretmişlerdir.

Clark'ın 1950'de özetlenen bu çalışmasına göre ayrımcılık siyah ve beyaz çocukların kişiliklerine zarar vermektedir. Clark'ın 1954'teki *Brown-Topeka Eğitim Kurulu Davası*'ndaki uzman görüşleri, okullarda siyah-beyaz ayrımının anayasaya aykırı olduğu kararı alınan davada büyük rol oynar. Davanın sonucu Amerika'da eğitimde ayrımın sonunu getirir. Ayrıca yurttaşlık hakları hareketinin de başlangıcı olur. ▪

Kenneth Clark

Kenneth Clark, Panama'da, Kanal Bölgesi'nde doğar. Beş yaşında, New York'un Harlem semtine taşınırlar. Annesi Kenneth'in ortaokuldan sonra sadece meslek lisesine ya da teknik liseye devam etmesini gerektiren idari karara karşı çıkar. Bu sayede Clark lise eğitimi alabilir. Washington DC'deki, Howard Üniversitesi'nden yüksek lisans derecesi alır. Eşiyle okulda tanışır. İkili birlikte yaptıkları araştırmalarla New York'taki Columbia Üniversitesi'nden derece alan ilk Afrika kökenli Amerikalı kadın ve erkek öğrenci olurlar. Harlem'de çocuklar ve gençler için gelişim ve olanak merkezleri kurarlar.

Clark aynı zamanda New York Devlet Üniversitesi'nde daimi profesörlük pozisyonu alan ve Amerikan Psikoloji Derneği'nde başkan olarak görev yapan ilk Afrikalı Amerikan vatandaşıdır.

Önemli eserleri

1947 *Racial Identification and Preference in Negro Children*
1955 *Prejudice and Your Child*
1965 *Dark Ghetto*
1974 *Pathos of Power*

KIZLAR ERKEKLERDEN DAHA YÜKSEK NOTLAR ALIYORLAR

ELEANOR E. MACCOBY (1917–)

KISACA

YAKLAŞIM
Feminist psikoloji

ÖNCE
20. yüzyılın başı Kadın psikologlar ilk kez cinsiyet farklarıyla ilgili araştırma yapmaya başlar.

1970'ler Cinsiyet araştırmaları kadın ve erkek arasındaki farkları vurgulamaya başlar.

SONRA
1980'ler Araştırma sonuçlarında kadın ve erkek beyni arasındaki yapısal farklar ortaya çıkar.

1993 Anne Fausto-Sterling "kadın" ve "erkek" arasındaki biyolojik farkların çok büyük olması nedeniyle, beş cinsiyetten bahsedebileceğini iddia eder.

2003 Simon Baron-Cohen kadın beyninin özellikle empati kurmak için donatıldığını, erkek beyninin ise sistemleri anlamaya daha yatkın olduğunu ortaya atar.

Genel olarak kızlarla erkeklerin **akli kabiliyetlerinde** çok önemli farklar yoktur

Ancak kızlar derslerine daha fazla özen ve ilgi gösterir ve daha iyi çalışma yöntemleri kullanırlar...

Kızlar erkeklerden daha yüksek not alır.

1970'li yıllarda, feminist psikologların sayısı arttıkça, davranışçılık döneminde unutulmaya yüz tutan cinsiyet farkları araştırmaları tekrar gündeme gelmiştir. Feminist çalışmalar özellikle Amerikalı psikolog Eleanor Maccoby için çok önemlidir. Psikoloji literatüründe, kadınlarla erkekler arasındaki benzerlikler yerine farklılıkların ön plana çıkarılmasından rahatsızlık duyar. Öğrencisi Carol Jacklin ile beraber 1600 öğrenci üzerinde toplumsal cinsiyet araştırması yapar. Bulgularını 1974 yılında *Cinsiyet Farklılıklarının Psikolojisi* kitabında yayımlarlar. Amaçları pek çok kişinin cinsiyetler arasında elzem sandığı farklılıkların mitten ibaret olduğunu ve toplumsal cinsiyet kalıplarının asılsız olduğunu göstermektir. Bazı bulgular erkek öğrencilerin kız öğrencilere göre daha agresif ve matematik ile üç boyutlu algılama konusunda daha başarılı olduğunu göstermektedir. Ancak diğer taraftan kız öğrenciler sözel alanda erkeklerden daha üstündür. Daha sonra yapılan araştırmalar bu farkların göründüklerinden daha karmaşık olduğunu ortaya çıkarmıştır.

Göz ardı edilemeyecek farklardan biri kızların erkeklerden daha yüksek not almasıdır. Maccoby, yapılan testlerin sonuçları, kız öğrencilerin erkeklere göre akli açıdan daha kabiliyetli olmadığını göstermesine rağmen ortaya bu sonuçların çıkmasını ilginç bulur.

Ayrıca bkz. Janet Taylor Spence 236 ▪ Simon Baron-Cohen 298–99

Maccoby'nin araştırmasına göre kız çocukları öğretmenin beklentilerine daha çok cevap verir, çalışmaya daha isteklidirler, bu da onların okulda erkek çocuklarından daha başarılı olmalarını sağlar.

Üstelik daha önce başarı motivasyonu hakkında yapılmış olan araştırma sonuçları, erkeklerin kız yaşıtlarından daha başarılı olma olasılığının yüksek olduğunu göstermiştir. Erkekler kızlara göre daha fazla başarı odaklıdır. Konulara daha fazla dâhil olmakta ve araştırmaktadırlar. Kızlar ise daha çok kişisel ilişkilerinde başarılı olmaya odaklanmaktadırlar. Bunu başarmak için insanları memnun etmeye çalışmakta ve birçok konuda erkekler kadar özgüven gösterememektedirler.

> Kız çocuklarındaki entellektüel gelişim olumlu ve aktif olmalarıyla beslenir.
> **Eleanor E. Maccoby**

Klişelerle mücadele etmek

Maccoby, sürekli bu varsayımlara karşı çıkmaktadır. Çalışmalarında, kızların akademik olarak erkeklerden daha başarılı olmalarına, küçük yaşlardan itibaren okulla ilgili konularla daha çok ilgilenmelerine ve liseyi bitirmeden eğitim hayatını bırakma risklerinin daha az olduğuna değinir. Maccoby, yüksek notların daha fazla çaba ve ilgi göstermeyle daha disiplinli çalışmanın eseri olabileceğini kabul eder. Ona göre erkekler ve kızlar arasındaki başarı motivasyonundaki farklılıklar ne olursa olsun, kızların okul yaşamına dair motivasyonlarını olumsuz etkilememektedir. Kızların hayatında bu motivasyonunun önemi büyüktür. Zira okuldaki performans, iş hayatındaki performansa benzemektedir. Kadın ve erkek doğasından kaynaklanan farklar üzerine çıkan bütün tartışmalar aslında toplumsal düzenin nasıl sağlanması gerektiğiyle ilişkili siyasal soruların bir devamıdır. Bu noktada aslında kadınların ve erkeklerin nasıl "doğalarına" uygun roller oynayabileceği tartışılır. Maccoby, psikolojik literatürde sürekli kadın-erkek benzerliklerinin değil de, farklılıklarının dile getirilmesine karşı çıkarak, kadınlara ve erkeklere basmakalıp meslekler uygun görülmesine karşı çıkmıştır. ▪

Eleanor E. Maccoby

Eleanor Maccoby (Emmons) Tacmoa, Washington'da doğar. Üniversite eğitimini Washingon Üniversitesi'nde tamamlar. Deneysel psikoloji dalındaki tezini Michigan Üniversitesi'nde verir. 1940'lı yıllarda önce Tarım Bakanlığı'nda ardından Harvard Üniversitesi'nde görev yapar. Araştırmaları çocuk bakımı uygulamaları üzerinedir. Cinsiyet ayrımının kariyerine zarar verdiğini düşünerek, çalışmalarına Stanford Üniversitesi'nde devam eder. Burada ilk kadın Psikoloji Kürsü başkanı olur. Amerikan Psikoloji Derneği tarafından ömür boyu başarı ödülüne layık görülür. Amerikan Psikoloji Derneği, Maccoby adına ödül vermeye başlar. Maccoby'nin toplumsal kalıpları yıkmak için yaptığı çalışmalar, çocukların toplumsallaşma sürecini ve toplumsal cinsiyet farklarını anlayabilmek için elzem kabul edilmektedir.

Önemli eserleri

1966 *Cinsiyet Farklılıklarının Gelişimi*
1974 *Cinsiyet Farklılıklarının Psikolojisi*
1996 *Boşanma Sonrası Ergenler*

İNSAN DAVRANIŞLARININ ÇOĞU MODELLEME YOLUYLA ÖĞRENİLİR

ALBERT BANDURA (1925–)

KISACA

YAKLAŞIM
Sosyal öğrenme kuramı

ÖNCE
1938 B.F Skinner davranışçı öğrenme kuramı olan işlemsel koşullanmayı ortaya atar. İşlemsel koşullanma öğrenme sürecinde olumlu ya da olumsuz desteklerin rolünü araştırmaktadır.

1939 Amerikalı psikolog John Dollard, saldırganlığın her zaman hayal kırıklığının bir sonucu olduğunu söyler. Dollard'a göre hayal kırıklığı saldırganlığa neden olmaktadır.

SONRA
1966 Amerikalı fizyolojist Leonard Berkowitz, sinirin saldırganlığa dönüşmesi için, saldırgan davranışlarla ilişkilendirilen çevresel ipuçlarının mevcut olması gerektiğini öne sürer.

1977 Amerikalı psikolog Robert A. Baron, Bandura tarafından yapılan deneylerin medyadaki saldırganlığın, toplumda görülen saldırganlık olaylarını tetiklediğini kanıtladığını iddia eder.

1940'lı ve 1950'li yıllarda, öğrenme süreci davranışçı psikoloji terimleriyle açıklanmaktadır. Davranışçı alana hâkim olan B.F Skinner'ın işlemsel koşullanma kuramına göre öğrenme süreci tamamen ödüller ve cezalarla belirlenmektedir. Albert Bandura, çocukluk çağında görülen saldırganlıkla ilgilenir. Ona göre bu dönemde yaşanan saldırganlık, o günlerde ortama hâkim olan davranışçı kuramla açıklanamayacak kadar karmaşıktır. Bandura, çocukluk dönemi saldırganlığını öğrenilmiş bir davranış olarak görmektedir.

Bandura'nın varsayımına göre, çocuklar saldırganlığı yetişkinlerin, özellikle aile fertlerinin saldırgan davranışlarını gözlemleyerek ve taklit ederek öğrenmektedirler. Problemin anahtarının Skinner'ın işlemsel koşullanması ve Freud'un psikanalitik özdeşim kuramının birleşiminde olduğuna inanır. Freud'un kuramı insanların nasıl diğer kişilerin niteliklerini benimsediğini araştırmaktadır. Bandura'nın çalışmaları ünlü Bobo bebeği deneyi ve 1977 tarihli çok etkili teziyle sonuçlanmıştır.

Sosyal öğrenme kuramı

Sosyal öğrenme kuramının temelini, Bandura'nın insanların pekiştirme (ödül ve cezalar) yoluyla değil, başka insanları gözlemleyerek öğrendiklerine olan inancı oluşturur. Buna göre bazı kişiler bizim için uygun veya kabul edilebilir örneklerdir. Biz de onların eylemlerini önce zihnimizde prova edip ardından taklit ederek öğrenmiş oluruz. Bandura "insan davranışlarının çoğu modellemelerle öğrenilir" der.

Bandura başka bir insan davranışının başarıyla örnek alınabilmesi için gerekli olan dört koşuldan söz eder: dikkat, akılda tutma, yeniden üretme ve motivasyon. Öğrenme mutlaka öğrenen kişinin davranışa dikkat etmesini gerektirir. Davranışın fiziksel olarak yeniden üretilebilmesi için görülenler ve duyulanlar hatırlanmalıdır. Yeniden üretim için ayrıca ödül beklentisi gibi iyi bir neden gerekir.

Bandura'nın öğrenme kuramında, ödül kavramının bir yeri vardır. Ancak Bandura kuramındaki, kişinin çevresi ve davranışları arasındaki ilişki, davranışçı kuramdan kökten

Ayrıca bkz. Konrad Lorenz 77 ▪ B.F. Skinner 78–85 ▪ Sigmund Freud 92–99 ▪ Lev Vygotsky 270

farklılıklar gösterir. Davranışçı kurama göre davranışı tamamen çevresel koşullar belirler. Ancak Bandura'ya göre insan, çevresini, tıpkı çevresinin kendisini etkilediği gibi etkiler. Bu duruma "karşılıklı belirlemecilik" denilir. Bandura'ya göre kişilik üç bileşenin etkileşiminden oluşmaktadır. Bunlar çevre, davranış ve psikolojik süreçlerdir. Psikolojik süreçler dili kullanabilme yetisi ve imgeleri akılda tutmaktan oluşmaktadır. Bu değişkenler, Bandura'ya göre yetişkinleri izleyip, örnek alınarak gerçekleştirilen çocukluk dönemindeki saldırganlığın araştırılmasıyla yakından ilgilidir.

Bobo bebeği deneyi

Bandura, sosyal öğrenme fikirlerini 1961 yılında yaptığı bir deneyle ortaya koyar. Deneyin amacı saldırgan davranışın amacını açıklamak, insanları tahrik eden uyarıcıları saptamak ve saldırgan davranışın devam etmesinin nedenlerini anlamaktır. Deney, çocukların yetişkin rol modellerinin davranışlarını taklit ettiğini kanıtlar.

> Davranış kısmen çevreyi yarattı, ondan doğan çevre de davranışı etkiledi.
> **Albert Bandura**

Bandura'nın 1961 tarihli saldırgan davranış deneyinde çocuklar Bobo'ya saldırır. Bazı durumlarda denek odadaki diğer oyuncakları kullanarak yeni saldırı yolları bulur.

Böylece toplumda görülen saldırganlık olaylarının ne kadar güçlü etkilerinin olduğunu gözler önüne serer.

Deney, yerel anaokulundan seçilen, yaşları 3 ve 6 arasında değişen 36 kız ve 36 erkek çocuk üzerinde uygulanmıştır. Çocuklar, 12 kız ve 12 erkekten oluşan 24 kişilik üç gruba ayrılır. Birinci grup kontrol grubudur. Bu grup hiç yetişkin rol modeli görmemiştir. İkinci grup, "Bobo" adlı şişme oyuncak bebeğe saldırgan davranışlar sergileyen bir yetişkin örnek görmüştür. Üçüncü grubun yetişkin modeli ise pasif kalmıştır. Deneyde yer alan çocuklar, yaşıtlarından etkilenmemeleri için münferit olarak test edilmiştir.

İkinci grup üzerinde yapılan deneyde, çocuklar yetişkin modelin bebeğe sözel ve bedensel şiddet uyguladığını görür. Yetişkin, bebeği sopayla dövmekte, havaya fırlatmakta, tekme atmakta, yere atmakta ve yumruklamaktadır. Çocuklar, odada oyuncaklarla yalnız bırakıldığında, yetişkinin saldırgan davranışlarını birebir kopyalar, hatta bebeğe yetişkinlerden gördüklerinin dışında saldırgan hareketlerde bulunurlar. Bu gruptaki çocuklar, diğer gruptaki çocuklara göre daha az utangaçtır. Ayrıca yetişkinden böyle bir davranış görmemelerine rağmen silahlarla diğer çocuklardan daha fazla oynarlar.

Buna karşın, kontrol grubundaki veya pasif yetişkin örneği gören üçüncü gruptaki çocuklardan çok azı bebeğe şiddet uygular. Bandura, çocukların saldırgan davranışlar görmesinin, yalnızca kendi

Bilgisayar oyunları ve genel olarak medyadaki şiddet davranış örnekleri potansiyel kaynak olarak anılmıştır ama bu görüşü araştırmalar güçlü bir şekilde desteklemez.

içlerindeki saldırgan itkileri açığa çıkarıyor olması ihtimalini göz önünde bulundurmuştur. Ancak çocukların bu davranışları birebir taklit ediyor olması gözlemlemenin öğrenme üzerindeki etkisini net biçimde ortaya koymuştur.

Medyada saldırganlık

Bandura'nın araştırmaları, medyadaki şiddet olayları konusunda çok önemli soruları beraberinde getirir. Eğer, saldırgan davranışlar sergileyen yabancılar çocuklara örnek teşkil edebiliyorsa, o halde televizyon programları da davranışlar için örnek kaynağı oluşturmaktadır. Çağdaş TV programları ve filmler yüksek dozda şiddet içerir. Üstelik bu şiddet kabul edilebilir (en azından beklenen) davranışlar olarak ifade edilir. Sürekli medyaya maruz kalan çocuklar pekâlâ bu davranışları taklit edebilirler. Bu fikir çok ateşli tartışmalara konu olur. Birçok araştırma vahşet içeren film ve TV programlarının çocuklarda şiddet eğilimini artırmadığını iddia eder. Hatta bazı çalışmalar, şiddet içerikli görüntülere maruz kalmanın çocuklardaki saldırganlığı azaltabileceğini göstermektedir. Katarsis etkisi olarak bilinen bu kurama göre, kişiler ekrandaki saldırgan karakterle özdeşim kurabilmekte ve olumsuz duygularından arınabilmektedirler. Böylece bu görüntüleri izlemeden önce olduğundan daha az saldırgan bir bireye dönüşebilmektedirler.

Diğer psikologlar, televizyonu bir eğitim aracı olarak görür. Karakterlerin çocuklara rol modeli olduklarına inanırlar. Bu nedenle karakterlerin toplumdaki saldırganlık oranını azaltmak için olumlu modeller teşkil etmeleri gerektiğini savunurlar.

Bandura, katarsis etkisine inanmamakla beraber davranışı öğrenmekle, öğrenilen davranışı sergilemek arasındaki farklara işaret etmiştir. Ona göre çocukların saldırganlığı, bu tip davranışlar görerek öğrenmesi mümkündür. Lakin saldırgan davranışları görmeleri, illa onların da bu tip davranışlar sergileyeceği anlamına gelmez. Bandura, dikkatleri medyadaki saldırganlıkla gerçek dünyadaki saldırganlık arasında daha nedensel bir ilişkiye çekmek ister. Sosyal öğrenme kuramcıları bilişin örnek almada bir rolü olduğunu kabul eder. Onlara göre bilişsel faktörler saldırganlığı izlemekle, saldırganlığı taklit etmek arasındaki sürece yardımcı olur. Örneğin televizyondaki saldırganlığı algılamak ile yorumlamak ve programdaki saldırganlığın gerçeklik dozu, süreci etkileyen önemli ara değişkenlerdir. Bandura, çocukların saldırganlığı öğrenmesindeki en önemli etkilerden birinin çevresel deneyimler olduğunu düşünür. Zaten, suç oranı yüksek semtlerde yaşayanlar suç oranı düşük yerlerde yaşayanlara göre daha fazla suç işler.

> Saldırgan modellemeye maruz kalmak katartik değildir.
> **Albert Bandura**

Cinsiyet gelişimi

Bandura'nın çocukluk döneminde saldırganlık araştırmasının temelini oluşturan sosyal öğrenme kuramının, cinsiyet gelişimini anlamamızı sağlayacak dört çıkarımı vardır. Cinsiyet gelişimi kuramına göre, erkek çocuklarla kız çocukların farklı davranışlarının altında yatan nedenlerinden biri ebeveynlerinden gördükleri farklı davranışlardır (Farklı davranışlar gösterenler arasında diğer önemli yetişkinler ve yaşıtlar da bulunur). İnsanların, doğdukları andan, öldükleri güne kadar çocuklara yaklaşımlarını, kafalarındaki cinsiyet rolleri beklentilerine göre oluşturdukları bilinmektedir. Dolayısıyla çocuklar cinsiyet ölçütleri olarak kabul edilen değerlere göre davranmaktadır.

Bandura'nın bulgularına göre, çocuklar nasıl davranacaklarını gözlem yoluyla öğrenme ve teşviklerle de öğrenir. Çocuklar, yüksek bir ihtimalle başkalarının davranışlarını taklit ederek, cinsiyetleri için en uygun kabul edilen davranışla pozitif teşvik kazanır. Cinsiyetleri için uygun görülmeyen davranışlarda bulundukları takdirde ise doğrudan ya da dolaylı olarak vazgeçirilecektir.

Bandura'nın araştırmaları birçok kez eleştirilmesine rağmen (eleştirilerin çoğu fikirlerinin gerçekten bilişsel gelişim kuramı olup olmadığı üzerinedir) bulguları ve kuramları üzerinden yarım yüzyıl geçmiş olmasına rağmen hâlâ tartışılmakta ve kendine yer bulmaktadır. Çığır açan fikirleri, psikolojinin sosyal bilişsel kuram, kişilik kuramı ve hatta tedavi yöntemleri gibi birçok alanını etkilemiştir. Bandura'nın fikirleri ayrıca önceki davranışçı kuramla ardından gelen bilişsel öğrenme kuramı arasında köprü görevi görür.

Bandura, dikkat, bellek ve motivasyon süreçlerine odaklamıştır. Böylece sadece ölçülebilir ve gözlemlenebilir değişkenleri araştıran davranışçı yöntemlerden büyük farklılık göstererek bunun yerine insanların nasıl öğrendiğine dair bilgi edinmek için zihinsel alana –zihne– bakmıştır. Bu nedenle Bandura meslektaşlarının çoğu tarafından zamanın en etkili ve saygın psikologu sayılır. ■

Çocukların cinsiyetlerine uygun kabul edilen davranışları (erkekler için bağımsızlık, kızlar için empati) ve yaptıkları taklitler genellikle yetişkinler tarafından destek görür.

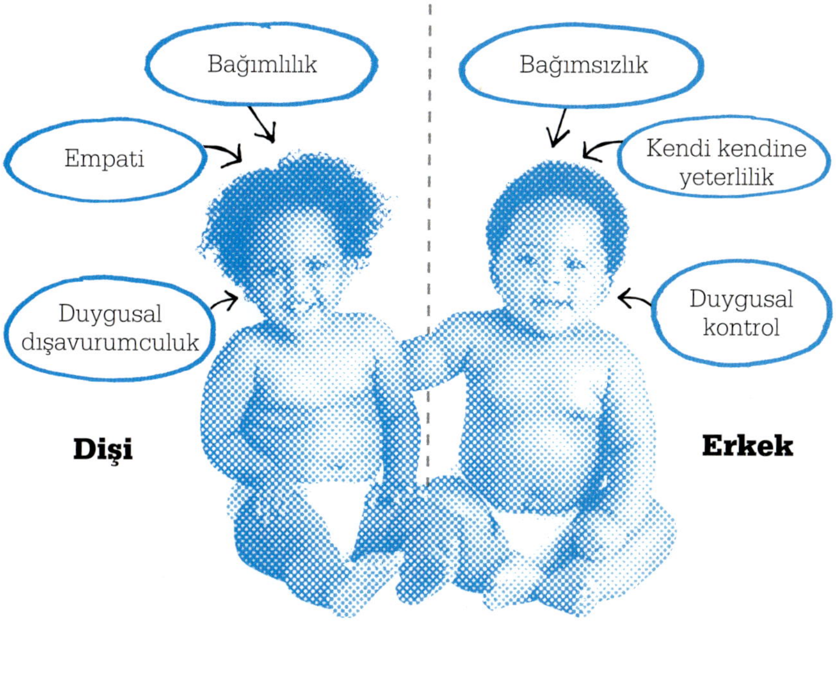

Albert Bandura

Albert Bandura Kanada'nın, Alberta kentindeki küçük bir kasaba olan Mundare'de, Polonyalı bir ailenin çocuğu olarak dünyaya gelir. British Columbia Üniversitesi'ni bitirdikten sonra yüksek lisansını ve doktorasını Iowa Üniversitesi'nde tamamladı. Öğrenme kuramına ilgisi burada başlar. 1953 yılında, Ordinaryüs Profesör olduğu Stanford Üniversitesi'nde öğretmenlik yapmaya başlar.

Dünyanın en saygın ve etkili psikologlarından biri olan Bandura, psikoloji ve eğitim dalında aldığı Thorndike Ödülü (1999) ve Davranış Tedavisini Geliştirme Örgütü'nden aldığı hayat boyu başarı ödülü (2001) dâhil olmak üzere birçok ödül kazanmıştır. Ayrıca sayısı 16'nın üzerinde fahri doktora sahibidir. 1974 yılında Amerikan Psikoloji Derneği'nin başkanı seçilmiştir.

Önemli eserleri

1973 *Saldırganlık: Bir Sosyal Öğrenme Analizi*
1977 *Sosyal Öğrenme Kuramı*
1986 *Düşünce ve Eylemin Sosyal Temelleri: Bir Sosyal Bilişsel Kuram*

AHLAK ALTI AŞAMADA GELİŞİR

LAWRENCE KOHLBERG (1927–1987)

KISACA

YAKLAŞIM
Ahlaki gelişim

ÖNCE
1923 Sigmund Freud, ahlaki gelişimi psikanaliz olarak önerdi.

1932 Jean Piaget, ahlaki gelişmeyi iki düşüncede tartıştı: diğerlerinin kuralları ve kişinin kendi kuralları.

SONRA
1977 Amerikalı eğitim psikoloğu William Damon, gençlerin söylentilere ihtiyacı olduğunu Kohlberg'ten önce öne sürdü.

1982 Amerikalı psikolog Nancy Eisenberg, çocukların ahlaki gelişimini anlamamızı, bizlerin onların ihtiyaçları ve diğer şeylerle yüz yüze gelmemizi tartıştı.

Lawrence Kohlberg, ahlakın çocukluk ve ergenlik döneminde aşama aşama oluştuğuna inanır. 1956 yılında, yaşları 10 ve 16 arasında değişen 72 erkek çocuğunun test edildiği çalışmasına başlar. Çocuklara önce ahlaki bir açmaz sunulmakta, sonrasında iki alternatiften birini seçmeleri istenmektedir. Çocukların bütün tepkileri kayıt edilir. Her iki alternatif de tam olarak kabul edilebilir değildir. Örneğin açmazlardan birinde karısı hasta olan bir adamın ilaç parası olmadığı için ilacı çalmasının doğru olup olmadığı sorulmaktadır. Kohlberg deneye katılan 58 çocuğu yıllar içinde takip eder. 20 yıllık sü-

Ahlak, çocukluk, ergenlik ve yetişkinlik dönemleri boyunca **altı aşamada oluşur.**

Geleneksellik öncesi iki aşamada, ahlaki davranış tamamen karşılıklı ödül kavramı tarafından belirlenir.

İki geleneksel aşamada, ahlaki davranış diğer insanların doğru anlayışına uygun bir biçimde, yasalara uyma, yasalara saygı duyma ve toplumsal düzeni muhafaza etme üzerinden kurgulanır.

İki özerk düzey aşamasında, ahlaki davranışa karar veren nihai kişi bireydir. Bu aşamada, ahlaki davranışı sosyal normlar değil, evrensel ahlak ilkeleri ve vicdan belirler.

Ayrıca bkz. Sigmund Freud 92–99 ▪ Jean Piaget 262–69 ▪ Albert Bandura 286–91

> Ahlak düşüncesi kısmen de olsa kendi bilgimize göre oluşur.
> **Lawrence Kohlberg**

re zarfında, her üç yılda bir, artan yaşla ahlaki eğilimlerinin nasıl değiştiğini saptamaktadır. Kohlberg, deneklerin verdiği cevaplar üzerinden, ahlaki gelişimin üç aşaması olduğunu tespit eder. Bu altı aşama üç geleneksellik öncesi, geleneksel ve geleneksellik sonrası olmak üzere üç düzeyden oluşur.

Ahlaki muhakeme oluşumu

Geleneksellik öncesi ahlaki muhakeme oluşumu hayatın ilk dokuz yılını kapsamaktadır. Bu düzeyde kurallar sabit ve katıdır. Bu düzeyin ilk iki aşaması olan itaat ve ceza aşamasında eylemlerimizin yanlış mı, doğru mu olduğunu ceza görüp, görmediğimizde anlarız. İkinci aşama olan saf çıkarcı eğilimde, doğru ve yanlış eylemlerin getirdiği ödüllerle belirlenir. Başkalarının arzuları ve ihtiyaçları sadece getireceği karşılık nedeniyle önemlidir. Örneğin "sen benim sırtımı kaşı, o zaman ben de seninkini kaşırım". Bu aşamada ahlak tamamen sonuçlar tarafından belirlenir.

Ahlakın ikinci düzeyi, ergenlik çağında başlar ve yetişkinliğin ilk aşamalarına kadar devam eder. Bu noktada, sadece sonuçları değil, aynı zamanda davranışın ardında yatan niyeti düşünürüz. Çoğunlukla "iyi çocuk" adı verilen bu aşamada, iyi davranış başkalarını memnun eden veya onlara yardımcı olan davranıştır. Artık hedef iyi biri olarak görülmektir. İkinci aşamada (yasa ve düzen aşaması) "iyi biri" olmak için toplumun korunması ve düzenin devam etmesi adına otoriteye saygı duymak ve kanunlara uymak gerektiğini düşünürüz.

Mahatma Gandhi, Kohlberg'in ortaya attığı ahlak kuramındaki altıncı evreye ulaşabilen az sayıdaki insandan biridir. Yetişkinlik dönemi boyunca adaletsiz ve baskıcı kanunları değiştirmek için mücadele etmiştir.

Ahlaki gelişimin üçüncü düzeyinde, uydumculuğun ötesine geçeriz. Ancak Kohlberg, insanların sadece yüzde 10 ila 15'inin bu aşamaya geldiğini savunur. Bu düzeyin ilk aşaması olan toplumsal sözleşme ve bireysel haklar aşamasında hâlâ otoriteye saygı duyarız. Ancak bu kez bazen bireysel hakların kısıtlayıcı ya da yıkıcı kanunlardan daha önemli olabileceği bilinci vardır. İnsan yaşamının sadece kurallara uymaktan daha kutsal olduğunu anlarız. Altıncı ve son aşama olan evrensel ahlak ilkeleri eğiliminde artık yargıç kendi vicdanımızdır. Kendimizi herkes için eşit hak ve saygı elde etmeye adarız. Hatta adalet gibi evrensel ilkeler için pasif direnişe geçmeyi göze alabiliriz.

Kohlberg'in altı aşamalı ahlak kuramı oldukça radikaldir çünkü psikanalistlerin aksine ahlakın çocuklara dayatılan, öğretilen bir kavram olmadığını söylemektedir. Davranışçıların ahlakın tamamen kötü duygulardan kaçınmak için ortaya çıktığı kuramına da karşıdır. Kohlberg, çocuklarda ahlakın başkalarıyla etkileşime geçerek sevgi, empati ve saygı gibi duygularla geliştiğine inanır. ■

Lawrence Kohlberg

Lawrence Kohlberg, Bronxville, New York'ta dört çocuklu bir ailenin en küçük oğlu olarak dünyaya gelir. II. Dünya Savaşı bitiminde lise eğitimini tamamlar. Deniz piyadesi olarak Yahudi mültecilerin Filistin'e girmesine yardımcı olurlar. 1948 yılında, Chicago Üniversitesi'ne girer. Bir yılda lisansını alır. Araştırmalarına devam ederek ve öğretmenlik yaparak 1958 yılında doktorasını tamamlar. Yale ve en son Harvard Üniversitesi'nde ders verir. 1971 yılında Belize'de bulunduğu dönemde, parazitlerin neden olduğu bir enfeksiyon hastalığına yakalanır. Bu hastalık kronik acı ve depresyon sorunlarına neden olur. 19 Ocak 1987'de tedavi seansının ardından Atlas Okyanusu'na atlayarak intihar eder.

Önemli eserleri

1969 *Aşama ve Kesit*
1976 *Ahlaki Evreler ve Ahlaksallaştırma*
1981 *Ahlaki Gelişim Felsefesi*

DİL ORGANI DA VÜCUTTAKİ DİĞER ORGANLAR GİBİ GELİŞİR

NOAM CHOMSKY (1928–)

KISACA

YAKLAŞIM
Doğuştancılık

ÖNCE
1958 Skinner, dil gelişimini açıklamak için işlemsel şartlandırma kavramını kullanır. Ona göre çocuklar sözcük ve cümleleri teşvik yoluyla öğrenmektedirler.

1977 Albert Bandura çocukların cümlelerin temel yapılarını taklit edip, boşlukları belirli sözcüklerle doldurduğunu öne sürer.

SONRA
1994 Steven Pinker, dilin insan beyninde, kalıtsal olarak var olan bir yetenek olduğunu iddia eder. Ona göre bu yetenek insanın hayatta kalabilmesi için ortaya çıkmıştır.

2003 Stan Kucaj ve Heather Hill adlı psikologlar ebeveynlerin, çocuklar için Chomsky'nin iddia ettiğinden çok daha iyi kurallı cümleler örneği olabileceğini öne sürer.

20. yüzyılın ortasında, psikologların dil gelişimi anlayışına B.F. Skinner'ın ve Albert Bandura'nın kuramları hâkimdir. Bu davranışçılar dilin diğer bütün insan yetileri gibi işlemsel şartlandırmanın temelinde yatan teşvik ve ödül teknikleriyle gelişen, çevresel verilerin ve öğrenme sürecinin bir sonucu olduğunu düşünmektedirler. Skinner, çocukların sözel sesleri taklit ettiklerinde ve doğru sözcükler oluşturduklarında hemen ebeveynlerinden olumlu teşvik aldığını ve onay gördüğünü söyler. Böylece yeni kelimeler ve cümleler öğrenmek için motive olmaktadırlar. Bandura taklit

Ayrıca bkz. B.F. Skinner 78–85 ▪ Jerome Bruner 164–65 ▪ Steven Pinker 211 ▪ Jean Piaget 262–69 ▪ Albert Bandura 286–91

Küçük çocuklar **kendiliklerinden,** asla öğrenmedikleri **dilbilgisi kurallarına uyar.**

Küçük çocuklar, bütün kelimeleri anlamadan, **cümlenin anlamını çıkarabilir.**

↓

Sözel taklit ve övgü ile onayın karışımı dilin **üretkenliğini ve yaratıcılığını** açıklayamaz.

↓

İnsanların dilbilgisini anlama kapasitesi **doğuştan ve biyolojiktir.**

↓

Dil organı vücuttaki diğer organlar gibi gelişir.

kavramını genişletir. Ona göre çocuklar sadece belirli sözcükleri taklit etmezler. Şablonları belirli sözcüklerle doldurur gibi, cümlelerin genel şekil ve yapılarını da taklit ederler.

Dilbilimci Noam Chomsky, işlemsel şartlandırmanın, dilin üretkenliğini, yaratıcılığını ve yenilikçiliğini açıklamak için yetersiz kaldığını düşünmektedir. Ayrıca edimsel koşullandırma kuramı, çocukların varlığından bile haberdar olmadıkları dilbilgisi kurallarını kendiliklerinden kullanmalarını ve içinde geçen bütün sözcükleri bilmiyor olmalarına rağmen cümlenin tümünü anlamalarını açıklayamaz. Chomsky'e göre bu yetenek insanların doğasında vardı. “Dil tıpkı diğer bütün organlar gibi büyür” diyen Chomsky, dili kalıtım yoluyla edinilen bir nitelik olarak kabul eder.

Doğuştancılık

Chomsky, dilin içeriğinin çevresel faktörler tarafından sağlanmasına rağmen, dilbilgisinin biyolojik olarak belirlenmiş ve insanın içinde olan bir olgu olduğunu savunur. Kuramını kanıtlamak için, insan gelişiminin kabul gören noktalarından kalıtımın kaçınılmaz sonucu olarak bahseder. Örneğin buluğ çağının başlangıcı, tıpkı lisanın “gelişimi” gibi insan gelişiminin bir parçasıdır. Buluğ çağını, hiç sorgulamadan, genetik olarak belirlenmiş bir dönüm noktası olarak kabul ederiz. Elbette bu dönemin belirli ayrıntıları, birçok farklı çevresel faktöre göre değişiklik gösterecektir. Ancak sonuçta tüm insanlar için bu süreç esas olarak aynıdır. Bu dönemin temel biyolojik programlamanın sonucu olduğunu kabul ederiz. Chomsky, dilin gelişiminin de, insan gelişiminin diğer genetik olarak programlanmış kaçınılmaz noktalarından biri olduğunu söyler. Bu süreç, bizim kanatlara değil de kollara sahip olmamızı veya görme sistemimizi ve dolaşım sistemimizi belirleyen süreçle eşdeğerdir.

Dilin büyüme sürecimizin bir parçası olarak kabul edilmesi büyük önem taşır. Böylece Chomsky'nin iddiası olan dilin öğrenmenin bir sonucu olmadığı ortaya çıkmış olur. Chomsky, doğuştancı bir bakış açısı benimser. Davranışımızı belirleyen kalıtımsal etkilere odaklanır. Çevrenin kattığı verilerin önemini indirger. Bununla birlikte, çevrenin dilin gelişiminin özel yönünü belirlemekte rol oynadığına inanır. Ona göre bir organ olan dil, erken dönemde yaşanan deneyimlerle

> “Dilde buluşlara yer yoktur.”
> **Noam Chomsky**

şekillenir. Örneğin Chomsky Amerika'nın Pennsylvania, Philadelphia bölgesinde yetiştiği için İngilizcenin belirli bir lehçesini konuşmaktadır. Dolayısıyla bir organı olan dilinin yapısı bu etkiye göre oluşmuştur. Aynı süreç, ister Tokyo'da, ister Paris'te ya da Londra'da doğmuş olsunlar hiç fark etmez; herkes için geçerlidir.

Evrensel Dilbilgisi

Peki, dilin öğrenilen bir olgu değil de, doğuştan gelen bir özellik olduğu nasıl ispatlanabilir? Chomsky'e göre bu iddianın en ikna edici kanıtı gramerin bazı yönlerinin hiç öğretilmediği veya tartışılmadığı halde kişiler tarafından kendiliğinden biliyor olmasıdır. Bu durum gramerin aşikâr ve sezgisel bir bilgi olmasından kaynaklanır (dolayısıyla dilbilgisi biyolojik mirasımızın bir parçasıdır). Örneğin, İngilizcede bazı cümle yapılarında zamir kendiliğinden atılır. Bu istisnai durum, diğer cümleler için söz konusu değildir. İki cümle yapısı arasında çok küçük bir fark vardır. Ancak yine de anadili İngilizce olan altı yaşındaki çocuklar bile hangi tip cümle yapılarının bu istisnaya uyduğunu bilir. Böylece gramerin bazı yönlerinin hiç talimata gerek kalmadan anlaşıldığı ortaya çıkar. Altı yaşında çocukların dili bu denli yaratıcı olarak kullanabilmesi ve insanların çok yönlü bir gramer anlayışına sahip olmasını ancak bu nedenle açıklanabilir.

Chomsky, "evrensel gramer" kavramının, insanların anadiliyle ilgili birkaç değişiklik haricinde dünyanın bütün ülkelerinde geçerli olduğunu söyler. Bu mekanizma önceden belirlenmiştir ve bütün dillerin öğrenilmesinin temeli olmuştur. Bütün çocukların duydukları bir dili aynı derecede öğrenebilmesi bu gerçeği açıklar. Ona göre bir organ olan dil, kalıtımsal olarak birtakım ortak dilbilimsel niteliklere sahiptir. Dilbilgisi, anlam ve konuşma bu niteliklerden bazılarıdır. Dil öğrenebilmemizi ve konuşabilmemizi sağlayan özellik budur. Söz konusu ilkelere uymayan dili ise öğrenmemiz mümkün değildir.

Dil edinim cihazı

Chomsky, doğuştan gelen dil organımıza "Dil Edinim Cihazı" der. Dil Edinim Cihazı varsayımının üç dayanağı vardır. İlki çocukların daha önceden hiç duymadıkları cümleleri anlama ve formüle etme kapasitesiyle doğmasıdır. İkincisi ise bütün insan dillerinin bazı evrensel unsurlara sahip olmasıdır. Üçüncü dayanak ise bazı gramer kurallarının bireyler tarafından, zekâ ve kültürel seviyelerinden tamamen bağımsız olarak öğrenilebilmesidir.

Ayrıca insanların ses üreten organlarının, nefes alma aparatlarının, işitme sistemlerinin ve beyinlerinin özel olarak sözlü

> "Evrensel gramer diyebileceğimiz ortak bir dizi ilke temelinde dilleri öğrenebilecek şekilde tasarlanmışız."
> **Noam Chomsky**

Noam Chomsky

Dilbilimci, filozof, bilişçi bilim adamı ve sosyal eylemci Noam Chomsky, Pennsylvania, Amerika'da Yahudi bir ailenin çocuğu olarak doğar. Pennsylvania Üniversitesi'nde felsefe ve dilbilimi üzerine eğitim alır. Aynı üniversitede lisansını, yüksek lisansını ve doktorasını tamamlar. 1955 yılında Massachusetts Teknoloji Enstitüsü'ne girer. Burada, 1976 yılında profesör olur.

Modern dilbiliminin babalarından biri olan Chomsky, aynı zamanda anarşist ve siyasi muhalif kimliğiyle de bilinir. Amerikan dış politikalarına yönelttiği eleştiriler nedeniyle çok tartışmalı bir isim haline gelmiştir. Birçok fahri doktorası olan Chomsky, Orwell ödülü ve Dorothy Eldridge Barış Ödülü'nün de sahibidir. Dilbilimci Carol Schatz ile onun ölümüne kadar 59 yıl evli kalmıştır.

Önemli eserleri

1957 ***Tümcebilimsel Yapılar***
1965 ***Kartezyen Dilbilimi***
1968 ***Dil ve Zihin***

Sağır çocuklar tarafından kullanılan, işaret dilinin sözlü dille ortak ilkelere sahip olması, sözdizimi ve gramerin kalıtsal olduğunu gösterir.

iletişim için yaratıldığının kanıtlanması da Chomsky'nin argümanını destekler. Chomsky'e göre, çocukların sürekli olarak ebeveynlerinin ve diğer yetişkinlerin dilbigisi hatalarıyla dolu, eksik cümlelerine maruz kalmasına rağmen dilbilgisi kurallarını bilmelerinin tek nedeni ancak Dil Edinim Cihazı (DEC) olabilir. Bütün bunlara ek olarak, sağır çocuklar da Dil Edinim Cihazı teorisini destekler. Zira kendi aralarında kullandıkları el hareketlerine dayanan dil, sözlü dillerin temel prensiplerini paylaşmaktadır.

Değerlendirme

Bilişçi bilim adamı Steven Pinker, dilin insan beyninde doğuştan beri var olan bir donanım olduğunu kabul eder. Ancak bunun nedenini evrime bağlar. Dolayısıyla ona göre dil atalarımızın hayatta kalmasına yardımcı olan, uyumsal bir olgudur Chomsky, Pinker'ın dilin evrilme süreciyle ilgili olan fikirlerine karşı çıkar. Dilin sadece insanlara özgü ve gelen bilişsel yeteneklerden tamamen bağımsız, müstakil bir ussal birim olduğunu savunur.

Dilbilimci Jean Aitchison, Chomsky'nin çocukların dilbilimsel kurallarla donanmış olduğu savını kabul eder. Ancak aynı zamanda çocukların dilsel verileri işlemelerini sağlayan yerleşik problem çözücü mekanizmalara sahip olduğunu savunur. Bu mekanizma, sadece dilsel verileri değil, başka türlü verileri de çözebilmektedir. Chomsky ise, insanların kalıtsal dil yeteneklerinin diğer bütün yeteneklerinden bağımsız olduğunu düşünür. Ona göre, zihin tıpkı vücut gibi organlardan meydana gelmektedir ve dil diğer zihinsel yeteneklerden farklıdır.

İletişim bozuklukları uzmanı Robin Chapman, Chompsky'i eleştiren isimlerden biridir. Chapman, dil gelişimi araştırmalarının çocukların sosyal etkileşimleri açısından da irdelenmesi gerektiğini savunur. Dil yapısı, kademeli olarak, yıllar içinde edinilir. Bu sürecin hızının geniş farklılıklar göstermesi, sosyal çevrenin de bir unsur olabileceğini akla getirir. Chomsky'nin dilin insanlara özgü bir olgu olduğu varsayımı hakkında da şüpheler mevcuttur. Şempanze ve goriller üzerinde yapılan araştırmalarda maymun ve insan dilleri arasındaki fark niteliksel değil, nicelikseldir. Bu bilgi dillerin türlerle olan ilişkisinin sorgulanmasına neden olmuştur.

Chomsky'nin araştırmaları dilbilim, psikoloji, felsefe ve hatta matematik gibi farklı alanlarda etkili olmuştur. Çocukların dile genetik olarak yatkın olduğu varsayımı yaygın olarak kabul edilir. Ancak çocukların anne babalarının etkisinden uzak, tamamen içsel olarak dil hakkında bilgileri olduğu varsayımı çok tartışmalıdır. Chomsky, psikoloji tarihindeki en aşırı doğuştancı olarak kabul edilir. Dilin gelişiminde biyolojik kaynak olması, işlemsel şartlandırma teorisinden daha gerçekçi olarak kabul edilse de, halen tam olarak açıklayıcı olmadığı düşünülür. Daha ayrıntılı ve tamamlayıcı yeni anlayışlara ve fikirlere, Chomsky'nin çalışmaları sayesinde ulaşılabilecektir. ■

Şempanzelerin birbirleriyle iletişim kurma yöntemleri dillerin karmaşıklığını gösterir. Ancak yine de insan diliyle kıyaslandığında daha az içerik ve çeşitlilik sahibidir.

OTİZM ERKEK BEYNİNİN AŞIRI BİR BİÇİMİDİR

SIMON BARON-COHEN (1958–)

KISACA

YAKLAŞIM
Zihin kuramı

ÖNCE
1943 Amerikalı psikiyatr Loe Kanner, otizmi tanımlar. Ona göre otizm, soğuk ve duygusuz ebeveynliğin bir sonucudur.

1944 Avusturyalı çocuk doktoru Hans Asperger otizmi "erkek zekâsının uç bir çeşidi" olarak tanımlar.

1979 İngiliz psikiyatrlar Lorna Wing ve Judith Gould otistik bozuklukların birçok çeşidi olduğunu keşfederler.

SONRA
1989 Almanya doğumlu psikolog Uta Frith otistik bireylerin durumların geniş boyutunu değil, ayrıntılarını fark etmeye eğilimli olduğunu açıklar.

1997 İngiliz psikolog Peter Mitchell, Baron Cohen'in zihin teorisinin bazı otistik bireylerde görülen sıra dışı zekâyı ve yetenekleri açıklamakta yetersiz kaldığını iddia eder.

Otizm, beynin normal sosyal ve iletişimsel gelişimini etkileyen bir bozukluktur. Otistik çocuklar çevrelerindeki dünyaya genellikle başkalarına çok tuhaf gelen şekillerde tepki verirler. İletişim yetenekleri az olabilir. Otistik bir çocukla sosyal etkileşime girmek zordur. Bazıları konuşmayı bilmez, bazıları da çevrelerindeki kişilere ilgi göstermez. Otistik çocukların büyük çoğunluğu erkektir. Bu çocukların büyük bir kısmı yetişkinlik dönemlerinde de otizm sorunuyla mücadele eder. Otizmin nedenleri hakkında birçok açıklama yapılmıştır. En yeni ve en çok kabul gören açıklamalardan biri Simon Baron Cohen'in "zihin kuramı" hipotezidir. Bu sava göre, cinsiyetler arasındaki farklar gözlemlendiğinde, otizm erkek beyninin en uç formlarından biridir".

> "Aşırı dişi beynine sahip biri "sistem-körü" olacaktır."
> **Simon Baron-Cohen**

Beyin tipleri

2003'te Cohen empati kuran-sistemleştiren "dişi" ve "erkek" beyni kuramını geliştirir. Kurama göre cinsiyetten bağımsız herkesin bir beyin tipi vardır. Bunu belirleyen özellik, empati kurma veya sistemleştirmedir. Cohen'in bulguları dişi beyninin empati kurmaya yatkın olduğunu gösterir. Kadınlar çevrelerine daha fazla anlayış göstermekte, yüz mimiklerine karşı daha hassas davranmakta ve sözsüz iletişimde daha başarılı olmaktadırlar. Erkek beyni ise sistemleri anlamak ve kurmak için donatılmıştır. İlgilendikleri alanlar daha çok sistemlerin yapıları, çalışma ve düzenlenme şekilleridir. Harita okumak gibi şifre çözmeyi gerektiren durumlarda beceriklidirler.

Ancak bu bulgular iki cinsiyet arasında katı bir ayrım olduğunu göstermemektedir. Cohen'in deneylerinde erkeklerin yüzde 17'sinin "empati kuran" ve kadınların yüzde 17'sinin ise "sistemleştiren" beyinleri olduğu ortaya çıkmıştır. Pek çok kişi ise eşit yeteneklere sahiptir.

Ayrıca bkz. Roger W. Sperry 337–38 ▪ Heinz Heckhausen 338–39 ▪ Michael Rutter 339

Erkek beyni temel olarak sistemleri çözümlemeye ve inşa etmeye eğilimlidir.

Kadın beyni empati kurmaya eğilimlidir.

Otistik kişilerde **sistemleri çözümleme ve sistemleri çalıştırma** takıntısı vardır. **Empati kurmak için gereken "gereçlere"** sahip değillerdir.

Otizm erkek beynin aşırı biçimlerinden biridir.

Zihin kuramı

Baron Cohen'e göre, otistik kişilerin "zihin kuramı" yoktur. Diğer insanların duygu ve davranışlarını yorumlayamazlar. Böylece niyetlerini ve akıllarından neler geçtiğini anlayamazlar. Ayrıca çoğunun elektrik düğmelerine aşırı ilgi göstermek gibi, sistemler üzerinde yoğunlaşan takıntılı ilgili alanları vardır. Sistemlerdeki en küçük ayrıntılara odaklanır ve sistemi oluşturan temel kurallarla ilgilenirler. Veya belirli bir konuya yoğunlaşır ve konu hakkındaki bütün bilgileri en doğru şekilde öğrenirler. Empatiye yok denecek kadar az sahip, hatta bazen hiç sahip olmamalarının üzerinde bir de sistemlere olan takıntılı ilgileri ve genellikle erkek olmaları nedeniyle, Simon Baron Cohen, otistik insanların en uç noktada "erkek" beynine sahip olduğu sonucuna varmıştır.

Otizm çocuklardaki en önemli psikiyatrik bozukluklardan biridir. Baron Cohen'in fikirleri bu bozukluğun daha iyi anlaşılmasına, daha bilinir hale gelmesine ve daha iyi tedavi edilmesine yardımcı olmuştur. ■

Otistik çocuklar, kimi zaman, bazı alanlarda kayda değer kabiliyet gösterirler. Bu alanlar özellikle ince detaylara dikkat isteyen matematik, resim ve çizim gibi alanlardır.

Simon Baron-Cohen

Londra doğumlu olan Simon Baron Cohen klinik psikolog unvanını, Londra Üniversitesi Psikiyatri Enstitüsü'nde kazanır. Tıbbi derecesini, Londra'daki University College'tan alır. 1995 yılında, Cambridge, Trinity College'da deneysel psikolog olur. Şu anda aynı üniversitede Gelişimsel Psikopatoloji profesörlüğünü ve Otizm Araştırma Merkezi'nin direktörlüğünü üstlenmektedir. Burada, otizme neden olan sebepleri ve yeni tedavi yöntemlerini araştırmaktadır.

Aldığı birçok ödül arasında Birleşik Krallık Psikoloji Cemiyeti'nin verdiği Başkanlık Ödülü ile Spearman Madalyası ve Amerikan Psikoloji Derneği'nin verdiği Boyd McCandless ödülü bulunmaktadır. 2009'dan 2011'e kadar, İngiltere'de bulunan Uluslararası Otizm Araştırma Derneği'nin başkan yardımcılığını yapmıştır. Şu anda Ulusal Otistik Cemiyeti'nin başkan yardımcısıdır.

Önemli eserleri

1993 *Otizm: Gerçekler*
1995 *Zihin Körlüğü*
1999 *Otizmli Çocuklara Akıl Okumayı Öğretmek*
2003 *Temel Fark*

FARKLI PSİKOL

KİŞİLİK VE ZEKÂ

IKLAR
OJİSİ

1871

Charles Darwin, *Türlerin Kökeni* adlı kitabında düşünsel yeteneklerdeki farklılıkların irsi olduğunu iddia eder.

1884

Francis Golton **bireysel farklılıklar** konusunu geniş kapsamlı anketler kullanarak bilimsel bir şekilde araştıran ilk kişi olur.

1904

Charles Spearman akıllı davranışın beyinde tek başına birim olarak çalışan bir unsur tarafından belirlendiğini öne sürer. Buna "**genel zekâ faktörü"** veya "g faktörü" der.

1905

Alfred Binet ve Theodore Simon, sonradan Binet Simon Ölçeği olarak da bilinecek **ilk zekâ testini** geliştirir.

1921

Floyd ve Gordon Allport *Kişilik Özellikler: Sınıflandırması ve Ölçümü* adlı kitaplarını yayınlar.

1937

Gordon Allport en önemli eserini yayımlar: *Kişilik: psikolojik yorum.*

1941

Raymond Cattel zekânın **sıvı zekâ ve kristalize zekâ** olmak üzere iki faktörden meydana geldiğini iddia eder.

1942

Katherine Briggs ve Isabel Brigg Myers Çok sık kullanılan psikometrik testlerden olan **Briggs Myers Kişilik Testi'ni** yaratır.

Psikoloji teorileri zihin ve davranışın hepimizde mevcut yönleriyle ilgilenir. Ancak filozoflar ve sonra bilim insanları, psikolojik yapımızda hepimizi ayrı bireyler yapan farklılıklar olduğunun bilincindedir. İlk filozoflardan bazıları kişilik farklarını dört ruh hali veya hümor fikrini uygulayarak açıklamaya çalışmıştır. Kişiliğin ilk kez bilimsel olarak incelenmesi 20. yüzyıla rastlar.

Tahmin edilebileceği gibi, davranışçılar kişiliği şartlandırmanın ürünü olarak görmüşlerdir. Psikanalitik kuram ise kişiliği bilinçaltının geçmiş deneyimlerinin bir etkisi olarak değerlendirmiştir. Ancak bu açıklamalar kişilik testi üzerine yapılan araştırmalardan çok, genel araştırmalardan elde edilen sonuçlara dayanarak yapılmıştır. Kişilik konusuna ilk kez yaklaşan kişi, Gordon Allport olmuştur. Ona göre mevcut kuramlar yetersizdir. Günümüzde, "kişilik özellikleri teorisi" olarak bilinen kuramın öncüsü olan Allport, birçok değişik karakter özelliği tanımlar. Ona göre bu özellikler kendilerini her insanda kombinasyonlarla karşımıza çıkan üç değişik seviyede göstermektedir. Kişisel özellikler fikri, kişilik psikolojisinin önemli bir bölümü olur. Allport'un çalışmalarının sonucu olarak, kişisel özellikler yeni bir çalışma alanı haline gelir.

Kişilik özellikleri

Raymond Cattell'in 16 kişilik özelliğini tanımlayan analitik metotlu faktörleri gibi yeni yöntemler, Allport'un teorilerini daha rafine hale getirmiştir. Böylece bireysel kişiliğin meydana gelmesi için bir araya getirilen kişisel özelliklerin sayısı azalmıştır. Öne çıkan karakter özellikleri içedönüklük ve dışadönüklüktür. İki özelliğin yarattığı farkın kişiliği belirlemede büyük etkisi olduğu kabul edilmektedir. Bu iki özellik Hans Eysenck'in üç faktörlü modelinde de yer almıştır. Eysenck'in modelinde temel özellikler içedönüklük-dışadönüklük ile nevrotiklik ve psikotiklik olarak belirlenmiştir.

Kişisel özelliklerin sürekli belirli bir tip davranışa neden olacağı varsayımı birçok kez sorgulanmıştır. Walter Mischel tarafından yapılan araştırmaya göre farklı durumlar, farklı davranışlara neden oluyordu. Mischel'e göre kişilik özellikleri, bireyin durumu algılaması ve farklı koşullara verdiği tepkiler çerçevesinde değerlendirilmelidir. Zaman içinde kişisel

1947-70'li yıllar

1970'li yıllar Hans Eysenck kişisel teori açısından çok etkili olan **üç faktörlü modelini** açıklar.

1950

J.P. Guilford, **zekânın yapısının** üç boyutu olduğunu önerir: içerik, ürün, işlemler.

1954

Corbett H. Thigpen ve Hervey M. Cleckley, *Eve'nin Üç Yüzü*'nde **çoklu kişilik bozukluğu** vakasından söz ederler.

1955

David Wechsler **Wechsler Yetişkin Zekâ Ölçeği**'ni geliştirir.

1968

Walter Mischel *Kişilik ve Değerlendirme* adlı eserinde kişisel özelliklerin davranışı, **durumdan ve şartlardan bağımsız olarak**, belirlediği varsayımını sorgular.

1973

David Rosenhan, sözde hasta deneylerinde normal ve aklı başında gibi **psikiyatri ölçütlerini sorgular.**

1986

Nico Frijda *Duygular* adlı kitabını yayımlar. Kitapta duygular bireyi eyleme hazırlayan değişimler olarak ele alınır.

1990'lar

Araştırmacılar **kişilik özeliklerinin "beş büyük faktörü"** hakkında görüş birliğine varır. Bunlar deneyime açıklık, sorumluluk, dışadönüklük, uyumluluk ve duygusal dengedir.

özelliklerin tutarlılık göstermediği gibi bireylerin birden fazla belirgin kişiliği olabileceği keşfedilmiştir. *Eve'nin Üç Yüzü* adını taşıyan ve sonradan sinemaya uyarlanan kitapla ünlenen bir vakada, Corbett H. Thigpen ve Hervey M. Cleckley günümüzde kimlik çözülmesi bozukluğu adı verilen çoklu kişilik bozukluğu vakasını tanımlamıştır.

Zekâ faktörü

Birey olarak farklılıklarımızı belirleyen faktörlerden biri de zekâdır. Zekâ psikolojinin ilk günlerinden beri üzerinde çalışılan bir kavram olmasına rağmen tanımlanması veya ölçülmesi oldukça zordur. Yapılan araştırmalar her zaman çok tartışılmıştır. Darwin ve Galton zamanından beri zekânın çevreden etkilenmeyen, irsi bir özellik olduğu varsayılmıştır (Bu varsayım beraberinde ırksal basmakalıp ve öjeni çağrışımlarını getirmektedir). Zekâyı belirleyen unsurun kalıtım mı, çevre mi olduğu meselesi önemli tartışma konularından biri olmuştur. Raymond Cattel ve Hans Eysenck gibi psikologlar kalıtımsal bakış açısını benimser. Diğer psikologlar ise zekânın kalıtımın yanı sıra çevreden de etkilendiğini savunur. Hatta onlara göre zekâ ölçüm yöntemleri kültürel açıdan önyargılı olabileceği için çarpık sonuçlar vermektedir.

20. yüzyılın başında, İngiliz psikolog Charles Spearman, zekânın daha tarafsız ve bilimsel olarak incelenmesini mümkün kılan, istatistiklere dayanan test ve ölçüm yöntemleri geliştirir. Genel zekâyı oluşturan bütün zihinsel becerilerle ilişkili olan "g faktörünü" tanımlamıştır. Zekânın tek bir kavramla ölçülmesi kavramı J.P Guilford tarafından eleştirilir. Guildford'a göre zekâ birçok farklı yeteneğin birleşiminden oluşur. Bu varsayım, Raymond Cattell'in eleştirel düşünce ve tümevarımın iki düzeyi olan sıvı ve kristalize zekâ kuramının temeli olmuştur.

Psikolojik farklılıklar araştırmaları arasında psikolojik bozukluklar ile Paul Ekman ve Nico Fridja'nın öncülüğünü yaptığı duygular ve yüz ifadeleri üzerine çalışmalar da yer alır. Ancak David Rosenhan'ın araştırmaları "normal" ve " anormal" arasında ayrım yapmanın ne kadar zor olduğunu göstermiştir. Bireysel farklılıklar, insan psikolojisinin karmaşıklığını ve derinliğini vurgulayacak şekilde, kolayca nitelendirilebilecek bölmelerden çok yelpazedeki değişik renkler gibidir. ■

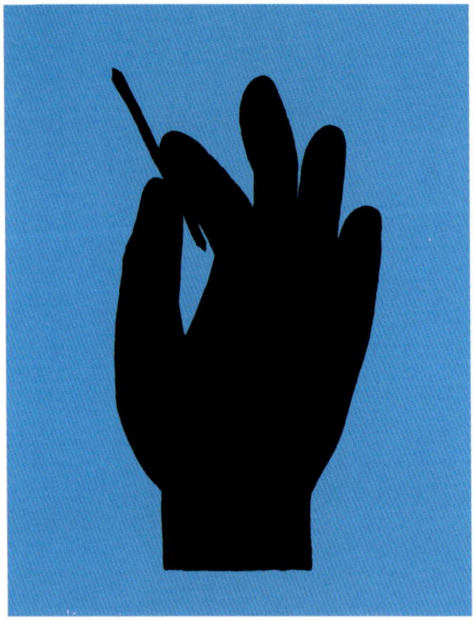

KÜRDAN İÇİN AKLINIZA GELEN BÜTÜN KULLANIM AMAÇLARINI SAYIN

J.P. GUILFORD (1897–1987)

KISACA

YAKLAŞIM
Akıl Psikometrisi

ÖNCE
19. yüzyıl Wilhem Wundt, Gustav Fechner ve Francis Galt insanların bilişsel yeteneklerindeki farklılıkların ampirik olarak ölçülebileceğini iddia eder.

1904 İngiliz psikolog Charles Spearman zekânın tek bir rakamla özetlenebileceğini öne sürer.

1938 İngiliz psikolog L. L Thurnstone insanların "asıl yeteneklerini" veya zekâlarını oluşturan yedi bağımsız faktörü tanımlar.

SONRA
1969 Phillip E. Vernon zekânın yüzde altmışının doğuştan geldiğini söyler.

1974 Amerikalı psikolog Ellis Paul Torrance günümüzde hâlâ yaygın olarak kullanılan yaratıcılık testlerini üretir.

Zekâ ve zekâyı oluşturan unsurların neler olduğu konusu Antik Yunan'dan beri tartışılmasına rağmen, zekâyı sistemsel olarak ölçebilen yöntemler ancak 1905 yılında keşfedilmiştir. Bu keşfi yapan kişi Fransız psikolog Alfred Binet olur. Ondan, eğitim konusunda yardıma ihtiyacı olabilecek çocukları teşhis etmesi istenmiştir. Binet, araştırmacı Theodore Simone ile birlikte bellek, dikkat ve problem çözme görevlerini ölçerek akli yetenekleri tek bir rakamla özetleyen "Binet-Simon Ölçeği"ni yaratır.

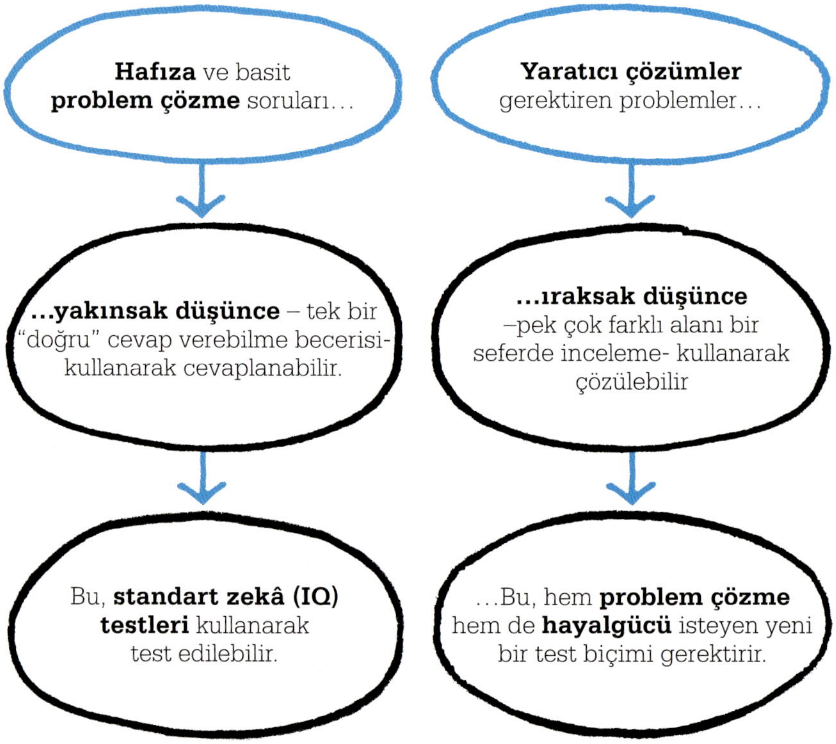

Ayrıca bkz. Alfred Binet 50–53 ▪ Raymond Cattell 314–15 ▪ Hans J. Eysenck 316–21 ▪ William Stern 334 ▪ David Wechsler 336

Yaratıcı zekâlar, kürdanların bile yüzlerce potansiyel işlevi olduğunu fark eder. Guilford'ın hazırladığı "Yaratıcı Düşünce Testi" kişileri özgün ve muhtelif alternatifler düşünebilme kapasitelerine göre değerlendirir.

Ortalama Zekâ Katsayısı testi (IQ), kullanışlı olması bakımından 100'e sabitlenmiştir. Psikologlar test sonuçlarını bu rakama göre değerlendirecektir. Uygulamada, genel nüfusun yüzde 95'i, 70 ile 130 arasında puan almıştır. En yüksek puan alan yüzde 0,5'lik kısım, 145'ten fazla puan alır. Bu seviyedekiler "deha" kabul edilir.

Günümüzde zekâ testlerinde halen bu ölçek kullanılır. Ancak Amerikalı psikolog J. P. Guilford, testin olduğunu söyler. Ona göre standart zekâ testleri yaratıcılığı hesaba katmadan, IQ puanıyla temsil edilebilecek "genel zekânın" varlığına inanır.

Yaratıcılığı ölçmek

Tanımı gereği, yaratıcılık herhangi bir sorunun birden fazla yanıtı olduğuna inanmaktır. Yaratıcı düşünce, Guilford'ın "ıraksak düşünce" olarak nitelendirdiği, alışılmamış bir düşünce tipi gerektirir. Bu tip düşünce bambaşka yönlere gider ve tek bir soruna birçok çözüm üretir. IQ testleri ise, tam aksine, tek bir yanıt üreten "yakınsak düşünce" gerektirir.

Guildford, yaratıcılığın ölçülebileceğini düşünmektedir. İnsanların yaratıcılık kapasitesini, fikirlerinin ne kadar çok yöne gittiği gösterir. Iraksak düşüncenin miktarını ölçmek için birçok test yaratır. Testlerden biri 1967 yılında hazırladığı "Yaratıcı Düşünce Testi"dir. Test için katılımcıların a) kürdan b) tuğla c) ataşın akıllarına gelen bütün kullanımlarını söylemeleri gerekmektedir. "Sonuç testi" için ise deneklerden, ulusal ve yerel kanunlar birdenbire kaldırılacak olsa neler olabileceğini hayal etmeleri istenir. Yanıtlar esneklik, özgünlük, akıcılık ve ayrıntılandırma olmak üzere dört ana bileşen üzerinden değerlendirilir.

Guilford zekânın tek bir "genel faktörden" değil, üç farklı boyuttan oluştuğunu düşünür. Ona göre zihinsel becerileri oluşturan boyutlar işlemler, ürünler ve içeriktir. İşlemler, kullandığımız düşünsel süreçlerdir. Bu süreçler aralarında biliş, bellek ve değerlendirmenin bulunduğu altı çeşitten ibarettir. İçerik ise kullanılan veri ve bilgileri kapsar. İçerik cinsleri arasında görsel ve işitsel içerik çeşitleri de mevcuttur. Ürünler ise işlemler, içeriğe uygulandığında ortaya çıkan sonuçlardır. Bunlara sınıflar ve ilişkiler dâhildir. Bu farklı tipleri birleştirdiğimiz ve kullandığımız pek çok biçim sayısı 180'e (6*5*6) kadar ulaşan zekâ tipi olduğu anlamına gelir. Bu tiplerden yüzden fazlası doğrulanmıştır.

Guilford'ın kuramı karmaşık yapısı ve testlerinin uygulanma zorluğu nedeniyle, standart IQ testleri kadar sık kullanılmaz. Ancak çalışmaları zekâ ve yaratıcılık araştırmalarını derinden etkilemiştir. ■

J.P. Guilford

Joy Paul Guilford, Nebraska, ABD'de, bir çiftlikte doğar. Her zaman zeki biri olarak tanınan Guildford, lise yıllarında hep sınıf birincisi olur. Psikoloji lisansı mezuniyeti, orduda erlik yaptığı dönem sekteye uğrar. Sonra, Cornell Üniversitesi'nden mezun olur. 1928 yılında, doçent olarak Nebraska'ya döner. 1940 yılından itibaren, II. Dünya Savaşı sırasında verdiği küçük ara hariç 1967 yılındaki emekliliğine kadar çalışacağı Güney Kaliforniya Üniversitesi'ne (USC) geçer. Ailesine bağlı, onurlu ve cömert bir adam olarak tanınan Guilford, ordu yıllarında utangaçlığı nedeniyle "gri hayalet" lakabıyla tanınır. Etkili ve verimli bir araştırmacı olan J.P Guilford, 300'den fazla makale, 25'ten fazla kitap yazmış ve 300'den fazla test yaratmıştır.

Önemli eserleri

1936 *Psikometride Kullanılan Yöntemler*
1967 *İnsan Zekâsının Doğası*

"Belirli bir zaman diliminde çok fikir üretebilen kişinin önemli fikirler üretebilme şansı daha fazladır."
J.P. Guilford

CUMA GELMEDEN ÖNCE ROBINSON CRUSOE KİŞİLİK ÖZELLİKLERİNDEN YOKSUN MUYDU?

GORDON ALLPORT (1897–1967)

KISACA

YAKLAŞIM
Ayırıcı özellikler kuramı

ÖNCE
M.Ö 2. yüzyıl Galen insan mizacını dört salgıya göre tanımlar.

1890 William James *Psikolojinin İlkeleri* adlı kitabında ilk kez benliği deneyimsel nitelendirmelerle tanımlanan "benim" ile düşünme işlevlerini içeren "ben" ile eş zamanlı bir gelişim olarak betimler.

SONRA
1946 Raymond Cattell, temelini Allport ve Odbert'in hazırladığı anlamsal kuramın oluşturduğu 16 PF (Kişilik Faktörleri) anketini geliştirir.

1970'ler Hans J. Eysenck PEN (Psikotizm, Dışadönüklük, Nörotizm) kişilik anketini tamamlar.

1993 Amerikalı psikolog Dan P. McAdam *Dinlediğimiz Hikâyeler* kitabında idiyografik yöntemini açıklar.

> İnsanlar hayatlarını geleceğe taşımakla meşguldür. Psikoloji ise, çoğunlukla, onları geçmişlerine yöneltmekle ilgilidir.
> **Gordon Allport**

Gordon Allport, modern zamanlarda bütün çalışmalarını kişilik araştırmalarına ayıran ilk kişi olduğu için kişilik psikolojisinin kurucularından biri olarak tanınır. Hipokrat (M.Ö 400) ve Galen (M.Ö 150) tarafından yapılan dört huy çalışmasından sonra kişiliği sınıflandırmak için ayrıntılı çalışmalar yapılmamıştır. 19. yüzyılda yapılan psikoloji çalışmalarında benlik veya "ego" tartışmaları olmasına rağmen, kişilikten çok az bahsedilmiştir.

20. yüzyıl başlarında, iki etkili ekol olan psikanaliz ve davranışçılık yaklaşım olarak iki zıt kutuptur. Her iki yaklaşım çok gelişmiş ve etkin olan ekollerdir. Bunlar halen etkilerini korumakla beraber çok tartışmalı ekollerdir. Davranışçılık, kişilikle hiç ilgilenmeden, davranışların nasıl öğrenildiğini araştırır. Psikanaliz ise kişiliğin var olduğu bilinmeyen ve kendini sadece rüyalar ile dil kaymalarıyla tesadüfen ve bölük pörçük gösteren bilinçdışı tarafından kontrol edildiğini öne sürer.

Amerikalı psikolog Gordon Allport her iki yaklaşımla da sorun yaşamıştır. Ona göre davranışçı yaklaşım öğrenme sürecinde "insan" unsurunu hesaba katmaz. Çünkü her kişilik emsalsizdir ve algılar öğrenme sürecinde pay sahibidir. Psikanaliz ise kişilik ve davranışı açıklamakta geçmişe çok fazla önem verip motivasyonları ve şu anki bağlamı dikkate almadığı için kişiliği ve davranışı açıklamakta yetersizdir. Fikirleri, genç bir üniversite mezunu olarak, Freud'u Viyana'da ziyaret etmesiyle doğrulanmış olur. İlk buluşmada,

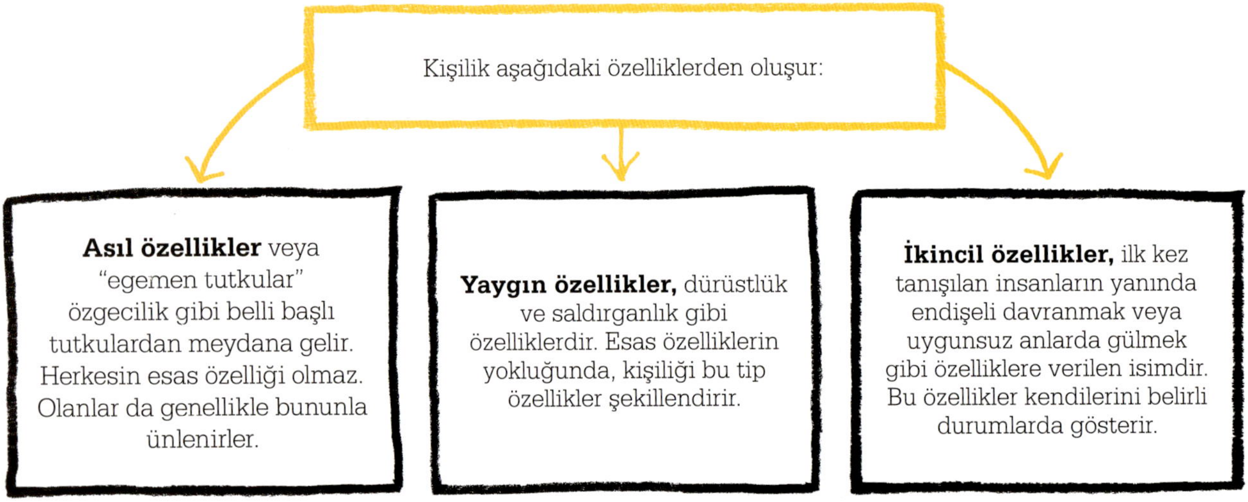

Ayrıca bkz. Galen 18–19 ▪ William James 38–45 ▪ Sigmund Freud 92–99 ▪ Carl Rogers 130–37 ▪ Abraham Maslow 138–39 ▪ Martin Seligman 200–01 ▪ Paul Salkovskis 212–13 ▪ Raymond Cattell 314–15 ▪ Hans J. Eysenck 316–21 ▪ William Stern 334

Allport, Freud'a tren yolculuğu sırasında üzerinde tanıştığı küçük bir erkek çocuğundan bahseder. Çocuk kirlenmekten korktuğu için annesinin telkinlerine rağmen kirli insanların yanına oturmayı reddetmiştir. Allport, belki de çocuğun kirlilik fobisini titiz ve biraz da baskın bir kadın olan annesinden öğrenmiş olabileceği fikrini ortaya atar. Freud olayı duyunca " Hikâyedeki çocuk siz misiniz?" diye sorar. Allport'a göre, Freud'un bu küçük gözlemi, sadece karşısındaki kişinin çocukluğundan bilinçdışı bir bölüm olarak gördüğünü, bir başka deyişle şimdiki zamanda yaşanan bütün itkileri ve niyetleri göz ardı ettiğini göstermektedir. Allport, kendi araştırmalarında geçmişten çok yaşanan ana önem vermiştir. Kariyerinin sonlarına doğru ise psikanalize, diğer yöntemleri olarak biraz daha fazla ağırlık vermeye başlar.

Allport, öğrenme ve kişilik araştırmalarında üzerinde iyi düşünülmüş, eklektik ve kavramsal olarak açık görüşlü bir yaklaşım benimsenmesi savunur. Geçerli yaklaşımlardan inandığı parçaları olan Allport'un temel inancı, her bireyin benzersizliği ve kişiliğinin tamamen olmasa bile büyük oranda insan ilişkileri ile şekillendiğidir.

Kişilik teorisi

Allport'un kişilik kavramı ayırıcı özellikler, insan ilişkileri, içinde bulunulan durum ve itkilerden meydana gelir. Kişilik araştırmalarında iki farklı yaklaşım geliştirir. Nomotetik ve idiyografik yöntemler. Aslında ikisi de Alman filozoflar Wilhem Windelband ve Wilhem Dilthey tarafından geliştirilmiştir. İlk kez uygulamaya koyan kişi ise Allport'un üniversite hocalarından William Stern olmuştur. İnsan zekâsı üzerine yapılan araştırmalarda örnek teşkil eden nomotetik yöntemde, mümkün olduğu kadar tarafsız ve bilimsel davranılır. Çok fazla sayıda denek üzerinde gerçekleştirilen testler genelde içedönüklük, dışadönüklük gibi ayırıcı özellikler üzerinde sonuç elde etmek için yapılır. Sonuçlar ayrıntılı olarak tahlil edilir ve yargılara varılır. Örneğin dışadönük insanların yüzdesi tespit edilir ve bu özelliğin yaş, cinsiyet ve coğrafyaya bağlı farklılıklar saptanır. Ancak bu yöntem, ayırıcı özellikleri bireysel düzeyde incelemez. Elde edilen sonuçlar belirli bir kişi değil, belirli bir özellikle ilgili karşılaştırmalı yorumlar ve sonuçlar üzerine eğilir. Davranışçı B.F Skinner, fare davranışları üzerinde yaptığı araştırmada bu yöntemi kullanmıştır.

İkinci yöntem olan idiyografi, tamamen nomotetik yöntemin zıddıdır. Bu yöntemde tek bir bireyin üzerinde derin araştırma yapılır. Bireyin hayat öyküsü, ayırıcı özellikleri, ilişkileri de hesaba katılır hatta başka kişilerin test edilen bireyle ilgili fikir ve deneyimleri bile dikkate alınır. Bu yöntem, tek bir kişi ve hayat üzerine odaklanması ile psikanalitik yönteme daha yakındır.

Allport, nomotetik yöntemin ayırt edici özellikleri tarımlamanın bir yolu olduğunu söyler ancak, açıklayıcı gücünün daha az olduğunu düşünür. İdiyografik yöntem ise genel sonuçlar elde etmekte işe yaramamasına rağmen, tek kişiyi derinlemesine açıklamakta başarılıdır. Sonuçta her iki yöntemi de kullanır. Ancak ampirik araştırmalarından çok bir teorisyen, neredeyse filozof gibidir. Erkek kardeşi Floyd ile birlikte yazdığı *İnsan Karakterinin Ayırt Edici Özellikleri: Sınıflandırılması ve Ölçülmesi* adlı makalesi nomotetik yöntemin mükemmel bir örneğidir. Son önemli eserlerinden biri olan Jenny Masterson analizi ise idiyografik yöntemin en detaylı örneklerinden biridir.

Anlamsal hipotez

Allport, ilk araştırmasını erkek kardeşi ile beraber ayırt edici özellikleri üzerine yapar. Araştırmada deneklerden kişilik anketine cevap vermelerini isterler. Anket aynı zamanda denekleri tanıyan kişilere sorulacak sorular da içermektedir. Bunun nedeni, Allport kardeşlerin, ayırt edici özelliklerin insan ilişkilerinde şekillendiğine dair inancıdır. Araştırmalarından ayırt edici özellikleri tanımlamak ve ölçmek için geçerli nedenler olduğu sonucunu çıkarırlar. Ayrıca araştırmaları ile kişilik ölçümü için daha tamamlayıcı ve hassas bir araç geliştirme olasılığını kanıtladıklarını düşünürler.

1936 yılında Allport ve meslektaşı H. D Odbert, insanların hayatındaki en belirgin ve sosyal açıdan

> "İnsan ve doğada tip yoktur. Gözlemcinin aklında vardır."
> **Gordon Allport**

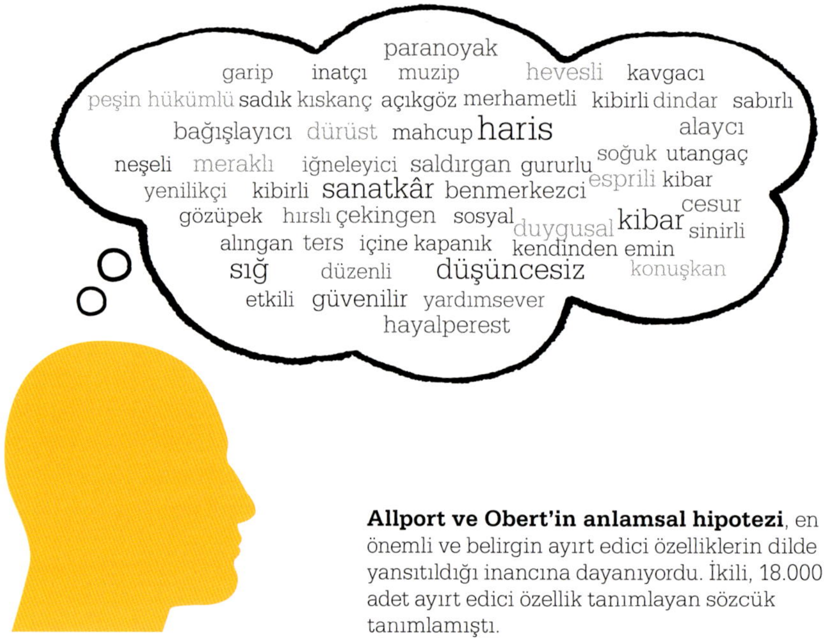

Allport ve Obert'in anlamsal hipotezi, en önemli ve belirgin ayırt edici özelliklerin dilde yansıtıldığı inancına dayanıyordu. İkili, 18.000 adet ayırt edici özellik tanımlayan sözcük tanımlamıştı.

ilgili bireysel farkların dil ile ifade edildiğini söyler. Farkın önemi artıkça, tek kelime ile betimleniyor olma ihtimali yükselir. Bu düşünce anlamsal hipotez olarak bilinir. İki araştırmacı, dönemin en kapsamlı İngilizce sözlükleri araştırırlar. Sonuçta ayırt edici özellikleri niteleyen 18.000 sözcük bulurlar. Sonra bu sözcüklerin arasından en gözlemlenebilir ve değişmez 4500 sıfatı belirlerler.

> İnsanların ayırt edici özelliklerinden bahsedilebilir. Ancak insan tiplerinden bahsedilemez.
> **Gordon Allport**

Esas özelikler

Allport, araştırmasını derinleştirdikten sonra, üç ayırt edici özellik çeşidi tanımlar. Bunlar esas özellikler, yaygın özellikler ve ikincil özelliklerdir. Asıl özellikler, kişinin hayata bakışını belirleyen, vazgeçilmez özelliklerdir. Allport'a göre herkeste esas özellik bulunmaz. Ancak esas özelliklere sahip olan kişiler bu özellikleriyle ünlü bile olurlar. Hatta bazı durumlarda, kişiler bu özellikleriyle öyle ünlü olurlar ki, isimleri bu özellikleri nitelemek için kullanılan deyimler haline gelir. Allport, bu duruma örnek olarak Byron kahramanı, Makyavelce ve Kalvinizm gibi deyimleri gösterir. İkon haline gelmiş istisnaları bir kenara bırakacak olursak, diğer durumlarda da örneğin "komünizm korkusu" gibi bir ayırt edici bir özellik kişinin hayatında o kadar önemli ve etkili bir rol oynayabilir ki bilinçli ve bilinçdışı her hareketi etkileyebilir.

Allport, ilerleyen yıllarda kişilerin temel ayırt edici özelliklerini *"propriyumu"*, bir başka deyişle temel itkileri, ihtiyaçları ve arzuları etkileyen bir olgu olarak nitelendirir. Bu kavram mizaçtan çok daha fazlasını ifade etmektedir. Bir nevi her zaman kendini gösterecek temel arzudur. Allport, *propriyum* kavramına örnek olarak Danimarkalı kaşif Roald Amundsen'i gösterir. 15 yaşından beri Amundsen'in en büyük tutkusu kutuplara gitmektir. Hedeflerine giden engeller aşılabilecek gibi görünmese ve bazen hedefinden vazgeçmek çok cazip gibi görünse de Amundsen'in *propriyum* mücadelesi asla bitmez. Her başarısı onu mutlu eder ve hedefinden vazgeçmek yerine arzularını perçinler. Kuzeybatı Geçidi'ni aştıktan sonra kendine Güney Kutbu'nun kapılarını açan projesini geliştiren Amundsen, yıllar süren hayal kırıklıkları ve planlama aşamasından sonra Kuzey Kutbu'na da gider. Hedeflerine bağlılığı asla azalmaz. Kendisi kadar tecrübeli olmayan bir kaşifin hayatını kurtarmaya çalışırken ölür.

Daha az önemli özellikler

Asıl özelliklerin aksine, ortak özellikler, çoğu kişide bulunan dürüstlük gibi genel özelliklerdir. Davranışımızı şekillendiren yapı taşları olmalarına rağmen, esas özellikler kadar mühim değildirler. Allport, yaygın özelliklerin ebeveyn etkisiyle oluştuğunu ve yetiştirilme tarzının bir sonucu olduğunu iddia eder. Bu tip özellikler, örneğin saldırganlık seviyesinin herkeste değişen miktarlarda bulunması gibi aynı kültüre ait insanlarda farklı derecelerde görülür.

Allport'a göre çoğumuzun bu çeşit beş, on ayırt edici özellikten oluşan kişilikleri vardır. Bu ayırt edici özellikler bir noktada bizim "önemli özelliklerimiz" haline gelir.

> Kişiliği durağan, sabit ve değişmez olarak betimleyen bütün teoriler yanlıştır.
> **Gordon Allport**

Zaman içinde ortak özelliklerimiz "işlevsel özerklik" kazanabilir. Allport bu durumu şöyle açıklar. Bir şeye bir nedenden ötürü başlayıp, sonrasında bambaşka bir neden için yapmaya devam edebiliriz. Bunun nedeni bugünkü itkilerimizin sürekli geçmişe bağlı kalmamasıdır. Örneğin resim yapmaya sadece sınıf arkadaşlarımız arasında popüler olmak için başlayabiliriz. Sonra resim yapmaya sırf yeteneğimizi mükemmelleştirmek adına devam edebiliriz. Bu örnek, bize bugünkü fikir ve düşüncelerimizin geçmişimiz tarafından sadece dolaylı olarak etkilendiğini gösterir. İşlevsel özerklik ayrıca, obsesif- kompulsif düşünce ve eylemlerimizi de açıklar. Neden yaptığımızı bilmememize rağmen yapmaktan kendimizi alıkoyamadığımız hareketler, bağımsız ayırt edici özelliklerimizin dışavurumu olabilir.

Allport'un üçüncü ayırt edici özellikler olarak bilinen ikincil edici özellikler, kişiliğimiz üzerinde esas ve ortak ayırt edici özelliklerden daha az pay sahibidir. Sadece belirli durum ve ortamlar tarafından şekillendirildikleri için sadece belirli şartlarda gözlemlenir. Örneğin biri için " gıdıklanınca çok sinirlenir" veya "uçak yolculuklarında çok gergin olur" deriz. Bu özellikler tercih meselesidir veya değişime açıktır. Başka insanların yokluğunda, ikincil ayırt edici özellikler oldukça belirgin olabilir. Esas ve ortak özelliklerle beraber insanın karmaşık yapısını anlamamıza yardımcı olurlar.

Ayırt edici özellikler ve davranış

Allport, ayırt edici özelliklerin insanlarda nasıl şekil aldığıyla ve davranışlarla olan bağlantılarıyla ilgilenmiştir. Davranışlarımızı iç ve dış güçlerin bir karışımının belirlediğini önerir. "Genotip" denilen belirli içsel güçler, bilgiyi nasıl aldığımızı ve dış dünya ile etkileşime geçmek için nasıl kullandığımızı belirler. Allport'un "fenotip" adını verdiği dış güçler ise, bireylerin çevrelerini nasıl kabul ettiğini ve başkalarının nasıl kendi davranışlarını şekillendirmelerine izin verdiğini

Genotip özellikler içseldir. Fenotip özellikler ise dışsaldır; ortaya çıkmaları için dış dünyadan uyarıcı gelmesi gerekmektedir.

Allport, Crusoe'nun en başından beri birçok ayırt edici kişilik özelliğine sahip olmasına rağmen, bu özelliklerden bazılarının ancak gemi battıktan ve Cuma ile tanıştıktan sonra yüzeye çıktığı sonuna varmıştı.

belirler. Allport, bu iki gücün bireysel ayırt edici özelliklerin temelini oluşturduğunu söyler.

Allport, bütün fikirlerini Robinson Crusoe'nun hikâyesine uygulamıştır. Sonuç olarak, Robinson Crusoe'nun, Cuma ile tanışmadan önce içsel kaynakları veya genotipleri ve ayrıca fenotip yönleri ile adada hayatta kalmasına yardım etmiştir. İlk etaptaki umutsuzluğunu yenebilmiş, gemi batmadan önce silah ile araç- gereç ve diğer ihtiyaçlarını edinebilmiştir. Bir mağaranın yanında barınak yapar. Takvim hazırlar. Ava çıkar. Keçi yetiştirir. Mısır ve patates eker. Bir papağan evcilleştirir. İncil okuyarak, dindar biri olur. Bütün bu eylemler, Crusoe'nun genotipsel ayırt edici özelliklerini ve bu özelliklerinin sonuçlarını göstermektedir.

Ancak, fenotipik davranışlarının ifade edilebilmesi için Cuma'nın gelmesi gerekmiştir. Cuma'yı onu kaçırmak isteyenlerden kurtarır. Ona bir isim verir. İngilizce öğretebilmek için gerekli sabrı ve azmi gösterir. Hıristiyanlığa geçmesi için elinden geleni yapar. Aslında bu özellikler, hep Crusoe'nun içinde vardır. Ancak Cuma ile ilişki kurana kadar ortaya çıkmamışlardır. Bu düşünce iyi bilinen bir felsefi bilmecede de dile getirilir: "Ormanda, bir ağaç yere düşünce, kimse orda olmasa bile ses çıkarır mı?" Allport'a göre, ayırt edici özellikler davranışları istikrarlı hale getirmektedir. Aslında, onları ortaya çıkaracak veya tanıklık edecek kimse etrafta olmasa bile, onlar hep mevcuttur.

İdiyografik bir çalışma

1937 yılında, *Kişilik: Psikolojik Bir Yorum* adlı kitabının yayımlanmasından sonra, Allport, bütün dikkatini din, önyargı ve etik konusuna vermiştir. Ancak, 1965 yılında tekrar kişilik konusuna döner. Bu kez, 1868 ile 1937 arasında yaşamış Jenny Masterson'ın ayırt edici özelliklerini inceler. Jenny, hayatının son 11 yılında arkadaş olduğu evli bir çifte 300 adet kişisel mektup göndermiştir. Allport, analizi için bu mektupları kullanır. 36 kişiden, mektupları okuyarak Jenny'nin ayırt edici özelliklerini tanımlamalarını ister. Belgeleri okuyan kişilerin yüksek orandaki fikir birliği ile 198 bireysel ayırt edici özelliği kapsayan sekiz özellik kümesini tanımlamak kolay olmuştur. Bu ayırt edici özellikler kavgacı –kuruntucu, benmerkezci, bağımsız– otonom, dramatik-yoğun, estetik –sanatsal, saldırgan, alaycı– marazi ve duygusaldır.

Allport yine de Jenny'nin ayırt edici özelliklerinin yetersiz olduğuna karar verir ve Adler ile Freud'un analiz yöntemleri dâhil olmak üzere başka sistemlerden de yararlanır. Öğrencileri Jeffrey Paige ve Alfred Baldwin'in yardımıyla, elindeki materyale "içerik analizi" yöntemini uygular. Bilgisayar yardımıyla yapılan bu yeni analiz yönteminde, bilgisayar seçilen bir konu veya duyguyla ilgili kullanılan cümle ve sözcüklerin kaç kez geçtiğini hesaplanır. Allport, bu yöntemden etkilenmiştir. Zira bu yöntemin, idiyografik yaklaşımın

> Kişilik, düz ceketin bağlanmasından çok daha karışık bir şeydir.
> **Gordon Allport**

bireyin karakterinin sadece kişilik anketleri ile anlaşılmayacak inceliklerini anlama potansiyelini kanıtladığını düşünmektedir.

Allport, 1966 yılında *Ayırt Edici Özelliklere Yeni Bakış* adlı bir makale kaleme alır. Bu makalede, kişilik çalışmalarının kişisel ayırt edici hassas bir şekilde çözümlemek yerine insanın bütün ruhsal özelliklerini incelemeyi amaç edinmesi gerektiğini belirtir. İlk makalelerini psikolojinin masumiyet çağında kaleme aldığını söyleyen Gordon Allport, buna rağmen ayırt edici özelliklerin, kişiliğin betimlenmesi için makul bir başlangıç noktası olduğu inancının ardında durmaya devam eder.

Psikolojide Allport etkisi

Allport, her ne kadar adı verilmese de birçok çağdaş düşünce ekolünü temelinden etkilemiştir. Modern kişilik testlerinin çoğu Raymond Cattell ve Hans Eysenck'in araştırmalarından elde edilmiştir. Her iki psikologun da çalışmalarının çıkış noktası Allport'un anlamsal teorisi olmuştur. Cattell'e ait olan ve bugün halen psikologların sık kullandığı 16 Kişilik Faktör Anketi'nde kullanılan ayırt edici özellikler, Allport ve Odbert'in bilgisayar analizi ile bulduğu 4500 ayırt edici sıfattan elde edilmiştir.

Bütün danışma ve terapilerin temelinde yatan hümanist psikoloji başta idiyografi yöntemi ve her insanın benzersiz olduğu varsayımı olmak üzere, Allport'un bulgularına dayanır. Kişilik gelişimi ve ifade için pratisyen ve danışan ilişkisi üzerinde yoğunlaşma fikrinin kökeni, Allport'un kişiliğin çoğunlukla ilişkilerin bir işlevi olduğu inancıdır.

Allport ayrıca, olumlu insan deneyimlerini keşfetmeye çalışan teorilerin bile temelinde "hasta ve kaygılı insanların veya tutsak ve çaresiz farelerin davranışları"na dayandığına işaret eden ilk kişilerden biridir. Kuramların neden sağlıklı insanlar ve hayatı güzel yaşamak isteyenlerle ilgili olmadığını merak eden Allport, çalışmaların, yasaya uyanlarla değil suçlularla, cesaretle değil korkuyla ilgilendiğini ve odak noktalarının insan vizyonu değil, körlüğü olduğunu söyler. Martin Seligman'ın öncülüğünde filizlenen pozitif psikoloji ekolü, Allport'un pozitif deneyimlere dair bilimsel psikoloji geliştirme hedefi ve fikrini benimsemiştir.

1955 yılında, Allport, *Olmak* kitabını yazdığında, fikirleri iyice gelişmiştir. Artık insanların daha yüksek bilinç seviyesine ulaşmak için çaba sarf etmesinin ve bunu gerçekleştirmenin kişiliğin gerçek itkisü olduğunu görmüştür. "Olmanın" insanlığın nihai amacı olduğuna işaret eden diğer psikologlar ise Carl Roger ve Abraham Maslow'dur. Onlar bu amaca "kendini gerçekleştirmek" adını vermişlerdir. Allport'un bulguları, diğer ünlü psikologlar kadar sık alıntılanmasa bile psikoloji dalındaki derin ve uzun süreli etkisi yadsınmazdır. ■

> Allport psikologlara ayırt edici kişilik özelliklerine yoğunlaşıp, karakteri çözümleme işini filozoflara bırakmaları gerektiğini gösterdi.
> **Martin Seligman**

Gordon Allport

Gordon Willard Allport 1897'de ABD'nin Indiana eyaletinin Montezuma şehrinde doğar. Dört erkek kardeşin en küçüğü olan Allport çocukken utangaç ve çalışkandır ancak ilk gençliğinde okul gazetesinin editörü olur ve kendi basım işini kurar.

II. Dünya Savaşı sırasında Allport, Harvard Üniversitesi'ndeki burslu felsefe ve ekonomi eğitiminden önce askerlik görevini yerine getirir. 1919'da mezun olduktan sonra bir yıl Türkiye'de dersler verir ve ardından Harvard'a geri döner. 1922'de psikoloji doktorasını tamamlar. Ayrıca Almanya'da Gestalt Okulu ile çalışır. İngiltere'de Cambridge Üniversitesi'ne de gider.

1924'te ABD'deki ilk kişilik derslerini vermek üzere Harvard'a geri döner. New Hampshire'da Dartmouth College'daki dört yılın dışında 1967'de 70 yaşındayken akciğer kanserinden hayatını kaybedene kadar Harvard'da kalır.

Önemli eserleri

1937 *Kişilik: Psikolojik Bir Yorum*
1954 *Önyargının Doğası*
1955 *Olmak*
1961 *Kişilikte Model ve Gelişim*

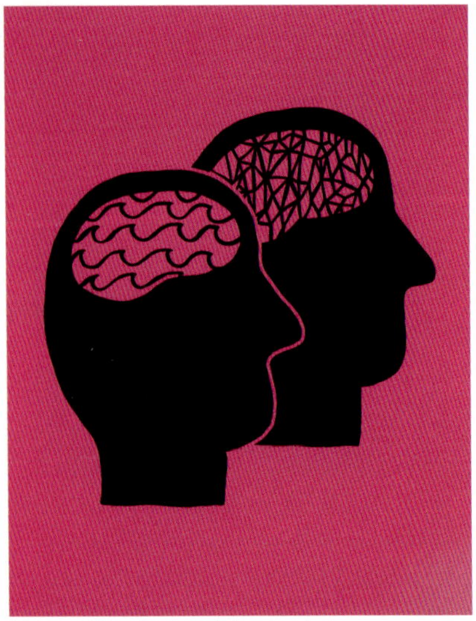

GENEL ZEKÂYI OLUŞTURAN SIVI ZEKÂ VE KRİSTALLEŞMİŞ ZEKÂNIN BİRLEŞİMİDİR

RAYMOND CATTELL (1905–1998)

KISACA

YAKLAŞIM
Zekâ kuramı

ÖNCE

1900'ler Alfred Binet, zekânın ölçülebildiğini öne sürerek, IQ (zekâ katsayısı) terimini ortaya atar.

1904 Charles Spearman zekânın belli başlı faktörlerinden biri olarak "g" tanımını öne sürer.

1931 *Zekânın Ölçülmesi* adlı eserinde Edward Thorndike üç veya dört tip zekâ olduğunu iddia eder.

SONRA

1950 J. P. Guildford 150 civarında düşünsel yetenek olduğunu söyler.

1989 Amerikalı psikolog John B. Carroll üç katmanlı bir psikometrik zekâ modeli geliştirir. Bu model geniş yetenekler, dar yetenekler ve Spearman'ın "g" faktöründen oluşur.

20. yüzyılın önde gelen psikologlarından biri olan Raymond Cattell, insan zekâsı, itkileri ve kişiliği hakkındaki çalışmalara büyük katkıda bulunmuştur. Cattell'in insan zekâsına olan ilgisi, kariyerinin ilk yıllarında, bütün öğrenme faaliyetlerinin temeli olarak "g" faktörünü tanımlayan İngiliz psikolog Charles Spearman'ın öğrencisi olduğu yıllarda başlamıştır.

1941 yılında, bu kavramı geliştiren Cattell, g'yi oluşturan iki zekâ tipini tanımlar. Bunlar sıvı ve kristal zekâdır. Sıvı zekâ herhangi bir konuya ya da "içeriğe" uygulanabilen bir dizi düşünme ve tümevarım yeteneğinden oluşur. Bazen, bilmediğimiz bir şeyi yapmamız gerektiğinde kullandığımız zekâ olarak tanımlanan sıvı zekâ, problem çözme ve desen tanıma süreçlerinde otomatik olarak kullanılır. Kullanılan bellek kapasitesi ile yakından ilişkili olduğu kabul edilir.

Cattell, sıvı zekânın kalıtımsal olduğunu, bunun da bireysel farklılıkları açıklayabileceğini savunur.

Genel olarak zekânın temeli (g)
iki kısımdan ibarettir.

Sıvı zekâ, düşünme yeteneği ve soyutlama, algılama ile açıklamasız ve pratik olmayan şeylerin ilişkisi.

Kristalleşmiş zekâ, önceki deneyimler ve olayların öğrenilmesi ile yargı yeteneğinin yargılandırılması.

Ayrıca bkz. Alfred Binet 50–53 ▪ J.P. Guilford 304–05 ▪ Hans Eysenck 316–21 ▪ William Stern 334 ▪ David Wechsler 336

Sıvı zekânın ilk gençlik döneminde doruk noktasına ulaşıp, sonra hızla düşüşe geçmesine beyinde yaşla görülen değişimlerin neden olduğu kabul edilir. Beyin zedelenmelerinin akışkan zekâyı etkileyebileceği söylenir. Bu varsayım, sıvı zekânın büyük ölçüde fizyolojik olduğunu ortaya koyar.

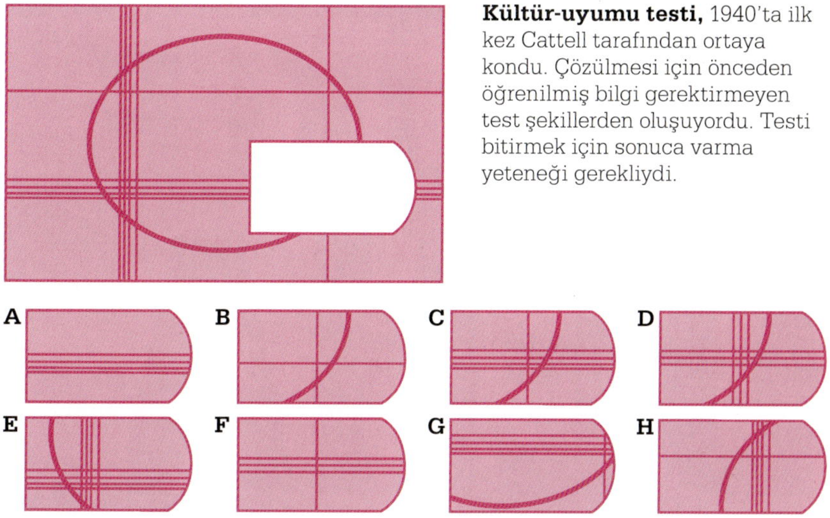

Kültür-uyumu testi, 1940'ta ilk kez Cattell tarafından ortaya kondu. Çözülmesi için önceden öğrenilmiş bilgi gerektirmeyen test şekillerden oluşuyordu. Testi bitirmek için sonuca varma yeteneği gerekliydi.

Kristalleşmiş zekâ

Problem çözmek için akışkan zekâyı kullandıkça, yaşadığımız dünya hakkında bilgi depoları ve işe yarayan hipotezlere sahip oluruz. Bu bilgi deposu, Cattell tarafından "yargılama becerileri kümesi" olarak tanımlanan, kristalleşmiş zekâdır. Bu tip zekâ, sıvı zekâyı kültürel faaliyetlerde kullanarak kazanılır. Öğrenme deneyimindeki büyük farklılıkların nedeni sosyal sınıf, yaş, milliyet ve tarihi dönem gibi birçok faktördür.

Kristalleşmiş zekâ, sözel kavrayış ve sayısal beceriler gibi kabiliyetleri kapsar. Çünkü bu bilgiler önceden kazanılmış bilgiye dayanır, örneğin dilbilgisi kuralları, toplama çıkarma gibi matematiksel kavramlar. Bu tip zekâ yaşam boyunca giderek artar ve 65 yaşından sonra azalmaya başlar.

Cattell, sıvı ve kristalleşmiş zekâyı birbirinden bağımsız görür ancak kişilik ve ilgi alanları gibi faktörlere bağlı olarak, yüksek bir akışkan zekâya sahip olmanın, daha hızlı ve daha geniş bir kristalleşmiş zekâ kazanımı sağlayabileceğini düşünür. Standart IQ testlerinin, sıvı ve kristalleşmiş zekânın birleşimini saptamaya eğimli olduğunu fark eden Cattell sadece akışkan zekâyı ölçecek testler geliştirdi. Şekil ve desenlerden oluşan, sözel olmayan, çok şıklı kültür-uyumlu zekâ testini hazırlar. Bu test her kültürden yetişkin ve çocuklar üzerinde uygulanabilmektedir ve önceden öğrenilmiş bilgileri ölçmez. ▪

Raymond Cattell

İngiltere'de Staffordshire'da doğan Raymond Bernard Cattell 1924'te kimyadan birinci sınıf derece almış ve daha sonra psikolojiye dönüş yaparak 1929'da doktorasını tamamlamıştır. Londra ve Exeter üniversitelerinde dersler verdikten sonra 1937'de ABD'ye taşınmadan önce beş yıl süreyle Leicester Çocuk Rehberliği Kliniği'ni yönetmiştir. ABD'de 1973'e kadar Clark ve Harvard üniversitelerinde ve Illinois Üniversitesi'nde ders vermiştir. Cattell üç kez evlenmiştir ve hayatının geri kalanını Hawaii Üniversitesi'nde profesör olarak görev yaptığı Honolulu'da geçirmiştir. 1997'de Amerikan Psikoloji Derneği tarafından Yaşamboyu Başarı Ödülü'ne layık görülmüştür. Ancak ulusların kalıtsal zekâyı ırk ıslahı ile korumaları gerektiğiyle ilgili fikirleri bu ödülü tartışmalı hale getirmiş ve elektirel saldırıları başlatmıştır. Cattell kendisini savunmuş ve ödülü reddetmiştir ama ertesi yıl kalp yetmezliğinden hayatını kaybetmiştir.

Önemli eserleri

1971 *Beceriler*
1987 *Zekâ*

DELİLİKLE DEHA ARASINDA BİR İLİŞKİ VARDIR

HANS J. EYSENCK (1916–1997)

KISACA

YAKLAŞIM
Kişilik

ÖNCE
1926 Amerikalı Psikolog Catherine Cox 300 dehanın zekâ ve kişiliklerini test eder. Ortalama IQ'yu 165+ olarak tespit ederi. Ortak noktalar ise motivasyon ve kararlılıktır.

1956 J. P. Guildford yaratıcılığı tartışmak için ıraksak düşünce kavramını geliştirir.

SONRA
2009 *Deha 101: Yaratıcılar, Liderler ve Dahiler* adlı kitapta, Amerikalı psikolog Dean Keith Smithson dehaların iyi genler ve iyi çevrelerin sonucu olduğunu iddia eder.

2009 İsveçli psikolog Anders Ericsson uzman başarımını 10.000 saatlik çalışma süresine dayandırdı.

Tarih boyunca, deha tartışmalarına genetik-çevresel faktörler damgasını vurmuştur. "Deha doğulur mu, deha olunur mu?" sorusu her daim sorulmuştur. 1900'lü yıllara kadar, dehalar hakkındaki bilgiler, Leonardo da Vinci ve Beethoven gibi dahi kabul edilen kişilerin öyküleriyle sınırlı kalmıştır. Aristo dönemi kadar eski zamanlarda bile, yaratıcı deha ve delilik arasında ilişki kurulmuş, her iki durumun da genetik olduğu düşünülmüştür. 1904 yılında, İngiliz psikolog Havelock Ellis tarafından yapılan "İngiliz Dâhileri Araştırması"nda yaratıcı kişiler ve psikozlu hastalar üzerinde yapılan testlerde iki durum arasında bir ilişki tespit edilmiştir. 70 yıl sonra, Alman psikolog Han Eysenck, ilk kanıtları inceler. Vardığı sonuç psikozlu olma durumunun değil, ruh hastalığının (tam anlamıyla deliliğin) deha ile ilişkisi olduğudur. Deliliği, esas olarak yaratılıştan psikoz belirtilerine yatkın olmak olarak tanımlamıştır.

Mizaç ve biyoloji

Birçok psikolog ayırt edici özellikleri tanımlamış ve ölçmüştür. Eysenck ise insanı bir bütün olarak meydana getiren ayrıntılı özelliklerle değil, mizaçla ilgilenir. Aslında biyolog olan Eysenck, kendisinden önce gelen Yunan hekim Hipokrat ve Galen gibi, mizacı fizyolojik etmenlerin belirlediğine inanır. Hipokrat, kişilik tiplerinin, belirli vücut salgılarının azlığından veya fazlalılığından kaynaklandığı düşünür. Galen bu fikri iyimser, soğukkanlı, sinirli ve melankolik olmak üzere dört mizaç tipi olduğunu ortaya atarak genişletir.

> Büyük bir yaratıcılık potansiyeli ve psikolojik sapmanın temelinde ortak yönler vardır.
> **Hans J. Eysenck**

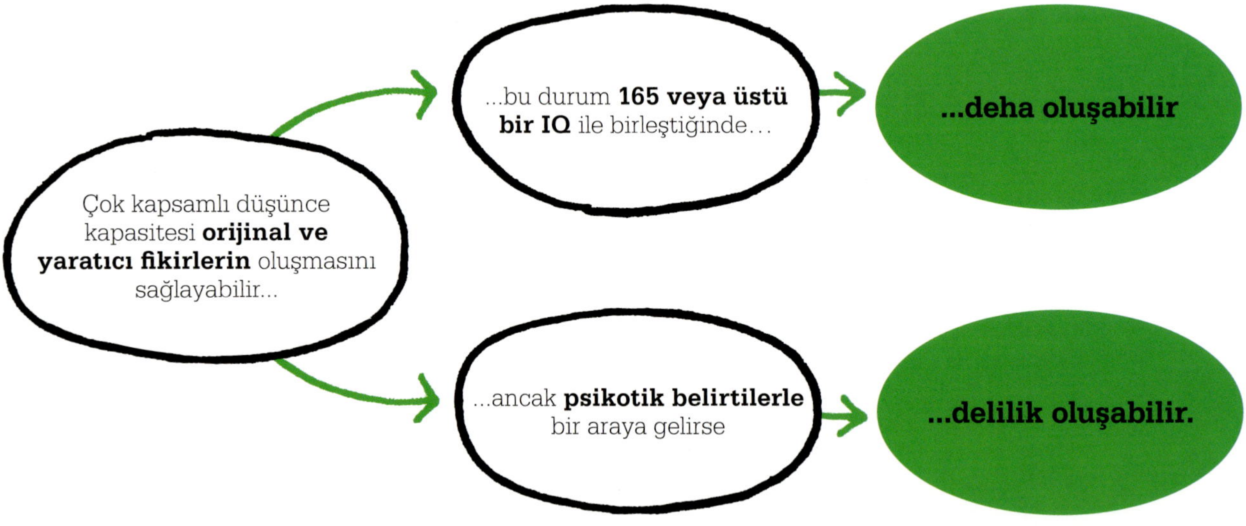

Ayrıca bkz. Galen 18–19 ▪ Francis Galton 28–29 ▪ J.P. Guilford 304–05 ▪ Gordon Allport 306–13 ▪ Raymond Cattell 314–15 ▪ Walter Mischel 326–27 ▪ David Rosenhan 328–29

Ona göre, fazla kanı olan insanlar iyimser mizaca sahiptir. Bu tip neşeli ve iyimserdir. Sinirli tip ise acelecidir. Bu gruba giren insanlar, fazla safra nedeniyle sinirli ve sabırsızdır. Çok balgamı olan, soğukkanlı mizaca sahip ağırkanlı insanlarsa yavaş, tembel ve donuktur. Kara safra fazlası olan melankolik tipler ise üzgün, kötümser ve depresyona meyillidir.

Galen'in biyolojik yaklaşımı mizacın genetik olarak belirlenmiş ve fizyolojik kaynaklı olduğunu düşünen Eysenck'in ilgisini çeker. Eysenck, kişiliği betimlemek için, kapsayıcı "süperfaktörler" önerir. Bu kavramlar içedönüklük, dışadönüklük ve nevrotikliktir. Ardından, bu kavramları Galen'in kavramlarına karşılık olacak şekilde geliştirir.

Eysenck ölçekleri

"Nevrotiklik", Eysenck'in, bir uçta duygusal sakinlik ve durağanlıktan, diğer bir uçta çabuk kızan ve tedirgin olan kişilik boyutunu nitelendirmek için kullandığı isimdir. Ona göre nevrotik kişileride (bu kişiler yelpazenin daha az durağan olan kısmındakilerdir) beyin, "savaş ya da kaç" tepkisini harekete geçiren sempatik sinir sistemini tetikleme eşiği düşüktür. Bu türden daha duyarlı sisteme sahip insanlar, bu anlamda daha hiperaktiftir. Bu yüzden, en ufak tehditlere bile sanki çok ciddi bir durumla karşılaşmışlar gibi tepki verirler. Tansiyonları yükselir, kalp atışları hızlanır ve terlerler. Ayrıca nevrotik bozukluklara eğilimlilerdir. Yine de, Eysenck, yelpazenin endişeli kısmında kalan insanların ille de nevrotik olduğunu iddia etmez. Sadece nevrotik bozukluklara yatkın olduklarını

Eysenck'in kişilik modeli mizacı tanımlamak için kapsayıcı bir paradigma sunar. Her iki süperfaktör de – dışadönüklük ve nevrotiklik- "canlı" olmak gibi daha alt düzey alışkanlıklardan meydana gelir. İki süperfaktör, Galen'in dört huyunu yansıtan huyların tam ortasındadır.

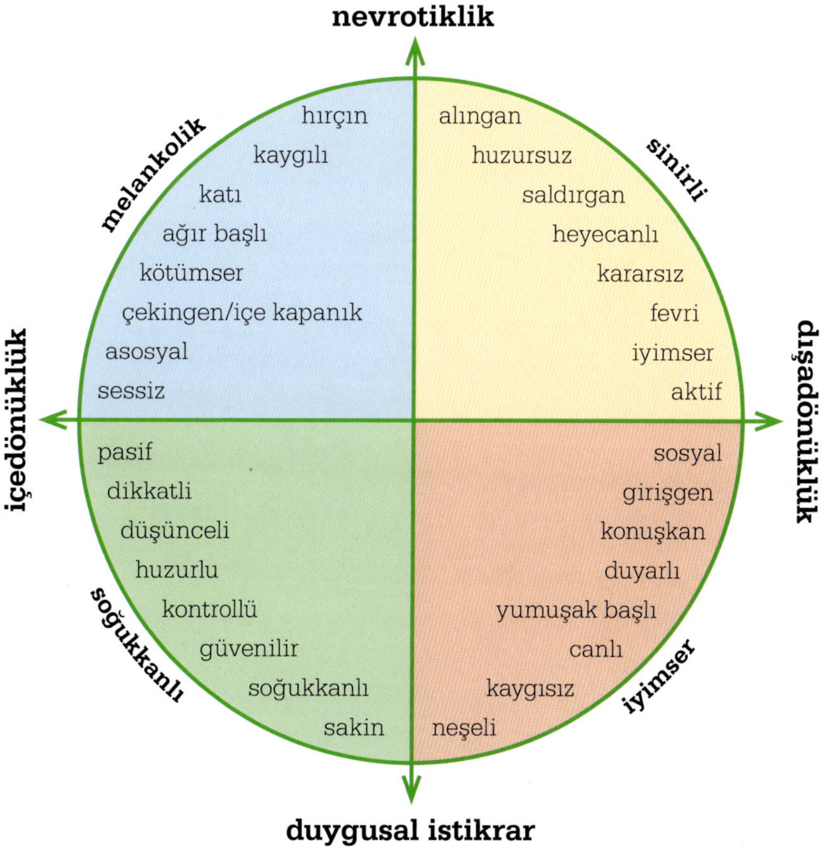

savunur. Eysenck'e göre mizacın ikinci boyutu "içedönüklük-dışadönüklük"tür. Bu kavramları çevremizdeki kişileri tarif etmek için kullandığımız şekilde kullanır. Dışadönükler girişken ve konuşkandır. İçedönükler ise utangaç ve sessizdir. Eysenck, aradaki farkın beyin aktivitelerinden kaynaklandığına inanır. İçedönükler sürekli gergindir ve aşırı uyarılma durumundadır. Dışadönükler ise sürekli sıkılırlar ve yetersiz uyarılma. Dolayısıyla beynin kendine gelebilmesi için sürekli daha fazla heyecan bulması (dışadönükler için) veya huzur ve yalnızlıkla sakinleşmesi gerekir (içedönükler).

Psikotiklik

Eysenck, düşüncelerini büyük denek grupları üzerinde denemiştir. Ancak yine de toplumdaki bazı katmanları yakalayamadığının bilincindedir. Bu yüzden, çalışmalarını akıl

> İçedönükler, dışadönüklerden daha aktiftir. Dolayısıyla beyinleri, dışadönüklerden daima daha fazla uyarılır.
> **Hans J. Eysenck**

hastanelerine taşır. Bu sayede, mizacın üçüncü boyutunu tanımlayabilir. Üçüncü boyuta "psikotiklik" adını verir. Psikotiklik genel anlamda "delilik" sözcüğünün yerini almıştır. Kişilik kuramında bu çok önemli bir sapmaydı. Zira psikologlar normal "akli dengesi yerinde olan" kişiliği tanımlamayıp ölçmeye çalışmaktadırlar. Yine de, Eysenck, psikotikliğin tıpkı nevrotiklik gibi dereceleri olduğunu söyler. Geliştirdiği testler, psikotiklerde sık görülen ayırt edici özellikleri arar.

Sonuçta, bazı ayırt edici özelliklerin, psikotikliğin ortaya çıkmasıyla ilişkisi olduğunu keşfeder. Psikotiklik ölçümünde yüksek sonuç alanlar, genellikle saldırgan, benmerkezci, gayri şahsi, dürtüsel, asosyal, yaratıcı, empati kuramayan ve inatçı kişilerdir. Bu testten yüksek sonuç alan herkes, psikotik değildir. İleride mutlaka psikotik olmaları da söz konusu değildir. Sadece psikotik hastalarla bazı benzer özellikleri vardır. 1980 yılında Norveçli psikolog Dan Olweus ve meslektaşları tarafından yapılan araştırma gibi kontrollü çalışmalarda, psikotikliğin saldırganlık unsuru, yüksek testosteron hormonuyla ilişkilendirilmiştir.

Deha araştırmaları

Yaratıcılığın net bir psikolojik tanımını yapmak çok zordur. Ancak yaratıcılığın kesinlikle yenilik, özgünlükle ilgisi olduğu, düşünsel yetenek ile kişiliğin yönlerine dayandığı kabul edilir olduğuna dair fikir birliğe ulaşılmıştır. Eysenck, *Yaratıcılık ve Kişilik: Kuram için Öneriler* adlı makalesinde, yaratıcılığın doğasını ve zekâ, kişilik ve deha ile olan ilişkisini açıklamak istemiştir.

Deha, yaratıcılığın en üst kertesidir. Kesinlikle çok yüksek seviyede zekâ gerektirmektedir. IQ testinden en az 165 puan almanın dâhilik için önkoşul olduğu düşünülmektedir. Ancak, yüksek IQ tek başına dâhilik için yeterli değildir. Zekânın deha ile ilgili bir boyutu da hafızamızda bulunan farklı fikirleri, sorunlara yeni çözümler bulmak için bir araya getirmemizle oluşan zihinsel araştırma sürecidir. Bu zihinsel taramaya yol gösteren faktör, ilgili olmaktır: geçmiş deneyim ve fikirlerimden hangisi şu anda karşı karşıya olduğum sorunla ilgili? Her birimizin performansı farklıdır. Bu yetenek, IQ'dan bağımsızdır. Bu yetenek bir ölçeğe yayılır: Geniş kapsamlı, aşırı-kapsayan bir ilgililikten (çok fazla şeyi olasılık olarak görmek), aşırı dar (birkaç olasılık görmek) bir ilgililik kurmaya kadar gider. Örneğin daha sık görülen, ortadaki soruna neyin uygulanabileceğine yönelik daha geleneksel bir sezi vardır.

Aşırı kapsamlı düşünme, kelime çağrışımı testleriyle ölçülebilir. Testlerde iki özellik analiz edilir: verilen kelimelere gösterilen tepki sayısı ve tepkilerin özgünlüğü. Örneğin, dar kapsamlı düşünen bir kişi "ayak" kelimesine "ayakkabı"

Profesör Frankenstein, Mary Shelley'in romanında yarattığı canavardır ve klasik psikotik semptomlar sergiler; kayıtsızlık, hiçe saymak ve saldırganlık.

Sanatçı Vincent van Gogh gibi yaratıcı dehalar, çok kapsamlı düşünce, bağımsızlık ve baş kaldırma başta olmak üzere, Eysenck'in bahsettiği psikotiklik boyutunda yer alan ayırt edici özellikleri sergiler.

gibi bir çağrışımla karşılık verecektir. Biraz daha kapsamlı düşünen biri ise "el" veya "parmak" gibi bir karşılık verebilir. Çok kapsamlı düşünen kişi ise "asker" veya "ağrı" gibi bir karşılık üretebilir. Bu tip testler, yaratıcılığın ölçülebilmesini sağlar.

Eysenck, çok kapsamlı düşünmenin yaratıcılık ve psikotikliğin ortak yönü olduğunu savunuyordu. Çok kapsamlı düşünce ile yüksek IQ bir araya geldiğinde, ortaya yaratıcı deha çıkar. Çünkü yaratıcı ve özgün fikirler böyle bir karışımın eseri olabilir. Yaratıcılığın temelinde yatan bilişsel nitelik budur. Çok kapsamlı düşünce ve psikotik düşünce bir araya geldiğinde ise, farklı derecelerde, psikotik belirtiler ortaya çıkar.

Yaratıcılık ve kişilik

Eysenck, yaratıcılığın, yaratıcı başarı potansiyelini sağlayan ayırt edici bir kişilik özelliği olduğunu düşünür. Bu potansiyeli somut hale getirmek için ise psikotik ayırt edici özellikler (psikoz olmayan psikotiklik) lazımdır. Yaratıcılık özelliğini başarıya çevirme itkisü (örneğin sanat eserleri yaratarak) başta çok kapsamlı düşünme olmak üzere psikotik mizacın bazı yönleriyle sağlanır. Eysenck, delilik ve deha arasında nedensel bir bağlantı olduğunu iddia etmez. İki durumun, çok kapsamlı düşünme gibi bir ortak yönleri vardır. Delilik ve dâhiliğin başka özelliklerinin bu ortak yönle birleşmesi çok farklı sonuçlar doğurur.

Yaratıcılık hakkında yapılan araştırmaları çok tartışmalıdır. Bazı araştırmacılar yaratıcılığın sadece ürettiği sonuçlarla değerlendirilebileceğini savunur. Eysenck ise tam teşekküllü bir yaratıcılık kuramı yerine sadece bir önerme orta atmıştır. Bu durumu şöyle dile getirir: "Birçok flu teori arasında bağlantı kuruyorum." Birçok alanda çalışmalar yapmış olmasına rağmen en çok kişilik ve zekâ araştırmalarıyla tanınır. Yarattığı PEN (psikotiklik, dışadönüklük, nevrotiklik) modeli çok etkili olmuş ve kendisinden çok sonra yapılan araştırmalara bile öncülük etmiştir. ■

> Psikozun eşlik etmediği psikotik durumlar… yaratıcı ayırt edici özelliği (özgünlük) potansiyel başarıdan gerçek başarıya dönüştürmek için şarttır.
> **Hans J. Eysenck**

Hans J. Eysenck

Hans Jurgen Eysenck'in ebeveynleri sanatçıdır. Annesi tanınmış bir film oyuncusu, Katolik olan babası Eduard ise sahne sanatlarıyla ilgilidir. İkisi Eysenck'in doğumundan kısa süre sonra boşanırlar. Eysenck anneannesinin yanında büyür. 1934 yılında, Berlin Üniversitesi'nde okuyabilmesinin tek yolunun Nazi Partisi'ne girmek olduğunu öğrenince, psikoloji eğitimini Londra'daki University College'ta tamamlar.

II. Dünya Savaşı esnasında Alman vatandaşı olduğu için enterne edilmekten kılpayı kurtulur. 1938'de evlenir. Doktorasını tamamladıktan sonra, acil serviste psikolog olarak çalışmaya başlar. Sonra, Londra Üniversitesi'nde Psikiyatri Enstitüsü'nün kurucusu ve idarecisi olur. 1950 yılında tekrar evlenir. 1955 yılında İngiliz vatandaşlığına geçer. 1996 yılında beyin tümörü teşhisi konulur. 1997 yılında, Londra'da bir bakımevinde hayatını kaybeder.

Önemli eserleri

1967 *Kişiliğin Biyolojik Temelleri*
1976 *Kişiliğin Bir Boyutu Olarak Psikotiklik*
1983 *Yaratıcılığın Kökleri*

PERFORMANSI ÜÇ TEMEL MOTİVASYON YÖNETİR

DAVID C. McCLELLAND (1917–1998)

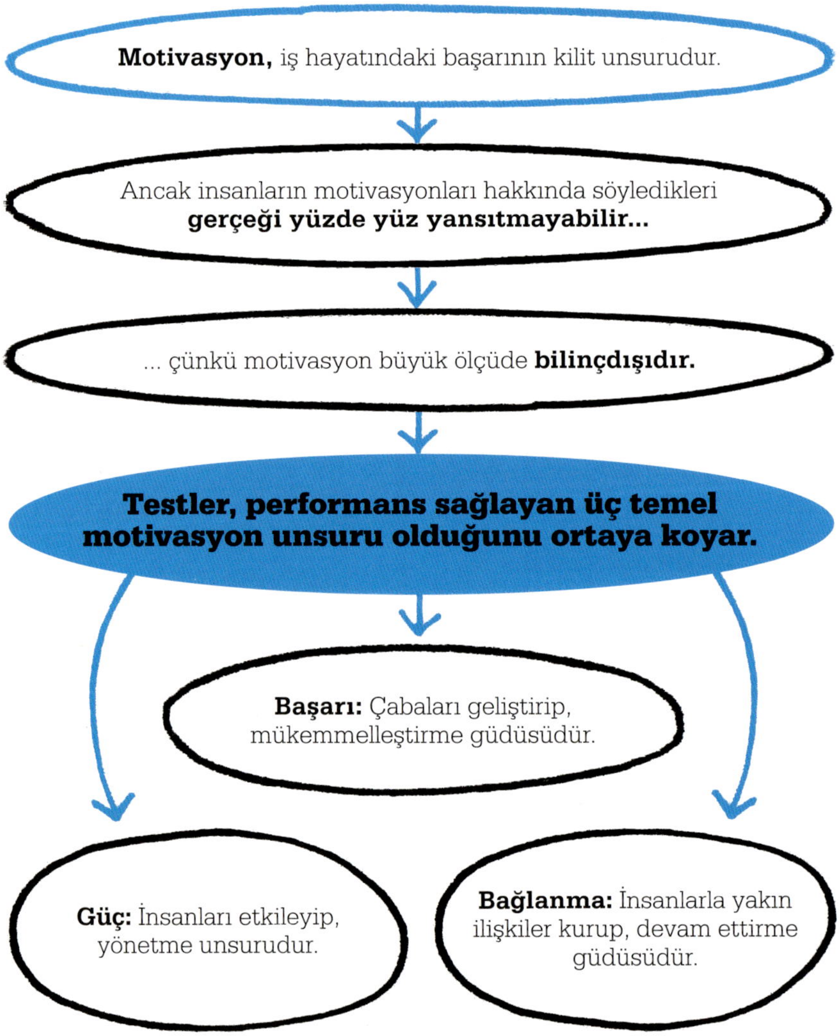

KISACA

YAKLAŞIM
İhtiyaç teorisi

ÖNCE
1938 Amerikalı psikolog Henry Murray, kişiliğin psikogenetik ihtiyaçlarla nasıl şekillendiğini gösteren kuramını geliştirir.

1943 Abraham Maslow *A Theory of Human Motivation*'da ihtiyaçlar hiyerarşisini ortaya koyar.

1959 Amerikalı psikolog Frederick Herzberg, *Çalışma Motivasyonu* adlı kitabında, insanları paranın değil başarının motive ettiğini öne sürer.

SONRA
1990 Mihayl Csikszentmihalyi, *Optimal Deneyim Psikolojisi* adlı çalışmasında başarıyı motive eden faktörlerden bahseder.

2002 Martin Seligman, başarının karakter gücünün dışa vurumu olduğunu söyler.

2004 *Başarılı Liderlik* adlı kitabında, Amerikalı psikolog Daniel Goleman, McClelland'ın fikirlerini iş yaşamındaki liderlik fikirlerine uyarlar.

Ayrıca bkz. Abraham Maslow 138–39 ▪ Mihály Csíkszentmihályi 198–99 ▪ Martin Seligman 200–01

1960'lı ve 1970'li yıllarda birini işe alıp almama kararı eğitim başarısı, kişilik ve IQ testleri sonucuna bakarak verilmektedir. Buna rağmen, David C. McClelland insanın işyerinde ne kadar başarılı olacağını belirleyen faktörün motivasyon olduğunu ileri sürer. Kapsamlı araştırmalardan sonra iş performansını belirleyen üç motivasyon unsuru tanımlar: güç ihtiyacı, başarı ihtiyacı ve bağlanma ihtiyacı. Bu üç motivasyon herkesin içinde vardır. Ancak bir tanesi daha baskındır. Baskın olan unsur, işyerindeki performansı şekillendirmektedir.

Üç ana ihtiyaç

McClelland, iyi bir müdür veya lider için en önemli motivasyonun güç veya başkalarını kontrol etme ihtiyacı olduğunu keşfetmiştir. Ancak bu durum sadece güç ihtiyacının, firma adına olması halinde işyerinde olumlu sonuç vermektedir. Zira kişisel güç peşinde koşan biri kötü bir takım oyuncusudur.

McClelland'a göre yüksek nitelikte iş başarma ihtiyacı sayesinde ortaya çıkar. Dolayısıyla işyerindeki başarıyı belirlemede zekâdan çok daha önemlidir. Ona göre başarılı olma ihtiyacı insanları daha rekabetçi hale getirerek yeni hedefler belirleyip sürekli gelişmelerini sağlamaktadır.

Son olarak, bağlanma –başkalarıyla daha iyi ilişkiler kurma– ihtiyacının iyi bir takım oyuncusu olma özelliği sağladığını düşünür. Bağlanma ihtiyacı çok yüksek olan kişilerin başarılı yönetici olmasının düşük bir ihtimal olduğuna inanır.

McClelland motivasyonun, bilinçdışının derinliklerine gömülü özellikleri tarafından belirlendiğine inanır. Kendi motivasyonlarımızın tam olarak farkında olmadığımız için iş görüşmelerinde belirttiğimiz motivasyonlar veya anket sonuçları her zaman durumu tam olarak yansıtmayabilir. McClelland, 1930'lu yıllarda her ikisi de psikolog olan Henry Murray ve Christina Morgan tarafından bilinçdışının bazı yönlerini ortaya çıkarmak için geliştirilen Tematik Algılama Testi'nin (TAT) kullanılması gerektiğini düşünmektedir. İş ortamında fazla kullanılmayan bu testte, test edilen kişiye bir dizi resim gösterilir. Sonra bu resimlere göre bir hikâye oluşturulması istenir. Anlatılan hikâyenin kişinin gizli kalan yetenek ve motivasyonlarını yansıttığı düşünülür. McClelland, TAT sonuçlarını analiz etmek için yeni bir yöntem tasarlar. Bu yeni yöntemle teste giren kişiler arasında, kimin işle ilgili belirli role daha uygun olduğunu seçmek için, kıyas yapmak mümkün hale gelmiştir.

McClelland'ın fikirleri iş dünyasında işe alınma sürecinde çığır açmıştır. Son yıllarda eleman adaylarını değerlendirmek için önerdiği kapsamlı testler eski popülerliğini kaybetmiş olsa da temel ilkeleri hâlâ önemini korumaktadır. Günümüzde, motivasyonun iş başarısını belirlemede en önemli unsurlardan biri olduğu kabul edilmektedir. ▪

Tematik algılama testi McClelland tarafından geliştirilmiş, işe başvuran adayların değerlendirilmesinde kullanılmıştır. Görsel imajlar yoluyla insanların gerçek düşüncelerini ortaya çıkaracak bir hikâyeye dayanır.

David C. McClelland

David Clarence McCleland, New York'un, Mount Vernon bölgesinde doğar. Wesleyan Üniversitesi'ni bitirdikten sonra, Missouri Üniversitesi'nde yüksek lisans yapar. Ardından, 1941 yılında deneysel psikoloji dalında doktora yaptığı Yale Üniversitesi'ne geçer. 1956 yılında Harvard'dan gelen iş teklifini kabul edene kadar birçok üniversitede ders verir. 30 yıl boyunca Harvard'da kalan McClelland, Sosyal İlişkiler Departmanı'nın başkanlığını da üstlenir.

1963 yılında, iş yönetimi konusunda danışmanlık veren bir şirket kurar. Burada, geliştirdiği kuramları şirket yöneticilerine eleman seçimi ve eğitimi konusunda yardımcı olmak için kullanmıştır. 1987 yılında, Boston Üniversitesi tarafından psikoloji dalında özel araştırmalar profesörü mertebesine layık görülür. McClelland, bu göreve 80 yaşında ölümüne kadar devam eder.

Önemli eserleri

1953 *Başarı Güdüsü*
1961 *Başarılı Toplum*
1973 *Zekâ Yerine Yeterlilik Testi*
1987 *İnsan Motivasyonları*
1998 *Davranışsal- Olay Mülakatı ile Yeterlilik Tespiti*

DUYGU ESAS OLARAK BİLİNÇDIŞI BİR SÜREÇTİR

NICO FRIJDA (1927–)

KISACA

YAKLAŞIM
Duygu Psikolojisi

ÖNCE
1872 Biyolog Charles Darwin, *İnsan ve Hayvanlarda Duyguların İfade Edilmesi* adlı çalışmasını yayınlar. Bu çalışma insan duygularının araştırıldığı ilk bilimsel çalışmadır.

1800'lerin sonu William James ve Danimarkalı fizyolog Carl Lange duygu teorisini geliştirir. Buna göre duygular bedensel değişimlerin nedeni değil sonucudur.

1929 Fizyolog Walter Cannon ve Phillip Bard, duygu ve fizyolojik uyarılma deneyimlerini aynı anda yaşadığımızı söyler.

SONRA
1991 Richard Lazarus, *Duygu ve Uyum* adlı kitabında düşüncenin duygu ve fizyolojik uyarılma süreçlerinden önce gelmesi gerektiğini açıklar.

Duygularımız ve hislerimiz *idiosyncratic*'tir; bunlar tamamen nesnel ve mistik olarak gayet ağır bir şekilde duyguların psikolojisinin niçinini açıklar. Ama son otuz yılda, bu durum değişmiştir; bilimsel olarak "site" duyguların yenilenmesi söz konusudur.

Evrimsel psikologlar temkinli sorular sorar. Duyguların niyeti nedir? Nasıl kurtulur ya da başarırız?

Nico Frijda'nın çığır açan kitabı *Duygu Kuralları*, duyguların

Duygu esas olarak bilinçdışı bir süreçtir.

Duygular, bizi eyleme geçmeyi hazırlayan güdüleyen güçlerdir.

Bunlar **aniden gelişen**, kontrol dışı **biyolojik** süreçlerdir.

Hisler, kahkaha gibi ani gelişen fiziksel ifade yöntemleri aracılığı ile **başkaları tarafından da anlaşılabilir.**

Yaşadığımız duyguları **hisler** aracılığıyla yorumlarız.

Hislerimizi, **bilinçli bir şekilde fark eder** ve **kararlarımızı** buna göre verebiliriz.

Hislerimiz kontrol altında oldukları sürece, davranışlarımız aracılığı ile **başkaları tarafından anlaşılamaz.**

Ayrca bkz. William James 38–45 ▪ Albert Ellis 142–45 ▪ Gordon H. Bower 194–95 ▪ Charlotte Bühler 336 ▪ René Diatkine 338 ▪ Stanley Schachter 338

esasını ve kurallarını inceler. Frijda'ya göre duygular, biyolojik ve bilişsel süreçlerin ortasında yer alır. Korku gibi duygular kalıtsal veya içseldir. Bu tip duyguları diğer hayvanlarla paylaşırız. Diğer tip duygular ise düşüncelerimiz sonucunda oluşur. Dolayısıyla tamamen bilişsel temellidir. Hatta utanma ve gücenme gibi bazı duygular kültürel etmenlerle şekillenir.

Frijda, duygular ve hisler arasında kesin bir ayrım yapar. Duygular kontrolümüzün dışındadır. Kendiliğinden oluşabilir ve varlıklarını korktuğumuzda midemizde düğümlenme olması gibi, fiziksel belirtilerle gösterebilirler. Frijda, bu nedenle "duyguların esas olarak bilinçdışı bir süreç" olduğunu söyler. Diğer taraftan, hisler yaşadığımız duyguların yorumlanmasıdır ve daha bilinçlidirler. Bir şey hissettiğimizde, hislerimiz konusunda düşünebilir ve uygun seçimler yapabiliriz. Hislerimizle, duygularımızda olduğunun aksine, aniden büyük bir etki altına girmeyiz.

Eylem ve düşünce

Frijda, duygu ve hislerin kendilerini farklı şekillerde gösterdiğini söyler. Duygular bizi eylem için hazırlar. Korku getiren durumlarda vücudu kaçması veya olduğu yerde kalıp savaşması için motive eden güçlerdir. Çevremizdekiler, davranışlarımız aracılığıyla, bu duygularımızı anlar veya en azından tahmin eder. Hisler ise davranışımızla tutarlı olmayabilir. Zira istediğimiz takdirde hislerimizi saklayacak şekilde davranabiliriz.

Frijda temel duyguları daha kapsamlı bir kendini tanımaya giden fırsat olarak görür. Duygularımıza, onları fark etmemizi sağlayan biyolojik uyarılar eşlik eder ve hislerimizin dah açok farkına varırız. Bu onları yaptığımız seçimlere bölmemize ve dürüstçe düşünerek öz farkındalığımızı derinleştirmemize izin verir. Ancak Frijda, temel duyguları öfke, sevinç, utanç, üzüntü ve korkuyla sınırlar. Kıskançlık ve suçluluk duygusu gibi duyular aynı biyolojik kaçınılmazlığa sahip değildir.

Frijda, duyguların hangi belirli kurallara bağlı olarak işlediğini anlatırken, öngörülebilir şekilde oluşup, büyüdüklerini ve yok olduklarını göstermiştir. Mantık, ruhsal sağlığımızı korumak için, duyguları barometre gibi ölçer. "Duygusal benliklerimiz ve mantıklı benliklerimiz birbirinden bağımsız bölümler değildir" diyen Frijda şöyle devam eder: "Aksine birbirlerine ilk bakışta görünenden çok daha fazla bağlıdırlar." ▪

Frijda'ya göre korku gibi duyguların hep "bir nedeni" vardır. Değişen etkenlere verilen ani tepkilerdir ve çevremizle olan ilişkimize dair önemli ipuçları verirler.

Nico Frijda

Nico Henri Frijda, Amsterdam'da doğmuştur. Ailesi Yahudi akademisyenlerdir. II. Dünya Savaşı'nda Yahudi soykırımından kaçmıştır. Amsterdam'daki Gemeente Üniversitesi'nde psikoloji okur. 1956 yılında, *Yüz İfadelerini Anlamak* adlı teziyle doktora derecesini kazanır. Duygularla ilgilenmeye başlamasının nedeni olarak öğrencilik döneminde âşık olduğu kızın "duygularını çok ifade eden" biri olmasını göstermiştir.

1954 ve 1955 yılları arasında, Hollanda Ordu Sinir Hastalıkları Merkezi'nde çalıştıktan sonra araştırma ve öğretmenliğe geri döner. 10 yıl boyunca Amsterdam Üniversitesi'nde doçent olarak görev yaptıktan sonra teorik ve deneysel psikoloji profesörü olur. Paris, İtalya, İspanya ve Almanya dahil olmak üzere Avrupa'nın birçok ülkesindeki üniversitelerde konuk öğretim üyesi olarak görev yapar. Halen ikinci eşiyle birlikte Amsterdam'da yaşamaktadır.

Önemli eserleri

1986 *Duygular*
2006 *Duygu Kuralları*
2011 *Duygu Denetimi ve Özgür İrade*

ÇEVRESEL İPUÇLARI OLMADAN DAVRANIŞ ANLAMSIZCA KAOTİK OLURDU

WALTER MISCHEL (1930–)

KISACA

YAKLAŞIM
Kişilik teorisi

ÖNCE
M.Ö 400 Antik Yunan dönemi hekimi Hipokrat, karakterin bedenimizdeki vücut salgılarına bağlı olduğunu söyler.

1946 Raymond Cattell 16 faktörlü modeli üzerinde çalışmaya başlar.

1961 Amerikalı psikolog Ernest Tupes ve Raymond Christal ilk "Beş Önemli" kişilik faktörünü ortaya atarlar.

SONRA
1975 Hans J. Eysenck'in kişilik anketi iki biyolojik temele dayanan, farklı kişilik boyutu tanımlar.

1980 Robert ve Joy Hogan ile Rodney Warrenfeltz adlı üç Amerikalı psikolog "Büyük Beş" kişilik modeline dayanan kapsamlı kişilik testleri hazırlar.

1960'ların sonuna dek kişilik, kalıtım yoluyla edinilen, bir dizi davranış özelliği olarak nitelenmiştir. Psikologlar bu özellikleri tanımlayıp ölçmeye çalışmıştır. Çünkü bunun insan davranışını anlamanın ve öngörmek için gerekli olduğu düşünülmektedir. Raymond Cattell 26 farklı kişilik özelliği tanımlar. Hans Eysenck ise sadece üç veya dört kişilik özelliği olduğunu iddia etmektedir. 1961 yılında Ernest Tupes ve Raymond Christal beş önemli kişilik özelliği önerirler. Geliştirdikleri beş büyük faktör kuramına göre bu özellikler açıklık, sorumluluk, dışadönüklük, uyumluluk ve nevrotikliktir. Sonra 1968 yılında Walter Mischel, *Kişilik ve Değerlendirilmesi* adlı kitabında klasik kişilik testlerinin neredeyse

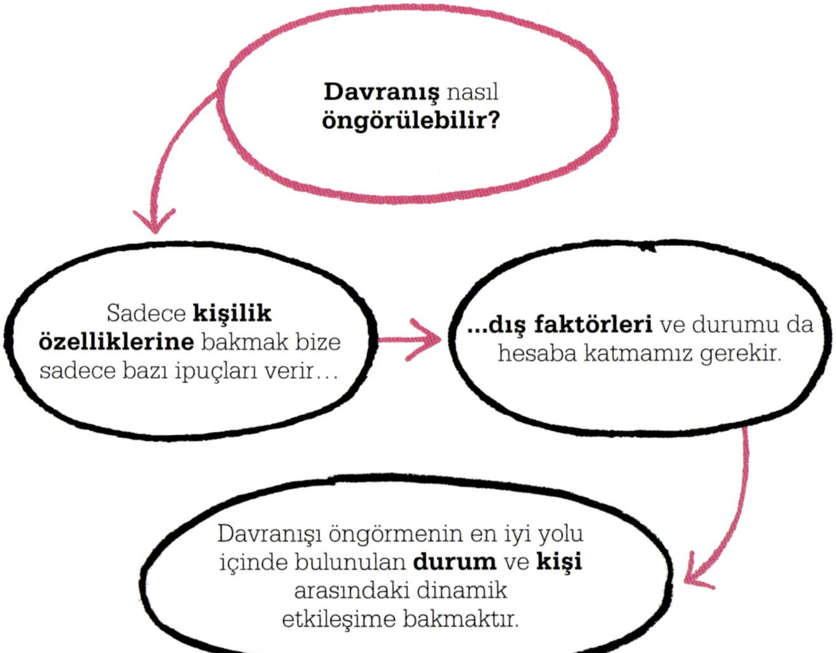

Ayrıca bkz. Galen 18–19 ▪ Gordon Allport 306–07 ▪ Raymond Cattell 314–15 ▪ Hans J. Eysenck 316–21

tamamen değersiz olduğunu iddia ederek bütün dünyayı şaşırtır. Mischel, kişilik testi sonuçlarından yola çıkarak insan davranışını tahmin etmeye çalışan birçok araştırmayı incelemiş ve bu araştırmaların doğruluk payı sadece yüzde 9 çıkmıştır.

Dış faktörler

Mischel, davranışı belirlemede, içinde bulunulan durum gibi dış faktörlere dikkat çeker. Ona göre kişi ile içinde bulunulan durum arasındaki dinamik etkileşime bakılması şarttır. İnsan davranışları, dış etkenlerden tamamen bağımsız olsaydı, ne kadar tuhaf olacağını düşünün. Mischel, özgün kişiliği meydana getiren davranış modellerinin görülebilmesi için, uzun bir kişilik özellikleri listesi yerine, farklı durumlardaki, farklı zamanlarda gözlemlenen insan davranışlarının analiz edilmesi gerektiğini öne sürmüştür. Durumun bireysel yorumlanması da hesaba katılmalıdır.

Daha sonra, düşünce alışkanlıklarını araştıran Mischel özellikle farklı şartlar altında, uzun zaman devam eden alışkanlıklara yoğunlaşır. Ünlü şekerleme deneyinde, irade gücü test edilmiştir. Dört yaşındaki deneklere iki seçenek verilir. Her çocuk kendilerine verilen şekerlemeyi istediği takdirde hemen yiyebilecek ancak yirmi dakika bekleyip öyle yerse, ikinci şekerlemeyi almaya hak kazanacaktır. Bazı çocuklar yirmi dakika sabredebilirler diğerleri ise edemezler. Mischel, çocukları ergenlik dönemine dek takip eder. Takip sonuçlarına göre irade gösterebilen çocuklar psikolojik olarak daha oturmuş, daha güvenilirdirlerdir. Ayrıca okulda da daha başarılılardır. Kendilerine daha fazla güvenmekte ve medeni cesaret gösterebilmektedirler. Tatmini erteleyebilme gücü gelecekteki başarıyı öngörmek için daha önce ölçülen bütün ayırt edici özelliklerden daha doğru sonuçlar vermiştir.

Mischel'in araştırmaları kişilik çalışmalarının yönünü değiştirmiştir. Eskiden kişiliğin davranışı nasıl şekillendirdiği araştırılırken Mischel'in çalışmalarından sonra davranışın insan karakterini nasıl ortaya çıkardığı araştırılmaya başlanmıştır. Bu araştırmalardan sonra, eleman seçiminde kişilik profilinin oynadığı rol de değişmiştir. Eskiden eleman seçiminin en doğru yöntemi olarak kabul edilen testler artık sadece söz konusu işte meydana gelebilecek durumlarda neler olabileceğini gösterebilecek bir rehber olarak görülmeye başlanır. ▪

Mischel'in çocukların davranışlarıyla ilgili çalışmalarında, irade gücü yerine kısa süreli haz, hayattaki büyük başarıların kapasitesini gösterir.

> Kişilik testleri bize insanlar hakkında gerçekten ne anlatıyor?
> **Walter Mischel**

Walter Mischel

Avusturya'da doğan Walter Mischel 1938 yılında ailesiyle birlikte ABD'ye göç eder ve New York'un Brooklyn semtinde büyür. 1956 yılında Ohio Devlet Üniversitesi'nden klinik psikoloji diploması alır. Ardından Colorado Üniversitesi, Harvard ve Stanford gibi okullarda ders verir. 1983 senesinde New York'taki Columbia Üniversitesi'den Robert Johnston Niven Fahri Doktorası alır.

Mischel pek çok fahri unvana layık görülmüştür. Bunlardan bazıları Amerikan Psikoloji Derneği'nin verdiği Özel Bilimsel Katkı Ödülü ile Özel Bilim Adamı ödülü ve saygın Grawemeyer Ödülü'dür. Mischel, aynı zamanda üretken ve yetenekli bir ressamdır.

Önemli eserleri

1968 *Kişilik ve Tespiti*
1973 *Bireyler Hakkındaki Bilgiler, Durumlar Hakkında Bilgilerden Daha mı Önemlidir?*
2003 *Kişiliğe Giriş*

DELİ OLANLA OLMAYANI AKIL HASTANELERİNDE AYIRAMAYIZ

DAVID ROSENHAN (1932–)

KISACA

YAKLAŞIM
Antipsikiyatri

ÖNCE
1960 R. D. Laing, *Bölünmüş Benlik: Aklı Başında Olmak ve Çılgınlık Üzerine Varoluşsal Bir Araştırma* adlı kitabında ruhsal hastalık nedeni olarak ailenin üzerinde durur.

1961 E. Zigler ve L. Phillips adlı psikiyatrlar değişik psikiyatrik bozukluk sınıfları arasındaki çok önemli örtüşmeleri gözler önüne serer.

1961 Macar asıllı Amerikalı psikiyatr Thomas Szasz, tartışmalara yol açan *Ruhsal Hastalık Miti* adlı kitabını yazar.

1967 İngiliz psikiyatr David Cooper *Psikiyatri ve Antipsikiyatri* kitabında antipsikiyatri hareketinden bahseder.

SONRA
2008 Thomas Szazs, *Psikiyatri: Yalan Bilimi* adlı kitabını yayımlar.

Psikiyatrlar ruhsal bozuklukların, **hastalık olarak sınıflandırılabilecek belirtiler sayesinde doğru olarak teşhis edilebileceğini** söyler.

Böylece aklı başında ve deli **ayrımı yapabilmelidirler.**

İlk deney aklı başında birinin deli olduğu kanaatine varılabileceğini gösterdi.

İkinci deney gerçekten ruh hastası olan kişilerin, bazen numara yapıyor yargısına varabileceğini gösterdi.

Deli ve aklı başında arasındaki ayrım akıl hastanelerinde yapılamaz.

Psikiyatrik teşhisler tarafsız değildir; sadece gözlemcinin zihninde bulunurlar.

Ayrıca bkz. Emil Kraepelin 31 ▪ R.D. Laing 150–51 ▪ Leon Festinger 166–67 ▪ Elliot Aronson 244–45

1960'larda, "antipsikiyatrlar" olarak bilinen bir grup uzman, psikiyatrinin en temel inançlarına açık açık itiraz etmeye başlamıştır. Sosyal güvenlik görevlileri, psikologlar ve psikiyatrlardan oluşan bu gayrı resmi grup, psikiyatrinin aslında hiçbir belirti olmamasına rağmen, ruhsal sağlık için tıbbi bir model oluşturduğunu iddia ederi. Ayrıca tedavi yöntemleri hasta kabul edilen kişilerin ihtiyaç ve davranışlarını göz ardı etmektedir.

1973 yılında, David Rosenhan Amerika'da psikiyatrların koyduğu teşhislerin geçerliliğini araştıran bir saha araştırması yapar. Sonuçta deli ve aklı başı arasındaki ayrımın akıl hastanelerinde yapılamadığı ortaya çıkar.

Çalışmanın ilk bölümünde Rosenham, farklı mesleklere sahip, akli dengesi yerinde sekiz kadın ve erkekten oluşan denek grubunu (gruba kendisi de dahildi) sahte hastalar olarak kullanır. Bu sekiz kişi, ABD'de beş akıl hastanesine başvuracaktır. İlk önce telefonla randevu alınır. Ardından kabul bölümünde, zihinlerinde yabancı bir ses duyduklarını söylerler. Sesin tam olarak duyulamadığını ama aradan "boşluk" ve "cani" gibi sözcükleri seçebildiklerini iddia ederler. Bu sözcükler varoluşsal anlamsızlık duygularına işaret ediyordu. Deneklere sahte isim ve meslekler dışında, tamamen gerçek kişisel geçmişlerini anlatmaları talimatı verilmiştir.

Sonuçta sekiz sahte hastanın tamamı ortada hiçbir belirti olmamasına rağmen şizofreni teşhisi ile hastaneye yatırılır. Denekler hastanedeki kalış süreleri boyunca tamamen normal davranışlar sergilerler. Ortalama kalış süreleri 19 gündür. Denekler deneyimlerini anlatan günlükler tutarlar. Önce günlükler gizli saklı tutulur. Sonra sorgu sual olmayınca açıkça tutulmaya başlanır. Normal davranışların bile psikiyatrik bozukluk olarak addedilebileceğini ortaya koyan Rosenham, bütün hastalar için tutulan tıbbi notlarda ortak bir yorum tespit eder. Tıbbi notların tamamında "hasta yazı yazma eğilimi gösteriyor" cümlesi vardır.

"Hastalar" kendi deneyimlerini güçsüzlük ve kişilik kaybına uğrama sözcükleriyle tarif etmektedirler. Hastane kayıtlarına göre tıbbi personelin hastalara ayırdığı vakit günde yedi dakikadır. Hastane personeli tarafından akli dengelerinin yerinde olduğu anlaşılmayan hastalar sık sık diğer hastalar tarafından akli dengelerin yerinde olmasıyla itham edilir. Diğer hastalar bazen oldukça sert çıkışta bulunup "Sen deli değilsin. Hastaneyi araştıran bir gazetecisin" şeklinde cümleler sarf eder.

Delilere akıllı demek

Rosenhan, çalışmasının ikinci bölümünde, deneyin ilk bölümünden artık haberdar olan hastane yetkililerine yanlış bilgiler verir. Üç ay içinde, bir ya da birden fazla yeni sahte hastanın hastaneye yatmaya çalışacağını söyler. Tıbbi yetkililerden her yeni başvuruda bulunan hastanın, sahte hasta olma ihtimalini belirlemeleri istenir. Neticede deneyle ilgisiz 193 hakiki hasta başvurusundan 41 tanesi en az bir hastane personeli tarafından sahte olarak değerlendirilir. En az bir psikiyatr tarafından sahte hasta sanılan kişi sayısı ise 23'tür.

Rosenhan'ın deneyleri büyük tartışma yaratır. Sonuçta birçok kurum hastalarla olan ilişkilerini düzelir. ▪

David Rosenhan

David Rosenhan 1932'de ABD'de doğmuştur. New York'taki Yeshiva Üniversitesi'nden psikoloji derecesi alır. Yüksek lisans ve doktora için Columbia Üniversite'sine geçer. Klinik ve sosyal psikolojide uzmanlaşır. Yasal dava taktikleri ve yasal karar sürecinde uzman olur. 1957 ve 1970 yılları arasında Princeton Üniversitesi, Swarthmore College ve Haverford College'de ders verdikten sonra 30 yıl boyunca çalışacağı Stanford Üniversitesi'ne geçer. Halen Stanford Üniversitesi'nde hukuk ve psikoloji dalında Ordinaryüs Profesör olarak görev yapmaktadır. Oxford Üniversitesi'nde konuk olarak ders vermiş olan Rosenhan aynı zamanda Amerikan Bilimsel Gelişme Vakfı'na üyedir. Vaka Analiz Grubu'nu kuran Rosenhan akıl hastalarının yasal haklarının en önemli savunucularından biridir.

Önemli eserleri

1968 *Anormal Psikolojinin Temelleri* (Perry London'la birlikte)
1973 *Delilik Mekanlarında Akli Dengeye Sahip Olmak*
1997 *Anormallik* (Martin Seligman ve Lisa Butler)

EVE'İN ÜÇ YÜZÜ

CORBETT H. THIGPEN (1919–1999) HERVEY M. CLECKLEY (1903–1984)

KISACA

YAKLAŞIM
Zihinsel rahatsızlıklar

ÖNCE
1880'ler Pierre Janet Çoklu Kişilik Rahatsızlığı'nı birçok bilinçlilik durumu olarak tanımlar ve ilk kez disosiyasyon, çözülme terimini kullanır.

1887 Fransız cerrah Eugene Azam, Felida X'in çoklu kişiliklerini belgeler.

1906 Amerikalı hekim Mortin Prince *Kişilik Çözülmesi* adlı kitabında Chiristine Beauchamp vakasından söz eder.

SONRA
1970'lar Amerikalı psikiyatr Cornelia Wilbur, Sybil İsabel Dorset vakasından söz ederek çoklu kişilik bozukluklarını çocukluk döneminde yaşanan tacize bağlar.

1980 Amerikan Psikiyatri Derneği, çoklu kişilik bozukluğunu, *Tanısal ve İstatistiki Akıl Hastalıkları Kitapçığı*'nın 3. basımını yayımlayarak meşrulaştırır.

1994 Çoklu kişilik bozukluğuna Dissosiyatif Kimlik Bozukluğu adı verilir.

Çoklu kişilik bozukluğu (ÇKB, sonradan verilen adıyla dissosiyatif kimlik bozukluğu), bireyin kişiliğinin iki veya daha fazla kimliğe sahip olduğu bir zihinsel rahatsızlıktır. ÇKB ilk kez 1791 yılında Eberhardt Gmelin tarafından tanımlanmıştır. Sonraki 150 yıl boyunca 100 klinik vaka belgelenmiştir. Hastalığın çocukluk döneminde yaşanan tacizden kaynaklandığı ve alt kişilikleri esas kişiliğe entegre ederek tedavi edilebileceği düşünülmüştür. En bilinen çoklu kişilik bozukluğu vakalarından biri Eve White vakasıdır. Eve, tedavi için 1952 yılında, Thigpen ve Cleckley'e gelmiştir. Şikâyeti şiddetli baş ağrısı ve ara sıra görülen şuur kaybıdır. Dört yaşında bir çocuk annesi olan Eve 25 yaşında, derli toplu, ağırbaşlı, evli bir kadındır. Tedavisi yaklaşık 14 ay sürecektir.

Eve doktorlara bütçesini aşan abartılı kıyafetler satın aldığı rahatsız edici bir nöbetten bahseder. Ancak satın alma anını anımsamamaktadır. Bu olayı anlatırken tavırları değişmeye başlar. Kafası karış-

Ayrıca bkz. Pierre Janet 54–55 ▪ Timothy Leary 148 ▪ Milton Erickson 336

mış gibi görünmektedir. Sonra yüzü değişir. Gözleri açılır. Yüzünce canlı bir gülümseme belirir. Parlak, davetkâr bir ses tonuyla konuşmaya başlar. Sigara kullanmadığı halde sigara ister.

Bu Eve Black'tir. Eve White'dan o kadar farklı bir kişiliktir ki, Eve White'da bulunmayan naylon alerjisinden muztariptir. Eve White, Eve Black'in farkında değildir. Ancak Eve Black, diğer Eve'in gayet farkındadır. Hatta Eve White'ın "lanet bir ahmak" olduğunu düşünmektedir.

Farklı kişilikler

Her iki kişilik de kapsamlı psikolojik testlerden geçirilir. Eve White'ın, IQ'su, Eve Black'ten biraz daha yüksek çıkmıştır. Her ikisi de akıllı-normal kategorisine girmektedir. Karakter dinamikleri Rorschach testiyle ölçülür. Testte kişiler mürekkep lekelerine bakarak ne gördüklerini söylemektedirler. İkisi arasında muazzam farklar vardır. Eve Black'te bariz bir histeri eğilimiyle uyum sağlama becerisi vardır. Eve White'da ise "daralma, endişe ve obsesif-kompulsif özellikler" ve başa çıkamadığı bir düşmanlık hissi. Eve'in durumunun küçük yaşlarda yaşadığı tacizden kaynaklandığına karar verilir. Dolayısıyla hipnoz gibi tekniklerle Eve Black karakterinin ortaya çıkması ve çocukluğunun ilk yıllarına gitmesi sağlanmaya çalışılır. Sonunda her iki karakterin aynı anda ortaya çıkartılma çabaları sonuç verir. Eve transa geçer. Sonuçta üçüncü bir insan olarak uyanır. Üçüncü kişi Eve'in, 3. yüzü olan Jane'dir. Eve White'a göre daha yetenekli ve enteresan bir karakter olan Jane her iki Eve'in güçsüz yönlerine değil sadece güçlü taraflarına sahiptir. Her iki Eve'in ondan haberi yoktur ama Jane onların farkındadır.

> Eve Black diyordu ki "Gece dışarı çıkıp sarhoş oluyorum. Sonra akşamdan kalma bir halde uyanan o oluyor".
> **Thigpen & Cleckley**

Eve'in hikâyesi *Eve'in Üç Yüzü* adlı kitap ve film ile popüler hale geldi. Kitap ve film kamuoyunun ilgisini çekerek, Eve'in vakasını en ünlü ÇKB vakası haline getirdi.

Jane her iki Eve'in dengeli bir karışımı gibidir. Her üç karakterin karmaşık özeliklerine en iyi hâkim olan odur. İki Eve de onun karakterine dahil olmuştur.

Eve'inki gibi tam ÇKB nadir görülür. Daha az belirgin vakalara daha sık rastlandığı kabul edilir. Eve'in vakası gibi vakaların derinlemesine belgelenmesi, ÇKB'yi tedavi edilebilir bir konuma getirmiştir. ■

Corbett H. Thigpen & Hervey M. Cleckley

Corbett H. Thigpen Corbett H. Thigpen Macon, Atlanta, ABD'de dünyaya gelmiştir. Çocukluk yıllarında merak sardığı sihirbazlık hobisiyle hayatının sonuna dek uğraşmıştır. Güneydoğulu Ünlü Sihirbazlar Derneği'ne katılmıştır. 1942 yılında Mercer Üniversitesi'nden, 1945 yılında ise Georgia Tıp Fakültesi'nden mezun olur. II. Dünya Savaşı'nda Amerikan ordusunda görev aldıktan sonra 1948 yılında Hervey M. Cleckley ile birlikte özel muayenehanesinde başarılı psikiyatri kariyerine başlar. İkili yirmi yıl boyunca, Georgia Tıp Fakültesi'nde nöroloji ve psikiyatri bölümlerinde ders verir. "Her konferanstan sonra ayakta alkışlanan profesör" olarak tanınan Thigpen, 1987 yılında emekli olur.

Hervey M. Cleckley Agusta, Georgia doğumlu olan Cleckley, Georgia Üniversitesi'nden mezun olur. Öğrencilik yıllarında sporla uğraşmıştır. 1926 yılında mezun olduğu Oxford Üniversitesi'nde Rhodes bursu ile okumuştur. Kariyeri boyunca Georgia Tıp Fakültesi'nde görev yapar. Bu süre zarfında Psikiyatri ve Sağlık Davranışı Kürsüsü kurucu başkanlığı başta olmak üzere birçok pozisyonda bulunur. 1941 yılında, psikopatlar hakkında çığır açıcı bir çalışma olan *Akli Denge Maskesi* adlı kitabını yayımlamıştır.

Önemli eserleri

1941 *Akli Denge Maskesi* (Cleckley)
1957 *Eve'in Üç Yüzü* (Thigpen & Cleckley)

REHBE

REHBER

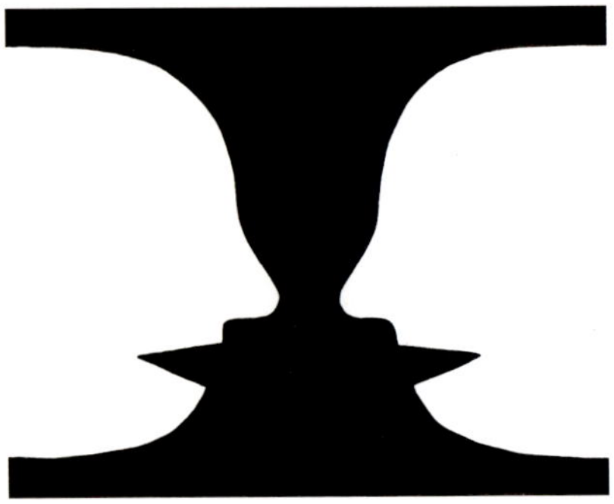

Uygarlık tarihinin ilk günlerinden beri, insanlık zihnin nasıl çalıştığını anlamaya çabalıyor. İlk çabalar modern anlamda bilimsel olmaktan çok felsefiydi. Zihinsel süreçlerimizi bilimsel olarak tahlil edilebilmemizi sağlayan, 19. yüzyılın ikinci yarısında yapılan bilimsel keşifler olmuştur. Böylece psikoloji ayrı bir çalışma alanı olmaya başlamıştır. Bu kitapta psikoloji dalında bazı kilit isimlerin fikir ve araştırmalarına değindik. Ancak psikolojinin ayrı bir bilim dalı olmasını sağlayan daha birçok isim var. Yapısalcılardan davranışçılara, psikanalistlerden, bilişsel terapistlere kadar aşağıdaki bütün isimler insan olarak benzersizliğimizi anlamamızda büyük rol oynadı.

JOHN DEWEY
1859–1952

Amerikalı John Dewey, 20. yüzyılın ilk yarısında bilim ve beşeri düşünce dünyasındaki gelişmeleri derinden etkiledi. Aslında davranışsal psikolog olan Dewey, pragmatik felsefeyi topluma uygulayarak Amerika'daki eğitim fikirlerini ve işleyişini değiştirdi.
Ayrıca bkz. William James 38–45 ▪ G. Stanley Hall 46–47

W.H.R. RIVERS
1864–1922

William Hales Rivers Rivers, İngiliz bir cerrah, nörolog ve psikiyatr. Uzmanlık alanı beden ve zihin arasındaki ilişkiydi. İsteri dâhil birçok nörolojik durumla ilgili makaleler yazdı. Rivers'ın en ünlü makalesi "savaş sonrası nevroz"la (Post travmatik Stres Bozukluğu) ilgili çalışmasıdır. Modern tıbbi antropolojinin kurucularından biri olarak tanınan Rivers'ın, Pasifik'teki Torres Boğazı gezisinde kullandığı kültürlerarası yöntemler, sonraki saha çalışmalarının temelini attı.
Ayrıca bkz. Wilhelm Wundt 32–37 ▪ Hermann Ebbinghaus 48–49 ▪ Sigmund Freud 92–99

EDWARD B. TITCHENER
1867–1927

İngiliz Edward Bradford Titchener önce Oxford'da ardından Almanya'da Wilhem Wundt'un öğrencisi olarak deneysel psikoloji okudu. 1892 yılında Amerika'ya taşındı. Burada insanların deneyimlerini küçük parçalara ayırıp ardından temel yapılar haline toparlayan yapısal psikolojinin kurucusu olarak tanındı. İçebakış temeli üzerine kurulan yapısal psikoloji çok rağbet gören davranışçılıkla zıt düşüyordu. 1920'li yıllarda, Titchener, hâlâ saygın bir isim olmasına rağmen, fikirleri destek bulamıyordu. Psikoloji hakkında aralarında *Ana Hatlarıyla psikoloji* (1896), *Deneysel Psikoloji* (1901-1905), *Psikoloji Üzerine Bir Ders Kitabı* (1910) adlı kitapların bulunduğu birçok ders kitabı yazdı.
Ayrıca bkz. Wilhelm Wundt 32–37 ▪ William James 38–45 ▪ J.P. Guilford 304–05 ▪ Edwin Boring 335

WILLIAM STERN
1871–1938

Almanya doğumlu William Stern gelişimsel psikolojinin kurulmasında kilit isimlerden biridir. İlk kitabı olan *Erken Çocukluk Dönemi Psikolojisi* (1914), hepsi 18 yaşının altındaki üç çocuğu üzerinde yaptığı gözlemlere dayanarak yazılmıştır. Stern kendisine ait olan "kişisel psikoloji" yöntemi ile genel, genetik, uygulamalı ve diferansiyal psikolojiyi birleştirerek, kişisel gelişim yollarını araştırdı. Adli psikolojinin öncülerinden biri olan Stern, nomotetik idiyografi yaklaşımını ilk kullanan kişiydi. Stern en çok IQ testlerini çocukların zekâsını ölçmek için kullanılması çalışmalarıyla tanınır. Test sonucu, testi çözen kişinin "zihinsel" yaşının, kronolojik yaşına bölünüp, ardından 100 ile çarpılmasıyla belirlenir.
Ayrıca bkz. Alfred Binet 50–53 ▪ Jean Piaget 262–69

CHARLES SAMUEL MYERS
1873–1946

W. H. R. River'ın öğrencisi olarak Cambridge Üniversitesi'nde deneysel psikoloji eğitimi alan Myers, I. Dünya Savaşı sırasında savaş sonrası nevrozundan mustarip askerleri tedavi etti. Savaş sonrası nevroz terimi, Myers'a aittir. Savaştan sonra, mesleki psikolojinin kurulmasında kilit isimlerden biri oldu. Eserleri arasında *Zihin ve İş* (1920), *Birleşik Krallıkta Endüstriyel Psikoloji* ve *Zihin Diyarında* (1937) bulunmaktadır.

Ayrıca bkz. Kurt Lewin 218–23 ▪ Solomon Asch 224–27 ▪ Raymond Cattell 314–15 ▪ W. R. H. Rivers 334

MAX WERTHEIMER
1880–1943

Çek psikolog Max Wertheimer, 1930'lu yıllarda, Amerika'da Kurt Koffka ve Wolfgang Köhler ile birlikte, Gestalt psikolojisi ekolünü kurdu. Gestalt, önceden var olan algıda organizasyon kuramları üzerine kuruluydu. Wundt'un her parçayı teker teker incelemesinden farklı olarak, bütününün incelenmesi gerektiğini savunuyordu. Wertheimer, bu inancını ünlü "Bütün, parçalarının toplamından daha büyüktür" deyişiyle ortaya koymuştu. Ayrıca, Pragnanz yasasını geliştirdi. Bu yasaya göre, zihin, görsel bilgiyi, simetrinin ve şekillerin en sade formlarına dönüşecek şekilde işliyordu.

Ayrıca bkz. Abraham Maslow 138–39 ▪ Solomon Asch 224–27

ELTON MAYO
1880–1949

Avustralyalı psikolog Elton Mayo, 1930'lu yıllarda, Harvard Üniversitesi'nde Endüstriyel İdare Profesörü olarak görev yapıyordu. Çığır açan Hawthorne Deneyleri'ni bu tarihlerde gerçekleştirdi. Psikoloji, fizyoloji ve antropoloji gibi değişik disiplinlere ait yöntemlerinin bir araya getirildiği deneyde, beş yıllık bir süreç içerisinde, altı kadın işçinin moral seviyeleri ve üretkenlikleri incelenmişti. Bu süre zarfında çalışma koşulları değiştirilmişti. Elde edilen en şaşırtıcı sonuç işçilerin araştırmanın kendisini karşılama şekilleriydi. Şimdilerde, Hawthorne etkisi olarak bilinen etkiye göre, kişiler kendileri üzerinde bir araştırma yapıldığını öğrendiklerinde, davranışlarında değişiklikler olur. Bu keşif, endüstriyel etik ve ilişkiler ile sosyal bilimlerde kullanılan araştırma yöntemleri üzerinde büyük etki yaratmıştır.

Ayrıca bkz. Sigmund Freud 92–99 ▪ Carl Jung 102–07

HERMANN RORSCHACH
1884–1922

Rorschach, İsviçre'de geçen çocukluk yıllarında, sürekli çizim yaptığı için lakabı Klek'ti (mürekkep lekesi) . Sonra, belirli mürekkep lekelerine verilen tepkilerin duygusal, kişilik ve düşünce bozukluklarına açığa çıkarabileceğini öngören mürekkep lekesi testini geliştirdi. 37 yaşındayken, *Psikoteşhis* (form yorumu testi) adlı çalışmasının yayımlanmasından bir yıl sonra hayatını kaybetti. Ardından, dört kişi bu testi geliştirdiyse de, ortaya çıkan sonuç hepsi hatalı olan dört yöntem oldu. 1933 yılında Amerikalı John Exner, bu yöntemleri psikanalitik deneylerin en kalıcılarından biri olan Kapsamlı Sistem'de bir araya getirdi.

Ayrıca bkz. Alfred Binet 50–53 ▪ Sigmund Freud 92–99 ▪ Carl Jung 102–07

CLARK L. HULL
1884–1952

Amerikalı Clark Leonard Hull'ın erken dönem çalışmaları psikometri ve hipnozdu. 1929 yılında *Yetenek Testi* ve 1933 yılında *Hipnoz ve Telkine Açıklık* adlı kitapları yayımlandı. Hull'ın nesnel davranışçı yaklaşımıyla şekillenen ve 1940 yılında yayınlanan *Ezberciliğin Matematiksel Tümdengelimci Kuramı* adlı kitabından hayvansal olanlar dahil bütün davranışlar tek bir matematik denklemi ile ölçülüyordu. 1943 yılında yayımlanan *Davranış Prensipleri* kitabı ise, pekiştirmenin uyarılma ve karşılık ilişkisi üzerindeki etkisini araştırıyordu. Döneminde, Global Davranış Teorisi bütün psikolojik araştırmaların standart sistemlerinden biriydi.

Ayrıca bkz. Jean-Martin Charcot 30 ▪ Alfred Binet 50-53 ▪ Ivan Pavlov 60–61 ▪ Edward Thorndike 62–65

EDWIN BORING
1886–1968

Deneysel psikoloji alanındaki en önemli isimlerinden biri olan Boring'in uzmanlık alanı insanlardaki algısal ve duyusal sistemlerdi. W.E. Hill'e ait iki taraflı genç kadın/genç hizmetçi çizimi üzerindeki yorumu nedeniyle, çizim Boring figürü olarak tanındı. 1920'li yıllarda, Harvard Üniversitesi'nde psikoloji kürsüsünü, psikiyatriden uzaklaştırdı. Psikolojiyi yapısalcılığı ve davranışçılığı birleştiren bilimsel bir ekol haline getirdi. 1929 yılında yayımlanan *Deneysel Psikolojinin Tarihi* adlı kitabını, 1942 yılında yayımlanan ikinci kitabı *Deneysel Psikoloji Tarihinde Algılama* takip etti.

Ayrıca bkz. Wilhelm Wundt 32–37 ▪ Edward B. Titchener 334

FREDERIC BARTLETT
1886–1969

Frederic Bartlett, Cambridge Üniversitesi'nde 1931-1951 tarihlerinde görev yaparak, ilk Deneysel Psiko-

loji profesörü oldu. Özellikle bellek deneyleri ile tanınır. Bellek deneylerinde deneklerden Bartlett tarafından yazılmış (Hayaletlerin Savaşı vb.) fazla tanınamayan, hayali öyküler okunması isteniyordu. Sonra denekler bu hikâyeleri kendileri anlatıyordu. Sonuçta, deneklerin hikâyelere kendilerinden detaylar kattıkları veya bazı anlamları kendi kültürlerine uygun şekilde değiştirdiği görüldü. Bartlett, deneklerin hikâyeyi hatırlamaktan çok, yeniden yapılandırdığı sonucuna vardı.
Ayrıca bkz. Endel Tulving 186–91 ▪ Gordon H. Bower 194–95 ▪ W.H.R. Rivers 334

CHARLOTTE BUHLER
1893–1974

Almanya doğumlu Charlotte Buhler, Viyana Psikoloji Enstitüsünü, 1922 yılında kocası Karl ile birlikte kurdu. Çocukluk çağında kişilik ve bilişsel gelişimi çalışmaları zaman içinde yaşam boyu görülen gelişimleri kapsamaya başladı. Jung'un yaşamın üç evresi teorisi yerine, dört evresi olduğunu iddia etti. Bu evreler doğum ile 15. yaş, 15. ile 25. yaş ve 26. yaş-45. yaş ile son olarak 46-65 yaş arasındaki dönemlerden oluşuyordu. Bühler, erken çocukluk dönemi ve yetişkin duyguları arasında ilişkiler tespit etmişti. Geliştirdiği Dünya Testinde, çocukların iç dünyasını ortaya çıkarmak için bir dizi numaralandırılmış minyatür kullanılır. 1935 yılında *Doğumdan Olgunluğa* ve 1938 yılında *Çocukluktan Yaşlılığa* adlı kitaplarını yayımladıktan sonra ABD'ye yerleşti. 1960'lı yıllarda, hümanist psikolojinin gelişim sürecine katkıda bulundu.
Ayrıca bkz. Carl Rogers 130–37 ▪ Abraham Maslow 138–39 ▪ Viktor Frankl 140 ▪ Gordon Allport 306–13

DAVID WECHSLER
1896–1981

Birinci Dünya Savaşı esnasında, Romanya doğumlu Amerikan vatandaşı Wechlser, orduda Edward Thorndike ve Charles Spearman ile birlikte görev yapıyordu. Zekâ ölçümü için orduda Alfa testi yapılıyordu. Sonra Binet'nin testlerine sözel olmayan düşünce unsurunu ekleyerek, geliştirdi. Wechsler'a göre zekâ sadece mantıklı düşünme yeteneği değil, aynı zamanda amaca uygun hareket etme ve çevreyle uyum sağlayabilmekti. 1939 yılında Wechlser- Bellevue Zekâ Ölçümü yayımlandı. 1949'da ise Wechsler Yetişkin Zekâ Ölçümü yayımlandı. Wechsler Yetişkin Zekâ Ölçeği (1955), günümüzde hâlâ en çok kullanılan zekâ testidir.
Ayrıca bkz. Francis Galton 28–29 ▪ Alfred Binet 50–53 ▪ David C. McClelland 322–23

NANCY BAYLEY
1899–1994

Önde gelen çocuk gelişimi psikologlarından Amerikalı Nancy Bayley, motor ve zihinsel becerilerin gelişiminin ölçülmesi alanında uzmanlaştı. Doktorasında, çocuklardaki korkuyu ölçmek için ter bezlerindeki nem seviyelerinden yola çıkarak, sempatik sinir sistemini analiz etti. *Bayley Zihinsel ve Motor Gelişimi Ölçümü* (1969) halen bütün dünyada, 1-42 aylık küçük çocukların zihinsel ve fiziksel gelişimini ölçmek için kullanılan en önemli testtir.
Ayrıca bkz. Edwin Guthrie 74 ▪ Simon Baron-Cohen 298–99

MILTON ERICKSON
1901–1980

Nevada doğumlu Erickson, yıllarca hipnoz üzerinde yaptığı deneme-yanılma gözlemleri sayesinde dünyaca ünlü bir hipnoz ve trans otoritesi haline geldi. En çok Erickson usulü tokalaşma tekniğiyle tanınır. Bu teknikte, trans, zihnin bir anlık "davranışsal boşluğu" ile karışmasıyla sağlanır. Bu boşluk, el sıkışmasının ritmine müdahale edilmesiyle gerçekleşir. Hipnozla terapi yönteminin kurucusu olarak kabul edilen Erickson'ın, ayrıca aile terapisi, sonuç odaklı terapi, sistematik terapi ve NLP (Nöro-linguistik programlama) başta olmak üzere birçok kısa terapi tedavilerinin gelişmesinde çok önemli etkileri olmuştur.
Ayrıca bkz. B.F. Skinner 78–85 ▪ Stanley Milgram 246–53.

ALEXANDER LURIA
1902–1977

Kazan, Rusya doğumlu Luria, eğitimini Moskova Psikoloji Enstitüsü'nde tamamladı. Tepki zamanları ve düşünce süreçleri üzerinde yaptığı araştırmalar sonucunda ilk yalan makinesini ve "kombine motor yöntemini" geliştirdi. Ardından tıp fakültesine giderek, nöroloji dalında uzman oldu. Fiziksel ve zihinsel arasındaki dengeyi bularak, beyin hasarı, hafıza kaybı, algı, ve afazi (dil bozuklukları) konusunda çığır açan bulgular elde etti. *Dünyası Yıkılan Adam: Beyin İncinmelerinin Tarihçesi* (1972) gibi kitapları sayesinde nörolojiyi popüler hale getirdi.
Ayrıca bkz. Sigmund Freud 92–99 ▪ B.F. Skinner 78–85 ▪ Noam Chomsky 294–97

DANIEL LAGACHE
1903–1972

Fransız Daniel Lagache, George Dumas'nın seminerlerinden ilham alarak deneysel psikoloji, psikopa-

taloji ve fenemoloji okumaya karar verdi. Adli tıp ve suç uzmanı olan Lagache'nin önemli eserlerinden bazıları *Kıskançlık* (1974), *Patolojik Yas* (1956) adlı kitaplardır. 1953 yılında, Sacha Nacht'ın tıbbi otoriterliğini eleştirdiği için, Uluslararası Psikanaliz Örgütü'nden atıldı. Ardından, Jacques Lacan ile birlikte Fransız Psikanaliz Cemiyeti'ni kurdu. Freudyen bir teorisyen olarak, psikanaliz ile klinik deneyimler arasında bağ kurarak, psikanalizin popülerlik kazanmasını sağladı.
Ayrıca bkz. Jacques Lacan 122–23

ERNEST R. HILGARD
1904–2001

1950'li yıllarda, Ernest Ropiequet "Jack" Hilgard, karısı Josephine ile beraber, Stanford Üniversitesi'nde hipnozla ilgili öncü araştırmalar yapıyordu. 1957 yılında, Hipnoz Araştırma Laboratuarı'nı kurdu. Burada, André Muller ile beraber, *Standford Hipnotik Duyarlılık Ölçümlerini* (1959) geliştirdi. Çok tartışmalı yeniayrıştırma teorisi ve hipnoz altındayken bilinçlilik haline ait birçok yardımcı sistemin merkezi bir kontrol sistemi tarafından denetlendiğini öngören "gizli gözlemci teorisi" (1977) yıllardan beri geçerliliklerini korumaktadır. Hilgard imzalı ders kitapları *Koşullanma ve Öğrenme* (1950) ve *Psikoloji'ye Giriş* halen okullarda kullanmaktadır.
Ayrıca bkz. Ivan Pavlov 60–61 ▪ Leon Festinger 166–67 ▪ Eleanor E. Maccoby 284–85

GEORGE KELLY
1905–1967

Kelly, Kişisel Yapı Psikolojisi (1955) adlı eseriyle psikolojiye önemli bir katkıda bulunmuştur. Kelly'nin humanist fikirlerine göre, bireyler, olayları kendi bilişsel değer biçme süreçleri ile algılıyor ve kişiliklerini buna göre yaratıyorlardı. Bu varsayımdan yola çıkarak "rol bulgusu repertuarı testi" testini geliştirdi. Testte kişiliğin doğası araştırılıyor ve teşhis ediliyordu. Test hem bilişsel psikoloji ve danışmanlıkta, hem de eğitimsel araştırmalar ile örgütsel davranış alanlarında çok değerlidir.
Ayrıca bkz. Johann Friedrich Herbart 24–25 ▪ Carl Rogers 130–37 ▪ Ulric Neisser 339

MUZAFFER ŞERİF
1906–1988

Türkiye'de yetişen Şerif, doktorasını ABD'deki Columbia Üniversitesi'nde tamamladı. Tez konusu sosyal faktörlerin algı üzerindeki etkisiydi. 1936 yılında *Sosyal Normlar Psikolojisi* adıyla basılan tez "otokinetik etki" deneyleri olarak bilinir. Şerif'in en önemli katkısı deneysel yöntemleri başarılı bir şekilde laboratuar ve saha çalışmalarında bir araya getirmesidir. Eşi Carolyn Woods Sherif ile birlikte yaptığı Soyguncu Mağarası Deneyi (1954) çok önemli bir çalışmadır. Bu çalışmada erkek çocuklardan oluşan kampçılar iki gruba ayrılmıştı. Kendini temizlik görevlisi olarak tanıtan Şerif, sosyal gruplarda önyargı, anlaşmazlık ve strotiplerin kökenlerini gözlemlemişti. Deney sonucunda geliştirdiği *Gerçekçi Anlaşmazlık Teorisi* halen grup davranışı hakkındaki bilgilerimizin temelini oluşturmaktadır. Carl Harvland ile 1961 yılında Sosyal Yargı Kuramını geliştirmiştir.
Ayrıca bkz. Soloman Asch 224–27 ▪ Philip Zimbardo 254–55

NEAL MILLER
1909–2002

Amerikalı psikolog Miller, Viyana'da Anna Freud ve Heinz Harman'ın yanında araştırmalar yaptı. K. B Bykov'un *Beyin Zarı ve İç Organlar* (1954) adlı çalışmasını okuduktan sonra, iç organların ve işlevlerinin istenilen şekilde kullanılabileceğini kanıtlamak için çalışmalara başladı. Elde ettiği bulgular, Biofeedback adlı tedavi yöntemini geliştirmesine yardımcı oldu. Biofeedback yönteminde, hasta kendi vücudundan gelen sinyallere yanıt vermeyi öğrenerek iyileşir.
Ayrıca bkz. Anna Freud 111 ▪ Albert Bandura 286–91

ERIC BERNE
1910–1970

Kanadalı bir psikiyatr ve psikanalist olan Berne, etkileşimsel analiz teorisini geliştirmiştir. Bu teoriye göre psikoterapinin merkezinde sözel iletişim vardır. İlk konuşmacının, Aracının, sözcükleri etkileşimsel uyarı, Karşılık Verenin yanıtı etkileşimsel karşılık adını alıyordu. Her kişilik ikinci kişiliklere bölünmüştü: çocuk, yetişkin ve ebeveyn. Her uyarıcı ve karşılık bu "parçalardan" birini oynuyordu. Bu değiş tokuş "Ben sana bir şey yaparım ve sen karşılık olarak bir şey yaparsın" şeklinde bir etkileşimsel analiz olarak inceleniyordu. Berne, 1964 yılında yazdığı *Hayat Denen Oyun* adlı kitabında kişiler arasındaki "oyunların" veya davranış örgülerinin gizli duyguların veya hislerin göstergesi olabileceğini belirtti.
Ayrıca bkz. Erik Erikson 272–73 ▪ David C. McClelland 322–23

ROGER W. SPERRY
1913–1994

Amerikalı sinir sistemi biyologu Sperry'nin korpus kallosumu –beynin sağ ve sol yarımküresi arasındaki sinyal transferini yapan sinir liflerinden oluşan demetler– başarı bir şekilde ayırması, epilepsinin belirli türlerinin tedavisinde çığır açtı. 1981 yılında, David Hubel ve Torten Wiesel ile birlikte ayrı-beyin teorisiyle Fizyoloji ve Tıp dalında Nobel Ödülü'ne aday gösterildi. Ayrı-beyin teorisi, beynin sağ ve sol yarım küresinin ayrı konularda uzmanlaştığını gösteriyordu.
Ayrıca bkz. William James 38–45 ▪ Simon Baron-Cohen 298–99

SERGE LEBOVICI
1915–2000

Lebovici, Fransız bir Freudyen'dir. Uzmanlık alanları ergenlik, küçük çocuk gelişimi, çocuklar ve özellikle anne ve bebek arasındaki bağlanma süreciydi. Çocuk psikanalizini Fransa'ya tanıtan kişi olarak tanınır. Yazdığı çok sayıda eserin arasında Fransa'da *Psikanaliz* (1980) ve *Ergen Psikiyatrisinin Uluslararası Kayıtları* (1988) bulunmaktadır.
Ayrıca bkz. Sigmund Freud 92–99 ▪ Anna Freud 111

MILTON ROKEACH
1918–1988

Polonya asıllı Amerikalı sosyal psikolog Roekach, dini inançların değerleri ve tavırları nasıl etkilediğini araştırıyordu. Değerleri, ana güdüler ve temel psikolojik ihtiyaçların zihni dönüşümleri olarak görüyordu. Dogmatizm teorisiyle açık ve kapalı fikirli olmanın bilişsel özelliklerini incelemişti (*Açık ve Kapalı Fikir*, 1960). Rokeach'ın hâlâ kullanılmakta olan dogmatizm ölçümünde, dogmatizm ideolojiden ve içerikten bağımsız olarak ölçülebiliyordu. Rokeach Değer Anketi belirli grupların değer ve inançlarını ölçmenin en etkin yolu olarak görülmektedir. Büyük Amerikan Değerleri Testi'nde, Roekach, televizyonun değer yargılarını değiştirebileceğini kanıtlamak için görüşlerdeki değişimleri ölçmüştü.
Ayrıca bkz. Leon Festinger 166–67 ▪ Solomon Asch 224–27 ▪ Albert Bandura 286–91

RENE DIATKINE
1918–1997

Fransız psikanalist ve psikiyatr Diatkine, dinamik psikiyatri gelişiminin öncülerindendir. Gözlemlenebilir davranışlar yerine, duygular ve altta yatan düşüncelere odaklanmıştır. Diatkine, ayrıca 1958 yılında *Akıl Sağlığı Örgütü*'nü kurarak, kurumsal akıl sağlığında faaliyet göstermiştir. İlkel fantaziler üzerine kaleme aldığı *Prekosiyöz Psikanalizi* en kalıcı eserlerinden biridir.
Ayrıca bkz. Anna Freud 111 ▪ Jacques Lacan 122–23

PAUL MEEHL
1920–2003

Amerikalı Paul Meehl'in çalışmaları akıl sağlığı ve araştırma tekniklerinde önemli rol oynamıştır. *Klinik Tahmin İstatistiksel Tahmine Karşı: Kanıtların Teorik Tahlili ve İzlenimler* (1954) adlı kitabında, davranışsal istatistiklerin klinik analiz yerine formüllere dayanan matematiksel yöntemlerle incelenmesi gerektiğini savunmuştu. 1962 yılında daha önce sebebinin kötü ebeveynler olduğu sanılan şizofreniye yol açan bir gen buldu. Kuantum belirsizliğine odaklanarak yaptığı determinizm ve hür irade çalışmaları *Determinizm- Özgürlük ve Zihin- Beden Sorunları* (Herbery Feigl ile birlikte, 1974) adında yayınlandı.
Ayrıca bkz. B. F. Skinner 78–85 ▪ David Rosenhan 328–29

HAROLD H. KELLEY
1921–2003

Amerikan sosyal psikolog Kelley doktorasını Kurt Lewin'in öğrencisi olarak MIT'de tamamladı. İlk önemli eseri olan *İletişim ve İkna* (Hovland ve Janis ile birlikte, 1953) adlı kitabında iletişimi "kim", "ne der", ve "kime der" olmak üzere üçe ayırdı. Bu fikir yaygın olarak kabul gördü. Politikacılar başta olmak üzere, insanların kendilerini görüş şekillerini değiştirdi. 1953'de John Thibaut ile çalışmaya başladı. *Birlikte, Grupların Sosyal Psikolojisi* (1959) ve *Kişiler Arası İlişkiler: Karşılıklı Bağımlılık* (1978) gibi kitaplar yazdılar.
Ayrıca bkz. Leon Festinger 166–67 ▪ Kurt Lewin 218–23 ▪ Noam Chomsky 294–97

STANLEY SCHACHTER
1922–1997

New York doğumlu Schachter en çok, Jerome Singer ile birlikte geliştirdiği iki faktörlü duygu teorisi (Schachter- Singer Teorisi) ile tanınır. İkili fiziksel duyumların duygulara bağlı olduğunu gösterdi. Bu duruma örnek olarak insanların korktuklarında hızlanan kalp atışı ve kaslarda gerginlik gibi deneyimler yaşamalarını verdiler. Ayrıca bilişimin bireyin psikolojik durumuna bağlı olduğunu da belirttiler.
Ayrıca bkz. William James 38–45 ▪ Leon Festinger 166–67

HEINZ HECKHAUSEN
1926–1988

Alman psikolog Heinz Heckhausen dünyanın en önemli motivasyon psikolojisi uzmanlarından biriydi. Doktora sonrası yaptığı bilimsel incelemesi başarı ve korkunun yarattığı umut ile korkular üzerineydi. Erken çocukluk döneminde motivasyon üzerine yaptığı çalışmaların sonucunda *İleri Bilişimsel Motivasyon Modelini* (Heckhausen& Rheinberg, 1980) oluşturdu. Psikolog kızı Jutta ile beraber kaleme aldığı *Motivasyon ve Eylem* (1980) adlı kitabı uzun süre etkili oldu.

Ayrıca bkz. Zing-Yang Kuo 75 ▪ Albert Bandura 286–91 ▪ Simon Baron-Cohen 298–99

ANDRE GREEN
1927–

Mısır doğumlu Fransız psikanalist Andre Green, 1950'li yıllarda, Jacques Lacan'ın yanında staj yaptığı dönemde iletişim kuramı ve sibernetikle ilgilenmeye başladı. Green, ilerleyen dönemlerde, Lacan'ı en sert eleştiren kişilerden biri oldu. Ona göre, Lacan sembolik ve yapısal formlara gerektiğinden fazla odaklanarak, Freudyen savlarını hükümsüz kılıyordu. Green, 1960'lı yılların sonunda, olumsuzluğu araştırarak, Freudyen köklerine geri döndü. Bu geri dönüş, 1980 yılında yazdığı *Ölü Anne* kitabında ince bir şekilde belirtilmiştir. Kitapta psikolojik olarak annesi ölü olduğu halde, annesinin varlığı yüzünden kafası karışan ve korkan bir çocuk anlatılmıştır.

Ayrıca bkz. Sigmund Freud 92–99 ▪ Donald Winnicott 118–21 ▪ Jacques Lacan 122–23 ▪ Françoise Dolto 279

ULRIC NEISSER
1928–

Alman asıllı Amerikalı Nesser'in en ünlü kitabı 1967'de basılan *Bilişimsel Piskoloji*'dir. Kitapta zihinsel süreçlere odaklanan psikolojik yaklaşımlar incelenir. Nesser, ilerleyen yıllarda algının rolünü görmezden gelir. Uzmanlığı bellek üzerinedir. 1985'te Amerikan Psikoloji Örgütü'nün zekâ testi teorilerini inceleyen *"Zekâ, Bilinenler ve Bilinmeyenler"* adlı çalışma koluna başkanlık etmiştir. Araştırmaları *IQ'nun Uzun Vadede Getirdikleri ve İlişkili Ölçümler* (1998) adıyla kitaplaşmıştır.

Ayrıca bkz. George Armitage Miller 168–73 ▪ Donald Broadbent 178–85

JEROME KAGAN
1929–

Deneysel psikoloji alanının önde gelen isimlerinden biri olan Amerikalı Kagan, fizyolojinin psikoloji üzerindeki etkilerinin çevreden daha fazla olduğuna inanıyordu. Çocuk gelişiminin biyolojik yönleri (öz-bilinç, ahlak, bellek ve sembolizmde endişe ve korkuyla ilgili etkiler) üzerine yaptığı çalışmalar mizaç fizyolojisiyle ilgili yapılan bütün araştırmaların temelini oluşturmuştur. Çalışmaları psikoloji dışında, suç, eğitim, sosyoloji ve politika gibi alanlarda da etkili olmuştur.

Ayrıca bkz. Sigmund Freud 92–99 ▪ Jean Piaget 262–69

MICHAEL RUTTER
1933–

İngiliz psikiyatr Michael Rutter çocuk gelişimi konusu ve davranış bozukluklarına bakışımızı değiştirdi. *Annelik Yoksunluğunun Yeniden Değerlendirilmesi* (1972) adlı kitabında, John Bowlby'ın seçici bağlanma kuramını ret etti ve çocukluk döneminde birden fazla kişi ya da nesne bağlanmanın normal olduğunu gösterdi. Sonraki araştırmalarında yoksunluk (bir şeyin kaybedilmesi) ve mahrumiyet (bir şeye asla sahip olamamak) arasındaki farkı gösterdi. Asosyal davranışı anne yoksunluğu yerine ailevi geçimsizliğe bağladı.

Ayrıca bkz. John Bowlby 272–77 ▪ Simon Baron-Cohen 298–99

FRIEDEMANN SCHULZ VON THUN
1944–

Alman psikolog Friedemann Schulz von Thun, *Karşılıklı Konuşma* (1981, 1989, 1998) adıyla üç ciltlik bir kitap halinde basılan İletişim Modeli ile tanınır. Von Thun'a göre her diyalogda dört iletişim seviyesi vardır. Bunlar gerçeklere dayalı konuşmak, kendimizi ifade etmek, diğer insanla ilişkimiz hakkında yorum yapmak ve karşımızdaki kişiden bir şey istemektir.

Ayrıca bkz. B.F. Skinner 78–85 ▪ Kurt Lewin 218–223

JOHN D. TEASDALE
1944–

İngiliz psikolog Teasdale depresyonla ilgili bilişimsel yaklaşımları araştırdı. Zindel Segal ve Mark Williams ile birlikte *Farkındalık Temelli Kognitif Tedavi* adlı bir teknik geliştirdi. Bilişsel terapiyi farkındalık ve Asya kökenli meditasyonlarıyla birleştirerek, yineleyen majör depresyondan mustarip hastalardan kötü düşüncelerle kendiliklerinden değil, kasten meşgul olmalarını istiyordu. Ardından hastalardan bu düşünceleri daha nesnel bir bakış açısıyla gözlemlemeleri isteniyordu.

Ayrıca bkz. Gordon H. Bower 194–95 ▪ Aaron Beck 174–77

TERİMLER SÖZLÜĞÜ

Aile terapisi Tek bir kişi yerine ailenin tamamını tedavi eden terapilere verilen isim. Aile sistemi içindeki karşılıklı ilişkilerin sorunlu olduğu varsayıldığında uygulanır.

Aktarım Psikanalizde, hastanın geçmiş ilişkilerdeki (özellikle ebeveyn ilişkilerindeki) duygusal reaksiyonlarını terapiste aktarması.

Amaçlı davranışçılık Edward Tolman'ın bütün davranışların nihai bir amaca yönelik olduğunu savunduğu kuramı.

Amprizim Bütün bilgiyi deneyimlere bağlayan felsefi ve psikolojik yaklaşım.

Ancak gözlemlenebilir fark İki fiziksel uyarıcı arasındaki kişiler tarafından gözlemlenebilen en küçük fark.

Anekdot yöntemi Çoğu zaman bilimsel olmayan gözlemsel raporların araştırma verisi olarak kullanılması.

Anlamsız hece Tanımlanabilir sözcükler oluşturmayan üç harfli heceler. İlk kez Herman Ebbinghaus tarafından öğrenme ve bellek deneylerinde kullanıldı.

Araçsal şartlandırma Hayvanların olayların sonucuna etki ettiği şartlandırmalar. Bu tip koşullamaya örnek olarak bir hayvanın labirentteki hareketlerinin incelendiği durumlar gösterilebilir.

Arketip Carl Jung'un teorisinde, kolektif bilinçaltından edilen örgüler ve yapılar deneyimlerimizi tertiplememizi sağlar. Arketipler genellikle mitoslarda ve kişisel hikâyelerde bulunur.

Aşağılık kompleksi Adlerian psikanalistler (ekol, kurucusu Alfred Adler'in ardından bu ismi almıştır) tarafından ortaya atılan bu durum kişinin gerçek veya kurgu aşağılık duygularıyla baş edememesi sonucu içine kapanmasıyla ortaya çıkar.

Ayırt edici özellik kuramı Bireysel farkların büyük ölçüde duruma ve zamana göre değişiklik göstermeyen kişilik niteliklerine (özelliklerine) bağlı olduğu inancı.

Bağlanma Bireyin başka bir bireye yakın olmak istemesi ve onun mevcudiyetiyle kendini güvende hissettiği duygusal önem taşıyan ilişki. Özellikle küçük çocuklar ve ebeveynleri arasında gözlenir.

Bastırma Psikanalitik kuramda, kabul edilemez düşünce, anı, arzu ve dürtülerin ego savunma mekanizması tarafından bilinçsel farkındalık dışına itilmesi. Anna Freud bu duruma "motivasyonlu unutma" diyordu.

Bilinç akışı William James'in bilinci sürekli akan bir düşünce süreci olarak betimlemesi.

Bilinçdışı Psikanalizde insan ruhunun bilinçli zihin tarafından erişilemeyen kısmı.

Bilişsel Algılama, bellek ve düşünce gibi süreçlere dair olan.

Bilişsel çelişki İki inanç veya duygu arasında gerilime neden olan tutarsızlık.

Bilişsel psikoloji Zihnin deneyimleri nasıl organize ettiğine ve öğrenme ve bilme süreçleriyle ilgili zihinsel süreçlere odaklanan psikoloji dalı.

Bilişsel tarz Bireylerin alışılagelmiş bilgi işlem tarzı.

Birleşme İki fikir veya olayın birbirlerine yakın olduklarının ortaya çıkması. Bu durumun çağrışım için şart olduğu kabul edilir.

Çağrışım i) Bilginin oluşumunu anlatan felsefi açıklama. Buna göre bilgi, basit fikirlerin daha karmaşık fikirleri çağrıştırması veya bu fikirlerle bağlantı kurulmasıyla oluşuyordu. ii) Psikolojik süreçlerin geçmiş deneyimlerle eşleştirilmesi sonucu görülen iki süreç arasındaki bağlantı.

Çağrışımcılık Farklı davranış örgülerinin, kalıtımsal ve edinilmiş sinirsel bağlantıların uyarıcı ve tepkileri bir araya getirmesi sonucu meydana geldiğini savunan yaklaşım.

Çift kulaklıklı dinleme Aynı anda, her bir kulağa sunulan iki farklı mesajı dinlemek.

Davranış modifikasyonu Bireylerin veya grupların davranışlarını kontrol etmek veya değiştirmek için etkisi kanıtlanmış davranış değiştirme tekniklerinin kullanılması.

Davranışçılık Görülebilir, betimlenebilir ve nesnel bir şekilde ölçülebilir olduğu gerekçesiyle sadece gözlemlenebilen davranışların araştırma konusu olması gerektiğini savunan psikoloji dalı.

Deneme yanılma yöntemiyle öğrenme İlk kez Edward Thorndike tarafından öne sürülen öğrenme kuramına göre öğrenme birçok tepki performansından, arzulanan sonuçları sağlayanların tekrar edilmesi aracılığıyla oluşur.

Depresyon Hayattan zevk almama ve kayıtsızlıkla beraber görülen umutsuzluk ve düşük özsaygıyla kendini gösteren ruh hali bozukluğu. Ekstrem vakalarda, depresyon normal işlevleri zayıflatabilir ve intihar düşüncelerine yol açabilir.

Destek Klasik şartlandırmada, bir tepkinin verilme ihtimalini arttıran prosedür.

Determinizm Bütün olayların ve seçimlerin daha önceden yaşanmış olaylar veya önceden var olmuş nedenler yüzünden olduğunu savunan doktrin.

Dışadönüklük Enerjisini çoğunlukla dış dünyaya ve başka insanlara yönlendiren kişilik tipi (ayrıca bkz. içedönüklük).

Dikkat Seçmeli ve odaklanmış algıdaki süreçler için kullanılan genel terim.

Duyarsızlaşma Bir şeye veya olaya verilen güçlü tepkinin, sürekli olarak aynı uyarıcıya maruz kalınarak azaltılması süreci.

Ego İnsanı meydana getiren üç unsurdan biri (ayrıca bakınız id, süper ego). Ego kişiliğin dış dünyanın ve gerektirdiklerinin farkında olan ve içgüdüleri kontrol etmekle sorumlu olan mantıklı yönüdür.

Etki yasası Edward Thorndike tarafından öne sürülen ilkeye göre bir olaya birçok tepki verilmesi mümkündür. Ödül ile sonuçlanan tepkiler olayı daha fazla çağrıştırır. Ceza getiren tepkiler ise en az çağrışımı yapar.

Etoloji Hayvan davranışlarının, doğal şartlar altında, bilimsel yollarla araştırılması.

Fenemonoloji Önyargı, varsayım ve yorumla kategorize edilmemiş doğrudan deneyim üzerine kurulu bilgi yaklaşımı.

Fobi Yoğun ve mantıksız korkuyla kendini gösteren endişe bozukluğu.

Freudyen sürçme Bilinçli olarak niyetlenenden farklı fakat yakın sözcük ya da eylem. Bilinçdışı güdüleri veya endişeleri yansıttığı düşünülür.

Geçerlilik Testin ölçmesi gereken şeyi ölçebilme derecesi.

Genel zekâ ("g") Charles Spearman'in tanımıyla, zekânın genel faktörü veya birçok zihinsel test sonucu arasındaki korelasyonla belirlenmiş kabiliyet. Spearman bu yeteneği zihinsel enerjinin ölçümü olarak kabul ediyordu. Fakat bazıları tarafından bireyletin soyut tümevarım yeteneği olduğu düşünülür.

Gerçekçilik prensibi Psikanalizde egoyu yöneten ve gerçek dünya ile bu dünyanın gerektirdiklerini dikkate alan kurallar grubu.

Geri alma Arama ve bulma süreci sonucu bellekte depolanan bilginin geri alınması.

Gestalt psikolojisi Algılama gibi zihinsel süreçlerde, bütünün parçaları yerine, organize "bütünün" rolünün altını çizen bütüncül psikolojik yaklaşım.

Hipnoz Geçici, transa yakın bir artmış telkine açıklık durumuna neden olma.

Hipotez Doğruluğu test edilen ya da bir deneyle aksi ispat edilen bir önerme veya öngörü.

Hümanist psikoloji Ruh sağlığını belirlemede kendini gerçekleştirme ve özgür iradenin öneminin altını çizen psikolojik yaklaşım.

İç gözlem En eski psikolojik yöntem olan iç gözlem kişinin kendini gözlemlemesiyle oluşur. Kişi iç durumunu öğrenmek için kendi zihnini kullanır.

İçedönük Enerjisini çoğunlukla içsel duygu ve düşüncelerine yönelten kişilik tipi.

İçgin Doğal veya doğumundan beri organizmada var olan. Kalıtımsal olabilir veya olmayabilir.

İçgüdü Doğal güdü veya eğilimler. Psikanalizde bunlar kişiliği ve davranışı motive eden dinamik güçler olarak kabul edilir.

İd İnsan personasını oluşturan üç unsurdan birine verilen isim (ayrıca bakınız ego, süper ego). İd ruhsal enerji kaynağıdır. Ayrıca içgüdülere bağlıdır.

İşlemsel şartlandırma Sonucun hayvanın çevresini işletmesine bağlı olan bir koşullama türü. Örnek olarak yeme ulaşmak için kaldıracı çekmesi gereken kobay gösterilebilir.

İşlevselcilik Zihnin uyumsal işlevlerinin çevreyle olan ilgisini araştıran psikolojik yaklaşım.

Kendini gerçekleştirme Kişinin olanaklarının tam olarak geliştirilmesi ve potansiyelinin gerçekleştirilmesi. Abraham Maslow'a göre bu en gelişmiş insan ihtiyacıdır.

Kişilik Kişinin zaman içinde göreceli olarak daha tutarlı davranmasına neden olan sabit, kalıcı zihinsel ve davranışsal özellik ve nitelikleri.

Klasik şartlandırma Tarafsız uyaranın belirli bir tepkiyi tetikleme yeteneğini şartsız bir uyarıcıyla birleşerek edindiği bir öğrenme tipi.

Kodlama Duyumsal bilginin belleğe işlenmesi.

Kolektif bilinçdışı Carl Jung'un teorisinde psikenin en derin düzeyi. İlktipler aracılığıyla edinilen kalıtsal ruhi tertibatları içerir.

Korelasyon İki veri kümesinin veya değişkenlerinin belirli koşullar altında benzer çeşitlilik göstermesidir. Çoğunlukla neden sonuç ilişkisi ile karıştırılır.

Kristal zekâ Sıvı zekâ kullanılarak elde edilmiş yetenek. Bilişsel yetenek ve stratejilerin tümüne verilen ad. Yaşla beraber arttığı düşünülür.

Materyalizm Sadece fiziksel alemi gerçek olarak gören doktrine göre zihinsel fenomenler fiziksel terimlerle açıklanabilir.

Merkezi özellikler Gordon Allport'un kuramına göre, insanı tanımlamak için kullanılan yaklaşık altı ana özellik. "Utangaç" veya "iyi huylu" gibi bu özellikler kişiliğin "yapı taşlarıdır".

Mühürleme Etolojide hayvanların doğumundan hemen sonra çok hızlı bir kalıtımsal öğrenme süreci başlar. Bu süreç çoğunlukla belirli bir kişiye veya nesneye bağlanmayı içerir.

Negatif pekiştirme Etkili veya edinimsel şartlandırmada negatif bir uyarıcıyı ortadan kaldırarak tepkiyi kuvvetlendirmek.

Nöron Beynin farklı bölümleri arasındaki mesajları (sinir sinyali gibi) ileten sinir hücresi tipi.

Nöropsikoloji Beynin yapısı ve işleviyle ilgilenen ve beyinsel bozuklukların davranış ve bilişim üzerindeki etkisini araştıran psikoloji ve nörolojinin alt disiplinlerinden biri.

Oedipus kompleksi Psikanalitik kurama göre erkeklerde beş yaş civarında anneye duyulan bilinçdışı arzu ve babayı yok ederek yerine geçme isteğiyle kendini gösteren gelişimsel süreç.

Otizm Otistik Spektrum Bozukluğu (OSB) için kullanılan gayrı resmi terim. Otizm aşırı kendiyle ilgilenme, empati eksikliği, birbirini tekrar eden motor eylemler ve dil ile kavramsal yeteneklerin yoksunluğuyla kendini gösteren bir zihinsel işlevselsizlik grubudur.

Pozitif pekiştirme Davranışçılıkta anahtar kavramlardan biri olan pozitif pekiştirmede, tepkinin olabilirliği arzu edilen tepkinin hemen bir ödül veya pozitif uyarıcıyla karşılanmasıyla artırılır.

Psikanaliz Sigmund Freud'un insan davranışını etkileyen bilinçdışı süreçleri araştırdığı kuram ve tedavi edici yöntemler grubu.

Psikofizik Zihinsel ve fiziksel süreçler arasındaki ilişkilerin bilimsel araştırılması.

Psikoseksüel süreçler Psikanalitik kuramda, çocukluk döneminde zevk veren vücut bölgelerine göre gruplandıran gelişim evreleri.

Psikoterapi Fiziksel ve fizyolojik yöntemler yerine, psikolojik yöntemler kullanan bütün iyileştirici tedaviler için kullanılan genel ad.

Refleks Bir uyarıcıya verilen otomatik tepki.

Replikasyon Bir deneyin veya araştırmanın tekrarında hep aynı sonuçlara ulaşılması. Bulguların doğruluğunu ispatlamak için replikasyon şarttır.

Ruh-beden problemi İlk kez Rene Descartes tarafından dile getirilen, zihinsel ve fiziksel olaylar arasındaki etkileşimi tanımlama sorunudur.

Saha kuramı Kurt Lewin'in insan davranışı modeli. Bu modelde, bireyin çevresindeki sosyal etkileri veya "yaşam alanını" açıklamak için kuvvet alanı kavramı kullanılır.

Sahte anı Yaşanmamış bir olaya dair hatırlanan anı veya aldatıcı anı. Hatırlatmalar aracılığıyla ortaya çıktığı düşünülür.

Savunma mekanizması Psikanalitik kuramda, endişeyi etkisiz hale getirmek için devreye giren bilinçdışı yöntemler.

Serbest çağrışım Hastanın verilen kelimeden sonra aklına gelen ilk şeyi söylediği psikoterapi tekniği.

Sıvı zekâ Yeni sorunlarla başa çıkabilme yeteneği. Yaş arttıkça azaldığı düşünülür.

Sosyal öğrenme Başkalarının davranışlarını ve bu davranışların sonucunu gözlemleyerek öğrenmeye verilen ad. Bu kuramı en önemli savunucusu Albert Bandura'dır.

Süperego Psikanalizde, insan ruhunun toplumsal ve ailevi standart ve değerlerin içselleştirilmesi sonucu oluşan kısmına verilen isim. Ahlaki baskılar tarafından yönetilir.

Şartlı tepki (ŞT) İlk başta tarafsız olan uyarıcının sonra doğal olarak bu tepkiye olan açan şartsız bir uyaranla birleşmesiyle oraya çıkan tepki.
Şartlı uyarıcı (ŞU) Klasik koşullanmada bir uyaranın, şartsız bir uyaranla bir araya gelmesiyle belirli bir (şartlı) karşılığa neden olması.

Şartsız olumlu bakış Carl Rogers'ın danışan insan odaklı terapisinde, birinin sadece insan olduğu için mutlak olarak kabul edilmesi.

Şartsız tepki Klasik koşullanmada, belirli bir uyarana karşı (örneğin acı veren bir uyarandan uzaklaşmak) verilen yansımalı (şartsız, doğal) tepki

Şartsız uyarıcı Klasik şartlanmada, yansımalı (şartsız, doğal) bir tepkiye neden olan uyarıcı.

Şekillendirme Davranışçılıkta şekillendirme arzulanan bir tepkinin ardışık benzerliği için pozitif takviye sağlamaktır.

Şizofreni Birçok işlev alanında azalmaya neden olan (ilk başta *dementia praecox* olarak biliniyordu) ciddi zihinsel bozukluk grubu. Belirgin düşünce bozukluğu, boyutsuz veya uygunsuz duygular ve çarpık gerçeklik görüşüyle nitelenir.

Temel yükleme hatası Diğer insanların davranışlarını dışsal durum faktörleri yerine kişilik özellikleriyle açıklama eğilimi.

Tükenme i)Bir şeyin, özellikle bir türün, yok olması.
ii) Şartlı öğrenmede, tepki gücünün destek yokluğu yüzünden azalması.

Uyarıcı Bireyin çevresinde bulunan ve tepki verebileceği herhangi bir nesne, olay, durum ve etkendir.

Yapısalcılık Zihinsel yapıyı araştıran psikolojik yaklaşım.

Zeigarnik etkisi Eksik ya da tamamlanmamış görevleri tamamlanmış olanlara göre daha kolay hatırlama eğilimi.

Zekâ katsayısı (IQ) Bireylerin mukayeseli zekâ düzeylerine ayrılmasını sağlayan zekâ göstergesi. İlk kez William Stern tarafından ortaya atılan zekâ katsayısı bireyin zihinsel yaşının kronolojik yaşına bölünüp 100 ile çarpılmasıyla elde edilir.

Zihin yaşı Ortalama kabiliyete sahip çocukların standart haline gelmiş testlerdeki performanslarının gösterdiği belirli görevleri yerine getirebileceği yaş.

DİZİN

A

B

C

Ç

D

E

F

G

H

İ

J

K

L

M

N

O

Ö

P

R

S

TEŞEKKÜR

Dorling Kindersley Shriya Parameswaran, Neha Sharma, Payal Rosalind Malik, Gadi Farfour, Helen Spencer, Steve Woosnam-Savage ve Paul Drislane'ye tasarım yardımları için; Steve Setford'a editoryal yardımları için ve Stephanie Chilman'a dizin için teşekkür eder.

FOTOĞRAFLAR

Yayınevi fotoğraflarının kullanılmasına izin verdiği için aşağıdakilere teşekkür eder:

(Anahtar: a-yukarı, b-alt, c-orta, l-sol, r-sağ, t-üst)

19 The Bridgeman Art Library: Bibliothèque de la Faculté de Médecine, Paris / Archives Charmet (tr). **21 Corbis:** Bettmann (tr). **Getty Images:** Hulton Archive (bl). **23 akg-images:** Bibliothèque nationale (tc). **Alamy Images:** Tihon L1 (bl). **25 Getty Images:** Hulton Archive (tr). **27 akg-images:** Coll. Archiv f. Kunst & Geschichte (tl). **Corbis:** Bettmann (bl). **29 The Bridgeman Art Library:** Birmingham Museums and Art Gallery (bc). **Getty Images:** Hulton Archive (tr). **30 Getty Images:** Imagno / Hulton Archive (br). **35 Alamy Images:** Interfoto (br). **Corbis:** Visuals Unlimited (tc). **36 Corbis:** Bettmann (tr, tc). **37 Corbis:** Bettmann (bl). **40 Corbis:** (bl). **43 Corbis:** The Gallery Collection. **44 Corbis:** Underwood & Underwood (br). **45 Science Photo Library:** Chris Gallagher (tr). **47 Corbis:** Bettmann (tr). **49 Corbis:** Bettmann (bl); Bill Varie (tr). **51 Science Photo Library:** US National Library of Medicine (tr). **52 Corbis:** Bettmann (bl). **55 Alamy Images:** Eddie Gerald (cr). **Lebrecht Music and Arts:** Rue des Archives / Varma (bl). **61 Corbis:** Bettmann (bl). **LawtonPhotos.com :** (tl). **65 Corbis:** Jose Luis Pelaez, Inc. (tl). **Science Photo Library:** Humanities and Social Sciences Library / New York Public Library (tr). **69 Corbis:** Underwood & Underwood (bl). **71 The Advertising Archives:** (br). **73 Corbis:** Sandy Stockwell / Skyscan (cr). **Magnum Photos:** Wayne Miller (bl). **75 The Advertising Archives:** (cra). **77 Getty Images:** Nina Leen / Time & Life Pictures (br). **81 Getty Images:** Nina Leen / Time & Life Pictures (br). **82 Getty Images:** Joe Raedle (br). **83 Corbis:** Bettmann (tr). **84 Alamy Images:** Monashee Frantz (bl). **87 Getty Images:** Lambert / Archive Photos (tr). **94 Getty Images:** Imagno / Hulton Archive / Sigmund Freud Privatstiftung (tr). **97 Alamy Images:** Bjanka Kadic (bl). **98 The Bridgeman Art Library:** Museum of Modern Art, New York / © Salvador Dali, Fundació Gala-Salvador Dalí, DACS, 2011. **99 Corbis:** Hulton-Deutsch Collection (tr). **101 Corbis:** Guo Dayue / Xinhua Press (tl). **Getty Images:** Imagno / Hulton Archive (tr). **105 Getty Images:** Imagno / Hulton Archive (br). **106 Getty Images:** Apic / Hulton Archive (bl). **107 akg-images:** Walt Disney Productions (tl). **Getty Images:** Imagno / Hulton Archive (tr). **108 Corbis:** Robbie Jack (cra). **109 Wellcome Images:** (bl). **116 Corbis:** Robert Wallis (tl). **117 Alamy Images:** Harvey Lloyd / Peter Arnold, Inc. (tl). **Science Photo Library:** National Library of Medicine (bl). **119 Getty Images:** Hulton Archive (tr). **120 Corbis:** Nancy Honey (br). **123 Getty Images:** Ryan McVay (tl). **Lebrecht Music and Arts:** Rue des Archives / Collection Bourgeron (bl). **127 Corbis:** Michael Reynolds / EPA (tr). **129 Getty Images:** Leonard Mccombe / Time & Life Pictures (tr); Roger-Viollet (bl). **134 Corbis:** Pascal Deloche / Godong (tl). **135 Getty Images:** David Malan / Photographer's Choice (tr). **136 Corbis:** Roger Ressmeyer (bl). **137 Getty Images:** Peter Cade / Iconica (tl). **139 Corbis:** Ann Kaplan (tr). **144 Corbis:** Bettmann (bl). **Getty Images:** Mark Douet (tr). **147 Corbis:** Jutta Klee (tl/computer); Roy Morsch (tc/blamer); Larry Williams (tr/placator). **Getty Images:** Nathan Blaney / Photodisc (tc/leveller). **148 Getty Images:** Dennis Hallinan (b). **151 Corbis:** Allen Ginsberg (tr); Robbie Jack (bl). **153 Getty Images:** Miguel Medina / AFP (tr); Toru Yamanaka / AFP (tl). **155 Alamy Images:** Sigrid Olsson / PhotoAlto (cra). **161 TopFoto.co.uk:** Topham Picturepoint (tl, tr). **162 Getty Images:** Andersen Ross / Photodisc (cb). **165 Press Association Images:** (tr). **167 Science Photo Library:** Estate of Francis Bello (bl). **173 Corbis:** William Whitehurst (tl). **Jon Roemer:** (tr). **175 Beck Institute for Cognitive Behavior Therapy:** (tr). **176 Corbis:** Bettmann (br). **181 Alamy Images:** David O. Bailey (tl). **Science Photo Library:** Corbin O'Grady Studio (tr). **182 Corbis:** Carol Kohen (bl). **184 Corbis:** H. Armstrong Roberts / ClassicStock (bc, br). **Getty Images:** George Marks / Retrofile / Hulton Archive (bl). **185 Corbis:** Monty Rakusen (tr). **190 Alamy Images:** Gary Roebuck (tl). **Courtesy of Baycrest:** (bl). **192 Corbis:** Owaki/ Kulla (cra). **195 Corbis:** Ocean (tr). **197 Getty Images:** Steven Dewall / Redferns (bl). **199 Claremont Graduate University:** Photo by C. Sajgó (bl). **Corbis:** Charles Vlen / Bettmann (tl). **201 Getty Images:** Purestock (bc). **Positive Psychology Center, University of Pennsylvania. :** (tr). **204 Courtesy of UC Irvine:** (bl). **207 Corbis:** Guy Cali (bl). **210 Alamy Images:** Michele Burgess (cb). **212 Lebrecht Music and Arts:** Matti Kolho (bc). **213 University of Bath:** (tr). **221 Getty Images:** Chris Ryan / OJO Images (tr). **222 Corbis:** Moment / Cultura (bc). **223 Alamy Images:** Interfoto (bl). **Corbis:** K.J. Historical (tl). **225 Solomon Asch Center for Study of Ethnopolitical Conflict:** (tr). **227 Corbis:** Bettmann (bl). **229 American Sociological Association, www.asanet.org. :** Photo of Erving Goffman (bl). **Corbis:** Yi Lu (cr). **234 Corbis:** Claro Cortes / Hanoi, Vietnam (tl). **235 Corbis:** Hannes Hepp (bc). **Stanford News Service. :** Linda A. Cicero (tr). **237 Corbis:** Walt Sisco / Bettmann (cr). **239 Corbis:** Sophie Bassouls / Sygma (bl). **241 The Bridgeman Art Library:** Musée national des arts et traditions populaires, Paris / Archives Charmet (tc). **William Glasser Inc. - www.wglasserbooks.com :** (tr). **243 Alamy Images:** David Grossman (tl). **University of Waterloo:** Maurice Greene (bl). **245 Corbis:** Bettmann (bl). **Special Collections, University of California, Santa Cruz:** (tr). **249 Getty Images:** Apic / Hulton Archive (tr). **Manuscripts and Archives, Yale University Library:** Courtesy of Alexandra Milgram (bl). **251 Getty Images:** Peter Stackpole / Time & Life Pictures (br). **252 Corbis:** Stapleton Collection (br). **253 Corbis:** Geneviève Chauvel / Sygma (tl). **255 TopFoto.co.uk:** Topham Picturepoint (tr). **Philip G. Zimbardo, Professor Emeritus, Stanford University:** (tl). **257 Universidad Centroamericana "José Simeón Cañas" (UCA), El Salvador:** (bl). **265 Corbis:** The Gallery Collection (tc). **267 Science Photo Library:** Bill Anderson (bl). **268 Corbis:** Bettmann (bl).

269 Alamy Images: Thomas Cockrem (br). **271 Corbis:** Jerry Cooke (cr). **273 Corbis:** Ted Streshinsky (tr). **Getty Images:** Jose Luis Pelaez / Iconica (bc). **276 Corbis:** Hulton-Deutsch Collection (tr). **277 Richard Bowlby:** (bl). **Getty Images:** Lawrence Migdale (tr). **278 Science Photo Library:** Photo Researchers (cr). **281 Corbis:** Tim Page (tr). **282 Library Of Congress, Washington, D.C.:** Gordon Parks (cr). **283 Corbis:** Bettmann (tr). **285 Corbis:** Bob Thomas (tc). **Special Collections, Eric V. Hauser Memorial Library, Reed College, Portland, Oregon:** (bl). **289 Albert Bandura:** Department of Psychology, Stanford University (tr). **290 Alamy Images:** Alex Segre (tr). **291 Corbis:** Ocean (b). **293 Corbis:** Bettmann (tr). **296 Corbis:** Christopher Felver (bl). **297 Corbis:** Frans Lanting (br); Brian Mitchell (tl). **299 Getty Images:** Trisha G. / Flickr (bl). **Rex Features:** Brian Harris (tr). **305 Getty Images:** Stan Munro / Barcroft Media (tl). **310 The Bridgeman Art Library:** Palazzo Vecchio (Palazzo della Signoria), Florence (tr). **312 Getty Images:** MPI / Archive Photos (tl). **313 Corbis:** Bettmann (tr). **315 Courtesy of the University of Illinois Archives:** Image 0000950. Found in RS: 39/1/11, Box 12, Folder Raymond B. Cattell (bl). **320 Corbis:** Bettmann (bl). **321 Getty Images:** Universal History Archive/ Hulton Archive (tl). **Mary Evans Picture Library:** John Cutten (tr). **323 Harvard University :** Jane Reed / Harvard News Office (tr). **Science Photo Library:** Van D. Bucher (bc). **325 Getty Images:** Universal History Archive / Hulton Archive (tr). **Dolph Kohnstamm:** (bl). **327 Corbis:** Monalyn Gracia (tc). **Courtesy of University Archives, Columbia University in the City of New York. :** Joe Pineiro / Office of Public Affairs Negatives - Box 109 (tr). **329 Corbis:** Bettmann (bl). **331 The Kobal Collection:** 20th Century Fox (tc).

Daha fazla bilgi için:
www.dkimages.co.uk

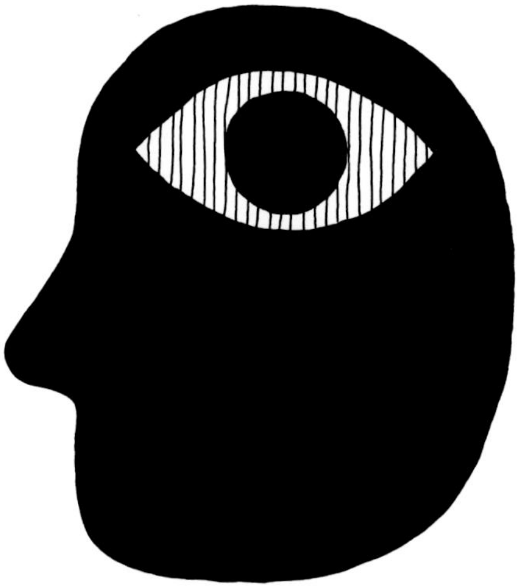